国际贸易经典译丛

国际政治经济学

（第四版）

罗伯特·奥布莱恩 （Robert O' Brien）
马克·威廉姆斯（Marc Williams） ／著
张发林／译

Global Political Economy
Evolution and Dynamics (4th Edition)

中国人民大学出版社
· 北京 ·

作者简介

罗伯特·奥布莱恩（Robert O'Brien）

加拿大麦克马斯特大学（McMaster University）政治学教授、全球化与人类状况研究所所长、政治科学学院前院长。曾任教于英国萨塞克斯大学（University of Sussex）。奥布莱恩教授先后获得了卡尔顿大学（加拿大）政治学学士、伦敦政治经济学院国际关系学硕士和加拿大约克大学（York University）国际关系学博士。奥布莱恩教授的教学和研究兴趣领域主要包括国际政治经济学、全球治理、全球劳工问题、全球公民社会以及气候变化的政治经济学。他的主要专著包括：*Solidarity First: Canadian Workers and Social Cohesion*（与 Paul James 共同编著）；*Global Unions? Theory and Strategy of Organised Labour in the Global Political Economy*（与 Jeffery Harrod 共同编著）；*Contesting Global Governance: Multilateral Economic Institutions and Global Social Movements*（与 Marc Williams，Jan Art Scholte 和 Anne Marie Goetz 共同撰写）；以及 *Subsidy Regulation and State Transformation in North America, GATT and the EU*。其文章发表于《加拿大政治科学》（*Canadian Journal of Political Science*）、《世界贸易杂志》（*Journal of World Trade*）、《国际政治经济评论》（*Review of International Political Economy*）、《全球劳工研究》（*Global Labour Journal*）、《人权杂志》（*Journal of Human Rights*）、《全球社会政策》（*Global Social Policy*）、《国际研究评论》（*Review of International Studies*）等学术杂志。奥布莱恩教授还是《全球劳工研究》杂志的前创始副主编和《全球社会政策》杂志的前编辑。

马克·威廉姆斯（Marc Williams）

澳大利亚新南威尔士大学国际关系学教授、文学和社会科学学院副院长。威廉姆斯教授毕业于伦敦政治经济学院，获博士学位。曾任教于英国萨塞克斯大学，并任萨塞克斯大学文化、发展和环境比较研究中心主任（1997—1999年）、约翰·霍普金斯大学保罗·尼采高级国际研究学院研究员（1996—1998年）、新加坡管理学院访问教授（1987—1994年）。威廉姆斯教授还曾在英国伦敦大学联邦研究学院、伦敦政治经济学院和牛津大学圣安东尼学院做访问学者。

威廉姆斯教授是国际政治经济学领域的专家。他的研究涉及国际政治经济的很多领域，包括转基因食品的政治经济学、国际组织和全球治理、公民社会和世界贸易体系、发展中国家和全球经济。他目前的研究主要关注太平洋地区的环境安全、跨国公民社会和全球秩序以及金砖国家的崛起。其专著包括 *International Relations in the Twentieth Century: A Reader*（1989），*Third World Cooperation: The Group of 77 in UNCTAD*（1991）以及 *Contesting Global Governance: Multilateral Economic Institutions and Global Social Movements*（2000）（与他人合著）。

译者简介

张发林，北京大学国际关系学院博士后研究员。张发林博士于 2015 年 9 月获得了加拿大麦克马斯特大学国际关系学博士学位。在此之前，张博士还先后获得了四川大学经济学院世界经济专业硕士学位和麦克马斯特大学国际关系专业硕士学位。张博士的研究领域主要是国际关系、全球政治经济学、全球治理和中国政治经济学。张博士的博士研究课题探讨了中国在全球金融治理体系中的政策波动，并提出了一个二阶段模型（Two-Stage Model）来对这一政策波动进行解释。其主要研究成果见诸国际学术杂志、学术编著以及国际会议的发言稿。

译者序

历时半载，《国际政治经济学（第四版）》一书的翻译工作终于在一个淅淅沥沥下着小雨的傍晚正式完成。作为罗伯特·奥布莱恩教授（本书的主要作者之一）的博士研究生，本人拜读过奥布莱恩教授的很多著作并对其主要的学术观点和理论有比较深入的了解。这一师生关系无疑给本书的翻译工作带来了很多便利，使我得以和奥布莱恩教授当面讨论原书中的很多问题并保证本译著在最大程度上呈现原著的内容和思想。翻译工作是辛苦但充满乐趣的，是枯燥但富有成就感的。尤其当翻译的内容和本人的研究密切相关时，思想的碰撞和交流、文化的冲突和融汇、学术观点的争论和共鸣使本人备受启发，受益匪浅。中国的政治经济自然而然地成为了受到启发的主题。虽然本书采用了一个全球的视角，但中国政治经济的历史和现在都是这一全球视角里的重要组成部分。正是这一原因使本人坚信本书将对中国的政治经济学研究做出一定的贡献，并成为中国相关专业学生的一本必不可少的教科书。此外，理论探讨与经验分析的结合、历史分析和时政研究的结合以及全球分析和国别/区域分析的结合使本书所涵盖的内容更加全面，分析的方法更加客观。本书所呈现的不是一家之言，也不是无休止的争论，而是一种全面、客观地理解全球政治经济的理念和方法。希望这种理念和方法能帮助读者了解一个真实的全球政治经济体系。

张发林

加拿大汉密尔顿市

2016年1月14日

第四版前言

正如之前的几个版本一样，本书的目的是为读者提供一个理解和解释全球政治经济发展的工具。因此，相对于之前的几个版本，本书的主体结构并没有大的变化。这一结构由以下几个部分组成：对理论观点和方法的讨论、对世界经济历史演变的回顾以及对全球政治经济的主要框架体系的考察。这一结构被证明是成功的。然而，我们也认识到了当今所发生的一些事件的重要性，并自2010年所出版的第三版以来对一些章节进行了修改，以使其将全球政治经济体系里近期所发生的重要变化考虑在内。金融危机的持续发展并向欧洲传播便是其中一个主要的变化。

能够继续一起创作本书的第四版，我们乐此不疲并甚感荣幸。我们想要借此机会感谢本书以及之前几版的匿名评审为我们提出了详细且十分有益的建议。很多人积极地参与到了关于本书的问卷调查之中。他们的意见和评论使我们大受裨益。同时，我们还感谢现在和之前在萨塞克斯大学、新南威尔士大学以及麦克马斯特大学的同事和同学。来自其他大学的许多老师和学生同样也给我提出了十分有益的反馈意见。两位麦克马斯特大学的学生给予了这一新版本的创作很大的帮助。张发林（本书译者）对本书中的表格进行了更新并添加了一些新的表格。阿马冈·特克（Armagan Teke）辅助我们管理与本书相关的网站。最后，我们还要感谢出版商史蒂文·肯尼迪（Steven Kennedy）给予我们大量的支持以及及时且中肯的建议。虽然我们诚心感谢每个给予我们帮助的人，但是文责自负。

罗伯特·奥布莱恩
马克·威廉姆斯

目　录

专栏、表格、图表及地图目录

专栏

表格

图表

地图

缩略语表

APEC，Asia-Pacific Economic Cooperation（亚洲太平洋经济合作组织）
ASEAN，Association of Southeast Asian Nations（东南亚国家联盟）
BIS，Bank for International Settlements（国际清算银行）
CEDAW，Convention on the Elimination of All Forms of Discrimination Against Women（《消除对妇女一切形式歧视公约》）
COP，Conferences of the Parties（缔约方会议）
DDA，Doha Development Agenda（多哈发展议程）
ECB，European Central Bank（欧洲中央银行）
EEC，European Economic Community（欧洲经济共同体）
EOI，export-oriented industrialization（出口导向型工业化）
EPZ，export processing zone（出口加工区）
ERM，Exchange Rate Mechanism（汇率机制）
EU，European Union（欧洲联盟）
FDI，foreign direct investment（外商直接投资）
FOC，flag of convenience（方便旗船）
FSF，Financial Stability Forum（金融稳定论坛）
G5，Group of 5（五国集团）
G7，Group of 7（七国集团）
G8，Group of 8（八国集团）

G20，Group of 20（二十国集团）

G77，Group of 77（七十七国集团）

G90，Group of 90（九十国集团）

GATS，General Agreement on Trade in Services（WTO）（世界贸易组织《服务贸易总协定》）

GATT，General Agreement on Tariffs and Trade（《关税和贸易总协定》）

GCC，global commodity chain（全球商品链）

GDP，gross domestic product（国内生产总值）

GHG，greenhouse gas（温室气体）

GNP，gross national product（国民生产总值）

GPE，global political economy（全球政治经济）

HDI，Human Development Index（人类发展指数）

HIPC，heavily indebted poor countries（重债穷国）

HIV/AIDS，human immunodeficiency virus/acquired immunodeficiency syndrome（人类免疫缺陷病毒/获得性免疫缺损综合征）

IBRD，International Bank for Reconstruction and Development（国际复兴开发银行）

ICFTU，International Confederation of Free Trade Unions（国际自由工会联合会）

ICT，information and communications technology（信息和通信技术）

IEOs，international economic organizations（国际经济组织）

ILO，International Labour Organization（国际劳工组织）

IMF，International Monetary Fund（国际货币基金组织）

IMS，international monetary system（国际货币体系）

IPE，international political economy（国际政治经济学）

IPR，intellectual property rights（知识产权）

IR，international relations（国际关系）

ISI，import substitution industrialization（进口替代工业化）

IT，information technology（信息技术）

ITO，International Trade Organization（国际贸易组织）

LDC，least developed country（欠发达国家）

MAI，Multilateral Agreement on Investment（WTO）（世界贸易组织《多边投资协定》）

MDGs，Millennium Development Goals（千年发展目标）

MDRI，Multilateral Debt Relief Initiative（多边债务减免倡议）

MERCOSUR，Southern Common Market（南方共同市场）

MFA，Multifibre Agreement（WTO）（世界贸易组织《多种纤维协定》）

MFN，most favoured nation (最惠国)

NAFTA，North American Free Trade Agreement (《北美自由贸易协定》)

NATO，North Atlantic Treaty Organization (北大西洋公约组织)

NGOs，nongovernmental organizations (非政府组织)

NICs，newly industrializing countries (新兴工业化国家)

NIEO，New International Economic Order (国际经济新秩序)

NTBs，non-tariff barriers (非关税壁垒)

OECD，Organisation for Economic Cooperation and Development (经济合作与发展组织)

OPEC，Organization of Petroleum Exporting Countries (石油输出国组织)

PPMs，process and production methods (生产过程与生产方法)

R&D，research and development (研究与开发)

RTA，regional trade agreement (区域贸易协定)

S&D，special and differential treatment (特殊与差别待遇)

SAPs，structural adjustment programmes (结构性调整项目)

SARS，severe acute respiratory syndrome (严重急性呼吸综合征)

SPS，Sanitary and Phytosanitary Measures (卫生和植物检疫措施)

TNC，transnational corporation (跨国企业)

TRIMs，Trade-Related Investment Measures (《与贸易有关的投资措施协定》)

TRIPS，Trade-Related Aspects of Intellectual Property Rights (《与贸易有关的知识产权协定》)

UN，United Nations (联合国)

UNCED，United Nations Conference on Environment and Development (联合国环境与发展会议)

UNCHE，United Nations Conference on the Human Environment (联合国人类环境会议)

UNCTAD，United Nations Conference on Trade and Development (联合国贸易与发展会议)

UNDP，United Nations Development Programme (联合国开发计划署)

UNFCCC，United Nations Framework Convention on Climate Change (《联合国气候变化框架公约》)

UNHCR，United Nations High Commissioner for Refugees (联合国难民事务高级专员)

UNICEF，United Nations Children's Fund (联合国儿童基金会)

WHO，World Health Organization (世界卫生组织)

WTO，World Trade Organization (世界贸易组织)

导 论

本教材的目的是对国际政治经济学（international political economy，IPE）研究做一个深入浅出的介绍。为实现这一目的，本书采用了两个可以使其区别于其他国际政治经济学教材的方法。第一，本书运用了历史分析法研究国际政治经济学，为学生、感兴趣的公众和学者提供了一个关于现代全球政治经济学形成过程的概述。本书并不是从分析当代全球政治和经济结构入手的，而是力图讲述一段易懂且简要的发展史，这一发展史概括了形成当前国际政治经济形势的重要因素。在教学中我们发现，让学生能够深刻地理解当前现状的最好方法是让其先了解政治经济活动的起源。当一个由欧美主宰的世界逐渐变化为一个更加多元化的未来世界时，这一方法就显得尤为重要了。第二，本书不仅仅局限于将三个最主流的 IPE 理论观点（经济民族主义、自由主义和马克思主义）作为其分析的框架。通过讨论一系列国际政治经济的主题、问题和观点，本书还力求反映出 IPE 学术在过去 30 年里的发展以及主流和非主流学者间的主要争论。从 20 世纪 80 年代第一波 IPE 著作的出现开始，如斯佩罗（Spero，1981）、吉尔平（Gilpin，1987）、斯特兰奇（Strange，1988）、吉尔和劳（Gill and Law，1988），非传统的 IPE 研究方法便获得了更多的发展。生态主义、新葛兰西学派以及后结构主义现已和传统的理论展开竞争，并让我们对一些老问题有了新的了解。一个融合了国际政治经济的物质因素和观念因素的分析框架是本书所使用方法的核心。

本书计划

本书被分为三个部分。第一部分考察主要的理论、该领域在社会科学中的定位以及重要的方法论问题（第一、二章）。离开了 IPE 理论，我们无法通过研究具体的“事实”正确地理解国际政治经济学的复杂内容，因为经济和政治变化的意义和影响往往是有争议的，而且一直是被争论的。第一章将介绍国际政治经济学中相互竞争的理论观点，其中包括经济民族主义、自由主义和评判性理论，着重介绍这些理论关于合作和冲突的不同行为主体、动力和观点。在讨论每一种理论观点时，我们将引用这些理论的一位杰出支持者的著作，以便介绍这些理论观点是如何被发展并构建起来的。这一章的最后会比较相互竞争的各种观点。第二章将解释 IPE 在一系列学科如经济学、政治科学、政治经济学和国际关系学中的定位，讨论研究国际政治经济学的方法，如案例分析、理性选择、制度主义和构建主义。我们将举例说明一位学者（John Ruggie）是如何在其学术创作和在联合国的工作中采用并改进一种研究方法的。这一章最后将分析当今 IPE 理论的趋势，并提出本书自己的理论方法。

第二部分（第三、四、五章）讨论以欧洲为基础的世界经济体系的演变和最终统治地位的形成。第三章阐述区域经济转变和当代全球经济体系开始形成的主要历史进程。这一章主要由两节组成，第一节将对比不同的区域政治经济体——16 世纪早期的中东、中国、印度、非洲、美洲和欧洲，第二节讲述以欧洲为中心的国际政治经济体系向世界其他区域的扩张，即非洲、美洲和亚洲。这一章强调了各种扩张的方式，如奴隶制度、大屠杀、战争和贸易，并会对这些多样性的欧洲—非欧洲之间的互动方式进行评估。第四章将讲解从 1800 年至 1945 年自由主义世界体系的兴衰。这一章先着眼于 19 世纪中期英国权力的国内和国际基础、“英国强权下的世界和平”（Pax Britannica）作为一个国际治理结构的发展以及 19 世纪帝国主义的崛起，最后分析欧洲的衰落和陷入战争与经济萧条的世界。第五章把注意力转向了 1945 年以后。该章的第一节考察冷战时期以及截然不同的西方、共产主义和南方（发展中国家）政治经济体。第二节则注重 1989—2010 年的冷战后时期，重点讨论了各种形式的资本主义及其所伴随的国家转型之间的竞争、信息革命的影响以及国际组织作为一种全球治理形式的兴起。

第三部分（第六章至第十五章）强调国际政治经济学近代的新变化。从某种意义上讲，国际政治经济可以被视为一个整体，如本书第二部分所做的那样。但是从另一种意义来说，它却包含着不同的结构或者体系，且每一种结构和体系都有自己的行为主体、过程、机构以及规则。当然，许多行为主体参与了不止一个体系，这些体系是相互联系的。然而，与标准的经济学和政治经济学教材相同，我们将世界经济多种多样的行为归纳成几个特定的主要体系。我们并不认为这些体系中的任何一个占有主导地位，但是却认为本书中所分析的十个体系（贸易、生产、金融、劳工、性别、发展、环境、观念、安全和治理）组成了世界经济活动的关键领域。第三部分中每一章的内容均被分为四节，即定义、理论观点、主要发展和主要问题。有关定义的这一节将介绍在某一体系分析中常见的关键术语和概念。其目的不是提出权威的定义，而是讨论与理解这一体系相关的主要问题。涉及理论观点的这一节对提出与国际政治经济体系的规范性要素相关的主要问题十分重要。它显示出知识在国际政治经济体系或结构的构建上的重要性。在我们的分析中，知识和知识主张（knowledge claims）是这一体系的共同组成部分。换句话说，知识是存在于这一结构内部的，并且是十分必要的组成部分，而不是一个来自外部的思考。能算做知识的只有政治经济体系的核心特征，而不包括那些次要特性。行为主体所拥有的关于因果关系的价值观念将影响他们的行为。在世界经济里，国家、政府、企业、国际组织和社会运动的行为主体对其所审查的问题有着相互冲突的观点。与本书的历史研究法相一致，涉及主要发展的这一节回顾了这些体系自 1945 年以后的主要变化。最后，在每一章中我们将重点关注三个当前的问题，虽然其他一些同样重要的问题并没能在本书中讨论，但是我们所选择的问题既有实时性，又与国际政治经济和其各种理论观点的发展密切相关。

全球化

对于一本创作于 21 世纪初的国际政治经济学教材来说，忽略全球化现象是不可思议的。关于所谓的“全球化研究”，支持者和反对者展开了激烈的争论。本书所关注的一些问题涉及了全球化的讨论。首先，关于全球化争论的中心问题之一是全球化的历史证据。在描述全球经济变化的范围、本质、深度和广度时，本书对这一讨论做出了贡献。此外，鉴于全球化是一个历史变化的过程而不是一个特定的状态，本书中所提及的证据有助于评估这一过程。其次，在描述现代国家的演变时，本书还涉及了全球化讨论的另一个中心问题。我们揭示了现代国家的历史发展，并因此而质疑将国家概念简约化的观点。

变化的全球化本质影响了我们在第三部分中的分析。我们相信，从 20 世纪 70 年代早期以来，加剧的全球化已经改变了世界政治经济。世界政治经济已经从一个国家与国家之间的问题变成了一个全球的问题。一些人认为全球化的讨论被过分渲染（Hirst and Thompson，1996），但我们却认为，时间和空间对人类互相交往的阻碍被显著减少了。这一显著的变化对生产组织、产品和服务的交换、金融流通、社会性别分工、发展的可能性、全球生态、观念的传播及其影响力、对安全的追求、政治力量的动员以及国家和国际治理的形式产生了深远的影响。经济关系在世界范围内的扩散已经对治理方式和人们的生活方式产生了重要的影响。本书将在随后的章节中详细探讨这些问题。

第一部分

理论视角

第一章 国际政治经济学理论

当代国际政治经济学（international political economy，IPE）或者全球政治经济学（global political economy，GPE）是大学学科设计里比较年轻的一个领域。这一章为读者介绍三个主要的理论。第二章介绍 IPE 和其他一些学科的关系，讨论一些 IPE 的研究方法，并考察 GPE 理论的未来发展方向。

理解全球政治经济

1996—1997 年间，小部分投资者和货币交易者开始怀疑泰国经济能否保持高速增长。出于担心经济下滑和利益的减少，一些投资者开始从泰国撤出资金和投资。这一资金流出迫使泰国中央银行贬值其货币——泰铢。这就开启了 1997 年亚洲金融危机的序幕。随着危机的蔓延，几个亚洲国家遭受了经济萧条；印度尼西亚政府被推翻；之前被称为经济奇迹的国家，例如韩国，也被迫向国际货币基金组织（International Monetary Fund，IMF）寻求贷款，国际金融体系的稳定性遭到了质疑。

虽然 1997 年亚洲金融危机无疑是全球政治经济的一个显著发展，但是其爆发的原因、最主要的影响和关于防止类似危机再次出现的教训并不是立刻就清晰可见的。的确，关于这次危机的解释有着几个不同的版本（见表 1.1）。自由主义的解释认为危机主要是因为亚洲国家所采取的金融政策（McLeod and Garnaut，1998）。这种观点认为，腐败的商业行为及对金融机构施加的政治影响使得资源使用效率低。“裙带资本主义”（crony capitalism）这一术语就是用来形容这种不合时宜的政治经济模式的。这次危机带来的教训是，金融市场最终将会惩罚违背或忽略自由经济原则的市场行为。因此，发展中国家解决危机的办法是使金融行为更加透明并采用更加自由的经济模式。

表 1.1　　亚洲金融危机的解释

	自由主义	国家权力	批判性理论
原因	裙带资本主义、透明度缺乏	过度自由化、国家监管能力的削弱	掠夺性自由主义，金融权力、系统性缺陷
主要问题	腐败、自由经济行为缺乏	欧美模式和亚洲模式的冲突	金融体系崩溃带来的损失
教训	增加发展中国家的透明度和约束其不好的行为	通过国家政策有限度地进行金融监管	改革国际金融体系、保护国家金融体系

第二种解释强调国家权力在此次金融危机爆发中的作用（Weiss，1999）。据此观点，问题的出现是由于发展中国家过早地开放其经济并允许大量资金快速地流入和流出这些国家。这损害了东亚政治经济模式并导致了危机。这一观点强调美国是如何利用亚洲金融危机这一机会，迫使一些国家按照有利于美国商业的模式进行结构调整的。在亚洲金融危机期间，亚洲国家试图反对美国在 IMF 中的提议，以降低这一特定形式的资本主义对其带来的损害（Higgott，1998）。亚洲金融危机的教训是：国家必须更加谨慎地开放其经济活动并重视对国家利益的保护。

第三种解释（批判性的）重点关注美国私有商业利益和美国政府在创造危机爆发条件中的角色。这一观点认为，美国政府给发展中国家施压，要求其开放经济，因为这符合美国财政部和华尔街主要金融公司的利益（Wade and Veneroso，1998）。一旦危机爆发，这些利益集团便会给 IMF 施加压力，以要求亚洲经济体进行经济结构调整，调整的方式是让这些亚洲市场对美国公司开放。这种解释也同样强调金融崩溃所带来的巨大损失以及这种损失在各地的差异性。例如，印度尼西亚经济的崩溃使数以百万的人口陷入贫困，但对发达国家金融利益的影响相对甚微。照此观点，国际金融体系促使资金在国家间快速流动，并促成了金融危机在世界许多地方反复发生（Walton，2002）。遏制金融投机的措施势在必行，例如对大笔短期外汇交易征税。国家同样还应考虑限制投资者将资金迅速地转移到国外。

亚洲金融危机这个简短的实例显示出同一事件可以用不同的方法进行分析。的确，对于大多数主要的发展，我们往往会有不同的解释。事实不是独立于我们的解释框架而存在的。事实是我们认为与真实情况一致的各种信息，但是我们理解和判断的方式却是受理论影响的。为了深刻地了解这个世界并使我们能够采取建设性的行动，人们提出了各种理论，这些理论帮助我们决定哪些事实是重要的以及不同事件之间的重要关系是什么。理论的使用通常有以下目的：

- 它能够为信息排序并使人们把注意力集中到最重要的问题上。
- 它能够被用来预测未来，以便我们能够对即将发生的事情做好准备。
- 它能够被用来计划我们的行动或者发起对特定行动的动员。

虽然大多数人并没有直接参与到理论的建立过程中，但是每个人都运用理论经营着自己的生活。

国际政治经济中的参与者和研究者出于不同的目的使用各种理论。一些人对预测感兴趣。例如，一些人希望能够预测什么样的货币体系有利于经济稳定增长，或者预测民主国家间战争的可能性。另一些人认为预测几乎是不可能的，因为许多因素共同影响着事件的发生。相反，这些人更愿意利用理论来解释这个世界。

本书中，我们描述并使用一些理论指导我们理解这个世界。IPE 的发展呈现出三个主流理论流派、范式或方法间相互争论的状态。在措辞上，一些评论者使用的是相互竞争的理论范式，一些则倾向于不同的理论流派，另一些则使用相互竞争的方法。对于本书的目的而言，使用理论、范式、流派还是方法都没有什么本质的区别，关键是用这三个主流的相关竞争的观点来解释国际政治经济的发展。虽然分析者区别了这三种方法，但每一种方法又包含着各种不同的思想分支且许多 IPE 著作同时参考这些不同的分支。此外，还有一些别的理论方法对 IPE 研究做出了贡献，如环境主义、女权主义和后结构主义。这些理论将在后面的章节中介绍。这里我们首先介绍历史最悠久的理论方法——经济民族主义。

经济民族主义理论

一个理论流派把侧重于国际政治经济塑造过程中国家的作用和权力重要性的分析者聚集在了一起。这些理论强调民族或国家利益在理解国际关系（international relations，IR）活动中的重要性。这类理论被不同地命名为“重商主义”、“新重商主义”、“国家主义”、“基于国家的理论”（state-based theory）、“权力政治”或“经济民族主义”，其在 IR 中相应的理论是现实主义。本书使用“经济民族主义”，因为这种分析的中心思想是将国家作为一个统一的整体加以保护。隐含的经济论证可能会改变，但经济交往的目的是不变的。

这一理论流派的起源可追溯到 15 世纪，民族国家在欧洲出现并发展。19 世纪中期，自由主义革命在英国发生以前，重商主义一直是管理许多国家行为的政治经济理论。重商主义者相信，世界上的财富是有限的，每一个国家都应该通过限制其他国家的利益来保证自己的利益。这就是著名的“零和博弈”（zero-sum game）。一个国家的收获是另一个国家的损失。从 15 世纪到 19 世纪，欧洲国家致力于建立尽可能自给自足的海外帝国，与相邻的敌对国殖民地开展贸易是不受鼓励的。

重商主义理论的两个著名的拥护者是亚历山大·汉密尔顿（Alexander Hamilton）（[1791] 1991）和弗里德里希·李斯特（Fredrick List）（[1885] 1991）。汉密尔顿是美国的开国之父。在其 18 世纪 90 年代的著作里，他督促美国对制造业予以保护，使其免于国外竞争并由此增加这些行业的工业化水平和实力。大约一百年以后，李斯特提出德国应该在贸易壁垒的保护下开展工业化，以便它能迅速地从经济实力上追赶大英帝国。他相信只有经济实力强的国家才会支持自由贸易政策，因为随之而来的竞争将使其他国家利益受损。19 世纪早期，大英帝国引领了工业革命的步伐，并开启了自由国际贸易，同时，德国和美国则采用了更倾向于经济民族主义的政策。

研究当代全球经济的学者们所关心的一个主要问题是重商主义思想是否依然存在。可以断定，完全基于国家权力的经济理论似乎变得与这个全球化的时代不相关联。这一观点也许是正确的，但是当代的经济民族主义理论不应该被忽略，尤其是当全球政治经济又重现一些早期的特征时。一方面，在全球政治经济里国家依然是核心力量，另一方面，权力和财富间有着密切的联系。无论是被叫做“新重商主义”还是“国家主义”，经济民族主义思想一直对当代全球经济的分析和实践有着重要意义。例如，国家可能会对一些有战略意义的行业进行保护或者在很长一段时间内尝试维持贸易顺差。日本就一直被指责是一个重商主义国家，因为与其他先进的工业化国家相比，其经济相对封闭。甚至那些被视为拥护自由贸易政策的国家，如美国，也会在特定行业里采用经济民族主义政策。例如，美国使用国防开支支持其商业航空业。

□ 主要行为主体

经济民族主义或重商主义理论认为国家是国际政治经济的主要行为主体。经济民族主义的一个主要假设是政治优先于社会生活的其他方面。国家主义学者（statists）注重群体（国家或民族）而不是个体。经济民族主义思想是从两个重要的假设开始的。第一个假设是国家间体系是无序的（anarchical），因此每一个国家都有职责保护自己的利益。各种历史版本的经济民族主义都有一个共同的核心——经济社区的行为一直是为了捍卫成员的利益。第二个假设是关于国家在政治生活中的优先地位。由于国家是人们可以实现其目标的核心工具，因此国家一直是国内和国外政治经济领域的主要行为主体。经济政策应该被用来建立一个更加强大的国家。

从这一观点出发，国家优先于市场，市场关系是由政治权力塑造的。经济民族主义既是描述性的，又是预测性的。描述性经济民族主义者认为，生产、消费、交换和投资都被政治权力所管理。市场不是自然形成的，只能在社会背景下存在。对重商主义者而言，政治需要及政治目的主要是通过国家的形式实现的，国家位于社会生活的中心。但是，除了描述以外，经济民族主义者同样也提出政策建议。考虑到他们对政治经济动态的分析，这些建议都是支持和维护国家权力的。

经济民族主义者承认市场行为主体的重要性，比如公司，但是他们认为这种重要性是从属于国家的。基于这一观点，跨国公司（transnational corporations，TNCs）的经济权力是得到认可的，但是整体而言，这些公司的权力是有限的，最终公司受制于国家指令。公司之所以变成重要的经济行为主体，仅仅是因为国家放弃了监管或者减少了对资金流动的控制。当公司遇到经济或者政治麻烦时，它们会立刻向自己的国家寻求保护。

□ 主要动态

从经济民族主义者的角度而言，国际政治经济是由理性国家的行为组成的。如果国际关系被理解成对权力的追求，那么国际政治经济则是对权力和财富的追求。国家确保其公民从国际生产和交换中获得利益的能力决定了国家的命运。市场关系是权力和财富的重要指标，但市场是被国家的活动所管理的。经济活动从属于政治目的和目标。更进一步，经济参与者受政治权威的管理。国家重要性的结果是，国际经济关系变成了国际政治关系。据此，全球经济是从属于国家政治体系的。

持有这一理论的 IPE 学者认为全球经济的本质反映了最强大国家的利益。例如，克拉斯纳（Krasner，1976）认为当一个国家主宰国际体系时，自由贸易体系最有可能形成。这个处于统治地位的国家或者霸权在维护自由贸易体系中充当领导者，并承担短期的成本。分析者，如吉尔平（Gilpin，1981），认为国家间权力分配的变化增加了国际体系中冲突的可能性，因此，我们应更多地思考大国的兴衰（Gilpin，1987；Kennedy，1987）。在关于全球化的激烈争论中，我们能听到防御性和怀疑性经济民族主义的声音。防御的姿态主要来源于对全球化阻碍国家实现其目标的担忧。当然，这仅仅只是经济民族主义者对经济交换长期持有的怀疑的延续。不像自由贸易的支持者，经济民族主义者相信贸易收益是不平等分配的，贸易对那些拥有更大经济和政治权力的国家更有利。因此，防御性经济民族主义者将全球化视为一个威胁，并试图减小其影响。另一方面，怀疑性经济民族主义者拒绝接受许多当前对于全球化的自由主义观点。他们声称全球化在很大程度上是一个神话，国家的权力并没有被削弱。由于经济参与者附属于政治权力，这些分析者认为是国家创造出有利于全球化的政策环境，而且国家可以通过改变其政策来改变这个环境。此外，由于国家依然是强大的行为主体及现代世界中唯一合法的政治权力中心，可以断言，全球政治经济并没有发生显著的变化。

□ 冲突和合作

在国际关系理论里，强调国家优先、国际关系的无序本质以及冲突的必然性的现实主义为经济民族主义思想提供了基础。如果现实主义是国际政治学中的一种理论，那么经济民族主义则是政治经济学中相对应的理论。两者对国家和权力在社会生活中的角色具有相同的看法。基于权力的理论，如经济民族主义和现实主义，认为世界是无序的，缺乏一个核心权威。无止境的冲突和对权力的追逐成为了国家间关系的特征。

国际经济关系因此被视为一个零和博弈，在其中，一方的获益必将伴随着另一方的损失。这一体系的结构被视为冲突性的。虽然经济民族主义者相信市场关系可以是积极的，但是他们也同样认为市场活动可以是消极的。由于参与市场活动存在潜在的消极性，经济民族主义者主张国家控制主要经济活动或者对重点经济领域施以国家援助。经济民族主义观点持续的重要性在当今的生产、消费、贸易和投资方面显而易见。就生产而言，主张在国内生产某些商品或服务的观点带有明显的经济民族主义色彩。这一色彩同样体现在国家安全方面，即一国不应该依赖于进口一些特定商品，因为在冲突期间，这些商品可能无法获取。国家所保护的领域有所不同。例如，法国保护它们的农业领域，而美国则保护国防科技。这一色彩在对一国文化价值的保护上同样可见。经济民族主义者认为，对于许多国家而言，在国内生产特定的文化产品是十分重要且必要的。就消费而言，经济民族主义的观点被用来反对文化帝国主义，即其支持这样一个观点：一些产品的进口将通过传播外国价值观破坏本国文化。自由主义主张消费主权至上，而经济民族主义则认为保护本国价值体系更加重要。从前文中，我们很容易理解经济民族主义者是如何在交换中支持对国内行业的保护的。此外，经济民族主义观点还试图限制外国投资和支持本国投资者之于外国投资者之权利。

□ 经济民族主义的今天

虽然在国际政治经济里被主要国际组织和经济理论家所拥护的是自由主义，但是经济民族主义依然影响着我们的思想和行为。即使国家承诺开展自由贸易，它们依然保护国内市场免于国际竞争。虽然随着关税的降低保护主义已经减少，但是许多排斥外国产品的机制依然存在。第六章将介绍国家是如何利用各种理由限制贸易的，如健康和安全、环境、文化、就业和幼稚产业。如教育和医疗保健等服务贸易是尤为敏感的领域，在这些领域里国家不愿开放并使其暴露于国际竞争之中。

与自由主义相反，国家积极地支持特定行业。许多发展中国家依靠政府促进经济发展，保护国内行业免于竞争和给一些特定行业融资。中国经济令人瞩目的增长正是因为政府限制外国投资，采用行政干预使货币价值被低估，并通过五年计划为特定行业注入资金。整体而言，中国受益于一个更加自由和开放的经济体系，但是在追求发展的过程中，中国采用的却是经济民族主义政策。

在经济萧条时期，经济民族主义政策会带来更多的担忧。当经济增长变慢时，政治家和公众都认为有必要采取措施支持民族经济，并因此希望增加对外国经济和企业的限制。这些措施可能会招致他国的报复以及世界市场的关闭，降低了通过贸易发展经济的可能性，并因此损害所有国家的利益。20 世纪 30 年代的保护主义政策被指责加剧了经济大萧条。这一教训也被用来反驳经济民族主义政策的支持者。

直观上，经济民族主义理论可以用弹珠游戏来表示。弹珠就是国家，有着不同的性质、设计、大小、力量和外形，它们在一个决定胜负的竞争中相互碰撞（见图 1.1）。

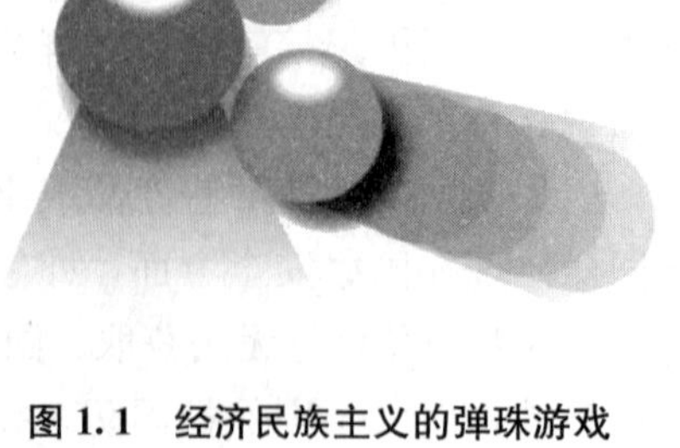

图 1.1　经济民族主义的弹珠游戏

专栏 1.1

人物资料：苏珊·斯特兰奇（Susan Strange）——非传统的现实主义者

苏珊·斯特兰奇（Susan Strange，2002）承认她从没想过要成为一名教授。但是在新闻行业（《观察家报》和《经济学家》）和一个英国外事研究所 Chatham House 工作后，她最终成为了伦敦政治经济学院和华威大学的一名教授。斯特兰奇理论观点的特征很难被清晰地总结（Tooze and May，2002）。它含有浓厚的权力政治或经济民族主义色彩，因为它强调权力并注重主要国家在构建全球经济中的政策。通过建议学生注意利益的重要作用并不断提问“谁受益”，斯特兰奇采用了现实主义方法。然而，她的著作却不是正统的现实主义作品，因为她建议观察者考虑市场、企业和技术革新在改变国家所处环境中的作用。在与美国 IPE 学者的一系列交流中，斯特兰奇不断地反对主流的美国 IPE 观点，认为对于制度的研究是赶时髦并错误的（1982），在 20 世纪 80 年代美国的霸权并没有衰弱（1987），且全球化正在改变国家主权的本质（1996）。

斯特兰奇将 IPE 视为一种理解世界的方法，这种方法强调市场和主权之间的关系。她认为 IPE 应该是国际关系和国际经济的交叉学科。她的主要理论方法都呈现在 1988 年的一本教材 *States and Markets* 中。这本教材认为，除了关系性实力（relational power）（A 强迫 B 执行 A 的意愿）以外，实力还来源于结构。结构性实力（structural power）是在特定领域里塑造游戏规则的能力。那些为个体的活动创造操作框架的国家比其他国家拥有更多的排除某种可能性和左右某种结果的实力。斯特兰奇提到了四种主要的权力结构（安全、生产、金融、知识）以及四种次权力结构（运输、贸易、能源、福利）。斯特兰奇解释道，由于美国在主要结构上拥有显著的结构性实力，因此美国实力衰退的言论是错误的。

在 20 世纪 90 年代，斯特兰奇将更多的注意力转移到了非国家行为者。在与商学院教授的一本主要合著（Stopford and Strange，1991）中，他们认为，传统的关于国家间行为的外交概念必须被拓展并纳入国家—企业和企业—企业间的相互关系。在随后的一本著作中，斯特兰奇（Strange，1996）认为行业协议、官僚机构甚至黑手党等类似的组织正在开展跨国活动并损害国家的主权。

斯特兰奇大多数的实证分析都是在金融和信贷领域。她认为创造和控制信贷是国际经济中实力的一个重要来源。与其现实主义的背景相吻合，她将自由化和全球化的起源追溯到了霸权国家的某些决策或者无作为。金融被全球化是因为这符合霸权国家的利益（主要是美国和英国）。然而，斯特兰奇也担心国家对金融流动的不合理监控将使现有的体系转变成“赌场资本主义”（casino capitalism）（1986）。她担心的是金融崩溃的扩散将导致一个封闭性的全球经济（1998）。斯特兰奇对于在英国建立一个交叉学科的 IPE 研究领域起到了重要作用。她在金融领域的开创性研究启发了新一代学者探索在信贷问题里的权力关系。斯特兰奇坚持认为 IPE 应该是一个知识探索的开放领域。这一观点将不同领域融入了IPE研究并影响了英国IPE的发展。她对美国IPE的犀利批评给英国学者和学生们提供了更广阔的空间去提出新问题并使用新方法。

自由主义理论

与经济民族主义相比较，自由主义者要么强调个人，要么研究从国家到企业再到利益集团等一系列其他的行为者。他们不把国家看做一个统一的行为主体，而是认为国家被许多因素所影响。他们认为冲突是可以避免的，并积极探索国家合作的条件。他们常常贬低武力和胁迫在人类事务中的作用，强调个人行为选择或通过谈判达成一致的能力。自由主义者视国际体系是相互依存而不是无序的。在自由主义视野里，国家和人民可以为共同的利益而合作。不同于经济民族主义所主张的零和博弈，自由主义者看到的是一个正和博弈，即蛋糕在不断变大，每个人的份额也在变大。专栏1.2讨论了相对收益和绝对收益。

专栏1.2

相对收益和绝对收益

经济民族主义和自由主义在很多方面的不同都可以追溯到相对收益和绝对收益的不同。相对收益指的是一个行为者相对于另一个行为者表现得好或坏。绝对收益指的是相对于前一时期，一个行为者是否得到了经济改善。经济民族主义者和他们在国际关系中的表亲（现实主义者）认为，由于国家正在彼此之间开展竞争，因此他们主要考虑的是一国相对于其竞争对手的表现，一种安排是否会加大或者缩小国家间的差距。相比之下，自由主义者相信国家都是理性的，并支持能够最大化增加其绝对财富的措施。

举例说明，假设让美国选择两个管理其与中国未来20年关系的经济协议。在协议A里，两国对彼此间的贸易进行精心的管理和控制，因此，美国和中国经济都将以年均2%的速度增长。在协议B里，两国开展自由贸易，美国将获得5%的年经济增长率，而中国的年增长率将达到10%。

经济民族主义者可能会选择协议A，因为它给两国带来了相同的收益，而协议B使中国增长得比美国更加迅速。自由主义者可能不会同意这种选择。他们认为美国应该签订协议B，因为它将使美国以5%的速度增长，而不是协议A中的2%。自由贸易制度将比管理贸易制度给美国带来更多的财富。对相对收益的关注将使得政策制定者倾向于协议A，而注重绝对收益的政策制定者将选择协议B。你认为美国应该如何选择呢？

政治经济学的自由主义理论出现于18世纪和19世纪的英国，是伴随着工业革命而出现的。它对经济民族主义思想提出了批评，认为贸易保护和经济活动限制实际上使国家变得更加贫穷。苏格兰的道德哲学家亚当·斯密（Adam Smith）（[1776] 1983）提倡商业自由化，并通过创造更大的国家和国际市场以增加每个人的财富。英国人大卫·李嘉图（David Ricardo）（[1817] 1992）引入了比较优势这一创新性的理论。这一理论说明了无论国家间是否存在竞争，所有国家都可以从自由贸易中获益。

今天的全球经济在很大程度上是根据自由贸易原则被管理的。自由贸易、资金自由的流动以及所有形式经济活动的不断自由化是贸易体系所追求的目标。然而，自由主义思想也存在不同的分支。一种观点认为在被企业主宰的无国界世界里，国家正在逐渐消失。自由制度主义（Keohane and Nye，1977）则强调国家的持续重要性，但认为国家受制于国家间的相互依存和国际组织。第三章中提到的兰德斯（Landes，1998）的著作则采用了另一类自由主义方法，认为接受自由主义价值观者在全球经济中最为成功，并暗示欧洲和西方人可以自由选择这些价值观。然而，兰德斯并不赞同个人选择比文化制度更加重要。

□ 主要行为主体

自由主义理论有几个主要的行为主体。对自由主义者而言，分析的起点是个人。自由主义经济理论（新古典经济理论是其一个分支）是从分析个人的欲望和偏好开始的，并以此为基础构建了一个强有力的解释框架。在关于全球经济的分析里，自由主义理论强调个人、企业和国家的行为。与经济民族主义不同，主要的经济行为主体是个人而不是国家。个人对自我利益的追求将使社会经济交换的利益最大化。在自由主义理论里，企业同样起到重要的作用。不同于一定程度上质疑企业的重商主义者，自由主义者将企业视为经济财富的一个来源，而对国家的态度却不太友好，因为他们认为国家将政治带到了经济领域。自由主义者相信个人自由地参与生产、交换和消费将使所有人和社会受益，而国家干预的介入扭曲了利益并为市场参与者增加了成本。为追求自我利益而自由地参与经济交换的人们创造了一个全社会的利益和谐。从自由主义的角度来看，跨国公司是一股积极的力量，它们给母国和东道国都带来了益处。对母国而言，跨国公司代表着科技、管理技术和资本的完美结合。对东道国而言，跨国公司通过资本和技术的转移以及对新市场的进入促进了其经济。

□ 主要动态

对自由主义理论家而言，市场位于经济生活的中心。不同个体在追逐自我利益的过程中的相互交往带来了经济发展。自由主义者承认市场关系不总是最优的，他们常常认为对市场的干预最有可能导致次优的结果。当然，自由主义思想有不同的分支，既有为干预主义者和战后福利国家提供经济理论基础的约翰·梅纳德·凯恩斯（John Maynard Keynes，1936），也有提出自由市场理论并引领了 20 世纪 80 年代的新自由主义革命的弗里德里希·哈耶克（Friedrich Hayek，1944）。他们都相信市场的积极作用和市场带来繁荣的能力。然而，对于市场缺陷和解决市场失灵政策的重要性，他们却有不同看法。

自由主义理论家认为人们对财富的追求构成了国际政治经济。宏观上，公开市场将促进增长，带来财富，且使企业在全球范围内转移着物质财富。从这一角度而言，经济失败常常是政府干预的结果。许多自由主义理论者一直位于全球化争论的前沿。对于所谓的“超自由主义者”（hyper-liberals）而言，全球化不仅是一个现实（不可避免的现实），而且还一直是一股积极的力量。全球化消除了人为的（或政治的）壁垒，并且通过使生产力得到解放，它还对提升人类的幸福做出了贡献。因此，超自由主义者是支持全球化的。受凯恩斯主义影响的自由主义者或者持有改革主义者立场的人将特定的问题理解为不受拘束的自由市场操作，并对全球化的一些意想不到的后果十分敏感。他们支持全球化但是强调对市场改革的关注。

□ 冲突和合作

自由主义者认为国际关系和国际政治经济本质上是合作性的。的确，他们相信市场关系将导致一个对所有人都有利的结果。换句话说，经济关系是正和的。一个标准的自由主义理论范例是比较优势理论。它认为即使一国对另一国在生产所有的产品和服务上都有优势，两国之间开展贸易同样会使双方都受益。这一点在第四章和第六章中将详细解释。

自由主义的一个坚定的信念是经济民族主义政策导致了冲突。不同于马克思主义者，他们指责全球资本主义的增长引发了战争，自由主义理论家将增多的国际交往视为繁荣、和平的源泉。自由主义者关于保护主义政策和冲突之间关系的观点，以及资本主义有利于和平的论断，是其对国际经济秩序批判的核心。德国哲学家伊曼努尔·康德（Immanuel Kant）（[1795] 1991）预见了一个永久和平的时代，因为自由贸易体系、共和国家间的联盟以及对毁灭性战争的恐惧将会带来平静和繁荣。第一次世界大战渐近结束时，美国总统伍德罗·威尔逊（Woodrow Wilson）（[1918] 1986）提出贸易自由的原则、自主和利用国际组织解决国家间冲突。

二战后国际经济机构的筹划者就是这种观点的支持者。战争被认为在很大程度上是因为 20 世纪 30 年代的经济民族主义政策。受到经济大萧条的影响，政府采用了一系列保护主义措施，这些措施损害了国家对国际合作的信心。经济民族主义政策使共同安全（collective security）的基础被动摇，一个有利于独裁者的环境被创造出来。按照经济民族主义的观点，从经济竞争到军事冲突的转变是不可避免的。因此，在战后，建立国际机构以促进国际经济合作并在这些机构内建立防止国家采用竞争性民族主义政策的机制就显得十分必要。

在 IR 研究中，国际政治学和政治经济学的自由主义理论有着相同的假设，这些假设是关于国际体系的多元性和合作的可能性的。发展于 20 世纪 60 年代的相互依存论解释了 1945 年以后不断增多的经济交往和联系与西方国家长期和平之间的关系。这一解释与古典自由政治经济学相呼应。这些理论强调经济交往的经济和政治收益。相互依存作为对现实的描述和解决冲突的方法而被提出。

在 20 世纪 80 年代和 90 年代，自由主义者坚称国家合作是可能且必要的。与经济民族主义者或者现实主义者相比，自由主义者认为即使霸权国家实力衰退，国际协定或者体系依然可以维持国际经济秩序（Keohane，1984）。随着冷战的结束和 20 世纪 90 年代自由主义经济模式在许多国家得以快速传播，自由主义关于合作和发展的观点被证实。更有甚者，一些人声称历史已经结束，因为自由民主模式已经战胜了其他任何社会组织形式（Fukuyama，1992）。

□ 自由主义的今天

自由主义新古典经济学（liberal neoclassical economics）在经济学领域占有主导地位，它强调理性决策者在自由市场上的重要性。诸如世界贸易组织（World Trade Organization，WTO）等国际组织是建立在自由主义的自由贸易原则上的，IMF 和世界银行（World Bank，WB）则对寻求发展资金或贷款以渡过危机的国家宣扬自由主义。跨国公司敦促国家领导人开放其国家的市场，允许投资自由流动。许多政府官员对此观点都积极地予以配合和支持。的确，通过加入国际组织和国际经济协议，如区域或双边自由贸易协定，许多国家都和自由经济体系紧密地联系在了一起。通过使更多的国家加入其中（如中国）和扩张其所包含的范围，如服务（健康医疗、教育、儿童保育、家政），自由贸易的市场被不断地扩大。虽然自由主义占有统治地位，对自由主义理论和实践的质疑之声依然存在。

在自由主义内部，2008 年金融危机重启了自由主义者对于政府监管和政府在经济危机中的作用的争论。金融公司的自我监管是带来了经济效率还是导致了腐败和金融崩溃？政府是否应该用纳税人的钱援助银行或者允许其破产？政府应该怎样应对金融危机和经济危机？政府的任务是平衡预算还是助推经济的增长？如果经济增长停滞，政府应该怎样做？（见专栏 1.3。）

专栏 1.3

人物资料：罗伯特·基欧汉（Robert Keohane）——自由制度主义者（Liberal Institutionalist）

罗伯特·基欧汉出生于一个学术世家，1966 年从哈佛大学毕业后在美国开始了教学生涯（Keohane，1989a），并先后任教于斯坦福大学、布兰迪斯大学、哈佛大学、杜克大学和普林斯顿大学。他的研究对美国及其以外的 IPE 和 IR 研究产生了重要的影响。

基欧汉是 IPE 和世界政治研究中自由制度主义理论学派的关键人物（1989b）。这一理论认为如果国家拥有共同利益，制度或者一系列的规则和规范将对国家行为产生明显的影响。制度包括正式的国际组织、国际体制或者协议和惯例。自由制度主义是作为对 IR 和 IPE 中现实主义、权力政治或者经济民族主义的一个批判而出现的，其重点在于制度是如何帮助政府克服合作困难的。虽然基欧汉（Keohane，2002，p. 3）自己更愿意被简单地称为制度主义者，但是这个“自由主义”前缀依然是有用的，因为它指的是为这一理论观点所暗含的自由主义属性。这些属性包括注重个体以及认为合理构建的国际制度能够有助于创建一个更加人道的全球体系。基欧汉的第一部主要著作是与约瑟夫·奈（Joseph Nye）一起完成的，其认为在一些特定的时间和问题领域，现实主义或者权力政治论的假设并不成立（Keohane and Nye，1977）。他们将这一状况命名为“复合相互依赖”（complex interdependence），并认为在特定条件下国家将利用国际组织促成合作。他们还认为国家间官员的相互联系会产生一些不同于权力政治论所预测的结果。

1984年基欧汉出版了《霸权之后》（*After Hegemony*）。这本书试图解释为什么与现实主义的假设相反，即使发起那些国际协定的大国陷入相对的实力衰退，国家也一直在合作并参与国际协定。这一点是很关键的，因为许多分析者担心美国实力的相对下降会使国际政治经济变得不稳定。基欧汉认为特定领域或体系中的制度安排（如货币、石油或者贸易）所带来的好处与特定国家权力的兴衰无关。制度的存在是因为它促使了国家间谈判并使国家克服了采取集体行动（collective action）的障碍，如不确定性。基欧汉的研究使人们对制度创建和维护的相关问题更加关注。的确，制度理论（regime theory）已变成美国IPE领域的一个主要支柱。

《霸权之后》的另一个重要方面是基欧汉使用了经济学理论解释国家的行为。受解释企业活动的经济学理论的启发，基欧汉从市场失灵、交易成本和不确定性等角度分析国家的行为。市场失灵指的是在特定情况下市场使一些本来理性的行为变得不理性，并因此使得交易没有发生的现象。就IPE而言，国家可能不同意合作，因为它们不确定其他国家的动机。通过提供关于其他国家行为的信息以及增加国家间交往的可预见性，制度有助于解决市场失灵。国家在国际制度下进行合作，因为这些制度解决了一些特定的问题，如信息缺乏以及关于其他国家动机和行为的不确定性。基欧汉对经济模型和理性选择理论的使用与经济模型在美国政治科学其他领域的使用同时发生，且很好地融合在了一起。这本书的成功和这些有说服力的观点促使了理性选择方法论在美国IPE中的形成。

质疑自由主义的声音还来自那些不接受其主张的人。正如我们在关于国际贸易和发展的章节中所看到的，国家可能乐于对一个开放的自由市场出口商品或服务，但是不愿意将本国的产业暴露于竞争中。受快速的资本流动所危害，另一些国家可能试图对金融市场进行干预，以减少资本的跨国流动或者对投资进行限制。还有一些质疑自由主义的声音关注着不同的问题，如劳工权利（第九章）、性别平等（第十章）或者环境保护（第十二章）。一个常见的批评是，自由主义观点低估了有实力的公司和国家的重要性以及其扭曲和操控市场的能力。

自由主义IPE理论的一个直观示意图是蛛网（见图1.2）。这个相互依存的巨大的网络将国家、公司和个人等行为主体联系在一起，组成了一个复杂的关系网。

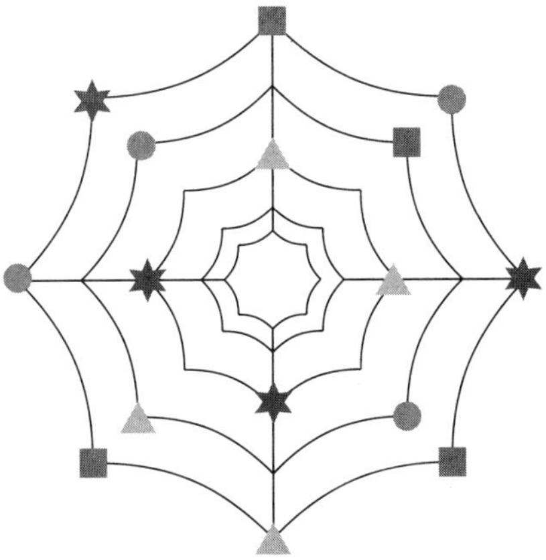

图 1.2 自由主义蛛网

批判性理论

马克思主义理论出现于 20 世纪，是对自由主义思想的一个回应。马克思主义对自由主义的批判可以从其将注意力由个人和国家转移到另一种分析客体上清晰可见。这些思想通常被称为“批判性理论”，因为它们质疑这个世界构成的方式并试图改变这个世界。它们有时还被称为“激进思想”，因为它们挑战着既定的组织形式。IPE 理论中最常见的三种批判性思想是马克思主义、女权主义和环境保护主义。后结构主义和文化政治经济学方法最近也在 IPE 研究中得以运用。这一章重点讨论马克思主义理论，女权主义、环境保护主义和后结构主义理论将分别在第十章、第十二章和第十三章中介绍。

马克思主义理论聚焦于阶级和工人的利益，而不是国家的利益。卡尔·马克思（Karl Marx）的著作创作于英国工业革命时期，它强烈反对自由主义所拥护的利益和谐的观点。马克思和其合著者恩格斯认为工人和资本家之间存在利益冲突，这种冲突只有当工人掌握了权力后才能被解决（Marx and Engels，[1848] 1977）。女权主义者同样看到了一个充满剥削的世界，但是他（她）们的理论关注的是性别关系。女权主义者试图揭示我们对性别的传统认识是如何影响社会的组成方式的。玛丽·沃斯通克拉夫特（Mary Wollstonecraft，[1792] 1992），一个 18 世纪的早期女权主义者，指责男性自由主义理论者忽略了女性在政治理论中的作用和利益。绿色理论将环境和这个星球作为研究的对象。他们探讨了人们是如何塑造环境以及被环境塑造的。起源于意大利马克思主义的新葛兰西理论强调跨国的阶级和意识形态在理解全球经济中的作用。我们使用“批判性”一词命名这些理论，因为这些理论对主流的社会制度安排都有统一的批判性态度。这里，我们重点讨论马克思主义，因为它是历史最悠久的批判性理论。

这些批判性理论强调社会里和社会间的压迫性本质，并以工人、女性和环境之名追求着公平正义。弗兰克（Frank，1998）的研究《白银资本——重视经济全球化中的东方》（*ReOrient: Global Economy in the Asian Age*）与这种形式的分析相近，因为他强调欧洲在“西方崛起”过程中对其他国家和地方资源的剥削。然而，弗兰克不同于传统的马克思主义者。传统的马克思主义者把西方文明视为人类发展的前沿，因为资本主义诞生在这里。弗兰克质疑马克思主义者的两个论断：资本主义起源于欧洲；欧洲的发展比亚洲的发展对世界历史更加重要。

□ 主要行为主体

马克思主义者将阶级作为国际政治经济中的主要行为主体。他们反对自由主义理论中的个人主义（individualism），支持经济民族主义者的集体主义方法。然而，马克思主义理论却拒绝国家主义，重点关注阶级的重要性。这一核心来源于马克思主义对资本主义关系的解释。马克思主义者断定资本主义关系是剥削性的。对于马克思主义的阶级概念，有着各种解释和批评。我们简单地认为阶级来源于人们在生产结构中所处的地位。马克思认为阶级是和生产结构相关的，这种生产结构创造了生产资料的所有者（资产阶级）和出卖劳动力的劳动者（工人）。

马克思主义者认为公司是一个剥削的工具。跨国公司有助于对工人阶级的剥削和压迫。以跨国公司的形式所进行的资本集中和积聚是帝国主义的一个主要特征。凭借此，资本主义国家占据了全球政治经济的统治地位。据此观点，国家是阶级利益的代表，而不是经济民族主义者所提出的和谐的共同利益的代表。

□ 主要动态

社会里和社会间的统治性和剥削性为 IPE 里的马克思主义理论提供了基础。不同于自由主义者，马克思主义者认为市场关系本质上是带有剥削性的。在资本主义体系里，工人无法获得合理的报酬，资本家支付给工人的工资少于其劳动的价值。马克思主义者认为国际经济关系本质上是不稳定的且易爆发冲突的，因为资本主义具有三个倾向：

（1）利润率下降的倾向：资本家彼此间展开激烈竞争，并趋向于降低工人的工资。

（2）不平衡发展的倾向：资本主义导致了不平衡的发展，一些地方的财富增加和经济增长是以另一地方的财富减少和经济衰落为代价的。不平衡发展酝酿了国家间冲突。

（3）生产过剩和消费不足的倾向：资本主义导致生产过剩和消费不足，并带来了商业周期里的经济波动，危害社会稳定。

依存理论（dependency theory）是马克思主义的一种演化，常被用来解释为什么一些国家长期处于贫困之中。依存理论认为，贫穷国家面临着巨大的发展障碍，因它们极易受到发达国家的经济剥削（Dos Santos，1970）。贫富国家之间的联系只会使穷国更穷、富国更富。世界一些地区的欠发达是由另一些地区的发展所导致的。这一思想流派曾在 20 世纪 70 年代建议发展中国家尝试建立一个新的国际经济秩序（Cox，1979）。在 20 世纪 80 年代，随着债务危机的爆发以及一些发展中国家采用自由主义经济政策，这一思想的基础被削弱。

激进的理论者出于各种原因一直反对全球化。例如，全球化被认为是一个神话或者仅仅只是当代新形式的帝国主义。根据这种观点，全球化意味着对政治经济的一种意识形态的干涉。表面上，全球化是对世界变化的一种描述，但实际上，它是一系列支持自由市场的政策建议，是增加资本和西方国家相对于劳动力及其他国家权力的一种手段，是专门为实现主要资本主义国家——美国的利益而设计的工具。从这种意义上说，全球化必须被抵制，因为它维护和增强了剥削性的联系。这种激进观点的核心是全球化并没有什么独特之处，也就是说，全球化只是帝国主义的当代版本。从全球化的角度讨论政治经济可能会掩盖真实的权力关系。

在20世纪80—90年代，一些受安东尼奥·葛兰西（Antonio Gramsci）影响的著作的出现使得马克思主义的IPE大有复苏之势。诸如罗伯特·考克斯（Robert Cox，1996a）和斯蒂芬·吉尔（Stephen Gill，1993）等学者强调社会力量和意识形态在经济关系自由化和全球化中所起到的作用。他们认为，基于新古典自由主义经济原则的全球化是一项政治工程，它将民族国家转变成全球自由化和经济管理的工具。这一工程的部分内容是使人们相信新自由主义政策最符合其利益。按照这种观点，一个特定世界秩序的统治地位的存在需要一种统治性的意识形态，这种意识形态能够维护通过不平等和不公平方式而达成的共识。

□ 冲突和合作

批判主义者倾向于把国际经济关系视为一个零和博弈。全球资本主义体系本质上是带有冲突性的。在全球经济里，两种形式的冲突尤为明显。在国家内部，资本家和工人追逐着各自的利益，国家是工人和资本家阶级斗争与冲突的舞台。根据马克思主义者的观点，这种冲突是客观的，来源于资本的运动规律。在国际层面，工人和资本家的冲突被民族主义和国家干预所掩盖。通过帝国主义机制，占统治地位的国家压迫弱小的国家。这就导致了强权国家和其受害者之间的矛盾。

由于对利益的追逐，国际冲突是不可避免的。资本家寻求其国家的保护，这种保护导致了战争。马克思主义的帝国主义理论通过不同的方式解释了资本主义国家的战争倾向。列宁主义——最著名的帝国主义理论——结合了关于资本主义发展的两种不同解释。列宁主义理论的一部分聚焦在国内市场的消费不足。由于消费不足，国内需求无法维持利润率，资本家被迫寻求海外市场。另一部分强调金融资本的增加以及金融资本和产业资本的结合。这种结合形成了垄断资本，并通过海外借贷寻求利益。列宁认为冲突和战争是资本主义竞争的必然后果。

进入21世纪，各种社会力量之间的冲突依然在全球范围内时常出现。试图把新自由主义原则变成诸如WTO和IMF等国际机构的法律规则的精英们遇到了各种社会运动的反对。这些社会运动力图加强环境保护监管，提高劳工标准，促进性别平等以及追求经济正义（O'Brien et al.，2000）。批判性分析家们描述了一个发生在国家内以及国家间的全球性冲突（Gill，2003）。

□ 批判性理论的今天

随着苏联解体及共产主义遭受挫折，马克思主义国家也不复存在。然而，这一批判性观点依然存活于很多地方。作为一种批评资本主义不公平和不断爆发的危机的分析工具，马克思主义依然有很多追随者。尽管俄罗斯最终接受了资本主义模式，资本主义的很多问题依然没有被解决。始于 2008 年的金融危机和紧缩政策使人们对马克思主义关于资本主义的批评重拾兴趣，例如哈维（Harvey，2011）的《资本之谜》（*The Enigma of Capital*）。在危机期间，金融机构依然保持了繁荣景象，而更多的民众深受其苦。这一强烈对比使关于金融资本的政治权力的讨论变得尤为激烈。举一个例子，在 2007—2010 年间，许多华尔街的银行家依然获得了工资之外的高额奖金，而美国家庭的平均财富却下降了 40%（Lee，2012）。

另一些对全球经济的权力不均衡和不平等的质疑之声同样借鉴了不同形式的批判性方法。例如，一些谋求发展的国家强调国际规则的不公平本质，反对那些使贫困国家陷入不利地位的贸易或金融规则。关于女性教育和就业机会不足的社会运动就可以借鉴女权主义的分析。环境保护主义者关注经济增长和过多消费的负面影响，并将这个星球的健康置于个人或者国家之上。本书后面的章节将会再讨论这些问题。

千层蛋糕可被视为批判性 IPE 理论的一个直观示意图（图 1.3）。在这个蛋糕里，不同的集团位于国际政治经济的不同层面，一些阶级（或者性别、种族、物种）位于上层，而另一些则位于底部。

图 1.3　批判性理论的千层蛋糕

专栏 1.4

人物资料：罗伯特·考克斯（Robert Cox）
——历史唯物主义者

对于出生于加拿大的罗伯特·考克斯而言，学术研究是其在国际劳工组织（International Labour Organization，ILO）工作 25 年后的第二职业。在 ILO，考克斯曾任职总干事参谋、项目管理与规划司主任以及国际劳工研究学会主任。离开 ILO 以后，考克斯在纽约的哥伦比亚大学任教，随后于 1977 年移居多伦多并任教于约克大学。

考克斯将其研究 IPE 和 IR 的方法描

述为历史唯物主义（2002a，pp.27-9）。历史的部分是指他承认每一个历史时期都有特殊性，并存在一系列特定的机构和对其不同的理解。这与主张关于人类的行为存在跨越时间和空间的普遍规律的观点形成鲜明对比。唯物的部分是指他将生产组织和关于生产的社会关系置于分析的中心。换句话说，阶级和阶级冲突在理解政治经济中起到重要作用。考克斯著作的核心观点是“生产产生了行使权力的能力，但权力决定了生产开展的方式”（1987，p.1）。他采用了一种特殊的历史唯物主义方法，将马克思的理论观点和另外一些学者的观点融合在一起，包括维柯（Vico）、索雷尔（Sorel）、韦伯（Weber）、葛兰西（Gramsci）和波拉尼（Polanyi）。这一融合的结果是，许多自由主义者和经济民族主义者称考克斯为马克思主义者，而一些马克思主义者认为他的观点已经偏离了马克思主义的轨道（Schechter，2002）。

正如考克斯文集的名称所示，他的主要兴趣在于 *Approaches to World Order*（1996a）。考克斯在ILO的经历和其对国际机构的研究促使他思考权力的本质和全球经济的统治地位。考克斯（Cox，1983）认为强国所行使的霸权远远超出了其军事实力。霸权国家，如19世纪的英国和20世纪的美国，从特定形式的生产和社会关系中获得它们的权力。霸权要求经济、政治、社会和意识形态领域的统治地位。一个霸权国家能够说服其他国家并让其相信它们的利益和这个霸权国家的利益是一致的。因此，霸权国家试图通过通用的规范和国际组织影响其他国家并表达其利益。

考克斯（Cox，1986）还认为只关注国家而忽略社会力量的作用是错误的。社会力量是一类人，他们凭借在生产组织中的地位位于国际经济的一个特定的位置。一些社会力量，如拥有一些有国际竞争力的产业或者在这些产业里工作的人，支持自由贸易。同时，另一些社会力量则反对自由贸易，认为其威胁自己的利益。

在理论层面，考克斯（Cox，1986）显著地强调批判性理论和问题求解理论的不同。问题求解理论关注现存的世界以及如何在现有体系下解决问题。批判性理论不再重点关注已然存在的秩序本身，而是探寻这一秩序是如何形成的，在什么条件下这种秩序能被改变为另一种秩序。批判性理论者试图构建一个更好的社会秩序，因此他们采用了解放策略（emancipatory strategies）。问题求解理论是关于管理一个体系，而批判性理论是关于改变一个体系。大多数呼吁国际政治经济体系改变的激进分析都属于批判性这一类别。

考克斯在IPE研究中最重要的影响是，他提出了关于国际体系的批判性问题，并探究了如何才能建立一个平等的、可持续的体系。这一点使得他不同意自由主义的规范性和现实作用、经济民族主义的宿命论以及正统马克思主义的教条。

相互竞争的理论：小结

现在的问题是：为什么会出现不同的理论以及这些理论间有什么样的关系呢？多种理论共存有几种原因。根据考克斯（Cox，1986，p.207）：“理论永远是服务于一些人和出于一些目的的”。每一种理论都有不同的既定目的。例如，经济民族主义理论关注国家的安全，自由主义理论关注创造财富或者建立合作，而批判性理论关注经济、性别或者环境公平。虽然它们都试图理解这个世界，但它们都关注着人类存在的不同方面。第二个相关的原因是，一种特定的理论往往拥护某一特定群体的利益。更加富裕的、满足于现状的人或国家更青睐于自由主义理论，因为自由主义理论不会威胁其利益。在现有体系中处于不利地位的人或国家则更有可能支持批判性理论。第三种解释是证明一种理论的正确与否几乎是不可能的。相关证据往往充满争议并被不同地解读。此外，不同于自然法则，人们能够反思其行为并改变其组织和交往的形式。在某些区域或某种情况下，人们可以根据重商主义理论采取行动，而在另外一些区域或情况下，则有可能遵循自由主义原则。

表 1.2 概括了这些不同的观点。在目前的讨论中，我们的注意力一直在不同解释的存在上。但是，这些不同理论的关系是什么呢？它们是相互冲突还是能够兼容并存？本质上，IPE 理论是互不相容的，因为它们对于分析对象、系统本质和行为主体的动机有着不同的假设。然而，每一种理论都能够找到支持其存在的证据，且每一种理论在解释全球政治经济的某些方面都是有用的。一些理论家（Strange，1988）建议采用折中的方法，即挑选想要的。这一方法有一些优点，但是也存在不一致的风险，因为这种方法往往会从一种理论跳跃到另外一种。读者应该考虑系统性的融合，在这种融合里，各种理论可能在特定情况下被同时使用或者分层次使用。例如，某一研究可以在整体上采用权力政治的方法，但同时认为这一体系是有阶级性的并带有性别剥削，并认为合作比冲突更加有利。另外，一些理论可能在某些时间段更加适用。

表 1.2　　比较各种理论

方面	经济民族主义	自由主义	批判性理论
历史起源	15 世纪	19 世纪	19 世纪
重要人物	Hamilton，List，Krasner，Gilpin，Strange	Smith，Ricardo，Kant，Wilson，Keynes，Hayek，Keohane，Nye	Marx，Lenin，Frank，Cox
分支	重商主义、现实主义	自由贸易理论、相互依存理论	马克思主义、女权主义、环境保护主义
分析层面	国家为中心的、原子论式的	多元原子论式的	全球结构
人性	侵略性的	合作性的	可塑性的
分析单位	国家	公司、国家、非政府机构、国际政府间机构、个人	阶级、性别、地球、全球资本主义
对于国家的看法	单一的行为主体	多元国家：不同的利益	阶级利益的代表

续前表

方面	经济民族主义	自由主义	批判性理论
对于跨国公司的看法	有利的/有害的	有利的	剥削性的
行为动态	国家作为理性行为者	个人作为理性行为者，但结果不一定是最优的	社会里和社会间的统治和剥削
市场关系	潜在的消极性	积极性	剥削性
体系结构	无序/冲突	合作的/相互依存的	阶级性的/冲突
博弈类型	零和	正和	零和
霸权	一个占统治地位的国家的重要性	霸权后合作	国家和社会里的霸权
国际组织	不十分重要	重要	服务于富裕国家、公司和阶级的利益

IPE结合了不同领域和学科的知识，增加了我们对不同国家或国际层面经济和政治间关系的理解。经济民族主义、自由主义和批判性理论是这一学科里的三个主要理论流派。这些理论既解释了行为主体的行为，也为国家和人们在国际政治经济中的活动提出了建议。在第二章中，我们将注意力转移到这一领域以及其使用的研究方法的发展过程。

扩展阅读

Ronen Palan (2012) *Global Political Economy: Contemporary Theories* 第二版：研究IPE各种理论的文集。

Susan Strange (1998) *Mad Money: When Markets Outgrow Governments* ：对金融失控的批评。

Roger Tooze 和 Chris May (2002) *Authority and Markets: Susan Strange's Writings on International Political Economy* ：对 Susan Strange 著作的概述。

Robert Keohane (1984) *After Hegemony* ：关于制度的一部开创性著作。

Robert Keohane (1989) *International Institutions and State Power: Essays in International Relations Theory* ：Robert Keohane 重要著作的论文集。

Robert Cox 和 T. Sinclair (1996) *Approaches to World Order* ：Robert Cox 最有影响力的著作。

V. S. Peterson (2003) *A Critical Rewriting of Global Political Economy: Integrating Reproductive, Productive and Virtual Economies* ：对国际政治经济的批判性女权主义作品。

两本发表IPE研究的主要杂志：*Review of International Political Economy* (www.tandfonline.com/toc/rrip20/current) 和 *New Political Economy* (www.tandfonline.com/toc/cnpe20/current)。

第二章

国际政治经济学及其研究方法

讨论完 IPE 常见的三种理论（经济民族主义、自由主义和批判性理论），这一章我们将介绍 IPE 的学科定位、研究方法以及理论发展的方向。此外，我们还将介绍本书所使用的方法。

学科定位

IPE 作为大学里的一个学科出现于 20 世纪 70 年代中期。从最开始的一门试验性的学位课程，IPE 研究现在已经发展成国际关系学（IR）的一个重要分支学科。在一些大学里，IPE 甚至脱离了政治科学系，并有着更浓的跨学科色彩。与其他“母体”学科类似，在 IPE 里各种不同的理论传统给学者们带来了关于现实的不同描述以及相互冲突的解释框架。回顾 20 世纪 90 年代 IPE 的教学和研究，我们发现学者们所研究的重要问题既有延续，也存在变化（Denemark and O'Brien，1997）。一些问题，如跨国公司的影响、国际金融和国际贸易，依然是 IPE 课程所讨论的核心问题。而对于诸如第三世界发展或者南北冲突等问题的关注在过去 30 年里有着显著的变化。同时，像东西方关系、能源和生产商联盟的影响等问题逐渐淡出人们的视野并被环境保护和性别平等等问题所替代。从广义的国际政治经济学角度而言，相关的研究已从对相互依存的关注转变为对全球化的痴迷。

为了确定 IPE 的学科定位，我们有必要先对社会科学的知识结构做一个简要的介绍。虽然现在西方的知识体系和大学被分为不同的学科、领域和学系，但以前并不一直是这样。在 1900 年以前，知识分子通常同时涉猎几个不同的领域，这些领域无法被清晰地归入今天的学科分类中。正因如此，在 18 世纪晚期，亚当·斯密（Adam Smith），一个当今被视为自由经济学之父的人，却是一个道德哲学领域的教授。随着知识的发展，学科领域也变得更加专业化。那些对其他社会的文化感兴趣的学者被归入人类学系，对社会运转感兴趣的学者组成了社会学系，关注权力和政治研究的学者则被归为政治科学系，而重点关注经济的则组成了经济学系。每一个领域都发展了自己的理论和方法以解释特定的问题。同一个课题可以从不同学科的不同角度进行研究。

社会科学知识的专业化发展是与民族国家在西欧的出现相呼应的。社会科学学科逐渐变成了带有国家性的学科。研究法国社会或者美国经济的人们是与研究其他社会和经济的人们隔离开来的。在某种意义上，这是有道理的。随着民族国家逐渐发展，其管理活动对其国界内的人们产生了愈发明显的影响。然而，这种民族主义的方法意味着社会之间的联系以及该国与外部世界的联系被忽略了。

IPE 试图消除这些历史性的隔阂。它跨越了政治学和经济学研究的界限，以及国家研究和国际研究的鸿沟。它还借鉴了其他领域的方法，如地理学或历史学。这里我们将简要地介绍一些相邻学科，以便加深我们对国际政治经济学定位的了解（见专栏 2.1）。

专栏 2.1

国际政治经济学（IPE）还是全球政治经济学（GPE）?

“国际政治经济学”和“全球政治经济学”这两个术语通常被交替使用。在本书中，我们通过特定的方式使用这两个术语。由于“国际政治经济学”常被用于描述一门研究跨国界的政治和经济活动的学科，因此在谈及这一学科时，我们使用“国际政治经济学”。在讨论 20 世纪 70 年代中期以前的国家间经济和政治活动的历史时，我们也会使用“国际政治经济学”。当使用“全球政治经济学”时，我们指的是 20 世纪 70 年代中期以后的国际环境。在这一时期，国家、企业和居民都在高度全球化的世界里寻求有利于自己的环境。

□ 经济学

“经济学”一词来源于希腊语 oikonomia。起初，它指的是对家庭的管理。在过去几个世纪里，经济学的研究发生了很大的变化。今天，这一被特定经济学研究方法所统治的学科被称为“新古典经济学”。

新古典经济学所研究的核心问题是如何分配稀缺的资源。人类的需求是无限的，而满足这些需求的资源却是有限的。于是，这个问题变成了如何最有效地分配资源。高效的市场运作被视为解决这个问题的方法。市场是买卖双方进行有利于彼此的商品交换的场所。消费者在这种方法中占有重要地位。充分掌握市场信息的个人将根据自己的经济利益采取行动，并给市场传递生产信号。在不受干扰的情况下，个人选择的总和将带来最有效率的资源配置。

新古典经济学试图使其所研究的学科被纳入自然科学的范畴，并与政治和哲学研究分离开来。政治决定可能受到情感的影响，而经济决定则是基于理性的（rationality）。政治和政治家通常被认为阻碍了自由市场的高效运行。为了使经济学更加科学化，许多现代的经济学系开始更多地使用数学模型分析经济现象，并提出了支持特定政策选择的观点。

新古典经济学倾向于视政府和政府对经济的干预为无效率的。自由市场需要政府提供一些能够确保其正常运转的基本公共物品（public goods），如警察机关、军队和相应的制度。然而，政府的角色应该被限制到尽可能小。

尽管新古典经济学在许多经济学系里都占据着统治地位，但是其他的经济学方法依然存在（Stilwell，2002）。凯恩斯经济学认为政府对经济的正常运转至关重要。凯恩斯主义者相信政府应该提供广泛的公共物品（如医疗保健），且政府开支是经济摆脱衰退或萧条所必需的。他们还认为当商业部门没有能够通过投资促进经济增长时，政府就必须站出来。制度经济学是另外一个流派，它认为市场不是自然形成的，而是一系列制度的结果，如法律体系、金融体系和社会价值。制度经济学家认为经济学应该注重对真实世界的研究而不是研究实际上并不存在的自由市场的抽象模型。凯恩斯主义经济学和制度经济学对政府的作用都持有开放的、积极的态度。除此之外，还有一些别的经济流派存在，比如马克思主义经济学、女权主义经济学和生态经济学。但是这些流派一般不是经济系的教学内容，因为它们都挑战传统经济学的理性经济人假设。

虽然新古典经济学意在研究自由市场是如何真正运转的，但是一些人认为经济学研究实际上改变了人们思考和行为的方式。新古典经济学家和其学生们可以通过模型预测人们应该怎么做，而这些预测也同样会影响这些学者和学生的行为方式。一项比较经济学学生与数学、法学、自然科学和商科学生的研究显示，在解决利益最大化和工人福利之间的矛盾时，接受数学模型训练的经济学学生比其他专业的学生更有可能支持利益最大化。

经济学研究给国际政治经济研究提供了许多有用的想法和概念。解释宏观经济、比较优势、市场供求和市场运作的理论同样可以解释特定的事件并指导决策者的行为。就本书所介绍的理论而言，自由主义理论在很大程度上借鉴了经济学。

□ 政治学

权力的使用和政治是政治科学的共同主题。然而，实际的研究对象和具体的研究方法却是多种多样的。例如，政治理论考察的是关于社会应如何被管理的主要政治学和哲学著作。比较政治研究不同国家是如何被管理的且试图从不同的政治体制或文化中总结出普遍的规律。德国、美国或英国政治研究的是这些国家的政治体系。美国政治学研究可以考察美国国会的运作方式、总统制、投票模式以及游说和压力集团对公共政策的影响。公共管理学研究国家的官僚体系和特定政策的执行情况。

虽然存在这样的多样性，但是许多政治学研究依然有一些共同的特征。首先，它们都关注某一行为主体使其利益得以实现的权力或能力。这一点和经济学是不同的。经济学认为决策是掌握大量市场信息的、平等且自由的个人表达其理性偏好的结果。在政治学的世界里，决策受到各种争论、意识形态、制度特征以及暴力威胁的影响。其次，许多政治学研究强调制度，尤其是国家或者政府机器。与新古典经济学家钟情于市场运作不同，政治科学家则很难将其视线离开政府的运转。

最后，政治学给国际政治经济学研究提供了基础：聚焦于权力、国家和特定团体的福利。

□ 政治经济学

如果说经济学变得越发抽象且脱离了实际运行的经济体系，政治学强调政治体系而忽略了经济，那么解决的方法便是将这两个学科融合成为政治经济学。遗憾的是，“政治经济学”对于不同的人在不同的时间段意味着不同的东西。在新古典经济学出现以前，政治经济学指的是诸如亚当·斯密、大卫·李嘉图和卡尔·马克思等学者的著作。然而，新古典经济学的出现将政治与经济剥离开来。一些不赞同这一剥离的学者依旧在探索政治是如何塑造经济的以及经济又是如何影响政治的。对于这类研究而言，政治和经济是不可分离的。

然而，《牛津政治经济学手册》（*Oxford Handbook of Political Economy*）对政治经济学的界定采用了不同的方法。它不是将这一领域视为经济学和政治学的相互关联，而是将其界定为一个“运用于经济学方法论分析政治行为和政治制度”的学科（Weingast and Wittman，2006，p. 3）。在这一学科里，分析的单位是个人，且个人都是通过理性决策行为追求利益最大化的。博弈论或数学模型在分析中被使用，统计工具或实验被用于验证特定结论的正确性。

在主流的认知里，政治经济意味着一种沿着制度经济学轨道融合政治学和经济学的尝试，或者它意味着新古典经济学假设和方法在政治学研究中的应用。除此之外，另外一个版本的政治经济学在新古典经济学的洗礼中存活了下来。马克思主义政治经济学曾一度兴盛但却被西方学术界所忽略。的确，政治经济学和马克思主义的结合是大学经济学系之所以长期忽略政治经济学的原因之一。一些马克思主义研究，如巴兰（Baran）和斯威齐（Sweezy）的《垄断资本》（*Monopoly Capital*）（1966），对政治经济学的动态发展提出了重要见解。

□ 国际关系

国际关系学常被归为政治科学系。它作为一个独立的研究领域的起源可以追溯到第一次世界大战的结束。欧洲各国领导和公众被此次冲突持续时间之长以及死伤之多所震惊。作为防止爆发另一次灾难性战争的尝试的一部分，人们开始大力关注并试图更好地理解战争爆发的原因和国际体系的运作。国际关系学被赋予此重任，因此，国际关系学关注战争与和平的问题、各国的外交政策以及国际机构的运作。许多其他学科都强调一国内部发展的重要性，国际关系则关注国家间的联系，其重点是国际体系如何运转而不是特定国家内部的问题。虽然它也考察外交政策的制定，但所强调的重点是这一外交政策和他国外交政策的相互影响。

占有统治地位的国际关系理论是现实主义。这一理论强调国际关系中支配力量的缺失（无序）以及国家间对权力的不断争夺。更偏向于自由主义的理论关注国家合作的可能性，国际组织和国际法律在促进合作中的作用，以及区域一体化、自由贸易和民主在形成和平的国家间关系中的重要性。

20 世纪 70 年代，随着美国实力的减弱以及经济问题变得更加显著，一些学者将注意力转移到了国际经济问题。20 世纪 70 年代早期见证了国际货币体系的一个重要变化，即固定汇率制度被放弃。随之而来的是石油危机期间能源价格快速上涨以及通货膨胀和失业在西方国家的蔓延。将这些经济问题列入与传统的国际关系安全问题同等重要的位置是国际政治经济学研究的开始。

在过去 20 年里，国际关系学已朝着不同的方向发展。IPE 已经在国际关系研究中确立了自己的位置。虽然现实主义和自由主义依然十分重要，但是别的理论也已发展起来。强调性别平等的女权主义、强调阶级的马克思主义、强调语言和文化的作用的构建主义和后结构主义，以及强调帝国主义思想遗产的后殖民主义都使得这一领域的研究主题和方法得以扩展。

除了经济学、政治学和国际关系学，IPE 研究可以并确实借鉴了一系列其他的学科。一些作者，包括我们自己，可能偏向于历史学研究并参考了一些解释当今发展的历史学家的著作。例如，第三章参考了珍妮特·阿布-卢格霍德（Janet Abu-Lughod）以及她对 15 世纪早期世界经济的分析。地理学与全球政治经济的相关性也越来越高，因此一些地理学家对于空间和地理范围的研究也被 IPE 所借鉴。例如，地理学方法可以被用于解释决定对外直接投资和生产的地理位置的影响因素（Dicken，2007），或者工人是如何利用本地优势挫败跨国企业的野性的（Herod，2001）。社会学研究将有助于我们理解国际经济中的特定群体，如对于跨国阶级或者全球精英的研究（Sklair，2001）强调特定群体是如何受益于并驱动经济全球化的（见专栏 2.2）。随着全球政治经济变得更加制度化，法学研究也变得更加重要。对 WTO 的法学分析有助于学者理解该组织争端解决机制的权力和限制（Jackson，2006）。最近，强调现实世界的构建性本质和话语（discourse）在塑造现实中的重要作用的文化研究和人文科学也被发展起来。

专栏 2.2

什么是全球化？

“全球化”一词被广泛使用，但是人们使用这一词时却通常意味着不同的事物。例如，一些人用这一词代指国际化（internationalization）——跨国界经济流动量的增加，而另一些人用它指代自由化（liberalization）——跨国界流动限制的清除，比如贸易或投资壁垒的消除。国际化和自由化在与经济活动相关的讨论里经常被使用。“全球化”同样可以被用于描述知识或观念的撒播。例如，一些分析者关注单一化（universalization）——特定的观念或者原则被所有人接受，另一些人强调西方化（westernization）——起源于欧美的观念和实践的盛行。这些术语通常在讨论诸如人权或文化等原则的传播时被使用。“去领域化”（deterritorialization）则强调变化的地理性质和不同群体间新关系的确立。参考斯科尔特（Scholte，2000a），我们将全球化理解为一个相对去领域化的过程。领域并不是在消失，而是对人类行为变得不再如此重要。去领域化指的是时间和空间的缩小，以及新型社会关系和新的权力中心的出现。随着技术使长途旅行或者世界各地人们的交往变得更加容易和迅捷，我们能够感受到时间和空间对人类交往的阻碍已不再明显。减少的时间和距离障碍使人们更加容易地参与到地球上其他地区人们的生活中。然而，这种压缩是极为不平衡的。一些发达地区开拓新技术并升级其通信和交通设施，而另一些地区却远远落后。全球化在所有的国家或地区不是以同样的速度和步伐发生的。

总而言之，如本书中所阐述的，国际政治经济学贯穿了经济学、政治学、政治经济学以及国际关系学，并借鉴了地理学、历史学、社会学、法学和文化研究。既然我们对国际政治学在社会科学里的学科定位已有所了解，现在我们看看学者们是如何研究国际政治经济学的（方法论问题）。

方法论问题

第一次接触国际政治经济学基本理论的感兴趣的研究者必须决定他们将如何研究这些感兴趣的问题和过程。他们必须决定什么样的方法最适合他们的研究。然而，鉴于三个问题，方法论的探讨是十分复杂的：

（1）不同的方法要求不同的技巧和训练。

（2）方法本身包含了特定的理论假设，且其负载的价值可能会更甚于原始的理论。

（3）特定方法的支持者可能会忽略使用其他方法者的观点，因为他们认为其研究是无效的（由于其错误的方法）。

这里，我们将简要介绍四种方法：案例分析和大数研究法、理性选择、制度主义和构建主义。

□ 案例分析和大数研究法

案例分析是 IPE 最常见的研究方法之一。单案例分析是对一个特定事件或问题进行深入的调查研究，以便确定其为什么会发生。详细的分析是为了揭示因果要素，这些因果要素要么被用于解释类似的情况，要么成为理论建设的开始。

案例分析有几种不同的类型，每一种都有其特定的用途（Odell，2001）。描述性案例分析用于描述特定的事件，并不提出分析或者进行理论上的讨论。这种分析往往被用作其他研究的证据，为学者和学生提供原始资料或数据。另外一些类型的案例分析有助于评估特定理论的正确性，因此而常被使用。“最小可能”案例（least likely case）就是其中的一种。在这种案例里，特定的理论应该是不适合被运用的。如果实际上这一理论真的与该案例相违背，那么这一理论就在很大程度上得到了验证。相反，“最大可能”案例研究最有可能支持某一理论的案例。如果该理论确实在这一支持性的案例中得到验证，那么接下来要考虑的就是这一理论在所有案例中的适用性。比较案例分析（comparative case studies）有助于分析在什么样的案例里特定的理论适用，在什么样的案例里不适用。比较不同的案例通常比单个案例更有用。

“大数研究”（large n studies）是统计分析的另一个名称，它利用数据库探索大量不同案例间的共同特征或因果关系。例如，可能有这样一个假设存在，即自由市场让国家更富裕。我们可以通过研究某一案例验证这一假设，但学者们更愿意探究这一假设是否在不同的案例里都适用。也就是说，能否在大多数情况下证明自由贸易带来了财富，因此国家应该采用这一政策？显然，对来自大量不同国家的数据进行研究比逐个研究这个世界上每个国家的情况更有可行性。根据国家开展自由贸易的程度和其人均财富，国家可以被进行比较。这一比较研究可以揭示国家财富和贸易开放间是否存在任何关系。如果确实有某种关系存在，那么我们就可以讨论是自由贸易创造了财富还是一些其他的因素既影响财富又影响自由贸易。

案例分析和多国家的统计研究既有优点也有不足（Odell，2001）。案例分析的优点是它可以被用于得出一些理论、概念、分类和假设，为研究提供丰富的经验材料，并帮助我们理解某些事情是如何发生的。在统计数据无法获得的情况下，案例分析通常是研究某一现象的唯一可行方法。案例分析最大的不足之处是我们无法确定某一案例的代表性。它是否代表了某一趋势或者只是一个特殊情况？它是否对于别的案例有借鉴性，或者只是一个独特的案例？大数分析则有助于我们确定某一假设是否普遍适用或者仅仅对一小部分案例适用。

□ 理性选择

用理性选择的方法理解政治始于对美国政治的研究，尤其是对美国立法操作的研究。这一方法随后传播到了比较政治分析、国际关系和国际政治经济学。它将现状解释成个体行为者（个人或者被视为个人的群体，比如国家）理性选择的结果。在这一框架里，行为者被假定为追求效用最大化者，也就是说，他们试图使其收益最大、损失最小。个体尝试通过在选择最优行动路径前计算成本和收益来改善他们的处境。

理性选择理论为我们带来了对政治行为的深刻理解，尤其是关于个体选择的集合是如何带来令人惊讶的结果的（Geddes，2003，pp. 193-7）。一种理解是，多数表决制并不总是使大多数居民的政策偏好得到实现。即使政治体制可能是相对公平和竞争性的民主制，但多数人的偏好仍可能被忽略。一小部分更加富有的利益集团比相对贫穷且无组织的人民拥有更多的资源和动机去影响公共政策。另外，如果公共政策的利益高度集中而成本却被广大人民分担，那些这一政策的受益者将非常积极地游说，而大多数只承担非常小部分成本的个人不大可能投入大量的精力反对这一政策。这种逻辑通常被用于解释贸易保护主义。某一行业可以从关税保护中获益，而单个居民只承担了很低的成本，并没有足够的动力去维护其利益。

理性选择理论还强调在公共物品和公共池塘资源（common pool resources）方面集体行动（collective action）的问题。公共物品有两个特征：

（1）它们可以被很多人享用，且这种物品不会减少。

(2) 不能排除任何人消费这一物品。

干净的空气和水就是公关物品的例子。类似物品所存在的问题是，理性的个人可能不会去做为提供这些物品所必需的工作，因为这些物品可以被他人消费且只有很少的收益属于这一物品的提供者。因此，一个企业污染者可能从其不环保的产品中获得经济收益，但是没有哪一个企业愿意承担保护环境的成本。公共池塘资源指的是环境，如海洋和空气。这些资源是被人们共同塑造的，但又不属于任何人。因此，每个人最大化使用这些资源的动机最终会使每个人都受到损害。这一现象正如在公共牧场过度放牧和在海洋里过度捕捞。理性选择理论揭示了个人的理性如何导致集体或社会的不良后果。

理性选择的一个分支是博弈论。理性选择研究个人的战略行为，而博弈论则考察行为者的决策，这一决策被其他行为者的潜在行为所严重影响。根据他们对其他行为者行为的判断，这些行为者计算着自己的利益。博弈论关注的是行为者之间的战略性相互作用。理论者构建了一些情景或者博弈，如囚徒困境（prisoner's dilemma）、胆小鬼博弈（chicken）和猎鹿博弈（stag hunt）。博弈的规则不尽相同，并迫使博弈方按照特定的方式采取行动。例如，囚徒困境试图避免各方的合作，并导致了总体结果的不佳（见专栏 2.3）。相比之下，在猎鹿博弈里，开展合作的各方将得到较大的利益回报，这一利益回报又成为了维持合作的动力。

这些抽象的博弈是如何对理解全球政治经济做出贡献的呢（Carlson，2000）？囚徒困境有助于解释为什么即使自由贸易将使其获得收益，但国家依然保留保护主义措施。一国（国家 A）担心如果它向外国生产者开放国内市场而别的国家依然采用贸易壁垒，那么本国将遭受经济损失。虽然在自由贸易体系下所有国家都将更加富裕，但是单个国家依然可以从维持贸易壁垒中受益。因此，如果国家 A 保留其贸易壁垒，当其他国家减少贸易壁垒时，国家 A 将获益，因为国家 A 可以增加对这些国家的出口。另一方面，如果其他国家没有降低贸易壁垒，国家 A 所保留的贸易壁垒可以保护自己的市场。这就产生了"搭便车"的问题，即一国寻求自由贸易的利益而又不愿开放自己的市场并承担一定的成本。由于所有国家都采用这种逻辑，即使每个国家的经济都可以得到改善，国家也没有动力减少贸易壁垒。

囚徒困境并不意味着自由贸易是不可能的。随着规则的改变，博弈本身也可能发生变化。例如，当它们经历同一个博弈几次以后，博弈方将改变自己的行为。他们了解了合作和不合作的成本。另外，规则的改变也改变着博弈。国家可能建立诸如 WTO 的机构以减少国家间的欺骗或者"搭便车"问题，并降低合作的成本。WTO 鼓励所有国家采用自由贸易政策并为其成员提供关于谁没有遵守这一规则的信息。这就给了成员更多的信心，相信其他成员不会"搭便车"，并改变了每一个成员对成本—收益的计算，使合作变成了一个有利可图的政策。

专栏 2.3

囚徒困境

一个简单的囚徒困境阐释了某些环境可以导致理论行为者做出导致不佳结

果的决定。假设警察来到了抢劫现场并发现了一具尸体。他们逮捕了两名在本辖区偷盗物品的疑犯（A和B）。在警察局，疑犯被单独关押并审问。他们被给出了下面的选择：

（1）如果两个疑犯都保持沉默，两人都将被定为抢劫罪并判刑1年。

（2）如果一人认罪并指认另一人为杀人犯，认罪者将获得自由而杀人者将被判终身监禁。

（3）如果两人都认罪并指认对方为杀人犯，他们都会因过失杀人而被判10年有期徒刑。

两个囚徒都知道，直到审判开始彼此都不知道对方的决定。最有可能出现的结果是什么呢？这个博弈的结果如下面的表格所示。

对两个囚犯而言，最好的联合战略是保持沉默并最终获得1年的较轻判罚。然而，每一个囚徒都知道如果另一方指认自己而自己保持沉默，自己将会在监狱里度过余生。他们也都知道另一方有很大的动机坦白，因为他们都有可能获得自由。因此，最好的个人战略是告发另一方。囚徒A知道如果囚徒B保持沉默而自己坦白，那么自己将会被释放。另一方面，如果囚徒B也选择坦白，A就必须坦白，否则就会被判终身监禁。所以无论B怎么做，A都有一个最佳的选择，即坦白。A和B都有相同的思考逻辑，都选择了坦白，最后双方都被判了10年。这个困境是，如果每一方都根据对方的个人动机而做出决定，那么最终的结果比双方采用合作战略（保持沉默）的结果更差。

	囚徒A保持沉默	囚徒A指认囚徒B
囚徒B保持沉默	抢劫罪——1年刑期	A——释放 B——无期徒刑
囚徒B指认囚徒A	A——无期徒刑 B——释放	A——10年徒刑 B——10年徒刑

当博弈的规则被改变了，结果也随之被改变。例如，如果囚徒A和B都是黑手党成员，他们都有很大的动机保持沉默，因为担心犯罪组织内部其他成员的报复。这可能会因为都保持沉默而导致一个更好的结果，即都被监禁1年而不是10年。

□ 制度主义

作为方法论，制度主义强调正式和非正式制度在产生政治结果中的重要性。它与第一章所提到的制度经济学有密切的关系，因为都强调规则和制度，并认为它们塑造了人类的行为。制度主义的核心是强调规则的重要性。理性选择的方法强调追逐自我利益的个人，而制度主义者关注的是游戏最广泛的规则。全球经济不是被理解为个人行为的结果，而是被理解为简单和复杂制度塑造个人决策的结果（Spruyt，2000）。在IPE里，制度主义在自由主义学者的著作里最常见，他们强调制度的强大约束力和有利的影响。

制度主义一直在关于各种资本主义的讨论中起到重要的作用（Hall and Soskice，

2001)。什么可以解释不同形式的资本主义，以及这些不同形式的资本主义是随着时间的推移而发展还是衰退？世界各地所表现出的不同资本主义形式是沿着不同的路径发展，还是都在朝着某一主流的自由主义形式发展？制度主义者指出，不同形式的政治、社会和经济安排解释了国家间持续的差异性。一些人强调金融在这些不同体系中的作用。在欧美市场上，企业通过证券市场融资，而在德国模式下，银行与企业有着直接的联系。相比之下，在日本模式里生产和融资是通过大的企业联合联系在一起的。新社团主义者（neocorporatist）对工人被纳入政府决策的模式和工人未被纳入政府决策的模式进行了对比。不同国家福利体系的特征也被进行了比较（Esping-Andersen，1990）。

如各种关于资本主义的文献所揭示的那样，许多制度主义者都有比较政治学的背景。他们更倾向于使用案例分析并强调不同政治经济体的差异和制度在塑造行为中所起到的显著作用。

□ 构建主义

构建主义开始于这样一个前提，即在人类主体和社会世界之间存在着密切的相互联系（Palan，2000）。理性选择分析认为价值和观念是理所当然的，而构建主义视价值和观念为待解释的事物，且在塑造和决定“现实”中起到关键作用。在行为主体身份特征不发生本质性变化的情况下，制度主义者认为规则是限制和塑造行为者行为的驱动力量。然而构建主义者则认为规范和价值不仅仅只是塑造行为者的利益，而且还构建了行为者的身份特征并因此决定了行为者的利益。从这一角度而言，全球政治经济是一系列物质条件和实践，是一系列关于这个世界的规范性解释，还是一门学科。全球政治经济不能被简化成这三种中的任何一种，而是由这三种“体系”的相互联系而组成的。对于任何国际政治经济的问题而言亦是如此。例如，为了理解经济发展，我们探讨发展与物质匮乏的关系以及与经济增长和繁荣相关的价值观（和与贫穷相关的负价值观），并研究和分析发展的方式。

构建主义的 IPE 研究方法鼓励分析者使用不同于理性选择或者制度主义的解释。这些分析者质疑理性选择理论所假设的偏好（Abdelal，2009）。构建主义者提出这样的问题，“行为者的偏好是什么？是如何形成的？怎样才会发生变化？”他们将注意力转移到了观念、规范、身份和社会理解在影响行为中的作用上。棘手的经济问题是：为什么有时被认定为通货膨胀，而有时却是失业的？为什么一些个人和机构决策者宣扬市场价值而另一些却强调政治制度？一种观念占据了统治地位会产生什么影响？这种统治是如何形成的？

围绕着方法的讨论，有两个复杂且易产生分歧的问题存在。第一个问题是关于某些方法的统治地位，第二个问题是关于方法和理论之间的关系。一些学者担心少数几种方法正在统治 IPE 研究，并边缘化其他的方法、学者和研究。理性选择和统计方法的运用在许多美国的大学和杂志里变得异常流行。使用案例分析和构建主义方法的学者能够感觉到他们的作品没有被认真对待，因为他们所使用的证据被认为不标准。

第二个问题是一些学者认为方法是价值中性的，而另一些学者认为方法已被附加了特定的理论和价值假设。原则上，不同理论观点的支持者可以使用任何方法，但事实往往是经济民族主义者和自由主义者青睐于理性选择或者制度主义，批判性理论者更加倾向于构建主义的各种分支。许多运用理性选择方法的研究共用了新古典经济学家的行为者理性效用最大化假设，因此似乎与自由主义的假设更相近。构建主义者的方法强调社会现实变化着的本质，因此与如理性选择等一些认为当前价值的存在是理所当然的理论相比，它们更加开放。构建主义方法更有可能被那些试图批评或改变当前体系的分析者所使用。

类似于理性选择和构建主义的方法确实包含着一些理论假设。一些人甚至认为它们是理论而不是方法。然而，我们的观点是它们最好被视为能被不同理论使用的方法。例如，虽然理性选择方法借鉴了许多自由主义的假设，它依然可以被一些拥有不同理论倾向的人使用。在 20 世纪 80 年代，马克思主义的一个分支，分析的马克思主义（analytical Marxism），就使用了理性选择的方法（Elster，1985）。与其类似，虽然构建主义让人们思考现实是如何通过人们的观念和理解而被构建的，但是分析者依然可以采用现实主义、自由主义或者马克思主义的观点分析是什么影响了某一构建的过程。

专栏 2.4

人物资料：约翰·鲁杰（John Ruggie）——构建主义实践者

约翰·鲁杰在20世纪50年代从奥地利移民到了加拿大。在加州大学伯克利分校获得政治学博士学位以前，他一直在南安大略省的麦克马斯特大学学习政治和历史学。随后，他在加利福尼亚大学、哥伦比亚大学和哈佛大学任教。此外，他还曾是联合国的高级官员。

从 20 世纪 80 年代到 90 年代，鲁杰创作了一系列涉及 IR 和 IPE 领域各种主题的重要文章。1982 年，他的关于国际机制（international regimes）和嵌入式自由主义（embedded liberalism）的文章认为，国际贸易和货币体系安排是受限于主要国家的国内规范性偏好的（Ruggie，1982）。美国和英国都想要实现全民就业，因此它们制定了能够支持这一目标实现的国际规则。国际体系反映的是其创造者的社会需求或者社会目的。国际自由体系被嵌入了一系列国家的行为和偏好，这些行为和偏好阻止这一体系朝着完全自由化的方向发展。与从各国实力的角度预测国际秩序的本质的方法不同，鲁杰认为我们必须更进一步地决定某些国家的身份特征是什么。按照他的观点，以美国为中心的霸权将与以俄罗斯或者英国为中心的霸权大不一样。

在谈及国际机制、国际协定和国际组织时，鲁杰认为分析者需要考察行为者对制度的理解以及制度本身，行为必须被解释。例如，国际贸易协定的规范可能使国家不能提高工业品的关税。某一年，一些国家可能提高了汽车的关税。如果通过考察这些国家的行为来评估这些协定，我们得出的结论是该协定不被遵守或者非常脆弱。然而，这些国家自己可能对彼此的行为有不同的理解，并更积极地看待这一协定。可能是因为在这一年里经济衰退迫使政府采用临时性的贸易保护措施，并且这些措施被所有利益相关方认为是短期的行为。解释主义或构建主义会认为这样的机制依然是完好无损的，而理想主义可能认为这一机制的作用已经被削弱。

贯穿鲁杰著作的一条主线是他对国际组织和 IPE 领域里的社会构建主义的关注（Ruggie，1998）。按照他的观点，关于妥当行为的观念、管理行为的规则以及代表特定观念和规范的制度在塑造国际政治经济中起到了重要作用。

在 20 世纪 90 年代后期，鲁杰作为战略规划秘书长助理在联合国工作，并在政策制定方面起到了一定作用。在这里，他帮助建立并监督《联合国全球契约》（UN Global Compact）并参与了联合国大会关于《千年发展目标》（Millennium Development Goals，MDGs）的起草和审批。这一与政策相关的工作和鲁杰强调社会构建的学术研究十分吻合。《联合国全球契约》是在环保和人权领域的一系列商业原则。《千年发展目标》为改善诸如教育和健康等指标设定了目标。两项倡议都强调一些优先事项，并希望改变主要行为者的行为。就《千年发展目标》而言，其期望是通过行业内相互监督鼓励商业行为更加道德化。对《联合国全球契约》而言，其目标是鼓励政府分配更多的资源和施加更多的援助以满足居民的基本需求。

鲁杰的著作增加了我们对机制主体间性质（intersubjective nature）的理解，开启了构建主义作为一个方法理解全球秩序的大门。在政策领域，他的工作推动了一些试图在全球商业和发展领域改变行为者的规范和实践的项目。

对特定方法的统治地位或其负载价值的假设的关注意味着关于如何开展研究这个原本了无生机的讨论可能会变成关于知识本质和政治取向的更加充满生机的争辩。

当代国际政治经济理论的趋势

考虑到第一章中所讨论的理论和上文中我们对社会科学里 IPE 及其方法论问题的讨论，这一学科有什么样的发展趋势呢？我们总结了三个主要趋势："整合"、"融合"和"扩展"。

• 整合：将国际政治经济学视为国际经济关系的政治学的学者们是这一趋势的推动者。主要任务是对所探讨的主要问题和所使用的主要方法达成一个基本的共识。

• 融合：试图将 IPE 与其他政治经济学传统，如比较政治经济学或者古典政治经济学相结合。这一趋势并不像第一个趋势那样对主要问题和方法论达成了共识。

• 扩展：研究对象扩展，如新的地理范围（扩展至发展中国家）和新主题（消费和诸如后结构主义的新理论）。这一趋势甚至比第一个趋势达成了更高程度的共识。

□ 整合

这一领域的一个趋势是试图将国际经济关系的政治学方法整合到 IPE 里。通过这一整合，国际政治经济学的界限和主题变得相对容易确认，其适宜的理论和方法论整体上也达成了一致。试图对这一领域理论的发展做出贡献的学者并没有挑战这一领域里学者们所坚信的方法论和认识论。最近对纳入行为经济学的呼吁就是一个恰当的例子（Elms，2008）。学者和学生们面临的任务是整合不同的著作以解决公认的问题。

两个美国专家2003年勾勒了IPE领域的轮廓，并概述了这一发展趋势。弗里登和马丁（Frieden and Martin，2003）认为IPE的研究客体是国际经济的政治活动。贸易、货币政策和国际制度等问题领域一直是这一学科研究的中心问题，然而对诸如国际投资等别的问题的研究时机也已成熟。理论上，主要的挑战是如何确认国内层面和国际层面分析的相互关系。国内政治在何种程度上以及如何影响国家决策和国际社会？国家政府与关于国际经济问题的国内政治之间是如何相互影响的？

本教材并没有采用一个整合的方法研究IPE。在一些其他的教材里，如格里科和艾坎伯雷（Grieco and Ikenberry，2003）的《国家权力与世界市场》（*State Power and World Markets*），这一方法清晰可见。他们关注的是国家和市场之间的关系并提出了一系列问题：是什么带来了世界经济的开放和稳定？国家如何塑造经济环境以维护国家利益？国际市场是如何挑战国家的？国家如何管理经济开放？

这一整合方法的一个特点是，它声称其思考的是"北美学术界所主要关注的问题……对欧洲学术界并没有做出太多考量"（Frieden and Martin，2003，p. 118）。的确，这一整合方法仅仅对少数几个美国著名专家的观点进行了研究。这些专家大多在美国主要的高校工作并在诸如 *International Organization* 等杂志上发表自己的文章。这一IPE研究的"美国法"与其他致力于不同研究议题并采用不同方法的学术研究（既在美国国内，也在其他国家）形成了鲜明对比（Murphy and Nelson，2001）。在 *Review of International Political Economy* 杂志关于"美国学派IPE"的一期特刊里，作者们都赞同这样的观点，即美国的主流学术是以少数问题的整合和受限制的方法论为特征的。

IPE的整合既带来了一些益处，也有一些成本。接受少数几个问题作为研究对象并对研究的方法达成一致使得研究者能够在几个特定的问题上取得实质性的进展。问题在于这一狭隘的视野使得IPE丧失了主要的优势。这一领域因此变成了一个解决问题的工具，但忽略了一些关键问题。例如：世界是如何被改变的？美好的生活应该是什么样的？我们怎样才能获得它？与整合方法相比较而言，本教材涉及了更多的问题并拥有更宽泛的理论视野。这可能会丧失一些精确性并缺乏重点，但是另外两个IPE趋势证明这个代价是值得的。

□ 融合

除了将政治学和国际经济学整合在一起，另一个不同的方法是试图将IPE与不同的政治经济学分支融合起来。一种尝试是将比较政治经济和国际政治经济融合在一起，另一种尝试是把IPE和古典政治经济学结合起来。

如果说IPE是在比较政治经济学的阴影中发展起来的有些夸大其词，那么IPE

研究至少是深深地受到了比较政治经济学的影响，虽然这一点并没有被直接承认。IPE 是一个非正统学科，它通过多种方法吸取别的学科之精髓。IPE 和比较政治经济学之间的联系现如今已在很大程度上被认为是理所当然的。换句话说，在很大程度上这一发展没有引起人们的注意。如果说 IPE 的焦点是全球体系，那么比较政治经济学则将重点放在国家间的差异性和不同种类的资本主义上。然而，IPE 研究也已经关注了国内体系和变化的资本主义本质的重要性。

对全球化影响的关注以及承认全球化过程的差异性影响让 IPE 学者们把注意力聚焦于制度和政策机制在解释这些现象上的重要性。全球化已经对比较政治经济研究产生了影响。比较政治经济分析者已经不断地认识到全球化过程影响国家政治经济的竞争和管理的方式。因此，IPE 研究者和比较政治的专家们正不断地参与到类似问题的研究中（Graz，2001）。例如，比较政治经济学专家（Weiss，1998，2003）和 IPE 学者（Cerny，2000）都参与到了关于国家未来的讨论中。出于两个原因，IPE 和比较政治经济学之间的联系在不久的将来将变得更加直接。第一，IPE 学者（Boas et al.，2005；Soderbaum and Shaw，2003）对区域主义和区域化进程越来越多的关注彰显了区域和国内体系的重要性。新区域主义的复杂性使比较分析和对系统性结构的关注变得必要。第二，对公私关系再一次的关注将 IPE 学者的注意力转向了国家、区域和全球层面的发展。因此，没有对国家体系深入的研究，系统层面的 IPE 研究是无法分析与问责、主权和管理相关的问题的。

IPE 是作为国际关系学的一个分支学科而发展起来的。鉴于此，IPE 中的讨论也往往反映了国际关系学中广泛的争论，IPE 的发展也影响到了国际关系的深入研究。起源于诸如自由主义理论家斯密和李嘉图著作的古典政治经济学及起源于马克思的批判性理论传统都对 IPE 的一些理论者和学术产生了影响。IPE 和古典政治经济学一样，都致力于融合政治学和经济学。所有的 IPE 理论观点都在一定程度上起源于古典政治经济学。甚至有人呼吁回归到古典政治经济学。如 *New Political Economy* 的编辑声称："我们所需要的是这样一个新的政治经济学，它将 19 世纪古典政治经济学的宽阔视野和 20 世纪社会科学进步的分析方法结合在一起"（Gamble et al.，1996，p.1）。这一对回归古典政治经济的坚决主张得到了沃森（Watson，2005）的关注。他试图在亚当·斯密、托斯丹·凡勃伦（Thorstein Veblen）和卡尔·波兰尼（Karl Polyani）等著作中寻找 IPE 的基础。

两个原因使近来人们对古典政治经济学重拾兴趣。第一，当代经济管理中的一些主要问题和困扰古典经济学家的问题是一样的。在当代所讨论问题的中心是一对孪生问题，即相对的国家财富和持续的不公平。主流经济理论和传统的 IPE 研究未能对这些问题给出满意的答复。因此，人们转而在古典政治经济学里寻求答案。第二，自 20 世纪中期以来全球资本主义体系被十分详尽地研究着。在分析政治经济时，仅仅将资本主义假定为一个标准且中性的特征就变得愈发困难。因此，制度和文化因素被纳入了分析中。

□ 扩展

第三个趋势是 IPE 研究范围的扩展。一种方法是认真考虑"全球"这个形容词前缀，并将这一学科命名为全球政治经济学。第二种方法是通过拓展新的研究问题扩展这一学科。有价值的新问题包括全球政治经济中的种族和消费。

菲利普斯（Phillips，2005，p. 1）声称："虽然自命有'全球'的范围和相关性，IPE研究依然只是禁锢于一些非常明确且狭隘的理论、概念和实证基础"。她认为这一带有局限性的IPE来自人们对先进工业化国家经济的关注，并带来了两类限制。第一，由于IPE主要探讨这些"核心"国家的问题，因此它的实证范围太窄（这一点下文中将再次提及，但使用不同于菲利普斯的方法）。第二，通过将西欧、日本和美国的历史经验放在优先地位并将其普遍化，IPE学者们将有限效用（bounded utility）的概念传播到了世界各地。菲利普斯所提出的问题在她的合著者的一篇致力于全球化IPE的文章中得到了赞同。这一观点同样也得到了泰勒（Taylor，2005）的响应。他认为IPE的理论和分析中对发展中世界的忽略使IPE显得缺乏生机，只有当将与各种发展中社会相关的知识纳入IPE所关注的问题里时，IPE才能变得真正全球化。

虽然主张各不相同，但菲利普斯和泰勒都承认，在大多数情况下IPE所研究的问题具有局限性。在一个全球化的时代里，一门致力于解释全球进程的学科不能再基于狭隘的实证和概念基础。菲利普斯所提出的全球化IPE的项目明确地拒绝了那些简单地给予世界上一些区域更多关注的方法。她主张这样一个项目应该包括"不仅仅一个拓展的、'核心'区域及其经验以外的实证基础，而且更为重要的是对这一拓展所产生的理论影响以及'全球化'IPE研究的方法进行认真的思考"（Phillips，2005，p. 7）。这个项目依然处于起步阶段且具体用于实现这些突破的方法还不明晰。然而，两个理由证明在不久的将来这一目标将受到更多的关注。首先，已逐渐变得清晰的是，全球化进程是不平等的，并通过不同的方式对不同的国家、地区和人们产生不同的影响。IPE解释全球差异的失败将其经验基础和概念的局限性暴露无遗。从IPE分析中对国家和主权的理解到对市场活动的概念化，将发展于先进工业化国家的概念简单地强加于其他国家被证明毫无益处。此外，在IR领域形成的一个认知是，世界很多地方都是由如艾瑞克·沃尔夫（Eric Wolfe）所说的"没有历史的人民"组成，并因此而被遗忘。这一认知使得IR学术界最近开始关注被边缘化的发展中世界（Gruffydd Jones，2005；Lavelle，2005）。其次，发展中世界（或者广义上的非核心社会）目前被视为这个世界上大多数暴力和不稳定的来源。传统的国家安全观和新安全观，如人类安全观，都认为威胁和危险主要来自非西方世界。这些威胁和危险或者来自宗教极端主义、国家崩溃、难民流动，或者来自环境破坏。因此，IPE的重心应该是发展中世界的（不）稳定。

专栏 2.5

美国、英国和其他IPE流派

一些人认为IPE研究已被分为英国和美国流派（Cohen，2007）。美国流派被认为主要依托于自由主义经济理论并使用理想主义和定量的方法，而英国流派更多地使用定性的方法（案例分析等）且更青睐于批判性理论。整体而言，这一论断有一定的准确性，但是也存在一些问题。

虽然大多数美国知名的大学都倾向于定量方法且学者们整体上采用了自由主义的方法，但是构建主义也同样在IPE美国流派中得以运用。美国体系是如此地多样化，因此将其命名为美国流派是有误导性的。反而言之，自由主义假设和定性方法在许多英国和欧洲大陆的相关学系里也得以运用。此外，IPE世界远不止于美国和英国。用地理位置命名这一学科使其带有地方狭隘主义色彩或者不够全球化。

当传统的现实主义者和自由主义者致力于解释相互依存时，IPE学术研究就在国际关系学里诞生了。IPE已从理论和实证的角度扩展了国际关系范围，但如前所述，IPE依然存在着局限性。IPE受局限的方式之一是其较集中的研究议题。起初，这一议题主要集中于贸易和金融问题。最近，研究议题有所变化。从概念上讲，IPE分析者已在其分析中纳入了企业行为者和民间团体，这显示了其对社会秩序的关注，以及对国内和国际结构的相互关系的重视。从实证角度讲，IPE扩大的研究议题包括性别、跨国问题和跨国行为者的地位。

然而，对于与文化、种族或休闲等相关的问题，IPE依然是相对沉默的。不像已被纳入政治研究中的性别，种族在IR和IPE的研究中一直是理论化不足的。对休闲产业的研究，无论是体育还是时尚，都被IPE所忽略。就这一点而言，批判性学者和传统研究者没有太大区别。一项英国两本顶级IPE杂志——*New Political Economy*和*Review of International Political Economy*——发起的调查显示，在2000—2008年间仅有一篇关于文化的文章（Drache and Froese，2006）、一篇关于休闲产业的文章（Milanovic，2005），没有和种族相关的文章被发表。

出于三个原因，在不久的将来非传统的问题在IPE里将可能变得更加重要：

（1）对全球化过程的关注使得律师、经济学家、社会学家、人类学家和其他社会科学家都已在研究这个世界，在选择研究客体时并不像IPE分析者那样受到限制。例如，一个法学学者探讨了世界经济的种族特征（Gott，2000），一个经济学家最近撰文研究了世界经济的时尚和风格（D. Brown，2005）。IPE与发展研究和比较政治经济学之间的交流可能会带来一个给予文化、种族和休闲更多关注的、拓展了的IPE。

（2）全球政治经济的物质变化是和三个正在讨论中的问题直接相关的。全球化的不公平进程不仅是与性别相关的，而且本质上还是与种族相关的；休闲消费占据了数以十亿美元计的生产和交换；文化相关的问题在国家政治的讨论中也弥漫开来。

（3）后结构主义方法在IPE中的发展强调了语言、文化和身份对全球政治经济的构建和运转的贡献程度（De Goede，2006）。

上文所讨论的三个问题——全球化IPE、IPE与古典政治经济学，以及比较政治经济学和IPE——反映出了学者们对IR和IPE学术上的不满。上面所讨论的最后一个主题，即关于诸如文化、种族和休闲等议题的讨论在IPE中的缺失和被边缘化，仅仅是激发了类似的理论反思。上文已经提到，这些主题对IPE未来的发展是重要的。我们认为IPE里的理论争论本质上是两股力量碰撞的结果。一方面，这些争论反映的是IPE学者对真实世界变化的思忖。从这一角度而言，当前的争论是对全球化过程的一个反思。另一方面，IPE 理论的发展是关注理论和概念的精确性和妥善性的学者间争论的结果。从这两个方面我们都能看到 IPE 的发展空间。

IPE 的一个趋势（整合）使这一领域变得更窄，而另外两个趋势则是使这一领域接纳更多的新议题。这就带来了一个关于全球政治经济合理边界的问题。如果研究的对象不断扩展，它是否最终会包含所有的社会科学？这是否会导致这一学科试图研究一切而任何研究都变得不重要？后结构主义方法尤其存在这样的风险。我们自己的观点是，全球政治经济有一个核心——它围绕着全球经济中的权力和不平等问题。考虑到人类所面临的这些复杂的、多层面的和长期存在的问题，上述每一个趋势都能够对我们的理解有所贡献。

本书的方法

我们已经看到，IPE 常被理解为三个相互竞争的理论流派之间的争论。我们也同样看到，不同的学者们探究着特定的研究议题，且方法论的问题在设计研究和报告研究结果的过程中被放大。IPE 学者（和实践者）倾向于将其分析基于一个特定的范式及其一系列的假设之上。正如上文所述，所有的 IPE 分析都是从一个特定的理论角度入手的。理论假设指导学者们做出抉择：什么样的理论和事件应该被重点突出，而什么样的不应该被纳入研究之中？本书的目的是为读者提供理论工具和经验性的知识。这些工具和知识对于读者建立其对全球政治经济如何运作的理解是十分必要的。正如本章所阐述的那样，这是一个有挑战性的工作。我们是通过一个同时参考这三个主要理论流派的分析框架来实现这个目的的，但这个分析框架却不会全盘接受任何一个理论的假设和命题。当这些理论有助于我们理解特定的事件时，我们将回到这三个主要的理论中。例如，自由主义理论帮助我们理解 19 世纪英国政策的特点以及 20 世纪关于多边贸易体系背后的思考。

对于 IPE 的相关理论和方法论，本教材采用了一个折中的方法。我们借鉴不同的理论和方法以解决不同的 IPE 问题。斯特兰奇（Strange，1991）认为一个折中的 IPE 方法应该有三个特点：对所有学科开放、对概念融合开放以及承认企业的主要作用。20 年后，一些学者（Sil and Katzenstein，2010）认为对世界政治研究的折中法减少了关于政策和实践形而上学的分歧，着手解决了一系列复杂的问题，并通过借鉴来自相互竞争的研究传统的解释性理论、模型和叙述提出了复杂的因果解释。这两种论断都有一个共同的倾向，即借鉴多种学科和理论传统以解决更广泛的问题。

本教材还将来自不同理论的主要概念和理论见解融合成为一个总体的、多层面的方法。下文中所提出的且在后面的章节中被发展的分析框架致力于帮助学生们用系统的方式组织和简化这些理论方法和经验证据。这些方法和证据对解释当代全球政治经济发展是十分必要的。它允许学生们探讨广泛的问题并借鉴各种不同的理论方法。这个框架是一个组织方法，本身并不是一个理论。

专栏 2.6

本书的方法

本教材对以下方面予以重点关注：

(1) 历史变化；

(2) 结构—行动者动态关系；

(3) 认知体系的融入；

(4) 政治—经济相互作用；

(5) 动态制度主义；

(6) 国内体系的重要性和多样性。

第一，我们的方法是历史论的，注重历史变化。政治经济学的本质、其主要制度和关于其如何运转的观念都随时间推移而变化（Cox，1996a，pp. 49-59）。本书将历史发展置于其解释框架的中心位置，认为历史既是一个意义产生的背景或框架，也是一个在政治经济学各种理论里显而易见的意识形态概念。关于这个世界如何运转的理论产生于某一特定的历史背景，且对这些理论的使用必须要与这些背景联系在一起。根据建立的时间和使用的方法不同，理论或多或少都是有用的。对历史的敏锐性对于我们理解全球政治经济变化的路径依赖本质也是十分重要的。因为多年前发生的事件，一些国家和人民与特定的发展方式紧密联系在一起。例如，许多发展中国家出口低附加值商品是因为在帝国主义时期它们的经济就形成了这样的模式。

历史实践在发展中的作用使我们提出了第二点，即结构和行动者之间的关系。简言之，这个问题是，是否诸如生产组织或父权制等整体结构决定行为者（国家、企业、个人）的行为，或者是否行为者可以自由选择且构建他们的环境（Wendt，1987）？我们将这个关系视为动态的且并不侧重于任何一方。将结构具体化以及将复杂的事件简化成单个的行为都是存在风险的。我们反对结构决定论（structural determinism）和方法论个人主义（methodological individualism），并试图理解结构限制行为和行动者影响结构的方式。例如，父权制结构的存在并不决定所有的男性都剥削女性。

第三，我们认识到观念或认知结构在国际政治经济学中的重要性并探讨了观念对政治经济的塑造作用（Finnemore and Sikkink，1998）。规范、价值、意识形态和观念是全球政治经济的构成元素。这意味着它们不仅反映出我们是如何看待这个世界的，还有助于世界现状的形成。观念是和物质发展、物质利益联系在一起的，但它们并不是完全来源于全球经济的物质结构。相反，观念塑造、促使并限制了经济行动者的活动。例如，如果通货膨胀被认为是一个经济问题且会对经济稳定、和谐和发展带来巨大破坏，那么当通货膨胀变成了一个经济“事实”时，再分配政策将会被用来抵制通货膨胀。对抗通货膨胀已不再被认为是一个政策选择，而是被看做经济管理的一个中心和自然的特征。另一个例子是支持父权制的观念。女性可能被认为更温顺和灵巧，因此她们更适合从事某些类型的工作。鉴于此，观念、知识体系和意识形态的重要性是应被探究的，而不能被认为是理所当然的。尽管有些人可能不赞同，我们认为政治经济并不是价值中性的且关于经济理论的主张并不能作为一个说辞而被忽略。

第四，我们强调经济和政治的不可分割性，因此拒绝自由主义和重商主义中经济和政治的分离。自由主义将经济从政治中分离出来而重商主义则将经济归入政治之中。与此不同，我们坚信经济和政治是相互构成的。本教材体现这一点的一个例子是，我们将经济发展的相关事件与有组织的暴力和战争的蔓延联系在一起。

第五，我们认为制度一直在变化。将制度环境视为自然形成的观点是有问题的。最近，经济学界和政治学界都认识到了社会制度在影响市场行为中的重要性。我们从这样一个认知着手——正式和非正式的制度在国际体系中起到重要的构建作用。因此，我们探讨制度的影响并强调正式的组织对全球经济演变的贡献。本书中所探讨的两个重要制度是国家变化的本质和国际或全球秩序的构造。例如，第三章中所讨论的国家有着重商主义和帝国主义特征，而工业革命见证了自由主义英国的诞生。随着二战的结束，许多第三世界国家是以发展型国家（developmental state）为特征的，欧洲国家则借鉴了某种形式的凯恩斯主义。

第六，我们对全球政治经济的观点注重国内社会秩序与国际体系及国家政治经济结构之间的关系（Cox，1986；Skidmore，1997）。主要国家里的社会和阶级冲突能够加固或者破坏某一世界秩序所依赖的原则和制度。对于欧洲扩展活动在 16 世纪和 17 世纪得以成功的一个主要解释是，欧洲商人比世界其他帝国的商人享有更高的自由度。另一例子是人口的流动使得 1918—1939 年间试图建立一个稳定的自由主义国际体系的尝试化为泡影。居民对政府行为预期的改变使政府不可能实施自由主义理论所要求的经济措施。

了解了这些主要的方法和我们自己对这些方法一些重要特征的综合，现在我们将注意力转向第三章，即 15 世纪早期以来国际政治经济的演变。

扩展阅读

Andrew Walter 和 Guntem Sen（2008）*Analysing the Global Political Economy*：关于经济学对 IPE 的贡献的一个很好的概述。

John Ruggie（1998）*Constructing the World Polity*：*Essays on International Institutionalization*：John Ruggie 主要文章的汇总。

Rawi Abdelal，Mark Blyth 和 Craig Parsons（2010）*Constructing the International Economy*：近期的一部关于构建主义的著作。

Nicola Phillips 和 Catherine Weaver（2011）*International Political Economy*：*Debating the Past*，*Present and Future*：IPE 中主要争论的一个概述，包括美国流派和英国流派间的争论。

Jacqueline Best 和 Matthew Paterson（2012）*Cultural Political Economy*：文化主义方法的一个概述。

Review of International Political Economy 杂志刊发的其他重要文章。

第二部分

发展史

第三章 世界经济的形成：1400—1800年

为什么我们生活在一个充满了财富不均和生活条件不平等的世界里？为什么一些国家似乎陷入了这样一个困境，即其所生产产品的价格在不断下降，例如糖和咖啡？是什么造成了诸如美国和南非等国的种族不平等？为什么一些社会和国家似乎对西方国家、企业和公民组织的外交和经济政策持有怀疑态度？这些问题的答案在某种程度上和世界经济的起源有关。的确，全面地理解当今世界经济要求我们首先对几百年前世界经济的起源和变化有所了解。

克罗斯（Croce）认为，“无论现在所重新提及的这些历史事件显得时间多么的久远，事实上历史指的就是这些事件发生时所面临的需求和状况”（Croce，1941，p. 19）。这一论断意味着在当前的争论和感性认知力下，历史在不断被重写。新的历史通常告诉我们它所被书写的那个年代以及那些历史性事件。一个有趣的例子是在20世纪最后十年里几个著名学者发起的关于“西方崛起”的争论。这些学者试图解释为什么政治和经济权力集中于几个西方国家（西欧和美国）。争论的一方似乎是在为当今全球经济里的赢家们辩护。他们认为富国之所以富裕，是因为它们有良好的社会、经济和政治制度。我们称这一方为“文化论”。换言之，富国之所以富裕，是因为它们有使之成功的文化。哈佛大学历史学家大卫·兰德斯（David Landes）及其著作《国富国穷》（*The Wealth and Poverty of Nations*）（1998）对这一观点进行了详细论述。争论的另一方认为西方的成功是偶然的、短暂的，是建立在暴力、剥削以及些许积极的文化特性之上的。我们称这一观点为“全球历史论”，因为它强调其他文明的地位并反驳文化主义者关于历史的主张。这一观点不赞同这样的论断：西方国家已经发现了塑造经济、社会和政治关系的终极模式，因此历史已经结束。霍布森（Hobson）的《西方文明的东方起源》（*The Eastern Origins of Western Civilization*）（2004）很好地阐释了这一观点。

文化论和全球历史论关于“西方崛起”解释的争论变得更加激烈，因为它不仅关系到历史，也同样关系到现在和未来。争论的参与者声称他们发现了一些国家富裕而另一些国家贫穷的原因，关于这些原因的知识可以被一些国家用于为获得同样成功而进行的社会结构调整之中。这一论断的实际影响是巨大的。文化主义者认为贫穷的原因是穷国的行为，全球历史论者则认为贫穷是穷国和富国关系的结果。第一种观点的政策含义是穷国自己应承担改善其状况的主要责任，而第二种观点的政策含义是政治和经济关系体系必须被改变，以创造更大的公平。前者有利于已经获得经济成功的国家，而后者呼吁变革。

我们应该追溯到什么历史时期，以便更好地理解当今不平等的现状和财富产生的模式呢？在戴蒙德（Diamond，1997）的畅销书《枪炮、病菌与钢铁：人类社会的命运》（*Guns*，*Germs*，*and Steel*：*The Fates of Human Societies*）里，他认为我们要回到 11 000 年以前去寻找人与人之间以及区域和区域间经济发展差异的终极原因。按照他的观点，环境和地理因素使得欧洲和亚洲人优于世界其他地方的人们，比如植被和物种的差异、移民率以及洲内和洲际（信息或知识的）传播速度、面积大小和人口数量。生产食物和驯化动物的能力使文明得以出现，这些文明社会远远领先于生产分工相对简单的社会。

我们的分析是从 15 世纪晚期西班牙探险家用武力将美洲纳入其洲际经济体系里开始的。在此之前，这一跨洲的经济体系已经将欧洲、非洲和亚洲的某些区域联系在了一起。这一章主要考察这一时期。在此期间，在欧洲扩张主义下，亚洲、非洲、欧洲和美洲的主要地区经济体之间的联系被加强，这是真正意义上的世界或全球经济的开始。我们的探讨将分两步进行。首先，我们将简要地介绍在 16 世纪被西班牙征服之前的主要经济区域。我们将对世界范围内政治经济制度的多样性有所了解，并且为我们理解随后几个世纪里欧洲—非欧洲交往中不同的形式奠定基础。其次，我们将介绍从 15 世纪 90 年代到 19 世纪早期欧洲与世界其他地方交往的方式。最后的总结部分介绍了本书第三部分中所使用的主要体系的历史发展，包括贸易、生产、金融、劳工、性别、发展、环境、观念、安全和管理。

这一章有两个主要的论点。第一，这一时期被联系在一起的区域政治经济体在社会、政治和经济组织方面存在显著差异。第二，这一差异性带来了多样性的交往，从自由贸易到战争和奴隶制度。在后面的章节中将探讨的第三点是，这些交往产生了长期的影响。

世界经济中的不同区域

这一节介绍在欧洲与美洲产生联系之前的几个世界主要区域。欧洲和美洲的联系创造了真正的世界政治经济。在 1400 年很少人意识到欧洲的居民将会对居住在其他地区的人们产生如此大的影响。但葡萄牙人、西班牙人、荷兰人、英国人和法国人稳步地向外扩张其领土时，他们遇到了不同的人们和社会组织，并与已建立起来的文明、经济体系和军事力量相互交往。

有几点需要注意。第一，经济活动主要是在本地层面的，鲜有例外。农业生产最为重要且经济活动主要是在拥有大约 30 千米周围农业腹地的市场上开展的（Schwartz，1994，p. 13）。第二，虽然这些本地活动占主要位置，但是运输奢侈商品的洲际贸易线路已存在了几千年之久。第三，位于这些贸易路线中心的是拥有不同政治经济的不同文明。的确，一些研究国际贸易和全球历史的方法将不同的文明作为了它们研究的起点（Braudel，1994；Cox，1996b）。

珍妮特·阿布-卢格霍德（Janet Abu-Lughod，1989）对在欧洲人开始跨大西洋航海之前的世界经济进行了一个有趣的描述。她的研究显示，一个贸易和经济交换体系已从中国延伸到了欧洲。这个体系包含了八个相互重叠的区域。经济活动主要集中在这些区域内，但是这些区域与相邻区域也相互联系，并使产品从东亚流通到了西欧。地图3.1对阿布-卢格霍德用于显示这些区域的图表进行了改进，并添加了四个区域。这些新添加的区域将在下文关于“非洲”和“美洲”的部分讨论。在欧亚大陆上从西向东，区域一将北欧和南欧联系在了一起。区域二位于地中海一带，横跨了信仰基督教的南欧和伊斯兰教中心埃及。地中海区域和三个核心区域相互重叠。区域三覆盖了从中亚到中国的陆路贸易线路，一直被蒙古人掌控。区域四包含了从底格里斯河和幼发拉底河（现在的伊拉克）向下到波斯湾周围的地区。区域五通过埃及和红海将地中海和印度洋连接起来。货物通过印度洋进入了区域六。区域六覆盖了阿拉伯海，将阿拉伯半岛和印度西海岸联系起来。区域七连通了印度和南亚。区域八通过连接中国和东南亚从而使这一线路变得完整。这意味着有三条将商品从中国运往欧洲的线路。北线经由陆路将商品从中国运往中亚，再通过地中海进入欧洲区域。另外，商品还可以通过海路运输，从东南亚到印度洋，再通过波斯湾或者红海进入地中海区域。

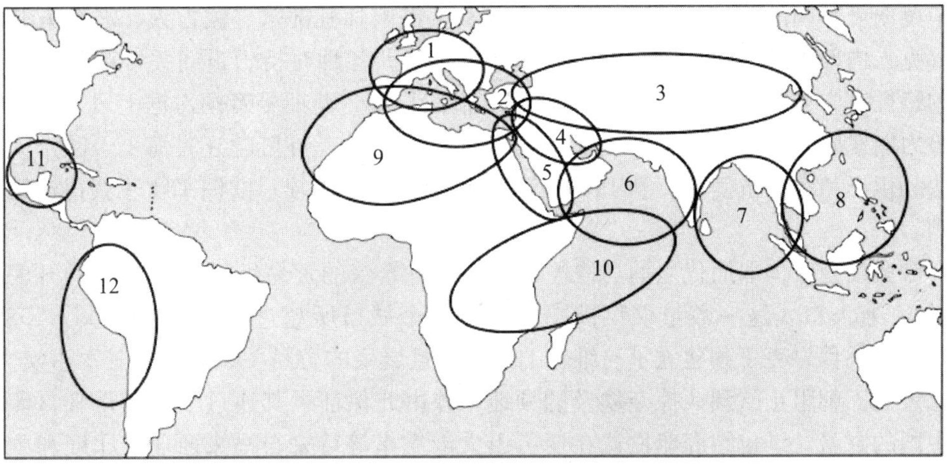

地图3.1　15世纪世界经济的区域

资料来源：Abu-Lughod（1989），p. 34.

阿布-卢格霍德忽略了非洲贸易区域，因此我们添加了两个区域，它们包含了撒哈拉沙漠以南非洲某些地域。区域九将商品从撒哈拉沙漠以南非洲运输至北非，最终至地中海/欧洲世界。区域十经由印度洋将商品从非洲运往中东和亚洲。我们的地图还包括了两个美洲区域，它们并没有被纳入非洲—欧洲—亚洲体系。这些区域是属于阿兹台克帝国的区域十一和被印加人统治的区域十二。

虽然在15世纪商品通过这些贸易线路的流通可能要花上数年时间，且用今天的标准来衡量贸易量是极小的，但是通过这一贸易体系经济活动在不断增加。接下来我们讨论每一个区域，以便对其特征有所了解。我们对这些区域的经济活动形式和政治关系尤为感兴趣。

□ 中东

在阿布-卢格霍德的 14 世纪区域图中，中东是地中海、欧洲和东方世界的一个主要通道。的确，绕开这一通道是驱动欧洲商人进入大西洋、绕行至非洲以及横跨美洲的主要动力。在克里斯托弗·哥伦布（Christopher Columbus）横跨大西洋时，欧洲基督教世界和中东伊斯兰教世界血腥并相互受益的交往已存在了 700 年之久。从法国南部，通过当今的埃及、以色列和土耳其，到维也纳都爆发了伊斯兰教和基督教的冲突。然而，随着欧洲人和中东人联盟和经济交往的出现，这一敌对状态却被一些零星的合作所缓和。例如，热那亚人将基督教和异教徒奴隶卖到埃及的马穆鲁克，在这里这些奴隶被训练成士兵，然后在威尼斯人资助奥斯曼舰队在红海和葡萄牙人作战时，这些士兵就被用于对抗十字军。

在将近 1 000 年的时间里，伊斯兰士兵在对抗欧洲军队上一直处于上风。中东军队的背后是活跃的经济、大规模的贸易网络、繁荣的城市和重要的学术中心。回顾过去，我们能看到 15 世纪是中东的一个转折时期。虽然这一时期伊斯兰区域依然处于统治地位，但对其政治权威的形式却产生了极大的分歧。虽然最终的政治权力落入了奥斯曼帝国的苏丹人之手，但是这却发生在土耳其部落、蒙古人、波斯人和马穆鲁克人内部以及之间一段时期的冲突之后。欧洲各种对持力量间关于政治权力争斗的特征在中东同样存在。然而，到了 16 世纪早期，奥斯曼帝国占据上风。它不断将势力向东以及向西边的欧洲扩张。在 15 世纪，无论是在陆地还是海上，欧洲人都无法和伊斯兰军队抗衡。直到 1683 年维也纳第二次被围攻，欧洲军队才获得连续的胜利。

被奥斯曼帝国取而代之的马穆鲁克王朝拥有繁荣的贸易经济。14 世纪的开罗已有近 50 万人口，这一数量仅仅被中国的一两个城市所超过（Abu-Lughod，1989，p. 212）。马穆鲁克王朝建立了与维也纳人有序且繁荣的贸易关系。凭借其军事实力，马穆鲁克王朝阻止欧洲人掠夺埃及的领地，并由此保证了其通过红海获得来自印度和中国的财富。维也纳商船往往在亚历山大港靠岸等待来自马来西亚、印度和中国的调味料、染料、胡椒粉、丝绸、棉布和瓷器。

在地中海之外，阿拉伯商人在非洲东海岸、印度西海岸以及东南亚开展经济活动。早在 8 世纪靠近非洲东海岸的桑给巴尔岛就被阿拉伯商人占据。这些早期商业活动的文化遗迹在诸如马来西亚和印度尼西亚（世界上最大的伊斯兰国家）等国的穆斯林人口中依然可见。

□ 中国

在 15 世纪所有的伟大文明里，中国是最大也是最有实力的。中国所生产的产品被世界其他地区的上层社会高度需求。在这些商品中最主要的是瓷器和丝绸。中国拥有世界上最大的城市、最先进的技术和最强大的军事力量。的确，中国的景象是如此令人叹为观止，以至意大利的马可波罗 1295 年结束中国之旅回到自己的国家后，他的言论往往被人们视为幻想而忽视。他的一些故事确实有些夸大，但是毫无疑问，在欧洲文艺复兴之前的很多年里，中国一直是世界上科技和发明的领先者（见专栏 3.1）。

专栏 3.1

古代中国的技术发明

考古发现指出，中国文明的起源可追溯到 7 000—8 000 年以前。在传统意义上，中国人认为古代中国对世界最伟大的技术贡献是四大发明：指南针（公元 1040—1044 年）、火药（公元 800—900 年）、造纸术（公元 105 年）和印刷术（公元 868 年）。这四大发明不仅对中国文明的发展产生了巨大影响，而且对其他地区运用这些技术革新的人民带来了深远的影响。仔细研究，我们发现一系列发明都是起源于中国文明的（Needham，1954—1995），包括：

- 钢铁冶炼术（公元前 1800 年）
- 十进制（公元前 1200 年）
- 行种植（大约公元前 500 年）
- 播种机（大约公元前 202 年—公元 220 年）
- 铁犁（公元前 202 年—公元 220 年）
- 深钻（公元前 202 年—公元 220 年）
- 船舵（公元前 202 年—公元 220 年）
- 算盘（公元前 200 年）
- 纸币（公元前 140 年—公元前 87 年）
- 马挽具（公元 220—581 年）
- 瓷器（公元 581—618 年）
- 机械钟（公元 732 年）

在 14—15 世纪中国经历了巨大的变化。1370 年中国人成功地驱逐了蒙古统治者并重新确立了一个中国帝王。这一段时期被称为明朝（1368—1644 年）。起初，明朝人发起了几次远至非洲东海岸的长途贸易航行。他们的商船是之后葡萄牙商船的五倍之大，拥有更大的储藏空间和更多的大炮。如果愿意，他们是有能力横跨太平洋的（McNeill，1982，pp. 44-5）。的确，如果这些航海活动持续下去，中国人可能会航行至非洲，到达葡萄牙并“发现”美洲。然而，向东方的远行（1405—1433 年）最终被大明皇帝停止，那些航海舰队也不再被赋予这些使命。在接下来的几百年里，与不断扩张的欧洲相比，中国与外部世界接触甚少并不断落后。

对于远洋航海被终止的原因有几种不同的解释。一种是和宫廷政治相关。航海首领（郑和）既是一个穆斯林，又是一个宦官，并最终失去了皇帝对他的支持。另一个解释是虽然航海活动能够带回来一些有趣的商品，但是中国人很少会对其有实际的需求。不像欧洲人，他们渴望调味料和丝绸，中国人并没有发现什么足以使其不计成本而求之的有吸引力的东西。后来，中国发展的中心向北以及内陆转移。明朝将首都从南京北迁至北京，从而更加关注来自陆地而不是海洋的威胁。此外，京杭运河上新的水闸使得长江和黄河谷地相连，确保了一年四季内河的大米运输。这就极大地减小了任何海洋战争对中国稳定的威胁，并同样减少了对强大海军的需求（McNeill，1982，p. 47）。

就政治结构而言，明朝皇帝是唯一的权力中心。他的观点可能受制于一些前朝惯例和学术讨论或争论，但是他的权力是绝对的（Mote，1999，p. 637）。中国被一个单一的政治权威所统治，不像一直处于战争中的欧洲。朝廷位于北京，地方官员向位于首都的朝廷汇报。皇帝得到训练有素的官员的辅助，这些官员都是通过科举制度选拔出来的。儒家学者型官员在国家政府机构运行和辅佐皇帝中起到了主要的作用。在明朝，宦官逐渐开始统治朝廷，为皇帝出谋划策。有时，他们甚至凌驾于皇帝之上，甚至篡夺皇帝的权力和地位。

□ 印度

和中国一样，印度也是一个拥有古代文明、大量的经济财富以及强大军事实力的国家。然而，印度是一个较中国更加多样和分散的政治经济体。印度北部遭遇了来自波斯人、蒙古人、土耳其人以及阿富汗部落等一系列的入侵。15 世纪，印度北部地区著名的德里苏丹国是被入侵的伊斯兰军队后裔所统治的。这一地区持续受到新的入侵者的攻击。这一伊斯兰教领地在 1388 年遭到蒙古后裔帖木儿（Timur or Tamerlane）掠夺，德里市也在 1398 年被洗劫，印度内部的统一难以维系。1526 年，帖木儿的一个后代巴卑尔（Barbur）入侵印度并建立了莫卧儿王朝。印度许多的建筑奇迹，例如泰姬陵，就是起源于莫卧儿时期。

印度其他地区被各自独立的王国所控制。1336—1565 年间，南部地区被印度王国维亚雅纳伽所统治。它时常和其相邻的德里苏丹国发生冲突。东部省份孟加拉经常是被独立的统治者控制，而西海岸的古吉拉特邦也享有独立。这一时期还有许多小的王国存在。

印度沿海地区的港口享有来自内陆帝国高度的自治权，经济活动是由大量不同的社会和经济团体开展的。在喀拉拉邦，对外的贸易是由犹太人和基督教徒开展的，这些人从公元 6 世纪开始就在此定居。在印度的其他地区，耆那教徒、佛教徒、穆斯林和印度教徒都参与到了贸易之中（Bouchon and Lombard，1987）。在印度的西海岸，古吉拉特邦统治了中东和印度东海岸之间的贸易。在东海岸，孟加拉在商品流入东南亚的过程中起到了重要作用。然而，相对而言，这些沿海区域被基于内陆的帝国边缘化了。例如，据报道，16 世纪后期当莫卧儿帝国皇帝阿克巴访问新征服的印度口岸坎贝和苏拉特时，他才第一次看见大海（Risso，1995）。

反思中东、中国和印度的经验，我们发现这些文明都开展海上活动，但是对海洋的兴趣很难影响到政治权力。这些强大的以陆地为基础的帝国开展海上贸易并涉及了地中海、红海、波斯湾、印度洋以及中国周边海域。然而，奥斯曼帝国、中国和莫卧儿王朝都主要关注它们帝国内的事务并将主要精力用于陆地的扩张和防御。这一方式和依靠海洋的葡萄牙、西班牙、荷兰以及大英帝国大不一样。

□ 非洲

在阿布-卢格霍德关于贸易网络的图示上我们添加了两个覆盖撒哈拉以南非洲的区域（见地图 3.1）。区域九包含了撒哈拉沙漠两端的土地。跨越此不毛之地的贸易是十分困难的。在非洲西部，黄金开采满足了欧洲生产货币的需求，胡椒被运到北部作为食物调料被消费。贸易最终促使了葡萄牙人航海绕过了这片沙漠并与其建立了直接的贸易联系。区域十将非洲东部和印度洋的贸易联系起来。在非洲东部，奴隶、象牙、铁、犀牛角、龟壳、琥珀以及老虎皮等被出口到印度及更远的地方。这两条贸易线路都已存在数千年之久。

在非洲有大量的政治团体存在（Shillington，1995）。北非国家被纳入了伊斯兰帝国。在埃塞俄比亚，一个基督教王国在公元 4 世纪被建立起来并一直独立存在至 20 世纪 30 年代晚期。在绍纳人的大津巴布韦地区，由 10 米高石头砌成的围墙环绕着王的住所。在中非大湖地区，卢巴和隆达帝国集中于渔业和捕猎。他们从北部购入铁和食盐，从南部买入铜。这些铜被制成了指环、手镯和项链。总而言之，这片大洲包含了一些不同的政治经济体，它们通过贸易而彼此相连。

□ 美洲

虽然美洲的存在对于欧洲人来说是一个惊喜，但其实美洲的许多地区都有先进的文明。就高度集中的农业活动和拥有复杂建筑的大城市而言，先进的文明主要存在于美洲的两个地区。一个地区是存在于安第斯山脉秘鲁和玻利维亚段的印加帝国。该帝国从厄瓜多尔延伸至智利。另一个地区在中美洲——墨西哥和危地马拉。这一地区是不断减少的玛雅人以及建立了大帝国的阿兹台克人的故乡。

1519 年当西班牙人开始与墨西哥人接触时，他们遇到了一个高度发展的帝国。阿兹台克人统治着墨西哥并继承了一系列的文明，包括奥尔梅克文明、特奥蒂瓦坎文明和托尔特克文明。虽然这些文明间存在很大的不同，但是这些文明的持续性令人瞩目（Davies，1982）。与旧世界的文明（Old World civilizations）类似，美洲本地人展示了其建设和维护城市、建立大型纪念碑和支持复杂形式艺术的能力。阿兹台克首都特诺奇蒂特兰城令入侵的西班牙人惊讶于其庞大的人口和其城市的精致、美丽。它的人口是同一时期西班牙主要城市的 10 倍以上。与欧洲人和亚洲人不同，美洲人面临着巨大的交通困难。没有驮畜，大多数商品都靠人力运输。由于山脉（安第斯山脉）或者内陆帝国的原因，水运也受到极大局限。这就意味着与世界其他地方相比，更多的资源不得不被耗费于交通运输。

商品交换主要是以朝贡形式而不是贸易的形式进行。商品被用于交换，但是帝国更愿意通过要求弱小国家上交贡品进行囤积。主要城市为帝国的上层社会提供商品。在阿兹台克时期，政治关系是以武力为特征的。违背国王的意志将受到严厉的惩罚。阿兹台克还用人祭的方式取悦诸神。阿兹台克文明通过剥削被征服的人们以聚集财富。因此，当西班牙人科尔特斯开始征服阿兹台克时，他发现本地势力非常急迫于推翻阿兹台克的压迫。

□ 欧洲

现在的西欧政治经济区域在13—15世纪发生了巨大的变化。这些变化使得一些欧洲国家相对于其他地区国家而言变得更加强大。两个最显著的变化是增多的经济活动和欧洲的一体化，以及欧洲的政治权威在几个对立的国家中得到增强。我们将通过探讨其新的贸易模式和货币及金融的地位来考察不断增多的经济活动。关于几个对立国家权力的强化，我们将回顾民族国家的出现并分析欧洲战争形式变化所带来的影响。这些变化综合起来为欧洲的扩张创造了基础。

贸易新模式

在14—15世纪，西欧经济建立了一座连接欧洲南部经济中心和北部经济中心的桥梁。在南部，一些意大利小城市（威尼斯、阿马尔菲、比萨和热那亚）开始在商业活动中起到重要作用。在北部，经济活动在今天的低地国家比利时和荷兰以及北海和波罗的海发展起来。在欧洲，这两个商业中心的经济活动逐渐融合了起来（见地图3.2）。

通过参与地中海地区利润丰厚的贸易，意大利人积累了大量的财富。他们将中国的丝绸、非洲的象牙和印度、非洲及东南亚的调味料聚集在了一起。调味料在欧洲的上层社会有很大的需求，因为在冰箱出现前它可以掩盖腐烂食物的味道。主要的调味料包括生姜、藏红花、肉豆蔻皮、肉桂、糖、丁香以及肉豆蔻。然而，最受欢迎的调味料是胡椒粉，在有些年份里，有数百万磅的胡椒粉经由威尼斯流通。作为回报，意大利人要求黄金和白银，或者将别的商品运到地中海的其他区域。这些商品包括来自欧洲内陆的木材、谷物、亚麻布、布匹、食盐以及奴隶（Braudel，1994，p. 107）。

虽然意大利人发展了自己的商业和金融技巧，但是意大利城邦国家的出现既依靠其贸易技巧，也同样依靠其作战能力。十字军东征给基督教世界以及威尼斯带来了贸易的机会和财富。北欧人在意大利支付大量的财富换取了通往圣地（Holy Land）的通道。中东的基督教国家开辟了另一条路线以确保胡椒粉、调味料、丝绸及药物的获得。对于处于水深火热的意大利城邦国家而言，主要的战争不是发生在基督教徒和穆斯林之间，而是发生在自己的意大利同胞之间。在地中海区域，威尼斯和热那亚长期以来处于使彼此都更困难的商业敌对之中。

同一时期，一个商业网络在北欧发展起来，比利时城市布鲁日逐渐成为另一个威尼斯。到1200年布鲁日参加了数次佛兰德人贸易博览会，与英国人建立了联系并在1277年迎来了热那亚人的商船。它的人口从1340年的35 000人增加到1500年的100 000人（Braudel，1994，p. 99）。它的纺织品行业十分兴旺。1309年布鲁日已建立了自己的证券市场，即交易所（Bourse）。在比利时之外，“汉萨”（Hansa）（一群商人）在波罗的海、北海、英吉利海峡和爱尔兰海的海上商业的成功促进了北部的经济活动。1356年，一个贸易港口间的联盟——汉萨同盟（Hanseatic League）成立。北边和东边的商品（木材、蜡、毛皮、黑麦和小麦）被运往西边以换取食盐、布匹和红酒。与意大利的奢侈商品贸易相比，大多数北边的商品是笨重货物，如波兰的谷物、鲱鱼、食盐、红酒、木材或者瑞典的铁。原羊毛是最有价值的商品，大多数都被佛兰德人用来制造纺织品，或者流入意大利。但是，北边也有一些奢侈商品，包括精致的佛兰德布匹、皮毛、琥珀首饰、用作蜡烛的蜂蜡以及蜂蜜。

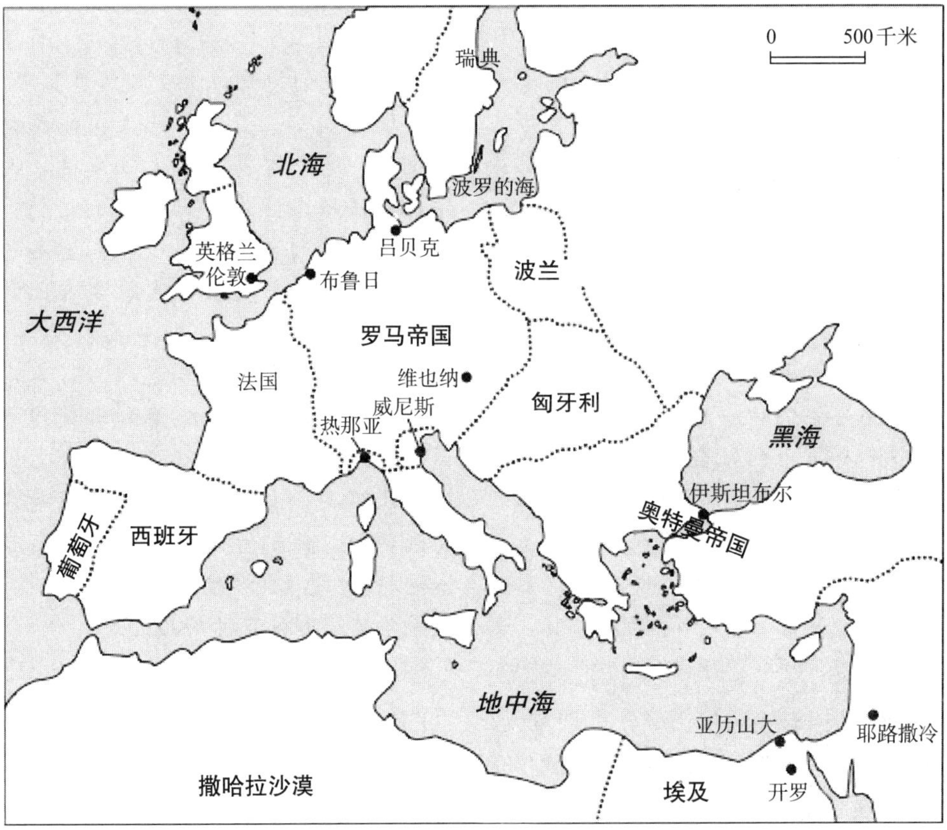

地图 3.2　欧洲政治经济，1400—1500 年

虽然经济活动增加了欧洲许多地区的财富，但是贸易的发展是不平衡的。财富从北欧流入南欧并最终到达地中海东部及更远的地方。在欧洲，高价且高需求的商品来自中国、印度、中东和非洲。相反，欧洲提供一些笨重商品，但是其数量往往是不充足的。奢侈商品通常只能用银或金进行交易。然而，欧洲所能开采的银和金的数量是有限的。最终欧洲人只有三个选择：寻找新的金银来源；用武力获取他们想要的商品；开发更有市场需求的贸易商品。正如我们在后文将看到的，所有这些战略都被采用且获得了一定程度的成功。欧洲人最大的“创新”是抢夺美洲人的银去买亚洲人的商品。

货币和金融

既然已经提到了货币和金融的问题，我们就可以先讨论一下欧洲金融创新的发展。新形式的货币、信用以及对货币的控制在这一时期都得到发展，并对欧洲财富的增长和军事实力的扩张至关重要。对于今天生活在一个电子银行和信用卡时代的人们而言，我们很容易把货币和信用的出现认为是理所当然的。然而，这些制度却不是像今天一样一直存在的。此外，被普遍接受且容易交换的货币形式以及被认可的信用工具对任何经济的发展都是必不可少的（见专栏 3.2）。

专栏 3.2

货币的作用

考虑一个关于货币存在以前的非真实但有用的例子。在这一时期，货币可以简单地被定义为在购买或出售商品或服务时经常被用来支出或收到的物品。在没有货币的情况下，经济活动是发生在以物易物的基础上的，即一种商品与另一种商品交换，而不是和货币交换。例如，你的邻居可以给你一些柴火，条件是你要为他们烤一些面包。现在假设在一个没有货币的社会里，四个人聚在一起寻求商品交换。一个是农民，有几蒲式耳的小麦；一个是牧人，带来了自家的羊毛；第三个带来了一匹马；第四个是铁匠，带来了一个简单的工具，如刀。但当他们想要等价交换这些商品时，问题便出现了。假设马的主人想要交换一把刀。这个贸易可能无法发生，因为铁匠无法给马主人补回多余的价值。另一个问题是可能一个人并不想要另一个的商品。例如，牧人可能想要农民的小麦，但是农民可能不想要牧人的羊毛。牧人可能不得不先用羊毛换刀，再用刀换小麦。如果他无法先换到农民想要的商品，这个贸易就受阻了。只有当所有人都认可某一种物品的价值，问题才能得到解决。他们可以出售自己的商品获取这种物品，再用它购买别人的商品。这种价值得到认可的物品就是“货币”。

虽然各种形式的货币（铁、烟草、牛、贝壳、珠子、威士忌酒、石头）已存在近 4 000 年，但直到 19 世纪货币的价值才被大众真正完全地接受（Galbraith, 1996）。关于储存于货币商品里价值的大小一直存有疑问。对于金属币而言，发行机构降低铸币成色的风险一直存在。铸币贬质的现象发生于当某人将铸币融化，用其他金属将其稀释，再重新铸造成货币使用时。例如，一个统治者可能给金币中加入15%的铜，并声称其是含有 100%金的货币。统治者希望这些金币仍然能够购买原来金币所能购买到的同样数量的商品，但是制造这些金币的成本却由于较少的含金量而降低。最终，金币的使用者会发现这一变化，并在同样数量商品的出售中要求更多的金币。随着货币贬质，货币的购买力将不断下降。现代贬质的一种新形式是通货膨胀，即随着商品价格的上涨，货币失去了一部分价值。

在多种钱币共存的年代里，另一个困难是来自不同管辖区域间钱币的交换。如何确定一种外国钱币的价值？更为严重的是假币的可能性。当来自不同管辖区域的人在贸易中心相遇时，他们倾向于用信誉更好的货币进行交换。结果是贸易者将接收有价值的货币并将其作为私人使用，而将贬质的货币继续流通。这一囤积良币的现象被托马斯·格雷欣（Thomas Gresham）在 1995 年称为劣币驱逐良币。创造一个可以促进国际货币交换和国际贸易的稳定的国际货币体系的问题直到今天依然存在。我们将在第八章中讨论这一问题。

金融史上一个重要的进步是银行的发展和信用的提供。今天，我们通常会看到三类银行：

（1）储蓄银行（通常被称为清算或商业银行）：接收个人和企业的存款并为其发放贷款。花旗银行、巴克莱银行、德意志银行都属于这种银行。这些银行保持着严肃的形象并依靠其声誉吸引和保留客户。

（2）投资或商人银行：针对富有的商人或企业，对其商业投资和企业收购融资。这些银行比储蓄银行更加开放。

（3）中央银行：国家的银行。这些银行是政府经营的，主要任务是货币的发行和分配以及国内货币供给的调控（见专栏 3.3）。

专栏 3.3

银行和金融动荡

虽然银行和信用使人们能够开展更多的经济活动，但是它们也带来了一些金融风险。个人、企业或国家可能会背负太多的债务并难以偿还。对银行业来说，它们一直面临着客户恐慌并导致银行崩溃的风险。银行通过现金或信用票据将一部分客户的储蓄借贷出去。然而，如果所有的储户同时去银行提取现金，麻烦就出现了。银行无法支付，因为钱已通过借款的形式流通到别的消费者手中，且无法立即被收回。如果有什么迹象显示某银行陷入了财务困境，储户将会涌向银行提取现金，该银行将崩溃。一个银行必须能够让储户相信它是可以应付所有问题的。在国家银行体系里，中央银行充当着最后贷款人的角色。最后贷款人是一个金融机构，它保证能够支付储户一部分存款，并寄希望于以此防止银行挤兑。在国际体系中，没有一个正式的最后贷款人存在。

信用的建立极大地促进了欧洲经济活动。信用票据是允许某人先买后支付的依据。它促进了经济增长，因为没有它，一些人和企业的商业活动将无法开展。一个现代的例子是住房按揭贷款。如果被要求用现金支付，很少有人买得起房子。然而，通过贷款和在长期内偿付，许多人都能够拥有自己的房子。在对长距离贸易的融资中需要同样的模式。

在这一区域另一个重要的发展是合伙企业或股份企业的出现。例如，在意大利有一种制度安排叫康曼达（Commenda）。当发起一次贸易航行时，一个商人可以提供三分之二的资金而另外一个商人提供三分之一的资金并对海外贸易进行管理。双方共同分享收益。这就允许一些年轻且具有冒险精神的商人用自己的人力资本与其他商人的资金作交换。当贸易的距离更远且时间周期更长时，以企业的形式募集投资就更加必要了。大的基础设施项目，如运河建设以及后来的铁路建设，推动了股份制公司的出现以及证券市场的最终建立（Kindleberger，1993，pp. 190-8）。

公认的货币形式、信用和银行的发展是从 15 世纪开始至今欧洲经济、政治和军事扩张的前提条件，其为这些活动提供了大量资金。

□ 主权领土国家的出现

从外来入侵中幸存下来的欧洲（见专栏3.4）开始从封建制向新的政治结构转变，并最终在15—17世纪期间形成了主权领土国家。城市中的商人寻求更大的经济自由，以对不断增加的长距离贸易进行融资，这一过程推动了政治形式的发展，如城邦国家、联盟和主权国家（Spruyt，1994）。在意大利，与东方的奢侈品贸易所获得的财富使一些城市能够确保经济和军事的独立。在法国，商人与国王结盟削弱了贵族的权力，解放了商业，并导致了中央集权国家的出现。在德国，国王与贵族站在一起，迫使诸如吕贝克和不来梅等城市加入了汉萨同盟。

专栏3.4

站在悬崖边上的欧洲：蒙古人入侵

在西班牙人到达并开始征服美洲大陆的250年前，基督教所统治的欧洲面临了一场空前的危机（Marshall，1993）。1241年4月，两支欧洲军队被另一支更加迅猛且彪悍的蒙古军队击败。西西里亚的亨利公爵带领一支由条顿骑士团（Teutonic Knights）、圣殿骑士团（Knight Templars）和慈善武士团（Hospitalers）组成的军队从法国来到了他们的死亡之地——波兰的利格尼茨。在匈牙利，这支100 000人的军队被一支由拔都王子（后来钦察汗国的可汗）所带领的40 000蒙古人击败。欧洲勇士身穿重甲并缺乏战术变化的灵活性。相比之下，蒙古军队则更加敏捷和灵活。这些在中国、中亚、波斯和俄国等地久经沙场的老兵成为了欧洲人无法战胜的敌人。随着蒙古军队准备从匈牙利继续向欧洲推进，欧洲的上层社会和普通百姓都陷入了恐慌。欧洲的国王和王子们无法再组织起一支团结的军队，宗教领袖则警示人们诸神之锤即将带来一场灾难。1242年5月，蒙古军队突然停止其入侵欧洲的步伐并返回了俄国，留下了一路的尸首和战争后的一片狼藉。大可汗窝阔台的去世以及由此引发的内乱终止了蒙古人对欧洲的入侵。如果窝阔台活得再久一些或者出现一位不同的继位者，欧洲对外的扩张可能就不会出现了。

久而久之，这种形式的国家组织方式被证明比联盟或城邦国家更加成功。国家与中世纪的政治组织形式不同，因为它既强调主权，又强调领土。主权是指国家政府是最高形式的政治权威。国王或者议会是最终的立法权威，重点关注法律的制定和暴力的使用。与封建制不同，在封建制里主权是分散的，权力是被分享或者被不同的群体争夺的，如教堂、帝国、城市和地主。与城市联盟不同，在城市联盟里决策是十分困难的，决策的执行则更加困难。

国家还是和领土相关的，也就是说，权力是和特定的地区、区域相关的。不像自称对所有基督徒拥有权威的教堂等普遍性组织，国家的管辖权是在国家领土以内。法国国王对居住在法国领土的人们拥有最高权威，并承认英国国王对其公民的权威。

法国和英国可能在某一边界问题上存在争端，或者试图征服彼此，但是双方都承认彼此按照各自的意愿管理各自人民的主权。

主权领土国家的出现产生了若干重要的结果。首先，在调配经济资源方面，它比别的组织形式更加高效。一个拥有领土的单一权威渐渐能够为商业发展建立国内市场。这就涉及清除在封建制时期建立起来的一些阻碍经济活动的障碍。最主要的障碍是不同的习惯法、危险的旅行环境、陆路或水路通行费、多种货币以及不同的重量单位和测量单位。通过统一货币、重量单位和测量单位，建立保护产权以及确保人身安全和更加便捷的交通运输的普通法，国家能够增加经济活动并为国库添加更多的财富。

第二个重要的结果是主权国家体系带来了竞争。欧洲国家彼此间开展了数百年的殊死竞争。有时，如在第一次和第二次世界大战以后，竞争使这一区域相对世界其他区域的地位有所削弱。然而，国家间的对立状况以及任何欧洲国家都无力建立统治欧洲帝国的现实（除了拿破仑这个例外情况）为欧洲关系注入了一定的活力。某一欧洲国家的革新通常会被其他力求不在竞争中落伍的国家所效仿。城邦国家和国家试图在外部世界寻求相对于欧洲竞争对手的优势。例如，当威尼斯变得强大后，热那亚便支持葡萄牙和西班牙航海至非洲或跨越大西洋，试图削弱威尼斯的势力。虽然哥伦布的航海是从西班牙出发的，但他是来自热那亚的并获得了葡萄牙的支持。

如蒂利（Tilly，1999）所指出的，战争推动了欧洲国家的形成。欧洲政治权威间的冲突以及它们对发动更大规模战争的资金需求促进了民族国家的出现。民族国家被证明在提高税收和调配军事力量方面比意大利的城邦国家或者诸如波罗的海周围的汉萨同盟更加有效。暴力权力的集中并受国家控制是如此的重要，以至社会学家马克斯·韦伯（Max Weber）在定义国家时便主要关注这一特征。他将国家定义为“一个在既定领土内（成功）拥有合法使用暴力的垄断权的人类社会”（引自 Gerth and Mills，1958，p. 78）。

这一相互竞争的欧洲国家体系通常对欧洲以外的人们产生了负面的影响。当欧洲国家变得足够强大时，它们将世界其他地方作为争斗的战场或者一个它们可以用于调配资源对抗竞争对手的场所。欧洲国家的强弱取决于它们从增加的贸易、金融创新和军事发展中获得收益的能力。

总之，15 世纪早期见证了一些繁荣和充满活力的文明。中国、印度和奥斯曼帝国作为以陆地为基础的强大国家而存在。亚洲、非洲、欧洲和美洲的地区经济体在政治结构和经济活动方面各有不同。在这一时期没有任何征兆显示欧洲将在随后几个世纪变得如此有影响力。的确，欧洲对外国商品的需求超过了其他地区对欧洲商品的需求。欧洲在经济上似乎较弱。在政治方面，欧洲是由分散且敌对的政治权威组成。欧洲的技术和军事实力与其他地区不相伯仲，但是无法明显超越其他文明的军事力量。尽管这些方面似乎都不利于欧洲，但是欧洲扩张时代却在 15 世纪开始了。

欧洲扩张

在15世纪中期，葡萄牙和随后的西班牙开启了欧洲的探索、扩张和征服之旅。这一过程通过不同的形式和以不同的名义持续了超过500年。随后，葡萄牙和西班牙被荷兰、法国和英国超越。欧洲人对他们所发现的社会从政治、经济和文化三个维度破坏了其基础（Abernethy，2000）。当他们控制了这些地方的权力，欧洲人建立了新的政治体系以殖民地的形式统治当地人民。他们重新调整当地经济结构，朝着满足欧洲需要和品位的方向将其转变成新的生产形式。他们还通过引入基督教、欧洲种族优越性观念以及诸如民族主义、自由主义和马克思主义等西方政治意识形态改变当地的文化。这一节分析自意大利文艺复兴到工业革命期间欧洲扩张的主要原因，以及欧洲与美洲、非洲和亚洲所建立的不同的交往方式。

关于欧洲扩张原因的分析已经导致了大量学术和政治的争论。这一章强调几个重要的因素：贪婪、担忧、知识和生物财富。贪婪是指对欧洲以外珍贵商品的渴望。担忧主要来自其他欧洲国家的竞争以及埃及伊斯兰势力阻断通往远东的贸易路线。知识主要指促进航海发展以及建造装载加农大炮航船的关键技术。生物财富是指欧洲有一系列致命的疾病和高产的家畜。

表3.1总结了欧洲扩张的主要活动，列举了主要的扩张势力、主要活动的时间、活动的区域、扩张者所从事的本地活动的类型以及它们所统治的主要经济区。前四个国家是本章讨论的重点，后五个国家将在随后的章节中讨论。

表3.1　欧洲扩张活动总结

欧洲国家	活跃年代	国家/区域	本地交往	经济活动
葡萄牙	15世纪中期—17世纪晚期	巴西、非洲西部和南部、印度和中国的沿海港口	征服、贸易、沿海港口	渔业、调味料、糖、奴隶、亚洲内贸易
西班牙	15世纪晚期—18世纪晚期	北非、美洲、菲律宾	征服	银和金提炼
荷兰	17世纪早期—18世纪晚期	印度尼西亚、北美	贸易、港口掠夺、征服	调味料、亚洲内贸易、奴隶
英国	18世纪早期—20世纪中期	北美和加勒比地区、非洲、中东、南亚和东南亚、澳大利亚、新西兰	征服、殖民地、贸易	渔业、皮毛、原材料、糖、棉花、奴隶、毒品
法国	17—20世纪中期	北美、加勒比地区、非洲北部和西部、印度、东南亚、大洋洲	征服、贸易	调味料、皮毛、糖、奴隶

续前表

欧洲国家	活跃年代	国家/区域	本地交往	经济活动
比利时	19世纪晚期—20世纪60年代	刚果	征服	橡胶提炼
德国	19世纪晚期—20世纪40年代	非洲南部、西部和东部	征服	较小经济利益
意大利	19世纪晚期—20世纪40年代	利比亚、埃塞俄比亚	征服	较小经济利益
美国	19世纪早期—?	北美及中美、加勒比地区、夏威夷、菲律宾、越南、中东	征服、占领、贸易	自然资源

□ 对美洲的扩张

我们对欧洲扩张的探讨从美洲开始，因为在这一区域欧洲最早成功地征服了其他洲的居民和环境。在15世纪，为了确保获得来自东方的奢侈品，葡萄牙和西班牙航海者向西航行进入了大西洋。如后文中将讨论的，葡萄牙人向下航行至非洲海岸并最终到达亚洲。西班牙人向西穿越大西洋，期望能够到达中国。他们没有能够到达中国，而是发现了美洲，并迅速地掠夺其财富，随之而来的欧洲和美洲文明的碰撞和冲突好似雪崩一般。欧洲疾病、牲畜和武力的组合席卷了美洲文明，并带来了巨大的破坏。

美洲文明迅速衰败的一个主要因素是欧洲疾病的传播。如天花、麻疹和疟疾等疾病使本地土著居民饱受折磨，在短短100年里导致了高达1亿人口的死亡。据估计，西班牙人到来以前，中美洲和墨西哥的人口约为2 500万，到1650年减少到了1 500万。同样，秘鲁人口在18世纪80年代从500万减少到了30万（Wolf，1982，p. 134）。

在西班牙人到来以前，土著居民是十分健康的群体。他们通过冰封的白令海峡迁徙到了美洲，随后与世界其他地方相隔绝的状态使这里的人们远离了欧亚非大陆上各种致命的病原体。旧世界的人们创造了拥挤的城市文明、发展了粗放农业并驯化了大量的动物。每一步都导致了新病毒的产生和传播。例如，在产生大量人类生活垃圾的肮脏城市里生活便导致了霍乱和痢疾的出现，而与奶牛、绵羊和鸡等等动物的近距离接触导致了动物疾病以肺结核和天花等形式在人类中传播（Nikiforuk，1996）。

当西班牙人到达美洲后，他们无意中将自己身体所携带的病原体传播给了缺乏抵抗力的土著居民。天花是严重的疾病，常使整个村庄和部落灭绝。将大量的本地居民聚集在一起作为奴隶开矿更是加剧了病毒的传播。生活在不健康的环境里，这些奴隶更容易染上这些疾病。在欧洲人深入美洲内陆以前，天花就传播至整个大陆。

当欧洲人深入美洲时，这片大陆似乎无人居住，因为大多数人口已被疾病吞噬。欧洲疾病从广义上而言是生态帝国主义的一部分（见专栏 3.5）。

专栏 3.5

生态帝国主义

欧洲的生态帝国主义不仅仅局限于疾病。另一个欧洲侵略者成功的元素是他们将家禽引入了美洲。马为农业发展提供了动力，并带来了对于本地居民军事上的优势；猪、兔子和牛提供了食物并把原有的自然环境改变成了牧场；蜜蜂为居民提供了蜂蜜。所有这些动物对美洲人来说都是陌生的，并给其拥有者在适应新的环境上带来了明显的优势。欧洲人不仅仅是以勇士、定居者或商人的身份来到美洲，他们还伴随着“蜂拥而至且不断重复的猪哼声、牛叫声、马嘶声、鸡鸣声、鸟叫声、狗吠声、蜜蜂的嗡嗡声”（Crosby，1996，p. 194）。它们淹没了大量的本地居民，并为建立一个符合欧洲、欧洲人和欧洲定居者在美洲利益的“新世界”奠定了基础。

欧美政治经济

欧洲人在他们所谓的“新世界”里所采用的政治和经济战略是重商主义和帝国主义。欧洲将美洲本地经济统治在欧洲国家的权力之下并使其经济活动只为这些国家的利益服务。因此，欧洲与美洲的关系是帝国主义的关系。主要欧洲国家将美洲作为它们帝国的一个财富来源。许多本地经济和政体被破坏并重新构建，以为西班牙、葡萄牙、法国和英国皇室服务。在欧洲国家之间，商业活动是重商主义的。经济活动是为了增加特定国家的财富和权力。经济壁垒被建立起来以阻止与其他国家的联系。例如，不同的措施被运用来阻止西班牙和葡萄牙或者英国和法国的殖民地之间开展贸易。经济活动被视为零和博弈。国家都力争自给自足并否认它们的竞争对手可以为其带来创造财富的机会。英国和法国皇室授意私人偷袭对方的舰队。西班牙却将这种行为视为海盗。

西班牙人最开始来到美洲是为了寻找通往中国和印度的路线。当他们第一次遇到美洲本地人时，黄金首先吸引了他们的注意。虽然金银对西班牙人和其他欧洲人一直都有吸引力，但是从美洲所没收的白银占据了他们财富的主要部分。西班牙的白银不仅流回了欧洲，而且很大一部分还跨越了太平洋，从墨西哥的阿卡普尔科被运送到了西班牙所控制的菲律宾。在这里这些白银被用来交换中国的商品，主要是纺织品（丝绸）。1797 年，更多的西班牙金银从阿卡普尔科被运往马尼拉，然后跨越了大西洋被运往中东。在 1570—1780 年间，据估计 4 000 吨～5 000 吨白银被运往远东以交换商品（Wolf，1982，p. 154）。美洲被迫进入了世界经济体系，而欧洲却从美洲的加入中获得了巨大利益。

开采银矿的努力带来了美洲经济的转变。西班牙需要劳动力以及相应的物资来维持自己的采矿行业。劳动力是由美洲本地人和非洲奴隶提供的。白银的提炼是高度危险的，因为这个过程要使用水银并可能导致水银中毒。矿山通常位于高海拔地区，其工作条件十分恶劣。为了减轻痛苦，美洲本地的工人们开始使用原本只有在印加宗教仪式上才会使用的古柯叶。咀嚼这些叶子可以使工人们对疼痛变得麻木。西班牙人也乐于使古柯的消费普及化，以便获得更多的白银（Pomeranz and Topik，1999，pp.156-8）。

采矿业使美洲本地经济重心从西班牙统治前的农业转移到了马德雷山和玻利维亚及墨西哥山上的银矿脉。这些矿场创造了对食物和其他物资的需求。借鉴其封建制度，西班牙引入了一个土地所有制体系——“庄园”。劳动者在这些庄园里劳作并定居，但其所有权都归庄园主。这种高度不平等的土地所有制度以及随之而来的一个拥有土地的社会阶层的政治影响力在随后的数百年里都阻碍着经济和政治的转变。

在被西班牙征服以后，存活下来的美洲本地群体在现在的拉丁美洲地区起到了至关重要的作用，但却处于不平等的地位。西班牙和葡萄牙重点关注的是资源开采，从来没有向美洲大规模的移民。与后来变成了美国和加拿大的区域相比，西班牙依靠本地劳动力并把美洲本地人融入了他们的等级化社会里。以前的本地贵族依然管理本地的社区，但是其权力已被大大削弱。虽然基督教被迫接纳当代的信仰和神话，但本地人确实转而信奉了基督教。总而言之，美洲本地人作为劳动力贮备以及廉价农业和工艺品的来源而被融入西班牙体系之中。他们受制于西班牙的朝贡或者税收制度并被迫出卖自己的劳动力，以偿付强加在他们身上的债务。

西班牙人在美洲定居就像欧洲人在其他地区定居一样带来了种族劳动分工，并延续了几个世纪。在西班牙占领美洲期间，相对较少的欧洲人移民到了美洲。欧洲人和其后裔位于社会的顶层，西班牙人和美洲本地人联姻的后代位于第二阶层。在社会的底部是美洲本地人。他们被排除在政治体系之外，并充当着最基本的劳动力。在美洲的北部情况略有不同，美洲本地人被排除在社会之外，非洲人被运往这里并从事重体力劳动。

在工业革命以前，西班牙不是唯一在美洲从事经济活动的欧洲国家。在西班牙和美洲产生联系两年以后，葡萄牙和西班牙签订了一份协议，规定佛得角群岛以西370里格的土地归西班牙所有，以东则归葡萄牙所有。葡萄牙占领了巴西和通往亚洲的南太平洋。西班牙则占领了美洲的其他地方。在巴西，葡萄牙人在大种植园里集中生产食糖以出口。这一经济活动传播到了加勒比地区，在那里被荷兰人、法国人和英国人效仿。这些效仿者随后便成为了葡萄牙的竞争对手。在下一节讨论关于与非洲的关系时这一点会被详细介绍。

在美洲北部，一些国家参与到了经济活动中。葡萄牙被纽芬兰和新英格兰海岸的渔资源所吸引。法国和英国舰队也随之而来。当17世纪左右葡萄牙和西班牙海上力量下降时，法国、英国和荷兰便能够沿着东海岸建立永久移居地并寻找四只脚的黄金——海狸。为欧洲上层社会制作昂贵且时尚的帽子对海狸皮所产生的需求驱动更多的欧洲人深入美洲大陆。随着海狸皮贸易的开展，内陆的美洲本地居民开始从事猎杀这种不断变得稀有的哺乳动物。久而久之，美洲本地人从皮毛贸易的合作伙伴变成了下属生产商（Wolf，1982，p.194）。随着加拿大和美国在18世纪和19世纪变成欧洲人的殖民地，一个更加悲惨的命运正等待着土著居民。一些部落在屠杀性的战争中灭绝，另一些则在经济上依赖这些宗主国并被驱赶到了保护区里。

□ 非洲：三角贸易

与美洲相比，欧洲人在其与非洲的关系中并没有病原体的优势。事实上，疟疾在非洲大陆的出现导致了一种不同的关系。欧洲人的经济活动主要局限于撒哈拉以南非洲的海岸，并依赖愿意从事贸易的非洲人。尝试深入大陆从事贸易的欧洲人大多染上疾病并死去（除了南非，那里的气候较为温和）。在将近400年里，大规模地殖民非洲一直无法实现，直到步枪技术得到进一步发展以及对抗疟疾的药物奎宁的出现。

欧洲人从海上与撒哈拉以南非洲接触始于葡萄牙人。最开始沿着非洲海岸航行的目的是希望能够摆脱对跨撒哈拉贸易（将货物通过塞内加尔运出）的依赖，以确保黄金的供给。除了黄金以外，葡萄牙人需要胡椒粉、象牙、染料木、蜂蜡、皮革和木料，以及一些来自非洲的奴隶。反过来，他们提供纺织品、小麦、黄铜器皿和玻璃珠。随后，他们还引入了巴西的烟草。从非洲商人那里购入的奴隶起初被送回了葡萄牙。由于奴隶贸易在我们所讨论的这一时期是欧洲和非洲最主要的经济交往形式，因此对这一经济活动的讨论是有必要的。

对欧洲或者非洲而言，奴隶制度并不是新的制度。在非洲的传统里，奴隶通常是在充抵债务时获得的，他们不是经济活动的基础。在欧洲，罗马和希腊帝国依靠奴隶主势力。在十字军东征期间，欧洲人和穆斯林互相奴役彼此。在13世纪，维也纳人和热那亚人从土耳其和蒙古输入奴隶。奴隶被用来在塞浦路斯和西西里岛种植甘蔗以及在矿场挖矿。在14世纪，欧洲还输入了斯拉夫人和希腊人奴隶。在17世纪和18世纪的苏格兰，挖矿工和盐场工人依然是奴隶。

因此，奴隶贸易的开始对双方而言都不足为奇。跨大西洋的奴隶贸易采用了一种欧洲—美洲联合操作的形式。欧洲人资助、组织这些贸易，并获得主要的收益。在航海之前捕获、运送、控制和关押这些奴隶就主要由非洲人负责。欧洲人主要控制海上运输。虽然一些欧洲人也直接捕获非洲奴隶，但他们通常是用金属、火枪、纺织品、朗姆酒和烟草等换取这些奴隶的。

当欧洲人开始开采金银并将新的农作物引入美洲时，奴隶贸易的本质和规模就发生了巨大变化。开采金银对奴隶有大量需求。葡萄牙人将糖从地中海地区引入巴西，随后再传播到加勒比地区。美洲烟草被出口到欧洲，棉花种植则从亚洲被引入美洲，所有这些产品都需要大量的劳动力。

在这些经济活动里存在几种类型的劳动力。最明显的一种是没有人会自愿选择的最为繁重的工作。欧洲人首先奴役美洲本地人。然而，他们的数量是有限的。许多人死于疾病，还有一些人逃了出去并形成了反叛势力。欧洲人还尝试从本国引入合同工。一些贫穷的欧洲人同意作为劳动力工作数年以换取他们完全的自由和在美洲开始新生活的机会。然而，许多欧洲人在合同到期之前就死亡了，这种形式也随之变得没有吸引力。

种植园主和矿主的解决方法是以奴隶的形式从非洲运送大量的劳动力到美洲。许多非洲人在种植园里死去，但是他们被更多的奴隶所取代。为什么非洲变成了奴隶的来源？如前面所提到的，在种植园经济被引入美洲之前，非洲的奴隶贸易就已经存在了，这为之后的奴隶贸易提供了示范。此外，跨越大西洋被运送过来的非洲人对于本地美洲奴隶而言处于更加弱势的地位。对于非洲人而言，他们实际上已经不可能再回到家乡，而美洲人则可以逃到附近的区域。在被运往美洲的路途中存活下来的非洲人面临的是数年的劳役，直至在贫穷中死去。他们的后代也几乎是同样的命运。当奴隶制度被废除以后，非洲人依然处于社会经济的最底层，备受贫困和种族歧视的折磨。

与许多历史事件一样，对于被强迫离开家乡来到美洲充当奴隶的非洲人数量，众口不一。在 1450 年到 20 世纪期间，据估计，有 900 万～1 300 万非洲人被运往美洲（Iliffe，1995，p. 131）。奴隶贸易起步相对迟，在 1451 年到 17 世纪期间，有 275 000～370 000 名奴隶被运往美洲。在接下来的 100 年里，这一数量大约是 200 万。在 1700—1800 年间，随着种植园经济的发展，大约有 600 万非洲奴隶被运往美洲。在 19 世纪，另外的 300 万奴隶也被运往了美洲。在这种野蛮的运输方式里，奴隶死亡率很高，在荷兰商船上有大约 14%的奴隶会死去。具体的死亡数据无从获知，但是一个估计显示，在 18 世纪每 100 个安哥拉人奴隶里，有 10 个会死在捕获的过程中，22 个死在到达港口的路上，10 个死在港口临时存放区，6 个死在航海途中，3 个死在开始美洲工作之前（Iliffe，1995，p. 135）。

这一可怕的经济活动是所谓的“三角贸易”的一个方面（见地图 3.3）。欧洲人生产各种商品，如纺织品、枪炮、玻璃球和半宝石，并用它们在非洲交换奴隶。奴隶被跨越大西洋运送到美洲，并在美洲的种植园和矿场工作。他们的劳动产品，如白银、棉花和糖，再被以高额的利润出口到欧洲和其他地方。在 1807 年英国终止参与这一活动之前，诸如布里斯托尔和利物浦等英国城市变成了主要的奴隶贸易港口。奴隶劳动力创造了大量的财富。

三角贸易允许欧洲人出口更多的产品到非洲并使用廉价的劳动力在美洲生产商品。不断增加的种植园和美洲殖民地同样也是欧洲商品的消费市场。在威廉姆斯（Williams，1944）的一本有争议的书里，他认为从奴隶贸易中获得的利益促进了英国的工业革命。虽然威廉姆斯可能低估了欧洲市场对工业革命的重要性，但是三角贸易的确对 19 世纪欧洲经济的腾飞做出了贡献（Wolf，1982，pp. 199-200）。从个人层面上和就某些特定的社区而言，跨大西洋奴隶贸易的结果是可怕的。

一些个人遭受了巨大的剥削，一些家庭和社区被破坏，数以百万计的人们因此而丧命。奴隶贸易对美洲文明的影响是多方面的。在西非，沿海的人们可以和欧洲人开展贸易，以加强自己对抗内陆对手的实力。例如，18 世纪和 19 世纪，阿桑特人可以利用荷兰的武器建立自己的帝国、扩大领土并获得更多的奴隶。在尼日尔三角洲，奴隶贸易将社会转变成了一个聚集奴隶的组织并进一步征服内陆的人们。在刚果，奴隶贸易却产生了截然不同的影响。它摧毁了当地的政权，促使从事奴隶贸易和挑起战争的反对派不断出现。总体而言，非洲是奴隶贸易的受害者，非洲政治经济体系被彻底改变，数以百万的非洲人被运往另一个大洲。但是，非洲人一直在反抗这种侵略并坚持了很多年。

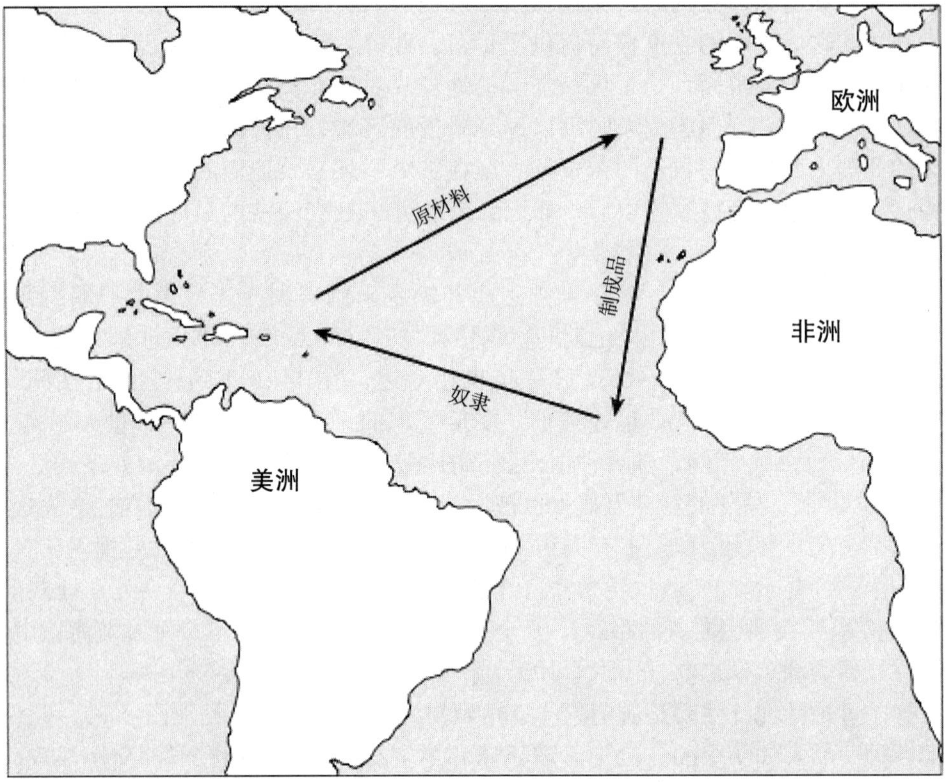

地图 3.3　跨大西洋的三角贸易

□ 亚洲边缘地区

欧洲在寻找通往亚洲贸易线路的航海中无意中发现了美洲和非洲。在 15 世纪 90 年代，瓦斯科·达·伽马最终在阿拉伯向导的帮助下绕过非洲抵达了印度。然而，与亚洲政治经济体的交往形式和欧洲在美洲及非洲的经历大不相同。亚洲帝国通常比欧洲国家更大、人口更稠密且生产力更强。在几百年里，欧洲人的活动仅限于海港和贸易口岸。有时，他们还面临着军事威胁或者缺乏足够的食物维持他们和亚洲人开展贸易。遗憾的是，以欧洲为中心的历史对亚洲经济活动的重要性轻描淡写，并扭曲了我们对这一时期的看法（见专栏 3.6）。

专栏 3.6

大城府与威尼斯

大城府位于泰国曼谷附近。它的历史重要性在于在超过 400 年里（1351—1767），它一直是泰国的首都，并且是东南亚最富裕的城市之一（Gamier，2005）。其大量的财富使得这个城市能够被建造得金碧辉煌，并有许多漂亮的寺庙存在。这个城市依河而建，一直是中国、马来西亚、印度尼西亚、印度甚至波斯商品流通的要道。欧洲商人也在这里建立了贸易口岸。这个城市成为了连接东亚和南亚贸易的交往中心。

尽管其很重要，但和欧洲的威尼斯城相比，很少有人听说过这个城市。这在一定程度上是因为威尼斯现在依然是一个繁荣的城市，并吸引着全世界各地的旅游者，而大城府已不再是一个旅游目的地，也不再是一个主要的国际中心。然而，另一个解释是全球经济史通常强调西方及其发展，忽略了世界其他地方的重要发展。“欧洲中心主义”一词就是用来描述将欧洲和其殖民地置于世界历史中心的观点，这种观点忽略了其他国家和人民的作用。

葡萄牙人是首先绕亚洲航行的欧洲人。此后，他们立刻和一个扩大的穆斯林贸易体系产生了联系。葡萄牙人不希望和亚洲人产生正面的交锋，因此他们尝试着控制一些战略要塞，如果阿、霍尔木兹海峡和马六甲海峡。他们还试图扩张至中国，但是在1521年的战争中铩羽而归。这种占领沿海港口以求在有利可图的亚洲贸易中获得立足点的方法被荷兰人和英国人效仿。

欧洲人的活动局限在各亚洲交易站之间的海路上。葡萄牙人以及随后的荷兰人和英国人在亚洲各口岸之间运送货物并把一些货物运回欧洲。这些活动为这些国家聚集了大量的财富。但是，他们却没能深入到亚洲的核心区域。虽然重商主义的经济理论认为欧洲国家与其殖民地的互惠贸易是世界经济的主要部分，但是经济现实是欧洲与非欧洲世界的经济联系为前者带来了更大的经济利益。

欧洲的成功归功于其装载枪炮的航船。大约公元1400年，欧洲人将他们的横帆设计和阿拉伯的三角帆设计结合了起来，随后还在商船上装载了大炮。1500年以后，加农大炮被安装到夹板之下，大型帆船由此诞生。它们一半是战船、一半是商船。这些大型帆船在与阿拉伯和亚洲海上力量的对抗中取得了压倒性优势，但是却无法征服大陆帝国或者阻止用更小的商船所开展的本地贸易。

葡萄牙人和荷兰人在东南亚早期的经济活动主要依靠的是欧洲商人和本地女性间平等的性别劳动分工（Pomeranz and Topik，1999，pp. 28-31）。欧洲商人遇到了一个通常由本地女性所经营的商业网络。本地女性已建立起了良好的商业联系并非常了解这个后来被证明对欧洲人十分重要的经济体系。将欧洲女性吸引到殖民地来是十分困难的，并且为了抓住这些本地女性所提供的商业机会，葡萄牙/荷兰商人和亚洲女性结婚的情况普遍存在。有时，当他们得病的欧洲伴侣不得不屈服于这些热带疾病时，这些本地女性依然能够聚集大量的财富。这种状况持续了大约200年，直到19世纪。随着技术革新，如苏伊士运河的开通、电报的发明和疫苗的开发，欧洲人的生活方式在亚洲变得更加可行。这就导致了欧洲男人将自己的妻子带到殖民地，从而使本地女性被边缘化，欧洲人和非欧洲人的差异被扩大。虽然欧洲人变得更加强大，但他们对本地文化的需求和宽容却都大大减少。

英国人跟随着葡萄牙人和荷兰人来到了印度洋并最终获得了对印度这个以陆地为基础的国家的直接控制。殖民印度对英国而言是大发横财，它有助于一个更大的帝国的形成。英国小孩被灌输这样的思想：帝国的太阳是不落的，因为帝国的领土横跨全球。英国东印度公司最开始承认印度当地统治者的主权。然而，1757年这家公司在孟加拉国干涉了一起本地权力争斗并最终接管了这片领土的权力。大约同一时期，穆斯林统治的莫卧儿帝国陷入了危机，这使得英国在1789年的海得拉巴战争和1799年的迈索尔战争中击败了印度军队。

参与印度贸易为英国带来了大量的私有财富，这些财富被带回到英国本土。印度经济结构被不断调整，以为英国的战争和扩张提供资源。印度农业结构被转变成以出口有利于英国的谷物为主，如棉花、糖、烟草、黄麻、靛蓝和鸦片。英国还引入了新的税收体系和英国法律。1814年以后英国机器生产的棉花被运入印度，摧毁了印度高质量的纺织品行业。一支有着英国军官和印度士兵的新军队被组建起来。这支军队成功地镇压了1857年一次反抗东印度公司统治的起义。但英国政府还是有所顾虑，并免去了东印度公司统治印度的权力，开始直接控制印度。

虽然英国成功地征服了印度，但对中国它还是无计可施。中国人对与这些红头发的野蛮人开展贸易毫无兴趣。英国人也只能在广东贸易口岸寻找丝绸、瓷器和中药。为了交换这些产品，英国人只能支付白银，因为他们没有中国人想要的商品。当英国人变得对茶着迷的时候，这一状况就变得更加糟糕。饮茶在英国开始于1664年，这一习惯是从荷兰传入的。到了1783年，茶消费已为600万英镑，随后上升到了1 500万英镑（Wolf，1982，p. 255）。所有这些消费必须用来自美洲的白银支付。中国逐渐聚集了大量的美洲白银。

英国急切地需要寻找到一种商品，它可以直接用来交换中国商品，因为英国不能无限制地向中国输出白银。1804—1810年间和1811—1803年间英国檀香木的丰收分别破坏了斐济和夏威夷的森林，但即使如此，也不足以支撑对中国商品的需求（Pomeranz and Topik，1999，p. 161）。英国人解决这个问题的方法是将印度种植的毒品运往中国。鸦片就是主要的选择，这种植物能使人高度成瘾，有另一种形式的海洛因之称。1773年，东印度公司垄断了鸦片贸易并向中国走私。美国贸易者也参与其中，将鸦片从土耳其运往纽约和中国。中国宣称鸦片违法，但依然无法阻止英国和美国企业。到了1828年英国已能够扭转白银的流动，使流出中国的白银多于流入中国的白银。英国和美国商人不满足于走私毒品，要求获得在中国公开出售的权力。随着英国在鸦片战争（1839—1860年）中的胜利，中国的大门最终被打开。英国的战船在劝服中国人取消对鸦片的限制中起到了决定性作用。欧洲的毒品战略对于其贸易平衡而言是成功的，但对于中国而言则是一个灾难。它使经济平衡朝着有利于欧洲的方向变化，并造成了中国数以百万的鸦片成瘾者。当今从哥伦比亚向美国出口可卡因并导致了美国和拉丁美洲的“毒品战争”与我们所讨论的这一历史时期相比简直是小巫见大巫。

正是在这一时期我们看到了现代企业以荷兰和英国东印度公司的形式出现（Pomeranz and Topik，1999，pp. 163-6）。这些公司与诸如家庭企业或临时公司等其他商业形式在几个方面存在着不同。第一，它们与个人无关，因为公司合伙人不需要彼此认识。第二，公司的所有者不直接控制这些公司。管理者被选举出来经营这些公司，所有者或投资者要么接受他们的决定，要么出售自己的股份。第三，公司被设计为永久的。公司不会因其所有者的变化而改变，并长期存在。早期的合资企业通常是在一定时间范围内存在，如一次或几次航海的完成。东印度公司的期望是只要财务上可行，它们将一直从事商业活动。

这种新形式的经济组织是有需要的，因为所开展的商业活动周期很长且需要大量的资金。资本投入通常需要被分摊到几次航海中去，因为单次航行存在不成功的可能性。大量资金支出的另外一个重要原因是这些商业活动都和巨额消耗的军事行动联系在一起。在这个重商主义时期，欧洲人的跨大洲贸易伴随着掠夺领土、建立要塞以及提供战船等活动。这大大增加了商业活动的成本，但是如果商人们想要排除竞争对手，在亚洲大陆上获得一席之地，这些活动是十分必要的。

总结

从15世纪到19世纪中期，世界经济形成的初期并不是一个美好的过程。事实证明在这一过程中冲突多于合作。欧洲扩张用疾病破坏了文明，奴役了数以百万的美洲人和非洲人，使数以百万的人口死去，对其他地区经济进行重新调整，使其为欧洲的上层社会服务，并倒卖鸦片破坏其他文明。这一时期，世界政治经济体系发生了变化，欧洲不断与其他财富和权力中心发生冲突。这里我们用第三部分各章里将要讨论的体系来回顾这些变化——贸易、生产、金融、劳工、性别、发展、环境、观念、安全和治理。

贸易

据称贸易是和人类文明同样古老的活动。这一章介绍在15—19世纪期间存在的几种不同的贸易体系。除了本地贸易外，国际贸易（也就是跨边界贸易）是这一时期的显著特征。我们讨论了长距离贸易和洲际贸易线路对一些社会的重要性。虽然没有一个简单或者单一的解释国际贸易的理由存在，但是国际贸易主要是为了获得国内无法生产的商品。这一点和现在的国际贸易体系是不一样的。在现在的国际贸易体系里，发达国家进口那些它们同样可以自己生产的商品。这一时期的贸易多种多样：从调味料和金属等异国商品到人口贸易。这一章既揭示了国际贸易的一些传统特征，也介绍了一些新的特点。寻找新奇事物和大众消费商品就是这些传统特征之一。另一方面，这一章还警示我们这样一个事实，在一个历史时期被认为道德的商品，在另一个历史时期则未必如此。例如，如果奴隶制度和奴隶贸易现在依然存在，那么它们将被全世界所谴责。

市场竞争在驱动欧洲扩张中起到了重要作用。欧洲人对来自东方的奢侈商品的渴望激励了欧洲国家和商人寻找新的来源，是欧洲在生产某些如丝绸和调味料等商品上的无能为力促使他们走出欧洲大陆。当他们不能用武力取得他们想要的东西时（大多数情况下），欧洲人便开展了贸易。然而，在某些地方，起初相对公平的贸易最终对当地经济产生了灾难性的影响。在北美的皮毛贸易最终使北美本地人丧失了独立，而随着奴隶贸易变成一个大规模的活动，非洲的大部分地区也陷入了水深火热之中。

生产

在本章中所讨论的四个世纪里，生产主要还是集中于农业，并且主要是为了满足本地需求。虽然生产技术没有突破性发展，但是在谁生产什么且为谁生产方面还是存在显著的变化。欧洲对美洲的政策彻底改变了这两块大陆的生产结构。美洲本地经济要么被破坏，要么被调整为欧洲的原材料（金属、农作物、皮毛）供应地。在美国南部、拉丁美洲以及加勒比地区，生产关系是由一小部分富裕的地主阶层和大量在农业或矿场中工作且被剥夺权利、被奴役的劳动阶层组成的。在美国北部和加拿大的部分地区，驻领殖民地（settler colony）被建立起来，在这里土地的分配相对公平，一个工业化的基础在被慢慢培育着。在非洲，奴隶的捕获和出口从一个小众行为变成了一个大规模的经济活动，这使得这些社会变得动荡并使资源流入了其他社会。

金融

远距离贸易导致了金融创新，金融创新反过来促进了远距离贸易。欧洲扩张的一个重要因素是为探险、贸易和战争进行融资的金融工具的发展。银行的发展和信用的出现是最重要的进步。有时，金融创新甚至超出了人们的控制（见专栏 3.7）。为了使这一危险但暴利的贸易得以成行，资金需要在较长一段时间里被借出。远距离和长周期的经济活动促使了非个人且长期存在的企业的发展。那些庞大的经济活动参与者，如英国和荷兰东印度公司，被要求从事国际贸易，还因为经济活动常常需要军事保护。因此，这些公司雇用军队保护和拓展它们的利益。

专栏 3.7

17 世纪的郁金香狂潮

郁金香泡沫或者郁金香狂潮是人类历史上有记载的最早的金融泡沫，指的是 1634—1637 年间在荷兰几个品种的郁金香球茎价格的剧烈变化（Garber，1989）。郁金香在 16 世纪从土耳其被引入西欧并迅速成为价格最高的花卉。1554 年，神圣罗马帝国驻土耳其大使奥吉尔·德布斯贝克（Ogier Ghiselin de Busbecq）将第一束郁金香花茎和种子带到了维也纳。1593 年，佛兰德植物学家卡罗卢斯·克卢修斯将郁金香从君士坦丁堡（现在的伊斯坦布尔）带到荷兰做研究。从 17 世纪开始，郁金香作为花园装饰和药用在荷兰开始流行。对这种花巨大的兴趣使得其价格大幅上涨。一些杂交品种被视为珍奇甚至地位的象征。在 1636 年末和 1637 年初对郁金香的狂热需求席卷荷兰。一些品种在阿姆斯特丹甚至比一栋房子都值钱。在荷兰的大多数地区，甚至许多非专业人士都在从事郁金香生意。例如，在投机的最高峰，一束普通的永远的奥古斯都球茎售价达到5 500盾，相当于价值 50 000 美元的黄金，黄金大约每盎司 450 美元（Mackay，1852）。高投机价值吸引了大量来自各行各业的外国资金和人们，他们急切地清算其他资产，加入郁金香市场。郁金香价格在整个 17 世纪 30 年代不断上升，市场价格远远超出了理性价值。这一价格泡沫最终破灭，即使最稀有的郁金香按照以前价格的十分之一出售也无人购买（Garber，1989）。确实有大量的财富被创造出来，但是许多荷兰人却因为郁金香价格的暴跌而遭受损失。从今天的角度而言，对郁金香的经济狂热似乎很奇怪，但是其贪婪和不理性的本质和最近的金融危机颇为相似。

劳工

各大洲生产的调整导致了新的劳动分工的出现。这种新的劳动分工不断使国家的出口部门集中于某些特定产品的生产。欧洲人主要生产工业品，在各大洲之间运送货物并在几个大陆上经营植物园和矿场。非洲人作为奴隶的供给者被纳入这个劳动分工体系中。美洲本地人要么被灭绝，要么在保护区或更贫瘠的土地上被边缘化，要么在劳动关系中处于从属地位。在亚洲，大的陆上帝国确保了一个与欧洲探险者和贸易者更加平衡的关系。印度、东南亚和中国生产商继续制造着高需求的产品并坚持对自己的商品获得合理的报酬。

性别

性别关系位于欧洲和非欧洲社会交往的中心。当两个社会势均力敌时，欧洲男人通常依靠来自不同文化的女人的协助。上文中给出的一个例子是葡萄牙男人和印度尼西亚女性间的商业合作。然而，在有些地方，当欧洲人控制了权力后，不平等且充满争议的性别关系便出现了（Mies，1998，pp. 90-110）。欧洲人致力于降低女性在亚洲、非洲和美洲的地位，并视独立女性为一个落后社会的象征。在种植园社会里，欧洲人根据种植园主的经济需求决定增加或者减少女性奴隶的生育率。

发展

在这一时期，我们可以看到当今一些发展中所遇到的困境的起源。现在的拉丁美洲和加勒比地区经济体以自然资源提供者的角色被迫融入世界经济之中。欧洲和亚洲的农作物，如棉花和甘蔗，被引入这些区域并且这些区域的经济结构被重新调整，以使西方资本家能从中受益。这导致了两个结果：一些国家被固定于生产其价值不断降低的产品；财富不断从产品生产者（通常是美洲本地人或奴隶）向矿场主和种植园主（欧洲地主、资本家和定居者）转移。在非洲，奴隶贸易使一些部落的权力相对于其非洲竞争对手有所增加，但是它破坏了这里的社会并削弱了整个大陆的地位。在亚洲，19 世纪之前，欧洲的影响不是十分明显。为购买商品而输入的欧洲白银（从美洲获取的）反而促进了亚洲相关行业的发展。

环境

在这一时期，美洲的自然环境发生了巨大变化。从欧洲引入的农作物和动物使原有的人与自然的平衡产生了变化。新的人与自然的关系展现了人类经济活动对大自然不断的征服。

观念

在 15—19 世纪期间，在世界经济体系逐渐形成的过程中，观念起到了重要的作用。简单而言，知识体系为社会和文明提供了科技和技能。我们已经介绍了在这一时期初期不同社会、帝国和文明的科技发展水平，以及在这四个世纪里这些社会的科技基础的不断变化。在这一时期，欧洲从一个从属角色逐渐发展成了一个潜在的统治者。

知识体系还提供了所谓的“世界观”，也就是决定接受什么知识以及如何理解人与自然的关系的总的观点。另外，这一时期提供了一个关于人类思想和行为多样性的例子。它显示出了一些世界观是如何更加适应不断变化的环境，而另一世界观是如何失败地对待技术的进步的。

知识的作用的第三个方面是关于人与人之间的关系。社会、经济和政治的组织形式依赖于关于社会关系的观念。从印加到中国、非洲和欧洲，在这一时期不同的体系得以形成。然而，随着这一时期的结束，只有这些思想体系中的一种形成了其在全球的统治地位。

上述分析试图解释欧洲的崛起，同时也承认这一原因的多样性。就所讨论的三个知识体系领域而言，即关于技术、理性和社会的体系，15 世纪的世界比 21 世纪初的世界有更大的多样性。同时，不同地区的人们遵循不同的原则建立起了不同的合理运转的政治和经济体系。随着这一时期的结束，一种思想体系开始统治这个世界。在本章中我们认为不是因为这些观念本身更加优越，而是这些观念和我们已经讨论的一些别的因素一起促进了欧洲的转型。这种转型的特有方式带来了欧洲的统治和扩张，并伴随着其他社会的被征服和衰败。

安全

在这一时期安全体系对国际经济有重要影响。一些历史学家（Parker，1996）认为欧洲军事的优势地位是其成功的关键因素。这一观点是有争议的。西班牙军事技术对美洲并没有绝对的优势。在亚洲，印度和中国的军事实力在几个世纪里都是可以和欧洲相抗衡的。欧洲海军技术确实在保护其港口中起到了关键作用，但是欧洲的陆军力量直到 19 世纪更先进的步枪、大炮和机枪的出现才获得了对于非欧洲地区的绝对优势。

相对均衡的军事力量证明了欧洲军事的成功通常依靠当地人的配合（Thompson，2000，p. 79）。美洲人、非洲人和亚洲人彼此竞争。本地人和欧洲人结盟以抵抗其他本地人或者欧洲人的情况经常出现。例如，西班牙征服者科尔特斯正是依靠本地部落击败阿兹台克人的。欧洲人需要非洲人提供奴隶到他们的沿海口岸。英国人和反对莫卧儿帝国统治的印度人结盟并最终接管了这个国家。因此，欧洲的成功依靠本地人的合作。

治理

国际经济的发展和国内及国际治理体系（包括有组织地使用暴力）的发展是分不开的。就国内治理体系而言，最重要的政治发展是现代国家在欧洲的出现。当欧洲的君主们彼此争斗时，他们需要为战争融资。中央集权国家被证明在为开展军事行动而增加税收上更加高效。这就导致了城邦国家和各种国家联盟的消亡。竞争促进了国家的创新并使得其他地区感受到了欧洲国家争斗的影响。

新的政治组织形式的出现与市场的发展是紧密联系在一起的。首先，领土国家有效地消除了经济活动的壁垒。多个政治权威的并存带来了无法逾越的贸易壁垒，如关税和过路费。单一政治权威的确立，如同今天的共同市场或者自由贸易区一样，降低了同一地理范围内的各种壁垒。其次，国家的出现不仅消除了各种商业壁垒，同时还通过立法促进了贸易。法律、通用的货币和各种度量单位的统一使经济交换更加便利并促进了市场的发展。

根据不同地区反抗欧洲统治的力量强弱，欧洲与这些地区的交往方式以及对这些地区的统治方法是不一样的。在美洲，当欧洲人彻底征服了本地人后，他们将自己的政治经济模式强加到这里。在非洲，欧洲人的活动被局限在沿海港口，但是他们对奴隶的巨大需求改变了非洲社会。在亚洲的大部分地区，欧洲人的活动被这些更大且更有实力的亚洲帝国限制在沿海贸易城市。两百年后，欧洲人在印度取得了一些进展，但中国在整个 19 世纪都很好地抵抗着这股来自欧洲的力量。欧洲扩张主义同样还带来了多样的文化传播形式（Curtin，2000）。在一些地方，如南非，通过移民，新的种族制度被建立起来。在另一些地方，如墨西哥，欧洲文化和本地文化融为一体。

欧洲扩张所带来的交往对欧洲和它所扩张到的其他地方都产生了巨大的影响。美洲的“发现”导致了欧洲人重新定位他们在宇宙中的位置并重新考虑他们与其他地区人们的关系。其他地区的人们是否和欧洲人有同样的权力？在上帝眼中他们是平等的吗？虽然欧洲人的行为似乎意味着他们对这些问题有着否定的答案，但是非欧洲人的一种更加平等的观念在 20 世纪末最终形成。从商业的角度，更多的商品涌入欧洲，改变了社会和政治结构。土豆的引入就是一个例子。土豆使成千上万的穷人有了更丰富的饮食。更重要的是，美洲白银的流入使欧洲能够和亚洲中心国家开展更广泛的贸易。

进入 19 世纪，相对于世界其他国家，欧洲的财富和实力得以增加。到此时，欧洲已经对美洲造成了破坏，削弱了非洲的实力，但是和亚洲的关系却保持着一定的距离。直到工业革命的出现，欧洲在亚洲的扩张才有所进展。在第四章中我们将详细讨论这一变化。

扩展阅读

Janet Abu-Lughod（1989）*Before European Hegemony：The World System A. D. 1250-1350*：详尽地介绍了 15 世纪以前的世界体系。

Alfred Crosby（1996）*Ecological Imperialism：The Biological Expansion of Europe，900-1900*：详细介绍了欧洲扩张的生态因素。

Ferdinand Braudel（1979）*The Perspective of the World：Civilization and Capitalism 15th-18th Century*，vol. 3 ：详细考察了早期欧洲经济国际化。

David Landes（1998）*The Wealth and Poverty of Nations*（New York：W. W. Norton，1998）：认为欧洲的价值观念是欧洲崛起的主要原因。

John Hobson（2004）*The Eastern Origins of Western Civilization*：反对全球经济史中的欧洲中心主义观点。

John Kenneth Galbraith（1996）*Money：Whence It Came and Where It Went* ：很好地介绍了货币的起源和作用。

第四章 工业、帝国和战争：1800—1945年

这一章主要探讨一个充满自由主义色彩的帝国主义国际经济体系在19世纪的出现以及在20世纪的衰败。本章的第一节考察工业革命在英国的起源以及相关的促进因素。第二节重点介绍在工业革命给大英帝国和其他欧洲国家带来巨大优势的情况下，国际经济体系是如何被建立起来的（英国强权下的世界和平）。第三节讨论工业革命所带来的一个主要的权力变化，即新帝国主义时代。第四节分析一战期间自由主义体系的瓦解和20世纪30年代尝试重新建立自由主义体系的失败。

回顾19世纪和20世纪早期的历史，我们得出了以下几点结论。第一，财富和权力已转移到社会的精英阶层，这些精英阶层能够利用革新的生产技术。工业革命大量地增加了英国的权力和财富，以至学者们将19世纪中期描述为英国霸权时期或英国统治下的世界和平时期（Pax Britannica）。在19世纪末，德国和美国引领了第二次工业革命，并由此在20世纪早期成为了世界强国。由此可见，技术革新和运用新生产方法的能力是至关重要的。

第二，19世纪所建立起来的自由市场是以牺牲一些人的利益为代价的。在英国，人们涌入了城市和工厂。起初，处于弱势地位的妇女和儿童充当工厂的劳动力，后来一个“自由”劳动力市场最终将男性劳动力带入工厂之中。在国际层面，英国纺织品行业所创造的财富依靠的是美洲奴隶所生产的原棉。发展是有代价的，而且这些代价的分配是极不平等的。

第三，虽然自由市场的好处被大肆渲染，但是自由市场行为还是受到很大局限。由于工业革命所带来的生产效率的大幅提升，英国单方面地追逐着自由贸易。一些国家为了确保获得关键技术也紧随英国之后。然而，当一些国家感受到来自英国的正面竞争时，它们通常还是会建立起保护壁垒。英国最终在第二次工业革命中被两个贸易保护主义国家（美国和德国）所超越。

第四，国际秩序要求平稳运行的国内制度安排。19世纪国际体系的两个重要制度安排均依赖于将民意排除于决策之外。金本位制度要求经济和社会能够对贸易流动进行自动调整。权力平衡理论使国家的战略决策基于对利益的计算，并将意识形

态和国家间的亲疏关系排除在外。这些制度在实践中是可行的，因为大多数人都无法参与到政治决策中去。然而，随着民主化在 19 世纪的持续蔓延以及在欧洲国家里民族主义的盛行，政策选择越来越难以被控制。

第五，欧洲的工业革新改变了欧洲与非欧洲国家间的权力均衡，激发了新一轮的扩张主义和竞争。之前一直抵抗欧洲扩张的非洲和亚洲大部分地区逐渐臣服于欧洲的武力和工业实力。如前所述，这些经济被重新调整以为外国利益服务，并通常对本地人民带来了灾难性的后果。

第六，欧洲国家间的竞争最终演化成战争，并导致了巨大的人力、物力损失。对自由帝国体系的破坏是暴力的，且将其重建的努力是徒劳的。在第一次世界大战中得以解放的意识形态和社会力量使得旧体系的重建变得不可能。的确，直到第二次世界大战结束，一个稳定的国际体系才被恢复。

工业革命

□ 什么是工业革命?

简单而言，工业革命指的是机器在生产中的运用、新的能源作为机器动力的引入和劳动力在工厂中的重新组织。第一次工业革命始于英国，并从 18 世纪中期到 19 世纪 70 年代持续了大约 100 年。变化是先从以棉花为主的纺织品行业开始的，然后到钢铁行业，尤其是铁路。在 19 世纪 70 年代，注重新产品和新技术并由德国和美国主导的第二次工业革命席卷欧洲。在其他地方，工业革命的结果是多样的。诸如日本、俄罗斯和加拿大等国家成功地模仿了英国，而另一些国家直到 21 世纪依然处在工业化的努力过程之中。

我们首先看看 18 世纪英国的纺织品行业。在这一时期，英国和荷兰以及印度的竞争是十分激烈的。虽然依托于更廉价的产品和更低劳动力成本的英国生产者能够与荷兰生产者竞争，但是他们却无法和拥有更廉价且更高质量产品的印度生产者抗衡。为了解决这一竞争的问题，英国禁止东印度公司进口印度纺织品以保护国内市场。

英国人想要提高生产效率，但是却遇到了严重的技术瓶颈。最关键的问题是纺线和织布无法同步。将棉花纺成线需要很长的时间，而将线织成布却只需要相对较短的时间，因此织布的速度完全依赖于纺线的速度。在 18 世纪末期一系列的发明弥补了这一问题。珍妮纺纱机的出现使得一位纺纱工能够同时纺成几根纱线。水力纺纱机将羊毛或棉花从滚柱中间抽出，然后由纱锭绞紧。“骡机”将水力纺纱机和珍妮纺纱机的特点结合起来。到了 1790 年，蒸汽动力在骡机得以运用，大大增加了单位时间内被处理棉花的数量。专栏 4.1 给出了一些关于工业革命提高生产率的例子。

专栏 4.1

工业革命中生产效率的提升

• 将 100 磅原棉纺成线的时间（小时）：1700 年 50 000 小时，1775 年 2 000 小时，1795 年 300 小时，1825 年 135 小时。

• 铁路建设：1840 年 5 000 英里，1880 年 228 000 英里。

• 陆运费用在有铁路的国家下降了 90%。

• 1845—1875 年英国铁路和钢铁出口增加至原来的三倍，而机器的出口则增加了十倍。

• 运输 1 000 吨货物从伦敦到中国的航海时间：1800 年 120～130 天。到了 1865 年，同样的航程采用蒸汽动力的航船运输原来三倍的货物只需要 77 天（Wolf，1982，pp. 273，291-3）。

机械化生产的引入意味着劳动力必须聚集在同一个地方操作这些机器。这就导致了工厂制的发展。工厂制把大量的工人集中在同一个地点参与不同的技术操作。这一制度取代了外加工制（putting-out system）。在外加工制下生产者将原材料分发给单个家庭或工人进行组装或加工，并最终收回成品。从所有者的角度而言，这一制度并不完美，因为他们无法控制生产强度、劳动时间或产品质量，并且无法防止偷盗原材料或产品的行为。这些都可能会导致产品加工和发送的延迟。这种制度对工人更加有利，他们有时将大多数的时间用来做其他事情，然后再集中时间努力工作几天，以完成所要求的生产数量。

工业革命时期的棉花厂其实就是纺纱厂。手工纺织机和手工纺织的速度通常比纺纱快几倍。从 1805 年开始，通过引入煤气灯人工照明，工作时间被延长。工厂工作在英国人中是极不受欢迎的，英国人对在工厂工作表现出了普遍的不情愿。虽然工厂工资有时比一些别的非技术行业工资要高，但是男性工人起初都不愿意进入工厂，因为他们将失去独立。结果，大量的工厂劳动力都来自更易受剥削的人群——妇女和儿童。据估计，在 1838 年仅有 23%的纺织工人是成年男性（Hobsbawm，1987，p. 68）。随着工厂制的发展，更多的男性进入了劳动力市场，而妇女则渐渐地被局限在家务劳动之上。早期的工会通常是由男性统治的，并视妇女工人为竞争对手。许多被工厂自动化所取代的男人们通过家庭暴力或者在工作场合对妇女的排挤重新获得工作（Stearns，1993，p. 62）。工厂中艰苦的工作环境招致了工人的反对，如卢德派破坏机器并组成工会以及民主和宪章运动的增加。

纺织工厂和其他类型工厂的增加对英国社会产生了影响。在一些地方，它带来了繁华的市区。例如，曼彻斯特的人口从 1773 年的 24 000 人增加到了 1851 年的 250 000 人（Wolf，1982，p. 276）。根据霍布斯鲍姆（Hobsbawm，1987，p. 65），工业革命带领我们进入了人与人之间新的经济关系、新的生产体系、新的生活节奏、新的社会以及一个新的历史时期。这个新体系有以下三个主要特点：

（1）工业革命使社会产生了两个阶层：拥有工厂和原材料的资本家和只拥有劳动力并靠出卖劳动力换取工资的工人。

（2）生产都是在工厂里由专业化的机器和专业工人所进行的。

（3）追逐利润的资本家逐渐统治了整个经济。

从生产和供给的角度而言，工业革命还有着至关重要的国际因素。就供给而言，棉花主要来自欧洲以外的地区。18 世纪末期，棉花大多数都来自加勒比地区，但是到了 1807 年超过 60%都来自美国。在 1815—1860 年期间，棉花对于美国经济健康而言至关重要，因为它占美国总出口价值的一半以上（Wolf，1982，p. 279）。这些对于工业革命极为重要的进口品的生产主要是由奴隶和美洲本地人进行的。随着种植园向美国西部迁移，大多数美洲本地人被迫离开自己的土地。在需求方面，西方国家为其产品创造了海外市场。例如，自从英国生产者获得了对印度纺织业的竞争优势，他们就向印度出口大量机器制造的布料和纺线，并以低于印度同行业手工产品的价格出售（Wolf，1982，p. 273）。到 1840 年，印度纺织业被彻底摧毁并逐渐变成英国向中国出口纺织品的原棉产地。

工业革命的第二个阶段是以钢铁和煤电的发展为特征的，最显著的表现是铁路建设的快速发展。紧随英国之后，美国变成了铁路发展的中心（Wolf，1982，p. 292）。英国开始将煤作为经济发展的主要能源。从阿根廷到旁遮普（Punjab），铁路成为了工业化的驱动力量。它为经济活动开拓了大片新的区域，并将世界各地更紧密地联系在一起。海上运输也发生了变化。蒸汽动力的钢船大幅减少了货物运输的时间。除了蒸汽船的成功之外，穿越埃及和巴拿马的运河也被修建起来。埃及的苏伊士运河于 1869 年完工。这条运河将从英国到亚洲的航运时间缩减了一半。对埃及而言，遗憾的是，这条运河导致了埃及的破产并使其落入英国的统治之下。大约 50 年后，美国公司克服更大的困难（主要是疟疾），通过使用大量的牙买加和中国劳工于 1915 年完成了巴拿马运河的修建。从此，美国积极地参与到中美洲事务之中，以确保其运河的安全。

铁路的出现还伴随着一种特定形式企业的出现——公司。如第三章所述，英国和荷兰的东印度公司是当今跨国企业的开始。虽然早期的工业革命主要是由家庭作坊主导的，但是一种诸如企业的更加持久和长期的组织形式在铁路的扩张中极为重要。这是因为铁路投资需要大量资金且实现盈利的时间周期很长（Pomeranz and Topik，1999，p. 164）。

□ 为何在英国？为何发生于此时？

工业革命将英国推到了世界强国的位置上并彻底改变了亚洲和欧洲间的平衡。问题是为什么工业革命发生于英国以及为什么发生在这一时期。虽然对于这些问题的答案存在着巨大的争论，但是大多数分析者强调三个因素：欧洲知识和技术的发展、自由主义国家的出现以及英国在国际经济中的特殊角色。现在我们将逐一讨论这三点。

兰德斯（Landes，1998，pp. 200-9）的研究重点关注了欧洲和英国的知识文化。他强调欧洲的科学革命和启蒙运动。它们使人们对世界的理解不再局限于宗教的范畴。此时，欧洲知识的发展呈现出三个特征。第一，知识探索的自主性不断增加。

科学家们逐渐能够摆脱教堂和国家的限制并根据科学的原则而不是神权教条开展科学研究。第二，一种科学论证的方法被建立起来。这要求知识是建立在可被验证的实验基础之上的。第三，研究被常规化。这使得对于发明创造的探索成为了一个常规行为。

技术知识并不是欧洲人或者英国人独有的，而是被其他文明所共享的。为了获得成功，技术变革必须得到政治和经济体系的支持。工业革命要求人们生活的很多方面都发生相应的变化。什么样的环境会促成这些变化呢？在英国，是自由国家的出现给予了市场奖励或惩罚特定行为的权力，并有助于或者阻碍了新兴工业资本家的努力。自由主义国家和经济是通过武力被建立起来的（Polanyi，1957）。人们被迫脱离家庭生产进入工厂之中，以使棉纺厂有足够的劳动力（见专栏 4.2）。这被称为建立自由的劳动力市场。农业劳动力和地主的政治权力被削弱，因此新兴的商人阶层能够自由地进出口商品以及自由地雇用和解雇工人。

专栏 4.2

鼓励工厂工作

在工业革命期间，人们极不情愿在工厂工作，因此建立一个劳动力市场就需要法律的改变和相应的暴力措施。1834 年《济贫法》改革就是一个很好的例子。这一法律废除了之前要求地方对其贫困人口负责的贫困救济规定。取消地方对贫困人口的救济意味着人们必须在不同地区间迁移以获得生存的工作机会。在这个新体系下，贫困人口被鼓励进入城市在新的工业制度下工作，而不是面对贫民救济院里更加恶劣的生存条件。国家警察力量也被用于对付在迫使人们成为新形式劳动力的过程中可能出现的暴力行为。一个自由的国家并不一定意味着一个不活跃的政府。

自由主义国家的建立受到一个特定的阶级联盟的支持，同时也被自由主义的意识形态所指导和鼓舞。一种意识形态是一个支持某种特定社会、政治和经济生活组织形式的世界观。在 19 世纪的英国，自由主义意识形态得以兴盛。在经济方面，自由主义注重经济行为者在经济活动中的能力并强调限制国家对经济的干预。苏格兰哲学家亚当·斯密（Adam Smith）（［1776］1983）至今还因详细阐述了“自由放任、自由通行”（laissez-faire，laissez-passer）而闻名于世。英文（从法语而来）的翻译是“Let it be，let it pass”。它指的是让货物在不同地区间自由流动，不受诸如通行费、税收或者其他政府干预的阻挠。在政治方面，自由主义支持个人的公民权利而反对政府的权力。如约翰·斯图亚特·穆勒（John Stuart Mill）（［1859］1980）等理论家力推一个负责任和有代表性的政府，这个政府尊重个人的公民权利和政治权利。虽然这些权利在名义上具有普遍性，但是在实际中它们依然只属于少数拥有资产的男性而将大多数英国人排除在外。如玛丽·沃斯通克拉夫特（Mary Wollstonecraft）（［1792］1992）所指出的，在前几个世纪里自由主义体系是有严重缺陷的，因为它没有给予女性权利。

工业革命的负面影响激起了被迫承担其代价的那部分人的反对。这一时期见证了工会的形成和民主运动的爆发。在意识形态层面，卡尔·马克思成为了阶级关系理论的主要理论家。他的著作鼓励工人阶级联合起来推翻资产阶级。《共产党宣言》的出版鼓励了世界各地成千上万的人为一个更加平等的社会而奋斗。马克思和恩格斯描述了一个不断扩张的全球体系，在其中，资产阶级为了给它们的产品寻求不断扩大的市场而在全球范围内追逐着。它必须到处落户，到处开发，到处建立联系。这一表述抓住了工业革命的内在特征，同时也使人们想起了21世纪早期的全球活动。马克思展望了一个新的社会（共产主义），它建立在生产所有权共有的基础上，在其中劳动人民的果实将被平均分配。

除了受益于科技的发展和一个自由主义国家的出现，英国还处于一个十分有利的国际位置。凭借其海军的优势地位，它能够轻易地从美洲半球进口棉花并跨越大西洋运输奴隶。一旦纺织品被生产出来，它还能够进入国外市场。这一点是很重要的，因为许多英国人很穷而无法购买这些商品。海军还成为了新兴的钢铁行业的主要需求来源，因为海军需要钢铁制造武器。

随着工业革命和交通运输技术的改进，世界经济迅猛增长。例如，在1800—1830年间世界贸易价值总量增加了30%多，从3亿英镑增加到了4亿英镑。在1840—1870年间，这一数据更是增长了4倍，达到了20亿英镑。在19世纪40年代早期，英国积累了大约1.6亿英镑的海外债权。这一数据10年后增加到了2.5亿英镑，到1873年更是突破了10亿英镑（Hobsbawm，1987，p. 139）。人们也参与到了不断增加的商品和资本的国际流动之中。从1800年到1840年间，超过100万欧洲人移民到了美国，从1840年到1870年间，这一数据增至超过700万。

虽然我们可以确定促进19世纪工业革命在英国发生的各种因素，但是我们无法轻易地确定是否只有这些因素的组合才能促进生产效率如此大幅增长。科学技术对于机器在生产中的应用是必不可少的，但是一些其他社会也拥有这些技术。我们更加难以确定是否在国际经济中的特定地位是工业革命的必要前提。国内市场不断增加的需求和供给可能是一个充分条件，使得国家经济进行调整成为可能。一个自由主义国家促进了所需的社会转型，但是一个不以市场为导向的国家同样也可能将资源进行转移和调配。工业化在不同的时期向几个不同类型国家的传播说明英国是第一个满足这一系列因素组合的国家，这些因素的组合将人类带入了一个新的时代。

霍布森（Hobson，2004，pp. 190-218）极力主张，从一个更长期的历史角度而言，英国仅仅只是在长期的且多国参与的技术革新道路上的一站而已。英国成功地将中国的技术和本地知识结合在一起，并能够在19世纪短暂地处于技术领先的地位。英国在全球经济史中的地位根据每个人所采用的历史和地理观点的不同而不同。

□ 其他地区的情况如何?

工业活动在大英帝国的兴起引起了其他国家的高度关注。英国工业变得更加有生产力和有竞争力，同时英国也变得更加强大。欧洲的其他竞争对手以及新崛起的美国都在极力追赶。在追赶的过程中不同的政策组合得以运用，从工业破坏到短期的自由贸易再到保护主义政策。

在工业革命的早期，法国是英国最主要的竞争对手。法国君主试图通过引进英国专家来更新其工业技术的方法促进经济现代化。随着法国陷入革命以及随之而来的拿破仑战争，这个商业竞争对手逐渐失去了竞争力。两个超越了英国的成就并引领了以化工和电力为主的第二次工业革命的国家是德国和美国。在工业化过程中两国都采用了保护主义政策。德国理论家弗里德里希·李斯特（Fredrick List，[1885] 1991）批评英国关于自由贸易是经济发展最好的方法的理论。他认为如果德国想要追赶英国就必须保护其新兴产业或者将风险局限于初级产品之上。李斯特的著作与早期的重商主义观点相呼应，并为 19 世纪 80 年代诸如战略贸易理论等保护主义政策埋下了伏笔。

美国用英国的资本为自己的工业化融资。美国内战促进了北方武器生产并对 19 世纪 70 年代和 80 年代的进一步工业化做出了贡献。在高额关税的保护下，不断增加的移民和西部扩张为经济持续增长增添动力。到 20 世纪早期，美国成为了领先的工业国家并引入了新的生产形式，如汽车的大批量生产。

日本是唯一一个能够对西方工业化做出迅速反应的亚洲国家。随着封建制度的废除以及著名的明治维新改革（1868 年），日本政府开启了一个政府主导的工业化进程（Stearns，1993，pp. 113-29）。政府主导的企业对铁路、矿场、船运和纺织业等进行初期的投资，私人企业紧随其后。例如，最初由一位日本前武士所创立的三菱公司就进入了日本的航海运输业。与欧洲工业化相比，日本的工业化更加依赖于女性劳动力并且其工作条件在很长一段时间里比欧洲更差。在 1905 年日俄战争中日本击败了俄国。这一胜利证明了日本工业化努力的成功，也令许多欧洲人震惊。亚洲其他国家在第二次世界大战中深刻地感受到了日本工业上的巨大成功。

英国强权下的世界和平

英国工业和军事力量的崛起导致了一种特定形式的国际体系的诞生，这一体系通常被称为“英国强权下的世界和平”（Pax Britannica，1815—1914），其英文翻译是“British Peace”。该名称是从著名的“罗马帝国统治下的和平”（Pax Romana）引用而来。“罗马帝国统治下的和平”指的是在罗马帝国鼎盛时期相对和平的社会秩序。这一术语明显带有夸张色彩，因为在许多地区英国的势力是受到限制的，并且在很多地方发生了暴力战争。然而，它强调的是不断形成的以欧洲为中心的国际体系。这一体系比以前所有建立国际秩序的尝试都要成功。这一时期有重要的意义，因为这一时期所运用的自由主义原则与当今主要国家和机构的指导原则类似。英国为这一国际体系建立了三个主要的制度安排和基础：金本位制度、自由贸易和权力平衡。

□ 金本位和资本流动

一种公认的货币形式促进了诸如货物和服务贸易交换等经济活动。正如稳健的货币弥补了物物交换的不足，促进了本地或国家经济的发展，一个健全的国际货币体系将有助于商品和服务跨越国界流通。在国际层面，没有国际货币，也没有国际中央银行。国际货币体系是一种货币与另一种货币进行交换的机制。这一体系是十分必要的，因为为了进口商品，你必须支付给出口商一种它们能使用的货币。如果它们不打算购买你的商品，它们可能想要你用它们自己的货币进行支付。国际货币体系帮助决定在什么条件下以及通过什么方法别人将接受你的货币。

在探讨 19 世纪的国际货币体系之前，有必要先简单介绍构成一个国际货币体系的要素。一个货币体系必须解决三个问题（Cooper，1987，p. 4）：

（1）汇率机制：汇率是与其他国家货币绑定还是自由浮动并随着市场的变化而变化？

（2）储备资产的性质：储备资产指的是中央银行持有以平衡国际收支的商品或者货币。银行的储备金通常是由黄金或者外国货币组成的。

（3）资本流动的控制：一国是否允许货币自由流进和流出本国？或者在某一特定时期内对资本流动有什么样的限制？

在第七章中，我们将介绍在这三个方面与金本位制完全不同的其他货币体系。参与一种国际货币体系的国家所面临的一个主要问题是国际收支平衡。国际收支是指流进和流出一国的商品价值和资本的总和。笼统而言，你是否出售了足够的商品或服务以支付你在国外的购买？如果你所购买的多于你所销售的，那么你将处于国际收支逆差：你有货币不够用的风险。在这种情况下有几种措施可以解决这一问题。你可以减少进口或者增加出口。在国家政策有巨大影响力的经济体里，通过国家指令可能会增加或者减少进口数量。在更加开放的经济体里，可以采用紧缩经济、贬值货币或者提高本地产品竞争力等方法。提高国内商品的竞争力是最好的策略：更好的商品将更容易销售并能增加收入。然而，这可能需要时间或者可能实施起来十分困难。第二种可能性是经济发展可以被故意放缓。如果经济发展放缓，进口将减少，国际收支应该会得到改善。第三种选择是贬低或降低本国货币相对于主要贸易国货币的价值。这可以使一国商品比外国更加便宜，并可以增加销售。经济紧缩和货币贬值都是有代价的。经济紧缩将增加失业，而货币贬值将使进口商品更贵，从而降低本国实际工资。随着外国产品价格上涨，还存在通货膨胀或者物价上扬的风险。

英国经济在 19 世纪的繁荣正是得益于其对货币交换和国际收支问题的特定解决方案。这一方案被称为“金本位”。虽然从拿破仑战争的结束到 1914 年英国都采用了金本位制度，但是国际金本位制度的鼎盛时期是在 1875—1914 年期间。虽然金本位制度从来没有被心悦诚服地接受，但是许多国家一直坚持其规则。为了确保金本位的运行，三个因素必须被满足。第一，国家必须使其货币和黄金绑定。这就意味着它们必须声明其货币等价于某一特定数量的黄金并愿意按照这个价值与黄金自由交换。第二个要求是允许黄金在国家间相对自由流动。第三个要求是虽然货币和黄金绑定，但是国家间货币的相对价值可以被改变。专栏 4.3 给出了一个金本位运作的例子。

专栏 4.3

金本位制度

假设两个国家都是金本位制体系的成员国且它们的贸易处于均衡状态，比如说英国和法国。要记住的是它们的货币都是和黄金绑定的，但是相比于彼此其价值是可以自由变动的。如阶段一所示。这里给出的价值并不是十分精确的历史上的价值，但是它可以帮助我们理解这一体系的基本原则。

现在考虑它们贸易关系的变化。英国开始从法国进口更多，且多于其出口。这可能是因为法国的红酒在英国变得更加流行。这一贸易变化增加了英国对法国法郎（FFs）的需求，因为商人们必须支付来自法国更多的进口。然而，法国对英国英镑（£s）却没有同样的需求，因为法国人并没有增加对英国商品的消费。法国当局必须通过提供更高的汇率鼓励法国人出售法郎换取英镑。因此，在市场上法国法郎的英镑价格就变得更高了。一个可能的结果是英国人现在必须用 15 英镑换回 10 法国法郎。如阶段二所示。

如果这一状况持续很长时间，最终的结果可能是黄金从英国流出。一个法国商人可以用 10 法国法郎购买到 15 英镑。而这 15 英镑随后便可以在英国购买到 1.5 盎司（oz）的黄金。这些黄金被带回法国并可以在法国换成 15 法国法郎。如果不计兑换成本和黄金运输成本，此商人将获得 5 法国法郎的利润。如果这一交换被大规模操作，利润将十分可观。这是在今天的国际金融市场上一种常见操作的早期版本——从一国汇率的变动中获得利润。

这一过程的下一步是恢复收支的均衡。在每一个国家里，货币的供给是由中央银行基于它们所拥有的黄金决定的。当黄金开始流出，中央银行不得不收回一部分货币或者通过提高利率减少贷款。这些操作都会使经济增长放缓并减少进口。在我们的例子中，随着英国人有更少的货币消费，他们将减少对法国红酒的进口，随之减少对法国法郎的需求，最终恢复其汇率，阻止黄金的外流。在法国，黄金的流入将产生截然相反的效果，使货币供给增加并增加进口以及降低本国货币的价值。

最终的结果将会是阶段四，它和阶段一是一样的。这一均衡仅仅会维持很短的一段时间，因为消费品位和竞争将再一次迅速地改变贸易和黄金的流动。当把其他国家也考虑进来，这一模型将变得更加复杂。两个关键点是，金本位倾向于恢复收支平衡以及金本位给参与货币交换的人们提供了保障，让他们知道这些货币都是有黄金支撑的。

法国货币　　　　　　英国货币

阶段一：1 盎司黄金＝10 法国法郎可交换 10 英镑＝1 盎司黄金

阶段二：1 盎司黄金＝10 法国法郎可交换 15 英镑＝1.5 盎司黄金

阶段三：10 法国法郎交换 15 英镑，再用 15 英镑交换 1.5 盎司黄金，再用 1.5 盎司黄金交换 15 法国法郎

阶段四：1 盎司黄金＝10 法国法郎可交换 10 英镑＝1 盎司黄金

这一体系的正常运转需要两个前提条件。第一个是国际信用体系。这一体系促使资金在国家间流动并对世界不同地区的经济活动进行融资（Germain，1997）。当更多的国家参与到国际经济活动之中，来自世界经济中心的财富将在这些经济体里流通或被再投资。在 19 世纪，伦敦是主要的信贷提供地。私有银行将工业革命所带来的财富在国外进行投资。在 1815 年以后，伦敦变成了世界金融中心，伦敦的银行能够吸引英国的财富，再将其投资到英国或者海外利润最丰厚的地方。1873 年伦敦银行的储蓄是 1.2 亿英镑，而此时的纽约只有 4 000 万英镑，巴黎只有 1 300 万英镑，德国只有 800 万英镑（Hobsbawm，1987，p. 152）。

第二个重要前提是民族国家和社会必须愿意接受必然会发生的经济紧缩现象。这就要求一个政治上的惰性人群，在这个人群中，大多数中下阶层的人们都被排除在决策之外。在英国，这一点是符合的，因为英国只允许少数人参与选举。这种体系经常会导致阶级分化。总体上，政治和经济精英们支持金本位制度，因为它可以尽量地自动维持国际收支的均衡。然而，工人阶级却抵制这一制度，因为他们必须承担这一体系所带来的经济紧缩和失业。

伦敦作为金融中心的出现以及金本位制度的建立促进了货币在国家间的流动（Germain，1997，pp. 44-58）。的确，19 世纪国际体系中出现了大量的资本流动。在 19 世纪，法国资本流入俄国，德国资本流入美洲和非洲。如前所述，英国资本则帮助了美国的工业化。日本也受益于来自英国的贷款，并迅速实现现代化，成为世界强国。

关于资本流动的政治影响存在不同的观点。共产主义理论家和革命家列宁（Lenin，[1917] 1969）认为这些资本流动带来了帝国主义并最终引发了战争。波拉尼（Polanyi，1957）认为资本主义投资者或者大金融集团（haute finance）的利益有助于主要国家间的和平。最富有的投资者往往与许多不同国家的繁荣都利益相关，因此他们会游说自己国家的政府维持和平。虽然银行家似乎有无限的权力，但是在 20 世纪早期战争爆发时，他们的政治影响力却十分有限，远不及大众民族主义（mass nationalism）。

□ 自由贸易

19 世纪的国际体系以自由贸易理论和实践的出现而闻名。在今天，这一理论甚至更加显著。在 19 世纪最关键的时间点是 1846 年。这一年，英国废除了通过限制进口谷物以保护英国贵族和农民的《谷物法》。在这一时期，谷物被用来制作面包。工业资本家和许多工人与地主和农民之间发生了争论。工业资本家想要获得便宜的谷物以便降低面包的成本和减少或者限制工人的工资。这样，他们的产品就可以在国际市场上获得竞争优势，尤其是相对于那些食物更贵且工资更高的国家。英国工人也支持废除《谷物法》，因为他们想获得更便宜的面包。农民和地主担心外国竞争将会减少或者完全夺走他们之前所获得的利润。

大卫·李嘉图（David Ricardo），一个股票交易商和议员，详细阐述了比较优势的自由主义理论。这一理论为自由贸易奠定了基础。时至今日，这一理论依然有效并且是那些拥护经济一体化和自由贸易的人所遵循的基本原理。在李嘉图之前，许多自由主义者相信，如果你拥有生产一种产品的绝对优势，那么你就应该开展贸易。如果你能生产出最好的衣服或者红酒，那么你将从一个允许商品自由贸易的体系中获益。李嘉图（[1817] 1992）的理论更具有创新性。他认为通过专业化生产你最擅长的产品并从事贸易，你将获得收益，即使别人生产的此类产品更优于你。在这一理论下，经济欠发达的国家也将从一个自由贸易体系中获益，因为它们的资源将被更加有效率地使用。自由贸易对所有人都是有利的。

对处于那一时期的许多人，甚至今天的很多人而言，比较优势的概念是反常识的。一国如何可以从与一个效率更高的国家开展贸易中获得收益？专栏 4.4 阐述了李嘉图的理论。

专栏 4.4

比较优势

第一阶段：没有贸易

在第一阶段，两国（美国和英国）生产两种产品，但是并没有开展贸易。每一个国家在炼钢行业中雇用了 100 个工人，在纺织行业中也雇用了 100 个工人。美国拥有更新的生产车间，生产效率更高。因此，100 个美国工人生产出了 900 单位钢，而 100 个英国工人仅能生产 400 单位钢。100 个美国纺织工能生产 300 单位布，而 100 个英国纺织工只能生产 200 单位布。

国家	资源	产品
美国	100 个炼钢工人	900 单位钢（1∶9）
英国	100 个炼钢工人	400 单位钢（1∶4）
总额		1 300 单位钢
美国	100 个纺织工人	300 单位布（1∶3）
英国	100 个纺织工人	200 单位布（1∶2）
总额		500 单位布

美国在生产钢和布上都更加有效率。

第二阶段：专业化

为开展贸易做准备，每一个国家都将资源用于集中生产其相对更有效率的产品。虽然美国在生产两种产品上效率都更高，但是它在生产钢（9 单位/人：4 单位/人）上比生产布（3 单位/人：2 单位/人）更有优势。美国将工人全部用于生产其最有优势的产品，而英国则将工人用于生产其相对于美国最有竞争力的产品。由于其相对的低效率，英国将比美国进行更大的资源调整。美国将 10 个纺织工人转移到炼钢上，而英国则将 20 个炼钢工人转移到纺织业。

国家	资源	产品
美国	110 个炼钢工人	990 单位钢（1∶9）
英国	80 个炼钢工人	320 单位钢（1∶4）
总额		1 310 单位钢

美国	90 个纺织工人	270 单位布（1∶3）
英国	120 个纺织工人	240 单位布（1∶2）
总额		510 单位布

第三阶段：贸易

然而，美国仍然需要 30 单位的布，英国也需要 80 单位的钢。因此，美国可以用 80 单位的钢从英国交换 30 单位的布。

第四阶段：贸易后的结果

美国：生产的 990 单位钢－出口 80 单位钢＝910 单位钢，增加了 10 单位的钢。

生产 270 单位布＋进口 30 单位布＝300 单位布，和贸易前一样。

英国：生产 320 单位钢＋进口 80 单位钢＝400 单位钢，和贸易前一样。

生产 240 单位布－出口 30 单位布＝210 单位布，增加了 10 单位的布。

即使美国有绝对优势（它生产两种产品都更加高效），但是两国依然可以从专业化生产自己有比较优势的产品并开展贸易中受益。在专业化生产其更具比较优势的产品后，两国都变得更加富裕。

虽然英国采用了自由贸易的经济政策，但国际社会对这一政策的采用程度参差不齐。自由贸易的黄金时期是从 1846 年到 19 世纪 70 年代，持续了大约 25 年。一些欧洲国家最开始就参与进来，而美国却没有参与其中。一旦国家获得了工业革命所带来的技术成果，保护主义政策就被它们视为追赶英国经济实力的关键。自由贸易的再次兴起一直到了 1945 年以后在美国主导的国际体系中才出现。第六章将详细介绍这一美国主导的体系。

19 世纪的最后 30 年出现了一些明显相互矛盾的趋势。虽然世界被帝国主义分割成不同且对立的区域，资本和人力的流动却创造了历史纪录。英国虽然失去了生产上的优势，但是凭借着其金融行业的实力，它依然坚持经济自由主义。德国和美国在生产上变得更加先进，却依然采用保护主义措施，而不是如英国在工业革命鼎盛时期那样推崇自由贸易。

在最近关于全球化的争论之中，一些学者将这一时期视为证据以说明今天的贸易开放并不是特殊的、前所未有的。例如，赫斯特和汤普森（Hirst and Thompson，1996）认为第一次世界大战以前的高移民率与高贸易和投资率标志着一个开放的国际体系。虽然这一时期确实有大量的经济活动出现，但这些活动通常是发生在帝国主义的背景之下且活跃程度要低于 21 世纪的经济活动。

□ 权力平衡

从 1815 年拿破仑战争结束到 1914 年第一次世界大战爆发的一百年里，并没有欧洲国家参与的大规模战争爆发。一些局部战争时有发生，如英国、法国、土耳其与俄罗斯之间的克里米亚战争、普法战争等。这些战争都不是如 19 世纪早期和 20 世纪初所爆发的大规模冲突。在权力平衡体系下，暴力并没有被完全排除。武力可以被用于限制竞争对手，或者如在 1848 年的革命中一样用于镇压民主运动，维护某一政权，但关键是防止这些冲突升级成大规模的战争。这一相对和平的时期促进了国家贸易和金融的增长，有利于国际体系的稳定。

我们感兴趣的是为什么主要的欧洲军事国能够阻止大规模战争。这一被称为“权力平衡”的安全体系或结构有以下三个主要特征：

（1）对所谓的“欧洲协调”（Concert of Europe）普遍达成了一致。这是拿破仑战争结束后主要欧洲国家建立的一个制度安排。它要求主要国家间开展交流和磋商，以确保不再出现一国独大的局面。

（2）国家要不断对联盟策略和忠诚度进行调整以平衡某一国家实力的增长。如果一国有可能变得过于强大，一个联盟将出现并限制这个国家。这就是一位英国政客（Castlereagh）所说的：“没有永远的朋友，只有永远的利益”。

（3）一国的意识形态和国内舆论必须被排除在决策过程之外。如果联盟和军事行动是为了维持权力平衡，任意形式的合作或者国家的本质只要可以维护这一平衡就可以被接受。维持这一平衡可能需要一些宪政民主国家和一些君主专制国家合作，以对抗另外一些宪政民主国家。大众舆论被排除在外是因为一个国家通常必须和一个之前还是敌人的国家结盟。普通民众可能不支持外交政策的突然转变，因此他们的观点将不得不被忽略。这在操作中并不是一个很难的任务，因为按照今天的标准，没有一个我们所讨论的国家在那一时期是民主的。

英国在这一体系里是主要的平衡力量。它有两个主要的武器可以被用来对抗实力增长的竞争国。第一个是在世界范围内处于优势地位的英国海军。在 19 世纪中期，皇家海军的实力相当于其后的三到四个国家海军实力的总和（Kennedy，1987，p. 154）。海军可用于干扰敌国的供给、支持盟国或者突袭近海区域。第二个是英国的财富。这些财富可以被用于支持欧洲大陆上的盟国。英国政府能够对其他国家提供资助，以增强这些国家在与英国的敌对国对抗中的实力。

虽然这一体系似乎很稳定并持续了 100 年，但是它经历了一系列变化并在 20 世纪的前 10 年逐渐失去了活力（Craig and George，1983，pp. 28-48）。在 20 世纪，主要国家继续建设着它们的海外帝国并展开了帝国主义竞争。德国和英国在海军和其他方面处于帝国主义的竞争之中，因此，德国的工业化威胁到了英国的统治。这一原本灵活且不断变化的联盟体系逐渐在欧洲分化成了两个阵营。协约国法国、英国和俄国与同盟国德国、奥匈帝国和意大利形成了对抗之势。这些国家间签订了战争互助的秘密协定，并不计其严重的后果实施了一些灾难性的政策。

1914 年 8 月对奥匈帝国弗朗茨·斐迪南大公的刺杀引发了一系列冲突，并逐渐将欧洲国家、美国和英联邦带入了一场旷日持久且残酷的战争之中。这些国家领导者无视美国内战这场工业时代战争的前车之鉴，愚蠢地翘盼着旗开得胜并快速地结束战争。

“英国统治下的世界和平”这一概念有助于我们理解全球政治经济演变的某些方面，但也存在一些问题。首先，它偏重于欧洲国家间事务，没有考虑工业革命的一个重要方面，即席卷非洲大陆和亚洲部分地区的欧洲帝国主义的新一轮高潮。其次，它夸大了自由主义原则在管理这一体系中的作用并忽视了导致这一体系崩溃的主要不足。这些不足是十分严重的，所以下一节将专门探讨新帝国主义和自由主义体系的崩溃。

这一概念的另一个问题是它忽略了发生在世界一些地区的大规模冲突事件。这些冲突事件都是和国际市场的拓展联系在一起的。在美国，在出口导向的、以商品生产为主的南方和采用保护主义政策的北方之间爆发了冲突并导致了美国内战。这是美洲历史上最为残酷和昂贵的战争。在中国，鸦片战争所带来的社会混乱为受基督教影响的反叛者提供了反对中国皇帝的机会（Waley-Cohen，1999，p. 159）。据估计，1 000 万～2 000 万中国人死于太平天国运动（1850—1864）以及后续的冲突之中（Pomeranz and Topik，1999，p. 169）。在刚果，比利时国王利奥波德建立了自己的私人王国（见专栏 4.5），并有大约 1 000 万的非洲人死于收割用于出口的橡胶（Hochschild，1999）。这些都是在以西方为中心的“英国统治下的世界和平”概念里被遗忘的。于是，一个问题是：谁的和平和财富？

专栏 4.5

帝国主义在刚果

在新帝国主义时期最为残酷的事件之一是比利时国王利奥波德二世对刚果的统治。比利时在刚果的活动从某种角度而言是十分特殊的，因为刚果大片的领土是属于国王的私人财产而不是属于这个国家。之所以说其残酷，是因为数百万的非洲人死去并且诸如砍断双手等残暴的手段被用于迫使当地人变成劳动力。

通过在 1884—1885 年间柏林会议上狡猾的外交手段，国王利奥波德二世得以在非洲中部的大片领土上建立自己的领地（Pakenham，1991，pp. 239-55）。这一区域变成了著名的刚果自由邦。它的面积是比利时的 70 多倍，在整个非洲是面积第 13 大的地区。国王的任务本应该是发展刚果以为比利时国内的人民谋利益，但是国王却在这一地区为自己敛财并将这些财富用在了修建布鲁塞尔的纪念碑和其他建筑之上。

比利时国王利奥波德变得十分富有，同时数以百万计的非洲人却因为国际市场上对一种新的流行商品橡胶的需求而死去（Hochschild，1999，pp. 158-66）。随着将橡胶提炼并生产成各种商品的技术不断成熟，对橡胶的需求在 19 世纪 90 年代急剧增加。轮胎、胶管、胶盆以及电线盖等产品的生产都需要橡胶。在拉丁美洲和亚洲所种植和培养的橡胶树是可以满足橡胶的需求的。但是，在能够收割之前，这些橡胶树需要被精心照料数年的时间。刚果有大量的野生橡胶树，它们可以被立即收割，以满足不断上升的需求。这就成了利奥波德财富的来源。

为了收割这些野生橡胶，工人必须冒险进入森林并将橡胶液从橡胶藤中收集回来。这些活动都是十分困难且危险的。非洲的男人被橡胶中介商强迫从事这个工作。这些中介商把他们的家人当做人质，直到他们能够收割一定数量的橡胶。在“橡胶恐怖”（rubber terror）里的另一常见行为是将那些没有收割完指定数量橡胶或者拒绝欧洲人上交更多橡胶的要求的非洲人的双手砍下。虽然统计在橡胶贸易中丧生的人数是十分困难的，但是一个可信的估计是有多达 1 000万人死于谋杀、饥饿、劳累、疾病和急剧下降的出生率（Hochschild，1999，pp. 225-33）。

这一西方的残暴恐怖行径在英语语言

文学中通过约瑟夫·康拉德（Joseph Conrad，[1902] 1999）的小说《黑暗的心》（*The Heart of Darkness*）被呈现出来。康拉德用蒸汽船在刚果河上工作了四个月。他亲眼所见的这些恐怖事件促使他完成了这部小说。这部小说是关于主人公航行寻找一位进入这片残酷地区的欧洲人的故事。这部小说在1979年被改编为电影《现代启示录》（*Apocalypse Now*）。

关于比利时入侵刚果这段悲伤的历史的一个有趣的事情是，它促使了20世纪第一个国际人权运动的诞生（Hochschild，1999）。1904年，刚果改革协会成立并积极反对国内的侵犯人权行为。该组织一直在欧洲和美国开展活动，直到1913年当它认为从国王手中接管了刚果的比利时政府已经实施了足够的改革，其活动才终止。

新帝国主义

被称为工业革命的空前经济增长和几乎同一时期的帝国主义扩张是一个巧合吗？“新帝国主义”是资本主义必然的结果还是欧洲国家间政治竞争的结果？我们首先回顾与新帝国主义相关的一些事件，然后再讨论关于这些问题的不同解释。

如第三章所述，欧洲扩张始于15世纪且在世界不同地方的进行程度不一。在19世纪前半期，欧洲国家已让出了对美洲的正式控制权，但是在南非、阿尔及利亚、印度和越南南部建立了新的殖民地。在美洲，西班牙殖民地获得了独立，但是其在经济上依然依附于欧洲和随后的美国。在这一世纪的最后25年里，欧洲的扩张得以加速。在1878—1913年间，欧洲人已经控制了世界上除欧洲外的超过六分之一的地区（Abernethy，2000，p. 81）。欧洲人从沿海据点不断向非洲和亚洲内陆扩张。欧洲的商人和国家不再满足于经济交换，而是以新殖民地的形式追求着正式的政治控制。中国并没有被变成殖民地，但是西方国家对这一地区产生了巨大的影响。

这一时期的西方扩张呈现出了四个主要发展（Abernethy，2000，pp. 84-7）。第一，传统的欧洲国家力图拓展其帝国。荷兰将其势力扩张到今天的印度尼西亚。葡萄牙在非洲南部从沿海地区向内陆扩张并控制了安哥拉和莫桑比克。法国在非洲北部和西部以及马达加斯加岛、中南半岛和太平洋岛屿建立了殖民地。英国将其控制范围延伸到了印度并试图控制从埃及到南非的大片非洲领土。西班牙是一个特例，因为一系列独立战争使其失去了对拉丁美洲殖民地的控制。

第二，三个新欧洲国家进入了殖民运动之中。随着其统一成为民族国家，意大利、比利时和德国就迫不及待地在非洲抢夺殖民地。意大利是其中最不成功的，它被埃塞俄比亚人击败，但仍然试图征服利比亚。比利时在刚果控制了大片领土。在第二次工业革命后实力大增的德国占领了非洲的南部、西部和东部的大部分地区。

第三，两个非欧洲核心国家的西方国家完成了大陆扩张，并征服了本地人民，建立起了强大的国家。在美洲，随着完成其对太平洋的探索，美国控制了美洲本地人和墨西哥人。此后，它还施行了海外扩张政策，占领西班牙殖民地波多黎各和菲律宾，并入侵古巴。随后，它还从夏威夷本地人手中夺走了对夏威夷岛屿的控制权。

在亚洲，与美国类似的国家是俄罗斯，它向东部扩张并统治了一直延伸到太平洋的大片土地。

最后，一个亚洲国家面对工业革命做出了迅速的调整，并开始创建帝国。在19世纪90年代，日本占领了中国台湾并在1905年控制了朝鲜半岛。日本对东北地区的兴趣不断增长。在19世纪30年代，日本的帝国主义野心终于暴露并引发了中日战争。

“瓜分非洲”（scramble for Africa）掀起了这一轮殖民扩张的高潮。它指的是欧洲国家为如何分割非洲的领土而展开的竞争。在大约35年的时间里，非洲大陆从相对独立（欧洲人仅在非洲边缘活动）发展到除了埃塞俄比亚以外完全被外国势力所控制（见地图4.1）。在这一轮瓜分结束后，1 000万平方英里的土地、1.1亿人口以及30多个殖民地都处于欧洲的控制之下（Pakenham，1991，p. xxiii）。

对非洲的控制体现在帕克南（Pakenham，1991）所总结的四个C上，即commerce（商业）、Christianity（基督教）、civilization（文明）和conquest（征服）。欧洲最开始和非洲接触正是出于商业目的。在瓜分非洲期间，大量财富被创造出来。塞西尔·罗兹就是当时著名的钻石和黄金大亨。他积累的大量财富使得一个非洲部落（恩德贝勒人）臣服于他，并建立了一个以自己名字命名的国家（罗得西亚，今天的津巴布韦）。此外，剑桥大学的罗兹奖学金也是以他的名字命名的。随着传教士涌入非洲，基督教同样起到了重要作用。传教士深入内陆，使那些希望灵魂得到救赎且从阿拉伯的奴隶贸易中存活下来的本地人皈依基督教。为了将一群又一群的传教士从一些本地居民手中解救出来，欧洲军队也时常深入内陆。欧洲探险者、定居者和商人在教化非洲人方面功不可没。有人认为是他们将先进的文明带到了非洲。

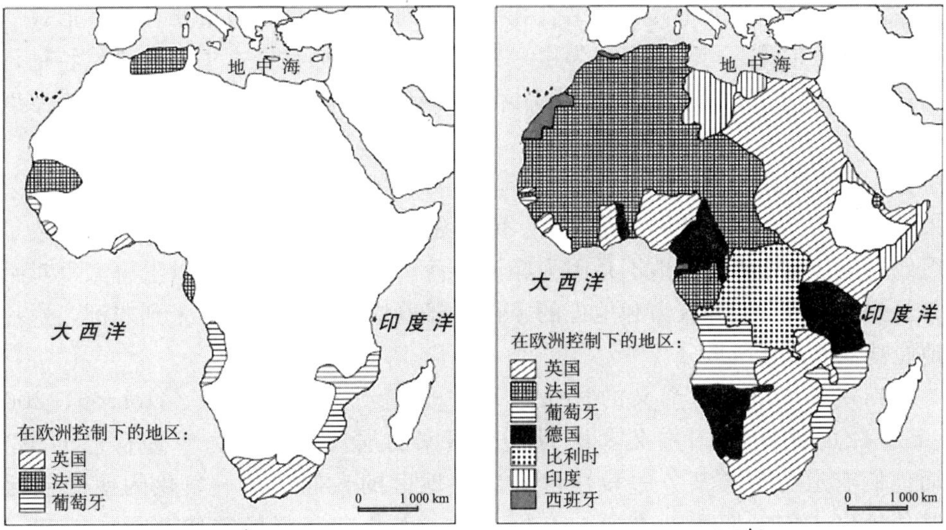

地图4.1 非洲被瓜分前后

资料来源：Pakenham（1991），pp. 19，670.

非洲人的抵抗使得欧洲使用武力进行征服变得愈发必要。非洲人成功反抗欧洲殖民主义的情况也时有发生。例如，1879年祖鲁人在伊散德尔瓦纳成功击退了英国军队。在大约20年的时间里（19世纪80—90年代），萨摩里·杜尔（Samori Touré）在西非领导了抵抗法国殖民扩张的运动。1896年，10万埃塞俄比亚士兵在阿杜瓦战役中击败了一支1.5万人的意大利军队并维护了埃塞俄比亚的独立。然而，总的趋势是欧洲帝国军队和其在非洲应征的士兵取得了对非洲军队的大规模胜利。这些胜利包括乌姆杜尔曼之战（1898）。此役中，英国军队仅牺牲了26名士兵且屠杀了1万名苏丹士兵。为了对付在非洲西南部赫雷罗人的反抗，1904年德国将一个部落近2万人驱赶到沙漠之中，任其死去。除了埃塞俄比亚以外，整个非洲都被欧洲军队占领。

一些不同的解释有助于我们更好地理解19世纪后期的帝国主义。一些人强调欧洲国家的发展，另一些人则强调欧洲以外地区的发展。一些人认为帝国主义的主要动力是经济因素，另一些人则认为是军事竞争推动了帝国主义。

两个最有影响力的解释是以欧洲为中心的，并重点关注金融因素。经济学家和自由主义者约翰·霍布森（John Hobson，1902）认为是西方国家的消费不足导致了帝国主义。大量的人们处于贫困之中，无力购买欧洲所生产的产品。为了保障诸如金融业、武器出口和航海运输等经济利益，政府被迫向海外扩张。霍布森认为解决这一消费不足的办法是在西方国家里进行财富再分配，这样西方人民就能够购买其国家生产的产品并且对世界其他地区扩张的需求将不复存在。对霍布森而言，是西方经济体系推动了帝国主义扩张，但是这一结果原本可以通过改变公共政策而被改变。

列宁（Lenin，[1917] 1969）对帝国主义的著名分析受到马克思主义的影响。与霍布森类似，列宁认为是西方国家的经济体系导致了帝国主义。工业资本家和银行家在追求海外市场上将其利益结合在一起。列宁认为这是最重要且最终形式的资本主义。与霍布森不同，列宁认为这一帝国主义的趋势是资本主义的必然特征，只能通过被殖民世界和帝国城市的革命才能被终结。他的思想引导了俄国革命以及1917年苏联的成立。

另一种以欧洲为中心的解释认为帝国主义热潮是欧洲国家间军事和战略竞争的结果。在英国、法国、德国、意大利、葡萄牙、比利时和西班牙间的竞争导致了对殖民地的争夺。建立殖民地不是因为经济利益，而是因为它们可以阻碍竞争对手实现其目标，或者它们是权力和地位的象征。随着这种权力游戏扩张到非洲，这片新土地便被欧洲国家所瓜分。

种族主义在新帝国主义的扩张过程中也起到了重要作用（Hobson，2004，pp. 219-42）。欧洲帝国主义者认为其他国家的居民没有能力管理自己的事务，因而他们有道德上的义务去教化世界其他地区的人们。这一教化的使命包括捆绑其他地区人们的双手使其更加有生产力，教化非基督教徒使其承认上帝，以及彻底改变当地的政治和教育体系使被殖民地区从被改善的体系中受益。正是这样的思想和观念使得许多欧洲个人和团体对其他地区的人们进行剥削，同时认为他们的行为其实是很道德的。在有些情况下，如饥荒救济，种族主义观念带来了致命的后果（见专栏4.6）。

专栏 4.6

全球饥荒

在19世纪的最后25年里，三次大规模的饥荒（1876—1879年，1889—1991年，1896—1902年）给今天我们所谓的发展中世界带来了巨大的破坏（Davis，2001）。似乎是洋流温度的变化（厄尔尼诺现象）改变了许多热带国家的降雨分布。缺乏降雨导致了谷物歉收。同时，政府政策不愿意或者无法缓解饥荒状况。结果是3 000万～5 000万人死去。印度、中国和巴西的情况尤其严重。在印度，英国统治者拒绝救助，认为自由市场将能解决食物短缺。他们对本地人毫无同情心。英国人通过高价使得谷物从印度出口到英国，同时导致了数百万的印度人被饿死。在大多数遭受饥荒的国家里，余粮是存在的，但是并没有被分配出去，因为人们无力购买这些粮食。虽然是气候状况导致了粮食歉收，但却是贫穷和国家的无作为使得数百万人在极度痛苦中死去。

其他一些分析者试图从被殖民的社会出发寻找相关的解释。例如，罗宾逊（Robinson，1972）认为帝国主义冒险活动的命运在很大程度上是由当地合作者而不是欧洲国家的势力或能力所决定的。他认为欧洲国家依赖本地社会精英（合作者或调解者）管理与当地人民的关系。当这些社会精英的实力被削弱或者他们受到本地武力的威胁，欧洲就只能直接参与到对此地的管理之中。当欧洲人开始失去本地的合作者时，殖民地自治化的过程就开始了。

19世纪末期帝国主义扩张行为是如此普遍，以至为了获得对其完全的理解，我们必须综合考虑一系列因素和理论。首先，我们同意巴勒克拉夫（Barraclough，1967，pp. 43-64）的观点：工业化的过程使西方国家（和日本）能够统治之前所无法触及的地区。科技进步给一些国家、社会和商业提供了统治其他国家、社会和商业的手段。种族主义意识形态则为对其他社会的干涉提供了一个政治和道义的理由。然而，为了解释为什么一些帝国主义国家在某一特定地区扩张其势力，我们需要对欧洲国家和特定被扩张目标国家以及两者之间的联系进行考察（Doyle，1996）。

战争和经济混乱

1914年第一次世界大战的爆发结束了19世纪的自由主义和帝国主义秩序。从1914年19世纪体系的结束到1945年新世界秩序的建立经历了三十多年。在这三十多年的时间里最显著的特征是两次世界大战以及期间的经济崩溃。战争和经济混乱对当今的1945年后体系产生了深远的影响。两次世界大战大大削弱了西方欧洲国家在世界舞台上的实力，并导致了一些新形式的国家在欧洲和其他大洲的出现。两次世界大战期间的经济混乱使得美国在1945年以后的时代里扮演着重要角色，并促使一些管理全球经济的国际机构应运而生。这一节将分析两次世界大战的影响以及期间的经济混乱时期对国际政治经济的影响。这一惨痛的教训是塑造 1945 年后体系的关键因素。

□ 世界大战

第一次和第二次世界大战对国际经济产生了巨大的冲击，迫使自由主义和帝国主义政策发生了改变。第一次世界大战扰乱了贸易和金融格局，使 1918 年欧洲国家的实力比战争前更弱。国际贸易体系受到两个方面的影响。第一，随着国家改变贸易伙伴，贸易的方向也随之被改变。第二，随着国内生产从出口部门向战时生产转移，出口商品的组成发生了变化。许多国家被禁止获得欧洲产品，并因此开始国内生产或寻找新的供应者。这使得世界上的一些区域，如拉丁美洲，加速了其工业化的过程。随着战争的结束，欧洲重建的任务变得异常困难，因为以前的市场已不再对其开放。

资本流动也同样受到了影响，战前资本向生产初级产品地区流动的模式被颠倒过来，资本开始流回欧洲以资助战争。此外，国际金本位体系被废除，国际金融交易变成了一个不稳定的因素。一些短期的投资暂时无法收回，一些之前有吸引力的投资也不复存在。战争使一些负债国变成了债权国，一些债权国则沦为了负债国。例如，一方面，在战争开始之前美国是一个负债国，而到了 1922 年美国通过资助欧洲的战争使其有效资本盈余超过了 10 亿英镑。另一方面，德国是作为一个债权国进入战争的，而战争结束后则变成了负债国。欧洲主要的战争国（英国、法国和德国）在战争结束后其国外投资都大幅减少。

第一次世界大战所带来的严重后果使权力平衡、秘密协议以及权力政治等管理国际体系的工具变得声名狼藉。在对发动战争的德国进行报复以后，战胜国试图依靠国际法律和国际机构建立一个安全体系。出于各种原因，这一体系被证明不足以维护和平。20 年后，世界再一次陷入战争之中。这一体系失败的经济根源在下文中将会介绍。这一节讨论其政治根源。

在美国总统伍德罗·威尔逊（Woodrow Wilson）的带领下，战胜国勾勒出了一个更加自由的和平和安全体系，这一体系依赖于自由的经济关系和国际机构。威尔逊总统（[1918] 1986）在 1918 年对国会所发表的演说中提出了著名的十四点计划。该计划为建立两次世界大战期间的国际秩序设定了议程。他呼吁杜绝秘密外交，并支持自由贸易、裁减军备、民族自治和致力于解决国家间冲突的国际机构。在这一体系的中心是一个被称作国际联盟（League of Nations）的国际组织（Bennett and Oliver，2002，pp. 27-45）。虽然许多国家都是这个组织的成员国，但是具有讽刺意味的是，美国却没有参与其中。在孤立主义者的压力之下，美国议会拒绝给予总统参加该组织的许可。失去了这一国际体系中最强大国家的财政和军事资源，该机构的影响力被大大削弱。国际联盟原本的任务是塑造一种反映在和平时期国家间共同利益的共同安全观（见专栏 4.7）。

专栏 4.7

国际联盟

该联盟的主要任务是维护世界和平。它设置了一个谈判、仲裁和裁定的体系，鼓励国家和平解决其冲突。成员国同意尊重彼此的领土完整。此外，它们都相信一个集体安全的体系。任何对某一成员国的攻击都将被视为对整个国际体系的攻击。这一联盟有能力（理论上）对任何入侵国发动即刻的经济和政治制裁。它可以集结成员国的军队镇压入侵者的军事行动。

20 世纪 30 年代的一系列危机暴露了该联盟在预防和阻止战争上的缺点。它第一次主要的失败是 1931 年日本入侵中国并占领东北三省。虽然日本的入侵行为受到了指责，但是该联盟却无力改变这一现实。1935 年，法西斯主义的意大利政府发动了对埃塞俄比亚的入侵。埃塞俄比亚在“瓜分非洲”时期曾成功抵抗了欧洲的帝国主义扩张。虽然埃塞俄比亚向国际联盟求助并殊死抵抗入侵者，但它还是被意大利军队所征服。联盟的制裁是三心二意且临时性的。在反对日本和意大利入侵上的失败之后，该联盟在阻止希特勒吞并奥地利和捷克斯洛伐克上再一次被证明无能为力。同样，随着日本继续入侵中国以及德国闪击波兰，该联盟也无法阻止第二次世界大战的爆发。

卡尔（Carr，1939）在第二次世界大战爆发前夕对这一国际秩序提出了最为猛烈的批评。他认为自由主义的利益和谐的概念是空想。当一些国家不满足于现状并能从战争中获益时，和平将不再是一个共同的利益。同样，集体安全的概念是有误导性的，因为没有受到侵略行为威胁的国家将不会使用武力镇压它。卡尔对自由主义关于侵略国所可能带来的危险的天真看法提出了现实主义的批评。然而，他也警告，没有一定的空想主义，现实主义便是无的放矢。

第二次世界大战比第一次世界大战给世界经济带来了更大的变化。第一个变化是，它最终改变了大国间的平衡并显著地标志了权力从欧洲向美国的转移。随着美国为其战争而增加生产，战争最终结束了该国的经济萧条。生产车间的大小和商品产出的数量都增加了超过 50%。在战争结束以后，美国的工业生产占据了世界工业生产的一半以上。美国崛起的另一个重要因素是它统治了国际金融。在战争期间，美国对其盟国大量放贷。战争结束后，其盟国都大量地负债于美国。

第二个变化是福利国家在西欧的出现和发展。在欧洲，诸如共产主义者和劳工党等左翼团体得到了大量的选举支持，因为他们反对法西斯主义。在德国、意大利以及它们的其他合作者战败以后，大量民众要求重新分配资源，保守团体和商业团体处于被动防守的态势。结果是欧洲国家被迫优先建设国内经济并引入法律使利益的分配比战争前更加平均。

战争的第三个影响是对财产和基础设施的大规模破坏，尤其是在欧洲和亚洲。物质破坏及随之而来的社会和管理的混乱导致了生产和出口能力的大幅下降。诸如德国和日本等主要的经济体在战争结束后都丧失了其战前在国际经济中的地位和作用。它们甚至变成了战胜国联盟的负担。破坏的规模之大使得战后重建困难重重。生产车间的破坏和资金的短缺使大多数地区的经济恢复寸步难行。战前的主要强国和美国之间的实力差距不断增大，因为美洲大陆没有遭到战争的蹂躏。

第四个影响是欧洲和其殖民地社会间相对实力的变化。与 1918 年类似，欧洲国家的经济实力在战争中耗尽。日本在亚洲的军事胜利突出了欧洲殖民武装的不堪一击。第二次世界大战的结束还标志着大多数欧洲殖民地摆脱其被殖民身份的开始。

□ 两次世界大战间的经济失败

两次世界大战期间的国际经济体系充满了变化、不确定性、不稳定的增长以及萧条。主要国家无力重建一个稳定的国际经济秩序。在西方国家里，这一时期被分为三个阶段。第一个阶段从一战结束持续到 20 世纪 20 年代中期。从国内而言，这些国家尽力恢复其经济。从国际而言，国家间货币的价值自由地浮动，国家试图使彼此间的经济关系自由化。在如德国的一些国家里，这是一个通货膨胀蔓延的时代。第二个阶段是以金本位的回归和许多国家失业率大幅上升为标志的。这一阶段从 20 世纪 20 年代中期持续到 30 年代早期。第三个阶段发生于 1932 年并一直持续到第二次世界大战爆发。在这一时期，随着国家尝试单边解决其经济问题，国际经济不断让步于区域经济。

在第一次世界大战结束后，战胜国便急切地想要重建一个自由的贸易和金融体系。它们未能认识到国际政治经济变化的现实，这导致了金融灾难并最终引发了战争。在重建开放经济关系的尝试中存在几个主要问题。第一，在建立严格的、惩罚性的国际货币和信贷体系时，主要国家没有认识到战争所带来的经济破坏以及战争赔款对这一体系所带来的沉重负担。这使得已经被破坏的经济更加羸弱不堪。第二，这一经济体系没有考虑到参与第一次世界大战的其他社会的观点和利益。因此，反对自由主义政策的浪潮以及一个由国家主导的发展模式随之出现。第三，这一体系中的超级大国并没有做出必要的牺牲以维护这一开放的国际经济体系。缺乏美国的支持使这一体系变得脆弱并最终陷入危机。现在，我们将逐一探讨这些问题。

缺乏灵活性的货币和金融体系

国际货币和金融体系在两个主要方面存在问题。第一个问题是按照战前的水平重建金本位制度，第二个问题是在一战结束后德国对法国的战争赔款体系。

许多国家迫不及待地恢复金本位制度，因为它可以增加人们对货币的信心并促进国家贸易。一个问题是，当国家如此坚信金本位制度时，它们往往忽略了这一体系对国家经济的危害。几个国家使其货币和黄金绑定的方式都对其经济有害。例如，虽然经济实力被削弱，但是英国依然按照战前的水平将其货币和黄金绑定。这意味着英国货币被高估且其出口产品相对于其他国家更贵。随着英国出口商在竞争中失败，英国的就业机会减少了。在德国，政府最终成功地抑制了通货膨胀，但是却限制了货币的供给，直到经济增长停滞，并导致了大量的失业。对货币稳定的追求和不愿意通过调整货币价值和货币供给促进经济增长结合在一起使得这些政府无法迅速地应对经济衰退和萧条。

这一国际经济体系所具有的惩罚性的一面可以从《凡尔赛条约》（1919 年 6 月 28 日）中看出。这一条约列出了对一战中战败国的和平条款。它规定由于德国发起了这场战争，所以它必须给战胜国战争赔款。这一点反过来为 1931 年的金融危机以及自由主义国际经济秩序的崩溃创造了某些条件。这一政治决定并没有充分考虑其对国际经济的影响。战争赔款的问题变成了战后欧洲经济和政治关系的一个重要问题。

国际金融危机爆发于 1931 年。在 1931 年 5 月，奥地利最大的银行（信贷银行，the Creditanstalt）宣布破产。破产的原因一部分归咎于其资产的贬值，另一部分是由于外国资金的抽离。由于德国和奥地利的金融体系联系相对密切，因此这一危机迅速蔓延到了德国。英国意欲对德国进行救市，但是必须依靠美国的辅助。美国却只有在法国也同意进行援助的情况下才愿意伸出援手。而法国政府只有在德国承认其对法国的政治妥协的情况下才愿意进行援助。已经处于德国国家社会党（纳粹）的巨大压力之下并变得极为脆弱的德国政府当局无力满足法国政府的要求。面对其国家货币崩溃的可能，德国政府进行了资本管制（禁止人们出售德国货币）并开始封闭其国家经济。在德国爆发的这些事件给其他国家带来了巨大的压力，最终使得英国和美国放弃了金本位制度并将重点放在改善国内经济状况上。到了 1932 年，主要国家只和使用相同货币的国家进行经济往来。因此，德国只和中欧的使用德国马克的邻国开展贸易，英国的贸易主要集中在帝国内使用英镑的区域，美国在美元区开展活动，而法国的主要活动则集中在法国法郎使用区域。

随着国家限制彼此间的经济关系，世界经济陷入了衰退之中。金德尔伯格（Kindleberger，1986）认为，20 世纪 30 年代的经济大萧条波及之广、影响之深以及持续时间之长是因为英国和美国在国际经济管理的几个关键领域没有发挥其应有的作用。除了没能通过自由贸易的政策维持一个开放的商品市场，一些有能力的国家也没能够给有需要的国家提供必要的信贷支持。国际体系中没有最后贷款人。当金融危机在国际体系中蔓延之时，没有一个能够挺身而出为这一体系提供资金支持的贷款人。从国内而言，最后贷款人是中央银行。在 19 世纪的国际体系中，英国充当了最后贷款人的角色。但是奉行孤立主义的美国拒绝在两次世界大战期间的国际体系中充当类似的角色。

全民动员和新形式国家

两次世界大战之间的这一段时期很好地显示出了国家内和国家间社会力量的平衡对于维持某种特定形式的国际秩序的重要性（Cox，1986）。波拉尼（Polanyi，1957）用“双向运动”（double movement）这一术语描述了 20 世纪早期的社会动态。这一运动的第一部分是建立自由市场体系的尝试。这就包括一个人们能够自由出卖劳动力且受到很少福利保护的劳动力市场、一定程度的自由贸易以及金本位制度。这一双向运动的第二部分是这一自由市场弊端所激起的政治反应。社会团体被动员并给政府施加压力，以迫使其保护它们免受市场之害。

自由市场的问题是什么呢？主要的问题是其假设人是和土地或资本一样的商品，受到市场供求的制约。人被视为“劳动力”，并且根据经济模型分析，市场将自动降低工人的工资和收入。市场的调整力量巨大且十分残忍，因此，人们拒绝接受不断降低的生活条件并要求政府采取行动保护他们。

几个不同于19世纪经济自由主义国家的国家形式相继出现，它们限制大多数居民的经济和政治参与程度（Cox，1987，pp. 164-209）。一战期间，这些国家形式之一便是共产主义。利用俄国在战争中的糟糕表现，布尔什维克党最终夺取了俄国的权力。此后，它开始侵占生产资料（工厂、农场），并将其改变成了国营的经济企业。俄国变成了计划经济，产品的生产是根据一系列政府计划进行的。这些计划设定了各种目标并发出生产何种产品的指令。自由市场上的供给和需求被彻底废除。共产主义的组织形式在许多被排除在资本主义生产利润分配之外的工人中很受欢迎。随后，共产主义在发展中世界里被许多以农民为主体的社会所采用，如中国、越南和古巴。

另一种自由主义体系的替代形式是法西斯主义。法西斯主义在1930年市场体系陷入危机之后登上权力的舞台（Polanyi，1957，pp. 237-48）。法西斯主义解决重建自由经济的困难的方法是保留市场经济，但是清除所有在工业和政治领域的民主机制（见专栏4.8）。法西斯铁腕人物为受到社会主义和共产主义威胁的保守派提供服务。资本家在议会和在现实中都受到左翼力量的保护，作为回报，他们便将政治权力移交到了法西斯政党的手中。这一情况在德国和意大利等国家中尤为明显。在这些国家里，法西斯主义者利用未被解决的国家问题获得国家权力。

专栏4.8

20世纪30年代德国的法西斯主义与自由主义

由于对20世纪30年代和40年代法西斯主义者的大屠杀和战争心有余悸，所以我们通常会忽略纳粹主义在应对经济挑战时的成功。阿道夫·希特勒当政之后便拒绝《凡尔赛条约》中所规定的战争赔款。与自由主义的方法不同，纳粹对经济交换进行严格的控制，并通过签订双边贸易协定建立严格控制的贸易区。另一个与自由主义经济观点的不同之处是，纳粹在公共工程和军备改良上进行了大量投资。在1933—1938年间，他们使600万～700万德国人重新获得工作，几乎完全消除了失业问题。相比于之前带来恶性通货膨胀和失业的自由主义政治家，法西斯主义者似乎更有办法对付经济萧条。虽然法西斯主义者并不依附某一特定的经济模式，但是他们强调政治对经济的控制，并进一步建立了国家主义和种族主义的发展议程（Baker，2006）。

最后，在自由主义国家里，政府也被迫开始在经济发展中起到更大的作用且开始对居民的经济福利负责。美国和英国实施了后来所谓的凯恩斯政策，也就是，那些被英国经济学家约翰·梅纳德·凯恩斯（John Maynard Keynes，1936）所提出的政策。凯恩斯建议，当商业失去了信心并拒绝投资时，政府应该增加支出以确保经济增长。在1933年后，美国采用了一些措施来扩大信贷、增加对失业者的补偿以及通过罗斯福新政增加公共投资。英国也降低了信贷成本并保护本国市场，但是并没有采取更多的公共措施。直到20世纪30年代末和40年代早期当同盟国为战争做准备而使经济出现通胀时，凯恩斯主义政策才获得了真正的成功。

美国的角色

美国在20世纪30年代国际金融体系的建立和解体中都起到了关键作用。在美国，金融界强烈要求美国政府在国际事务、欧洲重建、自由贸易以及国际联盟中起到领导作用（Frieden，1987）。他们还资助建立了专业院校，如哥伦比亚大学国际公共事务学院（1946年）以及普林斯顿大学伍德罗·威尔逊公共与国际事务学院（1930年）。银行家在卡内基国际和平基金会、外交关系协会以及新创建的杂志《外交事务》（*Foreign Affairs*）里起到了带头作用。所有这些都是在传递这样一个信息：美国需要一个积极的外交政策。

由金融界所领导的国际主义者势力在20世纪20年代成功地将金融业务拓展到了欧洲。然而，在国际联盟、更加自由的贸易以及取消战争债务等问题方面却屡受挫折。一个由生产厂家、一些对贸易比较敏感的农业生产者以及奉行孤立主义的共和党所组成的联盟变得愈发强大。这一银行业的国际主义与大多数美国民众的观点并不一致。大多数美国人反对欧洲战争且不同意参与其中。当在20世纪30年代早期国际金融危机袭来之时，美国通过1930年《斯穆特-霍利关税法》建立起了更高的贸易壁垒。这使得美国和其他国家的经济更加恶化。美国并没有充当一个领导者的角色以协调各国应对经济大萧条，而是只关心自己国内的情况。这一经济孤立主义政策是与其政治孤立主义政策相吻合的。

一些国际关系理论家深深地受到19世纪和20世纪早期英国和美国在国际体系中所起作用的影响，并据此发展出了一个国际稳定的理论，即“霸权稳定理论”（Krasner，1976）。这一理论认为维护自由的国际经济体系必须要有一个超级大国或者霸权的存在。当一个霸权国家处于实力上升阶段时，经济开放最有可能发生。反之，当霸权国家实力衰退时，国际体系将变得不再那么自由。支持这一观点的人提出了这样一个事实，即19世纪中期的自由经济体系是由英国的财力和军事力量所支撑的。在两次世界大战期间，英国不再拥有这样的实力，而美国又不愿意维护这样的体系。虽然美国拥有这样的实力，但却没有这样的意愿。结果是各经济区域相互对立并最终引发了战争。随着第二次世界大战的爆发，美国成为了新的霸权国家并建立了一个新的自由主义国际经济体系。

总结

回顾19世纪的国际体系，我们发现了一些和当今国际体系惊人相似的因素。

在这一国际体系中的一些地区存在着大规模的资本、商品和人口的跨国界流动。一些先进国家经历了生产技术的革命，国家间的贫富差距逐渐扩大。自由主义经济原则统治着一些国家，而另一些国家则更加信奉重商主义政策。一些西方国家拥有强大的军事实力并干涉甚至主宰其他大洲的事务。

差异也是十分明显的。在我们当今的时代，像西方国家帝国主义活动这样的正式的政治控制已几乎不复存在。信息技术加速了经济活动并建立了企业间和人与人之间新的交流渠道。国际活动的规则被正式化并形成了国际法律，一些国际组织促进着国家间、企业间以及居民间的合作。最后，诸如人权、经济公平和环境可持续性等一系列全球问题带来了新的国家间的合作。

贸易

19 世纪是以自由贸易而闻名的，虽然我们的分析显示这一论断有所夸张，因为许多国家并没有采用自由贸易的政策。然而，从 19 世纪中期开始，占有统治地位的大英帝国大力促进和支持自由贸易。英国此举不是在寻求互惠，而是单方面的行为。但是许多国家在与英国的竞争中感觉力不从心，并因此建立了贸易保护的壁垒。这一自由贸易的行为仅仅是这一故事的一个方面。在全球经济形成过程中与其同样重要的是自由贸易意识形态的形成。当今所流行的经济思想正是诞生于 19 世纪。

生产

生产结构在这一时期发生了重要的变化。最为重要的是工业革命和其所伴随的发展，包括工业资本主义的发展和资本从欧洲向北美、南美和亚洲的输出。在 19 世纪中期随着工业革命的结束，资本主义成为了主流的经济、政治和社会形式。伴随着劳动分工和对新技术改进的重视，工业生产使个人和社会的关系发生了根本性的改变。生产的发展是受国家精英阶层控制的，并被用于增强其在国内权力斗争中的实力和提升国家在国际上的竞争力。工业革命还为西方国家对世界其他地区的统治提供了物质资源。

金融

金融在 19 世纪国际经济的建设中起到了重要作用。对力图通过工业化促进经济可持续增长的国家而言，金融是十分重要的。例如，美国利用英国的资本建设铁路。资本的输出被许多人视为帝国主义发展的一个主要工具。在这一时期，资本流动量增加且金融的地理范围也大为拓展。金融资产阶级和工业资产阶级的利益时常发生冲突，但在该世纪的后半期金融资本和工业资本开始结盟。市场资本主义发展的另一主要创新是股份制公司的出现。从作为主要私有企业形式的家庭作坊向现代企业的转变是伴随着铁路的发展而发展的，因为铁路投资所需的资金量巨大且实现利润的时间周期较长。

劳工

工业革命促进了劳动分工的不断差异化。在经历工业化的国家里，新工业资产阶级所聚集的财富和新的工业无产阶级的生活条件形成了鲜明对比。劳动力从原始农业劳动力向工业劳动力的转变以及性别劳动分工的变化是这一时期经济、社会和政治变化的主要特征。对工人阶级的剥削以及资本和劳动力之间的冲突成为了政治争论的主题以及小说家和诗人们的重要题材。一些社会批评家时常担忧资产阶级对工人的剥削将会破坏社会结构以及社会的道德结构。

工业革命使国家间的劳动分工更加明确。以英国与随后的美国和德国为主的西方国家位于工业革命的最前沿，主要生产工业品。世界的其他地区被不断地纳入欧洲的殖民帝国之中，并成为这些工业国家的原材料提供者。对于一些国家而言，至今它们依然还在扮演这样的角色。

性别

国家工业化的方式带有明显的性别特征。最初的工厂工作通常是由最脆弱的人群——女人和儿童来承担的。他们并没有分享到他们所创造的财富，但却是生产效率提升的关键因素。他们所提升的生产效率给一些人带来了权力。随着帝国主义在19世纪后期的复兴，第三章中所描述的为获得殖民利益而对性别关系所进行的剥削也随之传播开来。

发展

在19世纪能够进行工业化的国家到了20世纪都变成了发达国家。而那些无法进行工业化的国家到了20世纪和21世纪则依然面临着诸多发展挑战。能够利用西方的技术成功地进行工业化的唯一一个亚洲国家便是日本。今天，日本依然是一个领先的发达经济体。非工业化国家的命运便是远远地被西方的竞争对手甩在身后。在将西方国家的活动限制在海湾附近几百年以后，印度最终沦为了英国殖民地，中国也被迫割让一些领地给西方列强。今天，信息技术革命在扩大世界各地的不平等方面可能起到了类似的作用。

环境

工业化过程污染了欧洲和日本城市及乡村的环境。无论工业化发生在何地，都会带来类似的后果。从全球而言，工业化过程改变了地球调节大气的能力，因为大量的碳被释放到了空气之中。《京都议定书》（Kyoto Protocol）就是工业革命所带来污染的一个产物。

观念

观念和知识对19世纪世界经济的发展十分关键。我们可以从三个方面看到这一关键作用。第一，从技术层面而言，工业革命基于科学和技术的创新。没有科学和技术知识，我们所称之为工业革命的一系列事件都是无法想象的。简言之，工业革命涉及科学和技术进步在生产中的运用、新能源作为机器动力的引入，以及与之相关的劳动力在工厂中的重组。

然而，在这些特定发明和技术突破的背后是关于科学、技术和宗教的观念。换句话说，这些特定的发明依靠的是其背后的世界观的发展。这便是观念的影响的第二个层面。在这一层面上，我们强调启蒙运动的重要作用。它使人们用新的方式理解自然世界和人类社会。启蒙运动所释放出来的探索精神对国际经济的形成十分重要。这主要是通过将知识探索从神学的桎梏中解放出来。在知识探索中思想的不断独立将人们带入一种新的科学的思考之中，并带来了现代科学方法的发展。这些方法强调独立的证明和验证。

观念的第三个层面是关于社会世界和社会关系的。这些观念同样也有助于国际经济的转型。三种意识形态，即自由主义、民族主义和种族主义，对这一转型的过程尤为重要。自由主义观念以及自由主义国家的崛起为一个遵循（至少在原则上）自由主义经济价值观的国际经济体系奠定了基础。从国内而言，自由主义观念促进了资本主义的增长以及自由放任政策的发展。在19世纪的大多数时间里，自由主义一直是主流的观点。民族主义使得欧洲的地图被重画，并促进了那些决心追赶领先经济体的国家的经济增长。一方面，民族主义使人们对自己（逐渐形成的）国家的认同感不断增强，并因此有助于维护国内的稳定。另一方面，随着一些国家在追求工业化的过程中采用经济民族主义的政策，民族主义也激起了对自由主义经济意识形态的反对。种族主义观念在欧洲帝国主义扩张期间盛行，对 19 世纪的发展也十分重要。欧洲帝国主义是基于欧洲优越论的。无论是以什么样的措辞，比如开化劣等种族是白人的责任或者统治更劣等的种族是欧洲人的权力等，这种种族主义的意识形态帮助塑造了位于世界经济中心的欧洲国家和其他边缘地区人们之间的关系。

安全

就安全而言，19 世纪通常被视为一个相对和平的时期，因为权力平衡使得在大约 100 年里没有发生任何泛欧洲的战争。然而，这种观点反映了欧洲中心主义的偏见。在这一时期，国际体系中的暴力行为其实屡见不鲜，主要是许多非欧洲人民受到各种形式的欧洲帝国主义的压迫。当欧洲国家瓜分了非洲并接管了这片大陆，许多非洲人就时常遭受到暴力迫害。鸦片战争和太平天国起义使整个中国震惊。在印度，饥荒救济被英国当局阻止。在美国，发展工业且奉行保护主义的北方与坚持农业自由贸易的南方各州之间的冲突所引发的内战也使美国生灵涂炭。

治理

就国家治理而言，这一时期见证了民族国家的出现和自由主义国家的发展。自由主义国家通过对资本和劳动力的管理完成了大量的资本积累。正是通过自由主义国家，权力和责任得到了分配。自由主义国家对国内资本主义的发展和国际经济的形成都至关重要。它增加了市场的权力，对有助于或者阻碍新兴工业资本主义的行为进行奖励或惩罚。

自由主义国家和英国强权下的世界和平都依赖于一种特定的国内政治制度安排。在这种制度中民众的权利被剥夺并在政策制定中毫无发言权。随着国家的发展，工人们开始要求获得更多的政治参与。19 世纪和 20 世纪国际经济体系的主要区别在于工人阶级（和农民）在政治决策中的作用。随着普选的开始，政府开始更多地关注工人的需求。然而，在这一时期的大多数时间里政府代表的是精英阶层，忽略了广大人民的需求。重要的是，这一时期农村地主和工业资本家之间的冲突增多。随着时间的推移，这些冲突通常都是按照有利于工业资产阶级的方式被解决的。平息工人阶级不满的一种方式便是民族主义的兴起。虽然社会主义政党出现并致力于跨越国界的阶级斗争，但是民族主义被证明是更加有效的管理手段。

第五章将介绍 19 世纪的体系是如何从废墟发展成为 21 世纪的全球政治经济体系的。21 世纪的全球政治经济体系既和以前的体系有些相同的特点，又出现了一些新的特征。

扩展阅读

David Landes (2003) *The Unbound Promethus*：介绍了英国和欧洲的工业革命。

Tom Pakenham (1991) *The Scramble for Africa 1876-1912*：详细介绍了帝国主义在非洲的竞争。

Adam Hochschild (1999) *King Leopold's Ghost*：*A Story of Greed*，*Terror and Heroism in Colonial Africa*：介绍了殖民主义在刚果的一个骇人听闻的案例。

Karl Polanyi (1957) *The Great Transformation*：一部至今仍被广泛讨论的经典著作，作者认为是 19 世纪的自由主义体系本身导致了其在 20 世纪的衰败。

Charles Kindleberger (1986) *The World Depression 1929-1939*：考察了经济大萧条的起因。

第五章 全球经济的发展：1945—2010 年

本章将介绍 20 世纪中期的国际政治经济体系向 21 世纪初的全球政治经济体系的转变。第一节考察 1945—1989 年的冷战时期以及当时主要的政治经济体。第二节重点关注冷战后的发展，包括各种资本主义之间的竞争以及国家的转型、信息技术革命、国际组织和全球治理的发展。

1945—1989 年的冷战时期通常被认为是由三个世界组成的。第一世界包括美国和其欧洲盟国、加拿大、澳大利亚、新西兰和后来的日本。第二世界是由东欧的共产主义国家和苏联组成的。第三世界指的是世界上其他在经济发展中挣扎的国家。诸如中国等一些国家可以被归入两个阵营中：第二世界和第三世界。下文我们将介绍这三个世界内部及其之间的关系。

冷战时期：1945—1989 年

美国主导的西方政治经济

随着第二次世界大战的结束，美国和其盟国建立了一个新的国际体系，以保障其资本主义盟国的安全和经济增长。美国吸取了 20 世纪 30 年代和 40 年代的惨痛教训（见专栏 5.1），为其盟国提供了一个保护伞，并且还建立了新的国际机构以促进民主和经济增长。这一节讨论这一时期西方的安全和经济体系。

专栏 5.1

西欧国家从二战中吸取的五个教训

（1）国际金融混乱对法西斯主义在 德国的崛起起到了主要作用，并导致了国际体系的瓦解。一些维护国际货币体系稳定和促进资本流动的措施是十分必要的。这种观点导致了国际货币基金组织（International Monetary Fund，IMF）、世界银行和马歇尔计划的诞生。

（2）一个被分割成几个相互竞争区域的经济体系被证明是危险的，促进国家间贸易自由化的努力是十分必要的。在建立国际贸易组织（International Trade Organization）的尝试失败以后，一个建立在《关税与贸易总协定》（General Agreement on Tariffs and Trade，GATT）基础上的多边贸易体系随之建立起来。

（3）必须通过某种方式给予民众和工人一定的权利。只有当民众和工人所忧虑的问题得到了关注，左翼政治力量才能够被抑制。方法之一是建立凯恩斯国家，将收入重新分配给广大人民。

（4）这些经济体系需要一个比在国际联盟之下的安全体系更加稳固的安全体系。国家应该准备好在战争的早期参与到战争之中，以避免之后发生大规模的战争。1945 年以后的时期见证了冷战的爆发、一系列如 NATO 的军事联盟的出现以及对核武器的依赖，以避免超级大国之间的战争。

（5）上述四点只有当美国在国际体系中比之前（20 世纪 20 年代和 30 年代）起到更加积极的作用时才能够被实施。与两次世界大战期间不同，在美国国内，国际主义者获得了胜利，美国被假定为一个主要的国际力量以及西方联盟的领导者。的确，从 20 世纪中期到 21 世纪中期的这一时期可能被铭记为美国的世纪。

冷战时期的对抗

随着德国和日本的战败，西方盟国和苏联之间的战时合作也陷入了危机。确实，这一合作是临时的，并时常爆发对抗和冲突（Thorne，1978）。随着战争的结束，欧洲被分成了两个阵营，这一不温不火的合作继而转为冷战（Cold War）。苏联将政治权力扩张至东欧，而美国则引领西欧各国建立经济和军事联盟以对抗苏联。

美国调动了经济和军事资源以对抗苏联。在经济层面，美国的援助帮助了西欧和日本的重建。在军事层面，美国向国外派驻军队并同意建立一个西方军事联盟——北大西洋公约组织（North Atlantic Treaty Organization，NATO）。围绕着 NATO 的核心问题是美国可能使用核武器阻止苏联入侵欧洲。加拿大和美国都向欧洲派驻军队以保证任何苏联的入侵都将面临联合抵抗。在苏联也发展了核武器后，一个被称为“确保相互摧毁”（mutually assured destruction，MAD）的恐怖平衡使欧洲的对抗陷入了僵持，并使得苏联和美国间的直接军事冲突变得十分可怕（Freedman，1985）。殖民国家法国和英国维系着其干预全球事务的能力，并且发展了核武器。

相对稳定的美苏对抗所带来的一个结果是超级大国间的冲突通常都是在世界其他地区发生的。当美国向以色列、沙特阿拉伯和伊朗（1979 年改革以前）提供武器时，苏联则向叙利亚、伊拉克和埃及提供武器。苏联向越南提供武器使其能够对抗美国，而美国则资助阿富汗的伊斯兰游击队反抗苏联。在安哥拉，美国支持南非种族主义政府与古巴所支持的力量对抗。在中美洲，美国支持右翼政府对抗左翼的叛乱。美国和苏联参与到了一系列民族革命和独立战争中，使当地的冲突被大幅升级（Halliday，1983）。

这次全球竞争的军事和经济影响在各国和地区均不相同。一些东亚国家和地区得益于美国的关注和援助。例如，日本、韩国和中国台湾能够利用美国的投资和安全保护发展自己的经济（Stubbs，1999）。然而，在许多其他国家，冷战的对抗使本地的冲突升级，导致了大规模的暴力冲突并使贫困加剧。南非、中美洲和印度尼西亚就位于美国和苏联冷战冲突的前沿。它们充当了代理战场，并承受了大量的人员伤亡和经济发展停滞的代价。此外，左翼和右翼的专制政府之所以能够维持其政权，主要是因为它们获得了这两个超级大国某一方的支持。这些代理战争和其他暴力冲突给数以百万的贫苦人民带来了死亡、破坏、毁灭和饥荒，但同时维护了西方国家表面上的和平。

西方经济体系

美国利用其无与伦比的经济和军事实力建立了一系列机构来管理世界经济。在二战接近结束时所建立起来的国际贸易和支付体系理论上是主要参与者美国和英国间协商所形成的体系。但是，实际上这一体系主要是由美国创造的，并主要代表美国的利益。与20世纪30年代的经济民族主义不同，这一体系反对双边主义（bilatrealism）。该体系的主要特征是自由主义、守法主义（legalism）和多边主义。这一新的体系是基于自由主义经济原则的，但并不是19世纪国际经济体系所拥护的放任自由的自由主义。随着工人阶级的政治动员和经济大萧条的发生，政策制定者试图平衡社会福利和市场原则。多边主义依赖一个奉行干预主义的国内政治经济体系。这一体系没有类似于金本位下的自动调节机制或者不受限制的自由贸易。其目标是建立一个带有自由主义特征的体系，但是不能破坏国内的稳定。在凯恩斯原则的基础上，鲁杰（Ruggie，1982）将这一体系命名为“嵌入式自由主义”（embedded liberalism）。嵌入式自由主义致力于一个自由主义的国际经济体系，但是这种自由主义受到国家为支持如充分就业等社会目标而进行的干预。

西方国家加入了一系列致力于自由经济交换的经济组织。三个国际组织被建立起来，以监督这个自由主义国际经济体系。虽然表面上声称成员的普遍性，但是IMF、国际复兴开发银行（International Bank for Reconstruction and Development）（又名世界银行）和GATT实际上将其成员限制在那些在国内经济管理中遵循自由市场原则的国家。IMF和世界银行建立于1944年，其目的是支持一个稳定的货币体系和资助战后的重建。此外，美国通过马歇尔计划对战后重建提供了大量的资助。建立国际贸易组织的尝试失败了，但是GATT逐渐充当了一个促进贸易自由化的机制。这三个组织被建立起来以克服20世纪30年代所出现的经济问题。

战后全球政治经济体系的一个重要发展是区域组织的建立。这些区域组织的一个最典型的代表出现在西欧。在美国和NATO的安全保护之下，欧洲国家通过1957年的《罗马条约》（Treaty of Rome）建立了欧洲经济共同体（European Economic Community，EEC）或者共同市场，促进了经济一体化。这是1951年欧洲煤钢共同体（European Coal and Steel Community）所发起的更进一步欧洲合作的延续。欧洲经济共同体后来发展成了欧洲联盟（European Union，EU）。这一发展使欧洲国家离政治联盟更近一步。这一空前的经济合作导致了一个货币联盟的形成，但是并没有带来外交和安全政策的协调统一，即使在一些政策领域欧盟国家集体反对美国的统治。

在核保护伞的庇护下以及得到经济组织的支持，美国、西欧、日本和其他盟国在战后采用了促进经济增长的政策。政府政策对收入进行了再分配，支持工业并维持着充分就业。从20世纪50年代到70年代早期，大量流动性的注入和一系列技术创新的出现带来了西方国家经济增长的黄金时代。随着美国投入越南战争以及飙升的石油价格导致了通货膨胀和经济衰退，这一体系陷入了危机。

从20世纪70年代开始，北方发达国家不断减少对其居民的福利，并试图通过此措施促使本国居民为全球经济竞争做准备（见下文）。美国和英国推动了关于贸易和金融货币体系的改革。这些体系原本是为了给市场更大的权力并减少政府对经济的干预。这些改革破坏了嵌入式资本主义的平衡，将经济体系带入了新自由主义的轨道之中。“华盛顿共识”（Washington Consensus）很好地概述了新自由主义的观点。这一在自由主义经济政策方面所达成的共识在主要国家内得以运用，并通过国际组织和跨国政策网络被传播到了发展中国家。

□ 共产主义政治经济

在西方体系里，个人和企业拥有产权，资源的分配主要是由市场的供求决定的。与此不同，共产主义体系消除了产权并通过国家的中央计划分配资源。共产主义体系始于1917年大革命后的俄国。随着苏联在东欧和中欧战争上击败纳粹，苏联模式的共产主义便扩展到了乌克兰、波兰、罗马尼亚和民主德国等国家。共产党所领导的社会革命与农民运动相结合，并传播到了中国、越南、朝鲜、埃塞俄比亚以及安哥拉等国家。共产主义国家同时也是专制主义国家、一党制国家。

共产主义国家取得了一些显著的成功，但也时常伴随着人员伤亡以及最终的失败。在俄国革命以后，苏联得以使其农村经济工业化。到了20世纪60年代中期，苏联的科技进步足以对西欧造成巨大的军事威胁，并与美国开展太空竞争。在女性平等、基础教育和大众医疗保健等方面，苏联取得了长足的进步。然而，苏联的农业集体化是通过暴力和饥饿实现的，并以几百万人的性命为代价。从经济角度而言，苏联在集约型增长方面获得了一定的成功，但是在促进其他领域的发展方面却有所不足。在那些其生产过程中对劳动力或资源有一定要求的经济领域，苏联能够取得进步，但是在对科技创新的运用有较高要求的领域，苏联却并不是特别成功。虽然苏联能够生产重工业产品和基础物品，但是它所生产的消费物品却与西方国家无法相比。苏联无法生产大众所需求的消费品，而且在与西方国家军备竞赛中的节节失败使苏联的增长模式在20世纪80年代早期走到了尽头。1989年一系列很大程度上的和平革命使东欧的共产主义政权被推翻。20世纪90年代，我们见证了东欧国家、俄罗斯以及前苏联的共和国家为建立能正常运转的资本主义经济以及自由民主国家而付出的努力，并且这些努力获得了不同程度的成功。

中国共产主义模式并没有获得像其苏联老大哥一样的成功。连续几次五年计划的失败以及针对本国居民的“文化大革命”导致了工业停滞和农业歉收。到了1979

年，中国的领导人得出这样的结论：中国必须对西方经济体逐渐开放本国市场，以实现经济发展。经济特区被建立起来以吸引来自西方国家的投资。在接下来的35年里，中国在其经济的很多领域引入了大量的西方投资并确立了私人产权。不同于苏联，中国并没有实施政治自由化，而是继续维持着专制主义的政治体制。这一体制伴随着严格的审查制度、一党专政并给持不同政见者最小的权力空间。

到了20世纪90年代早期，俄罗斯已经完全发展成了一个资本主义国家，其经济主要是由其丰富的自然资源推动。民主制度在俄罗斯建立起来，但是专制主义的政治文化依然存在于俄罗斯的政治体制中。在向资本主义转型的过程中，趁着俄罗斯的法制体系尚未健全，一些人将国家财产据为私有，并发展成了拥有巨额财富的寡头。在中国，一些区域创造了大量的财富，并使数以百万的人民摆脱了贫困。但是，在经济快速转型和专制主义体制下，社会稳定受到了极大的挑战。

□ 南方政治经济

当苏联和美国在冷战中竞争和对抗时，另一个历史性的过程正在发生。这就是去殖民化过程与“第三世界”作为一个政治和经济力量的崛起。第三世界国家一直在努力谋求发展，但是迄今为止它们依然只取得了有限的成就。

去殖民化

随着欧洲帝国（第三章和第四章中所讨论的）的衰落，1945年后，去殖民化过程令人瞩目。在一些地区，欧洲国家意识到难以继续统治这些国家，而在另外一些地区，当地人民不得不开展暴力运动以迫使殖民者交出权力。

去殖民化的特征和速度存在很大的差异。例如，法国比英国更倾向于使用暴力来维护其帝国统治（Chamberlain，1985，pp. 55-72）。因此，法国在越南和阿尔及利亚展开了长期的、血腥的并最终被证明是徒劳的战争（见专栏5.2）。1954年在越南，民族主义者在奠边府战役中击败了法国。经过数年的战争，阿尔及利亚人在1962年取得独立。法国从撒哈拉以南非洲的撤退进行得相对和平，因为这些国家已经被法国承认独立，并和法国保留着密切的经济和政治联系。美国在去殖民化的过程中扮演着复杂的角色。1946年它承认菲律宾的独立并督促其欧洲盟国放弃帝国统治。在1956年的苏伊士运河危机期间，它反对英国、法国和以色列对埃及的入侵。然而，随着冷战的加剧，美国自己却陷入了殖民地斗争之中，例如阻止越南的统一。

专栏5.2

去殖民化和暴力

暴力对殖民者和被殖民者所带来的影响在20世纪60年代早期被弗朗茨·法农（Frantz Fanon）毫无保留地揭露了出来。法农创作的时期正值阿尔及利亚为从法国手中获得独立而进行残酷战争。法农（Fanon，1963，p. 94）认为反对殖民者而使用的暴力洗刷了被殖民者数年来所受的屈辱和压迫。法农所没有预料到的是，一旦获得独立，独立战争的领导者在管理其新国家中通常难以放弃使用武力。

对于去殖民化的开始存在几种不同的解释。第二次世界大战是一个主要因素（Abernethy，2000，pp.345-60）。在30年的时间里，欧洲国家两次对彼此的生产和军事能力进行了大规模的破坏。法国、英国和荷兰的实力被大大削弱，已经无法通过武力维持其所获得的领土。同时，在亚洲战场上，日本在对抗美国和欧洲的早期所获得的胜利也暴露了这些帝国的弱点。战争使殖民地的人民大量流动，离乡背井。与一战后的欧洲民众类似，这些人民不再愿意回到战争前的状况。

另一个重要的解释是民族主义运动在殖民地的发展以及殖民地对欧洲国家所带来的不断增加的经济耗费（Darwin，1988，pp.17-24）。在如印度、越南和印度尼西亚等国家里，受过教育的本地领导者动员本地人民反抗帝国的统治。他们通过不同的方式向欧洲殖民者证明帝国殖民已经无法持续。在印度，甘地的非暴力不合作运动揭示了殖民者在南亚管理的困难。在越南、印度尼西亚和阿尔及利亚，独立战争成为必然。

去殖民化的影响是巨大的。大量的新国家诞生，改变了诸如联合国大会等国际机构的平衡。甚至一些新的组织是专门为服务发展中国家而建立的，如联合国贸易和发展会议。在20世纪70年代，发展中国家推动了管理全球经济规则的改变。这一规则被称为国际经济新秩序。许多新国家虽然名义上独立了，但是在经济上还是高度依赖以前的经济联系和模式。在安全领域，许多新独立的国家试图探索介于苏联和美国之间的第三种方式。这一倡议被称为不结盟运动（Non-Aligned Movement），主要是在20世纪60年代和70年代由印度、印度尼西亚、加纳以及南斯拉夫所领导的。最终，去殖民化使得发展成为一个直至今日主要的国际议题。

发展的成功和失败

关于发展的问题将会在第十一章中讨论，这里我们先简要介绍一下。在1945年以后的时期里，一些国家在尝试发展经济的过程中获得了成功。在美国占领日本以后，日本在重建其经济上获得了成功，而“亚洲四小龙”——韩国、中国台湾、中国香港和新加坡在经济增长率、教育水平和某些经济领域上也取得了辉煌的成就。这些经济中心以及一些石油生产国的发展是如此令人瞩目，以至一些美国的分析者担心美国的统治地位或者霸权正在被动摇（Gilpin，1987；Keohane，1984）。一些亚洲国家的领导者也开始认为他们过去曾有过比美国更加发达的政治经济，这一成功是由于亚洲独特的文化价值观（Zakaria，1994）。这两种趋势都随着20世纪90年代美国经济的复苏以及1997年亚洲金融危机的爆发而逐渐减弱。

与一些亚洲国家的成功相比，世界其他地方一些人口稠密的国家，如中国、印度、印度尼西亚、巴西以及非洲的大多数地区，在它们追逐发展的过程中饱受挫折。在一些国家，如中国，在20世纪70年代开始改革以前，灾难性的中央计划经济摧毁了农业和工业生产力。在其他一些国家，如撒哈拉以南非洲国家，它们依然还局限于生产那些价值不断下降的商品（咖啡、锡等）。在这些地区，国家内部动荡和国家间的战争使得大量的资源被用于对抗其他国家或者国家内部的游击战争。在许多国家，20 世纪 80 年代的债务危机中断了其发展，并迫使一些国家开展经济结构调整。这些调整使本地经济对外开放并给本地经济带来了破坏。

虽然这些国家，尤其是撒哈拉以南非洲国家的发展受到了挫折，但是在 21 世纪早期一些发展中国家的政治经济呈现出了欣欣向荣之势。中国的出口行业、印度的自由化和服务贸易、巴西的工业化和自然资源以及俄罗斯的石油财富使这些新兴经济体能够并最终愿意挑战西方经济体系的领导地位。

冷战后时期：1990—2010 年

当冷战成为了历史，三个新的趋势逐渐变得清晰可见。第一个趋势是各种形式资本主义之间竞争的延续以及在新兴国家中的传播。第二个趋势是信息革命无孔不入的影响。第三个趋势是国际组织的发展。

□ 相互竞争的资本主义和国家转型

与共产主义和资本主义政治经济形式在全球范围内的竞争几乎同时，在西方国家也发生着不同形式的资本主义之间的对抗和竞争。不同的分析者对资本主义体系的分类各不相同。一些人关注不同金融体系之间的竞争，如英美股票市场模式、严重依赖银行对企业融资的欧洲大陆模式以及政府、工业和金融界密切联系在一起的亚洲模式（主要是日本和韩国）。另一些人认为各种资本主义之间的最主要区别是它们给其居民提供福利的方式。美国模式提供最小的国家福利，欧洲大陆模式提供最为广泛的国家福利，而日本则为那些足够幸运地被主要企业雇用的员工提供广泛的福利（如终身雇佣）（Esping-Andersen，1990）。

资本主义在西方的竞争并没有一个胜利者。每一种模式都有其优点和缺点，都有成功的时期和经济混乱的时期。欧洲体系为其居民提供了最为广泛的福利，但是却一直存在较高的失业率。美国体系通常有较低的失业率，但是大量的居民却无法获得一些基本的福利，如可负担的医疗保健。日本经济在 20 世纪 80 年代取得了巨大的成功，并使美国将其视为主要的经济竞争对手。然而，到了 90 年代，美国经济引领了新一轮的技术革命，而日本经济则陷入了经济停滞的十年之中。从 2008 年到 2012 年，美国和欧洲经济都受到了金融危机的严重打击。随着 21 世纪前十年的结束，资本主义之间的竞争变得更加全球化和多样化。西欧国家的福利资本主义和英美的自由主义模式都受到了各种其他模式的挑战。中国位于这些挑战者之首，其拥有大量的生产行业以及来自出口盈余的大量资本。中国模式将一个专制的政府和重商主义的政策结合在了一起。这个专制的政府强调严格的国内劳动纪律，而这一重商主义政策则对国外投资以及国内金融和生产体系进行积极的干预。中国的经济迅猛增长，但是却挣扎于如何使广大的人民分享这一增长所带来的收益。印度采用了一个不同的模式。这种模式自认为拥有一个民主的政府以及先进的信息技术（information technology，IT）行业和服务业。但是这种模式却在农业转型和基础设施建设上遇到了巨大的挑战。一个复苏的、半民主的俄罗斯从其自然资源中获得了大量的财富，并给能源依存度不断升高的欧洲带来了威胁。在拉丁美洲，在一个致力于解决经济严重不平等的政府的带领下，且基于复苏的工业和农业领域，巴西经济在西半球形成了一种新的模式。这些美洲和欧洲模式的竞争者们在2008年金融危机期间以及始于2010年的欧洲主权债务危机期间表现得甚至更加强大。

与这些资本主义形式之间的竞争同时，我们还看到了在这些模式里国家的本质在发生变化。在21世纪初国家的功能和本质是不同于20世纪中期的。在20世纪50年代，第一世界里的国家主要是以凯恩斯主义经济或者福特主义（Fordsim）（大众生产和消费的体系）为特征的。这种类型的国家致力于充分就业和减小国家内部经济波动的影响。在第二世界里，苏联的计划经济调动资源发展工业并与西方开展竞争。在大多数第三世界里，“发展型国家”对本国经济进行干预，以保护新兴产业并开始工业化进程。到2000年，大多数中央计划经济国家都消失了，取而代之的是不同版本的福利和发展型国家以及竞争性国家。

北方国家从福利到竞争

在先进工业国里，国家的本质已从为居民提供福利转变为促进居民和企业为国际竞争做好准备。这一转变引起了高度关注和担忧。“竞争性国家”这一概念描述了这一变化。

塞尔尼（Cerny，2000）认为国家角色的转变包含了几个主要的政策变化。一个是国家不再支持某一特定的行业或者部门，而是更愿意确保国家经济拥有一个竞争性的环境。这就涉及宏观和微观层面的不同举措。在宏观层面，国家着力确保较低的通货膨胀以吸引投资。在微观层面，国家采取措施增加企业和市场的竞争性和灵活性。这些措施可能包括放宽对工业的监管或者使其私有化、改变劳工立法使就业变得灵活（且有相对较低的稳定性）。最终，通过诸如充分就业和建立全民的社会项目等相关政策，政府不断从最大化大众福利向一些目标明确的活动转变。这些活动致力于提高居民的可就业性，如培训或者减少福利以鼓励较低收入行业的就业。

竞争性国家的概念对于我们思考西方国家的政策创新是一个有益的工具。但是，各种不同的模式依然继续存在，从相对侧重于福利的斯堪的纳维亚国家到不断注重竞争的美国和英国。

南方国家自由主义和专制主义的竞争

非发达国家也同样感受到了全球市场所带来的冲击和压力。回到20世纪70年代和80年代早期，两个发展增加了发展中国家的经济竞争力。一个是中国政府单方面决定对西方国家开放以寻求贸易和对外直接投资（foreign direct investment，FDI）。虽然最开始这个过程十分缓慢，但是到了20世纪90年代中国成为FDI的主要目的地。这一过程导致了投资从其他发展中国家向中国转移以及中国出口行业与其他发展中国家的竞争。例如，中国、印度、印度尼西亚可能都试图在美国市场上销售同样的产品。

第二个发展来自债务危机。债务危机迫使许多国家放弃之前内向型的发展策略并在全球市场上寻求机会。比尔斯特克（Biersteker，1992）认为发展中国家向自由主义经济政策的转变是“新古典经济学的胜利”。与此观点不同，麦克迈克尔（Mc-

Michael，1996）将这一转变描述为一个国家发展计划让位于一个试图融入全球经济的全球化计划。一个关键点是这种增加开放程度和经济竞争的转变在各种政治体系里都正在发生。中国积极地吸引外资和贸易，但是却保留了专制主义国家体系。在 20 世纪 70 年代，智利在奥古斯托·皮诺切特（Augusto Pinochet）的右翼专制统治下开启了自由化进程。然而，整个 20 世纪 90 年代同样也见证了一些南方国家的民主化（韩国、南非、巴西、墨西哥）以及试图融入全球经济的各种政策。

虽然许多南方国家已经开展了自由化，但是在 2008—2012 年西方国家的金融危机期间发展型国家的概念再一次吸引了人们的注意。西方国家似乎遭受了金融部门过度自由化和去监管化的惩罚。与此同时，那些使金融部门从属于国家发展的国家（如中国）却表现得相对出色。发展中国家继续发展着各种模式并在不同程度上以不同的方式接受着自由主义。

离岸交易的兴起

在国家体系里另一个令人瞩目的发展是离岸监管的增加。“离岸”一词指的是全球经济的某些区域，在那里国家建立领土或者司法飞地并降低监管标准（Palan，1998，p. 626）。离岸世界最显著的发展之一便是避税天堂（tax havens）的增加（见专栏 5.3）。避税天堂通常位于小国家，比如开曼群岛。它们允许公司或者银行通过纸上公司移动大笔的资金以逃避税收或者规避监管。一些人估计世界上一半的资金都位于或者流通于避税天堂（Palan，2002，p. 151）。

专栏 5.3

离岸财富庇护所

一个关于 2012 年富人在海外账户所隐藏的财富数额的估计认为，这一金额在 21 万亿～32 万亿美元之间（Tax Justice Network，2012）。一个较低的估计数据认为这一金额至少达到了美国和日本 GDP 的总和。这些金额的大约一半仅仅归 92 000 人所有。由于这些财富大多数都是没有向政府缴税的，所以税收损失的估计值达到了 1 900 亿～2 800 亿美元。这比西方国家给予发展中国家的援助还要多（H. Stewart，2012）。

富人的财富流出其国家的现象在那些少数人拥有大多数财富的国家里尤为严重。那些少数个人或者家庭控制大量石油财富的国家或者那些独裁者掠夺大量国家财富的国家受到财富流出的破坏更大。然而，没有最富有居民的税收贡献，富裕国家的税收征收也困难重重，这些国家也深受其影响。

类似的离岸发展现象在其他经济部门也同样可以看到。国家里的某些特定区域采用了不同形式的监管规则以吸引投资和促进经济增长。例如，中国建立了经济特区以吸引 FDI。许多发展中和发达国家建立了出口加工区（export processing zones，EPZs）或者免税区。在发达国家，这些出口加工区可能位于经济欠发达的地区，如内陆城市。所有这些地区的一个共同点是在这里会实施一个与该国其他地区不同的经济监管规则。在某些情况下，出口加工区可能给予一些公司长达几年的免税期以吸引它们投资。在另外一些情况下，主要的诱人之处可能是在这些区域禁止独立的工会。

一个新的政治管辖区的出现给商业活动者提供了更大的经济灵活性去降低遵守规则的成本并因此增加利益。一些国家从这些离岸活动中受益，因为它们吸引了投资。然而，另一些国家则失去了原有的投资以及按照公共利益进行征税或监管的能力。

□ 信息革命

在第四章中我们讨论了工业革命的开始以及它如何改变历史的进程。20 世纪的最后十年见证了另一轮引人瞩目的技术革命。这一次是基于信息而不是机器动力。一些人认为我们正在经历人类第三次伟大的进步（Toffler，1980）。第一次是农业革命。第二次是工业革命。我们刚刚位于信息革命的开始时期，因此还无法确定其最终的形式和运用，但是这些形式和运用已初见端倪。

技术

本书的大多数读者会对信息革命十分熟悉，因为它已经变成了我们生活的一部分。西方大学里的学生可能无法想象一个没有个人电脑、移动手机和国际互联网的世界。其实，这些通信和信息技术仅仅在 20 世纪 70 年代才开始随着芯片的发明而得以传播。在 1977 年，苹果公司生产出了第一台高度成功的大众个人电脑，很快微软公司开发了一些用户体验很好的软件。

从 20 世纪 70 年代开始，信息和知识在创新和生产中的运用加速了技术的变革。个人电脑变得体积更小、功能更强大。互联网扩大了人们信息、产品以及娱乐交换的数量。数字技术通过声音（电话、广播）和视觉设备（电视、电影）使通信被大大改进。

经济

信息革命正通过全球政治经济体系对人类产生着巨大的经济影响。信息技术毫无疑问地促进了经济活动的全球化。例如，外汇或者股票和债券交易等金融交易一天二十四小时内可以不间断进行；公司各地区间通信的改善使得其生产可以扩散到更大的地理范围。

随着信息技术和电脑在生产过程中的运用，信息革命提高了生产效率。随着新形式的消费类电子产品、医药和农业的出现，新的经济部门正逐渐发展起来。描绘和追踪基因的能力使得治愈一些顽疾的新药物成为了可能。基因操作带来了更加高产与更能抵御疾病和害虫的转基因农作物。然而，这些技术的出现也带来了道德和政治上的争议。关于人类克隆或者使用基因测试定制婴儿对人类的道德影响引起了人们的关注。在食物生产上，人们对食物和植物转基因的潜在危险表达了担忧。在一些情况下，新技术可能允许一些国家实现跳跃式发展。例如，手机使发展中国家不用承担铺设电缆的成本而直接建立起了电话网络。除了这些乐观的观点外，一些人表达了对数字鸿沟（digital divide）的担忧（Norris，2001）。先进工业社会快速地将技术在其居民中传播，而许多发展中国家则面临着更加落后的境地。当一些国家，如加拿大，可能正在考虑如何将互联网发展到农村地区时，非洲的一些国家却还在努力为居民提供电力或者安全的饮用水。潜在的问题是，这些处于弱势地位的群体可能不但没有缩小与发达国家的差距，反而更加落后。

20 世纪 90 年代末期对信息技术的热情给股票市场带来了泡沫。投资者将大量的资金注入到了各种 IT 公司里，使股票市场价格飙升并为一些公司带来了短期的账面上的财富。像所有的泡沫一样，这一次泡沫的破灭只留下了一些抑郁的投资者和破产的公司（见表 5.1）。信息革命还在继续，但是其给经济所带来的改变还需要一段时间才能彻底体现出来。

表 5.1　　一些高科技股票价值的下跌

	2000 年 3 月 10 日	2003 年 3 月 7 日
雅虎	178.06 美元	19.62 美元
英特尔	120.19 美元	16.01 美元
北电网络	180.5 加元	3.20 美元
724Solutions	304.90 加元	0.55 美元

资料来源：Bloom（2003），B1.

社会

曼纽尔·卡斯特尔（Manuel Castells，1996）认为信息革命已经对社会生活产生了深远的影响。他认为新形式的通信使人们通过网络而不是等级制度组织自己的生活。在一个网络社会里，人们彼此间建立了直接联系而不再是通过拥有不同权力阶层的制度被联系起来。例如，关注环境的人们可能会形成一个环境小组而不再是通过一个政治党派来表达自己的意愿。公司可能选择更加灵活的工作团队而不是被严格划分到某一角色和任务中的劳动力。大学可能开展远程教学而不是把学生聚集在教室里。

互联网和电子邮件的出现毫无疑问地为人们提供了一个建立全球性关系网络的工具。这个网络可以改变他（她）们对社会组织形式的看法。关于环境和女性问题的公民协会以及和平活动家、发展倡导者、劳工组织等都使用了新技术来分享信息和开展动员以获得支持。鉴于互联网的影响，当民间团体或个人威胁到政府和公司的利益时，他们对互联网的内容加以控制就不足为奇了（见专栏 5.4）。

专栏 5.4

企业、国家和互联网的控制

2010 年，透明化组织维基解密（Wikileaks）利用互联网公布的美国外交电报和录像显示，美国武装直升机在伊拉克射杀了平民。一些人认为这一信息给中东地区带来了恐慌，并导致了 2011 年的阿拉伯之春运动（Arab Spring），以及使对美国的阿富汗战争的反对之声增强。这一信息的散布激起了一些美国政客和评论者的猛烈批评，甚至有人呼吁刺杀维基解密创始人朱利安·阿桑奇（Julian Assange）。几个大的跨国公司采取了更有趣且更加有破坏性的行动。

2010年12月，亚马逊拒绝在其服务器上托管维基解密，而且金融公司PayPal、VISA、MasterCard、西联汇款以及美国银行拒绝处理维基解密的金融交易，包括资助这一组织活动的捐赠（Naughton，2010）。就在同一月，苹果公司将维基解密的应用软件从其苹果商店中移除。对维基解密的金融抵制威胁到了其生存，因为它主要依赖于网络捐赠和交易筹措运营资金。许多企业声称它们将不会和维基解密开展商业活动，因为这个企业违反了它们的服务条款。另一些人认为这些企业拒绝提供服务可能是因为维基解密针对金融机构或者美国政客的激进做法。这个案例是关于互联网自由如何被企业和国家利益所限制的一个很好的例子。

军事

信息时代还被认为正带来战争的革命（Cohen，1996）。美国利用其IT业提升监控和进攻的能力。美国军队能够更好地识别和远程打击任何对手。这个优势相当于欧洲人在19世纪的帝国战争中使用大炮或者连发步枪时相对于当地人的优势。美国在1991年和2003年的海湾战争（又叫做伊拉克战争）以及2001—2002年阿富汗战争中的成功标志着新技术和新战术的结合使得美国军事力量更加强大。虽然其并不是无懈可击的，但是美国相对任何可能的竞争对手都无疑有着巨大的优势。

□ 国际组织和治理

全球政治经济体系一个显著的特征是国际组织在20世纪后半叶的兴起。国际组织的数量增多，因此其在组织全球经济中的作用也日渐突出。这一节我们将主要介绍三组国际组织——联合国、国际经济组织和团体以及民间社团。

联合国

联合国（United Nations，UN）创建于1945年，其前身是国际联盟。联合国有两个部门对全球政治经济产生了尤其突出的影响。第一个是安全理事会，第二个是联合国专门机构。联合国安全理事会由五个常任理事国以及十个非常任理事国组成。非常任理事国每两年选举一次。安全理事会可以制定国际法律并要求国家遵守。每个常任理事国在安全理事会上都有对任何提议的一票否决权。安全理事会一般不解决严格意义上的经济问题，但是它影响安全体系并可以授权一些国家对另一些国家实施经济制裁。自从美苏间的冷战结束以来，安全理事会便在维护和平和监督各国选举上发挥着积极作用（Weiss et al.，2001，pp. 65-110）。

联合国还设有一系列旨在促进合作和解决特定问题的专门组织。世界卫生组织（World Health Organization）试图改善全球公共健康，联合国儿童基金（United Nations Children's Fund）致力于改善儿童福利，联合国难民组织（United Nations High Commissioner for Refugees）给难民提供援助。总体而言，这些机构试图解决全球政治经济中存在的一些严重的问题。虽然它们的工作十分出色，但是相对而言，它们比国际经济组织对国际经济体系的影响力要小。

国际经济组织

创建于二战时期的多边体系在过去的半个多世纪里被证明是十分稳固的。鉴于本书第三部分中的一些章节探讨了这些组织在贸易、金融以及发展中的作用，所以这里我们只是简单地介绍这个多边体系的发展与变化。战后多边体系有三个主要变化——适应、挑战和扩展。国际经济组织在国际事务中起着越发重要的作用，尤其是自20世纪80年代以来。通过提供经济政策建议以及在提供资助或者解决经济冲突时要求经济主体改变政策等方法，这些经济组织影响着经济行为。

随着20世纪80年代债务危机的爆发，IMF和世界银行在国际经济中的作用被扩大。它们的经济援助和政策建议对处于财政危机中的国家而言至关重要。为了获得援助，这些国家被迫通过经济自由化以及开放贸易和外国投资等方法进行结构性调整。

在贸易领域，世界贸易组织（World Trade Organization，WTO）创建于1995年。WTO是GATT的一个蜕变，因为它为贸易体系提供了一个永久的机构，开拓了经济活动自由化的新领域（如服务），并建立了一个强有力的争端解决机制。争端解决机制的成功建立意味着在WTO建立以后国家更愿意接受并遵守国际贸易规则。

我们如何解释这些机构能够长期存在呢？在这一时期的大多数时间里，这些组织都得到了国际经济中的领先国家的支持。各届美国政府、欧盟国家和日本可能有时会提出一些削弱这些组织的议程，但是它们一直都支持复苏的多边主义。换句话说，尽管经济政策发生了变化，但是战后关于建立一个开放的、多边的经济体系的必要性所达成的共识并没有改变。这些组织不断扩大的影响力激起了关于其意义和合法性的讨论。一些公民社会组织声称这些组织的权力太大。

IMF、世界银行和WTO是最显而易见的国际经济组织，但是还有一些其他的组织。八国集团（G8）将七个最发达的工业经济体以及俄罗斯聚集到一起讨论全球经济的治理。二十国集团（G20）则关注金融问题，如金融稳定，其成员国包含了G8成员以及一些令人瞩目的发展中国家。位于日内瓦的国际清算银行是中央银行家的一个论坛。经济合作与发展组织（Organisation for Economic Cooperation and Development，OECD）是一个智囊团，将世界上的主要工业国家聚集到了一起。与这些组织并存的还有大量的区域集团和经济一体化条约，如《北美自由贸易协定》（North American Free Trade Agreement，NAFTA）、南方共同市场（Southern Common Market，MERCOSUR）、欧盟、亚太经济合作组织、西非国家经济共同体、南亚区域合作联盟以及东南亚国家联盟（Association of Southeast Asian Nations，ASEAN）。

国家间组织数量的倍增意味着国家、企业和公民逐渐通过国际组织被管理。有时，这一影响是微弱的。例如，OECD可能发布一个报告敦促某一经济体增加对培训的投入。而有时，这一影响是巨大的。例如，在获得急需的贷款之前，IMF可能要求这些国家减少财政预算支出。另外，WTO可能做出裁决认为一国国内环境制度违背了贸易法并必须被修改。

企业和公民协会

无论营利性部门还是非营利性部门都积极地拓展其国际联系并建立国际或者跨国的组织。博利和托马斯（Boli and Thomas，1999，p. 41）估计大约60%的国际非政府间组织（nongovernmental organizations，NGOs）都是关于经济或者科学领域的。NGOs在国际发展中表现得尤为积极。虽然公众的注意力还停留在这些组织作为智囊团而游说政府和国际组织的角色之上，其实NGOs已在各种发展项目的执行中起到了越发重要的作用（Sklias，1999）。在20世纪80年代，西方政府更多地将致力于发展的NGOs作为其提供经济援助的渠道（Gordenker and Weiss，1999，p. 25）。非营利性公民组织同样在国际社会中崭露头角并建立了跨国倡议网络以游说跨国公司、多边经济组织以及民族国家政府（Keck and Sikkink，1998）。通信技术的革命降低了构建这一网络的成本并促进了这些活动的开展。在WTO、世界银行、IMF、G8峰会期间所发生的反对全球化的抗议就是非国家行为体试图影响国际经济政策决策的证据。因此，作为全球政治经济体系中的行为者，NGOs和公民团体已变得越发重要。

在一些国家尚未建立起合适的监管体系的领域里，工业界组成了自己的协会并制定规则或规范。例如，关于环境保护标准，领先的跨国企业建立了环保认证ISO 14000（Clapp，1998）。行业协会在全球治理体系的构建和维护上所起到的作用变得越发明显。行业协会在国内长期以来影响着国家立法。随着决策跨越了国家边界，国家以及跨国行业团体便试图影响全球政策的制定（Sell，2000；Smythe，2000）。

总结

21世纪全球政治经济的主要体系将在第三部分被讨论。这一小结简要介绍这些体系在20世纪的演变，并与第三章和第四章所讨论的历史时期进行对比。

贸易

1945年后的时期见证了贸易数量和类型的增加。贸易自由化在GATT的一系列贸易谈判回合下不断深入。关税被逐渐减少且在20世纪70年代非关税壁垒也开始受到关注。1995年WTO的建立标志着贸易已进入了一个新的阶段，国家开始开放服务贸易和农产品贸易并同意将争端交由WTO争端解决机制解决。除了这些多边贸易协议，一系列的区域贸易协定也被签订并促进了货物和服务在相邻国家间的流动。其中最显著的是欧洲（欧盟）、北美（NAFTA）、南美（MERCOSUR）以及东南亚（ASEAN）。随着贸易协定被直接纳入国家政治经济体系之中，贸易协议变成了一个在国家内和国家间被广泛讨论的议题。贸易的经济、环境和社会影响被寄予了高度的关注。不同于更早的时期，贸易和投资是在一个精心设计的规则和正式国际组织之下开展的。

生产

生产在这一时期最显著的发展是跨国公司的增长。跨国公司占据了全球生产的绝大部分以及世界贸易的一半。1998年，53 000家跨国公司及其450 000家国外分支机构的总销售额达到了9.5万亿美元。最大的跨国公司的年销售额比大多数国家的GDP还要多。这就导致了跨国公司的投资决定对某些国家的经济财富产生了巨大的影响。企业所带来的这些影响使一些人认为国家作为一个经济行为体的权力正在减弱以及民主正被企业不断扩大的权力所威胁。由于大多数大的跨国公司都是来自并投资于发达国家，所以发展的问题一直困扰着许多欠发达国家。

另一个显著的趋势是东亚和东南亚地区在国际生产中的重要性不断增加。在“亚洲四小龙”之后是中国内陆沿海地区工业化的发展。中国政府建立了经济特区以吸引外资，并建立了出口基地。如果中国能够维持政治统一和管理好工业化所带来的不平等，中国将很有潜力成为一个领先的国际强国。的确，一些分析者认为在一个长达两百年的幕间休息之后，世界经济重心再一次回到了中国（Frank，1998）。

金融

金融领域见证了一个转型。在二战后时期市场受到了极大的限制，政府在经济中起到了很大的作用。在今天的全球体系下，资本高度流动，私有企业起到主导作用。国际金融体系已从一个固定汇率体系转变成了一个浮动汇率体系。因此，我们拥有一个资本流动和汇率浮动的体系，货币不再和如黄金等某种特定商品绑定。20世纪70年代是转型的十年，凯恩斯主义体系或者嵌入式资本主义逐渐被一个更加开放的新自由主义国家和全球经济所取代。全球金融领域的开放程度并不是空前的，但其形式却是前所未见的。信息技术使资本的跨国流动更加迅速，信息的快速流动使最新爆发的事件立刻对金融市场产生影响。一国的金融危机能够在几天之内波及邻国甚至全世界。

劳工

战后时期见证了国际劳动分工向更加全球化的劳动分工的转变。全球劳动分工的概念描述的是一种延伸到全世界的组织形式，在其中工作已不再被局限于某一特定的状态。在一个全球化的劳动分工里，过去被局限于某一特定形式的活动现在却有着非常不同的形式。那些曾经可能主要存在于某一发展中国家的劳动分工现在可能在某些发达国家中盛行。那些曾经只属于先进工业化国家的工作现在却在发展中国家里和一些劳动密集型工作并存。例如，一个扩大的电脑软件行业在印度得到了发展，同时印度大量的人民还以农业为生。这些工作的一个显著特征是它们已经被融入跨国生产的过程之中并不再局限于全球的某个地区，虽然它们的侧重领域可能有所不同。

性别

随着相关研究的增多，1945年后全球政治经济体系的性别特点变得更加明朗。所有国家的经济都依赖于女性提供照顾家庭成员的免费劳动力，从而使得男性能够从事有报酬的工作。此外，金融危机所导致的经济结构调整和社会福利的减少要求女性提供更多的服务。同时，经济的不断全球化将更多的女性纳入了全球生产力大军之中并从事某些特定的工作——家政或保姆、娱乐业工作者或性工作者，或者发展中国家劳动密集型工厂里的工人。虽然一些女性在全球经济中尝试寻找理想的职业发展机会，但是大多都无法如愿以偿。

发展

在1945年后的时期里伴随着一个去殖民地化的过程，发展变成了一个重要的问题。虽然很多国家在二战后获得了独立，但是发展对于这些国家而言更加困难。除了南亚和东南亚的一些特例之外，世界上大多数发展中地区与先进工业国的差距在不断扩大。在20世纪50—70年代经历了政府主导的发展之后，发展中世界现在更加依赖私人资本流动进行投资。一些国家依然在为实现工业化而努力，而另一些国家尝试着从新兴工业化国家直接跳跃到先进工业化国家。

环境

环境破坏在 20 世纪后期成为了一个很大的问题。欧洲、北美、日本和苏联的工业化发展所带来的后果之一便是自然环境的污染，如全球变暖等问题变得日益突出。一些解决方法，如《京都议定书》，在发达国家里以及发达和发展中国家之间激起了激烈的讨论。在发展中世界里，贫困导致了一些破坏环境的经济行为并带来了一些不好的后果，如森林过度砍伐和环境污染。

观念

关于观念，战后时期出现了关于国内政治经济组织方式的长期争论。在西方国家，凯恩斯福利政策占据主导地位。在 1989 年冷战结束之前，苏联模式的中央计划提供了另外一种社会组织方式。虽然 1989 年资本主义体系获得了最终的胜利，但是关于哪种资本主义形式更适合某一特定经济体的争论依然持续着。通常，自由主义的英美体系与更加注重福利的欧洲体系或者将商业、政府和从属的劳工组织融合在一起的亚洲法团主义形成了鲜明的对比。关于观念的另一个重要的发展是全球化概念的出现。在 20 世纪的最后 25 年里，“全球”一词被不断地用于描述一系列文化、经济和政治活动。全球化是关于人与人之间跨越国界的关系的发展的（Scholte，2000a）。这些关系在人们对大众媒体的参与和反应中可见一斑（例如，一个电视节目所带来的人道主义干预的压力）。这些关系是通过经济体系（全球生产和金融）发展起来的，或者来自人们对世界权力中心转移所作出的反应。

安全

在安全方面，战后的大多数时期都被美国和苏联之间的冷战所统治。这一竞争塑造了全球的政治和经济关系。两个超级大国之间的冲突通常在发展中国家表现出来，并给这些国家带来了收益或损失。随着 1989 年冷战的结束，关于恐怖主义、核扩散以及国家内冲突等安全问题变得越发突出。通过运用科技创新，美国继续建立着其军事上的优势。发达世界逐渐成为了一个和平区（除了偶尔的恐怖袭击），而发展中世界则面临着国家间或者国内战争。对发展中世界里的大多数居民而言，过早死亡更可能是由于贫困、疾病或者营养不良而不是战争。

治理

有两个关于治理的发展使得这一时期与前一时期不同。一个是致力于协调各种国家间政策的正式国际组织的发展。诸如 IMF、世界银行和 WTO 等组织在贸易、金融和发展等领域对国家政策的形成产生了巨大的影响，尤其是在较弱小和贫困的国家。另一个是国家机构的民主化。公众对政策制定者更大的影响力使得对外经济政策和外交政策变得更加复杂（与前一时期相比）。一些如北美自由贸易区和 WTO 的经济制度安排在许多国家变成了争论的话题。这标志着全球治理体系越发需要植根于民主国家的国内政治。金本位下的自动经济调节已变得不再可能。

本书第一部分向读者介绍了全球政治经济的理论和方法，第二部分回顾了全球政治经济的历史发展。现在我们将在第三部分中更加详细地讨论在 1945 年后的时期里全球政治经济的主要体系。随后的章节将讨论在贸易、生产、金融、劳工、性别、发展、环境、观念、安全和治理等领域里的相关定义、理论、主要发展和主要问题。

扩展阅读

John Ruggie (1982) *International Regimes, Transactions and Change: Embedded Liberalism in the Postwar Economic Order*, International Organization, 36 (2): 379-415: 详细阐述了嵌入式自由主义的概念。

Richard Stubbs 和 Geoffrey Underhill (2005) 所编著的 *Political Economy and the Changing Global Order* 第三版以及 John Ravenhill (2011) 编著的 *Global Political Economy* 第三版：概述了 1945 年后 IPE 各方面的发展。

第三部分

领域动态

第六章 国际贸易

相对于国内贸易的讨论，跨国界贸易的讨论不但激起了更大的热情，并且带来了前所未有的争议。本书前面的章节阐述了国际贸易在当代全球经济体系演变中的重要性，本章将从政治经济学的角度介绍现代全球贸易体系。当今国际贸易体系的一个突出特点来源于国家边界持续的政治重要性与其下降的经济相关性之间的矛盾。贸易的政治冲突与跨国生产的增长同时出现（见第七章），这一时期企业的生产比历史上的任何时期受到国家边界的限制都小。

本章通过考察构成国际贸易体系的物质和规范结构介绍国际贸易体系。本章首先简要介绍一些关键术语的定义以及交换手段的重要性。其次，我们讨论一些更为重要的理论争论并探讨一些经验主张，这些经验主张是由在关于自由贸易的发展和影响的争论中持有支持意见的学者们提出的。随后，我们讨论二战后国际贸易体系的主要发展，包括贸易的迅猛扩展、新形式贸易保护主义的发展以及贸易协定的出现和发展（先后建立了《关税与贸易总协定》和世界贸易组织）。本章讨论的关键问题是发展中国家的特殊需求、区域主义的增长以及关于贸易体系合法性的争论。

定义

简单而言，贸易指的是一种商品与另一种商品的交换。每当两个或多个个体交换商品或服务时，他们就是在进行贸易。因此，贸易是所有文明社会的特征。当一个国家或区域内的两个或多个个体交换商品和服务时，贸易便作为一个事件发生了。当这种交换跨越了国界，就产生了国际贸易。在所有关于国际贸易的讨论中，有两点是十分重要的：贸易壁垒或限制的存在和从事贸易的交换媒介。现实中存在各种不同的贸易障碍。我们所关注的是政治障碍，而非诸如交通和距离等技术的障碍。当不同的政治权威机构决定禁止或限制居民获得他国的商品和服务时，就形成了政治贸易壁垒。换句话说，出于各种理由，商品和服务可能会被禁止从一个政治区域流入或流出另一个政治区域。或者这些商品和服务相对于本国的同类产品可能会变得异常昂贵。所以，在国际政治经济学里，只要不同的国家权力机构试图控制其居民参与跨国境的交易活动，国家边界就有着重要的影响和意义。保护主义指的是限制进口商品和服务的政策。在近代历史中，保护主义的讨论主要是指国家形式的保护。但是，这并一定是所有情况。例如，在澳大利亚联邦1901年成立之前，澳大利亚殖民地之间就存在着彼此贸易保护的体系。

保护的形式是多种多样的，但传统上最常见的形式是关税。关税是指施加在特定进口商品上的税收。该税收归属于进口国政府（见表6.1主要国家（地区）工业产品关税）。近年来，贸易保护开始更多地采用非关税壁垒（non-tariff barriers，NTBs）形式，例如：

表6.1　一些WTO成员工业产品的关税率（平均应用关税率）

进口市场	水平（%）	年份
北美		
加拿大	2.6	2010
美国	3.3	2010
墨西哥	7.1	2010
拉丁美洲		
阿根廷	12.9	2010
巴西	14.2	2010
智利	6.0	2010
哥伦比亚	11.8	2010
哥斯达黎加	4.5	2010
海地	4.2	2010
西欧		
欧盟（27）	4.0	2010
瑞典	1.9	2010
土耳其	4.8	2010
亚洲		
孟加拉国	14.2	2007
印度	10.1	2009
日本	2.5	2010
韩国	6.6	2010
马来西亚	7.6	2009
巴基斯坦	13.4	2010
大洋洲		
澳大利亚	3.0	2010
非洲		
毛里塔尼亚	9.3	2010
毛里求斯	1.4	2010
南非	7.5	2010

（1）配额：对商品和服务从一国或地区向另一国或地区的流动进行数量上的限制，以及提出健康和安全上的要求。换句话说，配额是对进口商品的数量或者价值的特定限制。

（2）补贴：为使特定企业或产品在国际市场上更有竞争力而给予的资金补偿。补贴的实例包括折旧免税（depreciation allowances）、现金补贴（cash grants）和免税期（tax holiday）。

（3）外汇管制：控制用于购买外国商品的相应外国货币的供应。

（4）行政规定：包括官僚程序、预付款机制、最低国内成分规定（minimal domestic content rules）、特殊的市场营销标准以及健康和安全条款。

（5）自愿出口限制：某国同意限制对另一或若干国家的出口。该类协议通常是在进口国威胁将对出口国商品设置贸易壁垒的前提下达成的。

两方或多方决定开展贸易时，他们首先需要对交易的媒介达成一致。促进交易的媒介主要有两种：以物易物（barter）和货币。如第三章所述，在物物交换体系中会经常发生商品间的直接兑换，例如，A 用奶牛交换 B 的山羊。随着交易者数量的增加或交易商品种类的增加，物物交换变得十分复杂，货币逐渐取代了以物易物的交易方式，成为最有效的交易媒介。货币的形式多种多样。历史上，许多商品，包括贝币和黄金，都曾充当货币的职能，即价值储藏（store of value）和流通手段（means of exchange）。第八章将详细讨论不同的国际货币体系如何促进或阻碍国际经济活动，例如贸易。

理论观点：自由贸易和贸易保护

贸易是利还是弊？商人是否应该自由地跨越国家边境运输货物和服务？如果贸易必须有所限制，应该采用什么样的壁垒？并且出于什么理由？这些问题已摆在政策制定者、居民、商人和学者面前几个世纪之久。在当今这个全球化的时代，对这些问题的讨论变得更加迫切。

在当今的全球经济中，国际贸易的直接和间接的影响已触及到许多社会和社区。这种影响直达我们的家庭、工作场所以及娱乐场所。根据我们所生活的地方和社会融入国际经济的不同程度，我们每天都可以从自己和朋友家庭的消费模式中体会国际贸易的重要性。从最简单的层面来说，我们吃的食物和穿戴的衣物都为国际贸易的重要性提供了证据。即使国际贸易有如此的重要性，对于一国参与国际贸易的成本和收益并没有统一的看法，也许这种分歧的存在正是由于国际贸易的重要性。鉴于国际政治经济体系中关于国际贸易相互冲突的利益和价值观，我们也就不会惊讶于发现这个事实——对于上述问题的答案至今依旧没有达成共识。

现在我们将共同探讨这些对国际贸易成本—收益分析相互对立的观点，从强调收益的自由贸易观点开始，到更加批判性的观点。自由主义的政治经济学强调贸易的益处，对自由主义者而言，自由贸易使所有人受益，它能提高效率并且提升生产力。截然相反，民族主义者（nationalist）和激进的批评者认为自由贸易将损害国家经济，导致不平等发展，而且会破坏环境。

□ 自由贸易的支持者

在学术和政策领域，自由贸易理论提供了分析国际贸易的框架。在 19 世纪就已经出现了大量成熟的著作。自由贸易理论的出现似乎不合常理，因为在多数人认为国际贸易是零和（zero sum）的时它却主张贸易是正和的（positive sum）。零和是关于交易的常识性的观点，主张一方有所得，其他方必有所失，很多人都怀疑交易双方都能获益的观点。自由主义对自由贸易结果的判断，即所有参与者都将获益，是基于比较优势理论（comparative advantage theory）的。根据比较优势理论，国家应该集中生产其生产效率最高的产品和服务。

因此，比较优势理论是新古典贸易理论（neoclassical trade theory）的核心。在 19 世纪英国政治经济学家大卫·李嘉图提出比较优势理论（或比较成本理论）之前，主流的贸易理论是绝对优势理论（absolute advantage theory）。重商主义理论认为一个国家的目标就是要增加其相对于主要竞争国的绝对贸易量，并以此增加本国财富。对于重商主义而言，贸易是个零和博弈。其中一方所得刚好等于另一方所失。由于重商主义者相信世界上黄金总量是固定的，因此他们认为处于贸易顺差的国家将获得更多的黄金并由此增加本国财富。亚当·斯密用他绝对优势的概念给了重商理论者一个答案。斯密认为如果两国都集中生产比对方生产得更好的商品并进行贸易，两国都将从此贸易中获益。斯密的绝对优势理论是对重商主义思想的发展。李嘉图的卓越成就是论述了贸易是个正和博弈，在其中，各方都会获益，即使一方生产所有的商品和服务都有绝对优势。简单陈述，比较优势理论认为，如果一国集中生产其效率较竞争对手高（或相对不低）的产品和服务，那么该国将从中受益。如第四章所述，李嘉图的模型讨论了两国和两种商品，并说明了在不同的生产成本结构下，贸易对两国都是有利的，因为它能使两国消费得更多。

在自由主义者的秩序里，国家可能会根据比较优势开展贸易。由于国家正集中于生产其生产效率最高的产品和服务，并使本国消费者能够以最低的价格购买外国商品，因此，这些国家的经济增长将得到改善，这些国家也会变得更加稳定、强大和高效。理论上，小市场会阻碍经济增长。依据比较优势的专业化则会提升其效率。李嘉图的理论提出了支撑现代贸易理论的基本原则。然而，其关于劳动生产率差异是决定比较优势唯一因素的假设则过于局限。现代贸易理论强调要素禀赋（factor endowment）（资本、土地和劳动力）。要素禀赋理论是伊·菲·赫克歇尔（Eli Heckscher，1919）和伯蒂尔·俄林（Bertil Ohlin，1933）提出的。该理论主张比较优势来源于国家不同的相对要素禀赋。对于充分使用某国的自然优势或禀赋的那些行业而言，该国拥有比较优势。例如，在一个拥有大量贫困人口的国家，那些需求廉价劳动力的行业（如纺织业）将最为高效。而一个拥有大量肥沃土地和较少人口数量的国家则可以通过农业使该国变得更富裕。依照这个理论，孟加拉国在纺织业有比较优势，而新西兰的比较优势则存在于羊和奶制品行业，就不足为奇了。孟加拉国在劳动力上有更大的贸易禀赋，而新西兰的要素禀赋的优势主要在土地上。在这个案例里，赫克歇尔-俄林原理预测新西兰将会出口羊和奶制品到孟加拉国以换回纺织品。

自由贸易理论已经进一步发展到解释公司内贸易和产业内贸易的增长，但是这种发展并没有改变自由主义范式的基本假设。自由贸易理论并没有探究比较优势的起源，即不同的成本结构最初是如何建立的。同时，自由贸易理论是规范性的，因为它认为如果各国都依据比较优势进行专业分工，各个国家以及整个世界的福利都会得到改善。因此，该理论提倡自由贸易，并警告保护主义会带来的危险。从自由主义的角度而言，贸易保护是低效率的，因为它减少了竞争，增加了垄断势力，并仅仅给受保护的行业（或公司）带来利润。相反，自由贸易则增加了消费者所获得商品的数量，尽管最终每个国家商品的差异性会有所下降。由此，贸易的收益一部分来源于更多的产品种类，另一部分则来源于更有竞争力的产品价格。

自由贸易理论强调一国从贸易中所获得的收益。这种收益主要有两个方面：根据比较优势进行专业化生产的静态收益及对经济增长和长期发展的贡献。据此观点，贸易是经济增长的动力，并产生一系列动态的、教育性的效果，比如传播生产技术和组织技巧以及变化的需求模式等信息。专业化分工会带来生产效率的提高和经济增长。比较优势理论者认为这一理论适用于所有国家。贸易保护对欠发达国家极为不利，但自由贸易却给这些国家带来了希望（见专栏 6.1）。自由贸易理论者认为专业化分工带来了生产技巧的改进，并很可能提高生产效率。由于出口可以刺激宏观经济，而外商投资往往伴随着贸易的增长，因此自由贸易理论者认为，自由贸易体制将使发展中国家变得更加富裕。自由主义经济学家认为，有证据显示，在同等情况下，对商品、服务、资本、劳动力、技术和理念的国际流动更加开放的国家，其技术进步也更加迅速。通过直接的（具体的引进程序或计划）或者间接的（商品本身）方式，低收入的发展中国家几乎可以零成本地引进生产技术和信息。同时，他们还认为，创新的过程和知识的传播是和国际贸易紧密联系在一起的，并对经济增长至关重要。

专栏 6.1

贸易保护主义的代价：自由主义的观点

一些自由贸易的反对者声称，自由化会损害贫穷国家人民的利益。自由主义理论却有着与此截然相反的观点，他们认为是贸易保护对发展中以及发达国家里的贫困者带来利益损害，而不是自由贸易。贸易保护主义可能对一些生产商有利，但是总体而言，它对富有和贫穷国家里的消费者却产生了负面的影响。

对于富国的贸易保护对发展中国家的影响而言，据估计，类似的政策导致发展中国家每年损失近 1 万亿美元。贸易保护或不公平的贸易政策刚好对那些欠发达国家拥有巨大贸易潜力的行业带来巨大冲击。一份国际食物政策研究所的研究报告计算，发达国家农业贸易保护给发展中国家带来了大约 240 亿美元的收入损失（Diao et al.，2003，p.2）。这份报告的作者还提到，贸易扭曲措施减少了大约 400 亿美元发展中国家的农业贸易出口。另一份研究总结道，尽管欧盟共同农业政策已减少了贸易扭曲对世界市场的影响，但是对欧洲农民的大量补贴给一些发展中国家生产者带来了显著的损失（Matthews，2008）。

此外，经合组织国家的贸易保护对本国也产生了不利影响。例如，据估计，美国的贸易保护政策在1990年给美国消费者带来了700亿美元的损失，超过了当年国民生产总值的1%（Hufbauer and Elliott，1994）。另一类似的研究估计，日本的贸易保护政策在1989年使日本消费者损失了大约1 050亿美元，相当于当年国民生产总值的3.6%（Sazanami et al.，1995）。

尽管比较优势理论在理论构建上较为完善，它仍然不断地受到很多批评。面对这些批评，这一理论一直表现得十分稳固。现在我们将讨论两组挑战自由贸易理论的批判性观点。我们首先探讨重商主义和新重商主义的理论观点，然后介绍其他的批评性理论。

□ 自由贸易的批判者

重商主义和新重商主义者提倡对经济生活的监管，以强化国家权力或保护国内各种集团免于竞争。一些利益集团认为对本地生产的保护会增加国家福利（通常是经济福利）。对贸易保护的支持主要来自这些利益集团，许多人愿意为相对收益而放弃绝对收益。也就是说，在无序的国际体系里，对于追求权力的国家而言，它们可能更倾向于从贸易中所获得的相对收益，并采用保护主义措施以稳定本国经济，即使这些政策会减少其从贸易中获得的绝对收益。

对自由贸易理论基于国家层面的批评一部分聚焦在该理论的规范性作用上，另一部分则强调其经验主张的准确性。从19世纪以来，这两种观点持续被提出降低了自由贸易的适用性。第一种观点是所谓的“幼稚产业”理论。工业化主张者认为农业国家在工业化的过程中会遇到很多阻碍，因为比较优势决定了它们将持续进口工业产品，尽管它们未来可能在工业产品生产上获得比较优势。幼稚产业理论促使了国家对那些在世界舞台上拥有竞争潜力的行业给予临时的保护。这一观点不仅仅只是从单个企业的角度出发，而是有着更为宽广的社会视角。依照此观点，对新兴行业保护的缺失，如提供相应关税政策的支持和对新兴国内工业的其他保护，将阻碍工业化的进程。换句话说，这些行业应得到相应的保护，直到它们变得有竞争力，并且能从比较优势中获得收益。历史上，保护主义政策给发展规模经济和稳定的国内市场创造了机遇，并且一直是政府主导的经济发展和结构调整战略的重要甚至必要的组成部分。德国和美国就是很好的实例。保护主义的支持者认为，政府应该干预并保护那些有高效生产潜力但目前将会被激烈的国际竞争所淘汰的行业。在工业化已经完成的社会里，幼稚产业说可被运用于支持后工业的经济活动。比如，一国可能会担心如何进入一些诸如纳米技术或生物科技等未来行业的市场。

一些自由贸易理论者更愿意视幼稚产业理论为标准比较优势理论的一个特例。他们一方面支持这种临时的保护，另一方面则强调幼稚产业理论的内在问题。国内生产者不愿意取消其从中受益的保护政策。因此尽管这一经济理论颇有说服力，但是对于何时撤销贸易保护政策达成一致，在政治上是极为困难的。政府又如何决定哪些行业需要多长时间的保护？是否政府能比市场做出更好的决定？

第二种反对自由贸易理论的历史观点认为国家安全原则优先于贸易。换句话说，在一些战略物资的生产上国家需要自给自足。它们可以直接关系到战争的成败或者涉及基本食物供给。对于国防或粮食安全所必要的物资而言，对外部市场的依赖可能会威胁国家安全。考虑到国家安全，政府被迫在支持自由贸易的同时采取一些保护国家安全的政策。自由贸易不利于别的非经济目标的观点被广泛接受，如国家安全。因此政府有必要加以限制来保护社会。从这一角度而言，自由贸易的真正收益是不能与其安全的外溢性分离开来的。这种外溢性可能会阻碍或者促进自由贸易。与敌对国开展贸易可能不利于国家安全，而与盟国的贸易则会有利于国家安全。即使国家主要考虑经济福利且在冲突中主要采用经济制裁，贸易对安全的影响也一直是政府重要的考量。

幼稚产业学说和国家安全学说都有着很长的历史谱系。另外两种支持贸易保护的观点更进一步增强了对自由贸易理论的批评。首先，战略贸易理论（Krugman，1986，1987）认为国家应该在一些特定行业里追求比较优势。这些行业能带来未来的经济收益，并且在这些行业上落后竞争对手将给该国带来巨大的经济成本和社会成本。其次，一些政府和国内利益集团担心全球化会对文化产生影响，并提出采用贸易保护政策以保护本国文化。面对全球化，许多分析人士警告国外进口的商品和外来的思想将会冲击本国独特的文化。因此，与电影、媒体以及通信技术等相关的文化保护得到了那些想要消除全球化负面影响的人士的支持。

此外，对自由贸易理论的批评或是激进的批判还来自其他三个不同的层面。其中有着最悠久历史的是不平等交换论。持有这种理论的学者继承了马克思主义的思想，从社会正义的角度对自由贸易原则进行了强有力的批评。尽管单笔交易的不平等现象并不存在，但从整体而言，我们可以总结出这一批评思想的三个主要方面。第一，在建立比较优势的过程中，这些学者强调历史上权利关系的重要性（Frank，1967）。自由贸易理论者认为比较优势是先天赋予的、既定的。不同于此，不平等交换理论者探究国家间不同成本结构的构成，并认为其主要是由帝国主义的掠夺决定的。第二，不平等交换论注重自由贸易利益的再分配。理论者强调国际交换参与者的不平等收益以及经济权利在富裕国家的集中（Coote，1992；Oxfam International，2002）。这种不平等交换维持着国际现状，使得贫穷国家的发展十分困难。从这个角度而言，在现有的国际秩序里，贸易维持着跨国企业和大的官僚机构（政府部门或区域组织）的运转，并以牺牲农民和工人的利益为代价（Madeley，1992）。这一理论的第三个分支是由阿吉利·伊曼纽尔（Arghiri Emmanuel）发展起来的。这个意大利的马克思主义者认为，由于发展中国家较低的工资水平，国际贸易从根本上对发展中国家是不公平的。伊曼纽尔假设劳动生产率在富国和穷国之间并没有差异，因此它们的劳动产品是平等的。但是，由于富国所生产商品的价格反映的是它们较高的工资水平，穷国所生产商品的价格反映出其较低的工资水平，因此，它们之间的交换本质上是不公平的，因为富国所生产的商品在国际市场上价格更高。

另一种支持贸易保护的激进观点是由环保主义者提出的（Ekins，1989；

Morris，1989)。这些环保主义者声称自由贸易导致了环境恶化。他们认为标准贸易理论忽略了贸易的外部性（Clapp and Dauvergne，2005，pp. 129-30)。环境保护论者认为当前的贸易实践是不可持续的，并呼吁回归本地贸易（Shrybman，1990)。第十二章将详尽地讨论这一观点。女权主义学者将注意力转移到了贸易的性别本质，认为贸易并不是性别平等的。与人权和环保活动家一样，女权主义者认为贸易理论忽略了贸易的社会成本（Fontana et al.，1998)。与其相似，试图把劳工权利和人权问题与贸易相结合的学者和活动家们也试图用同样的方法将这些社会成本纳入传统的贸易模式中。

在这一节中，我们探讨了关于贸易和国家及/或世界福利关系的不同观点。如前所述，现代国际贸易理论为开展国际贸易提供了一个规范性的框架。这一理论既解释了贸易的发展，又提出了发展贸易的理由。因此，尽管标准新古典经济学得以发展，贸易理论依然是有意识形态并与政治相关的。这并不意味着它的分析工具、政策处方以及结论是有偏见而且不科学的，并因此应该被拒绝。反而这一认知凸显了一个事实，即贸易理论不仅是社会构建的，而且是其本身分析的主体和客体。关键在于贸易理论所探究的现实本身部分是被贸易理论所构建出来的。

此外，即使比较优势原则在全球范围内得以应用，我们也有理由相信，贸易收益不会被平均分配。在短期内，自由贸易可能导致成本和收益的不平等分配，从而破坏国家继续坚持自由贸易政策的基础，因为这些在自由贸易中利益受损的国家将转而诉诸贸易保护主义政策，如关税和补贴。

主要发展

二战结束以来，世界贸易体系有两个显著的发展。一是世界贸易总量的大幅增长。这种增长伴随着不断变化的贸易保护主义形式。这些新形式是各国为缓冲贸易自由化给本国所带来的影响而形成的。二是管理世界贸易的制度安排的变化。二战后主要国家创建国际贸易组织（International Trade Organization，ITO）的失败使得关贸总协定（GATT）成为了管理贸易关系的主要国际框架。1995 年，新成立的世界贸易组织（WTO）取代了 GATT，标志着贸易规则的进一步制度化。

□ 增长和保护

二战结束以来，贸易的增长比生产的增长更加迅速。这标志着经济活动的不断国际化和世界各国相互联系的增强。这种国际化和相互的联系已成为世界经济的特征。1945—2007 年间，国际贸易的增长持续超过国际生产的增长。在此期间，国际生产增加到原来的两倍，而国际贸易则增加到多于原来的四倍。

始于 2008 年的全球经济衰退导致了自 20 世纪 30 年代以来最大的世界贸易收缩（见表 6.2)。此次经济衰退对贸易和贸易政策的长期影响目前还不得而知。本节中，我们将先回顾国际贸易在 1945—2007 年间的发展，然后评估其近期的发展。战后国际贸易的增长呈现出显著的特征，下面我们将讨论这些特征。我们主要关注贸易规模、贸易地理位置的集中、贸易商品的组成以及产业内和企业内贸易的增长。

表 6.2　　2005—2010 年主要产品世界贸易和生产总量的增长（%）

	2005—2010 年	2008 年	2009 年	2010 年
世界商品出口	3.5	2.5	−12.0	14.0
农产品	3.5	2.5	−2.5	7.5
燃料和矿产品	1.5	1.0	−5.5	5.5
工业制成品	4.0	2.5	−15.0	18.0
世界商品生产	2.0	1.0	−2.5	4.0
农业	2.0	3.5	0.5	0.0
矿业	0.5	1.5	−1.5	2.0
制造业	2.5	0.0	−4.0	5.5
世界 GDP	2.0	1.5	−2.5	3.5

注：世界商品生产不同于世界 GDP 之处在于其不包含服务业和建筑业。

资料来源：WTO（2011b），p.19.

贸易的增长是不平衡的。随着贸易增长的放缓，经济衰退时有出现，但贸易整体上呈现增长的趋势。例如，世界贸易组织（1998）估计，在 1947—1997 年间商品出口平均每年增长 6%，1997 年的总贸易量是 1950 年的 14 倍。这一增长一直持续到 21 世纪初，直到 2008 年全球金融危机的爆发。2000—2005 年间世界商品贸易增长了大约 10%（WTO，2006，p.11），尽管 2006 年和 2007 年增速相对放缓，年增长率也分别为 8%和 5.5%。这些数据显示，贸易一直是当代全球经济的重要部门和经济增长的主要动力。

贸易和经济增长的关系在这一时期被激烈地争论，尤其是在贸易被一些国家作为促进经济发展的重要手段以后。经济学家的一个共识是贸易促进经济发展。从事国际贸易的开放经济体国家比那些制定政策限制外国商品国内流通的国家经济表现更好。贸易和经济增长的关系是双重的。首先，贸易通过提供比国内市场上更为廉价的资源而刺激本地经济。因此，贸易提升了生产可能性边界，使国家能够消费的比没有国际贸易的情况下更多。随后，我们将讨论消费和增长的关系，介绍消费对当代经济增长的重要性。其次，贸易迫使国内生产商按照国际市场的标准生产，由此提高了生产效率和产品质量，促使了能源更加高效地使用。参考这些观点，我们可能会得出苏联模式的共产主义受挫的一个原因。政府不是支持贸易而是对贸易持有怀疑态度，将其视为一个经济漏损（economic leakage）的来源，而不是（如其后来所证实的那样）经济实力的来源。贸易只是国家经济计划的残余元素，其动机主要是自给自足。即使苏联主导的贸易组织——经济互助委员会（Council for Mutual Economic Assistance）所进行的贸易一体化的尝试也被认为更多的是为保护既得的国家利益，而不是探索基于专业化分工的动态比较优势。

贸易增长的不平衡不仅仅存在于不同历史时期，而且还存在于同一时期的不同国家和地区（见表 6.3）。大多数国际贸易都发生在先进工业化国家之间。故此，这些国家间的贸易增长也最为迅速。相比之下，最不发达的国家（LDCs）占世界贸易的份额还不到 1%（WTO，2006，p. iii）。虽然比较优势理论预测在差异化越明显的经济体间所开展的贸易将增长更快，但战后贸易增长的现实状况却表现得大相径庭。

表 6.3　　2011 年世界各区域商品贸易价值　　单位：10 亿美元

出口	区域	进口
18 217	世界	18 381
2 282	北美	3 090
749	南美及中美洲	727
6 601	欧洲	6 854
597	非洲	555
1 227	中东	664
5 973	亚洲	5 948

资料来源：WTO（2011b）.

在 20 世纪 50 年代和 60 年代，工业制成品增长最为迅速。1945 年国际贸易商品组成反映了领先经济体部门产量的组成，因此商品贸易占主要部分。但是随着服务部门占据了工业经济体的主导地位，服务贸易得以大幅扩展。由此，服务贸易的增长成为了国际贸易体系的一个主要的发展。虽然服务贸易还不是世界贸易的最大领域，但其已经是增长最快的部门。

产业内贸易是指发生在同一产业内而非不同产业之间的贸易。战后贸易增长的一个主要特征是产业内贸易现象。在国家交换类似产品时，价格和产品的差异化起到了重要的作用。对于消费品而言，我们已经看到了耐用消费品的交换。例如，即使英国生产摩托车和洗衣机，它仍然从别的经合国家进口这些产品。国际贸易支持纵向和横向的一体化。产业内贸易的增长与企业内贸易的增长是相吻合的。跨国企业的增加和国际生产体系的形成（见第七章）带动了企业内贸易。一定比例的世界贸易增长发生在企业内而非独立的单个企业之间。这一现象对国际贸易理论和国家政府的重要启示之一是，如果贸易发生在跨国公司内部，定价政策将不会反映其真正的成本。在这种情况下，贸易不是被比较成本所驱动，而是被公司的管理决策所驱动。

1947—1973 年是世界经济空前发展的时期。在此期间，生产和贸易的增长比历史上任何有记录的时期都要迅速，全球生产和贸易出口的年均增长率分别达到了 5% 和 7%。这创造了有利于贸易自由化的经济环境。基于这一背景，工业制成品的贸易保护被减少。1947—1973 年间出现了大量意义深远的结构性变化。贸易体系中最重要的变化是一些发展中国家，如印度、巴西和东亚新兴工业化国家，开始从传统的对出口初级产品的依赖向劳动密集型、技术含量较低的工业制成品的专业化分工转变。随着发展中国家动态比较优势变得更加明显，这些欠发达的出口国充分利用了发达经济体扩展的市场和经合国家一些部门生产能力缩减的机会。一些行业，如纺织类和鞋类，最开始是在工业化国家发展起来的。这一时期，与这些工业活动相关的技术经验已传播到了一些发展中国家。

在这一繁荣时期（1947—1973 年），发达国家会更为容易地做出必要的调整，从发展中国家进口工业制成品，因为国际贸易的就业创造效应要强于其就业替代效应。这些发展的结果是，贸易的收益变得明显。总体而言，消费者和生产者乐意接受贸易自由化进程。因此，贸易保护措施成为个例而非普遍情况。

随着第一次石油危机的爆发（1973—1974 年），世界经济陷入低迷，失业率增加并成为工业国家最主要的政治问题。1973—1977 年经济萧条的重要意义在于，其使各种压力集团的注意力集中到贸易和国内就业的关系上，即就业替代和进口渗透的联系上。通过限制进口以保护就业变成了阻止失业率不断上升的可接受的方法。这一时期的显著特点是非关税政策工具的运用。国家摒弃了以关税为主要形式的旧保护政策，转而采用了非关税壁垒（NTBs）的贸易保护新形式。由于发展中国家经济较脆弱，对其的贸易歧视政策增加得尤为惊人。一份来自经合组织的报告显示，“在实践中，发展中国家是最易受歧视性出口限制协议以及别的贸易扭曲措施所冲击的，因为这种歧视通常在它们拥有比较优势的部门最为明显”（Goldin et al.，1993，p. 22）。

如果结构性变化解释了贸易保护主义的兴起，那么是 GATT 的存在塑造了贸易保护的新形式。1947 年《关税与贸易总协定》的相关条款规定了可以在特定情况下引入贸易限制措施。例如，第 19 条允许采用限制进口的措施以紧急保护国内行业。随着主要发达国家更为频繁地采用贸易保护措施，运用这些“免责条款”在 20 世纪 70 年代变得盛行。然而，第 19 条的适用性是有相当局限性的，因为许多采用贸易保护措施的国家更愿意避开 GATT 关于非歧视和互惠的规定，并因此采用比第 19 条更能达到其目的的法外措施。简言之，国家不愿诉诸第 19 条，而更愿意采用 GATT 框架以外的替代措施。第 19 条的具体规定有助于理解这一现象。目前国家最常使用的非关税壁垒有自愿出口限制、进口配额、与健康和技术保护相关的产品标准，以及反倾销和反补贴措施。专栏 6.2 给出了一个使用健康标准对进口加以限制的例子。关于自愿出口限制的谈判允许歧视性措施的实施，这一措施是第 19 条中所没有的。为了平息国内压力集团的不满，同时尽量减小对出口前景的损害，政府采用了阻力最小的办法。行政控制手段，如制定健康、安全和环境等标准，也在这一时期大量被使用。此外，保护主义还采用了补贴和政府采购政策的形式。鉴于不透明是非关税壁垒的一个性质，这一偏离 GATT 规定的新的保护措施使国际贸易的不透明度大大增加。

专栏 6.2

健康风险和含激素牛肉

1989 年欧盟第一次禁止含激素牛肉的进口，声称给家畜注射牛生长激素（bovine somatotropin，BST）会给人类的健康带来潜在威胁。牛生长激素是一种从肉牛中获取的生长激素，过去在主要肉类生产国被使用，包括加拿大和美国。使用 BST 的肉类出口国的科学家们认为，BST 是安全的，但是欧盟的主要消费团体和农场游说团抗议称其消费可能导致荷尔蒙混乱或癌症。这究竟是一个真正的健康问题还是一种隐形的贸易保护呢？欧盟坚称它是一个健康问题，而受这一禁令影响的生产商则认为这一措施是欧盟对保护其低效率的肉类行业所进行的尝试。争论的核心是欧盟的禁令是否符合《实施动植物卫生检疫措施的协定》（Agreement on Sanitary and Phytosanitary Measures，SPS）。

1997 年，WTO 争端解决专家组认为欧盟的禁令与 SPS 协定相违背。1998 年 WTO 上诉机构维持了这一结论，即欧盟对激素喂养牛肉的禁令违反了《实施动植物卫生检疫措施的协定》，但同时提到，如果能提出关于含激素牛肉存在健康风险的可信的科学证据，欧盟的禁令就是合理的。WTO 的结论支持因欧盟禁令而利益受损的肉类出口国。例如，美国红肉对欧盟的出口从 1988 年（禁令前一年）的 2.31 亿美元降低到了 1994 年的 0.98 亿美元。尽管做出了这样的裁决，欧盟消费者依然对此深表怀疑。2003 年以来，欧盟多次引用了新的科学证据作为限制进口的依据，试图让其禁令符合 WTO 的裁决，以避免自 1999 年 7 月以来所受到的贸易制裁。2008 年 10 月，上诉机构允许欧盟维持其限制，但同时允许加拿大和美国对欧盟施加每年总额超过 1.25 亿美元的贸易制裁。2012 年 3 月，欧盟解决了与加拿大和美国的牛肉争端，同意增加进口 25 000 吨不含激素的美国牛肉（EUbusiness，2012）。

资料来源：Bridge Trade BioRes（2009）；EUbusiness（2012）.

新贸易保护的出现和 GATT 应对这一变化的失败使得贸易参与者对该组织的表现不满。下一节将会重点讨论这一问题。WTO 的成立为贸易自由化增添了动力，自此新贸易保护不再是一个主要的问题。然而，贸易自由化和贸易保护主义之间的争论依然是当代国际经济的一个重要问题。

20 世纪 90 年代和 21 世纪的前几年世界贸易的增长是不平衡的，反映出了世界经济的周期。在当前的经济危机背景下，这一点显得尤为明显。随着全球经济萧条的开始，世界贸易增长明显放缓，2008 年的增长率仅为 2%（WTO，2009a，p.4）。经济衰退对上述贸易趋势的影响依赖于经济下滑的程度和领先经济体的相关政策。

□ 变化中的机制安排

战后国际贸易体制的起源是二战期间英美之间的合作。自由贸易体制主要反映了美国的利益和偏好，即建立开放的市场机制和以规则化的多边体系限制国家的行为。这一利益和偏好是此国际贸易体制的核心。美国的政策制定者尤其关心两个主要问题——英帝国特惠制和二战中发展起来的拉美贸易保护体系。因此，美国提出了非歧视的多边贸易和支付体系。实际上，这意味着贸易互惠、关税和汇率的国际监管、数量限制的废除、自由兑换的货币和对该体制中所有成员关税的统一减免。这一贸易体制正是鲁杰（Ruggie，1982）所描述的“嵌入式自由主义”（embedded liberalism）。换句话说，其主要的特征是采用了自由贸易原则，但为支持主要国内目标而违背这一标准原则是可以得到认可的。因此，国际贸易体制不是一个纯粹的放任自由的体系，而是有着许多管理贸易的元素。这一贸易体系基于四个主要原则：非歧视、互惠、透明度和多边主义。这些一直是一系列管理战后国际贸易的国际机构的指导原则：

（1）非歧视原则集中体现在最惠国待遇（most favoured nation，MFN）条款上。最惠国待遇原则确保了任何给予一成员的优惠必须同样适用于所有其他成员。在最惠国待遇的规定下，所有 GATT/WTO 的成员都应受到非歧视性的对待。施加于一成员进口产品的关税必须以类似的方式施加于其他成员，关税同盟或自由贸易区除外。这一原则是多边贸易体系的核心。

（2）互惠原则意在确保当一国降低他国出口的关税时，他国也应对此国给予同样的关税减让。通过多边磋商而实施的互惠原则理论上意味着一国关税减让的成本是由一个第三方国家承担的，这种成本会继而转嫁到另一个国家，这个过程不断重复。

（3）透明度原则指的是任何歧视性政策都必须是清晰可见的。关税是唯一被允许的贸易歧视形式。国际贸易体系就是基于这一基本原则的。诸如进口配额等非关税壁垒是被禁止的。国家被要求用关税措施取代已存在的非关税壁垒。

（4）多边主义意在建立一个拥有最广泛基础和尽可能多成员的贸易体制。这些成员通过一个规则化的体系和周期性的关税减让进行合作。

1948 年在古巴哈瓦那举行的贸易和就业会议建立了世界贸易组织（ITO），并将其作为战后国际贸易体系的机构框架。然而，在美国，许多商业团体反对 ITO，担心其不够自由化，会给予试图保护本国产业的国家过多的贸易优惠。鉴于美国在世界经济中的优势地位，大多数国家政府推迟了对这一组织的正式认可，直到美国国会表达赞同。1951 年，意识到国内对 ITO 有广泛的敌意，杜鲁门总统决定不再寻求国会同意，并因此让 ITO 成为了历史。随着 ITO 的流产，GATT 变成了世界贸易体系的组织核心。GATT 是在哈瓦那会议前 23 个国家实施关税减让的产物。1947 年 3 月各国代表在日内瓦开会决定了一系列关税减让并建立了一个临时机制对其进行监督。GATT 不是如最开始所预测的那样逐渐淡出视野，而是变成了永久机制。GATT 提出了规则制度，建立了争端解决机制并提供了贸易谈判的平台。其最主要的重要性在于它在贸易谈判中所起到的作用。在 1947—1994 年间的八轮多边贸易谈判中，GATT 促使了世界贸易的空前增长（见表 6.4）。

表 6.4　　GATT 谈判回合

名称	日期	参与国数量
日内瓦	1947	23
安纳西	1949	13
托基	1951	38
日内瓦	1956	26
狄龙	1960—1961	26
肯尼迪	1964—1967	62
东京	1973—1979	102
乌拉圭	1986—1993	123

肯尼迪回合以前，谈判都是逐条进行的。从肯尼迪回合开始，贸易谈判者使用全盘的方法。在降低贸易壁垒的探索中，GATT 获得了不同程度的成功。最为成功之处在于其处理工业制成品的贸易壁垒，而不够成功之处则在于防止农业的贸易保护。在 GATT 时期，贸易自由化有三个显著特征。

第一，在削减工业制成品关税方面，GATT 取得了巨大的成功。从 1947 年的日内瓦会议开始，涉及大约 45 000 种产品的多边贸易关税减让谈判相继进行。与这些产品相关的贸易当时大约占据了世界贸易的一半（Williams，1994，p. 150）。从第一次会议到肯尼迪回合之间，进展略有放缓，但是依然实现了大量的关税减免。肯尼迪回合中所使用的新的方法实现了平均 36%～39%的关税减免。尽管经济环境是不利的，但东京回合的平均关税减让也达到了 33%～38%。

第二，GATT 下贸易自由化进程是不均衡的。贸易自由化几乎仅限于那个增长最快的行业，即工业品行业。1947 年第一轮 GATT 贸易谈判时，工业品的平均关税大约为 40%。肯尼迪回合后，此关税被降低至平均 10%。东京回合使得工业国家的这一平均关税进一步降低了 35%（Winham，1986，p. 17）。工业国家的情况说明了关税减让的显著性。美国工业产品关税从 1947 年的大约 50%降低到了 1979 年的大约 4%，而英国同一时期则从 40%降低到 4%（Greenaway and Hine，1991）。工业国家更加愿意开放其日益壮大的部门，不愿意开放那些已经或正在失去比较优势、受到最大威胁的部门。农业保护一直是未被触及的议题，直到乌拉圭回合。乌拉圭回合开始逐渐降低发达世界给予其农民的贸易保护。农业贸易的改革被证明是十分困难的，在未来的贸易谈判中也将一直是一个敏感的政治问题。发达国家已经设置了一系列关于纺织品和服装的限制性措施。以确保有序的市场行为之名，1974 年 GATT 通过了《多种纤维协定》（Multifibre Agreement，MFA），并用其管理纺织品和服装贸易。实际上，这是一个限制特定发展中国家向发达国家出口纺织品的保护措施。在 2005 年乌拉圭谈判回合期间，这一保护措施正式退出。

第三，从东京回合开始，更多的关于贸易自由化的议题被提上议程。而在东京回合之前，贸易自由化仅限于商品贸易。东京谈判回合是在著名的“新贸易保护主义”时期进行的。在这一时期，受 GATT 约束而被禁止使用关税壁垒的国家开始大量采用非关税壁垒。在东京回合谈判中，参与国谈判者同意了限制使用非关税壁垒的六个自愿条款，但这些条款的执行情况很差。参与者还试图建立一个管理反倾销措施的框架。在乌拉圭回合期间，世界贸易体系的议程被进一步扩展到服务、知识产权（intellectual property rights，IRP）、投资、环境、劳工标准和国内（非贸易）等政策。

GATT 还提出了一个规范性的框架和争端解决机制。将 GATT 视为一个规范性的框架而评估其影响是很困难的，但有两个方面是可被考察的。不可否认，GATT 对国际经济法的发展做出了突出贡献（Jackson，1969；Kock，1969）。GATT 协定是一个法律文件，通过提出一些条款和规则，它给国际商业交易构建了一个框架。此外，政府将 GATT 条款作为一个机制抵抗来自国内的贸易保护主义压力。GATT 的一个主要失败之处是其贸易争端解决机制。因为争端解决小组的建议须获得一致同意，争端双方均可以阻碍 GATT 专家组的决定。

乌拉圭谈判回合后，一个新的贸易组织WTO被建立并从1995年1月1日起正式运行。WTO是GATT的继承者，后者的不足成就了前者的出现。对GATT日益增长的不满是由于其在限制贸易保护主义方面的失败、争端解决程序的不足以及在贸易自由化进程中的不均衡。为了扭转贸易保护主义上升的态势和促进贸易自由化，WTO作为一个永久国际组织被建立并有着比GATT更广泛的贸易内容和管辖范围。WTO是世界贸易体系的法律和制度基石。它是一个法律协定，规定了成员的权利和义务。WTO包含了一系列交叉的法律条款。其会员制度要求这些条款作为一个单一承诺（single undertaking）被接受。一旦加入WTO，一国必须遵守以下协定：

• 建立WTO的协定。

• 1944年GATT和其他多边货物贸易协定，包括《实施动植物卫生检疫措施的协定》、《贸易技术壁垒协定》和《与贸易有关的投资措施协定》（Agreement on Trade-Related Investment Measures，TRIMS）。

• 《服务贸易总协定》（General Agreement on Trade in Services，GATS）。

• 《与贸易有关的知识产权协定》（Agreement on Trade-Related Aspects of Intellectual Property Rights，TRIPS）。

• 《关于争端解决规则与程序的谅解》（简称《争端解决谅解》）。

• 《贸易政策审议机制》。

WTO还包含了管理民用航空器、政府采购以及奶制品和牛肉等复边贸易协定，但成员并不被强制性地要求接受这些协定。

GATT从根本上是其成员之间的一个合约性协定，而WTO则是拥有法律人格的国际组织，类似于国际货币基金组织和世界银行。WTO中唯一正式的成员是国家（地区），其主要的决策机构是部长会议（Ministerial Conference）。部长会议每两年举行一次。迄今为止，部长会议已举行了八次。该会议被赋予了对WTO协定所涵盖的任何问题进行决议的权力。由于其每两年才召开一次，部长会议将权限委托给总理事会（General Council）。在部长会议休会期间，由全体成员代表组成的总理事会代行部长会议最高决策机构的职能。总理事会还履行其解决贸易争端和审议各成员贸易政策的职责。WTO的组织结构包含了三个拥有不同分工和职能的理事会：货物贸易理事会、服务贸易理事会和知识产权理事会，以及各种专门委员会和工作小组。

为了完善WTO下世界贸易体系的功能，解决贸易争端的程序已被显著地改进了。《争端解决谅解》建立了一套解决成员之间关于权利和义务的矛盾的机制。这一机制由第一阶段的专家组裁决、随后的上诉程序（上诉机构）和一个清晰的争端处理时间表组成。此外，争端解决程序所得出的决议都是基于反向协商一致的，也就是说，只有当总理事会中的所有成员都不同意时，这一决议才能被推翻。作为争端解决的中枢，WTO对世界贸易体系的稳定和进一步发展的贡献突出。缺乏有效的争端解决程序，贸易自由化将不会发生。

此外，与GATT相比，WTO从三个方面改变了对世界贸易的管理：

（1）它设计了从基于关税减让的贸易自由化（浅或消极一体化）到关于国内政策、制度实践和管理规则的讨论（深或积极一体化）的转变。

（2）它制定了新的议程，通过纳入服务、与贸易有关的知识产权（TRIPS）和国内（非贸易）政策等内容扩展了议程范围，将谈判的特征从聚焦于产品的讨价还价改变为关于塑造竞争条件的政策的磋商。

（3）它发起了旨在促进贸易政策协调的运动，比如在补贴、与贸易相关的投资措施和服务等领域。

WTO的广泛权力带给它比其前身GATT更高的知名度。

从1947年以来，贸易自由化一直伴随着国际贸易的增长（见表6.5）。支持进一步自由化者声称这一增长是消除贸易限制的结果。他们认为国际贸易制度框架带来了自由化，并因此促进了国际贸易的增长（Finlayson and Zacher，1981）。另一方面，结构主义批评者断言，没有这种管理制度安排，贸易扩展依然会发生，因为贸易增长主要是对世界经济结构变化的反应（Strange，1985）。

表6.5　　世界商品贸易（百万美元，当时价格）

	1948年	1953年	1963年	1973年	1983年	1993年	2003年	2011年
出口	58	84	157	580	1 846	3 782	7 586	18 217
进口	62	85	164	595	1 890	3 875	7 867	18 381

资料来源：WTO（2011b）.

这一关于贸易扩展和世界贸易制度结构的争论可以通过对20世纪70年代兴起的所谓的“新贸易保护主义”的考察进一步被阐明。“旧贸易保护主义”指的是国家运用关税和配额以保护国内弱势行业免受国外竞争，避免失业和刺激本国经济。然而，1947—1973年间的GATT谈判回合和准则将工业品关税减少到了可以忽略的水平。GATT的成功之处不仅仅只是减少了贸易壁垒，而且通过约束关税确保了一旦贸易壁垒被降低就不再被提高。因此，国家加入GATT/WTO的承诺使贸易自由化成果得以确保，但同时也限制了国家采用传统的贸易保护机制。在一段长时期的繁荣后，经济萧条和随之而来的失业率上升的结果是新形式的贸易保护主义的出现。1973年以后，政府越来越多地采用非关税壁垒。这些措施包括自愿出口限制、反倾销和反补贴、健康、技术和其他产品标准。这些缺乏透明度的新保护主义措施通常是依行业情况而定的，并没有被统一地实施。政府的非关税壁垒是针对主要竞争国的特定行业。这是多边主义发展的一个倒退。

主要问题

当今国际议程中有很多贸易问题。然而，自由贸易体系的未来和作为贸易体系主要机制的WTO的定位一直是讨论的中心。迟迟无法结束的多哈发展议程（Doha Development Agenda，DDA）是多边贸易体系危机的一个警示。在这里，我们会讨论与多哈对话失败和世界贸易相关的三个广泛的问题。第一个是发展中国家在世界贸易体系中的地位；第二个是关于区域贸易协定的重要意义；第三个是忽略了社会和环境因素的自由贸易协定的合法性问题。

□ 发展中国家的利益

虽然发展中国家经济结构多种多样，但在世界贸易体系中发展中国家已形成了一些特有的利益。这一变化的核心是发展中国家的自我定位和在贸易谈判中有限的政治影响力。在 WTO 中没有一个发展中国家的联盟存在，发展中国家被认为拥有共同的利益（Narlikar and Tussie，2004），并经常形成正式的谈判集团（见专栏 6.3）。

专栏 6.3

WTO 发展中国家联盟

单个而言，多数发展中国家太小，在国际贸易谈判中的议价能力有限。在处理特定问题或是在某个会议上，联盟经常出现。一些主要的发展中国家通过进入一个联盟寻求议价能力的提升，而较小的国家加入各种集团则是出于防御的目的。发展中国家联盟的例子包括：

• 发展中国家志同道合者集团（Like-Minded Group）于 1996 年成立。它一直活跃于反对所谓的新议题，如《与贸易有关的知识产权协定》和《服务贸易总协定》，坚持要求实施乌拉圭回合相关协定。其主要成员国是非洲和亚洲国家。

• 为响应坎昆会议议程，2003 年，巴西和印度发起并成立了二十国集团（G20）。该集团的核心成员国是来自各区域发展世界的有影响力的发展中国家，比如巴西、中国、印度、南非、巴基斯坦、埃及和尼日利亚。G20 关注的焦点是农业谈判。

• 坎昆会议上成立的九十国集团（G90）将最贫困的发展中国家聚集在了一起，其成员主要由最不发达国家集团（Least Developed Country（LDC）Group）、非加太国家集团（African，Caribbean and Pacific Group of States）、小岛屿发展中国家（Small Island Developing States Group）和非洲集团国家组成。

• 在 2003 年坎昆会议前成立的棉花四国集团将主要的非洲棉花生产国——贝宁、马里、乍得、布基纳法索——聚集在一起。

有两个问题一直位于争论的中心：一个是自由贸易秩序的益处，另一个是保护主义势力在战后贸易体系中的延续。关于第一个问题，争论双方各执己见。一方认为贸易促进发展，而另一方则坚持认为贸易保护壁垒最有利于工业化。与其相关，另一个争论是，一些人认为贸易制度安排的改革有利于发展中国家，而另一些人认为贸易体系本质上是剥削性的。在这里我们不会探讨这些争论，而是考察发展中国家是如何表达其利益和应对这些问题的。

从 WTO 成立以来，在贸易自由化的讨论中，发展中国家一直试图界定和保护其利益。2001 年 11 月自乌拉圭回合后的第一次主要的多边贸易谈判在 WTO 多哈部长级会议上被发起。多哈发展议程主要聚焦于发展中国家的利益。如多哈部长宣言声明，“大多数 WTO 成员属于发展中国家。我们寻求将它们的利益和需要放在本宣言中所通过的工作计划的中心位置”（WTO，2001，para. 2）。这些 2001 年形成的希望和愿望被随后的艰苦谈判过程所磨灭。2006 年 7 月多哈发展议程被中止。关于各种问题的非正式讨论依然在进行，但到 2012 年 5 月这一轮谈判依然没有取得实质性的进展。这一失败反映出发展中国家在贯彻其意愿时的无力以及欧盟和美国在贸易谈判中一如既往的否决权。

农业贸易自由化是多哈谈判中发展中国家所关心的主要问题。许多发展中国家主要依赖于农产品出口，即使在那些农业不是主要出口行业的国家，农业依然是重要的就业领域（见表 6.6）。

表 6.6　　GDP 的行业组成：农业（2011 年）

国家	农业在 GDP 中的比重（%）
利比里亚	76.91①
索马里	60.22②
中非共和国	53.4
刚果民主共和国	37.5
塞拉利昂	51
埃塞俄比亚	49.3
喀麦隆	19.7
缅甸	43
老挝	27.8
马拉维	30.3
卢旺达	33.6
布隆迪	31.1
巴布亚新几内亚	30.3
圭亚那	24.2
阿富汗	31.62②
布基纳法索	34.1
乌干达	21.8
乌兹别克斯坦	21.9
科特迪瓦	29.2
坦桑尼亚	27.8
马达加斯加	28.8
莫桑比克	28.4
巴拉圭	23.1
叙利亚	17.7
几内亚	16.8
阿尔巴尼亚	20.2
乍得	52.7
巴基斯坦	21.6

注：①为 2002 年数据，②为 2008 年数据。

资料来源：CIA（2012）.

已实现工业品贸易自由化的工业化国家一直对农业贸易的完全自由化犹豫不决。的确，直到乌拉圭回合，农业一直被排斥在谈判议题之外。尽管乌拉圭回合取得了一些进展，在工业化国家农业依然享有高水平的保护。发达国家对农业的支持总体而言对发展中国家产生了负面的影响。出于一些经济、政治和社会的原因，发达国家在农业领域放弃了对比较优势的追崇，实施了歧视性政策。保护使得这些国家国内生产过剩，导致世界价格下降，从而减少了发展中国家生产者的收入。以进口征税和配额等形式存在的保护大量减少了世界市场上的农业贸易，增加了国际价格的波动。农业市场进入障碍的持续存在一直是许多发展中国家政策关注的重点。发达国家对主要农产品出口的持续补贴，对农业未曾间断的国内支持，以及源自关税化（非贸易壁垒被转换成关税的过程）的高额关税共同限制了发展中国家的收益。农业贸易保护的问题同样也被一些发达国家的出口商所关注，并使得一些发展中国家和发达国家生产商开始团结在一起。凯恩斯集团（见专栏 6.4）就是一个连接发展中国家和发达国家的关于农业贸易改革的政府间压力集团。

专栏 6.4

凯恩斯集团

凯恩斯集团在很大程度上是澳大利亚霍克政府的一个发明，包含了 19 个农业出口国。在关于减少农产品所受保护停滞不前了几十年后，成立于 1986 年的凯恩斯集团有效地将农业加入多边贸易谈判的议程中。通过共同的努力，一个改革农产品贸易的框架在乌拉圭回合中被提出来，农业也第一次适用了贸易自由化的规则。这些规则现已列入 WTO 关于农业的协定中。凯恩斯集团的成员包括阿根廷、澳大利亚、玻利维亚、巴西、加拿大、智利、哥伦比亚、哥斯达黎加、危地马拉、印度尼西亚、马来西亚、新西兰、巴基斯坦、巴拉圭、秘鲁、菲律宾、南非、泰国和乌拉圭。

虽然多哈对话优先考虑农业问题并且 WTO 成员承诺大幅减少扭曲贸易的补贴政策和其他形式的农业保护，农业谈判依然充满了无休止的争论，截止时间不断推后，最终未能达成妥协。农业谈判的缓慢步伐使得发展中国家的联合更加稳固（Clapp，2006）。这也使得四个西非棉花生产国以空前的速度聚集在一起并重塑符合其特定利益的议程（见专栏 6.5）。

专栏 6.5

棉花倡议

农业谈判的缓慢进展使许多最不发达国家受挫。这些国家意识到了这一谈判的失败将会进一步恶化其脆弱的贸易地位。2003 年 6 月，在 WTO 坎昆部长级会议之前，四个西非国家——贝宁、马里、乍得、布基纳法索（棉花四国集团）——向 WTO 贸易谈判委员会提交了一份文件，呼吁废除发达国家的棉花补贴和当这类补贴继续存在时给予这四个国家经济补偿。2003 年 9 月，这一提议被提交到坎昆会议上，但并未能达成协定。不同国家对这一草案的两个主要内容持有反对意见，即将棉花作为一个独立的议题和提供经济补偿。美国代表团对此提议不屑一顾的态度使得这些争论变得黯然失色。在坎昆会议的紧张气氛里，棉花倡议变成了发展中国家愤怒和不满的一个主要象征。随着连续两次部长级会议无果而终，在后坎昆时代试图将多边贸易谈判拉回正轨的讨论中，棉花倡议被列入了独立的谈判轨道。2004 年 11 月，一个棉花分委员会在农业谈判的框架体系下成立。与多哈回合的其他议题一样，谈判现在已经停止了，且并没有取得任何进一步的进展。

在 2005 年 1 月 1 日《多种纤维协定》结束以后，发展中国家在争夺出口市场方面的利益分歧是显而易见的。《多种纤维协定》的退出对发展中国家出口商有着不同的影响。有限的关于该协议结束后纺织业的研究却得出了不同的结论。一份关于亚洲国家在《多种纤维协定》终止后出口表现的分析报告指出，出口限制的取消在短期内影响微弱（Whalley，2006）。另一份研究认为，一小部分国家将从中受益，但是大多数（更小的）发展中国家的情况将明显恶化（Heron，2006）。一些别的发展中国家表达了其担忧，认为随着生产向中国聚集，它们国家的纺织业将不可避免地倒闭。几个撒哈拉以南非洲地区国家尤为易受冲击（Dinesh and Little，2004）。随着《多种纤维协定》保护的终止，为避开进口限额而在非洲投资的中国台湾和香港企业便可以关闭它们的非洲工厂，继而将生产转移到中国大陆。

在乌拉圭回合期间扩展的多边贸易议程纳入了许多新议题，充满了争议，并给 WTO 的贸易管理带来了困难。三个问题，即服务贸易、知识产权和投资措施，被认为单独和一起限制了发展中国家政府的政策独立性（Wade，2003）。最常讨论的服务——旅游、商业服务和金融——给发达国家带来了丰厚的回报。然而，在一些领域，如出版和数据处理等商业服务，发展中国家一直在输出服务。印度就是个很好的案例。问题在于，就服务贸易总体而言，发展中国家处于不利地位。即使通过坚持服务贸易要基于肯定列表的原则，即国家必须列出其已自由化发展的服务，发展中国家能够保护一些既得利益，但是服务贸易自由化对发展中国家的影响依然是一个激烈争论的话题（Wiener，2005）。

知识产权问题对发展中国家也十分重要（另见第十三章）。在乌拉圭回合以前，版权、专利和其他形式的知识产权没有被作为贸易或与贸易相关的问题对待。在美国跨国公司的坚持下，这些内容被纳入了乌拉圭回合的谈判中。这些跨国企业坚称，假冒商品出口，尤其是来自东南亚地区的假冒商品出口，应对其收入和利润的巨大损失负责（Sell，2000）。此外，制药公司长期以来都在控诉，认为它们的利益和研发被那些未经授权生产其产品的当地生产行为所损害。这些利益和研发都是正当的，且符合国家健康指导政策。《与贸易有关的知识产权协定》带给国外投资者更大的影响，给予一系列以前不受专利保护的产品和生产过程更多的国际专利保护（Hoogvelt，1997，p. 136）。它要求国家接受关于版权（《伯尔尼公约》）和专利（《巴黎公约》）的现行国际公约。通过将这些公约纳入 WTO 体系，使之适用于

WTO 争端解决程序和执法机制。此协定给中低收入国家强加了两种成本：由于药品成本增加而导致的税收减少和引入保护专利的相关法律体系的管理成本。

《与贸易有关的知识产权协定》的潜在不利影响在公共健康领域一直最明显，因为持有专利权的制药公司主宰了基础药物的价格。发展中国家对于非专利（便宜）药可获得性的担忧导致了《关于 TRIPS 协定和公众健康的宣言》在多哈部长级会议上的诞生。这个让步是一些发展中国家尝试解决其对药品价格的担忧的结果。然而，这一宣言被认为既没有对进口国家也没有对有能力生产医药品的国家产生显著的影响（May，2005，p. 173）。而且，医药公司可以申请新的专利，并因此剥夺发展中国家生产商的收益。换句话说，如果一个外国公司对地方性知识申请了专利，那么目前免费的地方性知识可能不再免费。对最不发达国家而言，引入被要求的法律和管理机制的成本是最高的。正如被声称的那样，“主要的受益者是那些少于 12 家种子和制药公司所构成的核心集团，它们控制了超过 70% 的世界种子贸易”（Hoogvelt，1997，p. 136）。药物专利以及艾滋病问题将在第十三章中被更加详细地讨论。

一些批评者担心，国外投资者不受约束地进出全球市场将会损害东道国政府的主权。这一问题在《与贸易有关的投资措施协定》（TRIMS）的谈判中就已浮现出来。TRIMS 旨在限制政府对外国直接投资（FDI）设定业绩要求的能力。尽管目前能够取代国家法律的协定尚不存在，但很多人相信类似协定的签署只是时间问题。在经合国家里试图建立一套外商投资管理规定的尝试遭遇了来自发达国家的批评者和一些声称代表发展中世界的集团的强烈反对。社会运动活动家的反对在一定程度上导致了政府未能对《多边投资协定》达成一致。

发展中国家关心的另一问题是关于它们在贸易谈判中的特殊地位。从 20 世纪 60 年代以来，发展中国家就一直关注如何确保它们对国际贸易的参与能够满足其发展的需要。特殊与差别待遇（special and differential treatment，S&D）要求的提出就是基于这样一个认识——发展的需求与市场力量的自由调节是不一致的。特殊与差别待遇的要求在 1965 年被正式接受，并成为 GATT 新增的一个部分。GATT 的第四部分“贸易与发展”从法律上正式通过了该条款，并为发展中国家进一步发动改革的宣传提供了一个具体的聚焦点。随着东京回合进一步扩展该条款，这一 WTO 的发明创造已逐渐偏离了其初衷，即将发展中国家作为一个特殊案例对待。

在 WTO 里，最不发达国家的贸易需求现在被给予了更多的关注。虽然发展中国家被给予了一些优惠，但它们也同样被寄希望于服从主要的贸易规则。WTO 规则里的特殊与差别待遇可以被归纳为以下五个主要类别：

（1）致力于通过市场准入增加贸易机会的条款；

（2）要求 WTO 成员保护发展中国家利益的条款；

（3）给予发展中国家在管理贸易措施的准则和原则上更多灵活性的条款；

（4）允许发展中国家有更长过渡期的条款；

（5）技术支持的条款。

在上述的每一类条款里还有专为最不发达国家制定的附加条款。WTO 的目标是将发展中国家作为一个完全的参与者纳入其体系中，也就是将它们放在一个未来可能取消其特殊和差别地位的位置上。上述关于发展中国家特殊与差别待遇的条款多数都是不起作用的。例如，在准备和实施卫生与植物检疫措施、技术法规以及标准和合格评定程序时，发达国家不会考虑发展中国家的特殊需求。此外，过渡期通常并没有给予单个成员和那些有明确发展需求的国家足够的时间去应付所面临的能力不足问题。最后，许多发展中国家强调其对技术支持紧急和持续的需求。它们呼吁来自各方技术支持的更好合作，并一直要求增加 WTO 核心预算中用于技术支持的资金。在将争端案例递交到争端解决机制之前，往往需要支付大量的专业律师咨询费用。

尤为注重发展的多哈发展议程让特殊与差别待遇变得更加重要。多哈部长会议声明一再强调，"特殊与差别待遇条款是 WTO 协定不可或缺的组成部分"（WTO，2001，para. 44）。此外，该声明还同意"所有的特殊与差别待遇条款都应被重新评估，以使其得以加强并更加精确、有效且具有可操作性"（WTO，2001，para. 44）。迄今为止，在实现这些目标方面取得的进步有限。

□ 区域贸易协定

过去 20 年见证了区域贸易协定（regional trade agreement，RTAs）井喷式的发展。目前依然有效的区域贸易协定超过 230 个，其中大多数是在 WTO 成立以后签订的。

1948—1994 年间，GATT 收到了 124 个区域贸易协定的通知。但在 1995 年 1 月至 2008 年 12 月间，WTO 收到区域贸易协定的通知达到了 297 个（WTO，2009b）。专栏 6.6 给出了一个区域贸易协定在一个中等实力国家发展的例子。该国虽致力于多边贸易的发展，但同时将区域贸易协定作为其贸易战略的一部分。区域贸易协定的加速发展似乎伴随着多边贸易谈判的缓慢进展。地区经济组织有多重目标，促进贸易自由化通常只是其中之一，其他目标包括投资自由化、管理经济冲突、国内经济结构调整和政治一体化。然而，如果贸易自由化成为一个中心目标或者达到目的之手段，区域主义的发展便成为贸易体系的主要特征。关于区域贸易协定讨论的中心问题是其对全球福利可能的影响（正面或负面）。由于区域贸易协定的成员往往都是 WTO 的成员，因此国家政府坚决认为对区域主义和多边主义的追求是可以兼容的。

专栏 6.6

澳大利亚和其地区贸易协定

已签署的自由贸易协定

• 东盟—澳大利亚—新西兰自由贸易区（2009）

• 新加坡—澳大利亚自由贸易区（2003）

• 泰国—澳大利亚自由贸易区（2005）

• 澳大利亚—美国自由贸易区（2005）

• 澳大利亚—新西兰更紧密经济关系（1988）

• 澳大利亚—智利自由贸易区

(2009)

• 澳大利亚和马来西亚自由贸易区(2013)

谈判中的自由贸易区

• 澳大利亚—中国自由贸易区谈判

• 澳大利亚—海湾合作委员会自由贸易区谈判

• 澳大利亚—印度自由贸易区谈判

• 澳大利亚—印度尼西亚自由贸易区谈判

• 澳大利亚—日本自由贸易区谈判

• 澳大利亚—韩国自由贸易区谈判

• 《太平洋更紧密经济关系协定》谈判

• 《区域全面经济伙伴关系协定》

• 《跨太平洋伙伴关系协定》

分析者倾向于将区域主义的发展分为两个阶段。普遍认为1957年成立的欧洲经济共同体开启了第一个阶段，第二个阶段可追溯到20世纪90年代中期。这两个阶段的区域主义对世界贸易的影响是不同的。在第一个阶段，区域主义是相对内向的。在发展中世界里，区域经济安排的目标是促进工业化。这意味着这些组织更加关心贸易转移而不是贸易创造。贸易转移是指来自区域外的低成本供应商被区域内的高成本供应商所取代的过程。贸易创造是指，随着区域内贸易壁垒被清除，贸易得以促进的状况。在第二个阶段，许多新组织采用了开放式区域主义政策，使得贸易的转移和减少与多边主义承诺更好地并存。

尽管区域主义在世界的主要地域都已出现，特定的区域协定就其目标和条款而言则各不一样。这引发了关于区域的内在本质和区域间关系的讨论。从内部而言，关于特定区域是否应该有较强或较弱的区域机构和在区域层面进行考虑的相关政策的范围，政治争斗已经开始。这些争斗影响了各区域的不同本质。例如，欧盟有一些超国家的机构监督着共同的规则。它还有与区域发展基金和劳工权利相关的规定。大多数成员更进一步采用了单一的货币。相比之下，《北美自由贸易协定》倾向于执行现有的国家立法，没有设立发展基金，其关于劳工和环境标准的规定也很弱。在欧洲，关于最终的政治同盟的讨论已经出现。但在北美，这并不是一个感兴趣的话题。来到亚太区域，我们看到的是一个更加松散的区域组织——亚太经济合作组织(Asia-Pacific Economic Cooperation，APEC)。APEC更多的是一个环太平洋国家间的协调机制，而非试图建立强有力的区域联系的强大机构。亚洲国家担心，一个高度发展的组织将使美国能够影响其内部的经济或政治体制。这一担心导致了一个最简化的机构和贸易自由化议程的出现。

一些经济学家表达了其担忧，认为增长的区域化将会损害多边贸易体系(Baldwin and Thornton，2008)。这些区域协定被认为本质上是无效率的和歧视性的。区域贸易协定将威胁最惠国原则，增加其他区域产品进入的障碍，扭曲了自由贸易的自然流动。这种行为将导致经济损失，破坏对多边体系的政治支持。例如，欧洲人和美洲人在食物生产所能接受的风险高低上产生了分歧。这导致了在WTO体系里的关于欧盟禁止从美国进口某些产品的贸易冲突，如被注射了生长激素的牛肉。另一些观察者认为，区域贸易协定和多边贸易体系是可以共生的(Griswold，2003)。这一问题通常被描述成这样一个争论，即区域是全球贸易的基石，还是建立了互相排斥的区域经济并阻碍全球贸易的绊脚石。

最后一个问题是那些被主要的区域贸易体系排除在外的地区的命运。在欧洲、北美和东亚，区域一体化通过政府和企业的活动正在进行中。它把世界上很多区域排除在外，如非洲、拉丁美洲和南亚。这些地方也采取了一些应对措施。在拉丁美洲，智利一直在为加入北美自由贸易区而游说。相比之下，巴西投入了大量资源来建设南方共同市场——几个南美国家的共同市场。撒哈拉以南非洲和南亚国家签署了一系列区域协定。但是这些协定发展不足，因为它们缺少了如德国、美国或日本这样强大的经济动力。

□ 合法性

随着多边和区域贸易协定的扩张和其对国内政治经济产生的影响，许多国家公民社会中的不同阶层表达了更多的担忧（Williams，2005a）。一系列问题吸引了人们的注意，一些人担心区域和全球组织将脱离民主的控制。他们声称，商业和政治精英已经大量地投入此类协定的体系中，但居民在促使其政府对已转移到国际组织的决策权威负责方面变得困难。应该注意的是，企业是被正式排除在 WTO 以外的。企业部门的影响力是来自其国家层面的影响（以及被纳入国家代表团）而不是直接来自其多边层面的影响。而 WTO 和区域贸易协定的民主资格一直都是备受争论的话题。民主是一个普遍性规范的命题已被更为广泛地接受。在关于民主化的争论中，一个核心问题是多边贸易协定的代表性。

对于 WTO，这个问题已被最为强烈地提出。但是在欧盟和北美自由贸易区，这一问题也已浮现出来。从欧洲层面，在一些成员中，支持进一步一体化的声音已减弱。围绕着右翼政党的民族主义情绪已获得一些选举的胜利。在欧盟，所谓的“民主赤字”在 20 世纪 90 年代中期开始成为一个备受关注的问题，直到现在依然如此。关于 WTO 问题的讨论主要围绕着透明度、问责性和参与度（Williams，1999，pp. 158-60）。专栏 6.7 总结了这一讨论的基本特征。WTO 对这些批评做出了一些反应，但是并没有使批评停止。为了提升其合法性，WTO 取消了对一些文件的限制，对非政府结构进行咨询，并在争端解决过程中接受外部人士或团体（又称作法庭之友）提交的意见。然而，批评者依然认为 WTO 是不民主的，并声称决议通常都是暗地里做出的，听证会这种可见的部分仅仅是一个掩饰，与公共视野之外的真正权力操作没有太大关系（Kwa，2003）。他们还认为关于做出何种决定的相关信息应该随时可以获取。作为回应，WTO 的支持者指出，该组织是一个政府间的论坛，在其中所做出的决定是由成员所达成的共识并由国家议会批准的，从这种意义上说，这一组织是完全代表其成员的。一份来自英国独立非政府机构 One World Trust 的报告调查了 WTO 的决策行为。这份报告是关于五个政府间组织、六个跨国公司和七个非政府组织的问责机制。虽然这份报告将 WTO 排在其所在类别的第二位，它依然指出，“事实是一些成员缺乏有意义地参与其决策过程的能力”（Kovach et al.，2002/3，p. 14）。关于信息的获取，这份报告认为“WTO 贸易活动的信息是极为出色的”（Kovach et al.，2002/3，p. 15）。

专栏 6.7

民主和 WTO

WTO 是一个不民主的组织？反对国际贸易体系，尤其是 WTO 的抗议的规模和猛烈程度都似乎说明这一组织是不民主并因此不合法的。对于此言论，我们该如何看待呢？

首先，我们可以看到关于民主的定义、含义或者行为，并没有共识存在。也可以认为 WTO（拥有 157 个成员和 27 个观察国）是最民主的国际组织之一，因为：

（1）其大量和多样的成员代表了世界上大多数贸易国与各种经济和政治体系。

（2）WTO 中一致通过的决策方法给予每个国家权力，为小而极为贫穷的国家带来了一定的影响力。

（3）就获取信息的容易度而言，WTO 是一个相对透明的组织。关于一些不公开的谈判，应该注意的是，贸易谈判确实涉及一些复杂且常常有争议的交易。

WTO 的批评者拒绝接受这些观点，认为该组织在其决议中没有向公民社会组织提供足够的参与机会。据称，社会运动代表的不断参与将提供高质量的信息、平衡的决策意见投入、公共教育和不断增加的公众对该组织的支持。这些有利于抵消所谓的跨国资本的影响。

这一争论的中心是 WTO 的政府间性质。答案并不简单。一方面，如果我们接受 WTO 的政府间性质，国家政府的代表性可能受到质疑。那些被本身就是独裁国家引入的协定如何能够合法？另一个问题是关于人口数量的大小。考虑到人口数量的巨大差别，一个给予中国和挪威同样正式代表权的组织是否民主？另一方面，如果我们同意政府间组织这一界定并没有囊括被全球贸易体系发展所影响的所有利益相关者，那么我们也不能认为非政府组织代表权的增加会使得 WTO 更加民主，因为我们无法假设 NGOs 比国家政府更有代表性。确实，发展中国家对 NGOs（主要是发达国家的）从社会运动中获得的更多的代表权是不满的，因为它们认为这些组织代表的是狭隘的特殊利益。

另一些人关心这些协定对社会政策、环境恶化和劳工标准产生的负面影响（Wallach and Woodall，2004）。公民对全球和区域贸易组织的关注发生了变化，更多地转移到这些组织在全球化的世界经济中所起到的日益重要的作用。20 世纪 90 年代后期和 21 世纪的前两年，对国际经济协定（包括贸易协定）的反对之声渐强。1997 年在温哥华举行 APEC 会议期间，加拿大警察用胡椒粉喷雾剂喷射抗议者。1999 年西雅图 WTO 部长会议也被公众抗议扰乱。如一位活动家在西雅图抗议后所说，“无论是在发展中国家还是发达国家，在这一刻公民社会应该做的就是要么争取废除 WTO，要么使其超过负荷或受到干扰而不能有效地运转”（Bello，2000）。在欧洲，通过一些普选和对国家主义者，尤其是右翼，政治党派的支持，市民表达了对一体化方向的担心。在美国，克林顿总统以及最初时期的布什总统都发现从议会中保障其谈判授权以继续贸易自由化进程是困难的。在奥巴马政府期间，贸易自由化也不是一个重点领域。

公众对进一步的经济一体化和贸易协定越来越担忧。多边和区域贸易组织面临着合法性的问题，因为它们被认为将使经济活动自由化的价值观或者保护私有利益置于其他价值观和利益之上。一些批评者认为类似机构所发起的项目促进了经济全球化和社会不公平。我们将在第十五章再讨论这些问题。第十五章主要考察全球经济的管理。

总结

关税谈判的经验得出了这样的结论：大多数国家原则上支持贸易自由化，但是不愿意采取单边的贸易壁垒减让措施，因为这将开放本国市场，使其受到国际公司的冲击。因此，保护主义依然是世界经济的一个重要问题。对于国内市场而言，保护主义是一个有吸引力的政策。因此对保护主义的迫切要求往往来源于国内市场。这些保护的需求反映了与跨国资本主义增长相关的结构性变化。跨国资本主义增长也可以被视为全球经济结构性变化过程中的一部分，并使得拥护维持自由贸易的社会力量得以加强。保护的需求来自经济过程中关注国家利益的理性行为者。这些国家利益将因自由贸易而受损。保护主义依然是世界经济的一个主要特征的最显著的原因是，所有的经济体都需要一定程度的保护，以便按照自己想要的方式发展。

随着全世界都受困于始于2008年的全球金融体系波动的影响，贸易再一次变成了在寻求恢复经济繁荣中的一个主要议题。在二十国集团的讨论中，世界各国领导承诺抵制保护主义措施，但是要求限制竞争对手的国内压力可能会重现。从何种程度上中止的多哈谈判将被完成以及与发展相关的问题得到解决，目前依然是不确定的。过去使谈判重获生机的尝试都无功而返。

这一章我们考察了与贸易全球化相关的主要争议。在第七章中，我们将注意力转移到全球生产，一个在国际政治经济中同样充满争议的话题。

扩展阅读

Anne O. Krueger (2004) 'Wilful Ignorance: The Struggle to Convince the Free Trade Skeptics', *World Trade Review* 3 (3): 483-93：对贸易自由化进行了积极的辩护。

Anna Lanoszka (2009) *The World Trade Organization: Changing Dynamics in the Global Political Economy*：关于 WTO 的详细介绍。

Rorden Wilkinson 和 James Scott (2012) *Trade, Poverty, Development: Getting Beyond the WTO's Doha Deadlock*：包含学者和从业者文章的论文集，它既评估了贸易的现状，又考虑了贸易未来的发展。

David A. Lynch (2010) *Trade and Globalization: An Introduction to Regional Trade Agreements*：对区域贸易重要性的一个简要介绍。

第七章 跨国生产

数以百计的专著、论文、政府报告以及数以千计的学术文章和专业杂志探讨了跨国生产、对外直接投资的起因以及外资流入给本国带来的成本和收益。几乎每一天都有新闻或杂志文章歌颂或者指责我们现在所称的“商业活动的国际化”。也许正是因为有太多关于跨国生产的文献，关于这一现象的起因或者影响并没达成共识。但是跨国生产的发展被广泛地认为极大地推动了全球经济的演变和发展。例如，当前对全球化的讨论重点关注了全球生产体系的变化。然而，值得注意的是，在 20 世纪 60 年代大型国际企业就受到了关注。在我们现在对全球化的讨论之前，国际政治经济学者们已经意识到了变化的生产体系对国际关系的影响。

全球生产体系是一个复杂的过程，在其中数以百万的工人和工厂被融入不同的地方、国家、区域或全球体系中。生产中心和全球经济之间的具体联系是无法用一个简单的模型进行描述的。生产地点与更广泛的、塑造全球经济的社会、政治和经济一体化模式之间的联系为 IPE 学者的研究带来了困难。一种试图理解全球生产结构的方式是重点关注这一过程中主要行为者的作用，即大型国际企业或者跨国企业（transnational corporation，TNC）的作用。另一种方式是研究全球商品链（见专栏 7.1）。跨国生产的研究更注重大型国际企业的作用。本章也采用这一标准的方法。跨国企业是当代全球经济中经济生活的一个象征性特征。它们占据大部分的全球生产以及大约一半的世界贸易。全球 500 强大型企业中超过一半都位于四个国家——140 个在美国、68 个在日本、40 个在法国以及 39 个在德国（*Fortune*，2011；另见表 7.1）。2011 年，全球 FDI 流入量估计达到了 1.417 万亿美元（见表 7.2）。

专栏 7.1

全球商品链

全球商品链（global commodity chain，GCC）是一个“生产最终商品的劳动力和生产过程的网络”（Gereffi and Korzeniewicz，1994，p.2）。全球商品链

分析探讨了某一商品从原材料到最终被消费的过程。不像那些关注某一跨国企业的方法，GCC研究涉及一系列参与者，从生产者、分包商以及小企业到跨国公司，并讨论了各种国家规定，从运输、分销到零售系统。通过探索这一链条或者相互联系的网络，我们可以讲述从土豆（Barndt，2002）到T恤（Rivoli，2005）等全球产品生产背后吸引人且令人沮丧的故事。GCC强调变化的地理范围和生产过程并因此带来了对全球生产独到且深入的见解。

表7.1　世界前25大企业（按营业收入，百万美元）

排名	名称	国家	行业	营业收入	利润
1	沃尔玛（Wal-Mart Stores）	美国	零售	421 849	16 389
2	荷兰皇家壳牌石油公司（Royal Dutch Shell）	荷兰	石油	378 152	20 127
3	埃克森-美孚（Exxon Mobil）	美国	石油	354 674	30 460
4	英国石油公司（BP）	英国	石油	308 928	−3 719
5	中国石油化工集团公司（Sinopec Group）	中国	石油	273 422	7 629
6	中国石油天然气集团公司（China National Petroleum）	中国	石油	240 192	14 367
7	国家电网公司（State Grid）	中国	电力	226 294	4 556
8	丰田汽车公司（Toyota Motor）	日本	汽车	221 760	4 766
9	日本邮政控股公司（Japan Post Holdings）	日本	邮政金融	203 958	4 891
10	雪佛龙（Chevron）	美国	石油	196 337	19 024
11	道达尔公司（Total）	法国	石油	186 055	14 001
12	康菲石油公司（Conocophillips）	美国	石油	184 966	11 358
13	大众公司（Volkswagen）	德国	汽车	168 041	9 053
14	安盛（AXA）	法国	金融	162 236	3 641
15	房利美（Fannie Mae）	美国	金融	153 825	−14 014
16	通用电气公司（General Electric）	美国	综合企业	151 628	11 644
17	荷兰国际集团（ING Group）	荷兰	金融	147 052	3 678
18	嘉能可国际（Glencore International）	瑞士	日用品、金属、矿业	144 978	1 291

续前表

排名	名称	国家	行业	营业收入	利润
19	伯克希尔—哈撒韦公司（Berkshire Hathaway）	美国	综合企业	136 185	12 967
20	通用汽车（General Motors）	美国	汽车	135 592	6 172
21	美国银行（Bank of America Corp.）	美国	金融	134 194	−2 238
22	三星电子（Samsung Electronics）	韩国	综合企业	133 781	13 669
23	埃尼石油公司（Eni）	意大利	石油	131 756	8 368
24	戴姆勒（Daimler）	德国	汽车	129 481	5 957
25	福特汽车公司（Ford Motor）	美国	汽车	128 954	6 561

资料来源：*Fortune*（2011）.

在这一章中，我们首先讨论一些被用于描述大型国际公司的术语，如“跨国”（transnational）或者“多国”（multinational）企业。在第二节中，我们介绍几种关于跨国生产的出现和发展以及其对国内社会的影响的不同解释。随后，我们讨论全球化和不断变化的生产组织形式。最后一节考察当代全球生产体系中的三个主要问题：跨国企业的利弊，尤其是对发展中国家；国家和企业间不断变化的关系；对跨国企业的国际监管。

定义

经济学家区分了两种不同的国际投资——国际直接投资和国际间接投资（又叫证券投资）。国际直接投资的增加促进了全球生产体系的转变。国际直接投资指的是投资公司在母国以外所进行的投资。这些投资者依然控制着它们所转移出来的资源。这种投资包括一系列资产和中间产品的组合，如资本、技术、管理、市场以及企业文化。国际间接投资（证券投资）指的是某些特定的资产和中间产品，如资本、债务或者股权、技术。这些资产和产品是通过市场在两个独立的经济主体之间独立流动的。在这种情况下，对资源的控制权将随着交易的进行而从卖家转移到买家。

两个例子有助于我们区分国际直接投资和证券投资。如果法国汽车制造商雷诺通过在美国股市上购买美国通用汽车公司股份的方式获得了其控股权，那么这就是国际直接投资。雷诺将控制通用公司并可以决定关闭车间或者向美国市场引进新的车型。19 世纪，当英国金融家购买债券并为美国的铁路建设提供资金时，这就是证券投资。对于企业的控制权依然在铁路建筑商的手中。英国金融家并没有告诉美国人哪些城市需要通过铁路连接起来。国际直接投资使得对商业行为的控制成为必然，而证券投资却并不控制实际的商业行为。在本章中，我们将遵循传统的方法，将国际直接投资作为国际生产增长的一个指标。

在 1914 年以前，长期证券投资比国际直接投资更加重要且国际直接投资都是相对短期的。二战后，国际直接投资开始大幅增长。20 世纪 50—60 年代，国际直接投资主要是在制造业领域，大多数国际投资都是来自美国（Vernon，1977）。随着战后经济的复苏和生产效率的提高、欧洲货币市场的发展以及交通和通信技术的改进，国际直接投资在 20 世纪 80—90 年代快速增长（Julius，1990；UNCTAD，1999）。例如，在 20 世纪 80 年代早期，国际直接投资的年增长率大约是 14%，而在 1986—1996 年期间，其增长率更是达到了 350%。这一轮国际直接投资的增长是受服务业和制造业投资增加的驱动，并被 2008—2012 年的全球金融危机和经济衰退所中断。全球国际直接投资流入量在 2000—2007 年间持续增长，并在 2007 年达到了 1.964 万亿美元，创历史新高。在 2008 年，全球经济危机导致了 12%的下降，并在 2009 年和 2010 年进一步下滑。直到 2011 年，国际直接投资才有所恢复（见表 7.2）。

表 7.2　　世界 FDI 流动量，2005—2011 年　　单位：百万美元

年份	2005	2006	2007	2008	2009	2010	2011
流入	1 002 358	1 453 651	1 946 898	1 752 209	1 131 349	1 291 316	1 417 999
流出	873 284	1 376 143	2 169 765	1 885 099	1 139 931	1 407 282	1 546 421

注：2011 年的数据不包括沙特阿拉伯国家的 FDI。

资料来源：OECD（2012）.

虽然对于国际直接投资和间接投资的区别相对而言并没有争议，但是对于从事跨国生产或者直接投资的企业的称谓却并没有达成一致。这些企业被不同地描述为多国、国际、跨国或者全球。现在我们通常说多国企业或者多国公司、国际公司、跨国企业或者跨国公司以及全球企业。大多数学者并没有区分这些术语，并通常选择其中一个而没有考虑这些术语可能带来的影响。最常用的是多国企业，但是本章中出于下文解释的这些原因将使用跨国企业。

跨国生产最开始受到重视是在 20 世纪 60 年代后期和 70 年代早期。虽然大量的国际企业已经存在了数百年之久，但是在这一时期政治和大众的兴趣（Bannock，1971；Servan Schreiber，1968）以及学术的关注（Kindleberger，1969；Vernon，1971）导致了对所谓的新国际秩序的重要性进行评估。哈佛大学跨国企业研究项目首先给予跨国企业以关注。这一项目得出了一系列重要的学术成果，包括威尔金斯（Wilkins，1970）对美国商业发展的分析。这些成果使用"多国"（multinational）来描述这一新现象。同一时期，另一些人从不同的角度出发，并倾向于使用"国际企业"（international corporation），如彭罗斯（Penrose，1968）对石油行业的研究。在他具有广泛影响力的专著《国家主权面临困境》（*Sovereignty at Bay*）（1971）中，弗农（Vernon）和彭罗斯一样使用了"国际企业"一词。雷迪斯（Radice，1975）在其批判性文献集中使用的也是"国际企业"。

虽然"多国"一词最开始被广泛地用于描述大型国际企业，但是在 20 世纪 70 年代中期它受到了"跨国企业"或者"跨国公司"等术语的挑战（Lall and Streeten，1977；Vaitsos，1975）。"跨国"一词是联合国常用的说法。支持该用法的人认为"多国"暗含着来自不同国家资本的合并。但是大多数国际企业都是被一个国家的国民所拥有和控制并从事跨越国界的活动，虽然也有一些例外，如荷兰皇家壳牌公司和联合利华集团。"跨国企业"（或者"跨国公司"）一词更加准确地反映出了现实情况，即这些公司通常是被一个国家的国民所拥有和控制并在国外从事直接的生产活动。因此，"多国企业"显得不再合适，"跨国企业"却显得更加精确，

因为这些企业跨越国界开展活动。鉴于此，“跨国”比“国际”也更准确。另一个时常被使用的术语是“全球企业”。这一术语是在20世纪70年代被巴尼特（Barnett）（Barnett and Muller，1975）传播开来的。他主要关注的是这些企业在全球的扩张，并创造了这个术语来反映这些全球活动的影响。

这些不同的术语在对于企业运作的描述上并没有本质的区别。区别在于一些术语强调所有权问题，而另一些术语则强调这些行为者的影响范围。虽然在命名上存在一些差异，但是大多数分析者都同意他们所描述的企业可以被定义为一个在两个或者更多的国家从事生产活动的企业。因此，无论这些企业被称为多国企业、国际企业、跨国企业还是全球企业，在现实中一个单一的定义便足够了。跨国企业是一个在两个或更多国家拥有和控制（增值性）生产设施的企业。这一定义认为不是所有的跨国企业都是巨大的、不可控制的，跨国企业在规模、资源、组织体系以及潜在影响力上都有所不同（见专栏7.2）。此外，根据分析者角度的不同，对于跨国企业的规模、资源和影响力的估计也大为不同。

专栏 7.2

纵向型、横向型以及混合型跨国企业

一种区分跨国企业的方法是区别其结构——纵向型、横向型或者混合型一体化（Grimwade，2000，pp.124-33）：

- 纵向型一体化是指生产过程的不同阶段被融入一个企业之中。例如，如英国石油公司等石油企业可能在中东拥有油井并在英国拥有出售最终产品的加油站。这种形式的投资可能是因为一个企业想要确保其产品供给或者通过企业内部交易降低成本。
- 横向型一体化是指一个企业同时在不同国家生产相同的产品。例如，丰田公司在美国和欧洲都拥有生产车间以绕开贸易保护并获得当地的市场。
- 混合型一体化是指一个企业在不同的国家生产不同的产品。例如，宝洁公司生产美容产品、家用产品、健康产品、婴儿用品以及宠物用品。这使得该公司能够分散风险并在不同的行业获得利润。

因此，不同的组织结构和活动可以使跨国公司出于不同的原因而采用不同的全球战略。

理论观点：解释跨国企业的发展

两个问题统治着关于跨国生产的讨论，即跨国企业的发展及其对主权国家的影响。在这一节中我们首先回顾一些致力于解释跨国生产增长的最具影响力的理论，然后简要地介绍关于跨国企业影响的不同观点。第一章和第二章所介绍的国际政治经济学的三种理论观点对于下文中所要讨论的问题给出了不同的解释。经济民族主义观点强调国家行为在创造全球生产所必需的条件上的重要性，并重点关注国家对跨国企业的控制力。自由主义理论在解释跨国生产增长和评估跨国企业对国家的影

响方面都更加关注市场的作用。批判性或者激进理论者强调资本主义关系变化的本质并对跨国企业给东道国经济带来的影响持怀疑态度。

跨国生产的增长吸引了各种社会科学学科的注意，如经济学、地理学、政治科学和商业研究。在这些大量的学科内、学科间以及跨学科的研究中，有三种研究跨国企业的方法（经济学、组织学和激励机制）尤为引人注目。经济学方法强调导致海外投资决策的市场特征。组织学方法强调企业的内部结构并从企业决策机制的角度寻求解释。激励学方法的解释是从个人及其价值观的角度出发的。在这里我们并不是要介绍所有已确立的理论，而是简要回顾在国际政治经济学研究中最有影响力的那些理论。这些理论可以被归纳为自由主义理论、结构主义理论和批判性理论。

弗农（Vernon）和邓宁（Dunning）提出了两个最为重要的自由主义理论。第一个被广泛引用的理论是由雷蒙德·弗农（Raymond Vernon，1966）所建立的产品生命周期模型。这一模型对美国商业的海外扩张进行了解释。弗农认为，通过先进的技术企业能够在美国国内市场上获得竞争优势。在第一阶段，这些企业能够较容易地将这些产品在国外销售。然而，美国商品的进口商逐渐获得了类似的技术并开始在其国内生产类似的产品。更重要的是，这些产品的价格往往比从美国进口的产品更便宜，因为没有运输成本。为了保护自己的市场，美国生产商被迫在海外建立工厂（第二阶段）。当外国的公司开始能够生产比美国公司更便宜的产品并向美国出口时，产品生命周期的第三阶段便到来了。根据这个模型，国际直接投资的主要动力来源于维持技术比较优势和保持市场份额。该模型的批评者指出，这一理论无法解释美国以外的国际直接投资（Caves，1974）。

另一个自由主义理论是由约翰·邓宁（John Dunning）建立的。邓宁是关于跨国企业研究最高产的学者。借鉴经济学和管理学的相关因素，邓宁建立了一个关于所有权、区位和内部化的模型。这是一个综合性的理论，重点关注海外投资的决策，并强调所有权特征和海外区位的选择（Dunning，1973，1981，1988）。

斯特兰奇（Strange，1991，1994）提出了一个替代自由主义的结构主义理论，并将重点从企业决策转移到了全球经济的主要结构变化。斯特兰奇列举出了三个加速跨国生产的结构性变化：运输成本的下降、新技术的发展以及新金融工具的出现。她认为在技术、通信和金融方面的结构性变化为跨国企业的发展创造了条件。她声称信息技术革命所带来的科技飞速发展加快了全球化生产的步伐；资本流动性的增加使得产业分散更加便利；知识体系的改变使得跨国界的通信和交通更加便宜和便捷。

关注资本集中和积累的马克思主义学者也对跨国生产的增长提出了解释。斯蒂芬·海默（Stephen Hymer）对批判性理论的发展做出了有趣的贡献。在其著作 *The International Operation of National Firms*（1976）中，他认为美国商业投资在海外的统治地位来源于其寡头垄断的商业结构。在随后的著作中，如 *The Multinational Corporation: A Radical Approach*（1979），他借鉴了列宁的帝国主义理论并对系统性因素给予了更多的关注，强调资本的不平衡发展。

关于跨国生产对民族国家和社会的影响相互矛盾的观点映射出了关于跨国生产起因的理论争论。大致而言，两种态度十分鲜明——积极的和消极的。一些分析者的观点强调国际直接投资的积极影响。但是另一些学者并不同意这些观点，认为总体而言国际直接投资给东道国带来了负面影响。积极的观点强调国际直接投资的积极后果。在大多数情况下，持积极观点的学者承认其会带来一定成本的可能性，但是更加侧重于国际投资有利的一面。消极的观点主要来自批判性和依存分析，并重点关注海外企业所带来的负面影响。虽然一些持此种观点的学者愿意承认国际直接投资的一些收益，但是其他很多学者认为跨国资本在任何情况下都无法产生积极的作用。这些学者倾向于强调这些企业相对于政府的规模。

我们并不惊讶于是自由主义经济学家和奉行自由主义的商业社区认为跨国生产活动能产生积极的影响。这些分析者认为，总体而言国际直接投资的直接和间接影响对东道国都是有利的。

国际直接投资主要带来了五个积极的直接影响：

（1）它带来了额外的资源和能力，即资本、技术、市场和管理技巧。

（2）它通过增加东道国的经济活动提供了额外的税收。

（3）它增加了 GDP，并因此增加了税基。

（4）通过更好地将东道国经济和全球市场联系起来，跨国企业促进了更加有效的劳动分工并因此带动了东道国的经济增长。

（5）国际直接投资通过进口替代、增加出口或者高效的投资改善了东道国的收支平衡。

国际直接投资主要带来了三个积极的间接影响：

（1）跨国企业带来了新的企业文化、管理风格、工作文化以及更多的动态竞争行为。

（2）通过更加有效的资源分配、竞争激励和对供应商及/或消费者的溢出效应，跨国企业能够帮助升级国内的资源分配和生产能力并提升本地企业的生产效率。同时它们还能够将相关的生产活动聚集起来，使参与其中的企业都受益。

（3）跨国企业提升了国家福利。其方式主要是更加直接地开放东道国经济，使其了解和学习其他国家的政治和经济体系，国外家庭的价值观和需求结构，更加优秀的工作态度、激励机制及产业关系，以及国外不同的风俗和行为规范。

批评者提出了四个主要负面直接影响：

（1）跨国企业转移太少的资源或资产，或者转移了一些不良的资源或者资产。跨国企业可以抛弃一些国外市场，也就是那些被国内公司所垄断的市场；不会针对当地的能力和需求进行调节；可能根本不会带来资本的增加。

（2）跨国企业使用转移定价以及其他手段降低税收。同样，对经济增长所带来的其他负面影响会减少总体的税收。

（3）国际直接投资可能会按照这些企业的利益促进劳动分工。这样的劳动分工可能对东道国的比较优势有所损害。劳动分工可能是基于这些企业在全球其他市场上利益的考量，可能与东道国的动态比较优势并不一致。

（4）通过限制出口、增加进口并在竞争中淘汰出口企业，跨国企业使东道国的收支平衡状况更加恶化。

批评者还提出了四个主要的负面间接影响：

（1）国外的企业文化、管理风格、工作方式并不适应或者并没有改变本地的商业文化。国外产业关系的引入可能导致本国的行业动荡。通过实施反竞争的措施，跨国企业可能使市场高度集中。

(2) 外国企业可以通过使本地生产活动局限于低附加值产品并主要进口高附加值中间产品的方法限制本国资源和能力的升级。它们可能还会限制本地企业与国外供应商及相关行业的联系，并以此减少东道国经济获取规模效应的机会。

(3) 通过广告、商业惯例、劳动行为规范以及环境标准，跨国企业可能会给东道国带来价值观念的冲突。

(4) 跨国企业可能会直接干预东道国的政治体系或者选举过程。

下文中我们将论证这样一个观点：跨国企业的出现和发展是变化的政治、经济、科技和管理环境的结果。我们还将提出一种观点，这种观点并非试图调和上文中所述的不同观点之间存在的矛盾，而是试图解释这些矛盾。这种观点认为国际直接投资的成本和收益在不同的案例中各不相同，这些成本和收益的具体内容根据观察者不同的价值观而有所不同。之所以提出这样的观点，是因为我们认为这些相互争论的观点的主要问题在于其对政府—企业关系的看法。支持跨国企业的观点忽略了市场的力量。它们认为跨国企业是完全有益的，因此忽略了非经济因素以及市场失灵和市场扭曲的影响。反对跨国企业的观点将企业妖魔化，完全不相信政府制定经济政策的能力，并忽略了世界经济中所发生的结构性变化。

主要发展

全球生产体系发生了两个主要的变化。第一个是生产的全球化。企业活动和商业网络在全世界范围内传播开来。第二个是生产组织形式的基本原则和全球生产体系的主要特征发生了变化。

生产的全球化

诸如“从国内生产到全球生产”以及“从本地市场到全球市场”等描述很好地形容了生产的全球化。生产的全球化指的是企业活动和商业网络在全球范围内的扩散和传播。它是全球经济结构性变化、跨国企业组织形式和战略的变化以及国家政府政策变化的结果。最开始，跨国生产被视为一个显著的美国现象。欧洲和日本企业以及随后来自如中国、印度和巴西等发展中国家的企业在海外的拓展显示出生产已经成为了一个真正的全球事件。对于很多分析者而言，二战后美国霸权的建立开启了生产的全球化。这一生产的全球化是“建立在海外低廉生产线的基础上的”(Bernard，1994，p. 221)。这在某种程度上也是美国外交政策的结果。这些政策鼓励制造企业在反共产主义的国家里进行投资以支持这些国家在冷战中的地位。然而，在过去的30年里，跨国生产已经不再单纯地起源于美国经济增长和政策选择，并逐渐变成了全球经济发展的动力。许多工业国的企业发现它们的活动已经超越了“国家消费市场、国家法律和国家金融市场”，并“根据企业的全球战略开始为全球市场”而生产（Strange，1991，p. 246）。

战后资本主义生产模式和自由贸易的传播带来了一个复杂且高度融合的世界经济。在其中，国际贸易和投资流动大规模、大幅度地增长。基于金融和贸易的国际经济体系导致了国家间相互依赖的增加以及更加密切的关系。这一过程的一个重要方面是跨国生产的增长。企业在海外生产的能力得到提升，并同时维持着对海外分支部门活动的直接控制。许多企业将其经营活动传播到其他国家，并因此促进了全球化过程，拓展了国家间的联系。跨国企业的组织形式发生了巨大的变化，并带来了高度的一体化（Dicken，1992）。下一小节我们将介绍这些变化。首先，我们将介绍在技术、通信和交通、金融以及关于发展的政治条件方面所发生的结构性变化。

技术发展

全球生产体系被快速发展的技术环境所主宰。新技术将创新置于获取利润的关键位置。新技术的发明、运用和传播对于经济效率和国际竞争力的提升至关重要。新的生产技术是以先进的技术创新、成熟的组织协调以及更加高效地满足消费者需求的方法为特征的。随着这些方面的发展，生产大规模增长并变得更加经济有效。

技术的快速发展提升了成功的生产者为市场提供新产品或者使用新材料或新工艺的能力。同时，生产过程中技术的快速发展对于建立世界市场体系十分重要。技术进步使企业开始寻求更大的市场，并使得企业在全球生产和销售商品变得更加容易。由此，技术进步促进了全球商品和服务市场的出现，并使全球消费者的品位更加趋同。此外，新技术使产品和其生产过程的生命周期被缩短，有时是大幅度地缩短。为了满足消费者的需求并在战略联盟中获得优势，新技术必须在产品和服务中被广泛地运用，并使这些产品和服务价格更低廉、更容易获得。随着新产品快速地取代旧产品，技术在生产过程中起到了更加重要的作用。我们可以通过简单回顾一些家庭娱乐消费品在全球范围内，尤其是在先进工业国家的发展来了解这一过程。在20世纪早期，家庭音乐娱乐主要是通过手动的方式，如钢琴、管乐器和弦乐器。从21世纪开始，我们可以通过一些电子和数字技术在家中制作音乐。由于数码音乐的发展，黑胶唱片和磁带被光盘所取代。仅仅在不到20年前还被广泛使用的录像带已经被DVD所取代，而DVD本身也可能会在不久的将来被在线视频或流媒体视频所取代。

同时，企业对于研发的投入以及创新的成本都大大提高。研发和运用新技术、产品和工艺的成本需要很长的时间才能从市场上获得补偿。为了保持产品的竞争力，尤其是当其他公司可能已经国际化时，企业必须获得海外市场以增加销售量。虽然自由贸易得到了发展，但是进入国外市场依然困难重重，潜在的贸易壁垒依然是一个问题。为了克服这个问题，企业可以直接在它们想要开拓的市场进行本地生产。这一方法被证明是十分经济有效的（Strange，1991，pp. 247-8）。

通信和交通

跨国生产增长的主要原因之一是国际交通和通信成本的不断降低。交通和通信成本的下降有利于企业总部进行更好的战略规划并促进了生产外包的发展。通信成本的下降使得建立全球信息管理的新系统成为可能。信息和交通技术降低了远距离管理的实际成本和风险。更加可靠、迅捷和高效的通信网络意味着跨国企业可以及时和其子公司取得联系。虽然存在一定的地理距离，但是信息在这些企业内部的流动变得相对自由。交通体系也同样变得更快、更加可靠。因此资源和产品可以以较低的运输成本轻易地从原材料提炼厂运输到加工厂并最终到达消费市场。例如，在20世纪80年代中期，苹果电脑在最终到达消费者手中之前要“旅行”大约200万英里（Kaplinsky，1991）。这些全球的生产线是高度流动的，而生产的组织却是“集中协调的”（McMichael，1996，p. 89）。通信网络还给跨国公司带来了更大的市场：电视、收音机、杂志、报纸和互联网将这些企业的广告传播到了千家万户，并使得它们以相对较低的成本进入了全球市场。电信技术使企业能够在全球范围内组织生产，将产品组件和软件在海外各生产点间运输，并在全球市场上销售其产品。在数字通信技术变得触手可及并融入我们日常生活之中的同时，它也逐渐融入社会的方方面面，并进一步将消费者推向了一个全球的市场。

金融

跨国投资的核心是资本收购和配置。国际金融的发展建立了一体化的金融市场，促进了全球生产的发展（Stopford and Strange，1991）。随着金融的国际化，企业能够在海外对其生产活动进行融资。金融市场的国际化是三个因素共同作用的结果。第一个增加资本可获得性的因素是科技创新。科技创新降低了跨国交易的成本，使国际私人资本交易更加便利。第二个因素是阻碍资本流动的政府、法律和技术壁垒的清除。这些壁垒的清除使得跨国资本的流动更加容易。资本市场的自由化浪潮席卷了全世界。这一尚在发展中的自由化浪潮始于20世纪60年代欧洲货币市场的建立，并在20世纪70年代中期和80年代早期随着美国所发起的去监管化而持续发展。这些壁垒的消失带来了资本流动性的增加（见表7.3）。以前企业海外生产融资困难以及资金流通困难的问题已经不复存在了。

第三个因素是金融工具创新的发展。各种各样的金融工具和资本流动方式支持着生产的全球化以及跨国企业在全球金融市场上的跨国界交易。这些金融工具的发展主要发生在发达国家，因为这些国家融入国际市场的障碍是最小的。但是，它们对发展中国家也十分重要。这些工具包括利率、货币和股票指数期货以及场外金融工具，如衍生工具、掉期、期权、期货、远期交易、债券借贷和再保险。由此，在一些以前资本流动比较困难的地方资本已经可以在国家间流动了。这些发展的影响超出了资本市场。资本流动给国际贸易和跨国企业的组织都带来了很大的变化。商业和国际投资的持续增长是生产全球化的核心因素，因为它们为跨国企业活动的扩张提供了资金。

表7.3　　全球资本流动的增加，1980—2011年

	净私有资本流动（10亿美元）			
	1980年	1990年	2000年	2011年
新兴和发展中经济体	14.67	38.58	77.515	521.006
中东欧	4.082	5.187	31.552	88.897
发展中的亚洲	8.738	31.118	−10.808	303.209
拉丁美洲和加勒比地区	34.646	−10.44	66.43	198.934
中东和北非	−34.289	9.058	−0.708	−18.493
撒哈拉以南非洲	−1.506	3.657	4.606	9.201

资料来源：IMF（2012a）.

国际金融的发展极大地改变了世界经济的体制和结构。分散的资本市场融合成一个全球化的储蓄和信贷市场，这意味着跨国企业有更大的可能性在任何其经营所到之处进行融资，而不需要跨国界和跨币种转移资金。跨国企业或许并不需要寻求新的资金。如果需要，它们则可以在本地寻求。

与这些变化相伴的是资本外逃对东道国的影响。短期的资本流动导致了国际金融市场的不稳定，并在1994年的墨西哥危机、1997年的亚洲金融危机以及2001年的阿根廷危机中起到了很大的负面作用。国家政府和国外投资者之间的关系既可以是相互适应并合作的，也可以是充满敌意和对抗的。关键之处在于，资本并不是孤立存在的，资本对民族国家的影响取决于政府和商业之间的关系。专栏7.3探索了这类关系中的一种。

专栏7.3

政府监管、国际资本和金融动荡：以韩国为例

直到20世纪80年代后期，政府对经济，尤其是对金融领域的干预对韩国的发展仍然是十分重要的。对如利率和信贷分配等主要经济活动的干预使韩国政府能够支持一些特定的战略性行业的发展。随着韩国资本控制的部分去监管化，韩国经济暴露于不受监管的国际资本流动之下，并受到了资本外逃和国际投机者的威胁。如发行债券和股票等直接融资占总融资额的比重不断上升，从1970年的15%增加到了1990年的45.2%。

在20世纪90年代，相对于对长期银行利率的监管而言，政府对短期商业票据市场的去监管化进程进行得要更快。这就导致了短期借贷的大量增长。在1992—1996年之间，短期负债占据了流入韩国资金的84.4%。到1996年，它更是占到了韩国GDP的三分之一。在经济快速增长的情况下，这些"热钱"在满足消费需求方面所进行的产能投资是十分有益的。但是，当经济陷入低迷时，这些大量的投资将变成过剩的产能和在短期内必须偿付的债务。按期偿还这些债务往往是十分困难的。不良贷款的增加使外国投资者失去了对韩国经济的信心，大量的资本开始外流。因此，短期投资所创造的韩国"泡沫经济"直接受到世界经济增长（尤其是出口需求）以及外国投资者信心的影响。短期资本流动构成了20世纪90年代中期韩国经济的一个主要的不稳定因素。

政治

生产的全球化同样还受到了国家政府政策的影响。国家的政策决策不能简单地被视为对世界经济结构性变化的一个自动反应或者完全来源于竞争压力。国家政府有各种动机并面临着不同的压力。在这里，我们主要讨论政治因素对生产全球化影响的三个方面。第一，在二战后对自由主义贸易和支付体系的建立和维护中，政治因素起到了重要作用。二战形成了早期跨国生产发展的背景。本章一开始我们就提到了美国利益和美国外交政策在美国商业向外扩张中的重要性。支撑着布雷顿森林体系的美国军事和政治实力以及在与苏联的冷战冲突中支持资本主义体系的美国外

交政策对于跨国生产的发展至关重要。第二，在1973年后刺激生产体系发生变化的金融市场自由化是国家政策决策的结果。美国和欧洲自由化的程度、内容和时间显示出了竞争压力所带来的不同影响，而不是结构性变化和政府管理之间的必然联系。

第三，20世纪60年代和70年代制造业生产向第三世界国家的转移是这些国家开展各种民族主义项目的结果。对于这一转移，一个经常被忽略的主要原因是这些发展中国家政府吸引外国投资的政策。一些东亚国家建立了它们自己的出口导向型工业化模式，并寻求大量的外国投资。一种方法是建立出口加工区（export processing zones，EPZs）。出口加工区是一个专门为出口生产而建立的区域。在其中，国家相关规定会被一定程度地调整或者降低，以吸引外国投资。例如，在墨西哥，一个投资公司前十年将被给予百分之百的税收减免，后十年百分之五十，以吸引外国投资者入驻其位于与美国交界处的出口加工区（McMichael，1996，p.94）。出口加工区对跨国企业是有吸引力的，因为它们可以以最小的外部成本提供廉价的劳动力。同时政府从这些资本投资中获得利益并从出口中获得外汇收入。当然，这不是投资流动的唯一决定因素。其他的因素包括企业对进入新兴市场的需求。进入这些市场最好的方法便是将生产的一部分或者全部放在这些第三世界国家里进行。与此同时，另一个因素是企业还在工业世界里遭遇了市场饱和及利润下滑。

出口加工区是充满争议的。其支持者和批评者对于它的积极和消极的影响争论不休。对于支持者而言，它们建立起了本国经济和世界市场的一个联系并对就业和增加收入做出了贡献。对于批评者而言，它们是剥削性的“飞地”，没有给本国带来预期的利益，反而增加了本国对外部经济的依赖。出口加工区的影响已经被政府、独立研究者和国家组织深入地研究。专栏7.4介绍了国际劳工组织（International Labour Organization，ILO）的研究成果。

专栏7.4

出口加工区：ILO的观点

一份ILO的研究*Labour and Social Issues Relating to Export Processing Zones*（1998a）报道了20世纪80—90年代出口加工区的快速发展以及其地理分布。大量的出口加工区位于北美（320）和亚洲（225）。但是出口加工区在如加勒比地区（51）、中美洲（41）和中东（39）等发展中地区的集中程度正在上升，在全世界范围内也在提高。报告显示，传统上出口加工区主要是和制造业产品相关的，但是这一情况在一些地区发生了变化。例如，在伊斯兰堡，一些致力于鲜花和玫瑰洋葱出口的农产品出口区被建立起来了。关于出口加工区对经济增长的影响这一核心问题，这份报告的一份通讯稿提出：“出口加工区和大多数东道国的国内经济之间并没有建立起有意义的联系”（ILO，1998b）。此外，这份报告的主要作者Auret Van Heerden认为，“最低标准的缺失以及糟糕的劳资关系会带来一些预期的结果，如高劳动力流动率、旷工、高压力和疲劳、生产效率低、原材料大量浪费以及劳动力市场动荡。这些在出口加工区是十分常见的”（ILO，1998b）。

这份报告总结认为，虽然一些国家

已经在其国内建立了出口加工区，但其他一些国家却并不以为然。出口加工区是否能够使东道国受益是与这些区域里生产产品的种类和相关产品技术有关的。马来西亚和新加坡吸引了高质量的投资进入其高科技加工业，并利用这些行业培育本国高技术的劳动力市场。孟加拉国、巴基斯坦、斯里兰卡等拥有大量劳动密集型区域的其他一些国家发现出口加工区并没有提高本国劳动力市场的质量，而是使其工人的技巧依然停滞不前。在纺织、服装制造和电子产品组装等领域，妇女占到了90%，甚至更多。在这些加工和组装工作中，企业视劳动力为必须控制的成本而不是需要培育的资产。

□ 变化的组织原则

国际生产的全球化是对全球经济的结构性变化以及政府政策的一个反应。它还是企业内部组织形式变化以及更广泛的生产体系变化的结果。

过去，生产过程的每一个阶段都是由不同的企业完成的。随着时间的推移，企业逐渐认识到通过使一个企业控制几个阶段，生产成本会被降低且生产效率会被提高。在生产的每一个阶段之间企业间都存在着交易成本。如果这些企业合并，它们便可以使这些成本内部化，并带来总体上外部成本的降低。纵向一体化或者生产过程的内部化是一个促进跨国企业发展的主要经济动力。当一个企业决定将其生产过程的一部分移到国外的时候，它依然控制着这一生产过程，并通过在企业内部运用“全球适用的技术和营销技巧”(Casson，1991，p. 271) 降低成本。由此，它们便可以不再需要通过利用其他的方式在东道国进行生产了。这一内部贸易仅仅只是将收入在企业内部不同的部门之间进行重新分配，消除了交易的任何一方违约的可能性。这便增加了企业的安全度以及对核心管理机构的控制，并避免了外部力量对生产过程的干扰。世界贸易的很大一部分都是在跨国企业内部进行的。在生产过程中，这些企业将不同的组件在海外分公司和母公司之间进行移动。交易内部化所带来的成本降低激励了企业进行跨国的生产。某一行业内一个企业的决策可以对其他企业带来压力并迫使它们进军全球市场，以保持其竞争力。

另一个发展是一体化的跨国界生产体系的建立。这一体系的实现是当整个生产过程被散布到国家内或国际上的不同地区的情况下而出现的。跨越国界的相互协调将世界各地的零部件、机器、金融和企业服务联系在了一起。由此，一个全球化生产过程便出现了。在这一过程中所强调的一个重点是如何将生产转移到最适宜的地方。此外，电子化的网络体系使制造企业间的全球联盟更加便利，这促进了更加高效的企业零部件或者最终产品的外包生产。

从福特生产到后福特生产

20世纪50年代和60年代跨国企业活动的扩张是与后来被称为“福特生产体系”的体系相吻合的。这种生产体系是根据美国企业家亨利·福特（Henry Ford）而命名的。福特生产体系遵循两个简单的原则，即大量生产和大量消费。标准的生产体系基于半熟练劳动力的工厂体系，在其中，这些劳动力使用专业化的设备大批量生产标准化的产品。流水线生产降低了成本并给企业带来了比较优势。通过训练工人从事程序化的工作，效率得到了提高。提高的效率和大批量的生产给企业带来了规模效益。在这个体系下，工人赚到了足够多的工资，促进了消费，并因此确保了工厂生产的高周转率。然而，从 20 世纪 70 年代后期起，制造业活动的组织形式开始发生一些变化，跨国企业的重心逐渐从劳动力成本和大量生产向产品创新转移。消费者需求的变化意味着产品创新比价格优势更加重要，虽然价格依然是一个重要的因素。企业现在更倾向于寻求更加灵活的专业化、有竞争力的差异化以及质量控制。这些也逐渐成为了其生产过程中的主要特征。这就意味着大批量生产与其他企业类似的产品将无法获得在当今市场上的竞争优势。

20 世纪 80 年代，日本汽车企业丰田建立了准时（just in time，JIT）生产体系。在这一体系中，丰田的供应商在汽车组装前两小时及时发送零部件。JIT 体系使得丰田公司没有库存并能够根据消费者的需要和消费市场的变化迅速地调整设计和生产（McMichael，1996，p. 107）。这些新的生产体系降低了企业批量生产以及储存货物的能力，但是工人通常需要更高的技艺，以便在生产车间随时做出关于设计和管理的决定。此外，快速生产满足市场需求的产品就要求供应商和组装车间的地理位置比较靠近。在这一体系下，低工资的优势对生产位置选择的影响已经没有在福特体系下那么重要了。影响位置选择的因素主要包括与供应商和市场的距离以及熟练劳动力和专业技术的获得。后福特生产同样对基础设施有很高的要求。这一点是很多拥有廉价劳动力的国家无法满足的。

在这一新模式下，许多跨国企业需要将其整个生产链安排在一个区域内。相对于非洲而言，这一变化给东亚带来了更大的竞争优势。在东亚，一些国家致力于提升本国劳动力的质量并在 20 世纪 60 年代和 70 年代的工业化浪潮期间完善了本国的基础设施。同时，一个大的商业网络在这些国家逐渐建立起来，其中很多企业已经进入了跨国企业的生产线之中。然而，对于非洲很多国家而言，跨国企业短期内在这一区域进行大量的投资似乎是不可能的，因为它们缺乏基础设施、地理位置远且教育水平低。虽然在后福特体系下对批量生产产品的需求依然是市场的一个特征，但是对更加灵活和有创意的产品的需求已经改变了国际投资的方向。

并购、战略合作和合资经营

如果说从福特到后福特生产的转变体现了资本主义生产的管理组织原则变化，那么跨国企业对新兴世界市场的管理也在发生变化。企业态度、组织体系和商业行为不断地适应着全球经济和政府政策的变化。从 20 世纪 80 年代开始，一个变化是并购、合资经营和其他战略合作的增加。表 7.4 显示出了 2005—2010 年间跨国合并的情况。战略合作、合资经营以及不断增加的合并一部分是由于技术变化对产品生命周期的影响（如前所述），一部分是由于新市场发展，一部分则是服务业发展的结果。一个企业可能无法同时拥有技术、研发资金、对本地市场的了解、融资渠道以及在快速变化的环境中保持竞争力所必需的市场份额。因此，企业必须在组织结构上对这些变化做出一些调节。

表 7.4　　2005—2010 年跨国并购

年份	2005	2006	2007	2008	2009	2010
数量	5 004	5 747	7 018	6 425	4 239	5 405
价值（百万美元）	462 253	625 320	1 022 725	706 543	249 732	338 839

资料来源：UNCTAD (2011).

另一个发展是对国际投资新态度和新战略的出现。过去，企业倾向于要么连续地增加投资，要么连续地减少投资。而在过去大约 15 年里，企业会同时使用投资和撤资的策略。它们可能在一个行业或领域扩张而同时在另一个行业或领域缩减其投资。这同样也是对产品生命周期缩短和市场结构被细分的反应。

第三个变化是在后福特生产体系下企业必须同时关注市场一体化和本地市场专业化以及它们之间的关系。例如，全球汉堡连锁店麦当劳在全球实行标准价格，却针对本地市场开发不同的产品。新加坡的消费者可以购买配有米团的汉堡，德国人可以买到德式香肠汉堡，印度人的汉堡可以加入咖喱，以色列人钟爱沙拉三明治，挪威人喜爱三文鱼卷，而西班牙人则可以就着西班牙凉菜汤享受巨无霸汉堡 (*Chicago Tribune*，2012)。企业意识到它们掌握了一些可以为其带来竞争力的优势或者核心能力，但是只有当它们的生产能够真正反映消费者的需要以及它们所面临的不断变化的文化环境时，这些优势或能力才能发挥作用。

主要问题

这一节探讨关于跨国企业的三个问题。第一个是如何评估国际直接投资的积极影响。关于这一点，我们认为需要针对具体案例具体分析。第二个是关于政府—企业关系的讨论。第三个是关于资本监管。

□ 重新评估 FDI 的收益

正如前面关于不同理论观点的小节所指出的那样，关于跨国企业对国家社会的影响存在着不同的观点。国际直接投资的支持者和反对者之间的争论始于 20 世纪 60 年代，一直持续到今天。在 20 世纪 70 年代，第三世界对国际经济新秩序的呼声达到了顶峰，依存分析变得流行，批判性观点被给予了极大的关注。但是随着新自由主义的胜利，发展中世界被迫接受结构调整的政策，国际直接投资的支持者逐渐占据了上风。协调这两种对立的观点是十分困难的。不同的分析者使用不同的统计数据和案例支持自己的观点。关于沃尔玛的讨论便是一个活生生的例子（见专栏 7.5）。

专栏 7.5

跨国企业沃尔玛

大多数世界领先的跨国企业都是石油企业、汽车制造企业、电信企业、电脑企业或者金融公司。然而，2008 年零售商沃尔玛成为了营业收入世界第三、就业人数世界第一（2 100 000 人）的企业。沃尔玛的官方网站上显示它在 15 个国家有 8 100 家分店，并且每周为超过两亿的消费者服务（http://walmartstores.com/AboutUs/）。围绕着沃尔玛的发展和争议揭示出了跨国企业所带来的深远影响。沃尔玛最开始是受到美国生产商支持的一个公司，现在已变成一个 70%的产品都来自中国的跨国企业。如果沃尔玛是一个独立的国家，它将是中国第八大贸易伙伴（Jingjing，2004）。作为世界上最大的零售商，沃尔玛对一些国家产生了巨大的影响并带来了同样巨大的争议。由于其庞大的规模，沃尔玛选择供应商的决定以及其工资和福利标准对本地和全球劳动力市场均起到了一个标杆的作用。沃尔玛因为一系列行为而遭到批评，如：

- 阻止工人加入工会；
- 支付很低的工资；
- 限制员工福利；
- 牺牲全职员工的福利来提拔临时工；
- 通过要求供应商不断降低成本而导致了恶劣的工作条件；
- 导致了环境恶化；
- 破坏本地社区和商业。（http://www.walmartwatch.com.）

沃尔玛还成为了一些反对它的活动家所制作的纪录片的主角，如 *Wal-Mart：The High Cost of Low Prices*（2005）。对于这些批评，沃尔玛回应道，它通过提供就业帮助工人和社区并通过提供低廉的商品减少了贫困。它还强调了其参与的一系列活动，从灾难救助到支持美国军队（www.walmartfacts.com）。

本书中所使用的方法不会特意夸大这两种观点中的任何一种。我们认为国际直接投资既有负面的影响，也能带来一些好处，但是这些负面影响和好处只能在特定的环境中才能被判断出来。这就要求我们的分析必须关注特定国家和企业的特征而不能将它们视为统一的整体。这里，我们讨论政府试图增加国际直接投资流入以使其社会受益的方法。换句话说，我们提出一些关键的问题。这些问题在具体的案例中应通过研究政府和跨国企业关系而被详细地考察。

对跨国企业的反对究竟是来源于其规模和对经济资源的控制还是其对生产性资产的占有目前还不是很明确。国际直接投资的成本和收益已经通过一些经济、政治和文化的标准进行了评估。经济标准包括收支平衡、经济增长和税收。政治问题包括对国内政治的干预和对主权的影响。文化问题主要是品味的变化和对国家传统文化的保护。评估跨国企业投资给东道国带来的成本和收益根据分析者所选用的标准不同而不同。分析者不同的分析角度会得出不同的结论。例如，如果对跨国企业的反对主要针对其外国所有权，那么即使其所带来的经济效应是积极的，对跨国企业的批评依然会存在。

是什么决定了国际直接投资的收益呢？政策如何确保这些投资能够更好地促进本国经济增长和发展呢？这些问题的答案依赖于东道国政府的政策、投资的经济和社会环境、企业的类型以及其所投资的行业。

跨国企业对东道国的影响在很大程度上取决于东道国政府的政策。虽然我们承认国际直接投资的影响同样来源于一些并不一定受政府控制的经济和社会因素，但是我们依然要强调政府的政策。在决定引进国际直接投资时，除非政府政策致力于从跨国企业的活动中为其居民取得更大的经济和社会福利，否则东道国经济无法从其中获得足够的收益。这不仅仅只是一个政府如何使用外国企业的问题。政府需要对外国投资者的活动进行必要的控制和干预，以确保它们对东道国的积极影响最大化。关于国际直接投资影响的不同结论，尤其是在发展中国家的，反映了政府在引导外国投资的生产活动上的成功和失败（Stopford and Strange，1991）。虽然一些国家并没有对这一问题给予足够的关注，但是很多国家都一直努力地引导跨国企业的活动，使其有利于国家发展计划的实现。例如，在新加坡，跨国企业被引导开展“附加值高于平均水平的生产活动”并帮助“提升了本国的劳动力质量”（Dunning，1985，p. 415）。这带来了新加坡高水平的发展和经济增长，并使其现在能够发展更强大的民族产业，有更多的熟练劳动力可以使用。在一些国家积极地使用出口加工区来吸取外国投资的同时，另一些国家则小心翼翼地避免出口“飞地”的出现以确保至少商品的一部分是在本国生产或者转包给本国生产商的。因此，东道国政府对跨国企业政策是决定跨国企业是否能够提升或促进本地行业发展的关键。关于国际直接投资对发展中国家带来的收益的一个主要观点是技术的转移。的确，这是许多国家允许大规模外国投资的一个主要原因，因为如果没有跨国企业所带来的资金和技术，这些国家获得工业技术将十分困难，在有些情况下几乎是不可能的。虽然有时跨国企业所带来的技术转移使得相应的技术在东道国得到了快速的传播，但是如果政府没有升级其人力资源和技术的能力，这一技术的传播是不可能产生最大化的影响的。然而，正如下文中将要讨论的，政府政策只是一个方面的因素。如果所转移的技术相对于跨国企业母国而言不是很先进，那么再多的试图提升本国人民技术水平的政府规定或者国家政策都无法带来高附加值的国际直接投资。研究显示，通常从工业国转移到发展中国家的技术只是为了在这些发展中国家开展较低水平的生产活动（Bernard，1994，p. 251）。另一方面，在发达国家，技术转移要更加有效，因为它们有更好的“从外国投资者那里学习先进技术”的能力（Lall，1991，p. 251）。

跨国企业通过提供额外的资金、积极地影响收支平衡、增加税收以及传播技能和技术而对经济产生的影响是依赖于政府的政策的。政府可以建立一个宏观经济体系并进行法律和管理的改革，以确保本地企业和外国资金的积极联系。在发展中世界里，政府对这些改革的态度以及设计和执行这些必要改革的技巧和能力有着很大的差别。在这样的情况下，国际直接投资的影响便会因为所讨论的国家不同而不同。我们并不是说有效政策的执行是一件很简单的事情，或者没有成功执行类似政策的政府便是无能的。相反，国内政治经济的改革是一个复杂和困难的过程。在这里我们并不探讨经济、政治、文化和制度层面的国内政策改革。在本章中，重点是国际直接投资的收益会在不同的当地状况下有所不同。

证据显示，整体而言，那些开放国际投资并允许跨国企业建立服务于出口的生产车间的发展中国家似乎比那些限制这些行为的同类型国家工业化速度更快（Lall，1991，p. 251）。这一结论得到了国际贸易数据的支持。国际贸易数据显示，1960—1979 年间，第三世界国家的世界贸易份额从 6%增加到了 10%（McMichael，1996，p. 86），且大多数这些贸易都是跨国企业所生产的工业品的出口。来自后共产主义经济体的证据同样支持这样的结论。如前所述，政府政策在工业化过程中同样起到了重要的作用。政府建立必要的基础设施，促进本地经济融入全球体系之中。这些做法是十分重要的，因为通过这些方法，即使跨国企业从本地撤出，本地企业也能够继续参与到世界贸易和生产之中。

虽然上文中认为伴随着合适的政府政策，跨国企业对本地经济的参与将能够对本地经济的发展带来积极的影响，但是政府是否能够做好本职工作并与这些跨国企业进行有利于最大化本国利益的谈判依然在讨论之中。跨国企业的结构性实力可能会导致这样一种情况，即政府所奉行的完美的宏观经济政策可能不会带来积极的效果。例如，虽然出口和工业化水平都有可能被提升，但是东道国的实际发展也可能受到抑制。发达国家和发展中国家都有这样的担忧，即跨国企业在东道国建立的生产车间只是为其母国“从事主生产活动的工厂”而服务的（Dunning，1985，p. 415）。这一状况的结果是，东道国只能从中积累很少的利润，因为大多数利润都会流回母国。甚至更重要的是，高附加值活动，如研发，依然还是倾向于在跨国企业的母国进行，很少的先进技术会被转移到海外的分公司。这就限制了东道国政府建立生产高端产品行业的机会，或者在一些情况下摆脱生产工业零部件的机会。例如，有人认为第三世界所获得的出口导向的工业化更多是第一世界“剥离其消费品生产”的结果（McMichael，1996，p. 86），而不是它们主动地帮助发展中国家进行工业化的结果。

企业内的研发同样也倾向于留在母国进行。对日本、德国和美国的跨国企业（三个最大的国际投资来源国）的一份研究显示，“大量的研发支出”依然发生在母国（Pauly and Reich，1997，p. 22）。总体而言，在海外所进行的研发主要是为实现产品定制化而进行的本地市场研究，或者是为了收集相关信息并送回母国（Pauly and Reich，1997，p. 12）。例如，耐克的大多数鞋产品都是在亚洲生产的，但是产品设计和营销设计都是在美国的总部进行的（McMichael，1996，p. 98）。如拉尔（Lall，1991，p. 253）所指出的那样，发展中国家所获得的是操作技术（know-how）而不是研发创新的能力（know-why）。另外，随着技术市场在跨国企业的内部化，发展中国家技术发展和突破受到了很大的限制。拉尔进一步补充道，来自韩国的证据显示，操作技术在那些跨国企业进入受限的行业里发展的水平更高。简而言之，大量的证据显示，来自先进工业化国家的跨国企业一直严格控制着其先进的技术。

此外，从民族主义的角度出发，如果外国企业进入本地市场导致本地企业被排挤出市场，那么即使它们能够带来一定的效率提升，它们也会被视为最终将破坏本国经济的一个消极发展。在西方国家工业化期间，保护主义政府政策通常对幼稚产业进行保护，以使其在面临竞争时变得更加强大。然而，随着跨国企业的介入和国际贸易的自由化，发展中国家新兴的本地行业并没有获得类似的发展机会。到 20 世纪 70 年代早期，跨国企业所控制的工业品出口的数量从中国台湾的 20%、巴西的 43%达到了新加坡的 90%（McMichael，1996，p. 82）。没有东道国良好的管理和精心制定的政策，跨国企业所带来的技术转移和工业发展实际上无法帮助发展中国家缩短其与先进工业国的差距。虽然发展中国家确实从跨国企业的投资中获得了一些收益，但是更多的批评者认为这些收益仅仅只是先进工业国转移其制造业和非技术密集型生产的副产品。因此，第三世界变成了一个廉价消费品的来源地。高度工业化国家已经不再生产这些产品。

□ 国家—企业的关系

关于国际直接投资对东道国社会所产生影响的问题是和另一个更加宏观的问题联系在一起的，即国家和企业间不断变化的关系。这里所讨论的核心问题是国家和跨国企业相对权力的变化。很多评论者和社会团体担心生产的全球化已经创造或正在创造这样一种状况——国家正失去其权威和权力，在很多领域正被跨国企业所取代。

跨国企业在全球政治经济体系里是财富的创造者。凭借此，其影响政治体系的能力不断增加。当企业的活动局限于一个国家之内时，这些企业依赖于国家和政府在国际上代表自己的利益。然而，现在跨国企业已变成了国际政治经济体系中的重要参与者（Stopford and Strange，1991），且有时它们的影响力比一些国家还大。为了吸引国际投资，政府越来越多地参与到与跨国企业的谈判之中（Strange，1994）。在发达国家和发展中国家，政府越发需要和跨国企业开展合作以实现其经济、政治和社会目标。考虑到国际投资所带来的机会以及这些机会对经济规划和增长的重要性，试图通过监管政策控制许多大企业活动是困难且危险的。因此，政府开始进入一种新的政策环境，在其中它们必须试图在吸引、鼓励外资和实现一系列社会目标并追求所谓的"国家利益"之间找到一个平衡点。在这一新的环境里，国家依然控制着其领土，企业要进入这些领土以开展商业活动。因此，政府拥有企业所无法企及的高度合法性。然而，国家之间在试图监管跨国企业活动的时候可能发生冲突（见专栏 7.6）。不断变化的政府—企业关系带来了一些问题。这里，我们主要讨论四个主要问题：政府对跨国企业态度的变化、决策和国家自治、国家政策的转变以及对劳动者的影响。

专栏 7.6

西班牙对其跨国企业的保护

从何种程度上国家视本国跨国企业的利益和国家利益一致呢？美国政府的外交政策通常被认为有利于其跨国企业。但是这一趋势不仅仅限于美国。西班牙政府在 2012 年 4 月所采取的一系列措施就是一个有趣的例子。那时的阿根廷总统基什内尔宣布她的政府将收购一个叫做 YPF 的本地石油公司的所有资产。阿根廷政治家对该公司的表现表达了不满，并声称它并没有按照有利于国家利益的方式经营。YPF 是阿根廷最大的石油企业，直到 20 世纪 90 年代被私有化之前一直是政府所有的。1999 年，这家企业被西班牙的一个企业雷普索尔（Repsol）所收购。阿根廷政府通过购买股份将其国有化并使其重回政府的控制。

西班牙政府十分不满阿根廷对待这家西班牙企业的方法并威胁将断绝与阿根廷的经济关系和友好往来。西班牙首相马里亚诺·拉霍伊（Mariano Rajoy）明确表示西班牙国家的利益和西班牙跨国企业的利益是一致的。他还大胆地宣称："无论西班牙企业到哪里，西班牙政府都会在那里维护它们的利益，就像西班牙政府维护自己的利益一样"（Macalister and Goni，2012）。

变化的态度

决定国家—企业关系变化的一个重要因素是政治精英对国际直接投资影响的观点和态度。在过去的 40 年里，政府对跨国企业的态度发生了显著的变化。20 世纪 60 年代南北对话刚开始的时候，许多第三世界政府对国家直接投资是高度批评的，甚至可能是充满敌意的。在 20 世纪 80 年代这一态度开始发生变化，发展中世界的大多数政府开始接受并欢迎国际直接投资。之前，跨国企业及其附属公司的经济实力被广泛地认为给本国经济带来了负面影响，如通过价格转移和限制进口零部件来源等行为（Dunning，1991，p. 231）。为了应对这些影响，政府制定政策鼓励本国行业并限制外国企业的活动。在这些国家里，政府通常使用计划而非市场的方式分配资源。

这一转变有几个主要原因。第一个原因是新自由主义经济思想的胜利以及在大多数国家政府经济政策中的运用。大多数国家在其市场经济的建设中都体现了这一点，如自 20 世纪 80 年代中期以来的国有资产大规模私有化以及市场的去监管化和自由化。起源于美国和西欧的消除市场结构性扭曲的措施在发展中世界里被广泛地采用。一些分析者认为，这一变化主要是因为自由主义秩序的优势得到了认可。另一些分析者则认为这是债务危机后国际金融机构和多边开发银行迫使这些国家接受结构性调整政策的结果。

第二个原因是经济活动的更加全球化以及跨国企业所带来的国际生产和跨国市场的一体化。这使得很多国家重新评估国际直接投资的成本和收益，以及跨国企业所带来的参与国际贸易和国际劳动力市场的机会。尤其是在第三世界里，以进口替代为主的工业化政策被利用跨国企业的生产和分配体系所实行的出口导向型政策取代。第三个原因是当代经济财富增长的关键因素（如技术、智力资本、经验和管理能力）不仅在国家间的流动更加频繁，而且也不断地集中于跨国企业内部。

政府改变对国际直接投资态度的第四个原因是一些国家，尤其是东亚国家，工业化的成功。这一成功使得国家对如资本、技术和管理技巧等世界稀缺资源的争夺变得愈发激烈。第五个原因是主要工业化国家的经济结构不断趋同。其结果是来自这些国家的企业之间的竞争变得更像产业内的竞争且竞争变得更加明显。

第六个原因是东道国政府判断国际直接投资成功与否的标准发生了变化。东道国政府对外国投资者的态度不再如此抵触，而是更愿意与其合作。尤为明显的是，对跨国企业在本国境内活动的评估标准已从其直接的贡献转变为其对本国动态比较优势可能带来的广泛影响。最后，国家对跨国企业可能带来的影响已有丰富的经验，所以各国政府也坚信它们能够采取相应的行动确保更加有效地实现其经济和社会目标。但是现实情况似乎并非如此，许多发达国家政府发现它们很难确保这些目标的实现。例如，2001 年，在两家跨国企业康力斯和摩托罗拉决定从英国撤资之后，英国政府在保护就业方面就遭遇了失败。虽然事实是这些投资都是在英国比较萧条的行业里，但是英国政府依然试图说服这些企业继续生产。

决策和国家独立性

跨国企业随着国家和国际状况的改变而向国外转移资源的能力影响了政府决策体系的独立性。基于国家政府体系的政治权威机构和基于相互依存的经济组织结构之间存在着内在的矛盾。高效的公共政策在一定程度上是由政府营造有利于跨国资本投资环境的能力决定的。

生产的国际化给一国经济的管理带来了巨大的挑战。不像在过去两个世纪里所盛行的那样，当代国家经济的发展已不再局限于国家领土范围之内。相反，国家生产已被置于世界生产体系之中。国家不可能再依靠自然的比较优势在全球经济中赢得一席之地。企业决策的制定是基于全球生产战略和相对效率的考量。高水平科技的运用和提升效率及促进竞争的政策是国际竞争力的必要组成部分。虽然从这种意义上而言，大多数经济活动还不是全球性的，但是经济活动全球化已成为必然趋势，且政府已经不断地根据国际需求和压力进行调整。金融工具的创新和多边银行以及其他金融机构的发展使经济的管理变得更加困难。国家经济和通信体系的融合建立了一个全球相互交往的体系，在其中国家仅仅只是很多行为主体之一，国家边界正在失去其重要意义。

此外，企业本身可能有时会忽略国内政府的监管。考虑到它们全球化的生产和分配体系，企业并不依赖于某一个国家的政府政策。例如，它们可以通过在国际资本市场上进行借贷而规避某个国家的信用收缩政策，并通过企业内部及时的资源转移逃避税收。2012 年秋天，由英国国会议员组成的一个委员会对亚马逊、谷歌以及星巴克等企业提起了诉讼，认为它们利用税收体系的漏洞逃避或者减少应缴纳的税额（Syal and Wintour，2012）。尽管这些企业在英国的经营似乎很成功，但其实大多数美国企业只缴纳了极少的税。消费者的一系列行为以及媒体的负面报道使得星巴克“自愿”缴纳了企业税。跨国企业已不再被某些国家的监管所限制，而是更加无拘无束。

国家权威受到损害或正在受到损害的问题在发展中世界里尤为明显。许多跨国企业相对于一些发展中国家的巨大规模和丰富资源使得它们之间的关系变得不平等。这使得发展中国家政府改变了对跨国企业的要求或监管。此外，企业在全球范围内选择生产地的能力给政府施加了巨大的压力，并迫使政府要么满足这些企业的要求，要么承受跨国企业撤离给国家宏观经济稳定带来的消极影响。资本的流动性增加了企业的选择，但却使政府面临的选择减少。因此，对一些人而言，鉴于跨国企业和第三世界政府间的结构性失衡，发展中国家从国际直接投资中所获得的收益几乎是可以忽略不计的。

改变国家政策

生产的全球化改变了政府的态度、使政府和跨国企业的议价能力发生了变化，甚至改变了国家的本质。“竞争型国家”的概念就很好地描述了这些变化（Cerny，1995）。由于资本流动所带来的竞争性去监管化压力，国家被迫不断地进行自由化（Cerny，1993）。资源已不再有清晰的国家边界，工业发展往往根据变化的环境和新技术而进行调整。生产在国家间转移所带来的威胁使国家彼此间开展竞争。这一竞争促使这样一个现象出现：国家试图维持其对投资者的吸引力以及全球性的竞争力而不断地、相互竞争地开展去监管化。国家间竞争的过程使得工资、工作环境以及环境标准都被降低或恶化。这些恶化的工作环境与降低了的工资和环境标准是国家在寻求跨国企业投资的过程中不断自由化的必然结果。

生产的全球化和金融的国际化提升了资金持有者逃避其认为是充满敌意的经济监管的能力。因此，国家必须对邻国的管理政策时刻保持关注，因为它们可能正在和该国争夺管理这些投资的权力。此外，这一动态的竞争过程迫使国家考虑市场行为者的利益，并通过引入更加自由化的管理标准吸引国际投资者（Andrews，1994，pp. 193-218）。国家将只有通过赋予或者委托超国家机构一些权力甚至主权才能够影响这一过程并对国际投资进行管理。离岸市场的发展是另一个破坏国家金融壁垒的工具。这些变化使投资者憧憬着最低的税收和最少的监管，并允许金融资源不受限制地流动。这些工具还为跨国企业提供了在全球化经营过程中所需的资金。

劳工

关于跨国生产对劳动力影响的问题将在第九章中详细介绍。但是，在讨论国家—企业关系时我们也需要简要地探讨国家在保护工人方面所起到的作用。批评者指出，跨国企业的巨额利润主要是通过将生产从高工资工业国转移到低工资的发展中国家而获得。亨德森（Henderson，1991，p. 54）的计算显示，在 1975 年，如果一小时的电子行业的工作在美国价值 1 000 美元，那么在中国香港仅为 12 美元，在中国台湾仅为 7 美元，在印度尼西亚和泰国仅为 5 美元。因此，跨国企业将只需要低熟练程度劳动力和非熟练劳动力的生产过程转移到了发展中经济体，以利用其较低的工资水平。它们不仅避免了支付更高的工资，同时还设法避开最低的健康和安全要求，并从大量没有工会组织的劳动力身上获得利益。许多第三世界国家并没有保护它们的工人，反而和跨国资本一起给本国工人创造了恶劣的工作环境。在克莱因（Klein，2001，p. 217）关于跨国生产比较有影响力的一份研究中，她认为“当实际制造过程的价值被如此贬低时，我们便有理由认为正在从事这些生产工作的人已被当做生产的附属品”。她所列举的数据显示，美国和德国的生产线工人每小时可获得 18.5 美元的工资，而同样的工作在中国只能获得 0.87 美元的小时工资。从先进工业国某些行业里工人的角度而言，劳动密集型生产向海外的转移改变了本国的经济结构，并导致了本国的高失业率以及其他经济和社会问题。

□ 资本监管

跨国企业对国家和社会的影响以及单个政府在监管这些企业时所面临的困难使得对国际商业活动进行国际监管的呼声愈发强烈。公民社会里的各种利益主体都呼吁加大对国际商业活动的监管，但是政府和私有部门却对这些呼声越发有抵抗力。

企业希望国际监管朝着有利于其利益积累的方向发展。

关于国际商业活动的监管，存在两个有争议的问题。这两个问题概括了目前关于国际商业监管的主要困境。一些利益团体试图将跨国企业的活动置于国家的监管之下并确保国家对这些企业的征税权力。这些团体提出了一个关于国内和国际监管失败的有趣的例子。通过不同的会计程序，企业设计了各种逃避税收的战略，并因此导致了企业对国家财政的税收贡献正在逐渐减少。通过引入国际监管和国家政府间的合作，试图削弱企业在国家层面逃避税收的能力的尝试已经开始。这些尝试并不是革命性的，但得到了 OECD 里很多自由主义和保守主义政府的支持。然而，2001 年 OECD 试图建立国际税收政策指导原则的努力却在跨国企业的游说下以失败而告终。这些跨国企业成功地说服了美国政府反对 OECD 的这一提议。在另一方面，OECD 一系列有利于国际商业扩张的规定也因为一个民间社会团体联盟的反对而流产。这些团体认为这些规定增加了企业相对于政府的实力。《多边投资协定》致力于为国家投资体系的进一步自由化设立统一的标准。因此，虽然跨国企业对全球监管产生了影响，但是它们还不足以控制监管的内容。

对当代全球经济的一些观察者而言，在一些影响到产业和投资地理位置、技术创新的方向以及剩余价值的提取等的经济管理之中，跨国企业和国家一样，掌握着一些权力。企业通过行业协会以及与政府的单独接触积极地影响国家、地区和全球的监管体系。企业现在已经成功地获得了最小的政府监管以及自我监管，而不是受公共权威机构大量直接监管的控制（Clapp，1998）。跨国企业通过各种不同的方法实现其目标，并因此获得了更大的政治影响力。跨国企业不仅保持和国家政府最高权力机构的联系，而且还和 WTO 以及其他多边机构保持联系，以确保企业的议程随时随地被置于优先地位（Sell，2000；Smythe，2000）。

一定程度而言，跨国企业已经加入国家决策权威之中（无论是否得到国家的认可），并在国家和全球经济的发展中行使其权力。此外，企业在国际交往中所占的份额不断地超过政府，并因此对全球经济产生了巨大的影响。在技术变革的促进之下，这些发展重新定义了国家主权，缩小了政府所声称的国家主权的范围。虽然如此，政府依然是其国家领土主权的拥有者，但是其在本国领土范围内影响经济决策的能力受到了一定的限制。

总结

从 20 世纪 50 年代以来，跨国企业的发展以及全球生产体系的建立对国际经济和贸易体系、工业发展以及政府政策产生了巨大的影响。跨国生产的增长状况和本质都发生了变化，尤其是随着后福特生产体系的引入。跨国企业已在世界范围内影响到了国家和区域的发展。20 世纪后期所发生的许多不平衡发展和工业化至少在某种程度上可被解释为跨国企业参与程度和政府对待国际投资政策的不同。很多企业的跨国化转变也影响了传统的国家—企业关系，使得合作成为了双方经济计划的根本。跨国企业所拥有的大量资本以及它们对世界上大多数经济体的渗透给它们带来了在全球经济中的战略性地位。它们在影响国际贸易谈判和其他国际协定中的作用是当今全球政治经济中的一个重要问题。

跨国企业在建立新的国际劳动分工中的作用将在第九章讨论。第九章将介绍跨国生产影响先进工业经济体以及发展中国家的方式。在非熟练和半熟练制造业生产从先进工业国向半边缘国家转移的过程中，跨国企业起到了重要的作用。由于拥有大量廉价劳动力，许多发展中国家被融入全球生产体系之中。

第六章中我们讨论了贸易不断增加的重要性，本章中讨论了生产的不断国际化。第八章我们将详细介绍驱动经济增长但在危机时又威胁经济繁荣的金融全球化。

扩展阅读

Gary Gereffi，John Humphrey 和 Timothy Sturgeon（2005）'The Governance of Global Value Chains'，*Review of International Political Economy* 12（1）：78-104：提出了分析全球价值链的一种新观点。

Grazia Ietto-Gillies（2012）*Transnational Corporations and International Production：Concepts，Theories and Effects* 第二版：关于跨国企业和国际直接投资的相关理论的总结。

Karl P. Sauvant（2008）*The Rise of Transnational Corporations from Emerging Markets：Threat or Opportunity?*：探讨了新兴市场作为国际直接投资来源这一被忽略的课题。

Vivienne Bath（2012）'Foreign Investment，the National Interest and National Security：Foreign Direct Investment in Australia and China'，*Sydney Law Review* 34（5）：5-34：研究国家利益和国际直接投资的关系。

第八章 全球金融体系

这一章讨论全球金融体系，并重点关注两个主要的部分。尽管在分析过程中这两个部分是被分开的，但在实际中它们是协同发展、彼此影响的。我们所讨论的这两个部分是管理国家间货币交换的国际货币体系（international monetary system，IMS）和决定资金借贷的全球信用体系。

这两个体系自从 20 世纪 40 年代中期建立以来发生了巨大的变化。国际货币体系已从一个固定汇率体系转变为一个浮动汇率体系。最近，一些国家放弃了本国货币，转而采用了区域货币，如欧元。在全球信用体系里，信用的创造和提供已经从公共权威机构（政府）的职责转变成了企业的行为。此外，信息技术的发展和资金流动的去监管化导致了资金更加快速地在国家间流动。这些发展使许多国家，甚至大多数最强大的国家，对市场的波动都变得更加敏感。

本章第一节我们首先简要介绍关于全球金融体系转变的一些重要的定义和背景。下一节介绍关于资金流动、汇率和国内政策间关系的一种理论（蒙代尔-弗莱明模型（Mundell-Fleming model））。这一理论还将被用于本章其他部分的分析中。第三节介绍自第二次世界大战以来国际金融体系的主要发展。在国际货币体系中，固定汇率制度已经向浮动汇率制度转变，区域货币已经出现。在信用体系中，金融创新大量出现，并伴随着反复的金融危机。

定义和背景

本章中，我们主要考察二战后所建立的国际货币和信用体系的本质。我们将从国际货币体系入手。这一体系是由一系列管理国家间货币交换的制度安排构成的。跨国界的经济活动要想顺利进行，一个健全的国际货币体系是十分必要的。进口商和出口商需要能够使用其客户的货币开展生意并用自己的货币将利润收回。1945 年以后的国际货币体系经历了两个显著的变化。最大的变化是从固定汇率转变为浮动汇率。第二个主要的变化是区域货币的出现，并取代了一些国家货币。在下一节中我们将讨论这些主要的发展。

鉴于两次世界大战期间国际经济的混乱状态，美国和英国的战后建设者们认识到了一个稳定的国际货币体系对国际经济活动与和平的重要性。随着第一次世界大战的爆发，将国家货币和黄金绑定的尝试被证明是灾难性的。但是金本位崩溃后国家货币的竞争性贬值同样糟糕。建设者们需要一个能够带来汇率稳定的体系，同时这一体系能够随时做出一些汇率的调整。他们的解决方案是布雷顿森林体系下的金兑换制度。

战后国际货币体系是 1944 年在美国召开的布雷顿森林（Bretton Woods）会议上建立起来的。两个最有影响力的参与国是美国和英国。总体而言，英国更倾向于一个能够限制资本流动并能够建立强大的国际货币组织的体系，美国则希望建立一个更加自由的、监管更少的体系。由于英国在二战中大量向美国借款，成为了美国的债务国，因此美国有能力和英国谈判，使其同意建立更符合自己利益的体系（Block，1977，pp. 32-69）。

美元是这一体系的核心，并按每盎司 35 美元的价格和黄金绑定。与第四章所讨论的古典金本位制类似，这一体系使人们对主要货币的价值稳定充满了信心。然而，与金本位不同的是，其他货币并没有和黄金绑定，而是和美元绑定，但是其兑换的比例是可以偶尔被调整的。这一规定背后的逻辑是，如果其他国家的生产力水平发生变化，那么其货币的价值也应该随之变化。例如，如果一个国家遭遇了自然灾害，其工业基础遭到了破坏，这个国家将被允许降低其货币的价值。这一措施可以鼓励出口且有利于经济恢复。

布雷顿森林会议建立了两个帮助监管国际金融体系的国际机构：国际货币基金组织（International Monetary Fund，IMF）和国际复兴开发银行（International Bank for Reconstruction and Development，IBRD）（后来被称为世界银行）（见专栏 8.1）。IMF 在货币体系的运行中起到重要作用。这一货币体系的主要目的是帮助那些国际收支陷入困境的国家。如果一个国家出于某些原因无法支付其进口的货物，IMF 可以通过贷款帮助这些国家应付短期的资金短缺。这些贷款可以在这些国家渡过困难期后再偿还。

专栏 8.1

布雷顿森林机构

IMF 和世界银行有时被称为布雷顿森林机构。IMF 最初的任务是帮助那些短期内国际收支出现问题的国家。它向那些急需短期资金以应付外部债务的国家提供贷款。随着 1982 年债务危机的爆发，IMF 的角色被扩大，开始主导一些国家的结构性调整。陷入财政危机并亟须向私有银行继续借款的国家必须先和 IMF 进行关于该国结构性改革的磋商，然后才能获得 IMF 和其他银行的资金。IMF 的结构调整方案是基于自由主义的“华盛顿共识”（Washington Consensus），推崇开放市场和财政收支平衡的观念。虽然 IMF 主要是给发展中国家贷款，但是它也同样帮助陷入财政困境的发达国家，如 1976 年对英国的贷款和 2010—2012 年对希腊的贷款。

IMF 由 188 个成员国代表所组成的理事会控制。日常事务是由一个 24 位执行董事所组成的执行董事会负责。这些执行董事代表所有的成员国。如中国和美国等大国为单独选区，有独立的席位。其他国家被分为不同的选区，并选举其共同的执行董事。成员国的投票权是由该国在 IMF 中的份额决定的。

除了发放贷款以外，IMF 还开展与监管和技术支持相关的项目。监管项目主要是对全球和国家经济进行监测并发布相关的报告。技术支持主要是为国家（通常是中低收入国家）提供关于中央银行管理、税收政策制定、宏观经济政策、货币和汇率政策等相关领域的建议。

与 IMF 不同，世界银行最初的任务是为二战后国家经济重建以及最贫穷国家的发展提供长期贷款。在过去几十年里，世界银行采用了不同的策略指导其工作，从重点关注大型基础设施项目到提供基本人类需求，从类似于 IMF 的结构性调整项目到可持续发展。在第十一章关于经济发展的讨论中世界银行的角色将被详细介绍。

布雷顿森林体系依赖于人们对于美元的信心，即在有需要时，美元可以以固定的汇率和黄金进行兑换。在 20 世纪 50 年代，人们没有理由怀疑这一机制。美国在两次世界大战中避难所和债权国的地位使其掌控了大量的黄金储备。许多个人和国家都想持有美元正是因为美元得到了黄金的支撑。同时由于持有美元还能获得利息，美元就变得更有价值了。

经济学家罗伯特·特里芬（Robert Triffin）注意到在这一体系中存在一个核心问题（Eichengreen，1996，p. 116）。这个问题被称为“特里芬困境”（Triffin's dilemma），指的是世界各国需要美元以参与世界经济，但是当美元通过马歇尔计划、美国国防支出和美国购买外国商品流入世界后，美元和黄金间的平衡被破坏，直到人们对美元可以和黄金自由兑换的承诺失去信心。最后，世界上流通的美元比美国国内的黄金更多，美国政府无法实现用黄金兑换美元的承诺。美元必须大量流出美国以为世界其他地区提供货币或流动性，但是这最终会破坏美元与黄金的固定汇率制度。外国人开始担心美国的黄金将被耗尽，并开始用美元兑换黄金以确保自己的货币不贬值。在 1960 年，美国外汇债务第一次超过了美国黄金储备。1971 年，美国放弃了美元和黄金的联系。在下文关于主要发展的小节中将继续讨论这一问题。

关于信贷发放，读者可以回顾一下第一部分中所提到的——信用机制对经济的发展至关重要，并给发放者带来了一定的权力。1945 年，被战争破坏的国家需要资金进行重建，因此美国和英国建立了一个将资金输入欧洲的通道。这一杰作便是国际复兴开发银行，它被建立以为一些国家的长期重建项目提供资金。虽然有了这些复兴的计划，西方经济体还是面临着严重的问题，流动性严重短缺。国际复兴开发银行没有足够的资金来确保欧洲国家重建和购买商品，尤其是要用美元支付的美国商品。其他机制被迫建立以转移资金。最终，美国通过三个机制转移资金：马歇尔计划、军事支出和海外投资。马歇尔计划从美国政府向西欧转移了大约 130 亿美元援助金。这些援助金被用于重建和加强投资者信心。

植根于冷战的政治背景，马歇尔计划绝不仅仅只是一个资金的往来。在 1948 年捷克斯洛伐克共产主义遭遇挫折后，美国国会才同意向欧洲转移资金。共产主义者接管欧洲的威胁使得美国立法者不得不考虑对欧洲的财务支持。冷战的敌对态势深深地影响了这些援助金的发放。表面上，这些援助金是针对所有欧洲国家的，包括苏联和东欧。然而，接受这些资金的一个条件是该国必须开展经济自由化和贸易自由化。这对任何一个东欧国家都是不可接受的，因为它们的计划经济体系无法和一个开放的经济相结合。因此，共产主义国家无法享有美国为其欧洲盟国所提供的流动性。美国还坚持要求受援国在资金的管理和分配上进行合作。一个新的组织——欧洲经济合作组织（Organisation for European Economic Cooperation）——被建立起来以管理马歇尔基金。这是战后最初的几个促进欧洲合作和一体化的组织之一。这一组织后来被扩大到了欧洲以外的国家并被更名为经济合作与发展组织（Organisation for Economic Cooperation and Development，OECD）。所需求的重建资金一开始主要是由美国政府提供的。然而，到了 20 世纪末，绝大多数国际流动性和信贷是由私人提供的。这一变化的一个主要因素是欧洲货币市场的出现（后文中将详细讨论）。金融市场的不断自由化同样也给国家管理其收支平衡带来了更多的挑战（见专栏 8.2）。在讨论货币和信贷体系的主要发展之前，我们将从经济学的角度介绍一些理论基础。

专栏 8.2

国际收支的困惑

国际收支是一国与外部世界经济交往的记录。它由两部分组成——经常账户和资本账户。经常账户记录的是一国与外部世界间商品和服务流动的总和。资本账户记录的是短期和长期资金的流动。任何一项将导致一国对其他国家进行支付的交易都被记入借方，包括购买进口品和国外投资。任何一项将导致其他国家对本国进行支付的交易都被记入贷方。出口、国际直接投资流入以及国外投资收益都被记入贷方。国际收支应该一直是平衡的或者总和等于零，因为资金的流出必须与流入相匹配或者流出的资金是用流入的资金进行支付的。然而，有两个复杂的因素存在。第一，没有一个国家能够记录所有的跨国界经济交易，因此国家收支平衡在账面上是不平衡的——误差因素总是存在的。

第二，即使收支平衡，金融危机往往会使国际收支出现赤字。人们通常认为一个陷入金融危机的国家无力支付其想要进口的商品和服务。用经济学的术语来说便是，经常项目（商品和服务）处于逆差且无法通过资本项目进行补偿。在这种情况下，这个国家一直在使用国内资源，如存储于中央银行的货币，来支付其国际活动。由于国际活动不能只使用有限的国内资源进行支付，长期的国际收支赤字便要求国家采取一些恢复平衡的行动，如减少进口、货币贬值或结构性调整。

理论观点：蒙代尔-弗莱明模型

解释金融体系的理论方法主要有三种。金融界的很多人都相信金融体系应按照一种自由主义的方式发展。自由主义的观点指的是，货币的交换和信用的提供应该由市场上的私有部门决定。如下文所述，自由主义的观点被概括为“华盛顿共识”。这一共识时常受到更偏向于社会民主主义的观点挑战。社会民主主义者试图对市场机制进行调节并使其能够确保金融稳定和收入再分配。这可能意味着要减缓金融交易发生的速度或者对私人企业的行为进行监管。游离于主流思想之外的新马克思主义思想对自由主义金融体系高度批评，认为其不稳定并带来了国家间和国际上的不平等。依存理论的分析者主要关注北方国家是如何利用金融体系获得对发展中经济体的巨大影响力的。例如，随着亚洲金融危机的爆发，美国企业在亚洲市场得到了巨大的发展。

三种不同的解释金融体系运作的观点将在下文中介绍。现在，我们主要讨论一个重要的理论主张——蒙代尔-弗莱明模型。这一观点强调货币跨国自由流动能力（资本流动性）、固定或者最小浮动汇率体系（稳定的汇率）以及国家利用利率影响国内经济增长和就业的能力（货币政策）之间的冲突。它们之间的关系是十分重要的，因为其对区域货币、金融危机以及国家自主性都有深远影响。这几个方面都是被讨论的主要问题。

早在20世纪60年代，蒙代尔和弗莱明（两位经济学家）就推理认为国家无法同时拥有独立的货币政策（货币的供给和利率）、稳定的汇率（要么固定要么逐渐变动）以及资本自由地流进或流出该国（见专栏8.3）。这些目标中的两个可以同时实现，但是第三个则永远无法实现，因为它与前面两个相冲突。政府必须有所取舍。例如，如果一国政府更倾向于利用资本流动吸引外资，那么它就必须在能够促进贸易和投资的固定汇率和能够支持经济发展的独立货币政策之间有所取舍。如果它选择了固定汇率，那么利率政策必须通过为投资者提供一定的回报使其将资金留在本国的方式支持这一固定的汇率政策。如果利率政策不支持这一货币政策，而是考虑国家经济目标，如失业，那么投资者可能将资金转出本国，从而对固定汇率带来压力。汇率所面临的压力是由于投资者想要将所持有的该国货币兑换成其他货币和资产从而抛售该国货币。这导致了该国货币的供给过量，从而降低了其价值和成本。如果有足够多的投资者出售这一货币，那么该货币将贬值，就像1992年的英国和1997年的泰国所发生的那样（详见下文）。

专栏8.3

蒙代尔-弗莱明模型总结

这一模型认为同时追求独立的货币政策、稳定的汇率和资本自由流动是十分困难的。为什么呢？

- 如果坚持确保独立的货币政策和资

本的自由流动，那么汇率将会发生变化。

• 如果坚持确保独立的货币政策和一个固定的汇率，那么资本流动将受到约束。

• 如果坚持确保资本流动和一个固定的汇率，那么货币独立性将被降低。

另外，如果一国选择基于国内经济和资本流动的情况控制利率，那么汇率将浮动。这一汇率的浮动将影响该国出口的成本并最终影响到贸易流动。如澳大利亚、加拿大、美国和英国等国家都是确保资本流动性、浮动的汇率以及基于国内经济的利率。然而，如果一国想要独立的货币政策和固定的汇率，它将不得不减少资本的流动。在1997年亚洲金融危机后，马来西亚通过资本控制限制了资本的流动，并以此确保国内货币政策的优先地位以及稳定的汇率。

"货币自主权"（monetary autonomy）指的是一国按照国内经济情况控制其货币供给和利率的能力。在20世纪50—60年代，利率和货币供给的决定通常是由中央银行在国家政府的指导下做出的。20世纪80—90年代，许多国家使其中央银行独立于政府的指导并主要负责确保低通货膨胀。在经济增长放缓且通货膨胀较低的时期，中央银行将降低利率；当通货膨胀上升时，则提高利率。奉行固定汇率制度则意味着放弃这一政策工具，因为利率必须足够高以阻止投资者抛售本国货币。

这些理论观点已从学术问题转变成了国家领导者政策决策过程中所遇到的困境。许多国家青睐资本流动性，因为它使这些国家能获得更多的资金进行投资并确保经济发展。一些国家（主要是发展中国家）则追求固定的或稳定的汇率，以便使投资者相信它们的货币价值不会因为该国货币的贬值而减少，或者吸引那些想要避免浮动货币不确定性的投资者。国家同样希望能够拥有一个基于本国经济的利率体系，以便在经济萧条的时候可以降低利率以增加就业。然而，这些政策不能同时被采用。当资本流动性增加，政府稳定其利率和追求独立的货币政策将变得困难（Pauly，2000）。实际中，大多数政府选择资本自由流动，然后努力在国内货币政策独立性和固定或较小浮动的汇率政策间寻找一个平衡点。资本流动性的目标比汇率稳定和国内货币政策独立性较容易实现。在下文讨论金融危机的时候，我们将看到同时管理这三个因素有多么困难。在一些案例中，这三个因素的管理可能增加金融市场的动荡，而在另外一些案例中，则有助于形成一个低通胀的国家政策。不断自由化和全球化的金融体系所带来的这些矛盾和问题使政府和学者迫切地想要寻找新方法和制度去管理这一变得更加不稳定的体系。

主要发展

自从战后国际经济体系建立以来，国际货币体系和全球范围内信用的提供发生了巨大变化。这里我们强调几个主要的变化。在国际货币体系里一个主要的变化是从固定汇率体系向浮动汇率体系的转变。此外，我们还将讨论为应对浮动汇率所带来的挑战而出现的区域货币。在信用体系里，金融创新大大加速了资本在全球范围内的流动，同时在许多国家都导致了金融危机。

□ 国际货币体系：从固定到浮动和区域货币

固定汇率体系最终在特里芬困境以及国家自愿调整其汇率的尝试失败后而瓦解。在20世纪60年代后期，美国以外所持有的美元数量超过了美国政府所持有的黄金的数量。美元流出美国是因为美国跨国企业的国际投资、美国的军事开支以及外国人使用美元的需求。美元数量相对于黄金储备的过剩使得一些国家和投资者变得紧张。例如，法国政府坚持要求用它所持有的美元兑换黄金。投资者担心美国将被迫切断美元和黄金的联系，便开始抛售美元兑换其他货币。美国变得更加依赖外国中央银行的美元购买或者外国政府鼓励增加从美国进口以支撑美国货币。问题是虽然欧洲和日本经济已变得更强，但是它们依然不愿意提升其货币对于美元的价值。通过保持固定汇率，它们的工业获得了相对于美国工业的优势。被高估的美元意味着外国商品对于美国消费者而言更便宜，而美国商品在其他国家则变得更贵。这使得美国的贸易平衡更加恶化。

在1971年夏天，理查德·尼克松总统发起了后来被称为“尼克松冲击”的经济调整，即美国单方面改变了其金融体系，切断了美元和黄金之间的联系，并同时对进口征收了10%的临时关税。美元与黄金联系的切断使得美元价值开始相对其他货币而浮动，并导致了美元的贬值。这是美国政府想要的结果，并希望以此恢复美国经济的竞争力。虽然后来还有恢复固定汇率制度的尝试，但是1973年的情形已变得十分明显，即货币在可见的未来将不断浮动。固定汇率制度的结束告诉了我们两件事情（Eichengreen，1996）。第一是在资本自由流动增加的情况下维持固定或盯住汇率是十分困难的。第二是固定汇率体系要求大量的国际合作，而国际合作本身有很大的局限性。

没有人十分确定向浮动汇率的转变所带来的后果是什么。一些人预测，由于货币将可以在市场上找到其合适的价值并不断自动调整，经济冲突将减少。另一些人担心浮动的货币价值会使经济规划和贸易更加困难。其后现实的结果却在某种程度上是这两种观点的折中。汇率被证明比支持浮动汇率制度者所预测的更加容易波动，但是这却并没有即刻导致金融混乱。政府通过买卖货币干预市场，试图阻止汇率大幅的波动。

浮动汇率所带来的另一个显著的变化是，越来越多的汇率交易的发生并不是为了满足国际贸易或投资的需求，而是为了获得收益。向浮动汇率制度的转变，再加上货币交换限制的减少或清除以及金融创新（见后文），使得资本流动和外汇市场交易活动大幅增加。浮动汇率的存在为进行大规模货币交易而牟利带来了机会。随着货币价值的变化，某种货币可以在某一价格被买入，在其增值后再被卖出（见专栏8.4），或者在增值时被卖出，在贬值时再被购回。

浮动汇率在20世纪80年代带来了很多问题。1979年，美国联邦储备局（美联储），即美国的中央银行，通过大幅提高利率的方式应付不断上升的国内通货膨胀。其预期是较高的利率可以减缓经济发展，阻止物价上升（通胀）。如果信用变得更贵，个人和工业部门将借款更少、花费更少，并因此减少了需求。被降低的需求将阻止通货膨胀，因为人们的购买力下降且不愿意支付更高的价格。

专栏 8.4

外汇交易

虽然外汇交易的各种形式是很复杂的，但是基本的原则却很简单。收益可以通过以下两种方式获得：卖出一种即将贬值的货币，并在其贬值后再将其购回，或者在某一货币价值处于低位时购买这种货币，当其价值上升后再卖出。例如，假设苏珊有1美元并想要购买1欧元。此例中，美元和欧元的价值是对等的，因此苏珊用1美元兑换到了1欧元。如果第二天欧元相对于美元的价值上升或者增值了10%（10分），苏珊可以出售她的1欧元获得1.1美元，获利10美分。如果苏珊购买了10万欧元，她的一分钟操作所获得的利润将是1万美元。如果这些数字再增加数倍，时间周期从分钟缩短到秒以及损失或收益的因素被考虑进来，那么我们就可以对外汇市场活动的疯狂有所了解了。

这些措施对汇率的影响是巨大的。较高的美国利率吸引了美元的投资者，导致了美元价值的上升。在1980—1982年间，相对其他货币，美元价值上升了大约30%。同时，美联储通过高利率实行紧缩的货币政策，美国总统里根通过增加军费支出和减税实行宽松的财政政策。这些政策使美国人有更多的钱购买进口商品。里根总统忽略了这些政策的国际影响并采取了紧缩的货币政策和宽松的财政政策。其他国家增加了对美国的出口，并且美国的商品很难在国外销售。这就是导致了美国贸易赤字大幅上升，且使贸易保护主义的呼声更加强烈。

随着外汇市场的波动，一个试图加强欧洲、北美和日本的经济合作的体系诞生了（Eichengreen，1996，pp. 145-52）。1985年9月五个主要国家G5（美国、日本、德国、英国和法国）的领导人在美国纽约的广场饭店会晤并同意采取措施降低美元的价值。所有国家都想消除不断上升的贸易保护主义所带来的威胁。市场对这一倡议迅速做出反应，美元迅速贬值，其相对于欧洲和日本货币的价值一度降低了40%。两年后在七国集团（G7）的卢浮宫会议上（G5加上加拿大和意大利），日本同意采取刺激措施，德国同意减免税收，美国同意通过国内政策调整稳定美元价值。在1988年的下半年，美元价值持续下降。

西欧对增加的汇率波动性的反应是试图建立自己的货币稳定区，即欧洲货币体系。由于汇率过度调整的问题，欧洲各国领导对汇率的变动大为不满。当投资者从美元中撤离时，他们倾向于涌入德国马克市场，使马克与欧洲其他货币的相对价值发生大幅变动。此时，德国马克往往会大福升值，这使德国商品的出口变得困难。其他货币的贬值导致了这些国家的通货膨胀。德国人想要减轻马克所承受的压力。如果汇率是固定的，那么投资者持有法国克朗和德国马克就没有太大的区别。同时，固定汇率还被寄希望于建立市场信心和增加投资，并激励欧洲跨国企业（Swann，1992，pp. 181-220）。

欧洲的解决方案是建立欧洲货币单位（ECU）和汇率机制。欧洲货币单位是一个用于计价结算的复合货币。国家承诺限制其货币相对于欧洲货币单位的浮动，使其维持在围绕中心汇率的一个固定的区间内。一旦某种货币的波动超过了限制，各国的中央银行将通过购买或出售货币对外汇市场进行干预以帮助陷入困境的国家。例如，如果爱尔兰货币价值即将超出上限或下限，爱尔兰和其他欧洲中央银行将出售它们的外汇储备并购买爱尔兰镑。有时，一些国家无力维持所要求的货币价值水平，被大量的资本流动所迫使脱离欧洲汇率体系，如英国（见专栏 8.5）。然而，欧洲汇率体系为最终欧洲单一货币欧元的引入奠定了基础。

专栏 8.5

黑色星期三：英国脱离欧洲汇率机制

当英国 1990 年加入欧洲汇率机制时，它的货币较该机制内的其他货币是以较高的价值被绑定的。这损害了英国对欧洲的出口并对英国的经济产生了消极的影响。在资本流动的背景下，英国被迫保持较高的利率以吸引投资者投资英镑，以便维持其在欧洲汇率体制里的货币价值。1992 年夏末秋初，投资者开始怀疑面对经济萧条英国政府是否能够维持英镑较高的价值。由于担心英国政府最终会退出欧洲汇率机制以及他们的投资会随着货币的贬值而贬值，投资者开始抛售英镑，购买其他货币。即使英国政府通过提高利率极力维持英镑的价值，英格兰银行动用外汇储备在市场上购买英镑，投资者还是持续地抛售英镑。在一个“黑色星期三”（1992 年 9 月 16 日），英国政府放弃了对英镑价格的维持并退出了欧洲汇率机制。

在这一时期，投资者，有时被称为“投机者”，预期英国货币会贬值，所以抛售英镑，购买其他货币。这一预期是有道理的。如果政府成功地将英镑价值维持在欧洲汇率机制规定的范围内，投资者仅仅损失了货币交易成本而已。然而，如果英镑退出欧洲汇率制度，其价值可能会大幅下降，他们将获得大量的财富。在这一事件中最出名的投机者是乔治·索罗斯（George Soros）。据传言，他从抛售英镑中获得了 10 亿美元的收入。一些人将这一活动视为破坏性的投机行为。财富被认为是凭空被创造出来的。同时资金大量的流动被认为破坏了经济和货币的健康，带来了经济困境。与此相反，一个更加自由主义的观点认为外汇交易能够在国家采取错误政策时发出有益的信号。这一信号可以激励政府采取纠正措施。第三种观点可能认为货币价值可以对经济中存在的真实问题做出反应，但是由于外汇市场交易的规模和速度，投资者的从众心理可能会带来不必要的经济损失。

2002 年 1 月 1 日，12 个欧盟成员国（奥地利、比利时、芬兰、法国、德国、希腊、爱尔兰、卢森堡、比利时、意大利、葡萄牙、西班牙）引入了欧元，并开始退出各自的国家货币。其他 5 个成员国（斯洛文尼亚、塞浦路斯、马耳他、斯洛伐克、爱沙尼亚）也在随后的几年里加入进来。到 2012 年，27 个欧盟成员国中的 17 个都使用欧元而非本国货币，欧元覆盖了 3.3 亿人口。加入欧元的国家牺牲了国家货币的独立性而换回了货币的稳定。欧元的运行被欧洲中央银行（European Central

Bank，ECB）所监管。在和来自国家中央银行的代表磋商后，欧洲中央银行为所有成员国设置一个单一的汇率。欧洲中央银行还管理欧元和其他货币之间的汇率。其主要的目标是价格稳定，也就是低通货膨胀。由于担心一些国家可能不顾低通货膨胀的要求并使国家财政陷入赤字，欧盟成员国于 1997 年 6 月通过了一个《稳定与增长公约》（Stability and Growth Pact）。它规定国家政府必须保证每年的财政赤字不超过 GDP 的 3%。理论上，如果国家不遵守这一公约可能会被罚款，但是实践中，国家时常违反这一协议。

欧元的引入激起了大量的公众讨论。一些反对的观点被提出。其中一个问题是，如果国家遭遇经济萧条，它们将无法降低自己货币的价值。例如，对于一个依赖石油出口的国家而言，如英国或者挪威，其经济可能会因为较低的石油价格而受到冲击。由于拥有国家货币，英国可以尝试货币贬值，让其他行业出口的增加来缓冲石油行业的损失。在欧元单一货币体系下，这些政策是不可能的。随着欧盟国家失去了调节其货币的能力，一些特定地区可能会出现经济停滞不前的现象。另一个反对的观点是，单一的货币政策和利率可能无法适应存在如此多样性的欧洲大陆。例如，当德国经济萧条时，爱尔兰经济可能扩张。由于德国经济规模庞大，所以欧盟的利率很有可能被降低，以刺激德国的经济。这一措施确实帮助了德国，但损害了爱尔兰经济。在爱尔兰，低利率将会增加消费和商业支出并导致通货膨胀。由于消费者和投资者利用了低利率的优势进行消费和投资，爱尔兰的房地产市场便出现了经济泡沫。

反对者认为如美国等一些联邦国家用于克服上述问题的机制在欧洲却没有出现（Feldstein，1992）。劳动力流动性低和转移支付缺失的现象是十分显著的。由于语言和文化的障碍，欧洲人迁移到欧洲其他地区工作的可能性较小。许多人宁愿待在经济不景气的地区也不愿迁徙。与联邦国家的另一个不同之处是，为了发展或者减小收入差距而将资金从富裕区域向贫困区域转移在欧盟是很少的。最后，虽然各种经济观点既有支持也有反对欧元的，但最终的决定是由那些希望形成一个联系更加紧密的政治联盟的人所做出的。单一货币被视为一种增加欧洲居民联系的方式，是为更加紧密的政治关系做准备。

欧元的建立被认为既对政治联盟做出了贡献，也带来了经济收益。世界其他地方并没有如此强烈的建立政治联盟的需求。然而，其他一些国家也削弱了或取消了本国货币，转而采用一种外国货币。虽然这一现象发生在不同的货币区域，但是这一趋势有一个统一的名称——“美元化”（dollarization）。这里我们将介绍美洲的美元化趋势。

美元化可以以两种方式发生且出于两个原因（Deanand Globerman，2001）。这两种方式分别是实际上的和名义上的美元化。实际上的美元化指的是国家货币依然存在，但是大多数本国居民实际上使用美元。名义上的美元化是指法律上的美元化。这发生在当一国从立法上用美元取代了本国货币之时。从 20 世纪 80 年代以来，在美洲的许多国家都发生了实际上的美元化，并且法律上的美元化也在巴拿马、厄瓜多尔和萨尔瓦多等国发生。

为什么一国放弃或者减少使用本国的货币呢？一个原因是个人和企业可能失去

了对本国货币的信心。高通货膨胀或者不断的货币贬值可能会促使人们持有某一外国货币以保存自己的财富。由于担心他们的货币会失去价值，因此该国居民选择持有一种更加安全的货币，比如美元。一个极端的例子发生在 2009 年的津巴布韦（见专栏 8.6）。采用另一种货币的第二个原因是促进本国与其经济合作伙伴的贸易关系。例如，加拿大经济严重依赖与美国的贸易。如果加拿大采用美元，美加经济交往将增加，汇率浮动所带来的问题将消除。在这种情况下，加拿大人可能会认为美元是最好的交易媒介。

专栏 8.6

津巴布韦的美元化

国家倾向于接受外国货币而不是自己生产货币的一个原因是对付恶性的通货膨胀。在 2009 年早期，津巴布韦出现了超级通货膨胀。通货膨胀率达到了大约 89 000 000 000 000 000 000 000。商店的价格每天都翻倍。中央银行发行了太多的货币，以致津巴布韦元的价值几乎为零。中央银行实际上发行了面值为千万亿美元的钞票（100 000 000 000 000 美元）。面对如此的恶性通货膨胀以及货币价值的散失，津巴布韦政府最终放弃了本国货币并宣布所有国内交易都要使用外币。零售商和商店立即开始接受美元、南非的兰特以及博茨瓦纳普拉。可流通货币的出现使得商店可以重新营业，经济活动也快速增加（York，2009）。

在一些拉美国家，美元化带来了一定的经济利益。外国投资者不再担心他们会因为货币贬值而受到损失。因此，美元化使在拉丁美洲进行投资的风险相对减小。这应该会带来更多的外国投资和经济的增长。这些美元化国家的资金会变得更加便宜。在此之前，拉美国家在国内融资时必须支付更高的利息。换句话说，这些国家的政府必须支付比美国更高的利率以鼓励外国投资者购买本国债券和证券。鉴于对这些国家货币的投资风险更高，这样的利率安排是必需的。但是在采用了美元之后，这种风险溢价就不存在了。

虽然有这些明显的优势，但是美元化的过程也存在一些严重的问题。不同于欧洲的情况，美国的货币政策并不会考虑到对其他国家的影响。这些美洲国家也没有像欧洲中央银行这样的中央银行。因此，美元化国家的货币供给和利率完全是由美国控制的。如果美国的货币政策与这些美元化国家的需求相违背，那么这些国家的经济增长将受到影响。如果美元化经济体遭遇某种形式的经济动荡，它们将无法通过货币贬值的方法恢复竞争力。调整的方式只能是进一步降低实际工资和减少收入。

在美元区域里，大多数金融机构都可能是来自美国的。这些金融机构可能并没有兴趣向本地小企业、贫困人口、农民或地方政府贷款。一方面，之前本国金融机构的客户可能会因为资金短缺而破产，这会阻碍经济增长。另一方面，随着资金的流进和流出变得更加容易，美元化可能会带来投机泡沫。

简言之，美元化带来了益处，也限制了国家政策。它削弱了国家政策的灵活性和作为经济杠杆的作用。如果国家没有足够的资金进行调节，美元化的成本是非常高的。由于这些调节成本在国家经济中被不均匀地分配，这些成本可能会反过来导致国内的政治冲突。

欧元的发行和美元化的进程表明了关于国际货币体系的几个现象。第一，许多国家愿意考虑放弃本国货币所带来的收益，并青睐于加入一个货币集团。在欧洲，这是经济和政治进一步一体化的一部分。在美洲，动机主要是经济收益。第二，当前的国际货币体系并没有为其很多成员国的利益服务。如果不采用主要的货币，如美元，许多发展中国家无法参与国际贸易或借贷。它们必须用美元支付商品，并且各种借贷都是以美元计价的。国家必须不断地赚取更多的美元以便参与国际经济交易。这就意味着它们对于任何有损于其与外部联系的冲击都十分脆弱。

在21世纪的前10年里，汇率失调再一次成为了一个主要问题，但这一次主要发生在美国和中国之间。美国相对于中国出现了贸易赤字，并认为中国应该使其货币相对美元自由浮动。自由浮动的人民币相对美元的价值便会上升，这就会使美国的产品在中国更便宜，中国的产品在美国相对更贵。然而，关于人民币和美元的“合理”价值的问题是十分复杂的。美国依赖于中国的资金弥补其财政赤字，而中国依赖于美国的购买力。它们之间金融关系的恶化会损坏双方的经济。

□ 信用：金融创新和反复的危机

全球金融体系的两个显著的特征是金融创新和不断复发的金融危机。如传真、高速电话线、卫星通信以及互联网等通信技术的进步使金融交易能够以更快的速度、更大的规模发生。新形式的金融产品给投资者带来了多样的投资选择。虽然发生了这些进步，或许正是由于这些进步，金融危机传播到了世界的每一个区域。

主要的金融创新之一是离岸金融市场的建立，有时又叫做欧洲货币市场（或欧洲美元市场）。“欧洲货币市场”这一词是有些歧义的，因为这个市场不仅仅只是涉及欧洲的货币。它指的是各种在某国发生的、以外国货币进行的金融交易。例如，欧洲货币市场最初是由在伦敦发生的美元交易组成的。纽约的欧洲货币市场则不是用美元进行交易的。开曼群岛的市场则可以用任何除了本地货币以外的货币进行交易。不采用本地货币进行交易的一个主要原因是当这些交易活动都是以外币进行的，国家权威当局将不会对其进行监管。

欧洲货币市场二战后始于伦敦，其出现是为了满足几种需求。英国政府支持它的发展是因为它将金融业带回了伦敦并帮助这个城市重建其重要金融中心的地位。苏联将这个市场视为可以绕开其冷战中的竞争对手美国而储存和交换美元的场所。在欧洲增加投资的美国企业则可以利用这个市场避开美国法律对银行业活动的严格监管。然而，欧洲货币市场规模的一次跳跃式发展发生在1973年的石油危机以及大量的资金流入石油输出国组织（Organization of Petroleum Exporting Countries，OPEC）国家时。许多这些国家转而在欧洲货币市场上开展其银行业务。关于从这些国家流入欧洲货币市场的资金量的估计显示，其从1960年的30亿美元增长到了1970年的750亿美元，1984年更是达到了1万亿美元（Strange，1988，p.105）。

随着货币市场的发展，20世纪70—80年代见证了全球金融的革新。资本在国家间的流动更加迅速、规模更大。技术的进步使得廉价、及时以及不间断的通信成为可能。在20世纪70年代末期和80年代早期，一些国家开始放松对资本的控制，允许个人和企业将资金自由地在国家间进行转移。美国采取类似行动是在1974年，英国则是在1979年。1986年，英国通过所谓的“金融大爆炸”（BigBang）增加了其金融行业的自由化程度。“金融大爆炸”是对英国金融去监管化的描述。它涉及两个主要的因素。一个是允许任何外国企业进入英国股票和外汇市场，另一个是允许银行、股票经纪公司和保险公司在彼此的领域开展竞争。这打破了原有的行业壁垒——银行只能从事银行业，保险公司只能从事保险业，股票经纪公司只能经营股票。这一放松监管的优点是它增加了金融行业的竞争，而缺点是此竞争迫使一些公司开展高风险的业务，并可能会导致金融危机。

金融活动的自由化导致了竞争的增加以及一系列金融危机。金融产品数量激增，大量的新产品涌入市场。这些产品包括货币掉期、期货、期权和衍生品。然而，金融问题也随之出现。在英国，经济繁荣是基于生机勃勃的金融市场所创造的大量新财富。然而，随着1987年股票市场和房地产市场的崩溃，1988年金融泡沫破灭。由于之前信用扩张，许多人都以高出市值的价格购买了房产，并随着经济的萧条而遭受巨大的损失。

20世纪80年代的金融自由化和创新在90年代更是加速发展。大量的资金被用于管理波动的金融市场可能存在的风险，并从这些风险中获得收益。一个变得愈发流行的管理风险（汇率、通货膨胀率或商品价格变化的可能性）的方式是使用衍生品。两种最常见的形式是期货和期权。它们是从股票或债券中演变而来的。一种期货给予某人在未来某一时刻按照事先确定的价格购买某种股票或商品的权利。期货可以通过押金购买的方式买进，即购买者在确定期货合约时仅仅只需要交付购买总价的一部分，剩余部分可以在期货合约到期时再交付。期货在农业领域运用得十分普遍。通常某人会在某种农产品收割前的半年就确定购买这种产品。这给了农民一个有保障的价格，使其避免了因为该种农产品丰收而带来的价格下跌的风险。如果某人担心未来石油价格会上升，他或她还可以购买石油期货。期权要求某人支付一定的费用来换取在未来某个时间按照特定的价格购买某种股票或债券的机会。如果这种商品的价格下降了，交易者可以选择不使用这个期权，并损失了期权费。如果价格上升了，他们则可以使用期权购买这种商品，再将其出售以获得利润。

被广泛运用的衍生品可以确保商业和个人规避价格下跌或上升所带来的风险。然而，它们同样还被用于投机。交易商和投资者估计某种商品在未来某一时期的价格，并使用衍生品进行投机。如果他们对于价格的估计是正确的，他们可以获得大量的利润。但如果是错误的，则要遭受大量的损失。由于这些产品可以通过押金购买，交易者可以运用少量的押金进行大规模的操作。这一体系鼓励投资者为获得高额回报而进行风险操作。我们将在下文关于“主要问题”的小节里讨论快速金融创新所带来的风险。总体而言，金融创新主要是针对富有的客户的，但是也有例外（见专栏8.7）。

专栏 8.7

小额贷款：针对贫困者的金融创新

不是所有的金融创新都是为富人服务的。小额贷款就是帮助贫困者获得贷款的一种金融创新。穷人通常无法获得信贷，即使可以，也通常有非常苛刻的条件和高额的利息。妇女尤其难获得贷款，因为她们通常没有资产为其贷款担保，或者被银行认为存在较高的借贷风险。在 20 世纪 70 年代，一种创新性的贷款项目在孟加拉国被实施。该项目直接给穷人（尤其是妇女）发放小额贷款。格莱珉银行（Grameen Bank）（www.grameen.com）开创了对穷人的小额贷款（100 美元）以帮助她们从个体经营中获得收入。这些贷款通常并不要求任何抵押。该项目的基本想法是，穷人可以利用少量的资金开展经济活动并改善自己的状况。

格莱珉模式在为穷人提供信贷方面获得了巨大的成功。到 20 世纪 90 年代，这一模式已被联合国和世界银行所采用。一个小额信贷峰会 1997 年 2 月在华盛顿召开，并将世界各地的小额贷款参与者聚集到了一起。其目标是发起一场小额贷款的运动。该运动的具体操作是通过为个体经营的女性提供资金的方式使世界上最贫穷的 1 亿人口获得小额贷款（www.microcreditsummit.org）。2006 年 10 月，格莱珉银行和其创始人穆罕默德·尤纳斯（Muhammad Yunus）由于其对发展所作出的贡献而被授予了诺贝尔和平奖。

在小额贷款被给予大量的积极评价的同时，一些关于其在世界经济中作用的担忧也被提出。一些批评者认为小额贷款可能会在某种程度上减少贫困，但是它却无法改变带来贫困的政治和经济体系（Elahi，2004）。还有人认为小额贷款是一种通过改善少数人的福利而打压政治竞争对手的方式，这种方式可以避免大规模社会变革的发生（Weber，2004）。

20 世纪 90 年代和 21 世纪前 10 年同样还见证了另外两个金融巨头的出现——主权财富基金和对冲基金。主权财富基金是民族国家政府建立和控制的投资公司。这是一种经济民族主义的方法，它使得政府可以将国家收入聚集起来并进行战略国际投资。主权财富基金主要是被拥有大量现金盈余（石油出口国或者贸易顺差国）且青睐于国家对经济进行干预的国家所统治。世界上最大的主权财富基金被阿拉伯联合酋长国、新加坡、挪威、科威特、俄罗斯和中国所控制。据估计，2007 年这些基金共持有 2.5 万亿～3 万亿美元的资产（Weissman，2007）。在一些国家，类似基金的发展可能会带来一些担忧。这些基金并不像私有企业那些进行市场操作，可能会威胁其他国家的国家利益，还被指责主要开展跨国的“国有化”而不是进行单纯的跨国投资。

对冲基金是从事复杂金融交易的金融公司。在这些交易的过程中，各种资产被组合在一起并进行短期或长期的交易（Krugman，2008，pp.120-2）。与其他的金融创新一样，投机性地使用这些基金导致了一些私有部门的金融危机（见专栏 8.8）。

建立空头头寸（做空）指的是从所有者手中借入某种资产。这些资产首先被售出，然后再在未来的某一时间被购回，并最终被返还给所有者。如果在这一段时间内资产的价值下跌，对冲基金将获得收益，因为它在高价时卖出并在价格下跌后购回。通常当投资者相信某种资产（石油、货币）的价值未来将下跌时，做空的方法将被使用。获得的收益通常会被用于建立多头头寸（做多）或者购买某种价值会随时间推移而增加的资产。对冲基金有三个特征，这些特征使其在金融危机中起到了重要的作用：

（1）对冲交易的操作只需要少量的资金，这使得这些基金在市场上占据重要的份额。

（2）正确的操作给对冲基金带来了高额回报，但是不谨慎的操作可能带来金融灾难，因为这些基金的投资行为具有高杠杆性。

（3）对冲基金的操作在很大程度上不受政府监管，以致政府官员根本没有意识到其数量之庞大、参与者之多。

专栏 8.8

金融创新和私有部门的危机

20 世纪 90 年代的两次金融危机显示出大量的金融工具是很难通过市场机制进行管理的，且即使对于最聪明的金融和数学天才而言它们同样是具有很大风险的。1995 年，巴林银行因为没有监管到一位金融交易员的不合规操作而倒闭。在 1995 年夏天，巴林银行新加坡公司雇员尼克·李森使用衍生品对日本的经济做多，即预期日本经济将在未来几年进入繁荣期。对于日本和巴林都不幸的是，日本的经济萧条持续且进一步遭受了大地震的破坏。当一切都尘埃落定时，巴林银行已资不抵债而破产，李森也身陷囹圄。在任何一个金融机构里犯罪行为都是存在的，但令人震惊的是银行无法对其员工的行为进行监管，且给予某一交易员如此之大的动用资金的权利。

一个更能警示我们的例子是长期资本管理公司（Long Term Capital Management）。这是一家由金融领域的翘楚所建立的投资公司，其创始人包括两位诺贝尔经济学奖得主、大批的数学专业博士以及拥有华尔街和美联储背景的人。他们建立了一个投资基金，并使用衍生品为其富有的客户和银行赚取了大量的财富。但是当 1998 年俄罗斯经济陷入困境时，他们所有的数学模型却无济于事，该基金的资产迅速蒸发。就在美国金融体系陷入崩溃的边缘时，美国政府敦促几个私有金融机构救市，从而挽救了美国金融市场（Blustein，2001，pp. 305-36）。一个金融风险偏好的体系使得这些金融天才遭受了巨大的损失，且几乎导致了国家和国际的金融危机。

对于发展中国家而言，资本市场的自由化是 20 世纪 80 年代债务危机的一个重要原因。从供求的角度而言，我们可以很好地理解为什么发展中国家陷入了大量的债务之中（Lever and Huhne，1986），但是债务危机的导火索却是发达国家的利率政策。在供给方面，在 20 世纪 70 年代市场上有大量可供借贷的资金。石油价格的上升对国际信贷市场产生了巨大的影响。它导致了财富从石油消费国向生产国转移。石油生产国，尤其是 OPEC 成员国，将它们所获得的财富投资于欧洲货币市场。银行为了获得利润便将这些资金作为贷款放入市场，银行家有大量的资金并到处寻找潜在的放贷客户。对于银行而言，幸运的是市场对信贷的需要也很大。发展中国家急需资金进行工业化。有一些发展中国家是石油消费国，因此需要贷款支付不断上涨的石油价格。还有的国家奉行了债务工业化的策略（Frieden，1981）。这就意味着这些国家借款开展工业化，并希望从新工业中获得收益以支付贷款。贷款是一个很有吸引力的选择，因为贷款不像海外直接投资，不受跨国企业的影响和干预，并且大多数国家没有足够的自有资金进行投资。

在 20 世纪 60 年代后期和 70 年代早期，发展中国家的投资似乎很完美，因为许多国家的经济都在快速增长。在将资金拥有者和资金需求者相结合的过程中，市场似乎表现得也很完美。但是 70 年代末所发生的事件改变了这一美好的景象，1982 年债务危机爆发。1979 年阿亚图拉·霍梅尼（Ayatollah Khomeini）在伊朗革命中成功推翻了伊朗国王的统治。随后不久，伊拉克错误地估计了伊朗的政治局势并入侵伊朗，结果导致第二次石油危机爆发。与 1973 年的石油危机相比，美国的反应大为不同。美国政府不是任由通货膨胀肆掠美国经济，而是通过美联储提高利率以抑制通货膨胀。利率的提高将抑制价格上升，因为资金的成本上升，人们进行消费或投资的资金更少了。这就减少了追逐商品和服务的资金，减少了需求，最终缓解了价格的增长（通货紧缩）。

美国这一政策引发了经济萧条，并对世界其他地方产生了更加严重的影响。随着美国利率的提高，国际资金的成本上升。在 70 年代早期国际贷款的利息大概是 2%，而 80 年代早期却上升至超过 18%。这就大幅增加了发展中国家的利息支出。同时，利率的提高也使得发展中国家的商品在发达国家很难销售。发达国家经济萧条对进口的消极影响主要体现在两个方面。总体而言，萧条意味着进口需求的下降。此外，萧条迫使发达国家采用贸易保护政策，限制进口以保护本国的就业。

许多发展中国家面临的后果是灾难性的。石油进口国面临着巨额债务。由于借入大量资金进行工业化且发达国家经济萧条导致了石油需求下降，一些作为石油出口国的发展中国家（如墨西哥和委内瑞拉）也受到了巨大的冲击。在 1982 年 8 月，墨西哥宣布债务违约。这就意味着它将不会再支付利息并且不大可能偿还贷款本金。墨西哥的这一行为使银行意识到了其存在的坏账风险，并导致经济泡沫的破灭以及债务危机的爆发。涌入墨西哥和其他国家的私有资金中断。不久之后，许多国家，如巴西、委内瑞拉、阿根廷和一些撒哈拉以南非洲国家，都纷纷陷入财政危机之中。

正是在这一背景下 IMF 开始发挥更大的作用。它与一些债务国进行备用贷款的谈判，向急需资金的国家提供短期援助。作为获得贷款的条件，国家同意进行经济改革。IMF 的结构性调整项目要求这些国家开放贸易、吸引外资、减少政府补助并缩减政府机构以平衡国家预算。“华盛顿共识”一词就是被用于概括这些被两个主要国际机构（IMF 和世界银行）和美国政府所共同使用的经济政策的。华盛顿共识认为经济发展的最好路径是金融和贸易自由化，并且还认为国际机构应该敦促这些国家尽快采用这些措施。虽然华盛顿共识是一些国家传统成功经验的总结，但是一些对IMF和世界银行的批评将这一术语与所有经济快速自由化所带来的负面影响联系在了一起。在这些批评者眼中，它代表的是金融精英和主要西方国家所制定的、被强加于发展中国家的、不利且自大的政策。华盛顿共识的兴衰将在第十三章中详细讨论。

这些政策给发展中国家的人们带来了十分不利的影响。20世纪80年代被称为经济发展“失去的十年”。许多发展中国家经济在1990年时比1980年规模更小、更贫穷。在整个80—90年代，发展中国家的债务如此巨大，以致政府几乎没有资源用于社会服务和发展（见表8.1）。

表8.1　　用于社会服务的支出与国家债务

		政府支出的比例	
地区/国家	年份	基础社会服务	债务支出
非洲			
坦桑尼亚	1994—1995	15	46
肯尼亚	1995	13	40
乌干达	1994—1995	21	9
南非	1996—1997	14	8
亚洲			
菲律宾	1992	8	31
斯里兰卡	1996	13	22
尼泊尔	1997	14	15
泰国	1997	15	1
拉丁美洲及加勒比地区			
牙买加	1996	10	31
巴西	1995	9	20
哥斯达黎加	1996	13	13
智利	1996	11	3

资料来源：UNICEF（1999），p.32.

债务危机的影响远远不是这些金融指标能完全体现出来的。在撒哈拉以南非洲地区，艾滋病危机使债务的负担加剧。在非洲每天大约有5 000人死于艾滋病。这一疾病使这一地区之前在人均寿命和经济发展上所取得的成就化为了泡影。而设计用于解决债务问题的结构性调整项目进一步缩小了或者私有化了健康和教育服务（Cheru，2002)。政府为本国居民提供关于艾滋病医疗和信息服务的能力也随之被削弱。原本可能要被用于公共医疗的资金转而被用于支付债务。1996年世界银行和IMF的努力（HIPC Initiative，《重债穷国倡议》）减轻了一些重债穷国的负担，使其获得了一些自由资金。然而，鉴于一些国家极端恶化的健康状况，更大范围和及时的债务减免成为必然。

在大多数发展中国家，债务危机被认为是“新古典经济学的胜利”（Biersteker，1992）。对国际资金的渴求以及国际融资渠道的缺乏使得这些国家只能开放本国经济以吸引投资和贸易。墨西哥就是一个最显著的例子。随着 20 世纪早期的革命，墨西哥曾试图建立一个民族经济体系，并倡导开展进口替代工业化。墨西哥建立了关税壁垒以对本国的产业进行保护。然而，随着债务危机的爆发，墨西哥的政策便转变为如何将本国经济融入世界市场之中。在 20 世纪 80—90 年代，越来越多的国家采用了类似的政策。麦克迈克尔（McMichael，1996）将这一转变的过程描述为从一个民族经济发展模式向一个在世界市场上寻找新“定位”的全球化模式的转变。1993 年墨西哥与美国和加拿大签订《北美自由贸易协定》（North American Free Trade Agreement，NAFTA）标志着墨西哥自由化进程达到了一个新的高度。NAFTA 加固了墨西哥的自由化改革，因为它充当了北美地区的经济宪法的作用。然而，虽然许多发展中国家的经济政策都发生了变化，但是其外债占国民生产总值（gross national product，GNP）的比例在 20 世纪 80—90 年代持续上升（见图 8.1 和图 8.2）。

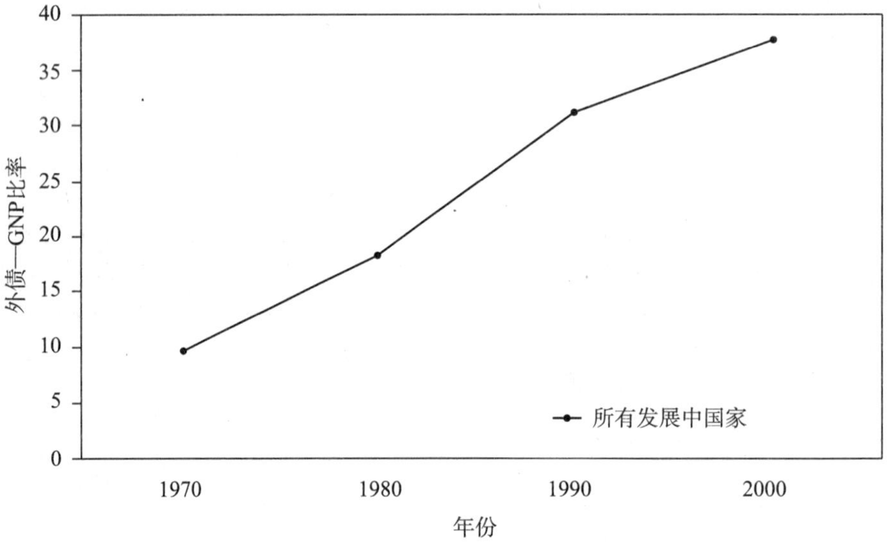

图 8.1 发展中国家外债占 GNP 的比例

资料来源：World Bank（2001），p. 246.

债务危机十分严重并产生了长期的影响。更糟糕的是，一系列其他的危机也接踵而至——一个是在墨西哥（见专栏 8.9），一个是在之前经济比较繁荣的东亚地区（见专栏 8.10）。一位研究国际金融市场的著名学者将这些危机称为“赌场资本主义”（casinocapitalism）（Strange，1986）。斯特兰奇认为这些地区大多数市场的波动性和对金融交易监管的缺失使得这里的金融市场变成了一个大的赌场。投资者对企业未来的利润、商品价格、汇率、利率和许多其他金融指标下注。资金的巨额数量和流动速度使投资者能够进行有风险的投资，进而增加了危机的可能性。关键在于，这个赌场有很多自愿参与的玩家。当经济增长的趋势发生转变时，那些没有参与赌博的人也受到了巨大的损失。发达国家的居民通过纳税承担金融救市的成本，而发展中国家的代价则是生活水平的降低，甚至营养不良和死亡。

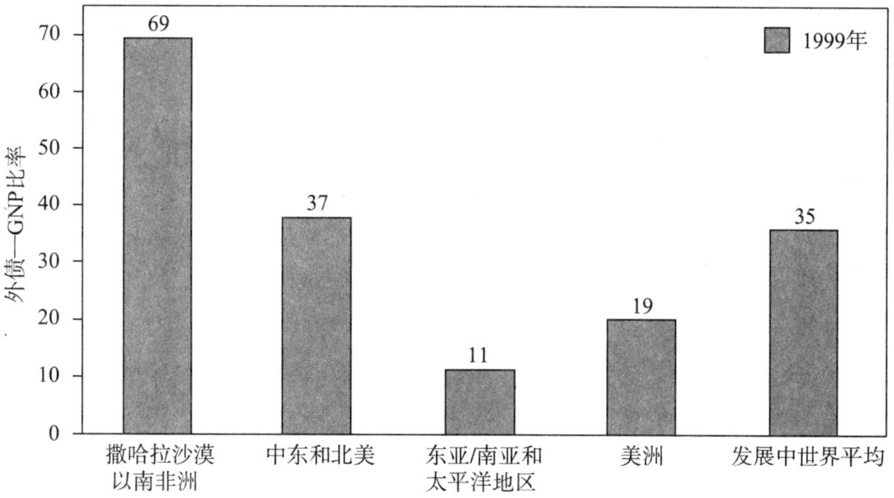

图 8.2　各区域外债占 GNP 的比例

资料来源：UNICEF（1999），pp. 30-1.

专栏 8.9

金融危机：墨西哥

随着 20 世纪 80 年代债务危机的爆发，虽然墨西哥经济进行了大量的结构性调整，但是在 90 年代中期，它又陷入了另一次危机之中。90 年代初期墨西哥的经济本来表现得十分强劲。关于《北美自由贸易协定》的谈判及最终签署使投资者相信墨西哥政府将致力于自由化。在 1990—1993 年间，大约有 910 亿美元资金流入墨西哥，占到了流入发展中国家资金总额的五分之一（Strange，1998，p. 103）。这些资金流入了股票市场，提高了股价并创造了市场一片繁荣的景象。然而，美元利息升高、恰帕斯州的反叛、一位总统候选人被刺杀等一系列事件的爆发导致投资者开始怀疑墨西哥政府是否能够维持其货币与美元的固定汇率。1994 年 12 月投资者开始大量抛售墨西哥比索，其规模之大使得墨西哥的外汇储备很快耗尽并被迫放弃比索与美元的汇率联系。虽然墨西哥承诺资本自由流动（以吸引投资者）以及汇率稳定（以留住已有的投资），但它还是无法承受资本快速流动所带来的影响。当这次危机结束后，墨西哥政府的债务超过了 550 亿美元。大多数债权方都是国际私有投资者，如退休基金。美国政府不顾国会的反对，为墨西哥提供了 200 亿美元的救市援助，并要求 IMF 和国际清算银行（BIS，中央银行的中央银行，位于瑞士巴塞尔）提供另外 320 亿美元的援助。此次危机给墨西哥带来了灾难性的后果，其居民生活平均水平相对于危机前降低了一半。穷人受到的影响尤为明显。由于利息大幅上升，中产阶级也陷入了高负债之中。居民的储蓄因为比索的贬值而缩水。

墨西哥的危机因为几个重要原因而变得更加令人关注：

（1）它波及如巴西和阿根廷等其他国家，并迫使这些国家采用防御性措施，如提高利率阻止资金外逃。这就是著名的“龙舌兰酒效应”。

（2）虽然在债务危机之后墨西哥已

经开展了近十年的自由化和经济结构调整，但是它依然遭受了严重的金融危机。

(3) 在墨西哥危机中，短期资金流入和流出一个发展中国家所带来的风险变得更加显著。

(4) 债权方发生了变化。在 1982 年的危机中，涉入债务之中并最终承受债务损失的是银行。而在 1994 年，非银行机构，如退休基金、对冲基金和股票投资者，最终能够全身而退。由于美国、IMF 和国际清算银行所提供的贷款援助，投资者所遭受的损失较小，而墨西哥的人们却不是同样的幸运。

专栏 8.10

金融危机：东亚

东亚金融危机是十分出人意料的，因为它发生在一些经济发展较为成功的国家——东亚和东南亚新兴工业化国家（地区）。1997 年，韩国、马来西亚、泰国和印度尼西亚爆发了严重的金融危机。中国香港、中国台湾甚至中国大陆都受到了此次危机的影响。然而，仅仅在几年以前，世界银行（World Bank，1993）还在一份报告中赞许东亚的“发展奇迹”。这次危机是如何发生的呢？

1997 年 7 月，投资者开始怀疑泰国政府是否能够维持其货币相对于美元的价值。与 1994 年墨西哥和 1992 年英国所爆发的事件类似，投资者开始抛售本地货币，并预期该国货币将最终贬值。在投资者成功击垮了泰国的盯住汇率后，他们又将注意力转移到了亚洲其他国家（地区）。在印度尼西亚、马来西亚和韩国投机性的攻击获得了成功，而在中国内地和中国香港，它们则失败了。一些之前经济状况良好的国家也被迫向 IMF 寻求资金援助。

亚洲危机有几个有趣的方面：

(1) 它说明几乎任何一个发展中国家都可能在非常短的时间内陷入金融危机。

(2) 遭受资本外逃的国家采取了不同的应对政策。泰国迅速接受了 IMF 的建议，印度尼西亚和韩国也紧随其后。相比之下，马来西亚政府谴责外国投机者引发金融危机，并对资本进行控制以阻止资金的流动。

(3) 虽然美国政府认为危机国家所进行的改革是水到渠成且明智的，但是亚洲很多国家则认为，这是美国商业和美国政治精英利用亚洲弱点所获得的一次在亚洲扩大影响力的机会。

这些不断爆发的金融危机使人们开始怀疑全球金融体系的稳定性。在世界某一区域受到金融危机威胁的投资者可能会同样将其在世界其他地方的投资撤回。这一行为导致了金融恐慌在整个金融体系的蔓延。这就是所谓的“传染”，也是最令基金经理和国家领导者头疼的问题。政府对这些恐慌的反应是开始讨论建立一种新形式的国际金融管理。大量的研究和会议被用于探讨一个“新金融体系”。1999 年这一探讨带来了两个实质性的机制创新：金融稳定论坛（Financial Stability Forum，FSF）和二十国集团（Group of Twenty，G20）。

金融稳定论坛的成员包括七国集团政府当局以及主要国际金融机构和监管者代表。除了 IMF 和世界银行的代表之外，其他的国际机构代表主要来自 OECD、国际清算银行、巴塞尔银行监管委员会（Basel Committee on Banking Supervision）、国际证券事务监察委员会组织（International Organization of Securities Commissions）、国际保险监督官协会（International Association of Insurance Supervisors）、全球金融体系委员会（Committee on the Global Financial System）以及支付与结算系统委员会（Committee on Payments and Settlements）。金融稳定论坛的工作主要集中在三个方面：离岸金融中心、跨国界资金流动以及高杠杆交易机构（对冲基金）。其对离岸金融中心的调查显示，这些地区的确导致了系统的不稳定，并建议收集更多关于离岸金融中心的信息且对这些地区施加压力使其遵守国际标准。

一个政治色彩更浓的组织二十国集团（G20）于 1999 年 9 月成立。G20 是由 G7 成员国以及其他 12 个国家（阿根廷、澳大利亚、巴西、中国、印度、印度尼西亚、韩国、墨西哥、俄罗斯、沙特阿拉伯、南非、土耳其）的财长和中央银行行长以及一个欧盟代表组成的。G20 会议还邀请主要国际组织的代表参加，如 IMF、世界银行和 WTO。G20 占世界 GDP 的总额超过了 85%，占世界人口的 65%。之前提及的金融稳定论坛主要是一个发达国家的论坛，而 G20 则纳入了几个最大的发展中国家（巴西、中国、印度和印度尼西亚）。这一变化试图通过增加参与国际金融管理决策的国家数量来增加国际金融改革的合法性，因为 G7 被指责为一个富人的俱乐部。

最初，G20 的工作主要集中在评估金融交易的规范和标准以及各国的汇率。它被认为是一个政策磋商的机构。一些更大的多边国际机构，如 IMF 和世界银行，可以在 G20 达成共识后采取正式的措施制定或实施相关政策。在 2000 年 10 月于蒙特利尔市举行的第二次年会上，G20 将其未来的议程拓展到了社会安全网、传染病、环境以及债务减免等问题（G20，2000）。对于 G20 体系是否有资源解决这些问题充满了质疑，但是对金融自由化后果的担忧迫使 G20 制定了更广泛的议程。随着美国信用危机的爆发并传染到其他国家，G20 的作用也被扩大。

关于亚洲金融危机以及国际货币体系稳定性争论的一个主要方面是：主要问题是存在于这一体系中的参与者还是这一体系的结构？参与者的问题是指单个国家所采用的政策本身是有问题的。这些国家可能浪费了资金、采取了无效的经济政策、借贷过多或者有一个缺乏透明度的金融体系。结构的问题是指国际金融的组织形式存在问题。这可能是因为市场上资金流动过快、市场鼓励企业进行不明智的借贷，或者存在一个无法为国家带来足够资源的贸易体系。如果问题存在于参与者层面，那么解决的方法主要是国内改革。如果问题存在于体系层面，解决的方法则是改变管理汇率和资金流动的规则。这些变化既可以发生在国际组织的层面，也可以发生在监管着最大金融市场的国家的层面（如美国和英国）。

债权人（或国家）以及先进工业国通常认为金融不稳定主要是由一些国家的政策导致的，因此，增加稳定性必须通过发展中国家的改革来实现。在 20 世纪 80 年代，拉丁美洲国家因为其经济政策不是完全的出口导向型而遭受批评。90 年代末期，之前较为成功的亚洲国家被指责开展一种腐败形式的资本主义——裙带资本主义。相比之下，许多发展中国家和非政府组织则认为问题存在于鼓励投机和资本快速流动的国际金融体系。

各种致力于发展的利益集团以及对自由主义全球金融体系的社会民主主义批评者认为，资本流动性需要被减小，以确保金融体系更大的稳定性。一种提议是征收托宾税（Tobin tax）。托宾税是对外汇交易所征收的一种税。这一观点的基本想法是，税收将阻止一些以投机为目的的外汇交易，但是却不会阻碍以中长期投资、购买进口品或者旅游为目的的外汇交易。虽然托宾税和其他减缓资本流动的措施存在一些技术障碍，但是最主要的障碍还是政治障碍。资本自由流动可以创造大量的财富。那些现有体系的受益者善于利用其影响力阻止可能减少其利益的措施。资本流动的受益者主要是那些有大量资金进行投资的个人、金融行业以及有投资需求或者正在投资某种金融产品或股票市场的企业。

在20世纪90年代，对股市发展感兴趣者从企业和富人扩展到了那些并不是十分富裕的个人。从80年代开始，随着发达国家政府将养老金体系私有化，大量的中产阶级进入股市。因此，更多的个人依靠一个健康的股市为其提供养老金和储蓄。这就意味着股票市场上的个人投资通过共同基金或单位信托基金的方式大量增加。此外，为了获得更好的回报，公务员或教师的雇主养老基金逐渐成为了股票市场的主要参与者。这些组织被称为“机构投资者”，其投资决定可以影响市场行情。致力于建设开放金融市场的先进工业国家的数量不断增加，这使得试图减少金融开放性的尝试面临着更多的政治困难（Harmes，1998）。同时，受股票市场波动影响的人们的数量也在大幅增加。如果某次严重的经济萧条吞噬了数以百万的投资者的退休基金，反对自由主义的势力可能会获得一些机会。

主要问题

这一小节讨论21世纪初期全球金融体系里的三个最重要的问题。第一个问题是全球信用危机。它始于2008年的美国并在随后几年里传播到了其他很多国家。第二个问题是美元的命运以及另一种货币变成其国际竞争对手的可能性。第三个问题是主权债务危机。它在2010年席卷欧洲并威胁到了欧洲的经济模式和欧洲货币。

□ 全球信用危机

在2008年和2009年，全世界又再一次受到金融危机的冲击。此次金融危机的后果十分严重，因此关于它的讨论也就变得非常有必要。然而，不像20世纪80年代和90年代的金融危机，此次金融危机并不是爆发于发展中国家。它的起源及主要诱发因素都是在美国。这一节分析这次危机爆发的原因，回顾其在全球范围内的后果并讨论它所带来的其他问题。广义上，2008年的金融危机爆发是因为信用被发放给无力偿还的借贷者且这些债务的风险被分散到了美国金融体系（O'Brien，2009）。在各种金融机构为获得更多的回报而进行风险更大的操作的同时，一种市场的基本哲学和强大的政治利益却确保了对这些机构及其操作的最小化监管（见第十三章）。

在2001年科技泡沫破灭以后，美联储一直实行低利率以刺激经济增长。低利率鼓励了美国居民购买房产。为了应付贷款需求的增加，一些新的金融工具被创造出来，如次级贷款。次级贷款使得原本信用评级过低且被视为贷款风险很高的人们也能获得贷款。华尔街投资银行将这些住房按揭进行分割并打包成按揭证券出售给投资者。由此，原始按揭所存在的风险就被分散给了更多的投资者。如果一些按揭出现违约，大量的投资者可以轻易地承受这一小部分的金融损失。

"平行银行"或"影子银行"使这些金融工具以及其他许多类似的产品被广泛地应用（Krugman，2008，pp. 158-62）。影子银行是从事银行活动（储蓄和放贷）但却并没有被划分为银行的金融机构。因为它们并没有被认为是银行，所以这些机构不像银行一样受到监管。它们不需要保留一部分资金作为储备金以应付挤兑，也不需要像银行那样加入存款保险体系中。由于它们没有承担银行所承担的监管成本，所以它们能够获得更多的利润，但是它们所面临的潜在风险却比储蓄银行高很多。主要的影子银行包括投资银行、对冲基金甚至保险公司。

随着房市快速发展（房价从2000年到2006年翻了一倍），一些担忧也开始出现。因为原本应该承受按揭风险的金融机构已将这些风险转移给了投资者，因此它们更愿意接受风险更高的业务。例如，"忍者贷款"（Ninja loans）一词指的就是为"没有收入、没有工作、没有资产"的人提供贷款，这种贷款不需要消费者提供良好的信用记录（Dodd and Mills，2008）。按揭贷款被发放给了那些没有钱或者只有很少的钱作为首付的消费者并且没有考虑他（她）们的财务状况。借贷者之间的联系被中断，因为风险已经被转移给了金融体系中的其他投资者。这就使得放贷者并不一定会为自己的行为高度负责，因为这些债务已经被出售或即将被出售。

到2006年末，房市达到了顶峰，价格开始下降。不幸的是，大量的个人和金融机构的经济活动都是围绕着不断上涨的房价开展的，并随着房价的下跌而变得十分脆弱。危机最开始爆发于次级贷款市场。随着房价的下降，次级贷款出现违约，放贷者遭受经济损失。在接下来的一两年里，面临着不良按揭贷款以及已经变得十分普遍的按揭衍生品，金融公司陷入了财政危机。信贷市场被收紧，其他国家的银行也受到影响。在这一两年里银行和如对冲基金等投资机构遭受了巨大的损失。

衍生品不仅传播了不良贷款的风险，而且还掩盖了风险的程度和范围。没有人知道金融混乱状况有多么糟糕或将会带来多么严重的后果。2008年9月和10月，危机加剧并迫使美国共和党保守派总统乔治·布什实行了美国历史上最大规模的政府干预。当年10月，美国财政部秘书长以及美联储主席游说议会动用7 000亿美元来回购不良按揭贷款。在最开始议会投票失败之后，美国当局最终被授权实施救市措施。然而，最初的计划被一些事件的发生改变，美国政府迅速效仿英国政府的做法制定了新的计划。美国政府不是如最开始所计划的那样回购不良按揭，而是直接向美国最大的银行（花旗银行、富国银行、摩根大通、美国银行和摩根士丹利银行）注资2 500亿美元以收购其股份。救市计划并没有到此为止，美联储于2009年最终建立了一个"坏银行"以收购金融机构的所有不良债务。

随着美国经济陷入危机，金融危机影响到了"实体经济"。金融市场的动荡减少了消费者和商业所能获得的信用。随着经济活动的减少，停工和失业率上升。由于股市价值下跌了近三分之一，退休基金也遭受了巨大的损失。依靠信用融资或者依靠房价或土地价格上涨的消费者被迫大幅削减支出。试图通过扩大置业人群来减少贫困的努力随着信用危机的爆发而付诸东流，因为信用危机迫使那些经济上很脆弱的人群离开自己的房产。美国的经济保守主义者（新自由主义者）对于政府对市场的大量干预以及政府在对银行、按揭公司和保险公司的援助中所表现出来的“社会主义”作风表示不满。美国政治左派和右派的评论员都在问同一个问题：“美国资本主义已走到了尽头吗?”（参见 Faiola，2008。）

美国的金融危机迅速传播到了其他国家。由于拥有一个庞大的国际金融服务行业，英国受到的影响尤为明显。许多英国的金融机构濒临破产，英国政府被迫实施大规模的救市计划。爱尔兰国家宣布破产，爱尔兰经济遭受了巨大的损失。爱尔兰首相因为银行业的崩溃而受到了刑事指控。在东欧，从西欧银行获得欧元或瑞士法郎贷款的政府、企业以及个人也因为本国货币贬值而遭受损失。匈牙利和乌克兰向 IMF 申请了紧急贷款。经济严重依赖出口的国家，如中国，也因为主要出口市场（如美国）经济活动的减少而受到影响。发展中国家的出口下降，且其可能获得的信用、投资和发展援助也大大减少。

虽然美国金融危机迅速带来了巨大的国际影响，但是全球范围的应对措施却并没有及时出现。最初，许多国家认为这是美国的金融问题，应该由美国解决。随着影响的扩大，国际合作的动机出现，但是达成一致的解决方案是十分困难的。美国和中国施行了大规模的国内消费刺激计划，但是欧洲大陆却没有采取类似的措施。

2009 年 4 月在伦敦召开的 G20 会议标志着这个机构更加重要的地位，但是却没有通过国际金融监管的新规则。G20 确实宣布要向发展中国家提供更多的资金，但是却无法保证其成员国采用共同的措施以刺激经济、处理不良贷款或建立新的监管体系。在英国，这次会议最大的影响却来自粗暴的警察与抗议者的对抗以及有一人在这一过程中丧命。在 2009 年 9 月，G20 领导决定 G20 将替代 G8 成为指导全球经济的主要论坛。

此次危机所带来的另一个影响是对 IMF 关注的增加。就像 20 世纪 80 年代债务危机时所发生的一样，世界各国将 IMF 作为一个对抗危机的工具。在 2009 年 4 月的 G20 峰会上，世界各国领导承诺将 IMF 的贷款资金增加到 7 500 亿美元以支持其对新兴市场的贷款，并承诺为低收入国家提供更多的援助。但是，IMF 新的角色也伴随着这个机构自身的新问题和相应的改革。这一改革的过程是缓慢且困难的，但是朝着这个方向所迈出的成功的一步便是决定调整《IMF 章程》的第四修正案，使特别提款权的分配更加平等。特别提款权使国家能够借到更多的资金。

尝试使各国采取共同的措施来应对金融危机的失败带来了一系列问题。如果新的监管体系并没有被建立起来，我们如何防止类似的金融危机在未来的某一时间及某一地区发生？如果国家间并没有协调好其应对的措施，那么是否有可能某些国家的政策只是昙花一现并且会与其他国家的利益冲突呢？为了应对经济萧条，国家政策是否有可能变得更加倾向于保护主义？这一可能的趋势是否会破坏全球经济增长和复苏？

□ 美元的未来

2008年席卷美国并传播到世界其他国家的金融危机使得长期以来都在被讨论的关于世界主要储备货币美元的问题被给予了更高的关注。世界储备货币是被世界各国中央银行作为储备资产且在借贷和商品交易中被最广泛使用的一种货币。世界上许多国家的外汇储备中都有很大比例的美元。许多商品在国际市场上都是以美元计价的——其中最重要的商品是石油。许多国际债务同样也是使用美元计价的。一种世界储备货币或国际货币的存在使国际经济活动变得更加便利，因为它充当了交易媒介、计价单位以及价值储藏的角色（Helleiner，2008）。交易媒介指的是它可以被用来进行经济交易。它使人们可以用其贸易伙伴所希望持有的货币购买进口产品，或者使政府能够购买其他国家的货币。计价单位的角色是指价值的计算都是用这种货币进行的。例如，石油是以每桶多少美元进行计价的。价值储藏是指企业和国家将使用这种货币持有其财富，而不是使用黄金或者投资房地产。

从二战结束以来美元一直是世界上主要的储备货币，因为投资者和国家对美国的经济比对其他任何国家的经济都要有信心。这对于美元而言是权力和巨额利益的来源（Kirshner，2008）。由于对美元的高需求，美国在向外国投资者出售其政府债券的时候可以支付相对较低的利息。考虑到这项投资的安全性，投资者也愿意获得相对较少的利息收入。这就使得美国可以以相对较低的成本为其巨大的财政赤字进行融资。低利率意味着美国政府和美国消费者可以超前消费，甚至入不敷出（见专栏8.11）。由于美国是以美元进行融资的，如果美元价值下降，美国债务的增加就不存在风险。在这种情况下，债权方将遭受损失，因为它们债权的价值相对其本国的货币减少了。当许多发展中国家借入美元贷款时，情况却恰恰相反。因为如果它们自己的货币贬值了，它们将要支付更多的本国货币以偿还美元贷款。其他主要商品（如石油）使用美元计价也使美国避开了其他货币波动所带来的影响。例如，如果欧元相对于美元贬值，那么欧洲人必须为以美元计价的石油支付得更多。然而，如果美元贬值，美国人则不必为石油支付更多，因为石油依然是用美元计价的。

专栏8.11

政府赤字和债务

当一国政府的支出超过其收入时，该国政府就出现了财政赤字。它可以通过借款来弥补赤字。一国政府的债务是指它每年赤字所积累下来的所欠资金的总和，包括为弥补赤字所借贷款的利息。当资金被投资到能够带动新的经济活动的领域，债务是可以创造收入的。例如，政府支出可被用于那些可以促进经济长期增长的大型基础设施项目，如公路或学校。被用于促进消费的债务，如消费者税收减免，可能会促进经济活动的增加，但是在长期内却无法促进经济增长并偿还债务。高额的政府债务可能将政府用于其他方面的支出，如医疗或教育，转移到债务偿还上，并使经济发展动力不足。

随着2008年美国金融市场危机的爆发，一些声音开始质疑美元未来的地位。2009年3月，中国中央银行领导人建议用一种世界储备货币取代美元。中国对于美元币值的波动以及如果美元贬值其所面临的投资损失的风险不满意（见专栏8.12）。如果国家开始转向其他货币，那么当美元贬值时，美国人将不得不为进口商品支付得更多。美国还必须提高政府及私有债务的利率以支持美元的价值。一个更加弱势的美元将使美国在减少消费、恢复财政平衡以及基础设施和人力资本投入等方面面临挑战（Roubini，2009）。同时，这一转移还将使储备货币所带来的权力和优先地位也转移到其他的国家或人们手中。

专栏8.12

中国—美国金融关系

在21世纪初，美国和中国间的金融关系变得复杂且不稳定（Krugman，2005）。随着大量的美国、欧洲和亚洲公司在中国投资生产，中国成功地以外国投资的形式吸引了大量的资本流入。中国相对于许多国家（尤其是美国）的贸易顺差是大量资本流入中国的另一个原因。大量的资本流入通常需要中国小心地应付，因为这些流入的资金会给本国货币带来升值的压力，而货币升值会使中国的贸易顺差减小。

然而，中国政府并没有允许其货币升值。它将流入中国的资金直接用于在美国购买美元资产，如美国政府国债。中国资金如此大量地流入美国意味着美国政府可以维持较低的汇率并且依然可以为其财政赤字融得足够的资金。通过财政赤字，美国得以为伊拉克战争以及减税进行融资。同时，低利率鼓励美国消费者消费且使美国房地产市场繁荣起来。

这种中美之间的关系使得中美双方都受益。对美国大量的出口为中国经济发展创造了基础，而美国可以享受高消费率。然而，这一模式是不稳定的，存在一些主要的问题（Samuelson，2009）。美国人用借来的钱进行消费而不是将其投资到新的生产力之中。这就出现了一个问题：美国如何才能偿还所欠的钱？中国政府变得高度依赖对美国的出口以提供就业并防止社会动乱。随着2008年美国金融危机的爆发，中美关系变得更加紧张。美国政府需要中国政府继续对其支出和财政赤字融资。这些支出和财政赤字主要用于挽救一些濒临破产的金融机构和刺激美国经济。然而，美国经济的脆弱威胁到了中国投资的价值。如果中国开始将其资金转移出美国，美联储将被迫提高利率以吸引投资者。这将反过来减缓美国经济并减少经济增长。到那时，美国人将不得不为其财政赤字付出真正的代价。如果这一转移的过程进行得很缓慢，美国经济将可以适应这一变化。但是资金流动快速的变化可能使美国经济和全球经济陷入动荡之中。

中国也存在着一些风险。中国经济高度依赖对美国的出口。美国经济的下滑直接威胁到了中国的就业和出口。高失业率和出口的下降可能进一步增加中国社会的不稳定。中国正在试图通过提高国内市场消费支出等方法规避这些风险。具体的方法主要是增加对基础设施项目的投入，并建立更广泛的社会安全网以减少居民用于医疗健康的储蓄。

仅仅只是美国经济的萧条还不足以使国家和个人离开美元转而接受其他货币。由于如此多的国家和企业出于不同的目的使用着美元，所以要摆脱对美元的依赖，首先需要有一种可行的替代货币出现。艾肯格林（Eichengreen，2011，p.7）在对美元的几种主要竞争对手的研究中发现，没有一种货币能够替代美元。他认为美元的主要对手有两种，一种是非主权国家货币，一种是主权国家货币。非主权国家货币主要是欧元。自 1999 年发行以来，欧元在国际上所起的作用越来越大。它已被一些中央银行作为外汇储备货币，以欧元计价的债券也不断增多，国际交易也更多地使用欧元（McNamara，2008）。在很多方面欧元正在赶超美元作为国际货币的地位。然而，欧元并没有一个强大且愿意无条件动用财政和政治权力保护其货币的国家的支撑。欧元是由一个国家联盟发行的。这个国家联盟是否愿意在危机中支持这种货币是不确定的。这一点在 2010 年的欧洲主权债务危机爆发后变得十分明显。欧洲国家无法就希腊经济问题所需要采取的措施迅速且有效地达成一致。这使得欧元的未来受到了质疑（详见下文）。没有主权国家的支持，欧元取代美元成为世界主要货币的可能性是很小的。

中国货币受到了过多的政府干预。由于巨大的贸易顺差，中国已经积累起了大量的外汇储备，包括大量的美元债券。虽然中国大多数地区都还比较落后，但是其开展出口导向的经济区域却创造了巨大的财富。贸易顺差和外汇储备将会顺理成章地使人们的国际地位有所提升。然而，中国政府出于国内政策的原因积极地管理其货币，这使得人民币并不适合充当一种主要的国际货币。中国政府并不允许其货币价值在国际市场上自由浮动，而是坚持控制其价值。人民币的升值被视为一个威胁，因为它将减少中国的出口，破坏经济增长所带来的社会稳定（Bowles and Wang，2008）。在写作本书时，中国货币还是不可兑换的，也就是说，外国人仅仅能够使用人民币在中国购买商品。同样，中央银行不能使用人民币购买外币以干预外汇市场。

美元的弱点以及其缺乏一个合格的替代者这一既成事实使人们假设了两个可能的场景。第一个是从一个只有一种主要世界储备货币（美元）的体系逐渐向由几种货币共同承担世界储备货币的体系转变。在这种情况下，美元将继续发挥重要的作用，但是随着国家和企业开始多样化其持有的货币资产，欧元和人民币等货币的国际地位将被提升。另外，欧元和人民币在其区域内将成为主导性货币，即欧元在欧洲、北非、中东和俄罗斯，而人民币在东南亚和东亚经济关系中成为主导性货币。如此的制度安排将使美国、欧洲和中国间关于国际货币事务的合作成为必然。它同样还意味着美国将迫于压力通过减少财政预算和贸易逆差的方法减少消费，因为那些可以以低廉的价格获得大量信用的日子将结束。

一个更加消极的场景是，虽然美元缺乏一个合格的替代者，但是市场或国家可能会迅速对美元失去信心，并因此导致恐慌和资本从美国的逃离。这将使美国的借贷成本大幅上升，偿还债务的压力也同样大增，并最终导致美国陷入经济混乱。其经济动荡将影响到许多严重依赖对美国出口的国家。货币市场将出现混乱且国际经济活动将遭受损失。导致经济恐慌的因素同样还可能来自政治领域。例如，美国和中国关于台湾问题的争端可能导致中国出售美国国债以对美国施加经济压力。这一抛售将导致意料之外的金融恐慌。此外，美国议会在平衡财政支出上的乏力可能使机构投资者对美国失去信心，并导致抛售美国国债以及更大范围的恐慌。美国信用危机的历史表明，一旦市场出现了恐慌，后果将是不可估量的。

□ 欧洲主权债务和欧元危机

随着2008年信用危机的爆发，一些国家在履行债务上遇到了困难。最严重的问题发生在欧洲。一个国家的债务是其欠债权人资金的总和，也是为每年财政赤字融资所欠资金的总和。这些财政赤字是政府某一年的开支大于其收入的结果。政府通过出售政府债券进行融资。随着债券到期，政府必须用税收收入进行偿付或者发行新的债券获得周转资金（见专栏8.13）。

专栏8.13

政府债券是如何运转的？

政府向投资者出售债券并承诺在未来某个时间点偿还债券的票面价值。短期债券通常将折价出售，也就是说，政府所获得的收入少于其债券票面价值的总和。例如，一张6个月期限的100美元债券以95美元的价格卖给投资者A。6个月后，债券到期，投资者获得100美元。期限更长的债券通常每半年向投资者支付一次利息（通常称为息票）。债券是以该国的货币发行的，因此外国投资者通常会有一些汇率变动的风险。如果该国货币的价值下降，该债券的收益也会相应下降。债券还可以在二级市场上出售，也就是说，债券持有者可以私下出售债券。利息的高度以及债券二级市场的活跃程度都是由投资者对该债券如期偿付的信心所决定的。信心越大，息票越低。如果该国有一个不断增长的经济、相对于经济总量较低的债务以及减少赤字的计划或财政盈余，那么信心将会增加。

美国主要通过出售国债进行融资。这些债券的名称是根据其到期期限的长短而变化的。最短期的债券叫“短期国库券”（treasury bills），通常3个月、6个月或者1年到期。这些债券都是折价出售的。“中期国库票据”（treasury notes）通常是每6个月支付一次息票，其到期期限从1年到10年不等。长期国库债券（treasury bonds）的期限通常为20或30年，每半年支付一次息票。

在2010—2012年之间，欧洲爆发了双重金融危机。一方面是几个欧洲国家似乎无力履行其政府的债务，另一方面是这些债务问题影响了欧洲货币欧元的稳定性和可行性。由此，信用和货币体系危机在欧洲同时爆发。

这次双重危机的前提是2002年欧元的诞生。一些原本严重依赖政府债券融资的欧洲国家突然发现借贷成本大幅降低。债权人只要求很小的利息，因为这些国家现在都用欧元发行债券，因此货币风险被降低。投资者认为这些国家的债务受到整个欧盟经济的支撑。大量借贷的国家，如葡萄牙、爱尔兰、意大利、希腊和西班牙，这一时期都拥有相对便宜的借贷环境。这些欧洲负债国有时被简称为PIIGS。在这些国家，公共和私人部门的借贷水平达到了在欧元诞生之前根本不可能达到的水平。借贷成本降低带来了西班牙的房地产投机以及爱尔兰银行的快速扩张。

2009 年 10 月，在希腊的新左翼政府成立之后不久，危机就爆发了。新政府重新评估了前任政府的财政状况，并宣布政府之前对财政赤字的计算低估了实际情况。其债务不是之前所报道的 6%，而是已经接近 13%。这一数据随后又增加到了 15%。希腊赤字的成倍增加震惊了信用评级公司和债券经销商。希腊政府的债务立刻变得风险更高。希腊债务之所以变得如此严重，主要是由于以下几个原因：

(1) 对年度财政赤字的重新计算提高了债务总额。

(2) 经济危机使经济增长放缓，政府无力增加更多的收入，因此年度财政赤字大幅上升。

(3) 2009 年 10 月信用评级公司降低对希腊债券的评级，使得希腊借贷的成本提高。这就意味着希腊政府被迫提高利息以为其债务融资。

这些因素结合在一起导致希腊债务相对于其所生产的产品和服务的总价值大幅上升（见图 8.3）。除非采取有效的应对措施，否则希腊政府似乎无法履行其债务。

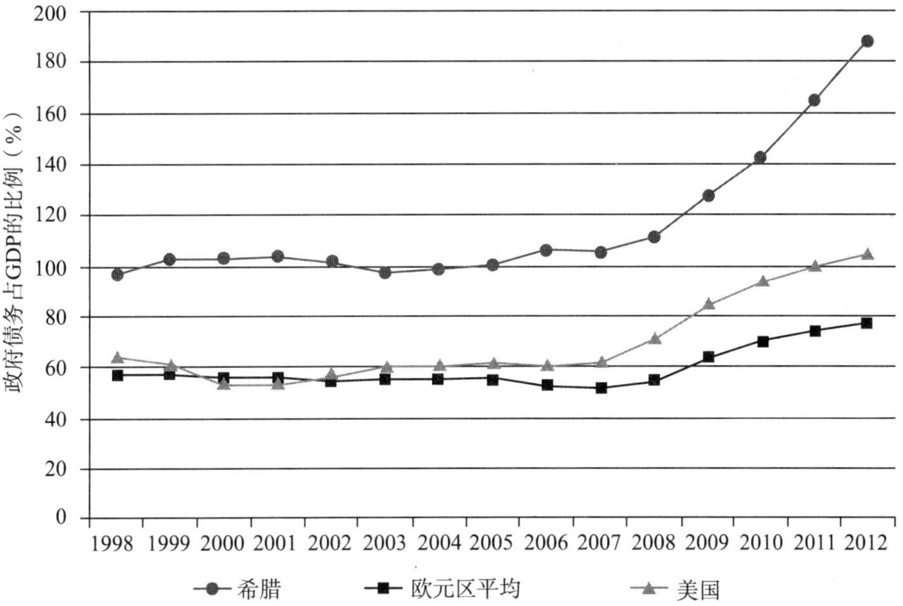

图 8.3　债务占 GDP 的比例：希腊、美国和欧元区

资料来源：IMF (2012a).

随着希腊政府债务成本的增加，发行新债券以支付现有债务变得十分困难。欧洲其他地方之前向希腊政府贷款的私有银行、私有部门和个人对于希腊是否能够按期偿还债务都变得十分紧张。随着私有部门投资者要求希腊政府支付更高的利息，希腊政府便只能向欧洲其他国家借款。IMF 等公共机构以及包括德国在内的欧洲国家同意援救希腊，但是要求希腊通过削减政府支出恢复财政预算平衡。在 2010—2012 年间，为了获得贷款，希腊同意了这些要求并实行了紧缩计划。该计划削减了政府支出，缩减了公共服务的规模并降低了退休金。在 2012 年春天，作为希腊重新融资交易的一部分，私有部门希腊政府债券持有者同意减让一些债券收益。然而，缩减政府开支的紧缩政策使希腊的经济陷入了萧条。经济增长的停滞恶化了希腊的财政状况，公众抗议使政府瘫痪。给希腊政府借贷者要求该政府施行紧缩政策，而希腊人民却极力反对这一政策。

最初被设计用于服务欧洲人的欧元在希腊危机中却给欧洲人带来了烦恼。德国政府坚持认为欧洲的问题不在于增长缓慢，而在于一些成员国没有合理控制其财政赤字。欧元发行之初确立的限制国家支出的措施并没有发挥应有的作用。欧洲单一的货币政策在各成员国没有类似的预算政策与之相匹配。德国对于在欧洲范围执行新的金融计划表现得犹豫不决，例如以相对较低的利率发行欧洲债券以减轻投资者对希腊债务的担忧。没有主权国家支撑的货币最终陷入了重重问题之中。

希腊财政预算的问题传播到了其他国家。一个担忧是希腊将离开欧元区。如果希腊不能够坚持紧缩政策并通过重新建立公共和私人债权人的信心以获得新的资金，那么它将面临债务违约。希腊可能会认为作为欧元区的成员，它是不可能偿还这些债务的。离开了欧元区，希腊可以通过货币贬值的方法促进经济增长和恢复。贬值的希腊货币可以使希腊的出口和旅游业相对于欧元区更有优势，并重启经济增长。如果希腊离开了欧元区，欧元还能够存活下去吗？

第二个担忧是给其他国家带来的连锁效应。在希腊受到损失的投资者可能会在其他国家更加谨慎，如在葡萄牙、意大利、西班牙和爱尔兰。这些国家同样负债累累且经济发展停滞。这些国家的政府同样采取了紧缩政策，试图稳定金融市场。然而，紧缩政策使经济增长缓慢并增加了失业，尤其是青年失业。在这些国家，紧缩政策的社会和政治成本是很高的，如希腊极右派政党金色黎明党的支持率大幅上升，地区分裂主义在西班牙也获得了更多支持，西班牙和葡萄牙的社会形势变得日益紧张。考虑到意大利和西班牙的经济规模相对较大，在这些国家的金融危机相对于希腊而言更不容易解决。

最后一个担忧是全球金融体系的不稳定。自 2008 年信用危机以来，直到 2012 年全球经济才开始恢复。欧洲和北美经济增长依然很缓慢，财政状况依旧令人担忧。政府财政削减的确减缓了经济增长并恶化了债务问题。市场信心依然有待恢复，希腊的经济崩溃影响到了其他国家并重新将全球经济拽入萧条之中。美国银行与欧洲金融机构有着密切的联系，而许多发展中国家依旧依赖欧洲和美国市场获得出口收入。主权债务危机已不仅仅只是发展中国家所担心的问题（见专栏 8.14）。

专栏 8.14

主权债务危机：阿根廷

2001 年 12 月，阿根廷政府宣布无力偿还其债务，导致了人类历史上最大规模的政府违约。阿根廷政府一半的债务都是外国投资者购买的债券。在以前类似的情况下，IMF 将会和阿根廷政府进行条件苛刻的结构性调整谈判并迫使政府开始支付债券持有者的债务。但是，一些原因使得事情的发展出现了不一样的结果：

（1）在阿根廷国内，金融危机导致了社会动乱以及反对偿还债务的政治氛围。左翼政府上台且不愿意迅速向 IMF

或私有债券持有者屈服。

(2) IMF 已经向阿根廷借出了大量资金，如果阿根廷拒绝偿还，IMF 也将受到影响。这就削弱了 IMF 的谈判地位。

(3) 美国外交经济政策发生了变化。乔治·布什政府受到右翼经济观点的严重影响，不愿意动用政府的资金去挽救私人投资者（直到 2008 年美国爆发了危机）。它们相信 IMF 对危机中政府的支持带来了道德风险的问题。这个风险是指私有投资者将毫无顾忌地在高风险国家投资，因为他们知道如果发生什么问题，IMF 将出面解决。布什政府想要迫使私有投资者为自己的错误决定埋单。结果是，右翼美国政府支持阿根廷的左翼政府反对 IMF 提出的以合理的价格立即对外国债券持有者进行偿付（Helleiner，2005）。当阿根廷政府最终和投资者就解决方案达成一致时，投资者对阿根廷政府债券每一美元的投资只拿回了 30 美分。

总结

全球金融体系的技术讨论的背后是关于自主、政策融合和民主的问题。金融市场的开放带来了这样一个争论：是否所有国家正被迫采用类似的政策（融合）或者是否不同的经济策略依然存在着发展的空间（自主）？与此相关的一个问题是金融体系结构调整与基于民主过程所产生的政策偏好之间的冲突。

一种观点认为，政府及其人民相对于市场和商业领袖而言正在失去其权力。“资本不断增加的结构性权力”（Gill and Law，1993）就是对这种观点的描述。这意味着金融体系的组织或者结构给予那些拥有大量财富或者能够在全球体系里移动大量财富的人更多的权力。因为金融市场是二十四小时无间断操作的，金融交易即刻发生并完成，所有投资者可以将其资金从那些其政策可能威胁到自己利益的国家快速转移出来。例如，一国政府通过财政赤字维系其福利政策的做法可能威胁到了投资者的利益。投资者可能随后便将资金转移出这个国家。这将给这个国家的商业和政府收入带来影响。金融利益无法主宰政府政策，但是它可以使那些不符合投资者利益的政策成本增加。这就减小了与投资者有着不同政策偏好的政府和社会的自主性。虽然这种观点在全球化的讨论开始之前就已经变得流行，但是许多人认为是全球化增加了金融市场的影响力。

在这个金融全球化的时代，一个令很多人感兴趣并被广泛关注的组织是信用评级机构，如穆迪和标准普尔（Sinclair，1994，2005）。这些私人企业对政府和企业的信用进行评级。如果评级降低，资金的成本将上升。一个信用评级较低的政府或企业必须向投资者支付更多的利息，以对他们所承担的风险进行补偿。政府需要时刻关注这些评级公司的评级，因为一个糟糕的评级将影响该国未来所能获得的资金。这些评级提高或者降低了某些政策选择的成本。虽然信用评级公司没有能够准确地评估出引发了 2008 年信用危机的按揭证券所存在的风险，但是它们依然在为国家和企业的信用进行评级。

国家政策受制于移动的资本的观点受到一些学者质疑。这些学者认为国家保持着其做出选择和决策的能力和权力。他们认为国家政策并没有向某一种自由主义金融模式靠拢。稳固的国内机构和有组织的劳工及左派政党的权力都是压制投资者权力的因素（Garrett，2000）。自由主义金融政策是某些政府所采用的政策，这些政府为自己的政策负责。对于这些分析者而言，权力依然掌握在国家手中，试图从国际层面寻找国家政策变化的原因是错误的。

关于政策融合和资本结构性权力的讨论对民主实践产生了重要影响。一方面，如果资本的结构性权力的观点是正确的，民主可能会受到损害，因为金融利益在公共政策中的发言权越来越大。选民可能会选择一个承诺开展经济增长和减少失业项目的政府，但是这个政府可能由于这些金融影响而并不会遵守其承诺开展这些项目。人民的意愿被金融的权力所违背。另一方面，如果那些认为全球金融市场的权力被夸大的分析者是正确的，那么关于全球化和结构性权力的讨论仅仅只是被用于推诿政府的职责。由于人们已放弃了使其政府对其行为负责的努力，民主受到了破坏。我们将在第十五章中详细讨论管理和政府问责的问题。

随着美国金融危机的爆发，政府重申了对金融机构的控制，那些认为政府并没有被金融全球化所削弱的观点似乎得到了证实。然而，金融危机同样使自由主义监管所带来的不平等暴露了出来。政府迅速地对出现问题的机构给予了支持，但是其成本通常是由那些在规则制定中没有地位的人承担的。在美国和其他发达国家里，居民流离失所并失去了储蓄和工作。在许多发展中国家，资本和发展援助的短缺威胁到了国家发展和社会政策。许多国家的政府采用了使经济持续低迷的紧缩性政策。虽然关于政府权力的讨论已逐渐淡去，但是对不平等和金融监管的民主控制等问题的讨论变得比以前更加激烈。

贸易、生产和金融的全球化对人们在全球经济里的生活和工作产生了巨大的影响。第九章将通过全球劳动分工直接考察人们在全球经济中的生活和工作。

扩展阅读

Barry Eichengreen(1996)*Globalizing Capital*：*A History of the International Monetary System*：详细介绍了全球金融体系。

Barry Eichengreen (2011) *Exorbitant Privilege*：*The Rise and Fall of the Dollar and the Future of the International Monetary System*：探究了美元的未来。

Susan Strange (1986) *Casino Capitalism*：一本早期对不受监管的金融发展所可能带来的风险提出警告的著作。

Tony Porter (2005) *Globalization and Finance*：对全球金融的治理困境进行了探讨。

第九章 全球劳动分工

在学习国际经济学或者全球政治经济学的过程中，我们很容易将注意力集中在企业或国家的活动上从而忽略了个人或群体。本章介绍人们是如何受到全球政治经济体系里劳动分工的影响的。个人在这种劳动分工中所处的位置对他（她）们寿命的长短以及生活的质量有决定性的影响。对劳动分工的讨论揭示出了严重的不平等和不公正。这种不平等和不公正在全球政治经济学其他领域的讨论中可能无法看到。

本章首先讨论关于劳动分工的几种不同的观点，如国际劳动分工、全球劳动分工、性别劳动分工以及种族劳动分工。然后，我们讨论自由主义理论对劳动分工的看法以及反对自由主义的经济民族主义和批判主义观点。在关于主要发展的小节里，我们探讨生产过程（产品被制造的过程）的变化以及国际劳动分工向全球劳动分工的转变。本章中所讨论的主要问题是关于中国和印度工人融入全球经济，工人为获得权利在全球范围内所进行的斗争以及劳工权利和全球稳定之间的关系。

定义

劳动分工指的是人们在生产过程中所充当的角色。不同的社会和经济体系对于何人该做何种工作有不同的组织方式。一些社会有相对简单的劳动分工，在其中许多人都从事类似的工作。另一些社会则有相对具体的劳动分工，在其中人们专门从事一种或两种工作。生活在农场和生活在城市中的人们之间的差异就是一个很好的例子。大多数农民为了生存必须从事各种不同的工作。除了种植谷物，他们可能还必须学会修理机器、保存蔬菜、烘烤面包等技能，甚至在城市中寻找另一份工作。大多数城市居民专门从事某一种特定的工作，然后支付其他人去完成别的工作，如烤面包、种植谷物、修理机器甚至是照顾小孩。在这个例子中，城市居民比农民的劳动分工要更加专门化。

工作分配的方式可能也存在很大的差异。在一些情况下，一种劳动分工可能是基于种族，如在南非的种族隔离时期或者在内战以前的美国南部。在这两个例子中，劳动分工是依靠暴力的。在其他一些情况下，潜在的性别歧视或者劳动技能的匮乏可能会维持一种种族劳动分工。许多西方社会追求一种基于才能并依靠公正的市场力量做出选择的劳动分工，但是民族性的、种族性的、阶级性的以及性别的分工依然存在。

除了基于本地社区的劳动分工，人们还讨论一种国际劳动分工。它指的是国家专门生产某种出口商品的过程。地理位置对一国工人在国际分工中的地位有着巨大的影响。例如，如果你生活在洪都拉斯且正在参与全球经济活动，那么你可能正在从事香蕉的出口；如果你生活在孟加拉国，你可能在从事纺织业；在中国，可能是玩具业；在加利福尼亚，则可能是航空业或者娱乐行业。

全球劳动分工的概念描述的是一种全球范围内的组织形式。在这种组织形式里，特定的工作不是局限于某些特定的国家的。在全球劳动分工体系里，那些以前只限定于某些特定国家的活动在不同的国家里都可能出现。一种之前是在发展中国家里常见的工种可能会在发达国家里兴盛起来，而一些之前似乎只有先进工业国才有的工作现在在劳动密集型的发展中国家里也发展起来。例如，在印度，不断壮大的电脑软件行业正是伴随着广大的从事农业的人口而发展起来的。另外，在拉斯韦加斯和纽约也出现了纺织品的血汗工厂。这些工作的一个显著的特征是，它们都被纳入了一个全球化的生产体系之中且并不只是局限在世界的某一个地方，虽然这些工作可能在某些地方更为集中。大多数电脑软件行业的工作都是在先进工业国里，而大多数纺织业的工作都是在发展中国家里。但是，一些发展中国家也有 IT 工作，一些发达国家也同样有移民在纺织行业里工作。

劳动分工的另一个重要的方面是其性别特性。男性和女性通常从事着不同的工作。性别劳动分工指的是社会对不同性别适合不同工作的一种观念。例如，如果你到一所大学去看看，你会发现大多数教授都是男性，而大多数秘书都是女性。在全球经济体系里，女性是出口加工区里的劳动力主力军，而大多数经理都是男性。在金融行业里，大多数股票经纪商都是男性，而银行柜员大多数都是女性。

有趣的事情是，性别劳动分工并不是注定的或者“自然的”，而是根据不同的社会经济环境并随着时间的推移而改变的。例如，在二战以前的加拿大和美国，女性主要都是从事家务劳动。然而，在战争期间，男性工人大量短缺，许多女性开始在一些工厂里工作。在这些工厂里，她们甚至比男性更加能够胜任某些工作。一旦战争结束，女性被鼓励回到家务劳动之中以便男性能继续从事他们的工作。

在全球劳动分工里的一个主要的问题是性别劳动分工。一些国家在打破“女性工作”和“男性工作”间存在的障碍方面取得了很大的进步。然而，这种进步是不平衡的，在一些最为进步的国家里甚至极为不足。在全球层面，女性在劳动分工里占据着某些特定的位置且受到这种劳动分工的影响。每一个社会都有一种特定的性别劳动分工模式。整体的趋势是，女性的工作通常得到的报酬少于男性。女性工作通常都是在某些特定的行业里。女性在“看护”以及助理行业里的比例过高，如文书、教书、护士、咨询和儿童保育等。女性通常将有薪的工作和无偿的家务劳动以及儿童抚育结合在一起（见图 9.1）。大量从事卖淫业的都是女性或儿童。在全球经济里，女性比男性更穷、工作更辛苦且工作环境更糟糕的可能性更大。在第十章中我们会继续讨论性别劳动分工及其影响。

劳动分工同样也存在着种族和民族的差异。来自某种民族背景的人群或者有着明显生理差异的人们被局限在或被迫从事某种特定形式的劳动。种族的差异被用于判断这些工人们的不同法律身份以及经济剥削状况（Persaud，2001）。美洲的奴隶制度就是种族劳动分工的一个残酷的例子。种族分工在其他一些人群的雇佣关系方面也起到了至关重要的作用，如在日本的韩国人、在马来西亚的印度尼西亚人、在美国的墨西哥人和中美洲人、在德国的土耳其人、在法国的阿尔及利亚人、在英国的西印度群岛人以及在许多国家的印度人和中国人。游轮就是全球娱乐和休闲行业里性别劳动分工的一个鲜活的例子（见专栏 9.1）。

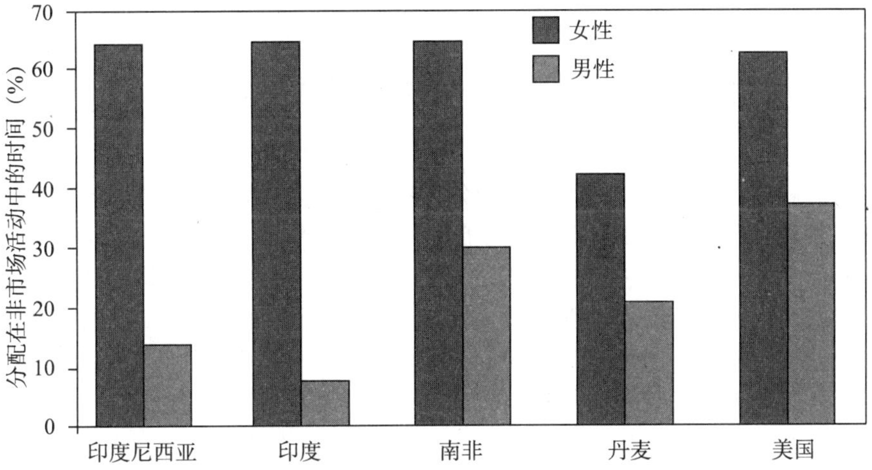

图 9.1　经济活动中的性别不平等

资料来源：UNDP（2002），p. 238.

专栏 9.1

一艘游轮船员里的性别和种族

一艘游轮提供了一个关于全球劳动分工的有趣的例子，因为读者们可以清晰地看到性别和种族在给来自世界各地不同地区的人们进行工作分配上所起到的重要作用。乍一看，一艘游轮上的船员似乎是一个“迷你型联合国”，由来自世界各地各种文化背景的人组成。游轮之所以能够从不同国家招募船员，主要是因为“方便旗”的广泛使用。然而，仔细看一下我们就会发现，船员的构成不是简单地反映了市场的需求和供给，而是受到了申请者民族和性别以及雇佣者主观臆断的严重影响（Chin，2008）。虽然在不同的时期以及不同的航线上情况各有不同，但是基本的模式是明显的。游轮管理者通常都是来自北方国家，如意大利、英国和美国。来自这些国家的雇员同样也通常从事一些技术要求更高的工作，如医生、各种类型的经理（赌场、酒店、娱乐场所）。亚洲、东欧以及加勒比地区的员工通常在酒吧、客舱、餐馆以及厨房工作。不会讲英语的船员通常都是从事最下层的工作，如厨房员工和门卫。亚洲雇员通常被雇主认为是从文化上最适合提供温馨服务的员工（Chin，2008，p.12）。大多数女性船员的工作主要集中在两个岗位：前台服务或清理船舱。然而，来自富裕国家和穷国的女性还存在着一个明显的不同。来自北方国家的女性通常在各种航线的游轮上从事更好的工作，并将这份工作视为将工作和旅游结合在一起的一个很好的机会。相比之下，来自南方国家的女性对于旅游并没有太大兴趣，而是更注重这个赚钱养家的机会。民族和性别的劳动分工是很重要的，因为它直接关系到了不同工人所面临的不同工作环境。低级别的工人被要求签订更长的合约并只有较低的工资和很少的假期。在很多情况下，他（她）们的工资主要是依靠乘客的小费。

理论观点：亚当·斯密和他的批评者

在国家和国际层面一个更好的劳动分工所带来的好处是自由主义经济理论所讨论的核心。现有劳动分工里所存在的“自然性”（naturalness）一直受到一些人的批评。这些人强调权力在创造和维持某种劳动分工中的重要性。对某一民族国家的福利感兴趣的理论家和实践者试图通过支持某些行业（如加工业或高科技行业）的发展来影响这个国家的劳动分工。女权主义理论者试图改变现有的性别劳动分工体系。

在探讨其他理论观点之前，我们先详细讨论一下自由主义理论。自由主义哲学家亚当·斯密（［1776］1983，p.109）在其名著《国富论》（*The Wealth of Nations*）的开篇之处解释了劳动分工不断增加所带来的益处。他写道：“劳动分工带来了劳动生产力的大幅提高，带来了劳动者技能、熟练程度以及运用能力的极大改进。”斯密通过比较在制造针的过程中两种不同的体系（个人独立制造和不同的工人负责不同的工艺过程）进一步阐释了这一观点。他认为，普通人可能一天只能制造一根针。即使工人的技能都十分熟练，他们一天也最多能够制造 20 根。然而，如果这项工作被分割成具体的任务并分配给不同的个人，在同样的时间里可以制造更多的针。一个人可以负责把铁丝拉出，一个人负责把它剪断，而另一个人负责把一端磨尖。斯密将制造针的过程细分为 18 个具体的操作。在他的体系下，10 个人一天可以制造 48 000 根针，平均每个人可以制造 4 800 根。也许斯密所使用的数据令人质疑，但是他所提出的观点却是很重要的，即劳动分工提升了生产力。

斯密将促进这种生产力提高的因素归为三点：

（1）从事某一种单一的任务提高了熟练程度并因此提高了速度。做同一件工作，某人做的次数越多，便会做得越快越好。

（2）从一种工作转换到另一种工作所需要的时间被节约了下来。

（3）通过任务专门化，生产过程被简化，机器便可以被使用。显然，机器的速度要更快。

斯密还认为，劳动分工的原因主要有三个方面：

（1）人们“互通有无、物物交换和互相交易”（truck，barter and exchange）的

自然倾向。他认为，想得到自己无法生产的新产品和事物是人的本性。

(2)“自利”(self-love)。人们获得自我利益的动机促使他们开展贸易并开始劳动分工。

(3)“习惯、习俗和教育”(habit，custom and education)。在某种贸易中，一些人技能更好，一些有更好的教育，另一些人从小就被训练从事某一种工作。

认识到劳动分工的益处后，斯密和其他自由主义者将其观点进一步拓展。总体而言，他们相信，社会越进步，劳动分工程度越高。因此，国家应该采取措施支持劳动分工。这些措施中的一种便是扩大市场规模。市场越大，更多不同的产品将被生产出来，劳动分工程度将更高。本地市场可以被扩展成为国家市场，而国家市场可以通过国际贸易被进一步扩展成为一个国际化的市场。

斯密和其自由主义理论的核心是这样一种观念：劳动分工和自由主义政策的好处可以从上向下被传播到社会的最底层。斯密认为一个欧洲国王和平民的差距比一个非洲国王和平民的差距要小。斯密想要表达的一个有争议的观点是，最发达社会里最穷的人也比一个不发达社会里最富有的人要过得更好。虽然这一观点显然不是事实，但是我们可以看到斯密关于国际劳动分工收益的观点和大卫·李嘉图的比较优势理论观点（见第四章和第六章）之间的联系。李嘉图的观点是，如果每个国家都专门生产某些它们生产得最好的产品，所有国家都将从国际贸易中受益。这些收益来自国家将资源转移到最有竞争力的行业，并因此增加了国际劳动分工的专业化程度。

当代自由主义经济理论和许多国际机构都拥护这些观点，并认为通过参与自由贸易和开展受到市场鼓励的工作的国家和人们都将变得富裕。因此，读者们可以看到 IMF 的结构性调整项目鼓励发展中国家开放其经济并为其出口市场而开展生产。WTO 就是被建立起来鼓励国家减少贸易壁垒并促进一个不断专门化的劳动分工。

对劳动分工的这种自由主义解释的批评者认为，劳动分工不是一个自然的过程，而是由权力关系所塑造的。这种批评观点有三个略微不同的版本。那些拥护依存理论的学者们认为，国家被锁定在某种形式的劳动分工之中，因为这些经济体是帝国主义扩张的受害者。另一些主要关注先进工业化国家的理论者认为，某些经济部门是战略性的且对国家利益至关重要。国家必须干预劳动分工以确保这些领域的发展。这一种观点和前一种观点有一些共同的假设，即权力关系塑造了经济活动并使得劳动分工有利于某些国家。但是第二种观点关注的是先进工业国之间的关系，而不是北方国家和南方国家之间的关系。女权主义学者的观点构成了不同于这两类观点的第三种观点。女权主义学者认为性别劳动分工主要是由父权制以及权力在男性和女性之间的不平等分配造成的。

回顾历史，我们可以发现依存理论者的观点得到了大量的支持。这种观点认为劳动分工不是“自然形成的”，而是基于历史冲突之上的。这些历史冲突将国家锁定在某种特定的角色之中（Dos Santos，1970）。在对 19 世纪和 20 世纪早期国际体系的研究中我们发现，在那一时期一定程度上的国际层面的劳动分工已经出现，地区、国家甚至整个大洲都开始专门从事某种特定的工作。总体而言，完成了工业革命的国家生产制成品，其他一些国家提供原材料或食物。关键的问题是：劳动分工是什么时候开始的？为什么要开始劳动分工？劳动分工是不是正如斯密所认为的那样是自然形成的呢？或者是否武力和征服在国际劳动分工的形成过程中起到了重要的作用？不同于认为劳动分工是自然形成的自由主义观点，法国历史学家布罗代尔（Braudel）认为，“历史一直都是需要被考虑的因素”。

我们来回顾一下跨大西洋的三角贸易的命运以及随之出现的劳动分工。欧洲人用其生产的纺织品和武器交换非洲的奴隶。这些奴隶被运送到加勒比地区和美国的种植园。加勒比地区和美国南部所生产的产品再以高额的利润出售到欧洲和远东。以棉花为例，原材料被生产成纺织品再出售。这种劳动分工提升了生产率且有助于工业革命的发生。但是这种劳动分工是如何产生的呢？三角贸易的过程使非洲大陆“专门生产”奴隶，美洲大陆专门提供原材料，而欧洲则专门负责制造。显然，这个过程不仅仅是不同技能在一种产品中的简单组合。美洲的资源通过武力和奴隶而被剥削。加勒比地区和拉丁美洲所集中生产的很多产品，如糖，被欧洲殖民者运送到了世界各地。

另一个关于武力改变劳动分工的例子是 18 世纪和 19 世纪英国和印度的纺织业。当英国拥有领先的海军和落后的纺织业时，英国政府设法使印度的纺织业无法进入英国的市场。虽然英国纺织品无法和印度竞争，但是印度纺织品却无法进入英国市场。正是由于这种保护，两个国家都能够生产纺织品。然而，数年以后，当英国纺织品行业开始获得竞争优势（由于工业革命）且印度被英国武力控制之后，英国通过在印度市场上出售更便宜的纺织品而摧毁了印度的纺织品行业。

我们可以从类似的例子中得出这样的结论：国际劳动分工不是各方平等协商的结果。经济模式和权力关系有时回归到了一种非常古老和原始的状态。其所带来的影响是，以民族国家形式出现的政治权威在塑造最适合自己人民的劳动分工模式的过程中起到了关键作用。

帕兰和阿博特（Palan and Abbott，2005）考察了民族国家在培养自己的比较优势以及塑造其在国际劳动分工中的地位时所采用的各种战略。根据这些国家在全球政治经济体系里的不同地位以及国内政治联盟的不同状况，一些措施比另外一些措施更加可行。小型到中型且与经济强国接壤的国家可能会尝试区域一体化的战略。穷国、小国可能会选择以税收天堂或通过出售自己国家的国旗给不同航线上的航船以当作方便旗（flags of convenience）的方式融入国际劳动分工中（见专栏 9.2）。一些国家可能利用其知识技术谋求发展并开展社会项目来保护它们的工人，而另一些国家可能会通过压低劳动力成本的方式获得成本优势。

专栏 9.2

方便旗

一些国家为了在全球劳动分工中找到一个位置而采用的一种战略是向商业利益团体出售自己的主权或者政府监管。在航运业中的方便旗就是一个典型的例子。方便旗船指的是一艘挂着其他国家国旗而不是这艘船所有国国旗的商船（International Transport Workers' Federation，2012）。例如，一艘美国的商船可能挂着巴拿马的国旗。方便旗国家允许其他国家的船主在本国注册自己的商船。因此，这些商船便可以在航行中悬挂这个国家的国旗，并在劳工、环境及安全标准等方面适用这个国家的规定。主要的方便旗国有巴拿马、利比里亚和马绍尔群岛。甚至连诸如蒙古等内陆国家也可以变成方便旗国。

这种制度安排对一些国家是有利的，因为它们能够赚到很多商船注册费。船主也受益，因为他们可以通过规避一些劳工、环境和安全监管而降低成本。例如，一艘方便旗船可以比悬挂传统海洋国家国旗的商船（如美国和英国）按更低的工资标准雇用船员。这一体系的受害者主要是将面临更恶劣的工作环境以及更低的工资的船员们、逐渐失去海洋业务的传统航海国家以及任何想要监管海洋行业的国家。当一艘商船出现问题后，如漏油或者搁浅，方便旗制度隐藏了船主的真实身份，使寻找应该对这些事件负责的船主变得很困难。

女权主义者认为劳动市场上的雇佣是和性别有直接关系的。某些工作专门分配给男性，其他一些工作则主要分配给女性。女性的工作收入低甚至没有报酬且没有工作保障。她们很少能够得到有权力的职位。这一不平等的状况可以从 G7 财长或商业领导的一张合影中窥见一斑。女性的面孔极少出现在这些由西装革履的男性所构成的照片中。这一性别的不平衡是十分显著的。很多壁垒和手段将女性排除在一些职位之外。这些手段包括法律、传统、不平等的教育机会、公共服务的缺失以及暴力。从性别的角度而言，劳动分工是在不平等的权力关系下被建立起来的，并且这种性别劳动分工在世界范围内普遍存在（Peterson and Runyan，1993）。

主要发展

劳动分工的发展主要体现在两个方面。第一是不同生产过程的变化和传播。产品的生产过程已经经历了很多变化，这些变化影响了人们如何融入工作过程之中。一个主要的变化是在 20 世纪早期批量生产的出现。另一个主要的变化是发生在 20 世纪末的更加灵活的工作组织形式。第二个主要的发展是从国际劳动分工向全球劳动分工的转变。这种转变减少了工作种类和地理位置之间的联系，但是并没有消除这种联系。

生产过程的变化

虽然劳动分工的好处在 19 世纪就已经得到了认可，但是工业革命和现代工厂管理技术的运用才真正大幅度提升了生产力。一个名叫弗雷德里克·泰勒（Fredrick Taylor）的人对企业管理产生了巨大的影响，以至一种生产形式便是用他的名字命名的，即泰勒主义（Taylorism）。泰勒主义指的是一种科学的管理方法（Braverman，1974，pp. 85-137）。和斯密一样，泰勒支持将生产过程细化成具体的任务。他对工厂的流程进行了仔细研究，然后提出具体的改进意见。一个著名的例子是，泰勒使用秒表对工人铲铁计时并做出一些改变，这一变化使得每个工人每天的铲铁量从 12 吨增加到了 47 吨。

泰勒主义的关键是对工人时间的管理和控制。经理将信息和权力都集中在自己手中。工人被视为必须被引导从事某种工作且受到严密监视的牛马。其结果是，随着工人们适应并融入工厂体系之中，他们逐渐失去了技巧。在一系列简化的工作中，工人是可以被互相替代的。

成功运用和发展泰勒主义的最出名的人是汽车制造者亨利・福特（Henry Ford）。福特在工厂线上开始批量生产汽车。他将汽车模型标准化，使得汽车生产更快、更便宜。福特 T 型车的广告承诺：任何顾客都可以将他们的汽车漆成任何他们想要的颜色，只要它之前是黑色的。福特工厂的工作环境是非常艰苦的。它通常将最健硕的工人放在流水线的起点，这就迫使所有其他的工人都保持最快的速度。从积极的角度而言，福特引入了每天 5 美元的工资制度。这一工资标准比其竞争者的标准高，吸引了大量的工人，并为工人某天能够购买自己生产的产品带来了可能性。随着批量生产的进行，这一制度也最终开启了大众消费的大门。

一些政治经济学观点，如调节学派（Regulation School），将 1945 年后先进工业化国家的经济体系命名为“福特主义”（Dunford，2000）。福特主义将批量生产（工厂制度）和大众消费结合在了一起。大众消费是通过收入再分配实现的。通过一些措施，如累进税制、老年福利、公共医疗和教育以及失业保险，部分收入从富人手中转移到了广大居民手中。劳工组织在这一体系中起到了重要作用，因为随着生产力的提高，它们可以代表其成员进行工资谈判。

随着消费品数量的大量增加，福特体系对 20 世纪 50 年代和 60 年代西方经济的繁荣做出了贡献。然而，到了 20 世纪 70 年代，福特主义面临越来越多的通货膨胀以及一种新形式国际劳动分工所带来的压力。工业化国家新生产商的竞争给福特体系带来了挑战，尤其是 20 世纪 80 年代出现的所谓的“柔性专业化”（flexible specialization）、“精益生产”（lean production）或者“泰勒主义”（主要是日本汽车生产商）。这些新的生产方法强调比福特主义更加灵活的生产形式。例如，即时库存管理体系意味着企业不会库存零部件，而是在生产过程中及时订购并接收所需要的零部件。工人们被鼓励开展团队工作、学习不同的技能以及放弃传统的工会组织。

在当今的全球经济体系中，我们可以看到各种生产方式的结合。许多汽车制造商都采用了日本的生产模式以及更加灵活的专业化分工。然而，批量生产的工厂体系在许多如纺织品等旧行业以及一些新兴的服务行业里依然存在且发展得很好。例如，在客服电话服务中心，工人们的工作受到监视且要严重按照预先设定的流程进行操作。这种模式是一种严格的福特工厂模式。

□ 从新的国际劳动分工到全球劳动分工

从 20 世纪 80 年代开始，一些人注意到了一种新的国际劳动分工（Frobel et al.，1980）。这反映了制造业在新兴工业化国家（地区）的发展，如巴西和墨西哥以及“亚洲四小龙”——中国香港、新加坡、中国台湾和韩国。这些发展似乎扭转了非西方国家为西方国家提供原材料的历史趋势。

如在第七章中所讨论的，一系列因素综合在一起解释了企业活动在全球范围内地理位置的分散（Dicken，1998）。技术变革使将制造过程分割成若干步骤并在不同的国家完成这些步骤成为了可能。交通和通信体系的进步使这一分散的制造过程可以得到更好的控制。另一个因素是发达国家生产成本的升高以及发展中国家的低成本生产。福特体系导致了先进工业化国家劳动力工资的提高。在正在进行工业化的国家，劳动力成本较低且这些国家采取措施维持较低的劳动力成本，如压制劳动组织或建立出口加工区。许多发展中国家采用了积极的措施来支持工业化并增加对发达国家的出口。

制造业在发展中国家的发展给先进工业化国家带来了担忧。福特主义模式下工人的高工资状况面临着很多压力。在成本竞争的压力之下，一些工人被迫接受减薪，一些生产车间被迫关闭。工人们被要求工作的时间更长或者工作的时间更加灵活。在许多工业化地区，如美国的东北地区，工厂倒闭。随之出现的一种争论是，许多国家是否正在“去工业化”?

21世纪伊始，全球化进程促进了一个全球劳动分工的出现。如本章前面所提到的，地理位置在决定生产地点上变得越发不重要。不平等的现象依然大规模存在，而且有增无减，但是不同种类的经济活动在世界大多数地方都发展起来了。需要注意的是，全球劳动分工的概念并不是指世界上所有的人都被纳入了同一个劳动力市场上。的确，即使根据那些支持全球劳动力概念的人所提出的观点，也仅仅只有15%的世界人口被纳入了一个统一的全球市场（Harrod and O'Brien，2002，p.13）。然而，这已经是一个很显著的数据了，并且这一数据处于不断增加之中。越来越多的人受到了全球经济的影响，并且必须根据国际市场状况调整自己的决策和行为。一些人从这种趋势中获得了利益并积极推动更加迅速的自由主义全球化（见专栏9.3）。

专栏9.3

全球化精英

一种劳动分工对那些位于收入顶层以及大多数生活在贫困中的人们都产生影响。受益于一个更加自由的经济体系和不断增加的资本流动性的人们要求进一步的自由化和一体化。全球化精英们积极影响公共政策，以便继续积累大量的财富。他们的政治、经济和文化观点都支持一个全球的而不是国家的经济活动和生活方式。斯克莱尔（Sklair，2001）认为跨国企业的高管、国家和国际组织官员、技术专家、商人和媒体负责人组成了一个跨国资产阶级。这些精英们的一个主要担忧是如何平衡不断开放的全球经济和社会稳定（Gill，2003）。全球化进程加剧了不平等，但同时也为被边缘化的人们提供了建立联盟并改变自己的从属地位的机会。因此，一个为全球化精英提供交流平台的世界经济论坛受到了一个由寻求不同形式的全球化的非精英所主宰的世界社会论坛的挑战。

全球劳动分工里另一个有趣的方面是移民。人类迁徙的历史有千年之久，但是新形式的交通和通信使长途旅行变得更容易并使移民者可以和自己的家乡保持联系。

大约有 1.5 亿人口（世界人口的 3%）生活在与自己的出生地不同的国家（Stalker，2001，p. 8），包括在新的国家永久定居的人们、短期居住的合约工人、为跨国企业工作的专业人员、无证工人（非法移民）、难民以及政治避难者。虽然移民只占世界人口的很小一部分，但是他们在全球经济中起到了重要的作用（表 9.1 显示了全球汇款数额的增加）。

表 9.1　　移民汇款　　单位：10 亿美元

年份	总额	发展中国家	发达国家
2002	62	50	12
2004	232	167	65
2007	327	251	76

资料来源：Ratha and Xu (2008)；Ratha et al. (2009).

在许多发展中国家，移民将其在发达国家工作的收入寄回家乡，对本地经济起到了重要作用。在许多国家，海外汇款比 FDI 和国外援助要多。大多数海外汇款都是汇入了新兴经济体，如中国、印度和墨西哥。官方记录的 2012 年汇款收入最多的国家是印度（700 亿美元）、中国（660 亿美元）、菲律宾和墨西哥（都是 240 亿美元）以及尼日利亚（210 亿美元）。据估计，海外汇款将从 2012 年的 4 060 亿美元增加到 2015 年的 5 340 亿美元（World Bank，2012a）。表 9.2 的数据显示，汇回发展中国家的汇款在不断增加。

表 9.2　　2002—2007 年流入发展中国家的汇款　　单位：10 亿美元

流入地	2002 年	2003 年	2004 年	2005 年	2006 年	2007 年
发展中国家	116	143	163	194	226	251
东亚和太平洋地区	29	35	39	47	53	59
欧洲和中亚	14	16	23	32	39	47
拉美和加勒比地区	28	35	42	48	57	61
中东和北非	15	20	23	24	27	29
南亚	24	30	29	33	40	44
撒哈拉以南非洲	5	6	8	10	11	12
世界	170	206	234	266	303	337

资料来源：Ratha and Xu (2008)；Ratha et al. (2009).

移民向其母国的汇款带来了一些积极的经济影响。这些汇款增加了母国的外汇，对储蓄和投资有积极作用，并带来了更多的人力资本积累、投资和创业。此外，相对于官方的援助或海外直接投资，汇款能够更好地帮助到贫穷的人，有助于降低贫困的水平和程度。

发达国家越发依赖移民劳动力来满足劳工需求。对外国工人的需求主要来自两个原因。第一，发达国家的出生率是如此之低，以致它们的人口总数在减少。第二，人口迅速老龄化。这就意味着没有足够的工人支付老年人群的养老金和医疗保健。

据估计，如果欧洲想要保持一个健康的劳动人群与退休人群比例，到 2025 年，它将需要引入大约 1.59 亿新移民（*World Guide 2001/2002*，2001，p. 21）。如果移民数量不增加，大约 47%的欧洲人在 2025 年将退休。

移民重要性的提升给全球政治经济带来了一些显著的问题（Stalker，2001）。移民工人的工作环境通常比较恶劣，并时常受到虐待或剥削。本地的社会冲突可能会增加，因为本地工人或居民可能会感受到外国工人给他们带来的经济或者文化威胁。由于移民对母国和东道国的经济都有重要的作用，建立合理的机制来解决上述问题是十分必要的。

主要问题

移民只是全球劳动分工里许多迫切需要解决的问题之一。这里我们还将介绍其他三个问题：两个人口大国逐渐融入全球劳动分工里的方式；全球经济里关于劳工权利的斗争；劳工权利和全球稳定之间的关系。

□ 全球结构调整：中国和印度的崛起

全球劳动分工体系里一个重要的发展是世界上人口最多的两个国家逐渐融入全球经济之中。随着生产和服务的提供在国家间大量移动，工人们被迫做出相应的调整。这也导致了国家内和国家间的摩擦和冲突。

由于其吸引了大量 FDI 以及出口了大量商品到西方国家，中国一直是关注的焦点。“中国制造”的商标出现在了越来越多的商品上。然而，中国作为生产中心的崛起是一件复杂的事情并带来了多方面的影响。

中国政府于 1978 年开始实施一项政策，逐渐把其经济中的一部分融入世界经济体系之中。经济特区在几个沿海城市被建立起来以吸引外国投资和促进经济增长。随后，政府开始缩减国有企业的规模并迫使它们更加高效地运营。虽然有上百万的工作机会在经济特区被创造出来，但是在国有领域以及一些其他领域同样也有数百万的人失去了工作。生活在农村的广大农民并没有享受到经济改革所带来的好处。外国投资大量涌入经济特区，带来了经济快速增长。的确，在 20 世纪 90 年代，中国变成了 FDI 的主要目的地。

中国的潜在财富和市场份额使中国政府在与国外跨国企业的谈判中获得了一些主动权。例如，为了使其搜索引擎能够落户中国，谷歌同意对反对中国政府的网站进行审查。虽然承认这种审查可能违反了商业道德，但是谷歌声称，如果不能给中国用户提供任何信息，那么情况将变得更糟（Watts，2006）。谷歌加入了雅虎和微软，帮助中国政府建立“中国防火墙”以阻止中国居民登录一些涉及西藏、台湾和 1989 年“天安门事件”等敏感话题的网站。另一个中国政府影响跨国企业的例子是，中国政府要求欧洲的空中客车飞机制造公司承诺在中国设立生产车间以作为它可以向中国航空公司出售飞机的条件。

中国吸引外资的能力增加了就业并赚取了大量的外汇，但同时也带来了很多问题。一个问题是对国内劳动分工的影响。经济特区的发展使城市居民和农村农民的财富差距进一步扩大。这导致了中国历史上最大规模的人口迁徙。从经济改革开始以来，据估计有超过1.5亿人从农村迁移到了城市地区。这个数据到2020年可能会增加到5亿。中国的一座城市——上海有三分之二的人口都是来自农村的移民（300万），这一数量大约相当于从1820年到1930年一百多年间移民到美国的爱尔兰人的数量（450万）（Yardley，2004）。中国大规模的劳动力移动给政府带来了许多问题。许多农民工受到雇主的剥削，得不到应得的工资。许多人无法获得住房或医疗服务。在农村，经济发展停滞，对经济不平等的不满情绪越发严重。

虽然无法获得精确的数据，但是中国农民和工人的不满在21世纪早期不断增加（Cody，2004，2005）。农民通常面对的是地方官员，这些官员并不是都关心农民的生活状况。工人们无法建立独立的工会，只能依靠受到严格控制的中华全国总工会。在很多情况下，工会官员迎合国外投资者，他们甚至为涉事企业工作。

中国快速融入全球经济之中的另一个问题是，很多产品的生产都是被控制在国外跨国企业手中的。的确，中国生产制造的增加是经济活动从亚洲其他地区向中国转移的结果。亚洲以及部分西方投资者将其生产从东亚和东南亚国家（地区）转移到了中国。之前主要在中国台湾制造的电脑、在中国香港生产的纺织品以及在日本制造的电子产品现在都是在中国大陆生产制造的。虽然美国与中国的贸易逆差在不断增加，但是美国和亚洲的贸易逆差却并没有增加。这就标志着亚洲制造商将中国当做了它们的组装车间。从中国出口的大多数商品（60%～70%）都是被非中国企业或者外国企业在中国的分包企业控制的。虽然一些中国企业获得了利润，数百万的中国工人获得了工作，但是中国还无力像日本在20世纪70年代那样发展自己的全球品牌。真正从中国的低生产成本中受益的是其他亚洲国家和地区（中国台湾、日本、中国香港、韩国）以及西方国家的跨国企业。

中国的状况激起了一个争论，即中国制造是否破坏了全球劳工标准。虽然中国政府对独立工会的压制的确破坏了出口行业的劳工标准，但是外国跨国企业也必须负很大的责任。一些外国跨国企业与中国企业签订合同，要求中国企业提供廉价的产品。外国企业不断压低价格的行为给中国制造商留下了很小的利润空间，并迫使中国企业降低工人的工资。中国企业所面临的困境是，增加工人的工资可能会导致它们失去那些西方零售巨头的合同，如沃尔玛。同时，西方国家消费者对于更廉价商品的需求激励西方的跨国企业进口成本更低的产品，这就压低了中国工人的工资水平，恶化了中国工人的工作条件。

中国制造业的崛起给所有生产与中国类似的劳动密集型产品的国家和工人带来了巨大的压力（Breslin，2005）。西方国家的工人感受到了来自中国竞争的压力，但是发展中国家的工人面临的竞争尤其激烈。墨西哥采用低工资吸引北美投资并成为北美加工车间的战略受到了中国更低劳动力成本的破坏。印度尼西亚和菲律宾吸引外资的措施面临着中国大陆的有力竞争。2005年关于纺织品的《多种纤维协定》的废除意味着在许多之前将投资纺织品行业作为该国发展战略的发展中国家里，很多经济活动将被转移到中国。新兴大国印度也同样必须十分小心中国的竞争。

关于低工资的全球竞争到此并没有结束，因为即使是中国也无法避免资本外逃到劳动力成本更便宜的地方。在 2005 年和 2006 年，中国珠江三角洲地区的外国投资者开始抱怨劳动力短缺。市场上有大量的劳动力，但问题是这些劳动力并不是这些企业所想要的。这些工厂主想要有高中学历、愿意接受低工资且愿意在恶劣环境中工作的年轻女性。中国女性不断排斥这种类型的工作，这危害了一些企业的利益，使得一些资本流动到了越南或柬埔寨（Yardley and Barboza，2005）。中国所面临的挑战是如何管理其劳动力市场使其能够继续用低工资吸引外国投资，但是前提是不能因为虐待劳动力而使消费者不满（见专栏 9.4）。

专栏 9.4

苹果是如何被制造的？

苹果公司是一家消费者青睐的科技公司，主要为消费者提供先进的电子设备。这些电子设备根据消费者的需求而设计，甚至创造了一些新的需求。苹果商业模式的核心是以市场可接受的价格快速地引入新的技术。在 2012 年新的 iPad 发布前夕，苹果公司被一些非政府组织和媒体指责其分包加工商的工作环境极为恶劣。大量苹果手机和 iPad 都是由富士康生产的（一家台湾企业，其官方名称叫鸿海精密工业股份有限公司）。富士康是中国最大的私有企业雇主，一直被报道其工作环境恶劣，且导致了十几个工人自杀。随着负面报道的增加，苹果公司同意由公平劳工协会（Fair Labour Association，FLA）对富士康进行审查。公平劳工协会是一个致力于劳工问题的非政府组织。它最终得出的结论认为，苹果的中国分包商“存在着工作时间过长、无加班工资、健康与安全保障不足以及管理层对工会进行干预等严重的问题”。作为回应，富士康承诺缩短工人工作时间并增加工人工资（Duhigg and Greenhouse，2012）。

这些事件所带来的影响需要一定的时间才能完全显现出来。富士康雇佣条件的改善对于很多中国工厂而言是一个很好的表率，对于改善中国数百万工人的生活状况也有借鉴作用。或者工厂可能搬迁到新的地区或国家以维持现有的劳工状况，或者它们可能根本就不兑现自己的承诺。这些对苹果消费者会带来什么样的影响呢？他们是否会愿意接受更高的价格以及推迟产品的更新以便使工人的工作状况得到改善呢？

自从印度政府在 20 世纪 90 年代早期开始实施自由化政策以来，这个世界上人口第二多的国家也逐渐融入全球经济之中（Jenkins，2003）。不同于中国这个世界的组装工厂，印度在国际商业服务领域获得了成功。由于印度工人的技术水平和英语水平较高，跨国企业在印度建立商业分支机构为西方企业提供各种服务。电话服务中心提供各种消费者服务，如处理消费者投诉或者为西方航空公司出售机票。北美法律或保险公司的数据处理业务可以连夜被运往印度处理，第二天一早再将完成的报告送回北美。学术著作的打印、编辑和审校等服务可以由印度人提供，然后再将服务成果运回英国。

这些服务被分包给印度（以及许多其他国家）的行为被称为“外包”（outsourcing）。中国生产威胁到了工业化国家蓝领的工作，而印度的外包服务则是与这些国家的白领和金领阶层竞争。服务类工作可以由在国外的更廉价的印度工人开展。此外，美国政府在20世纪90年代改变了其移民法，允许IT专家持工作签证在美国工作。印度服务行业工人对美国工人不断形成的竞争压力导致了一个新的词语的诞生——“Bangalored”，即（这份工作）“被班加罗尔了”。班加罗尔是印度的一个城市，也是印度IT行业的发展中心。“被班加罗尔了”是指某人由于外包而失去了自己的工作。

印度企业进军全球服务业市场导致了美国和印度的政治冲突。在美国，外包业务支持者强调美国企业可以从更廉价的全球服务中寻求竞争优势。那些失去工作或者工作保障受到威胁的人们则反对外包服务。在2004年美国总统大选期间，民主党将外包视为一个工人关心的问题并以此攻击共和党支持企业外包的战略。在印度，民族主义党派宣称高科技行业的成功是国家复兴和竞争力增强的证据（Chakravartty，2006）。其他印度人担心政府过度强调高科技和服务行业的发展从而牺牲了广大印度人民的利益。印度大多数人民的生活还依赖于小规模农业生产。这些人强调一些诸如大量农民因为绝望而自杀以及电话服务中心工作环境恶劣等问题。这些电话服务中心要求女性接线员上夜班以便能够接到北美地区工作时间打入的电话。因此，外包业务变成了印度和美国选举的一个重要问题。然而，在印度，这个问题更多的是关于这些新兴经济领域与其他经济领域之间的平衡问题。

印度目前大约有200万人进入了全球劳动力市场，这带来了大量的机会和挑战。一个深化的劳动分工体系提升了生产效率并使发展中国家和发达国家的人们更有可能分享其收益。中国进入全球经济体系的举措使得数百万中国人摆脱了贫困，并使西方工人能够购买到更多的廉价商品。然而，随着贫富差距的拉大以及生产的转移导致了大量的失业，这些劳动分工的变化也威胁到了社会稳定。来自不同国家的工人彼此之间为投资和工资而展开竞争。挑战在于国家是否能够建立机制迅速地进行财富再分配并管理社会混乱，以维护社会秩序和社会和谐。

从权力政治的角度，中国和印度融入全球劳动分工体系之中同样也带来了一些问题。随着中国和印度的经济能力升级，它们积累了大量的财富并获得了更多的权力。这些绝对和相对能力的变化可能给其邻国带来威胁，并导致冲突。例如，韩国和日本可能会感受到中国军事实力上升所带来的威胁。美国可能也会视中国为潜在的军事和经济对手。印度与巴基斯坦爆发过几次战争，并相互竞争以争取获得对阿富汗更大的影响力。印度和中国之间也存在着紧张且相互竞争的关系。它们存在边界争端且历史上发生过战争。作为最大的两个发展中国家，印度和中国在吸引外资和谋求发展中世界政治领导者地位方面也是竞争对手。无论是从社会不公平还是国家权力的角度来看，中国和印度进入全球劳动分工的影响都是十分显著的。

□ 全球经济中保护劳工权利的斗争

在过去的20年里，大多数国际经济协定都是致力于经济活动的自由化，如通过单一市场和货币联盟所推动的欧盟一体化的复兴、《北美自由贸易协定》、WTO的建立以及OECD所发起的关于《多边投资协定》的谈判。在这些实例中，非商业的社会利益试图影响这些协定的内容。然而，那些在一个全球化和自由化的经济世界里谋求劳工权利的尝试是十分困难的。虽然许多团体都加入这种尝试之中，但是它们都面临着两个困难的问题（O'Brien，2002）：如何管理跨国资本？如何在位于世界不同地区的相关利益集团之间建立合理的关系？

资本监管的问题涉及人们如何在一个更加宏观的社会背景下建立规则管理跨国的经济活动。如何防止这些经济活动破坏劳工和环境标准？企业行为可以通过两个不同的机制被影响。企业可以被国家监管或者被市场的压力监管。对于国家监管而言，大国主要通过域外监管（extraterritorial regulation）或者运用多边机构的相关规则进行。域外监管指的是一国要求总部位于该国家或者在该国从事经济活动的企业在全球范围都遵照本国的规定开展商业活动。这一监管方式为企业在其他国家的经济活动设定了一个监管的标准。现实中，这意味着企业活动必须遵守先进工业化国家里某些利益集团的要求。

根据人们看待某一特定问题的立场，域外管辖权（extraterritorial jurisdiction）会产生积极或消极的影响。大多数人可能会认同发达国家惩罚本国企业在国外雇用奴工的行为。然而，一些别的惩罚或限制措施未必得到同样的认可。许多国家采用一些措施来限制某些活动，如美国利用1999年颁布的《赫尔姆斯-伯顿法》禁止本国企业与古巴的贸易往来。由于美国与古巴开展经济战，所以美国政府威胁在美国从事商业活动的企业——如果它们和古巴进行贸易，它们将受到惩罚。一些加拿大企业的负责人都不能入境美国，因为他们可能会由于在古巴从事经济活动而被捕。

域外监管规则反映的是某一国家内部的权力平衡而不是国际社会达成共识的结果。由于这些规则都是国家自行制定的，并没有和其他国家进行磋商，所以这些规则是具有特殊性的。美国单方面对古巴开展经济战争的行为对于其他很多国家是不可理解的。然而，因为美国是一个强国，它的态度会产生巨大的影响。但是对于一个拥有共同规则的全球体系而言，这种方式并不可行。

正是因为这种单方面域外监管所产生的负面影响，一种包含了多国磋商形成的共同标准的多边制度安排更受欢迎。然而，多边协定的谈判十分困难且往往被指责其代表的更多的是强国的利益。关于将劳工标准纳入WTO体系中的争论就很好地体现了这一点。

随着WTO的诞生，国际劳工运动的主力军，如国际自由劳工联盟（International Confederation of Free Trade Unions，ICFTU）（现在被称为国际工会联合会），积极地寻求将劳工权利纳入WTO的基本原则之中。劳工们的目标是将核心的劳工标准（或者社会条款）纳入WTO条款中（O'Brien et al.，2000，pp. 67-108）。这些社会条款要求国家遵守国际劳工组织七条重要的公约（第87号、第98号、第29号、第105号、第100号、第111号、第138号）。这些公约规定：

（1）结社自由和有效承认集体谈判权利；

（2）消除一切形式的强迫或强制劳动；

（3）有效废除童工；

(4) 消除就业与职业歧视。

这些要求将上述公约纳入 WTO 之中的倡议主要是为了使劳工标准具有法律效力且不仅仅只是适用于几个国家。与国际劳工组织依靠道德劝说的方式不同，WTO 的规定具有强制力。包括国际自由劳工联盟以及一些如美国劳工联合会—产业工会联合会等主要机构在内的工会在 WTO 对美国和欧盟施加压力，要求它们提高主要的劳工标准。这些工会组织认为，在发达国家里对贸易自由化不断的支持必须建立在满足最低劳工标准的前提下。

劳工运动之所以没有成功将劳工权利纳入主要国际机构的规则之中，主要是因为自由主义国家、发展中国家以及商业协会的共同反对。许多自由主义国家的领导者认为，经济增长提高了劳工标准，而为劳工权利对贸易所进行的干预将降低贸易带来的收益。许多发展中国家的领导者担心劳工标准将成为发达国家针对发展中国家的一种贸易保护措施。最后，商业界也因为担心保护主义的兴起以及自己利益的损失而持反对态度。

除了国家和商业精英的反对以外，一些劳工运动也反对将劳工标准纳入 WTO 之中，甚至反对 WTO 的存在。例如，1995 年 3 月和 10 月在印度工会的两次全国会议上将劳工标准和 WTO 联系起来的提议就遭到了反对。代表们担心这一社会条款的倡议是由北方国家的贸易保护主义动机驱动的。印度工会的建议是绕开 WTO 制定《联合国劳工权利公约》以及建立印度全国劳动权利委员会（*Asian Labour Update*，1995）。

虽然围绕 WTO 所进行的努力并未成功，但是工会却通过国际劳工组织采取了一些行动。第一个主要行动是国际劳工组织倡议制定关于核心劳工标准的公约，并将其纳入《国际劳工组织关于工作中基本原则和权利宣言》之中。这份宣言要求所有国家遵从核心劳工标准，但是正如前文中所提到的，它缺乏法律执行力。第二个行动是国际劳工组织和联合国倡议建立《社会保护最低标准》。该标准试图在所有国家为工人建立最低的社会保障标准（Deacon，2012）。就目标设定而言，这是非常重要的行动，但是关于国家是否会执行这些标准却存在大量的质疑。

对企业进行国家监管所面临的困难使试图通过引入、监督和执行行为守则的方式影响企业行为的尝试得到广泛运用。近年来，在西方国家里消费者越发意识到并重视产品的生产方式。消费者和工会组织已经发起了一系列反对一些企业的运动。这些运动是关于“全球化思考，本地化惩罚”（Think globally and punish locally）的公民社会运动的一部分（Rodman，1998）。在美国大学校园里，自反种族隔离运动以来，最大规模的学生运动正围绕着血汗工厂的问题而发展起来。“美国学生对血汗工厂”（Students Against Sweatshops）的全国性运动对一些为大学提供产品的企业进行游说，要求它们改善工作条件以及保护劳工权利。这一运动还使道德以及从道德政策中获得利益的可能性被纳入很多企业的议程中，并成为商业刊物讨论的问题。

行为守则是指跨国企业（及其分包商）关于劳工条例和环境政策的基本行动原则。有时，企业愿意执行这些准则。例如，作为支持工会运动的跨国企业典范，利维-施特劳斯公司的行为守则在工会文学中被反复研究（ICFTU，1996a，p. 59）。利维-施特劳斯公司不仅仅是以禁止劳工剥削的行为守则而出名，而且还因为在 1992

年从执行极端形式的专制劳资关系的国家撤资而声名大噪，如从缅甸和中国。一种主要的工会战略是选出某一个严重侵害工人权利的事件通过媒体进行曝光，并试图通过这种方式给政府施加压力使其立法保障工人权利，鼓动消费者对这种行为进行抵制以及迫使企业改变其行为。成功的案例包括反对东南亚玩具工厂使用童工及恶劣的工作条件（ICFTU，1995a）和反对在足球制造过程中使用童工（ICFTU，1996b）。在1996年欧洲足球锦标赛开始之前，国际自由劳工联盟揭露国际足球联合会（FIFA）所使用的足球是由巴基斯坦童工制造的。这一行动是由国际自由劳工联盟、提供摄像的挪威工会、位于欧洲杯举办地的英国工会以及巴基斯坦工会共同合作的结果。这一负面报道导致FIFA采用新的行为守则并在关键的社会体育运动或体育赛事中更加注重劳工问题。

发达国家里有组织的劳工和消费者团体给政府、国际组织以及跨国企业施加了很大的压力。例如，在1995年4月，美国总统比尔·克林顿公布了关于海外美国企业的企业道德和劳工权利的自愿行为守则。2000年联合国秘书长将国际组织代表、企业代表以及公民社会组织代表聚集在一起并提出了“全球契约”计划。这一计划鼓励企业遵守在人权、劳工标准、环境保护以及反腐败等方面国际上所普遍认可的原则。在第十五章中我们将更加详细地讨论这项倡议。

由于国家间达成一致往往存在很大障碍，因此基于市场的解决方法近年来越来越受到青睐。一些行为守则在全球范围的传播和关于这些行为守则的讨论使许多国家工人所面临的困境得到了关注（Pearson and Seyfang，2001）。虽然我们可以认为这是一种进步，但事实上这只是一个次优的选择：它之所以发生是因为国家监管的失败（Kearney，1999）。市场行为不足以解决关于劳工权利的问题，因为市场无法持续地发起公民运动。此外，在收集和传播信息、动员居民以及时刻对这一问题保持警惕等方面市场依然存在着很多问题。在活动规范化以及通用规则的实施等方面，一个法律程序和体系是必要的。如果基于市场的活动在国内社会被视为无法解决劳工的问题，我们没有理由相信它可以在国际社会做到这一点。

现实中，在寻求解决劳工标准问题的过程中，从基于市场到政府主导等多维度的战略都被运用。一些公民社会组织成功地增强了人们对待这一问题的意识。（单方面或者多方面的）国家行动所带来的负面影响使企业和国家精英更加关注这一问题。挑战在于如何在这些战略中寻求一个完美的平衡和组合（O'Brien，2002）。

□ 劳动分工和全球稳定

虽然对于生活在现在这个社会的人们来说听起来有点不可思议，但是曾经工作条件好坏被视为影响国际和平与安全的因素。随着俄国革命和第一次世界大战的结束，西方国家领导人是如此担心劳工暴乱引发国家间的冲突，以致他们在1919年建立了国际劳工组织来处理劳工问题。国际劳工组织的目标是改善工作环境以平息劳工抗议并使共产主义者的煽动无孔而入。

现在是时候重新讨论劳工动乱和全球秩序之间的关系了。这种讨论可以从自由主义以及批判主义的理论视角进行。从自由主义的角度来看，劳工被视为许多国内利益集团之一，这些利益集团使国际合作变得更加困难（Milner，1997）。从批判主义的角度来看，劳工是社会力量的一部分，这些社会力量努力改变着现有的国际秩序（Cox，1986）。很多以劳工为中心的组织批判构成当前全球体系的自由主义基本原则（见专栏 9.5）。这里我们介绍三类被动员起来反对当前全球体系的工人：美国的工人、新兴工业化国家的工人以及农民（O'Brien，2000）。

专栏 9.5

公众对希腊紧缩政策的反对

在 2010—2012 年期间席卷希腊的金融危机表明：即使最好的国际金融管理计划在公众的反对面前也只能失败。经过希腊政府、欧盟以及 IMF 的磋商后，欧洲和希腊政治和金融精英对希腊债务问题的解决方案达成了共识。的确，希腊议会的两个主要党派——泛希腊社会主义运动党和新民主党将严格的紧缩政策视为希腊重获偿付能力并留在欧元区最好的办法。紧缩措施是苛刻的。例如，2011 年 9 月提出的削减支出计划包括解雇 100 000 名公务员，即刻降低农民、船员以及电信行业工人的养老金并建立一个由 50 000 名被降薪的国家雇员组成的储备劳动力库（Smith，2011）。希腊民众的反应包括和平与暴力的抗议、游行以及大规模的罢工。紧缩政策导致希腊经济陷入了更深的衰退之中，失业人口大量增加。在 2012 年的选举中，民众惩罚了执政党，将其选票投给了反对紧缩政策和债务协议的左翼和右翼政党。就希腊债务所达成的国际共识并没有考虑到希腊工人的利益，并最终遭到了公众的反对。

美国劳工

在过去的 30 年里，美国劳工从美国霸权主义在全球蔓延的绝对盟友不断变成了进一步自由化和国际化的阻力。美国劳工在其国际化的过程中并没有脱离其国家，但是开始重新思考国家的作用。这使一些人开始怀疑美国领导自由化进程的国内社会基础。

在战后初期，美国劳工参与到了生产力政治之中（Maier，1977）。所谓生产力政治指的是通过确保所有人共享经济增长和生产力发展所带来的收益的方式避免阶级冲突。它反映出了这样一种观念，即对经济适当的技术管理可以为繁荣创造条件，并避免为争夺经济利益而导致的冲突。一种获得劳工支持的方法是使有工会组织的工人分享经济发展的成果。在国际上，有组织的劳工在当今的新自由主义全球化过程中起到了基础性作用。美国劳工在边缘化拉丁美洲、亚洲和西欧的激进工人组织中起到主要作用（Cox，1977；Radosh，1969）。这些清道夫式的工作促进了美国商业在这些地方的发展并使劳工变成了全球化过程中的一个重要参与者（Herod，1997）。

然而，新自由主义政府在美国和英国的发展以及一个对待工人不友好的商业氛围导致劳工从管理者联盟中脱离出来（Rupert，1995a，pp. 167-207）。这一工人组织被边缘化的过程伴随着美国精英们试图使其命运与这个国家其他人的命运隔离开来的尝试（Lasch，1995；Reich，1992）。随着美国社会继续分化以及这些精英的动机变得越发明显，工人们从国际上寻求帮助就变成了更加切实可行的办法。就美国而言，鲁珀特（Rupert，1995b）认为，关于《北美自由贸易协定》的讨论可能是有组织的劳工接受占统治地位的自由主义的分水岭。劳工组织不仅仅在将工人权利与区域贸易协定结合起来的问题上与美国企业决裂，而且还公开反对民主党领导以及当政的民主党总统。关于有组织劳工的策略的第二个显著的变化是，它们开始尝试与环境保护和消费者利益集团结盟。最终，美国劳工联合会—产业工会联合会被迫与新兴的墨西哥独立工会建立关系，而不是与墨西哥政府支持的墨西哥工人联合会建立联系。这种方式被证明是符合美国工人在冷战期间的利益的，在那时，其主要的对手是共产主义。但是，反对跨国资本剥削的联盟近年来在工会中发展起来。

美国主要的劳工运动是通过什么方式影响全球政治经济的呢？第一种方式便是改变国际机构的议程。在多边层面，劳工组织向 WTO 施加压力，要求将劳工标准纳入其议程之中，这使得 WTO 将自由化扩张到新的领域和地区的计划变得更加复杂（O'Brien，1998）。劳工组织目前还正在给 IMF 和世界银行施加压力，要求其修改结构性调整贷款的新自由主义条款（ICFTU，1995b）。就世界银行给韩国的贷款而言，这些压力导致了一些规定的出现，这些规定致力于为工人提供史无前例的（尽管是有限的）保护（World Bank，1998）。在区域层面，劳工和右翼民粹主义的结盟使得美国尝试扩展《北美自由贸易协定》失败。第二种方式是通过企业策略塑造国际经济环境。与其他社会团体一起，劳工组织向跨国企业施加压力，要求它们改变投资的地点或者改变开展商业活动的方法。在一些关于企业行为守则或者环境标准的社会运动里，劳工组织表现得尤为突出。

美国劳工近期犹豫不决的转变可能是新国际主义的一部分。在这次新国际主义浪潮里，更多的社会团体开始关注劳工问题。一些学者探讨了基于（有工会组织的以及没有工会组织的）跨国劳工维权网络的新国际主义的可能性。这些网络与发达国家以及发展中国家里的其他社会运动联盟，并为经济、政治和社会秩序提出了新的方案。

新兴工业化国家的工人

在新兴工业化区域里，1997 年爆发于东亚和东南亚地区的金融危机使劳工权利和劳工活动相关的问题得到更多的关注。亚洲发展模式，有时被描述为“家长式独裁主义”（paternalistic authoritarianism）（Pye，1988），被认为是成功的，因为与拉丁美洲的独裁主义模式相比，这些地区的发展更加平衡。工人经常被迫进入劳动分工之中，但是他们能够分享经济增长的成果（按照这种观点）。经济增长确保了社会稳定。然而，突然之间经济增长消失了，或者至少短暂地消失了。韩国的工人们面临着失业。韩国政府被迫采用社会保障措施以对付在这个新民主国家里随时可能爆发的动乱（Huck-Ju，2001）。在印度尼西亚，经济动荡更加严重且最终导致了政治体制的转变。

亚洲金融崩溃所带来的社会动乱以及工人们的反应是决定区域和全球稳定的一个主要因素。世界银行认识到了社会解体的危险。时任世界银行主席的詹姆斯·沃尔芬森宣布，在世界银行 160 亿美元的财政救助资金里，大约 60%将被用于“保护穷人和提供社会安全网络”（*International Herald Tribune*，1998）。社会动乱被视为经济结构调整最主要的威胁。这些经济结构调整计划得到国际社会的支持。对 IMF 和世界银行援救计划的反对不是来自目标国家的政治和经济精英，而是来自那些承担这些结构性调整成本的人们——工人。

农民

正如工人在亚洲国家里所起到的重要作用一样，全球政治经济体系还面临着另一个重要的劳工问题，用麦克迈克尔的话说就是“农民的问题”。农民的问题主要是指资本主义农业取代传统农业所带来的影响。虽然这个问题在 19 世纪的西方国家得到了高度重视并且在 20 世纪中期中国、古巴和越南爆发的社会革命中成为了焦点，但是自此之后农民问题直到近期才再次被关注。农民问题变得越发突出的原因是农业的自由化给全世界几十亿的农民带来了威胁。

虽然进程缓慢，但可以确定的是一个全球农民联盟正在形成并抵制主流的自由化、消费观念以及环境破坏。最引人瞩目的事件是 1994 年爆发在墨西哥南部的恰帕斯州的原住民叛乱。虽然原住民遭受压迫是一个历史遗留问题，但是这次叛乱很显然是和墨西哥政府为加入《北美自由贸易协定》而采取的农业自由化措施有关。局部地区的问题与国际政治经济体系的发展联系在了一起。萨帕塔组织很快利用现代技术将这一事件传播到了全世界，并开始与世界其他地区有类似经历或观点的人建立联系。

反对“自由”贸易和世界贸易组织的“全球人民行动”（Peoples' Global Action，PGA）运动是另一个以农民为基础的反对帝国主义的例子。PGA 是一个协调的工具，将反对贸易自由化的人民运动联合起来（PGA，1997）。PGA 在 WTO 每年两次的部长级会议前三个月就召开会议。这些会议是为了更新 PGA 宣言并协调全球和各地反对自由贸易的行动。关于 1998 年 2 月的事件所组成的会议委员会包括来自墨西哥的萨帕塔民族解放军、来自印度的卡纳塔克邦农民协会、来自巴西的无地工人运动组织以及来自菲律宾的农民运动组织。PGA 致力于非暴力的公民反抗以及在反对自由贸易方面保持一个对抗的态度。它代表的是全球政治经济体系里反对主流趋势的人们。

这里的分析并不是想证明发展中世界里的工人或者农民将会是推翻资本主义的革命性运动的基础。世界上农民的数量确实很大，但是他们所面临的经济和军事力量更加强大。然而，这些农民以及其他集团是有可能成为反对自由化进程的一股强大的力量的。他们代表的是世界政治中的一股力量。这股力量在主流的国际经济学分析中并没有被关注。忽略了这股力量的国际秩序分析是不完善的、是有缺陷的。

总结

2008—2012 年金融和经济危机所带来的政治影响可能会使工人福利和工人政治行动的问题再次得到关注。一个人在全球劳动分工中的位置对这个人寿命的长短、消费的多少以及健康状况都有很大的影响。世界范围内不平等的存在和加剧本质上是一个关于数百万人生死的问题。面对类似的问题，人们积极地组成工会、社区协会、政党以及非政府组织以对抗一个全球化劳动分工所带来的负面影响。这些组织追求更多的平等以及试图朝着有利于世界人民的方向影响劳动分工。作为居民和消费者，本书的读者也是这一过程中的一部分。

当人们在全球经济体系里根据劳动分工而被分成不同团体时，他们还受到另外一个重要因素的影响——性别。第十章探讨性别和全球政治经济体系是如何相互影响的。

扩展阅读

Adam Smith（[1776] 1983）*The Wealth of Nations*：此书的前三章对劳动分工进行了经典论述。

Ronen Palan 和 Jason Abbott（2005）*State Strategies in the Global Political Economy*：介绍了国家为谋求在国际劳动分工中的地位而采用的各种不同战略。

Philip McMichael（1997）'Rethinking Globalization：The Agrarian Question Revisited'，*Review of International Political Economy* 4（4）：630-62：考察了关于农业和农民的紧迫问题。

Global Labour Journal（digitalcommons. mcmaster. ca/globallabour/）：一个关于全球劳工问题相关文献的很好的资料来源。

第十章 性别

本书前面的章节已经提到了全球政治经济体系的性别特点。在全球政治经济体系的发展历史上（第二部分）以及本书第三部分中目前所介绍的主要体系里（即贸易、生产、金融、劳工），男性和女性之间的差异起到了重要的作用。在接下来各章的讨论中，性别同样是一个重要的因素，尤其是在讨论发展、环境和安全的章节里。本章的目的是从性别的维度系统地讨论全球政治经济。

我们首先介绍在国际关系学和国际政治经济学中关于性别和女权主义的一些定义和背景。接下来的小节讨论对性别（男性和女性）和全球经济之间关系的关注是如何以及为什么会对政治经济学研究产生重要影响的。第三节通过讨论女性就业的趋势考察女性是如何融入世界经济之中的。接下来，通过回顾关于女性在世界经济中作用的观点的演变，我们讨论性别政策的国际化。最后的小节讨论在当今经济体系中三个与性别相关的主要问题：贫穷的女性化、生育工作的全球化以及结构性调整和全球化的影响。

定义和背景

在日常交谈中，人们通常交替地使用“gender”和“sex”。将这两个词混用使人们无法区分性别的生理和社会特征。一种流行的观点是性别（gender）是社会建构，而不是自然的状态。用吉尔·斯特恩斯（Jill Steans，1998，p. 10）的话来说：“性别（gender）指的不是生理角度上的男性和女性，而是存在于男性和女性之间的意识形态和物质关系。”Peterson 和 Runyan（1993，p. 5）也同样强调了这种区别。他们认为：“不像 sex（男性和女性生理上的差异），gender 指的是在社会里形成的行为特征，包括男性气质（masculinity）和女性气质（femininity）。”这些定义的核心观点是，女性和男性在生理上是有差异的，但是这种生理上的差异和其社会差异并不相同（见专栏 10.1）。为了强调这一点，我们考虑在不同文化里以及不同历史时期男性气质和女性气质所含有的不同意义。男性和女性的生理构造并没有发生变化，但是对于其得体行为、权力、责任以及可获得资源的社会期望却并不是一成不变的。虽然在不同文化和时期里男性和女性的社会角色不同，但是这并不意味着这些角色的分配是随机的或随意的。一些特征在很多社会里都存在，如女性承担照顾小孩的主要责任。此外，就权力和资源获取而言，“男性气质”似乎要一直优于“女性气质”(Peterson and Runyan，1993，pp. 5-6)。

专栏 10.1

被视为贬义的女性化

在性别分析中通常广泛地暗含着将女性化视为贬义的倾向。这也就是说，和女性气质相关的特征无法与和男性气质相关的特征相媲美。女性气质主要体现为照料而非控制、服从而非具有攻击性、感性而非理性、脆弱而非强壮以及家庭生活而非公共生活。由于女性气质的价值被视为要低于男性气质的价值，因此任何被女性化的事物都会被视为是价值贬值的。例如，劳动力市场有时被描述为不断女性化。这不仅仅意味着有更多的女性加入了劳动力市场之中，而且还意味着整个劳动力市场的工作环境被视为更加符合女性的工作特点，即随意、非正式、没有保障、临时性的以及低工资。这种贬低女性价值的倾向是广泛存在的，因为除了女性团体以外，其他很多社会团体都可以被视为女性化。这些女性特征可被用于描述那些处于从属地位的种族、男性团体、移民、难民或者其他社会团体。因此，女权主义者认为，贬低女性是为了支持一系列社会等级制度，而不仅仅只是男性和女性之间的等级差异（Peterson，2003）。

对性别的关注是很重要的，因为它让我们意识到社会里的权力结构。在民族国家里以及国家之间，性别从本质上塑造了生产、分配以及消费活动。因此，性别在决定工作分配、收入、财富、休闲、教育、健康、政治权力以及决策等方面起到了重要作用（见专栏 10.2）。比较经济学分析揭示了在教育、健康、经济机会以及政治参与中所存在的广泛的性别歧视（见专栏 10.3）。一些人认为，性别歧视可能会减缓经济增长（Dreze and Sen，1989），因此要求利用经济刺激和政治手段减少性别的不平等。许多国家政府和国际组织目前都致力于解决性别不平等以及其带来的相关问题。目前解决贫困和不平等的方法既有定量的，也有定性的（UNDP，1995，pp. 72-86）。性别平等对于改变女性生活是必要的。在致力于解决排斥女性、漠视女性以及女性权力散失等问题的社会政策背后已经建立起一个规范性的框架。

专栏 10.2

性别不平等的事实

- 发展中国家里 8.72 亿的文盲中大约三分之二都是女性。
- 成年人文盲的现象几乎是发展中世界特有的。

• 在每年大约 2 亿名怀孕女性中：

——2 000 万名孕妇最终以不安全的方式堕胎；

——85 000 名女性死于妊娠相关问题；

——2 000 万名女性受到严重或长期的残疾折磨。

• 在干旱季节，非洲和亚洲的女性每周要花 3～28 个小时取水以供家庭使用。

• 从 20 世纪 90 年代早期以来，女性在国家议会中的席位逐渐增多，但是女性在国家议会议员中的比例仅仅只有 16%。

资料来源：Wach and Reeves (2000)；UNESCO (2004)；UNFPA (2008).

专栏 10.3

衡量全球性别差距

世界经济论坛的《2012 年全球性别差距报告》(*Global Gender Gap Report 2012*) 就性别差距对 135 个国家进行了对比研究。这份报告使用了四个指标：经济参与和机遇、教育程度、政治赋权、健康和生存，并将性别的不平等从 0 到 1 进行打分。0 意味着不平等，1 意味着平等。通过这一打分，国家的性别平等从高到低被进行了排名。这一排名中位于前六名的国家是：冰岛（0.864 0）、芬兰（0.845 1）、挪威（0.840 3）、瑞典（0.815 9）、爱尔兰（0.783 9）和新西兰（0.780 5）。排名最后的五个国家是：沙特阿拉伯（0.573 1）、叙利亚（0.562 6）、乍得（0.559 4）、巴基斯坦（0.547 8）和也门（0.505 4）。

20 世纪 60 年代西方社会掀起了女权主义的新浪潮。这一新浪潮产生了深远的文化、政治以及认知上的影响。这些影响所带来的结果之一便是探索性别不平等的根源的女权主义文学的复兴。对性别的关注通过女权主义学者的研究而被引入了国际关系学及其分支学科国际政治经济学之中。不像定义非常清楚的性别，关于女权主义的定义学者们并没有达成共识。在尝试对女权主义理论进行分类的过程中，女权主义共识性定义的缺失显得十分明显。一种分类的方法是：自由女权主义、马克思女权主义、激进女权主义、社会主义女权主义、精神分析女权主义、存在女权主义、后现代女权主义以及女权主义批评理论（Steans，1998，p. 16）。在其将女权主义理论运用到国际关系学的过程中，惠特沃斯（Whitworth，1997，pp. 11-38）对自由女权主义、激进女权主义、后现代女权主义以及批判性/女权主义国际关系理论进行了研究。

虽然女权主义理论存在多样性，但全球政治经济学分析在两个方面达成了共识。第一，女权主义学者认识到了性别的差异同样是权力的差异且这种差异渗透到了社会生活的方方面面。对全球政治经济中性别层面的关注使我们能够考察男性和女性在生产关系和再生产关系中的作用。第二，女权主义研究致力于“创造不同”。一些女权主义者的目标是改良性的变革，即在当前的权力体系之下寻求改善，而另一些女权主义者则致力于革命性的改变并对挑战现有的秩序颇感兴趣。女权主义思想的核心便是寻求改变。无论是渐进的改变还是激进的变革，女权主义学者都认识到了社会行动、政策决策和学术研究之间紧密的联系。

通常认为，女权主义对国际关系学的贡献在于其强调了国家和市场是“在男权主义假设的基础上建立起来的”（Youngs，2004，p.76）。女权主义者还揭示了主流的理论如何“忽略女性的存在以及她们对政治和经济生活所作出的积极贡献”（Youngs，2004，p.76）。此外，女权主义者还认为，对性别的忽视“使关于男性和女性的特性和角色的相互关联的社会构建变得模糊不清”（Youngs，2004，p.76）。这些是女权主义者所作出的重要贡献。在下一节中我们将回顾在解释全球政治经济体系的性别本质时所出现的主要理论问题。

理论观点

国际关系理论家仅仅只是试图解释全球政治经济体系性别特点的学者之一。经济学家、人类学家、社会学家、政治科学家以及发展学专家都对此做出了贡献。事实上，相对于国际政治经济学学者而言，这些领域的研究者对全球性别关系进行了更加重要且持久的分析。关于性别的国际政治经济学的研究主要起源于两个方面。一方面，性别研究是在国际关系理论家和女权主义学者间的交流以及国际政治经济学在寻求自我定位的过程中所爆发的内部争论中发展起来的。另一方面，女权主义研究在社会科学，尤其是经济学和发展研究中的发展也促进了全球政治经济学中性别研究的发展。当女权主义者及其研究最开始在国际关系学中出现时，他们所遇到的是一个完全忽视性别重要性的学科，或称之为“性别盲”（gender blind）。三个主流的理论（现实主义、自由主义和马克思主义）都将女性和性别问题排除在自己的研究议题之外。这三个理论流派的核心假设都忽视了性别问题。现实主义理论聚焦于民族国家的活动以及政治学和经济学的分离，在将权力的社会关系理论化方面显得无能为力。自由主义理论承认非国家行为者的存在，但同样主要关注国家间的交往以及国家和市场的分离。传统的研究阶级冲突的马克思主义理论也并没有区分男性和女性工人，也就是说，性别并没有被其视为一个分析的因素。一个值得一提的例外是马克思女权主义的发展。例如，马利亚·米斯（Maria Mies，1998）在对国际劳动分工的分析中探讨了资本主义和父权制的联系。

国际政治经济学作为国际关系一个重要分支学科的出现使传统国际关系学受到局限的研究议题得以拓展（Allen，1999）。正如第一章中我们所提到的，国际政治经济学这一亚学科的出现是建立在三大主流理论的争论之上的。虽然国际政治经济学致力于打破国际关系理论假设的禁锢，但是很多这些理论假设依然还是被纳入了国际政治经济学的理论框架之中。传统国际政治经济学对女权主义研究以及性别问题关注甚少。它的研究重点是经济体系，并对企业、社会运动、公民社会以及国际组织的重要性进行深入研究。但是，性别却不在其研究议题之列。虽然国际政治经济学学者的确扩展了国际关系学的研究领域，尤其是对非国家行为者的关注，但是它却建立了一个新的、受局限的研究议程。图兹和墨菲（Tooze and Murphy，1991）对于主流国际政治经济学理论所存在的局限性的评论在20年后依然能产生共鸣。如果说传统国际政治经济学的研究议题受到了很大局限，那么批判性国际政治经济学则使对全球政治经济体系中性别问题的探讨成为了可能。在 20 世纪 90 年代，一些研究注意到了批判性国际政治经济学的“性别盲”特性，但也认识到了建立批判性国际政治经济学和女权主义研究间联系的可能性。例如，桑德拉·惠特沃斯（Sandra Whitworth，1997，p. 31）认为：“对于女权主义国际关系理论而言，最有用的出发点是对社会主义女权主义思想及批判性理论的借鉴，并将性别关系纳入讨论之中。”在认识到批判性国际政治经济学的局限性的同时，另一些女权主义学者认为，批判性国际政治经济学“对性别关系和女权主义政治的研究是一个有用的起点，但是仅仅依赖于此是不够的”（Steans，1999，p. 113）。然而，最近两篇对批判性国际政治经济学学术发展的评论文章则认为，大多数研究都没有通过有效的方式将性别纳入其研究之中（Griffin，2007；Waylen，2006）。尽管国际政治经济学学者对性别关系有所忽略，大量且重要的探讨性别对国际经济进程影响的研究已经出现。

在性别与全球经济体系和进程关系的政治经济学研究里出现了一些争议和分歧。这里我们并不会讨论这些争论，而是讨论对性别的关注是如何有助于解释全球经济进程的（见专栏 10.4）。在这一讨论中，我们区分作为一个经验分类的女性与作为一个分析类别的性别（Peterson，2005）。还应该被强调的是，我们并不假设有一个统一的女权主义思想存在，即这里对重要理论问题的总结并没有包含各种理论学派认为重要的所有问题。

专栏 10.4

性别分析的重要性

关于全球政治经济体系的性别分析是很重要的，因为它：

- 使分析者能够关注一个更加完整的政治体系；
- 揭示了重要的主题并使这些新的主题受到关注；
- 使与发展和消除贫困相关的问题受到了更多的重视；
- 重新构建了概念的框架。

首先，关于男性和女性拥有相对主体身份的假设是错误的。正如前文所述，性别揭示了男性和女性在权力方面所存在的根深蒂固的、系统的差别。对性别的研究使我们更清楚地了解在国际经济体系中权力关系的构建和维护。试图解释真实世界的政治经济学分析不能基于一些忽略性别的概念。我们不能理所当然地认为所有的活动都是中性的。这一点我们可以通过对贸易和性别关系的进一步阐释看出来。研究显示，贸易和贸易政策对男性和女性的影响是不同的。一份探讨这种不同的研究认为：“由于在获得土地、信息、经济自由和政策决策等方面存在的性别不平等，贸易政策持续对男性和女性产生不同的影响”（Randriamaro，2006，p. 11）。贸易和性别间的关系并不是一种简单的关系。这些关系在不同的部门都是有所差异的，且受到了地理、文化以及其他因素的影响。贸易和贸易自由化对男性和女性产生不同的影响。例如，研究显示了在农业及低技术行业和在劳动密集型加工业里贸易对不同性别的不同影响（Korinek，2005）。贸易自由化被认为对加工行业里的女性就业产生了积极的影响（Seguino，2000）。另一项对贸易自由化和女性就业及收入的研究也证实了这一结论，并认为贸易自由化可能通过创造就业机会使女性受益（Nordås，2003）。这些研究的结论可以进一步通过相关出口领域的价格竞争力进行解释。由于女性工资比男性工资更低，这些出口行业雇用了更多的女性工人。需要注意的是，这种男性和女性间存在的差别工资是建立在已存在的性别不平等的基础之上的。由于在获得土地上持续的性别不平等以及有限的产权，女性更加不可能从农业自由化中受益（Korinek，2005，pp. 13-15；Randriamaro，2006，pp. 20-3）。

研究性别的政治经济学所带来的另一个重要的影响是，它强调了一些被传统（男性）政治经济学所忽略的问题。因此，它将研究的重心从传统的、受局限的问题上转移，并开拓了新的研究领域。这一新领域关注一些以前被边缘化、被低估或者直接被忽略的问题。从辛西娅·安罗（Cynthia Enloe）的著作 *Bananas，Beaches and Bases：Making Feminist Sense of International Politics*（1989）以来，国际政治经济学里的女权主义学者就开始关注主体身份以及全球政治经济体系的男性气质和女性气质的构建。安罗研究的主体是被国际政治经济学所忽略的女性，包括空姐、女仆和保姆。女权主义学者已经对这些“迷失主体的相关问题”进行了研究（Youngs，2000，p. 1）。对女性生理特征及其身份构建的关注对民族主义、安全问题、性、生育科技以及环境等研究都产生了影响。

国际关系学和国际政治经济学中女权主义学者对性别的关注使其将发展放在更加重要的位置。有理由相信，发展是全球政治经济的核心，但是传统的和非传统的国际政治经济学都有将以发展为中心的相关问题边缘化的趋势。发展不仅仅只是由一系列相互竞争的发展话语所构成，还通过各种方式和国际层面上的权力操作联系在一起。从性别的视角对发展的研究使我们认识到，在人类安全的概念出现和流行之前，发展分析的理论和实践就已经提出了现代人类安全观的主要内容。此外，对债务、环境恶化、金融危机、贫穷以及结构性调整等问题的性别政治经济分析使我们更加了解全球化。

女权主义学者不仅使女性得到关注，而且还重塑了国际政治经济学的概念体系。他（她）们重新审视现有的概念，揭示出了其潜在的男权主义假设，并建立了研究政治经济的新方法（Bakker，1994；Young et al.，1984）。女权主义经济学认为社会制度不是中性的。换句话说，关于“经济人”的理性假设是错误的。经济分析不能假设所有的经济主体对价格信号都做出完全一样的反应。正是因为社会制度不是中性的，因此它并没有向男性和女性提供同样的平台和激励体系。例如，诸如知识产权等机制可能会限制和塑造女性的决策（Deere and Doss，2006）。

传统经济学分析关注的是市场，忽略了女性劳动力的全部价值以及经济贡献。传统经济学将免费的劳动力再生产视为理所当然。这一假设掩盖了劳动力再生产和劳动力市场维系的真实成本。因此，女权主义经济学致力于使这种未得到报酬的工作得到认可，并重新定义我们所谓的工作，以便它将劳动力再生产纳入其中（Hoskyns and Rai，2007）。这种对女性劳动力的忽略在国民经济核算中尤为明显。国民经济核算完全基于市场交易所创造的货币化价值。女权主义学者建议使用一种不同的工作分类法："正式市场工作、非正式市场工作、自给性生产、无偿护理工作、志愿工作"（UNIFEM，2005，p.23）。

从实证角度而言，一个可信的结论是，如果要全面理解全球政治经济体系的发展和转变，对性别的关注不仅是重要的，而且是至关重要的。相关的分析阐释了女性和男性是如何进入全球劳动分工体系之中的。概念的创新有助于从性别分析的角度解释全球政治经济体系的稳定和变化。对国际经济体系中性别关系的忽略导致了不全面、不精确以及不切题的分析。基于这种片面分析的政策无法真正解决全球经济体系中的不平等。

主要发展

女性以各种不同的角色进入经济体系之中，如工人、消费者和企业家。女性在主要的经济部门里都是积极的经济参与者，如农业、工业和服务业。第九章介绍了性别劳动分工的概念，讨论了这种社会制度安排所带来的结果，并强调了男权主义假设在创造和维系性别不平等上所起到的重要作用。这里，我们讨论与全球经济中性别问题相关的两个主要发展。第一个是女性不断融入劳动力体系之中的趋势。第二，我们讨论女性作为全球经济中的一股显著力量的出现，并讨论性别问题在全球公共政策层面的发展和演变。

□ 世界经济中的女性：就业趋势和前景

女性一直是人类社会经济活动的积极参与者。但是，女性并不是一直从事以货币形式获得报酬的生产性活动。因此，虽然女性对经济增长和发展的贡献突出，但是这种贡献却一直没有得到官方机构的认可。女性不断加入有偿劳动力市场使得她们对经济的贡献受到更多的关注。正如《经济学家》杂志（*The Economist*，2006）所评论的："我们有理由相信，女性是全球发展最为强大的引擎"。1945 年以来，女性不断地融入劳动力市场之中。这一过程是不平衡的，女性劳动力参与率在拥有不同文化和社会价值以及社会习俗的不同地区有着巨大的差异。对于女性获得收入能力的研究经常是和增加女性经济安全联系在一起的。但是，女性参与有偿劳动的增加并不意味着性别不平等的减少。换句话说，虽然劳动力参与水平是很重要的，但是就业的质量也是必须被考虑的因素。因此，在对女性劳动力参与的考察中，我们不再局限于就业参与率，也讨论各个部门的就业、工作的本质和状态以及工资状况。

统计数据显示，女性参与有偿工作的数量超过了历史上的任何时期。2008 年，在全球大约 30 亿的劳动力中约有 12 亿是女性（ILO，2009）。然而，女性在总劳动力中所占的比例在过去 10 年都没有发生显著的变化。1998 年，女性占全球劳动力市场的 39.9%，这一数据在 2008 年小幅增长到了 40.5%（ILO，2009，p.9）。虽然男性和女性劳动力数量之间的差距在缩小，但是地区之间的差异依然十分显著（见表 10.1）。全球就业统计数据显示，在 2007 年，每 100 个男性劳动力所对应的是 67 个女性劳动力。但是，这一平均数据掩盖了发达经济体（包括欧盟）和中东及北非地区的巨大差距。在发达经济体里，男女劳动力的比例是100∶82，而在中东及北非地区这一比例是100∶32。劳动力参与率所存在的差异还体现在失业率上。除了中东欧（非欧盟）、独立国家联合体以及东亚以外，在所有地区，女性失业率都要比男性失业率高（ILO，2008，pp.24-5）。

表10.1　　2007年男性和女性劳动力参与率

地区	男性 劳动力参与率（%）	女性 劳动力参与率（%）
世界	77.6	52.6
发达经济体和欧盟	68.2	52.7
中东欧（非欧盟）及独立国家联合体	69.8	49.7
东亚	81.5	67.1
东南亚	82.8	59.1
南亚	82.0	36.2
拉丁美洲和加勒比地区	79.1	52.9
中东	78.3	33.3
撒哈拉以南非洲	86.1	62.6
南非	75.9	26.1

资料来源：ILO（2008），Table 2.1，ILO（2009），Table A.4.

就业趋势是长期和短期因素共同作用的结果。这些因素包括总体经济增长、行业就业转移以及工作差异。女性就业参与率的一个决定性因素是对女性劳动力的需求。一些行业特定的因素解释了女性劳动力参与的增加。服务部门逐渐取代农业成为了女性最主要的雇主。在2007年，46.3%的女性是被服务行业所雇用的，相比之下，36%的女性受雇于农业部门。这些全球层面的数据掩盖了重要的区域差异。在非洲和南亚，农业部门依然是女性就业的主要领域，其女性就业率分别达到了67.9%和60.5%，但是在所有其他地区，服务业是女性最主要的就业领域（ILO，2008）。工业的发展在发达世界和发展中世界对女性的影响是不同的。20世纪80年代全球经济结构性调整（见第七章）所带来的一个后果是劳动密集型制造行业在东亚的发展。这些出口行业（见后文）严重依赖女性劳动力，并因此为东亚的女性带来了大量的就业机会。东亚地区就业机会的增加伴随着先进工业国家女性在制造行业里就业机会的减少（Joekes，1987，p.135）。但是，虽然出口加工区兴起以及随之而来女性的就业在增加，在发展中世界里，女性在制造业中所占的比例依然要低于男性。虽然发达世界里的女性对有偿的经济活动参与率的提高被认为是服务业在这些国家发展的结果（*The Economist*，2006），但是一种观点认为："女性依然是集中于那些与其性别特征相关的行业里，尤其是社区、社会和个人服务，同时，男性统治着金融业、商业以及房地产业里那些报酬更好的工作"（ILO，2006）。

女性工作的实际状况无法从劳动力参与率等统计数据中反映出来，而是依赖于工作的性质以及特定社会里的文化因素。学者们一直以来都关注就业安全和工作状况（详细讨论见下文“主要问题”小节）。与男性就业相比，女性就业一直都被认为更加具有临时性、兼职性且更缺乏保障（Mitter，1986）。在这一背景下，一份最近的研究提出：“女性工人在劳动密集型出口行业里受到追捧是和解雇这些工人的容易度相关的。这种容易度部分是基于这样一种性别规范：女性参与有偿劳动的重要性是排在其从事家务劳动和家庭照料之后的”（UNRISD，2005，p. 38）。这种临时工制度可能会增加就业，但是这种就业通常都伴随着恶劣的工作环境。例如，在一些行业里就业的增加往往是以职业标准和卫生标准降低为代价的，并且新增加的工人通常是无法参与工会组织及其集体谈判的。此外，虽然在大多数情况下，面临有偿工作所带来的增加收入的机会，女性是自愿进入劳动力市场的，但并不是所有的工作都能帮助她们增加收入和改善生活状况。对于一些女性而言，她们进入劳动力市场是因为贫穷和不安全感的增加。一些职业的工作性质和环境并没有帮助女性改善其弱势的地位，例如性产业和家政服务。因此，我们不能认为所有的劳动力参与都一定是积极且有利的。

关于女性就业的一个持久的问题是与其工资和收入相关的。在所有社会里，女性的平均收入要比男性的平均收入少。一份联合国的报告提到：“缩小男性和女性的收入差距在世界上的大多数地区依然是一个主要挑战”（UN，2006，p. 54）。对于性别收入差异，学术界提出了各种解释。女性收入增长受到了那些限制其职业晋升的因素的阻碍。因此，女性工人通常都无法晋升到高薪的管理岗位上（Lopez-Claros and Zahidi，2005，p. 3）。另一个可能的解释认为女性有很差的议价能力和谈判能力（ILO，2006）。另外一些研究关注了一些性别特定的因素所产生的影响，如女性的教育状况和就业歧视以及劳动力市场的一些整体特征（Blau and Kahn，2003）。我们可以将这些因素大致分为两类：与女性就业状况相关的因素和社会因素。一方面，许多女性都聚集在低收入的行业里。通常，这些工作的报酬很低的原因是它们原本就被视为或设计为女性的工作。甚至在一些所谓的“女性职业”里，性别收入的不平等依然广泛存在，男性的收入依然要高于女性（ILO，2009）。另一方面，我们可以观察如产假和儿童福利等社会福利对女性经济机会以及相对收入能力的影响。但是，即使是拥有高薪职业的女性，她们的收入依然要比同等职位的男性低（见专栏 10.5）。

专栏 10.5

玻璃天花板（Glass Ceiling）

“玻璃天花板”一词指的是高级管理岗位被男性统治且在高薪阶层里性别收入差距较大的状况。对玻璃天花板的研究通常关注的是女性在晋升到高级管理岗位上的失败。雇佣和晋升的壁垒各种各样。一些是根据公司和行业的不同而不同的，如校友关系网（old boys' networks）和男性工作文化；另一些则是社会性的，如隔离式教育、儿童照料的缺乏、育婴假以及福利条款，这些因素使女性很难兼顾家庭生活和职业发展。最近的研究证实了这种玻璃天花板的存在。一份关于瑞典就业状况的研究认为，“收入上的性别差异是导致玻璃天花板效应的主要因素”（Albrecht et al.，2003， p. 172）。

□ 性别和全球公共政策

在过去的 30 年里，性别问题在政府、区域组织以及多边机构的政策里逐渐从一个边缘问题变成了一个重要问题。女性不仅出现在了国际议程里，妇女权益的问题还被刻意纳入全球公共政策领域里。在这些致力于使女性的作用在国家和国际层面得到认可的项目背后是具体的人类行动能力（human agency）。这些“将女性带入全球政治经济学中”的项目一部分是认识到了女性在经济活动中的价值未得到足够的认可，一部分是为了改善女性的地位。就发展政策而言，娜拉·卡比尔（Naila Kabeer，1994，p. 1）指出：“一种考察女性在发展中作为一个独特类别而出现的方式是，考察她们在主要发展部门的政策声明和机构体系中不断变化的重要性”。下面我们简要讨论国际组织在制定关于性别平等的全球政策上所起到的作用。我们重点关注这些机构在全球规范的建立上所起到的作用。因此，我们必须先考察关于得体行为的共同期望所产生的方式，如通过观念的产生和传播、机构规则及标准的制定等。

历史发展

从 21 世纪早期的角度而言，我们相对容易地将性别视为全球政策的一个“自然”特征。然而，国际政策的发展不应该被视为是理所当然的。虽然 1946 年联合国建立了一个妇女地位委员会（Commission on the Status of Women），但是直到 20 世纪 70 年代，其发展是十分有限的。全球性别政策的发展可以追溯到 1972 年 12 月联合国大会通过的第 3010（xxvii）号决议并将 1975 年定为国际妇女年。制定国际妇女年的动力是来自公民社会，而不是国家政府。它最先是由一个芬兰的非政府机构国际民主妇女联合会（Women's International Democratic Federation，WIDF）提出的（Pietilä and Vickers，1990，p. 73）。1972 年 WIDF 的主席是 Herta Kuusinen，一个芬兰国会议员及联合国妇女地位委员会年度会议的观察员。正是凭借此身份，她提议将国际妇女年纳入联合国的议程之中。这一决议随后在联合国大会上全票通过。1974—1995 年间是关于性别问题的全球政策显著发展的时期，同时也是新的规范性框架体系建立的时期。

位于这些变化的核心的是联合国召开的四次会议以及联合国妇女十年（International Decade for Women）。1975 年 12 月，联合国大会宣布 1976—1985 年是联合国妇女十年。这一举措为联合国体系里的活动提供了一个新的重心且提升了女性问题在国际层面的重要性。

这四次会议是：

• 国际妇女年世界会议（World Conference of the International Women's Year），1975 年 6—7 月在墨西哥城召开。

• 联合国妇女十年世界会议：平等、发展与和平（World Conference of the United Nations Decade for Women：Equality，Development and Peace），1980 年 7 月在哥本哈根召开，主要评估自 1975 年以来所取得的进步。

• 审查和评价联合国妇女十年成就世界会议（World Conference to Review and Appraise the Achievements of the United Nations Decade for Women: Equality, Development and Peace），1985 年 7 月在内罗毕举行。

• 第四次世界妇女大会：以行动谋求平等、发展与和平（Fourth World Conference on Women: Action for Equality, Development and Peace），1995 年 9 月在北京举行。

前三次会议里时常充斥着各种争论，且分歧要比共识更加明显（Newland, 1988）。然而，这些争论和事件对于提升妇女问题的关注度以及使性别相关的问题成为发展政策中的必要部分是十分重要的。这些会议还有很大的象征性影响（Tinker, 1990, p. 31）。它们使得对妇女相关问题的讨论更加正当和合理，并迫使国家政府注意其政策对女性的影响。这些会议的准备阶段以及最终的结果对议程的制定产生了关键性的影响，因为它们促使了大量详尽的研究和文献的出现。作为这些会议准备过程的一部分，各国政府第一次被要求收集反映经济、社会和福利政策的性别特点的数据。从就业到收入分配再到社会保障和福利等领域的更多精确的数据使得政府可以制定更有效的政策。重新定义全球经济里的工作意味着有偿和无偿工作都被认定为国家经济和社会健康发展的重要部分。此外，这些会议的准备过程以及会议的文件帮助确认和澄清了妇女的具体需要，并将其转化为一种普遍的社会需求。

每一个会议都有一份报告，它为接下来的行动设定了规范性和政策性的框架体系。

• 1975 年墨西哥城的会议制定了《实现国际妇女年目标世界行动计划》。

• 1980 年的哥本哈根会议通过了《联合国妇女十年：平等、发展与和平后半期行动纲领》。

• 1985 年内罗毕会议通过了《到 2000 年为提高妇女地位前瞻性战略》。

这三份文件对于清楚地设定和定义行动的目标非常重要。例如，1985 年所召开的内罗毕会议就是为了评估和审议 1975 年在墨西哥城所制定的《实现国际妇女年目标世界行动计划》的实施情况，并为下一个十年制定详细的行动计划。这一评估并不是十分鼓舞人心，因为它揭示出许多不足之处，如农村妇女状况的改善不足。哥本哈根会议所通过的一个重新规划的行动纲领是为了监督联合国妇女十年后半期的行动。在这三份文件中，1985 年的前瞻性战略是最为重要的，为妇女地位的提升规划了一个蓝图。这份文件中所设定的主要目标是关于妇女的健康、就业、家庭生活、政治生活以及人权。

有人认为："也许这些会议最深远的影响是其对妇女所产生的动员作用"（Tinker, 1990, p. 32）。由于联合国会议的参与程度有限，因此这些会议的直接影响也是有限的。但是，与这些会议一起的公民社会集会创造了一个思想交流的平台并使全球的妇女组织更加紧密地联系起来。联合国妇女十年的发展和这些会议使得全世界的妇女都受到了深深的影响。

性别平等在各个阶段以及各个层面被完全纳入规划之中是一个缓慢且演化的过程。虽然无法精确界定性别问题是何时变成政策过程中必不可少的一部分的，但是，一般认为 1995 年 9 月在北京召开的第四次世界妇女大会标志着社会性别主流化已经被广泛地接受（Hafner-Burton and Pollack，2002）。《北京宣言》和《行动纲领》为政府和国际组织制定了具体的目标和责任。通过制定一系列基本原则，它直接促进了性别政策的主流化："必须在妇女充分参加下，设计、执行和监测在所有各级实施的、有利于赋予妇女权力和提高妇女地位的切实有效而且相辅相成的对性别问题敏感的政策和方案"（第 19 段）；政府承诺"执行以下《行动纲领》，确保在我们所有的政策和方案之中体现性别观点"（第 38 段）。

规范性和制度性变化

虽然女权主义批评已经从国家层面、区域层面以及全球层面改变了官方的政策，使其考虑妇女的特殊利益，但是这并不意味着性别问题的主流化就会自动地终结歧视或者自动地导致偏向于妇女的政策出现。主流化这一概念在这里是指性别问题通过各种不同的方式成为政策议程以及政策过程（计划、执行和监督）中的主要部分，而不是一种事后的反思。因此，社会性别主流化指的是使性别观点以及消除性别不平等的目标融入政策决策的各个阶段（UN，2001）。目前社会性别主流化在政策和实践中主要有三个主要特征。

第一个特征是对性别平等的规范性承诺。从 1995 年北京《行动纲领》制定以来，五份文件从国际层面强化了对社会性别主流化的承诺：

（1）联合国经济和社会理事会第 1997/2 号商定结论《妇女事务单位和性别问题协调中心在社会性别主流化上的作用》，1997 年 7 月。

（2）联合国秘书长和主要联合国机构领导交流关于社会性别主流化的问题，1997 年 10 月。

（3）A/RES/S—23/3 号决议《执行〈北京宣言〉和〈行动纲领〉的进一步行动和倡议》，在联合国大会第 23 届特别会议上通过，2000 年 6 月 5—9 日。

（4）联合国大会第二十三届特别会议声明：《2000 年妇女：二十一世纪两性平等、发展与和平》（又名北京＋5），2000 年 6 月 5—9 日。

（5）联合国经济和社会理事会第 2001/41 号决议《在联合国系统内将性别观点纳入所有政策和方案的主流》，2001 年 7 月。

这些文件在联合国体系里建立一个性别平等的工作体系方面起到了重要作用。它们是建立在之前的一些重要倡议的基础之上的，例如 1979 年联合国大会通过的《消除对妇女一切形式歧视公约》（Convention on the Elimination of All Forms of Discrimination Against Women，CEDAW）。这些发展不仅仅只是归功于联合国的活动，国际妇女运动在塑造全球规范上的活动也对这些发展做出了很大贡献。一个关键的战略便是将妇女问题和人权问题结合起来（Brown Thompson，2002；Joachim，2003）。

我们可以从国际发展政策的形成方式来理解性别平等的规范的出现和发展。在 1961 年 12 月，联合国大会第 1710（XVI）号决议宣布了（第一个）发展十年战略。虽然这一里程碑式的举措使经济发展成为一个核心的世界议题，但是它却并没有提及性别问题。直到 1980 年联合国第三个发展十年的《国际发展战略》被通过，发展政策中的性别因素才得到关注。这份《国际发展战略》赞同墨西哥城和哥本哈根会议所通过的提议并确定了联合国在这个十年里改善妇女地位的目标。目前的全球发展政策的共识形成于《千年发展目标》（Millennium Development Goals，MDGs）。《千年发展目标》是性别问题被纳入全球政策之中的一个很好的例子。虽然所有的八个千年发展目标（见专栏 11.1）都对性别平等有一定积极的影响，但是，其中的三个更加直接地关注性别问题。如果改变妇女从属地位的问题在 20 世纪 60 年代被提出，性别问题似乎不会得到更多的关注和认可，而如果 2000 年所设定的《千年发展目标》没有直接考虑这个问题，那将是不可想象的。但是，目前对性别问题的认可依然还存在很多局限（见专栏 10.6）。

专栏 10.6

性别和《千年发展目标》

《千年发展目标》第三条是“促进两性平等并赋予妇女权力”。这一目标的具体内容是：“最好到 2005 年在小学教育和中学教育中消除两性差距，并最迟于 2015 年在各级教育中消除此种差距”。女权主义者认为性别平等的倡议不应仅仅局限于这一项措施，而是应该被纳入并帮助实现所有的《千年发展目标》。例如，《千年发展目标》第一条是“消除极端贫穷和饥饿”。更多的女性生活在极端贫困之中，且女性还要照顾同样生活在极端贫困之中的小孩。因此，如果要实现这一目标，消除极端贫困的倡议必须考虑性别的因素并采用具体的措施来改善妇女和儿童的福利。

上文所讨论的这些规范性发展的第二个特征是联合国体系内关于性别问题的不断制度化。现在，性别分析在联合国的专门机构里广泛存在。机构间妇女与性别平等网络是联合国体系所有分支机构关于社会性别主流化活动的中心。这一网络是在 1996 年被建立起来的，由性别问题和提高妇女地位特别顾问办公室领导。性别问题和提高妇女地位特别顾问办公室（The Office of the Special Adviser on Gender Issues and Advancement of Women，OSAGI）建立于 1997 年，其目的是为了在妇女十年期间辅助联合国的发展。消除对妇女歧视委员会（The Committee on the Elimination of Discrimination Against Women）建立于 1982 年，其主要职责是监督和执行《消除对妇女一切形式歧视公约》。此外，还有一些别的致力于性别平等和确保妇女在发展过程中起到积极作用的机构被建立起来：

• 1976 年，一个联合国妇女十年自愿基金在联合国大会上被建立，并于 1984 年转变成了联合国妇女发展基金（United Nations Development Fund for Women，UNIFEM）。目前，指导联合国妇女发展基金工作的四个主要目标是：减少妇女贫困、终止针对妇女的暴力行径、扭转艾滋病和 HIV 病毒在妇女和女童中的传播趋势以及实现社会的民主治理。

• 1976 年建立了联合国提高妇女地位国际研究训练所（The UN International Research and Training Institute for the Advancement of Women，INSTRAW）。

• 1988 年建立了联合国提高妇女地位司（Division for the Advancement of Women，DAW）（隶属于社会事务部）。它是联合国所有部门里与妇女问题相关的一个核心机构。

直到2010年联合国才将几个与性别相关的项目融合到一个机构之中（见专栏10.7）。

专栏 10.7

联合国妇女署

2010年7月，联合国大会成立了联合国妇女署，即联合国促进两性平等和妇女赋权的实体。它将联合国四个现有机构的功能合并来起来：

• 联合国提高妇女地位司

• 联合国提高妇女地位国际研究训练所

• 性别问题和提高妇女地位特别顾问办公室

• 联合国妇女发展基金

妇女署的第一任执行主任是米歇尔·巴切莱特（Michele Bachelet），智利前总统。妇女署的建立是为了解决妇女问题所面临的资金不足以及满足联合国在性别平等和赋予妇女权力方面对一个核心机构的需要。

妇女署的重点领域一半都是经济方面的：经济权力、国家规划和预算编制、千年发展目标。其他一些领域包括人权、和平与安全、领导和参与。在这些领域的研究和宣传工作致力于使经济不平等的问题得到关注，并提出建议以缩小这种不平等。例如，在国家规划和预算编制方面，它们支持国家政府制定考虑到性别的财政预算。这种形式的财政预算考虑到了财政预算对性别问题的影响，以及采取财政措施增加妇女的平等和权力。

第三个特征是性别已经在很多国际机构中被主流化。许多国际机构中关于性别问题的机构或部门的建立不仅反映了性别问题的制度化，而且反映了性别作为一个分析框架的常态化。从1995年的北京会议以来，许多国际组织在其研究、分析和日常操作中都增加了对性别问题的关注。例如，虽然自20世纪50年代以来，国际劳工组织关于性别平等的使命是基于国际劳工组织章程，包括1951年的《男女同工同酬公约》以及1958年的《消除就业和职业歧视公约》，但是随着北京会议的召开，1999年国际劳动组织总干事宣布了一项关于社会性别主流化的政策。2001年国际劳工组织通过了《关于社会性别平等和社会性别主流化的行动计划》。另一个例子是世界卫生组织（World Health Organization，WHO）。2002年，世界卫生组织采用了一项社会性别主流化的政策，并由一个专门的部门——女性、性别和健康部来监督其性别政策。

这些变化既是对内部机制设置的反应，也是外部压力的结果。这些规范性的变化使得非政府行为主体可以对政府间机构施加压力。例如，妇女组织和工会结盟使得妇女问题被纳入了国际劳工组织的议程中。1996年，国际劳工组织通过了一个在家工作的指导方针（Prugl，1999）。在家工作并不是指家务劳动，而是那些公司让员工在自己家中所开展的工作。这些工作通常都是由女性完成且收入非常低。国际劳工组织对在家工作的关注标志着女权主义的观点和妇女问题在主要国际机构中得到了广泛的关注。

在这一背景下，世界银行政策的变化提供了一个在性别问题主流化方面很好的案例。世界银行将性别问题融入其政策之中的过程是缓慢的。虽然在1985年末，一些捐助国就提出了给予性别问题更多关注的条款，但是直到1994年其相关的第一份政策文件才出现，即《提升女性的经济参与》（Enhancing Women's Involvement in Economic Development）。虽然1977年一个专门的政策建议机构妇女参与发展处被建立，且1986年妇女参与发展办公室也建立起来，但是直到1995年的北京会议之后，女权主义者对于发展的分析才被普遍地关注。值得一提的是，世界银行对性别问题的关注一部分是对来自公民组织的压力所做出的反应。例如，妇女组织一直在和世界银行进行沟通和交流（O'Brien et al.，2000，pp. 24-66）。它们在一定程度上说服了世界银行官员，使其承认忽略妇女的发展政策是有缺陷的。在2006年9月的世界银行和IMF的年会上，世界银行进行了一些政策创新，时任世界银行主席的保罗·沃尔福威茨宣布了一项新的2 500万美元的四年计划，即性别平等是聪明的经济学（Gender Equality as Smart Economics）（World Bank，2006a）。这项计划的目标是提升妇女的经济权力。

尽管世界银行政策、资助重点以及机制设置发生了变化，但是批评者并不认为它有效地将性别在其操作中主流化（Griffin，2009）。世界银行社会性别主流化的过程是一个有争论的话题，在这一方面，世界银行的合法性遭到一些组织的质疑。这些组织并不相信世界银行真正地致力于性别问题，而认为其举措只是表面的、肤浅的（Bessis，2001）。批评者认为，世界银行拥护的是新古典经济学思想，因此它所关注的是市场效率。这与女权主义经济学的性别平等的目标形成了鲜明对比（O'Brien et al.，2000，p. 47）。对世界银行的批评以及世界银行所做出的反应都是很重要的，但是根据本章的观点，一个根本点在于世界银行不仅必须面对压力而将性别问题纳入其体系之中，而且对关于社会性别主流化方式的批评十分在意。

主要问题

关于全球经济的一个性别视角揭示出生产、贸易和金融流动对男性和女性所带来的不同影响。性别劳动分工使得世界经济危机所带来的后果在很大程度上都是由贫穷且处于工薪阶层的女性承担。首先，我们提出一些全球政治经济体系对女性贫穷和能力带来影响的证据。其次，我们讨论劳动力再生产劳动的全球化以及女性身体在国际范围内被交易的各种方式。最后，我们探讨性别、结构调整和全球化之间的联系。

□ 贫穷的女性化

《联合国千年宣言》声明其一个目标是“把促进性别平等和对妇女进行赋权作为抗击贫困、饥饿和疾病以及激励可持续发展的有效方法”（UN，2000a）。这项声明代表了就贫困和性别平等所达成的全球性共识。虽然这些目标主要是针对发展中世界的，但是贫穷的女性化是一个世界性的普遍现象。就女性比男性更加容易陷入贫困这一明显的事实有多种不同的解释被提出。在这之中，三种解释在学术界获得了推崇：女户主家庭的增加、家庭内不平等以及新自由主义经济政策的影响（Moghadam，2005）。

女户主家庭的增加

“贫穷的女性化”20世纪70年代末起源于美国。当时，研究者发现女户主家庭的增加以及在单亲妈妈中更高的贫困比例。此后，美国的数据不断地显示贫困和女户主家庭之间的联系。然而，这一观点，即女户主家庭比男户主家庭更加容易陷入贫困之中的普遍适用性一直存在争议和争论。虽然研究显示，在全世界范围内女户主家庭的数量有上升的趋势，但是关于家庭结构对贫困影响的证据却没有达成一致性的结论。一些对发展中世界的研究发现，女户主家庭比别的家庭更加脆弱且获得增加收入的机会更少。然而，关于女户主家庭和贫困之间联系的主张一直被当做一种“印象主义的推断”而被一些学者所忽略（Quisumbing et al.，1995，p. 1）。这些学者认为，并没有很强的证据支持这一观点，即平均而言更多的女户主家庭陷入贫困之中。最近的一份新证据认为，女户主家庭经济状况存在着区域性的差异（Moghadam，2005）。家庭结构对贫困的重要影响通过宏观社会和政治因素以及妇女对就业的参与而得到缓解。

家庭内不平等

对家庭内不平等和女性贫困之间关系的研究得出了更多有说服力的结论（Moghadam，2005）。各种研究显示，在许多社会里（尤其是东南亚），妇女在家庭中受到了系统性的歧视。妇女没有公平获得教育、医疗和营养的机会，这一不平等的资源分配对她们的就业和获得收入的机会形成了负面影响。这种家庭内的不平等与现存的父权制占统治地位的社会和经济结构一起使妇女更加脆弱和贫困。

新自由主义经济政策的影响

对于新自由主义调整政策的人力和社会成本已经有大量的研究出现。一些研究还从性别的角度对这些政策进行了分析（Marchand and Runyan，2000）。虽然许多男性也同样在这一结构性调整中受到损失，但是女性受到了更加系统且显著的影响。经济结构性调整的成本更多地被女性所承担。随着政府试图平衡财政收支并开展经济结构性调整以使得该国的经济在国际市场上更加有竞争力，女性经常被迫承担一些原本是由国家所承担的任务，或者放弃现有的收入来源以便满足其家人的短期需求（Chang，2000，pp. 124-9）。换句话说，结构性调整政策依赖于无偿的女性劳动力（Nagar et al.，2002）。此外，当食物补贴减少，妇女经常要减少自己的营养摄入以满足小孩的需求。随着健康和教育的减少，妇女通常承担着额外的照顾家人的负担，或者女孩被迫辍学在家帮助处理家务。为了获得外汇而开展的农业出口可能导致农民妇女失去其土地，或者迫使她们变成临时工人。在绝望之中，很多妇女通过移民将自己的劳动力出口。一个普遍接受的观点是，妇女的生活受到了新自由主义政策所带来的食物保障缺失、额外的工作负担、医疗和教育收费以及家庭暴力增加等因素的负面影响。然而，一份关于尼日尔和塞内加尔的结构性调整政策所产生的影响的研究却得出了这样的结论："将很多负面影响都归咎于结构性调整政策是错误且莫须有的"（Creevey，2002，p.110）。克里维（Creevey）认为虽然尼日尔和塞内加尔的结构性调整政策有一些负面的影响，但是随着市场化措施所带来的商业发展，一些妇女获得了更多的权利和机会。虽然大多数讨论都是关于结构性调整对发展中国家的影响，但是在相对富裕国家里的女性同样也会受到经济结构调整和财政赤字缩减所带来的影响（见专栏10.8）。

专栏10.8

性别和英国的结构性调整

2010年新当选的保守党/自由民主党联合政府制定了一个缩减方案，并将其作为应对金融危机所带来的经济下滑的措施。削减政府支出被视为经济复苏的关键。与许多发展中国家的结构性调整政策一样，这些缩减政策迫使女性承受更多政府削减支出所带来的痛苦。女性工人占据公共服务部门的三分之二，而大规模的裁员和降低收入都是发生在公共服务部门。女性通常是这些被削减的公共服务的最主要受益者，例如儿童中心、法律援助以及健康服务。虽然这些紧缩政策的性别特点得到了媒体和公共讨论的关注，但是政府坚持认为每一个人都在承担这些结构性调整所带来的后果（S. Stewart，2012）。

□ 劳动力再生产工作的全球化

劳动力再生产经济学指的是"家庭和私人领域的经济学。在家庭和私人领域里人类被繁衍，日常生活被维系以及社会被再创造"（Peterson，2003，p.79）。这一私人的领域不断地被全球化和市场化。那些之前发生在家庭内的活动现在可以使用货币购买并通过一个跨国的网络被提供。其中三个最重要的方面是性工作、家政服务和购买新娘。

性工作

一个国际政治经济学中的性的概念有助于我们考察女性、性和全球政治经济之间的联系。在国际政治经济学的性概念里，女性的身体是可交易的商品。妇女从一国被出口到另一国，其方式正如像小麦一样的商品从一国向另一国的出口。这些出口主要是为了缓解出口国的贫困状况，因为被出口的妇女将其一部分收入寄回国养活自己的家庭。但是这种贸易是基于被掩盖的（以及有时明显的）男性暴力。关于性的国际政治的核心是女性被教化以及女性劳动力被性化。基于异性的性概念，妇女被视为一个有显著性别特征的存在。女性被假定可以随时满足有异性性取向的男性的性欲望。国际政治经济学中的性以及随之而来的对女性身体的控制是家政服务、色情旅游、军妓以及邮购新娘等出现和存在的背景。发展中世界里大量的女性都在为更加富裕国家里的男性和家庭提供个人服务。这些服务涉及色情服务以及为家庭或机构提供的清洁、儿童照料、健康护理等服务。

从20世纪70年代以来，全球性交易扩展并涉及很多妇女和小孩。一些被雇用在自己的国家为本地或者外国男性提供服务，而另一些则被出口到国外。由于这些产业大多是不合法的，所以关于这些产业的数据很难被统计。但是据估计其规模每年大约有数十亿美元（Jeffreys，2009）。1998 年，一项对马来西亚、菲律宾和泰国的性产业的估计认为，这些地区的性产业规模占其 GDP 的 2%～14%（Lim，1998，p. 7）。有人认为，“军妓等海外色情服务比个人或者色情旅游团等色情服务的规模更大，且军妓的增长主要是以海外的女性为基础”（Pettman，1996a，p. 201）。历史分析和社会科学研究已经发现了军事化和妓女之间的联系。传统上，驻扎在本地的军队都希望当地的妇女能够满足其“需要”。这不仅仅只是一个跨国的现象。一些研究还记录了国家内部少数民族地区的军事化。种族是本地妇女性化的一个重要因素，尤其是在一些边境地区或者一些经常发生分离主义暴力冲突以及有大量的官兵远离家乡驻扎于此的地区（Chenoy，2002；Moser and Clark，2001）。

东南亚大量的性贸易很大一部分起源于朝鲜和越南战争。美国及其盟国的士兵闲暇之余在诸如泰国和菲律宾等国家寻找性工作者（Barry，1996，p. 132）。这些“娱乐”区对妓女的高需求带来了性贸易的繁荣。当越南战争在 20 世纪 70 年代中期结束后，外国旅游者就取代了士兵的位置。这些旅游者通常都是西方或者日本男性，他们利用现代交通的便利到其他国家寻求性娱乐。色情服务对旅游贸易的促进作用在有些国家十分明显。例如，据估计到泰国旅游的人中大约 73%都是单身男性（没有女性同行者），大约 3%的泰国女性通过某种方式从事色情行业（Peterson and Runyan，1993，p. 98）。

性产业是一个带有种族偏见的全球化产业，其主要受益者是发展中和发达国家里的男性。男性是这些服务的主要购买者，同时男性赚取所获得收益的大部分。西方男性参与到这些在其自己的国家可能无法被接受或者可获得性很小的活动。一些本地的男性通过操控性工作者并贿赂警察在酒店或者酒吧获得收入，变得富裕。对于那些参与异国色情旅游的西方男性而言，这些带有本地文化特色的女性成为了他们想要的性伴侣。亚洲妇女被认为比西方的女性更加顺从且更加能够积极响应西方男性的需求。

这种贸易对于涉入其中的妇女和儿童带来了巨大的代价。一种代价是性传播疾病的蔓延，如艾滋病。这反过来使得对更加年轻的妓女的需求大大增加，因为一种误解是如果消费者选择更加年轻的妓女，他们可能会避免被感染这些疾病。这种贸易给从事它的人带来了身体上和精神上的摧残。那些被出口到其他国家的人往往像奴隶一样生活着。

如上所述，一种极为恶劣的行为是儿童性旅游。一些部门为解决这一问题已经做出了一些努力。一个全球性的非政府网络——根除儿童卖淫、儿童色情和为性目的贩运儿童行为（End Child Prostitution，Child Pornography and Trafficking of Children for Sexual Purposes）——在根除儿童卖淫、儿童色情和为性目的贩运儿童行为等方面做出了积极且有益的努力。一些西方国家，如澳大利亚、加拿大、美国和英国，已经通过立法惩处那些参与儿童性旅游的本国公民。例如，一个美国公民或者居民如果在海外与 18 岁以下的儿童发生性交易，可能会被判罚监禁 30 年。

家政服务

近年来，家政服务也已经发展成为一个主要的国际商业活动（Pettman，2003，

p. 163)。发展中国家的妇女被运往西欧、加拿大、美国以及中东去照料儿童、从事家务劳动或者在家中或医院照顾老人。参与到类似活动中的女性数量是巨大的，且这些女性通过给母国汇款对母国经济的贡献也是显著的。准确的数据很难获得，但是一些估计数据依然有一定的说服力。1984 年，超过 18 000 名斯里兰卡妇女以佣人的身份在海外工作。1988 年，81 000 名菲律宾女性在海外做女佣，且赚取了 6 000 万～1 亿美元的外汇（Peterson and Runyan，1993，p. 99）。就菲律宾而言，妇女几乎占到了其出口劳动力的一半，在海外工作的男性通常都是从事建筑业工作。到 1994 年，据估计每年菲律宾工人寄回其母国的钱达到了 70 亿美元。这超过了菲律宾制糖业或者矿业的收入，几乎占据了菲律宾所生产的产品和服务总价值的 3.5%（Chang，2000，p. 130）。这一收入足以覆盖菲律宾大量外债所需要支付的利息。

这种形式的活动在发展中国家和发达国家的女性之间建立了一种充满矛盾的联系。近几十年以来，许多发达国家的女性已经能够像男性一样追求职业发展。一部分这些女性职业上的成功依赖于那些来自发展中国家的女性以女佣和保姆的身份为其承担一些家庭内的责任（见专栏 10.9）。年轻且受过教育的女性更加可能从全球化的过程中获得职业发展方面的益处（Gottfried，2004）。然而，在一些福利性服务被减少或者缺乏可支付的日间托儿服务的国家里（如美国），妇女必须设法自己解决家务劳动和儿童照料的问题。一种解决方式是雇用外国妇女从事家务劳动。这可以通过中介机构合法进行，或者通过一些其他渠道非法进行。

专栏 10.9

职业女性和非法的家政工人

来自发展中国家的女性劳动力为一些发达国家的职业女性所提供生活便利的程度在 1993 年得到了大量公众的关注。美国前总统克林顿当年曾急于将一名女性招致其内阁之中以彰显其内阁的广泛代表性。然而，他所接触的职业女性之中的两位（一位企业律师和一位联邦法官）都使用“非法”移民照顾其小孩（Marcus，1993）。这一事件使得克林顿的计划大大受挫。克林顿的第三个女性人选及最终的司法部长珍妮特·雷诺没有小孩，也就不存在类似的问题。在英国，总检察长斯科特兰女男爵因为雇用了一名没有合法工作许可的汤加管家而被罚款 5 000 英镑（*The Times*，2009）。

购买新娘

跨国提供家政服务的另一个例子是新娘的出口。邮购新娘在流行文化之中是作为有趣、幽默的角色出现的，例如在关于狂野大西部的电影中以及在 2001 年妮可·基德曼主演的关于一个俄罗斯邮购新娘的电影《生日女郎》（*Birthday Girl*）中。然而，关于邮购新娘的现实却和这些虚构与幻想大相径庭。邮购新娘的国际贸易报酬丰厚并反映了全球政治经济体系中的权力差别，即一些国家是供给者，另一些国家则是购买者（Pettman，1996a，p. 194）。在当代的跨国贸易中，邮购新娘通常起源于发展中世界或者转型经济体。然而，关于邮购新娘一定是“受害者”的主张遭到了妮科尔·康斯特布尔（Nicole Constable）的反对。她更倾向于使用“通信新娘”

（correspondence brides）（而不是邮购新娘（mail-order bride）），并很有说服了地提出我们应该根据“不同的具体情况、介绍的方式以及通过通信并最终结婚的夫妻的实际经验”来做出判断（Constable，2006，p. 2）。当考虑这些具体的因素后，邮购新娘显然没有必要被统统视为遭到剥削的受害者。

□ 性别和全球性结构调整

女权主义学者最早关注的问题之一便是全球性结构调整对男性和女性所产生的不同影响。从最开始关于新国际劳动分工对女性影响的研究到最近对全球化的关注，政治经济学家已经考察了国际劳动分工体系（Busse and Spielmann，2003；Mies，1998）、国际贸易（Korinek，2005；Randriamaro，2006）、全球金融（Aslanbeigui and Summerfield，2000；Porter，2005）以及全球生产体系的变化对女性劳动力所带来的影响（Barrientos et al.，2004；Pyle and Ward，2003）。这里我们简要地回顾全球化和妇女经济活动之间的一些联系。

通过跨国企业，尤其是在出口加工区——一国专门划定的、通过提供资金奖励或者放松监管等方式吸引外资的区域，妇女不断地融入全球生产之中。平均而言，出口加工区里80%的工人是女性。在中国，大约2 000万人在出口加工区或者经济特区工作，其中有70%～80%都是女性（David，1996，pp. 22-3）。为什么女性劳动力在这些地方受到青睐？工厂管理者可以认为女性的手更小巧且能够更快地完成一些比较复杂的工作。由于诸如缝纫等技巧的培养，许多女性也许在需要灵巧工作技能的工作上更加娴熟，但这种娴熟被认为是一种生理上的差异，而非技能上的差异。由于这种娴熟并不被视为一种技能，所以女性也就没有因为这种娴熟工作而获得更高的报酬。

另一个妇女在出口加工区工人中占很大比例的原因是她们被认为更加顺从于管理者的需求。妇女参与工会的历史很短且通常甘愿在较为恶劣的环境中工作以养活自己的家庭。一种观点认为，女性工人服从、温顺的形象是专门为国家和跨国企业的利益服务所构建出来的。例如，一份对于20世纪90年代英国跨国企业马来西亚分支机构的案例分析认为，来自全球企业和国家权威机构的压力在马来西亚共同塑造了一个低工资、温顺且勤劳的工厂女孩的形象（Elias，2005）。低收入的缝纫工作在马来西亚被构建成为一种专门适合女性的工作，因为她们的双手具有灵巧性，尤其是那些长期以来从事针线活的马来西亚女性。让许多家庭成员在一个地方工作有助于确保妇女遵守已制定好的行为规范。这种劳动分工是基于“男性管理至上主义”（masculinist managerialism）——一种依赖于廉价的、温顺的女性劳动力的管理体系。许多女性工厂工人并不符合这种温顺的形象，而是积极地为更好的工作环境而游说并组织独立的工会。但是由于国家通过限制工会活动吸引跨国企业，工会化活动并不受到鼓励。在马来西亚，高度女性化的生产区域是政府出口发展战略的核心区域，也同样是限制工会发展政策最严格的区域（Elias，2005，p. 207）。

性别可以被视为使资本全球化的一种资源。妇女为全球资本提供了廉价的劳动力，并经常受到这种资本的剥削。墨西哥的组装工厂（Kopinak，1995）以及传统的出口加工区就是很好的例子。企业为了避免承担女性工人生育给企业所带来的成本和责任便将其生产车间从发达国家转移到了更加贫穷且工资水平更低的国家，并将生产外包出去（Acker，2004，pp. 27-8）。跨国企业一直使用一个社会构建的性别角色意识以及“文化敏感性”来限制女性对某些工作的选择，以及支付给女性相对于男性更低的工资（Chow，2003）。

妇女进入出口导向型的工作之中带来了一些相互矛盾的后果。从消极的一面而言，工作环境通常是很恶劣的，工会通常是被禁止的且工资通常很低。许多女性工人的工作环境都是危险且不利于健康的，同时她们还受到身体上的虐待以及性骚扰（ICFTU，1996a）。面对这些问题，妇女自发地组织起来并参与到为获得跨国企业公平对待的国际运动之中。

然而，跨国企业的工作条件差异很大，一些条件要比本地企业的条件更好并为本地妇女带来了机会。这些就业机会经常对当地的性别角色带来了冲击并为女性提供了比以前更好的工作选择。她们在工厂所获得的收入使这些女性能够离开受束缚的家庭环境并提升自己的地位和独立性。这使得很多妇女摆脱了传统的父权制体系的束缚。然而，这些妇女所获得的工作并不是十分稳定、收入并不算很高且工作地位也要低于男性（Moghadam，1999）。

事实上，妇女和发展中国家里的跨国企业之间所存在的关系是多种多样的，这种多样性需要引起我们的关注。有时，工作可能获得很好的报酬且为年轻女性提供积累财富和教育的机会。有时，工作条件是极为恶劣的。挑战在于如何通过确保工人权利以及经济发展来增加第一种工作、减少第二种工作。

对于女性在全球政治经济体系中所面临的这些问题，一些学术分析呼吁劳动力的“去性别化”（Peterson and Runyan，1993，p. 160）。这就是要创造一个环境，在其中性别在工作选择的过程中不再是一个主要的因素。这种环境将使女性更多地出现在男性统治的工作岗位上，而男性也会出现在一些以女性为主的工作中，如护士和教育。这样的转变将会要求男性和女性之间的权力平等，以及承认大量女性所从事的工作是有价值但并没有获得回报的。实现这一目标的一种方法是在国民经济核算中给予女性生产力再生产适当的价值。这一方法的真实成本需要被透明化。另一种方法是国家支持同工同酬、制定儿童福利政策以及保护生育权。

改变上文中所介绍的现状充满了障碍。妇女必须和自己所生活的父权主义社会体系、跨国企业的力量和资本主义所带来的不平等以及改革全球体系的困难做斗争。这种为获得更大的性别平等所进行的斗争是全球政治经济体系发展所面临的核心问题之一。

总结

全球政治经济体系是存在性别差异的。换句话说，宏观经济政策对女性和男性带来了不同的影响。持续以及广泛存在的女性贫穷是男性和女性权力关系的结果。虽然具体的形式还有争议，但是对于性别不平等的存在和影响却达成了共识。性别不平等的表现形式以及其对妇女和女孩产生影响的方式都是存在差异的，因为性别不平等是在一个特定的社会背景下被构建和维系的。政治体系、文化传统以及经济制度等方面存在的差异都会对性别不平等产生影响。

虽然没有一个统一的女权主义观点存在，但是在社会科学里女权主义学者已经探索了性别在全球经济里起到重要作用的各种不同方式。女权主义者提出了具体的经验证据来证明政治和经济体系存在性别的不平等。他们还对传统政治经济体系的男权主义偏见提出了批评。

本章强调了性别和发展之间不可分割的联系。第十一章将重点关注发展的概念和实践。

扩展阅读

世界经济论坛的年度报告 *Millennium Development Goals Report*：非常有价值的报告。最近的一份是 *Millennium Development Goals Report 2012*（2012）。

Penny Griffin（2007）‘Refashioning IPE：What and How Gender Analysis Teaches International（Global）Political Economy’，*Review of International Political Economy* 14（4）：719-36：这篇文章探讨了性别在 IPE 研究中的重要性。

Juanita Elias（2005）‘The Gendered Political Economy of Control and Resistance on the Shop Floor of the Multinational Firm：A Case-study from Malaysia’，*New Political Economy* 10（2）：203-22：对性别劳动实践提出了一个很好的分析和解释。

Nicole Costable（2007）*Maid to Order in Hong Kong：Stories of Migrant Workers* 第二版：经典著作的更新版本。

第十一章

经济发展

对经济增长和发展的关注是出于不同的动机，包括消除全球的贫困、减少生活水平的不平等以及缩小权力和影响力的全球差异。致力于经济增长并将其作为一种消除贫困的手段已成为被全世界人民和政府所广泛接受的强烈的愿望。世界银行发行的《穷人的呼声》（*Voices of the Poor*）（Narayan et al.，2000）从不同的方面很好地介绍了来自不同国家的穷人正在经历的贫困现状。虽然人们已经就消除贫困的目标达成了共识，但是关于实现这一目标的必要方法和战略却并没有形成一致意见。

这一章主要关注自二战结束以来全球对经济发展的追求。通过考察国家和其他行为主体在全球不平等的背景下追求经济发展的方式，本章介绍了当代全球政治经济体系的一个核心问题。虽然经济发展得到了一致的赞同和支持，但它依然是一个充满争议的概念。关于经济发展的定义和可能实现经济发展的政策，学者们各抒己见。许多关于发展的争论都是和其他关于资本主义和现代化的争论联系在一起的。在本章中，我们对发展的分析既将其视为一个宏图或目标，又视为具体的实践。

20 世纪末期对经济发展的高度关注（一直持续到 21 世纪）起源于更早的时期。随着 18 世纪工业革命在英国的发生，现代经济增长模式在西欧出现。当代对经济发展的追求便可以追溯到这一时期。随着英国成功地实现工业化，全球的精英们都试图模仿英国以追求现代化（Kemp，1983，pp. 1-17）。工业化和军事实力的联系更进一步推动了对现代化的追求（Sen，1981）。在第二次世界大战之前，国家工业化几乎仅仅被视为一个国家目标。这并不意味着国家工业化不能产生其他国际影响，而是意味着从工业化角度而言的经济增长是可以在没有国际援助的情况下实现的。这一阶段一直持续到二战结束。战后，加速贫穷国家的经济发展变成了一个国际化的问题。追求经济发展成为了战后国际体系的一个显著的特征。作为主要第三世界国家、国际组织以及西方政府所声称的一个目标，经济增长已经成为了生活在贫穷之中的人们所不可非议的权利。有学者认为：“对发展的追求使所有国家就经济增长达成了共识，即使是在冷战时期”（McMichael，1996，p. 243）。

联合国的《千年发展目标》从国际层面阐释了就发展所达成的全球共识。这一发展是民族国家的基本目标，而发展的国际维度是发展过程中不可或缺的一部分。在联合国的2000年千年首脑会议上，世界各国的领导通过了《千年宣言》，并确立了到2015年前应被实现的八项目标（见专栏11.1）。为了评估这八项目标的进展，他们又提出了十八项具体目标（见专栏11.2）。在2002年3月，联合国在墨西哥的蒙特雷召开了“发展筹资问题国际会议”。在会议的结尾阶段，各国政府通过了《蒙特雷共识》。这一共识和《千年发展目标》一起为当代发展战略提供了一个规范性的基础。值得一提的是，该共识强调国内环境对生产性投资的促进和支持以及认识到有益的国际环境在消除贫困、实现可持续增长以及促进可持续发展中的作用。

专栏11.1

《千年发展目标》

目标1：消灭极端贫穷和饥饿

目标2：普及初等教育

目标3：促进两性平等并赋予妇女权力

目标4：降低儿童死亡率

目标5：改善孕产妇保健

目标6：与艾滋病毒/艾滋病、疟疾和其他疾病作斗争

目标7：确保环境的可持续性

目标8：建立全球发展伙伴关系

专栏11.2

执行《千年发展目标》：到2015年实现的具体目标

具体目标1：将每日收入低于1美元的人口比例减半

具体目标2：将挨饿的人口比例减半

具体目标3：确保世界各地的儿童、不论男女，都能上完小学全部课程

具体目标4：争取到2005年消除初等和中等教育中的两性差距，最迟于2015年在各级教育中消除此种差距

具体目标5：将5岁以下儿童死亡率降低三分之二

具体目标6：将产妇死亡率降低四分之三

具体目标7：制止并开始扭转艾滋病毒/艾滋病的蔓延

具体目标8：制止并开始扭转疟疾和其他主要疾病的发病率增长

具体目标9：将可持续发展原则纳入国家的政策和方案，并扭转环境资源的损失

具体目标10：将无法持续获得安全饮用水和基本卫生条件的人口比例减半

具体目标11：到2020年使至少1亿贫民窟居民的生活有明显改善

具体目标12：进一步发展开放的、有章可循的、可预测的、非歧视性的贸易和金融体制，包括在国家和国际两级致力于善政、发展和减贫

具体目标13：满足最不发达国家的特殊需要

具体目标14：满足内陆国家和小岛屿发展中国家的特殊需要

具体目标15：通过国家和国际措施全面解决发展中国家的债务问题，以使债务可长期持续承受

具体目标16：与发展中国家合作，拟订和实施为青年创造合适的生产性就

业机会的战略

具体目标17：与制药公司合作，在发展中国家提供价格相宜的必需药品

具体目标18：与私营部门合作，普及新技术，特别是信息和通信技术的好处

本章首先探讨在国际发展的讨论中的几个关键术语。在第二节，我们介绍两个争论——内部与外部原因的争论以及国家角色的争论。在"主要发展"这一小节，我们讨论发展方法和发展计划的变化。本章所考虑的主要问题是发展的组织形式、债务和债务减免以及南北国家间的冲突。

定义

像社会科学里的许多概念一样，发展这个概念的定义并不清楚且充满了争议。正如格茨（Gertzl，1995，p. 1）所说："关于发展意味着什么或者要求什么尚未有共识出现。"这里，我们讨论人们如何解释发展这一概念以及在将这一术语运用到消除大众贫困的过程中所存在的争议。学术界所使用的发展通常既是一个过程又是一种条件。作为一个过程，人们关注的是一个社会进行自我调整以实现经济自我维持增长的方式。用迪克森（Dickson，1997，p. 16）的话说，发展是"一个社会、政治以及经济不断改善的过程"。这一术语同样还被用于指代那些成功实现可自我维持增长的社会所达到的条件。它同样还指这样一种条件，在其中"个人更加意识到且能够更好地获得（比如）新技术，并被引导通过市场力量发挥自己的潜力"（Sundrum，1983，p. 15）。托马斯和里德（Thomas and Reader，1997，p. 91）将发展定义为"向更符合社会需求的国家转变的一个多维度的过程"。这一定义将发展既视为一个过程，又视为一种条件。

作为一个历史事件的结果，现代经济增长模式出现于西欧并成功地传播到了几乎所有欧洲人定居的区域。这一历史事件的一个不幸的后果是这样一种倾向的出现，即将追求发展作为非欧洲地区所特有的现象而进行考察。因此，虽然在1948年欧洲社会（如爱尔兰、葡萄牙和西班牙）与部分所谓的发展中世界的生活水平差异还很小，但是欧洲的经济增长从未被视为谋求发展。当东欧的共产主义实践遭受挫折以后，注意力被转移到了后苏联帝国的经济增长之上。这些国家被归类为转型经济体（或者有时被称为新兴市场）而不是发展中国家。因此，发展是或者应该说变成了非洲、亚洲、拉丁美洲及加勒比地区和太平洋国家所特有的领域。对于一些学者而言，这种地理上的限制是西方国家对殖民地和后殖民地人民和领土的控制的一部分（Escobar，1995）。按照这种观点，发展的概念是作为一种驯服和控制第三世界国家的方式而被建立起来的。这是一种有影响力的观点，但它是否有说服力还取决于这种观点的另一个论断：发展话语（development discourse）是无法实现这些国家目标，即经济进步的，因为它只是一种控制的工具。后文中我们将继续讨论这一问题。

在战后初期，发展被定义为经济增长，其评估的标准是一国的国民生产总值（gross national product，GNP）。这种标准强调经济因素，很少关注发展的社会和文

化层面。此外，由于重点关注总量增长，国内再分配（即不同地区的不同增长率）以及增长对不同社会阶层的影响并没有被纳入考虑之中。支撑着这种观点的是所谓的“涓滴效应”（trickle-down effect）理论。再分配的问题被视为次要问题。换句话说，在我们能够关注并解决不平等之前，整体经济的增长才是必要的。这种观点得到了库兹涅茨曲线（Kuznets curve）的支持。该曲线描绘了经济增长和平等之间的关系（Kuznets，1966）。根据库兹涅茨曲线，在发展的早期，增长和平等之间存在着一个反向的关系。随着经济增长的加速，一种更加正向的关系逐渐出现。这一将经济增长视为发展的理论在 20 世纪 60 年代饱受批评。当西尔斯（Seers）在 1969 年发表其文章“Meaning of Development”后，一种更加全面的、替代传统定义的发展观点便出现了。西尔斯认为将发展视为经济增长太过于局限，且不能反映出发展的多面性。他尤其关注平等，并坚称发展的定义应该包含诸如就业、健康以及救济等社会目标。据此观点，发展是关于减少贫困和改善社会福利的指标。不仅是发展的定义发生了很大变化，传统的定义所关注的问题范围也大大扩展。起初，发展政治并没有考虑性别层面，但是随着 20 世纪 70 年代博瑟鲁普（Boserup）的开创性研究《妇女在经济发展中的角色》（*Woman's Role in Economic Development*）的出版（Boserup，1989），女性在发展中的作用受到了越来越多的关注。这一变化一部分是学术研究的结果，一部分则是民间社会活动的结果。

许多经济学家一直用国民生产总值评估发展。这并不意味着他们拒绝改进其评估的方法，而是反映出使用这一单一指标的优势。虽然国民生产总值存在着各种各样的不足之处，但是，它是一个标准，是一个为人们所熟知的、可被用于进行跨国比较的指标。对从经济角度定义发展进行批评的人建立了一些新的衡量发展的指标，其中最出名的一个应该是联合国开发计划署公布的人类发展指数（Human Development Index，HDI）。该指数是基于一个将社会因素考虑在内的发展定义（见表 11.1）。

表 11.1　　2005 年选定国家发展的社会指标

人类发展指数（HDI）排名	出生时平均预期寿命（年）	成人识字率	人均 GDP（购买力平价，美元）	人类发展指数值
高人类发展水平				
1. 冰岛	81.5	a	35 510	0.968
2. 挪威	79.8	a	41 420	0.968
3. 澳大利亚	80.9	a	31 794	0.962
4. 加拿大	80.3	a	33 375	0.961
5. 爱尔兰	78.4	a	38 505	0.959
中等人类发展水平				
71. 多米尼加	75.6	88.0	6 393	0.798
72. 圣卢西亚岛	73.1	94.8	6 707	0.795
73. 哈萨克斯坦	65.9	99.5	7 877	0.794

续前表

人类发展指数（HDI）排名	出生时平均预期寿命（年）	成人识字率	人均 GDP（购买力平价，美元）	人类发展指数值
高人类发展水平				
74. 委内瑞拉	73.2	93.0	6 632	0.792
75. 哥伦比亚	72.3	92.8	7 304	0.791
低人类发展水平				
173. 马里	53.1	24.0	1 033	0.380
174. 尼日尔	55.8	28.7	781	0.374
175. 几内亚比绍共和国	45.8	—	827	0.374
176. 布基纳法索	51.4	23.6	1 213	0.370
177. 塞拉利昂	49.8	34.8	806	0.336

注：a=计算 HDI 时所使用的具体数值是 99.0。

资料来源：数据来源于 UNDP（2007/8），pp. 229-32.

在 1990 年，联合国开发计划署发布了第一份《人类发展报告》。这份报告认为："一国真正的财富是该国的人民。发展的目的是为该国的人民创造一个可能的环境，使其能够享受长寿、健康而富有创意的生活"（UNDP，1990，p. 9）。这种对人类发展的关注已经超出了收入的范畴。联合国开发计划署建立人类发展指数并将其作为划分国家类别的一个基础。这一指数是基于人类寿命、教育（成人识字率以及平均受教育年限）和收入。这份报告根据人类发展指数对国家进行排名并每年公布一次。根据人类发展指数中某项指标的最低值和最高值，如平均寿命最低值 40.5（赞比亚）和最高值 82.3（日本），每一个国家都按照其相关数值与最低值和最高值之间的差距按百分比进行排名。《人类发展报告》将国家划分为三类：

（1）那些 HDI 值在 0.8 或者以上的国家属于高人类发展水平国家。目前高人类发展水平国家有 70 个，包括所有的发达国家和一些发展中国家，如阿根廷、巴巴多斯岛和古巴。

（2）那些 HDI 值在 0.5～0.799 之间的国家属于中等人类发展水平国家。目前中等人类发展水平国家有 85 个，包括许多中等收入的发展中国家、新兴经济体以及传统的发展中国家，如亚美尼亚、中国和南非。

（3）那些 HDI 值在 0.5 以下的国家属于低人类发展水平国家。目前低人类发展水平国家有 22 个，包括许多最贫穷的国家且主要集中在撒哈拉以南非洲地区，例如布基纳法索、尼日尔以及塞拉利昂（UNDP，2007/8）。

人均国民生产总值（GNP）与人类发展指数（HDI）的使用不仅仅只是一个统计上的问题。因为 HDI 考虑了一些社会因素，因此它给予那些财富和社会服务投资分配更加平均的社会更高的排名。相比之下，人均国民生产总值给予拥有更多财富的国家更高的排名，不考虑这些财富在其国家内部的分配。因此，相比于人均国民生产总值，HDI 更偏向于那些有社会民主或者社会主义倾向的国家。一个国家可能在某一项指标上表现得很好而在另一些指标上却表现得很差（见表 11.2）。一个国家的相对排名使一国政府可以声称自己做得很好，或者使其反对者批评该政府的糟糕表现。

表 11.2　　HDI 与 GNP 排名对比

HDI 排名	国家	GDP 排名的变化
3	澳大利亚	+13
12	美国	−10
51	古巴	+43
61	沙特阿拉伯	−19
121	南非	−65

资料来源：UNDP（2007/8）.

一种普遍被接受的观点是发展不仅仅只局限于经济增长。虽然一种共识是发展包含了经济、社会和文化的层面，但是关于如何衡量这些发展或者如何才能获得发展并没有一种共识性的观点出现。从某种程度而言，对一种共识性定义的探索尚未取得任何结果。这里我们总结关于这一争论的两个主要方面。第一，发展不仅仅只是指经济增长，而是涉及某一社会的结构性变化和态度转变。这种发展要求经济的结构性转变以及价值体系从传统向“现代”的转变。第二，发展包含了一系列物质实践以及价值观念。关于“发展”一词所存在的争议可以通过对该术语使用的讨论以及关于其在国家分类上所存在的争论一窥究竟。

第二次世界大战后初期，那些寻求加入先进工业国行列的国家被不同地称为“欠发展”、“贫穷”或者“落后”国家。随着越来越多的类似国家获得了独立，这些称谓逐渐被视为贬义且有冒犯之意。到了 20 世纪 60 年代早期，这些称谓被“欠发达国家”所取代，但是到 60 年代中期，这一称谓再一次被认为不妥并最终被另一个现在普遍使用的术语所替代，即“发展中世界”。另一个在 50 年代所提出的用来描述发展中国家集体的术语“第三世界”也受到了批评性的审视。“第三世界”一词更多地反映一个政治的而非经济的区分，但是经常和“发展中国家”交替使用。批评之声认为“第三世界”一词暗含优劣之分，因为第三是排在第一和第二之后的。然而，类似的批评是不恰当的且显示出这些批评者并没有了解这一称谓的起源。当阿尔弗雷德·索维（Alfred Sauvy）在 1952 年首次使用这一术语时，他是借用了法国公民社会的“第三等级”（Third Estate）这一术语，以此强调这些国家所具备的革命性潜能。因此，许多发展中世界的政府和公民社会组织依然使用这一称谓，因为它们并不认为这个称谓存在任何贬义。在 20 世纪 70 年代，将第三世界称为南方国家开始变得流行，因为大多数这些国家都是位于南半球。在 90 年代，这一术语被“全球南方”国家（global south）所取代，部分原因是想要借此指出这样的一个事实，即贫穷和边缘化状况同样存在于先进工业化国家。因此，这一术语指的是那些生活在贫困之中或者被边缘化的人们，不管他们生活在什么地理位置。然而，这一重要内容在该术语变得流行且被广泛使用的过程中被忽略。对于那些地理文盲而言，这一术语似乎是有用的，因为它提示他们南方并不是指的某一国家内部的南方。但是，无论是使用发展中国家、第三世界、南方国家还是全球南方国家，它们所指代的对象都是一致的。

虽然关于这些术语的讨论并没有太大实际性的作用，但是对这类国家内部分类的进一步讨论却有着更大的政治意义。正如后文中所讨论的，被定义为发展中的国家规模很大且多种多样。在对这一类别国家进行内部分类时，这种多样性带来了争论且不同国家群被给予了不同的称谓。的确，我们应该认识到，在不同的时期不同类型的国家都可能属于不发达国家的类别。对这些国家进行分类本质上是一个主观且带有政治性的活动。例如，随着 1973 年第一次石油危机爆发，第三世界、第四世界和第五世界的说法变得流行。这一说法明显是基于国家对石油资源的获得情况。同时，在发展中世界的团结威胁到西方国家利益的情况下，这种说法也是一种意识形态的干预。出于同样的原因，在 20 世纪 90 年代，当金融分析师开始将那些带来投资回报的发展中国家称为“新兴市场”时，这一称谓暗示着对这些国家的一个积极的评价并意味着将加速资金向这些国家的转移。

关于增长和发展的理论观点

发展的政治经济学研究带来了一些理论争论和争议。这里我们并不会具体介绍导致矛盾产生的争论和问题，而是考察在关于发展的讨论中长期存在的两个分歧以及它们的历史渊源。对某一国家和地区经济发展感兴趣的理论家和实践者可以根据其对两个问题的不同观点而被区分开来。第一个问题是内部或外部因素在某一社会追求经济发展的失败中的相对重要性。第二个问题是政府和市场在促进经济发展的过程中所起到的相对作用。关于这些问题的争论反映并重新上演了国际政治经济学不同理论范式间的争论。自由主义理论者倾向于强调内部因素在一国经济发展成功或者失败中的作用。受经济民族主义传统所影响的学者对这一问题并没有统一的观点，其中一些赞同自由主义者的看法，而另一些则支持给予外部因素更多重要性的批判主义学者。在关于市场和政府作为行为主体在经济发展中重要性的讨论中，经济民族主义者强调政府，而自由主义者则强调市场因素。这一区别并不令人感到吃惊。虽然批判主义者更加关注全球资本主义，但是在上述分歧中，他们更加支持经济民族主义者及其关于政府重要性的观点。

在开始讨论第二个问题之前，我们先花一些时间探讨一下第一个问题。对我们所称之为“内部原因理论”的支持者通常是以这样一个假设为前提的，即某一社会发展的缺失是由于该社会在调配其资源以满足现代经济增长方面的失败。发展不足的原因是存在一个发展不足的社会，因此解决发展不足的方法应来源于国内层面。现代化理论最先且最系统地阐释了这种观点。

现代化理论起源于美国社会学和经济学，采用了一种关于社会发展的进化理论，认为欠发达的社会只是比先进工业化国家位于发展的更早阶段。如果它们能够采用和发达世界类似的态度和社会体系，这些贫穷的国家也能够得到发展。罗斯托（Rostow）在其著作《经济增长阶段论》（*The Stages of Economic Growth*，1960）中对现代化理论进行了阐释。他认为一个国家必须经历五个不同的发展阶段。从一个阶段向另一个阶段的发展依赖于生活水平的提高和现代价值观念的采用。

不同于这种关注欠发展的内部原因及内部解决办法的观点，许多实践者和学者采用了另一种可被称为“外部原因理论”的观点。从这种观点出发，欠发展是那些限制了某一社会为发展而做出的努力的外部力量的结果。外部原因理论最有影响力的例子是相互依存理论。这种理论在20世纪60年代作为对现代化理论的一个直接挑战而兴起。相互依存理论始于对拉丁美洲的研究（Dos Santos，1970；Frank，1967，1969），但是却被拓展并涵盖了非洲（Amin，1976）和加勒比地区（Beckford，1972；Thomas，1974）。相互依存理论者认为，发展不足并不是贫困和现代价值观念缺失的结果，而是经济剥削的直接后果。对于现代化理论者而言，发展从根本上依赖于国家的努力，而对于相互依存理论者而言，欠发展是发展的另外一面。一些地区的欠发展是被另外一些地区的发展所创造出来的。换句话说，相互依存理论认为一些国家的发展导致了另外一些国家的发展不足。当前的先进工业化国家是通过对当前的欠发达社会经济剩余的剥削而发展起来的。此外，现代化理论推测认为，欠发达世界将通过采用一些具体的行为而成功地向发达世界行业转变。相对于此，相互依存理论认为，在一个资本主义国际经济体系之中发展是不可能的。贫穷国家只有通过摆脱和资本主义世界的联系才能获得发展。相互依存理论还认为，发展中世界并没有太多有意义的选择，因为它们直接或间接地被外部力量所控制。

从本书所采用的观点而言，内部原因理论和外部原因理论都存在不足。类似于发展这种复杂的现象不能仅仅只从某一个单一的分析层面进行解释。正如我们在本书第二部分中所讨论的，国家社会和不断兴起的全球政治经济体系紧密地联系在一起。这一观察极大地削弱了将外部原因视为次要因素的内部原因理论的说服力。与其类似，我们还提出了一些证据来证明外部体系是通过内部过程起作用的。这种作用的方式并不是自动的，并因此给外部原因理论带来了质疑。此外，外部因素和内部因素之间的关系并不是固定的，它们的相对重要性也是根据不同的国家社会以及不同的历史时期而变化的。

对于上述两种理论分支，我们应该清楚的是，现代化理论在解释外部因素限制上的失败使其忽略了一系列重要的因素。相互依存理论不仅仅是过于悲观，而且还夸大了外部条件对国内发展的影响。因此，它无法解释面临类似外部环境的国家为什么会有不同的经济发展速度。虽然在很多情况下发展中国家确实面临着有限的选择，并且只是外国企业和其他国家的附属品，但是我们无法接受一个单一的相互依存的假设，因为它夸大了决策者所面临的限制。

简单而言，发展不完全只是一个内部事务，也不完全只是被外部力量所驱动。进一步而言，对国内和国外政策的区分只是为了分析上的便利。但是当我们考察那些贫穷、弱小开放经济体的政策制定和经济发展时，这种便利就不复存在。对于许多第三世界的政府而言，当国内改革遇到困难后，指责外部环境往往是一个更加容易的选择。对于大多数发展中国家而言，试图改变外部环境的努力并不会给其带来即刻的回报，除非它们能同时努力改善国内的政策制定。对外部环境的强调是有误导性的，且通常在逃避国内问题时被使用。一个完美的外部环境也无法对一个功能失调的内部体系产生任何辅助作用。同时，有人也认为，一个不良的外部环境也无法对一个拥有政策灵活性和高效率的国家产生太大的影响。

另一方面，对内部问题的关注也不应该使我们盲目地认为所有的问题都是起源于国家内部的。贫穷的国家一直且将持续对一些外部的力量失去控制。所有的发展中国家都可能被一些它们根本无须承担任何责任的外部事件或力量所影响，甚至破坏，例如石油危机或者全球性通货膨胀。当前的国际体系给不同的国家带来了差异性的阻力和危险，同时也建立起了妨碍公平的壁垒。然而，在许多情况下，第三世界国家的选择也不完全是由外部力量决定的，并且这些选择也并不是不重要且没有意义的。这些可供参考的选择也许受到了第三世界国家弱势地位和贫困的束缚，也许受到了先进工业国家的态度和观点的左右。但是，即使在这些限制之下，每个国家制定更好或者更坏的决策的可能性依然是存在的。此外，民族主义持续的影响、本国生产能力的增长以及国际组织的作用都增加了发展中国家精英们做出决策的需求和能力。

另一个伴随着外部和内部因素相对影响力争论的问题是市场和政府在促进发展中的相对作用。关于政府或者市场在发展中所起作用的主张一直都存在反对的声音。在这里我们通过考察一个具体的事件来阐述这一争论和问题。

亚洲新兴工业化经济体（Asian newly industrializing countries，NICs）（新加坡、中国台湾、韩国以及中国香港，被称为“亚洲四小龙”）的出现激起了关于其成功原因的争论。在1965—1980年期间，这些经济体获得了令人瞩目的经济发展，具体表现为高速增长、低通胀、宏观经济稳定及财政状况良好、储蓄率高、经济开放、出口部门繁荣且社会福利指标得到改善，如人均寿命和识字率（见表11.3）。在20世纪80年代和90年代早期，第二批东亚国家——印度尼西亚、马来西亚、菲律宾和泰国——似乎复制了这种成功。

表11.3　　亚洲新兴工业化经济体的经济和福利指标

	经济指标					
	人均GNP	年均消费者价格指数（CPI，%）	商品和服务出口占GDP的比例（%）		境内储蓄占GDP的比例（%）	
	1960—1978年	1970—1978年	1960年	1978年	1960年	1978年
韩国	6.9	19.3	3	34	1	28
中国台湾	6.6	10.3	11	59	13	33
中国香港	6.5	7.7	79	98	1	15
新加坡	7.4	6.1	163	164	3	27

	福利指标			
	成人识字率（%）		人均寿命（岁）	
	1975年	1998年	1978年	1998年
韩国	93	97.5	63	72.6
中国台湾	82	—	72	—
中国香港	90	92.9	72	78.6
新加坡	75	91.8	70	77.3

注：CPI=消费者价格指数（consumer price index）。

资料来源：World Bank（1980），p. 11；UNDP（2000），p. 157.

两个相互竞争的思想流派——新自由主义流派和发展型国家（developmental state）流派被发展起来。前者强调国家所采取的出口导向型工业化政策，而后者更多地强调国家成功干预经济的能力。新自由主义学者认为，新兴工业化经济体的成功源自其对市场准则的遵守以及对出口导向型经济的倡导。与大多数制定高度干预主义政策的发展中国家不同，新兴工业化经济体在追求经济发展的过程中选择对其经济去监管化。这些经济体所取得的成功是其追求自由主义经济政策、一个有利于外资的环境以及当局作用最小化的结果（Hughes，1988，1989；World Bank，1993）。对于成功的工业化而言，当局的作用必须被限制在促进自由贸易、提供自由劳动力市场、利用高利率鼓励储蓄以及制定保守性的财政预算。对于大多数发展中国家对国际经济体系的质疑，甚至有时是敌意的态度，新自由主义者提出了批评。这些国家尝试限制本国与外界的交往并通过进口替代促进工业化。进口替代工业化（import substitution industrialization，ISI）指的是一种高关税的政策。在这种政策环境下，国家的目标是将外国商品排除在外，发展本国的幼稚工业，并在这种高保护壁垒下开展工业化。进口替代工业化政策通常会遇到瓶颈，除非这个发展中国家有足够大的国内市场。工业化的成本是巨大的。引进先进技术和中间产品意味着该国无法再储备外汇，而是要支付大量的进口账单。新自由主义理论者认为，新兴工业化经济体成功的工业化是基于其反对进口替代政策的正确战略选择（见表11.4关于新兴工业化经济体的出口导向型政策相对于拉丁美洲进口替代政策的优越性）。这些经济体不是对境内的市场进行保护，而是对外资持有更加开放的态度，并鼓励通过出口而不是进口替代促进工业化。

表11.4　　拉丁美洲和东亚经济比较（1965—1980年）（%）

	真实GDP年增长率		制造业年增长率		出口年增长率	
	1965—1980	1980—1989	1965—1980	1980—1989	1965—1980	1980—1989
拉丁美洲						
阿根廷	3.5	−0.3	2.7	−0.6	4.7	0.6
巴西	8.8	3	9.8	2.2	9.3	5.6
智利	1.9	2.7	0.6	2.9	7.9	4.9

续前表

	真实 GDP 年增长率		制造业年增长率		出口年增长率	
	1965—1980	1980—1989	1965—1980	1980—1989	1965—1980	1980—1989
拉丁美洲						
哥伦比亚	5.8	3.5	6.4	3.1	1.4	9.8
墨西哥	6.5	0.7	7.4	0.7	7.6	3.7
秘鲁	3.9	0.4	3.8	0.4	1.6	0.4
委内瑞拉	3.7	1	5.8	4.9	—9.5	11.3
拉丁美洲和加勒比地区（平均）	6	1.6	7	1.5	—1	3.6
东亚经济体						
中国香港	8.6	7.1	n. a.	n. a.	9.5	6.3
印度尼西亚	8	5.3	12	12.7	9.6	2.4
韩国	9.6	9.7	18.7	13.1	27.2	13.8
马来西亚	7.3	4.9	—	8	4.4	9.8
新加坡	10.1	6.1	13.2	5.9	4.7	8.1
泰国	7.2	7	11.2	8.1	8.5	12.8
东亚（平均）	7.2	7.9	10.6	12.6	10	10

资料来源：World Bank（1989，1990）.

发展型国家理论的支持者（Amsden，1989；Wade，1990；White，1988）并不质疑新兴工业化经济体的出口导向，但是认为当局在东亚经济体工业化过程中起到了决定性的作用。首先，这些经济体最开始并没有采用出口导向型政策，而是采用进口替代型政策。关键的问题不是进口替代还是出口导向，而是经济体做出政策转变的时间点。此外，正如新自由主义的拥护者所声称的那样，出口导向并不是一个自由放任的经济政策。相反，经济体在制定和实施出口导向型政策的过程中起到了积极的作用。按照这种观点，经济体干预的质量和水平以及工业化政策和战略的选择对于经济成功至关重要。除了中国香港以外，经济体干预在东亚经济体里普遍存在。成功的当局干预是基于一系列有效的政策工具、一个社团主义/独裁型的政府以及朝着高科技生产方向重塑经济结构的能力。新兴工业化经济体的成功是强势的当局管理市场的结果。换句话说，当局干预对于经济发展至关重要。

新自由主义观点的优势在于其对进口替代政策的批评，而其劣势在于其没有给予历史性因素足够的考虑。发展型国家模式的优势在于其对经济政策的成功或失败中的政治因素所进行的比较分析，而其劣势在于评估政府对发展政策干预的有效性时所面临的困难。

第三种解释东亚发展的观点也同样值得一提。这是一种文化探究法，它强调亚洲价值观念的作用。根据这种观点，新兴工业化经济体之所以成功是因为儒家思想对其社会的影响（见专栏 11.3）。这种观点并没有成功地解释为什么在若干个世纪里儒家思想似乎是经济发展的一种障碍。不清楚之处在于，在文化因素几乎相同的情况下，这些地区经济在过去几个世纪里的停滞不前是如何突然转变成为成功发展的。

专栏 11.3

儒家思想和经济发展

儒家思想的核心是“仁”（善良、人道）的概念。这一概念描述了人类通过自我道德修养所达到的最高境界。这一观念对个人的影响包括集体主义的倾向、互惠以及通过直觉获得知识。这种价值观念在商业环境中的优先地位所带来的一个后果是对商业交易的社会层面和关系层面的关注。通过公共和私人生活所建立起来的信用是为确保长期的商业关系服务的。决策的过程很少充斥着对抗，而是更多地表现为共识和合作，因为共同利益是商业活动的重中之重。家庭在儒家思想中的重要地位同样渗透到了商业之中，企业成为了个人的第二个家庭。家长式的领导鼓励对员工的尊重和长期的承诺和责任。

这些不同理论观点之间的争论对于其他发展中国家有着深远的意义，因为这些不同的观点都直接或者间接地为这些经济体提供了东亚成功发展的经验和教训。自由主义自由放任的模式最早关注并部分解释了发展中国家对成功经济体的模仿或者自己本身经济的成功。这种观点要求国家去监管化、私有化并消除政府管制。虽然在一些既得利益支持保护主义政策且政府依赖于这些既得利益的社会里，这些措施是很难实施的，但是，在理论上，这却是一个最容易的选择。另一个选择是追求政府结构以及更加根本的社会体系的转变。创造发展型国家的条件还远远没有被阐释清楚。第三个观点是最为悲观的，因为亚洲文化价值不能被轻易地复制到非洲、拉丁美洲、加勒比地区或者太平洋地区。

主要发展

从前文中可以明显地看出，战后国家对经济发展的追求充满了激情、引起了争论并影响了几十亿人的生活。虽然基于政治和经济的指标，每一个社会都有其自己的历史时期划分，但是这里我们从整体的角度将发展的演变过程划分成了两个时期。毫无疑问的是，随着发展中国家发展经历的变化以及全球经济的变化，关于发展和发展实践的观点在过去的50年里也发生了数次大的改变。然而，一般认为一个主要的变化发生在20世纪80年代初期。在这一时期，用麦克迈克尔的话来说就是，在支持全球化的呼声中发展已经逐渐被放弃。我们所讨论的第一个时期是这样一个阶段，在其中民族国家被视为寻求经济增长和发展的主要工具，且对发展的理解主要停留在国家层面。在第二个时期，更多的关注被给予了市场力量的重要性，对发展的理解主要是基于全球市场的角度。

□ 发展和国家资本主义：1947—1981 年

在这一时期，发展主要被视为一个强大且积极的政府项目。战后，凯恩斯主义政策期望政府能够建立商品供求之间的平衡、鼓励消费、促进国内工业的发展以及通过社会福利的形式为本国居民提供社会安全保障。凯恩斯经济理论还寻求政府对市场的不干预与指导性控制之间的平衡。

国家主义发展项目的政治条件是由获得独立的国家里的现代化精英所创造的。这些精英意图将确保经济增长作为一个稳定政权的机制。同时，许多这些政权都是脆弱及/或腐败的。因此，这些精英所制定的政策是为了维护其已获得的权力，而不是为了让大众老百姓摆脱贫困。在极力保护其政权和主权的过程中，许多政府采取各种措施巩固其权力。认为外部环境对发展并没有益处的观点一方面招致了国际经济体系和主要国际经济组织的批评，另一方面也导致了进口替代政策的产生。

世界经济发展以及政府和国际组织的态度和行动共同塑造了国家对经济发展的追求。在第一个时期里，国际经济中的一系列变化对经济发展的前景产生了深远的影响。在这一时期的大多数时间里，国际经济的一个显著的特征是经济恢复和强劲的增长趋势，尤其是在先进工业化国家里。在 1947—1971 年之间，世界经济经历了前所未有的增长。随着布雷顿森林货币管理体系的崩溃，这一增长在 1971 年出现了波动并在 1973—1974 年的石油危机后最终停止。在这一时期，虽然许多发展中国家也经历了经济的高速增长，但是大部分这些经济增长的成果都被人口的高速增长所消耗。此外，长期经济增长所带来的收益对于发展中国家是有限的。战后经济的繁荣是基于制造业出口的增长，由于大多数发展中国家依赖于初级产品出口，所以世界经济的繁荣与这些国家的前景并无太大关联。但是，虽然发展中国家从战后经济增长中所获得的收益有限，20 世纪 70 年代中期世界经济的萧条却给发展中国家创造了一个不利的经济环境。第一次石油危机的爆发虽然不是 1974 年全球经济衰退开始的全部原因，但却直接引发了这次衰退。非石油出口发展中国家面临着不断恶化的财政收支问题。正是在这一时期，第三世界国家的政府逐渐开始依靠外债来履行其职责。1979 年第二次石油危机再一次使很多国家陷入财政危机之中并预示着更加艰难的未来。这些事件暴露了第三世界经济体的脆弱性，并拉大了中等收入国家和低收入国家间经济发展的差距。

发展的实践受到了不断变化的发展观念的影响。早期经济发展的理论关注欠发展所存在的特征。如缪尔达尔（Myrdal）的《亚洲的戏剧——对一些国家贫困问题的研究》（*Asian Drama: An Enquiry into the Poverty of Nations*）（1968）等研究揭示了工业社会和欠发达社会之间的差异。关于欠发达国家的一种标准的印象是，这些国家拥有大量的人口并缺乏现代价值观念。发展于 20 世纪 50 年代的二元经济理论认为，发展中国家同时拥有一些现代且动态的部门以及一些传统且停滞的部门。政府的任务是通过投资扩大那些规模较小的现代化部门。对于早期的发展经济学家而言，发展似乎是一个相对简单的技术应用的过程。涓滴经济学（trickle-down economics）也出现在这一时期之初。这种理论认为经济增长将从社会的富裕阶层渗透到贫穷阶层。随着时间的推移，这种乐观主义的理论被证明是不成立的。在 20 世纪 60 年代，随着一些学者将注意力从发展中国家的内部问题转移到外部环境的负面影响，这些观点开始受到了挑战。

在这一时期之初，处于主流地位的观点不断受到了来自几个方面的挑战。虽然对于工业化在促进发展中的主要作用并没有太多质疑，但是将发展不足归咎于国内政策失败的观点受到了相互依存理论的挑战。然而，从政策制定的角度而言，“贸易条件”（terms of trade）的观点最为引人注目。简单而言，该观点认为，相对于工业出口品而言，初级产品的价值（或贸易条件）有不断下降的趋势。这种观点是由联合国贸易和发展会议第一任秘书长劳尔·普雷维什（Raul Prebisch）提出的，并对发展中国家的政策决策者产生了很大的影响。首先，它提出了给予发展中国家制成品出口优惠准入的经济原则。如果对初级产品的依赖导致了发展中国家的外汇缺口，那么支持这些国家的制成品出口多样化就顺理成章了。与其类似，关于贸易条件的观点还为国际商品协定提供了理由。这些协定通常被视为一个阻止出口收入下降的机制。

在 20 世纪 70 年代中期，世界经济的下滑以及工业化和涓滴政策的失败共同带来了一种新的途径。这些“基本需要”的方法在 70 年代中期获得了国际劳工组织和世界银行的支持。它反对涓滴政策，呼吁经济增长的再分配，并主张改变工业化的经济重心，将注意力转移到农业和农村地区。此外，性别并没有被主流的发展理论所考虑。在这一阶段，对性别和发展的研究开始显示出将性别纳入关于发展的分析中的必要性。

这一时期另一个主要的特征是第三世界联盟的发展以及其积极地寻求对国际经济秩序的改变。第三世界国家里的现代化精英开始认识到并表达出其国家在全球经济里的特殊利益。虽然经济发展水平、意识形态、政治体系、文化以及国内经济政策令人惊讶的差异性将这些第三世界国家划分开来，但是发展中国家的管理精英们依然在要求获得更多的资源和改革国际经济秩序上联合了起来。在新独立的国家里，第三世界精英愿意提出自己的发展愿景并主要通过两个组织来表达这一愿景。虽然创立于 1960 的不结盟运动（Non-Aligned Movement）主要关注政治问题，但是它依然逐步解决了被其视为战后自由主义国际经济秩序的失败所带来的问题，并使国际秩序的改革在 70 年代成为了一个主要的外交问题。七十七国集团（G77）成为了一个汇集和表达第三世界国家需求的主要工具（其成员国见专栏 11.4）。G77 对联合组织进行游说，并以二十四国集团的身份将第三世界的声音带入世界银行和国际货币基金组织。在这一时期，最激烈且最具有政治影响力的运动是国际经济新秩序（New International Economic Order，NIEO）的提出。后文中我们将进一步讨论这一新秩序。

专栏 11.4

七十七国集团成员国（2009 年）

阿富汗、阿尔及利亚、安哥拉、安提瓜和巴布达、阿根廷、巴哈马、巴林、孟加拉国、巴巴多斯、伯利兹、贝宁、不丹、玻利维亚（多民族国）、波斯尼亚和黑塞哥维那、博茨瓦纳、巴西、文莱达鲁萨兰国、布基纳法索、布隆迪、柬埔寨、喀麦隆、佛得角、中非共和国、乍得、智利、中国、哥伦比亚、科摩罗、刚果、哥斯达黎加、科特迪瓦、古巴、朝鲜人民民主共和国、刚果民主共和国、吉布提、多米尼克、多米尼加共和国、厄瓜多尔、埃及、萨尔瓦多、赤道几内亚、厄立特里亚、埃塞俄比亚、斐济、加蓬、冈比亚、加纳、格林纳达、危地马拉、几内亚、几内亚比绍、圭亚那、海地、洪都拉斯、印度、印度尼西亚、伊朗（伊斯兰共和国）、伊拉克、牙买加、约旦、肯尼亚、科威特、老挝人民民主共和国、黎巴嫩、莱索托、利比里亚、利比亚、马达加斯加、马拉维、马来西亚、马尔代夫、马里、马绍尔群岛、毛里塔尼亚、毛里求斯、密克罗尼西亚（联邦）、蒙古、摩洛哥、莫桑比克、缅甸、纳米比亚、瑙鲁、尼泊尔、尼加拉瓜、尼日尔、尼日利亚、阿曼、巴基斯坦、巴勒斯坦、巴拿马、巴布亚新几内亚、巴拉圭、秘鲁、菲律宾、卡塔尔、卢旺达、圣基茨和尼维斯、圣卢西亚、圣文森特和格林纳丁斯、萨摩亚、圣多美和普林西比、沙特阿拉伯、塞内加尔、塞舌尔、塞拉利昂、新加坡、所罗门群岛、索马里、南非、斯里兰卡、苏丹、苏里南、斯威士兰、叙利亚、塔吉克斯坦、泰国、东帝汶、多哥、汤加、特立尼达和多巴哥、突尼斯、土库曼斯坦、乌干达、阿拉伯联合酋长国、坦桑尼亚联合共和国、乌拉圭、瓦努阿图、委内瑞拉（玻利瓦尔共和国）、越南、也门、赞比亚、津巴布韦。

资料来源：www.g77.org/doc/members.html.

国际政治环境，尤其是冷战的时代背景，对这一时期的发展也产生了重要的影响。西方社会和共产主义国家都在争取获得第三世界国家的拥护。这种竞争不完全是政治性或战略性的，同样还是关于经济意识形态、市场以及资源准入等方面的。作为一个经济体系，资本主义是否比社会主义更能带来经济的繁荣呢？哪一边能够获得发展中世界里的战略性矿产资源？哪一边将最终为自己的产品找到利润丰厚的市场？这些问题都最终关系到发展。此外，中苏之间的决裂也导致了莫斯科和北京在为获得第三世界国家的支持上展开了竞争。面对共产主义的发展，西方国家对世界银行和《关税与贸易总协定》进行了改革，且美国在拉丁美洲发起成立了争取进步联盟（Alliance for Progress）。但是，在这些有限的改革以及对土地改革的支持的同时，西方国家的政策所支持的其实只是那些反对共产主义国家的政府，而不是支持那些致力于发展的国家。换句话说，对共产主义的遏制比消除贫困更加重要。这种从国家安全的角度而给予的支持导致了大量经济资源的浪费。

□ 发展、新自由主义以及其他：1982—2009 年

1982 年墨西哥债务危机的爆发标志着发展方式的转变。同样重要的是，它改变了发展中国家和工业国家、发展中国家和国际组织以及发展中国家彼此之间的关系。在 20 世纪 70 年代末期，第二次石油危机以及随之而来的经济衰退使发展中国家遭受了巨大的打击。显而易见，联合国第二个发展十年末期的发展战略是失败的。世界银行在 1980 年开始提供结构性调整贷款。正是债务危机所创造的条件使结构性调

整贷款出现并变得愈发重要。这种贷款加强了世界银行和 IMF 对相关国家的制约力。

1982 年 8 月墨西哥政府宣布无力履行其债务，这一决定使许多发展中国家所面临的严重债务问题成为了焦点。债务危机不仅仅只是国际经济体系中的一个问题，同时还对权力的分配以及发展的观念产生了根本性的影响。最开始，债务危机不仅仅给发展中国家而且还给西方的银行体系带来了挑战。在这一时期，债务危机对于发展中国家的发展前景而言是一个主要的问题。它的经济后果对大多数发展中国家而言是灾难性的。20 世纪 80 年代成为了著名的“失去的十年”，因为生活水平整体下降以及贫困人口增加。债务危机同时还导致了发展中国家投资的减少以及投资在少数几个国家的聚集，加大了国内和国际上收入的差距，扩大了发展中国家的差异性，并使发展中国家失去了在前十年里的一些收入来源。从政治上而言，债务危机使第三世界联盟处于极度紧张之中，一部分是由于债务水平的差异，一部分是由于不均衡的发展，一部分是由于西方债务国给予在政治上和战略上更加重要的国家更多的优惠。债务危机增加了多边金融机构的影响力，因此在政治上也产生了重要的影响。世界银行和 IMF 在寻求解决危机的办法方面被赋予了更重要的角色。作为最后借款人，它们能够对第三世界的债务国施加更为严厉的条件。

债务危机还预示着发展模式的重要转变。它淘汰了基本需求和消除贫困的方法，取而代之的是结构性调整的新自由主义政策（见专栏 11.5）。虽然结构性调整计划没有一个统一的模式，但是它们确实拥有一些共同的特点。这些特点包括减少政府对经济的干预、政策倾向于出口部门以及追求自由市场。结构性调整计划试图将发展中国家从对进口替代的依赖转变为出口导向型发展。这种政策的转变经常被称为“华盛顿共识”（Washington Consensus）（Williamson，1993）。作为指代某一具体的指导政策制定的共识，这一术语存在着争议（Naim，2000a，2000b）。一个激烈的、尚未被解决的争论是结构性调整对经济、贫穷人口以及女性的影响。批评者宣称，结构性调整损害了最贫穷人群的利益，增加了妇女的负担且并未解决债务问题（Bangura and Beckman，1991；Pio，1994；Sahn，1994）。支持者承认结构性调整的负面影响，但是同时认为这些负面影响是可以被消除的（Kahn and Knight，1986；Sisson，1986）。他们主要的观点是，经历结构性调整的国家比那些并未开展结构性调整的国家经济表现更加优异。

专栏 11.5

结构性调整：墨西哥

随着 1994 年金融危机的爆发，墨西哥政府和 IMF 签订了结构性调整协议。这是在短短 10 年里墨西哥第二次向 IMF 寻求援助。1982 年的债务危机已经迫使墨西哥实施过一次结构性调整。1995 年 2 月 1 日，IMF 同意向墨西哥提供为期 18 个月、总金额达到 178 亿美元的备用信贷，以支持墨西哥政府在 1995—1996 年期间所实施的经济和金融计划。这些贷款附加了一些短期和长期的条件。结构性调整就是一个长期的条件。关于墨西哥的计划，IMF（1995）这样评价：

“与谨慎的财政政策和强有力的货币和信贷政策、严格的收入政策以及进一步的结构性改革一起，国内结构调整计划是针对当前状况的一种合理的政策选择。”

结构性调整有着一些共同的特征。这些特征包括自由化、私有化、去监管化、信贷减少以及工资下降。批评者认为，贫困的增加、失业、收入减少、农村生活水平下降以及社会解体等同样是结构性调整的共同特征。1995 年的协议更进一步巩固和扩展了自 1982 年以来 IMF 所强加的结构性改革。它巩固了政府的私有化战略，包括基础设施的私有化（铁路、港口、机场、电力以及无线电通信）。批评者指出了结构性调整给墨西哥所带来的负面社会效应，包括超过一半的墨西哥人生活在贫困之中，到 1995 年有超过 25 万人失去工作，实际工资大幅下降以及政府禁止自由薪酬谈判。一些人甚至认为，是经济政策导致了恰帕斯危机（Chiapas uprising）。

随着政府的角色被削弱，非政府组织在发展中的作用越发突出。作为服务的提供者，非政府组织在提供福利、发展援助以及为穷人提供社会服务方面变得越来越重要。当政府无力满足社会基本需求时，非政府组织在满足人民的基本物质需求方面就更加重要了。这种对非政府组织的重视得到了工业化国家里的民族国家政府以及多边发展机构的支持。据估计，在 1990 年，非政府组织提供的发展援助达到了 10 亿美元，到 2007 年这一数据增加到了 72 亿美元（UNDP，2002，p. 102）。此外，双边资助也通常是通过非政府组织进行的（Pinter，2001，p. 201）。同时，多边发展机构也增加了对非政府组织的资助。非政府组织和官方机构之间的紧密联系所起到的积极作用的程度受到了一些分析者的质疑（Hulme and Edwards，1997）。

建立国际经济新秩序尝试的失败显示出了第三世界联盟所面临的改革的困难，同时，债务危机的爆发及影响使其存在的价值受到了质疑。虽然它不如 20 世纪 70 年代那样有影响力，但是这一联盟还是避免了分崩离析并作为一个表达共同心声的工具而幸存并重新发展起来。这一联盟坚持认为全球不平等产生了重要影响，并在主要国际会议之前相互沟通和协调其立场。不像其在 70 年代那样反对自由主义体系，该联盟现在正努力确保发展中国家不会在这一体系中被边缘化。

在 1989 年冷战结束之前，国际政治体系是以东西方的对峙以及中苏之间的敌对状态为主要特征的，发展必须为这些政治因素让步。1989 年冷战的结束同时也结束了东西方在发展中国家里所展开的竞争。共产主义遭遇挫折导致了前苏联国家和传统的第三世界国家开始为获得更多的投资和援助而展开竞争，同时还使苏联发展模式走向末路。然而，1997 年所爆发的亚洲金融危机使一个开放世界市场所存在的危险暴露无遗。它再一次显示出发展中国家是多么的脆弱以及其经济增长是如此的肤浅。第二批开始发展的亚洲国家，尤其是泰国和马来西亚，所受到的冲击比“亚洲四小龙”更加严重。

冷战后时期一个显著的现象是新自由主义发展模式的调整。1992 年召开的里约会议（又称地球峰会）正式将可持续发展确立为一种新的发展方式。虽然对于可持续发展还没有一致性的定义存在，但是布伦特委员会（World Commission on Environment and Development，1987）的定义被最为广泛地接受。布伦特委员会将可持续发展定义为既满足当代人的需要，又不对后代人满足其需要的能力构成危害的发展。冷战的结束和可持续发展的提出使新的管理问题成为了焦点。一种普遍接受的观点是，管理是寻求发展的关键因素，且在追求发展的过程中民主和民主化一直占据着中心舞台。这种发展的观点与始于 20 世纪 40 年代的简单经济投入模式相去甚远。随着发展的任务变得更加复杂，发展的观念也随之发生了变化。这种不断变化的观念同样还体现了特定利益集团的胜利。可持续发展被纳入发展的模式之中并成为一个核心的特征、对消除贫困的重新关注以及管理作为焦点的出现导致了新自由发展模式或华盛顿共识的改进。对一些学者而言，一个后华盛顿共识已经出现，但是这一改进的发展模式依然太过于局限且无法满足穷人的需求（Hayami，2003；Önis and Senses，2005）。2008—2009 年经济危机迫使人们重新思考之前的经济政策，但是新自由主义模式是否会被最终抛弃目前还不得而知。对于这次全球金融和经济危机对发展中国家的影响目前也同样还无法得出最终的结论。然而，一种广为流传的观点是："发展中国家受到了贸易下降、全球金融紧缩以及海外汇款减少的严重冲击"（UN，2009，p. 1）。全球经济增长在 2008 年放缓且在之后的几年里持续萎靡（见表 11. 5）。整体而言，发达国家需求下降以及私有资本流动和外国直接投资的减少降低了发展中国家的收入与发展预期。但是，具体而言，这次危机对不同发展中国家的影响是不一样的。无论是就业、社会保障（te Velde，2009）、贸易（Meyn and Kennan，2009）还是海外汇款（Callí and Dell'Erba，2009），证据都显示其影响是有差异的，并根据具体内外部因素的不同而不同。然而，显而易见的是，最贫穷的国家将无法避开这次经济危机所带来的负面影响。来自世界银行的一份报告估计，到 2010 年此次危机将使生活在极度贫困之中（即平均每天收入少于 1. 25 美元）的人口数量增加 8 900 万。这份报告进一步分析了此次全球衰退对最脆弱的低收入国家的核心消费的影响。据估计，在诸如教育、健康、基础设施以及社会保障等核心消费领域，最脆弱的低收入国家将面临 116 亿美元的消费减少。

表 11. 5　　2007—2012 年区域经济增长

	世界	发达世界	发展中世界
2007	5. 4	2. 8	8. 7
2008	2. 8	0	6
2009	0. 6	−3. 6	2. 8
2010	5. 3	3. 2	7. 5
2011	3. 9	1. 6	6. 2
2012*	3. 5	1. 4	5. 7

注：* =估计值。

资料来源：www. imf. org/external/datamapper/.

主要问题

在追求发展的过程中，发展中国家持续面临着一系列问题。本书中涉及这些问题中的一部分：第六章中的发展中国家和贸易体系、第七章中的与跨国企业的谈判、第八章中的债务危机、第九章中的劳动分工、第十二章中的可持续发展以及第十五章中的治理问题。这里，我们关注三个主要的问题。这些问题在 21 世纪之初以及未来的一段时间内都将是关于发展的全球争论中最为重要的问题。它们是发展的组织方式、债务和债务减免以及南北方国家冲突。

□ 发展的组织方式

虽然一种主流的观点是发展主要源自国家的努力，但是正如前文所提到的，发展明显还是一个从国家层面被组织起来的过程。换句话说，国际组织、援助国的政策以及关于发展的观念和实践塑造了国家发展的动力和努力。在发展的政治经济学里，一个主要问题是国际组织在发展过程中的作用。关于多边发展机构和国际金融机构的具体政策和整体影响一直存在着争议。这里，我们简要介绍世界银行在发展的国际组织过程中的作用。

世界银行

世界银行是世界上主要的多边发展机构。它由五个机构组成：

- 国际复兴开发银行（International Bank for Reconstruction and Development，IBRD）；
- 国际开发协会（International Development Association，IDA）；
- 国际金融公司（International Finance Corporation）；
- 多边投资担保机构（Multilateral Investment Guarantee Agency）；
- 解决投资争端国际中心（International Centre for the Settlement of Investment Disputes）。

世界银行有三个主要职责：向国家提供贷款、建立国际准则以及解决争端。其中，最明确的职责便是向成员国提供贷款。国际复兴开发银行给中低收入国家以及信用度较差的国家提供贷款和发展援助（见表 11.6 至表 11.8）。国际开发协会为最贫穷的国家提供长期且无息贷款。通过它们的研发活动以及它们给贷款所附加的条件，世界银行推动建立了一个关于国际发展的规范性体系。它还尝试解决其成员之间以及成员和私有债权人之间的争端。

表 11.6　　国际开发协会—国际复兴开发银行贷款（按区域，2012 财年）（%）

	贷款比重
非洲	21
东亚和太平洋国家	19
欧洲和中亚	19
拉丁美洲及加勒比地区	19
南亚	18
中东和北非	4

注：总贷款额为 353 亿美元。

资料来源：World Bank（2012b），p. 19.

表 11.7　　国际开发协会—国际复兴开发银行贷款（按主题，2012 财年）（%）

	贷款比重
农村发展	15
人力资源开发	14
金融和私人部门发展	13
城市发展	12
环境和自然资源管理	11
公共部门治理	11
社会保障和风险管理	10
贸易和一体化	5
经济管理	4
社会发展、女性发展和共享增长	4
法治	<1

注：总贷款额为 353 亿美元。

资料来源：World Bank（2012b），p. 19.

表 11.8　　国际开发协会—国际复兴开发银行贷款（按部门，2012 财年）（%）

	贷款比重
公共管理、法律和司法	25
能源和采矿	14
交通运输	13
医疗、卫生和其他社会服务	12
供水、环卫和防洪	10
农业、渔业和林业	9
教育	8
金融	5
工业和贸易	4
信息和通信	<1

注：总贷款额为 353 亿美元。

资料来源：World Bank（2012b），p. 19.

世界银行的操作从一开始就受到了批判性的审视。20 世纪 80 年代早期以来，它一直是争论的焦点。这主要是由一系列因素造成的，其中最重要的是其结构调整政策在 80 年代对更加贫穷国家的影响以及其政策对环境的影响。随着世界银行在 80 年代早期摈弃了基本需求的方法并和 IMF 一起开始将重点放在结构性调整贷款之上，关于其贷款政策的争论就开始了。即使在这些政策已经发生显著的调整和变化的情况下，这种争论也未有丝毫的减少。结构性调整政策迫使获得贷款的国家开放本国的经济并减少政府对经济的干预。这些政策是改变了这些国家数十年以来的低效经济政策，还是使这些贫穷的国家更加脆弱且易受到外部动荡的影响？这个问题一直是世界银行政策的支持者和批评者所争论的焦点。但是，所有人都同意，世界银行最开始的政策对最贫穷的国家以及经历经济结构性调整的社会里被边缘化的群体产生了负面影响。例如，这些政策增加了妇女的负担。到 90 年代中期，世界银行（1998）开始接受对其政策的批评，并开始为社会中的最脆弱群体建立安全网。它还开始将其贷款的优先政策从结构性调整转移到了可持续发展。在结构性调整贷款之下，宏观经济增长被视为一个主要的目标，减少贫困是经济整体改善的一个附加效果，而可持续发展贷款更加重视消除贫困的战略。这种转变伴随着对私有部门在促进发展中作用的重视。

世界银行的贷款一直存在争议。支持者认为它向发展中国家提供了急需的资金，且其发展项目对于减少世界贫困是至关重要的。按照支持者的观点，这些资源向发展中国家政府提供了重要的补充性援助，提升了国际投资者对这些经济体稳定性的信心。世界银行政策支持者认为其贷款所附加的条件为贷款国政府健全的财政管理提供了一个框架（Picciotto，2003）。另一方面，批评者谴责世界银行利润至上并扭曲了发展（Caufield，1996；Danaher，1994）。对于批评者而言，这些资源通常是不足、不恰当且无效率的。他们认为，世界银行的贷款条件更符合外界而不是贷款者自身的利益，且这些贷款条件更加关注贷款的偿还而不是改善贷款国的福利。

世界银行拥护一种自由主义的经济理念，并被视为构建一个自由主义经济秩序的重要工具。因此，其政策建议体现出了自由主义的经济价值观。随着时间的推移，凯恩斯的自由主义已经向一个新自由主义的观念转变。自由主义的意识形态时至今日依然是有竞争力的。世界银行所建立的关于市场原则和经济发展的规范性框架遭到了激进的批评者和环保主义者的批评。他们认为基于市场的方法无法有效地促进发展及/或确保经济的可持续性。在 20 世纪 70 年代和 80 年代，世界银行贷款对环境保护的疏漏遭到了严厉的批评。这一疏漏导致了一些破坏环境的资助项目的诞生，如水电站大坝（Rich，1994）。虽然它已经制定了一个环保策略（World Bank，1995），但是其政策依然受到一些社会活动团体的批评。对于发展的组织而言，另一个重要的问题是关于发展过程的民主性。这个问题依然可以通过世界银行来一窥究竟。在世界银行里，这个问题通过两种方式表现出来。第一，关于民主的讨论主要是和该组织的正式决策体系联系在一起的。世界银行的最高决策机构是理事会。该理事会是由每个成员任命的一名董事和副董事组成。理事会每年召开一次会议，其具体的职能是由执行董事会执行。执行董事会是由世界银行行长和 25 名执行董事组成，他们每周召开两次会议。董事会和执行董事会的决策都采用了加权投票制，每一个成员的投票权和其对该组织的经济贡献直接相关。因此，世界银行的决策通常都是优先考虑主要股东国（美国、日本、德国、法国和英国）的利益。这一体系的批评者认为，加权投票制应该被“一国一票”的原则所取代。2009 年 4 月和 9 月 G20 会议的讨论上，世界银行（和 IMF）的管理问题得到了广泛的关注，世界各国的领导人一直在考虑提升发展中国家在这些组织里的地位。

关于世界银行管理争议的一个例子是保罗·沃尔福威茨作为世界银行行长的上任。他是一个新保守主义学者和政治家，在解决发展问题方面的经验有限。在较短的就职期里（2005—2007 年），他经常是遭受批评的对象。关于其任命的争论反映了学术界关于世界银行所存在的一个假设，即世界银行行长决定着该组织的政策。这种长期流行的观点夸大了领导者在世界银行中的权力和影响。例如，虽然沃尔福威茨对世界银行的组织机构进行了重新调整，但是在其任职的两年时间里他的主要政策倡议却是建立一个反腐败的战略。2012 年关于世界银行领导者的另一个争议出现，发展中国家质疑美国利用其特权任命了一位美国公民为行长（见专栏 11.6）。

专栏 11.6

关于世界银行行长任用的南北方国家冲突

从 IMF 和世界银行建立以来，欧洲人就一直被提名为 IMF 的总裁，美国人就一直被提名为世界银行行长。由于这两个机构都采用了基于经济贡献的加权投票制，所以任何在美国和欧洲之间达成一致的提议都能被通过。

2012 年，美国提名了一位美国国际健康问题专家金墉（Jim Yong Kim）为世界银行行长。由于美国之前支持欧洲国家提名一位法国女性克里斯蒂娜·拉加德（Christine Lagarde）接任 IMF 总裁，所以欧洲国家也支持该提名。值得一提的是，IMF 前任总裁也是一位法国人——多米尼克·斯特劳斯-卡恩（Dominique Strauss-Kahn），他因试图强暴一位酒店的服务员遭到了指控，并最终被迫离职。然而，一些发展中国家认为，世界银行行长的选拔应公开竞争且应基于应聘者的才能而不是国籍。尤其令人关注的是，巴西和南非支持任命尼日利亚的财政部长恩戈齐·奥孔约-伊韦阿拉（Ngozi Okonjo-Iweala）。虽然这一提名最终失败，但这是第一次该职位的候选人超过一位，并且选拔的过程是基于公开的竞争。据估计，在加权投票制下，尼日利亚仅仅可能得到 19%的票数支持（Rushe et al.，2012）。这一事件表明了发展中国家要求在关于发展的国际管理中获得更多发言权的决心，以及发达国家反对这种要求的权力。

关于世界银行民主问题相关争论的第二个方面是受其政策影响的公民社会组织和人民对该组织的影响力。在 20 世纪 80 年代，发展、环境和妇女组织发起了一系列试图使世界银行决策更加透明以及使其对所执行的政策更加负责任的运动。虽然世界银行所做出的回应并没有让所有的批评者满意，但是它开始变得更加愿意接受外界的监视，并在制定政策和改革其相关项目的过程中更多地开展外部咨询和协商。例如，世界银行成立了一个监察小组来接受投诉并与公民社会组织就每年的《世界发展报告》开展广泛的对话。该报告对于发展政策产生了巨大的影响。正如上文所述，对于世界银行在发展中的作用存在不同的观点。虽然该组织一直是政治右派的批评对象（Bauer，1984），但是主要的批评来自政治左派。是否能够调节世界银行和其批评者之间的分歧呢？

（1）在很大程度上，对世界银行的评价取决于评论者对于经济援助（见下文）、资本主义以及政府对经济干预的立场。

（2）作为世界上最大的多边发展组织，世界银行的身份就决定了它将不可避免地受到大量的批评。因此，在评估这些批评的重要性时，有必要考虑一下是否有更好的替代方式存在。换句话说，在组织发展的过程中，是否有可行的替代方式存在？

（3）对于世界银行很多的批评是认为它已经过时。一些批评者似乎并没有意识到这些批评本身的适用性且常常对该组织已不再存在的政策或项目进行批评。因此，在评估对世界银行的任何批评时，确保这一批评与世界银行操作的相关性是很重要的。

（4）区分世界银行的机构和其成员是很重要的。批评者应该对世界银行官员和其更加有影响力的成员之间的关系更加敏感，因为通常是世界银行背后的成员在制定政策。

（5）世界银行是一个金融机构，任何有效的批评必须考虑到其操作所面临的金融资源限制。

□ 债务和债务减免

自从债务危机爆发以来（见第八章），第三世界的债务就一直是一个主要的问题。让贫穷成为历史（Make Poverty History）和国际千禧年运动组织（Jubilee Movement International）等公民社会组织一直是非常重要的游说团体，并不断呼吁取消发展中国家的债务。债务的严重性以及其对一国经济的影响可以通过总债务占GDP比重（见表11.9）或者外债清偿率（即债务偿付额与出口创汇收入额之间的关系）进行评估。在许多发展中国家，与GDP相比较，外债总额很高且长期债务超过了很多国家的年出口总额。因此，这些国家的收入能力不足以偿付其债务。债务所带来的影响严重地制约了经济发展。它降低了负债国的消费能力并制约了政府对教育、健康以及其他社会项目进行投资的能力。此外，它削弱了投资者在负债国投资的积极性并减缓了经济增长。

表11.9　　2001—2005年总债务占GDP比重（%）

撒哈拉以南非洲	62.6	59.8	52.7	45.7	35.9
亚洲	29.2	26.9	25.0	23.3	20.23
中东	47.7	48.7	45.1	41.2	22.4
西半球	41.6	47.1	47.4	41.4	31.0

资料来源：IMF（2005），p.80；IMF（2006a），p.244.

面对来自公民社会的压力，西方政府和国际金融机构开始实施债务减免项目。

其中两个最重要的国际多边债务减免机制是重债穷国（Heavily Indebted Poor Countries，HIPC）倡议和多边债务减免倡议（Multilateral Debt Relief Initiative，MDRI）。发起于1996年的重债穷国倡议是国际货币基金组织和世界银行的一个联合行动，将多边的、双边的以及商业债主聚集到一起商讨为穷国提供债务减免。这是第一次尝试为世界上最贫穷的国家建立一个综合性的债务减免体系。重债穷国倡议的诞生意味着主要国家和国际组织意识到在使最贫穷的国家逃脱贫穷困扰的过程中一些债务减免的措施是必需的。在重债穷国倡议下，一些符合债务减免要求的国家获得了债务减免，但条件是它们要满足特定的考核标准。这一要求的目的是为这些重债穷国建立一个可持续发展的经济体系。重债穷国倡议的操作过程被批评缺乏透明度，如1998年尼日利亚从重债穷国行列被移除的决策过程不透明。另一种看法是，这一债务减免的项目太过于关注债务的偿还而没有给予减少贫穷或改善经济增长以足够的关注（Oxfam International，2000）。

1999年，面对这些批评，重债穷国倡议被修改。改进版本的重债穷国倡议增加了穷国的覆盖率，并致力于提供更快、更深入和更广泛的债务减免以及加强债务减免、减少贫穷和社会政策之间的联系。虽然减少债务还不足以维持债务的持续性，但是这一倡议变成了将额外资金转移到重债穷国的一种工具（World Bank，2006b）。对于可以享受优惠的国家而言，这一项目确实产生了很大的影响。截至2008年，35个国家总共获得了750亿美元的债务减免。平均而言，它们的债务偿付额占GDP的比例从2001年的3.2%下降到了2008年的1.4%（IDA/IMF，2009）。

多边债务减免倡议发起于2006年，为低收入国家所欠IMF、世界银行、美洲银行以及非洲发展银行的相关债务提供100%的减免。满足要求的国家是那些在重债穷国倡议下达到了或者即将达到“完成点”的国家（见专栏11.7）。多边债务减免倡议是2005年7月在格伦伊格尔斯八国首脑峰会上一项决议的结果。多边债务减免倡议在两个方面不同于重债穷国倡议。第一，它更具有全面性，因为它提供了100%的债务减免。因此，它可以使享受这一优惠的国家拥有更多的资源以对抗贫困。第二，债务减免是严格地限制在IMF、世界银行、美洲银行以及非洲开发银行的相关债务。虽然多边债务减免倡议满足了一些活动家关于提供100%债务减免的要求，但是其影响还不是很明确，并且一些分析者怀疑其预期所能带来的好处（Moss，2006）。多边债务减免倡议的执行在不同的组织也存在差别。

专栏 11.7

多边债务减免倡议：国家名单（2013年）

截止到2013年早期，32个国家达到了重债穷国倡议的完成点：阿富汗、贝宁、玻利维亚、布基纳法索、布隆迪、喀麦隆、中非共和国、刚果共和国、刚果、埃塞俄比亚、冈比亚、加纳、几内亚、几内亚比绍、圭亚那、海地、洪都拉斯、利比里亚、马达加斯加、马拉维、马里民主共和国、毛里塔尼亚、莫桑比克、尼加拉瓜、尼日尔、卢旺达、圣多美和普林西比、塞内加尔、塞拉利昂、坦桑尼亚、多哥、乌干达和赞比亚。另外四个国家达到了重债穷国倡议下的

"决策点"：乍得、科摩罗、科特迪瓦和几内亚。

三个国家位于完成点和决策点之间：厄立特里亚、索马里和苏丹。

资料来源：World Bank (2013).

虽然这两个倡议到目前为止已经取得了一些成功，但是也同样面临着一些挑战。这些挑战包括在重债穷国倡议下国内改革的持续成功、获得双边债务或者其他债权人完全的债务减免以及重债穷国倡议的资金不足。正如其官方报告所称："虽然进行了一些债务减免，在完成点以后维持债务的可持续性依然是重债穷国所担心的问题，并且当前的全球危机使这种担心更加严重"（IDA/IMF，2009）。

□ 南北方国家冲突

从本章的分析中我们不难看出国际发展的实践其实是一个明显的政治过程，在其中，对权力的考量位于核心位置。与强调发达国家和发展中国家利益相互性的自由主义观点相比，我们察觉到了共同利益和利益分歧同时存在。发展的国际政治经济学的一个总体的特征是，它充斥着我们所称的"南北方冲突"。这一冲突是指先进工业化国家和发展中国家政府之间的政治差异和外交矛盾。前文提及了这种冲突，这里我们探索国际发展的这一特征的历史演变和当代表现。在全球政治经济体系里，关于统治和依赖的问题依然是核心的问题，关于谁在什么时候通过什么手段获得什么的问题，归根结底是利益的不同形成和表达方式的问题。对于发展的一些根本性问题的回答，如"什么是发展?""什么是促进发展的最好方式?"，依赖于先回答谁是这些问题的主体。换句话说，中心问题是谁在代表谁说话。这是一个复杂的问题，因为有一些不同的利益主体存在。虽然在寻求一个全面的答案时，参与到促进经济发展中的公民社会组织不能被忽略，但是这里我们将注意力集中在官方的决策层面。政府依然是构建全球政治秩序里具有合法性的主要工具，发展政策是通过政府的机构被正式执行的。首先，作为发展的国际政治经济学的一个主要特征，南北方国家间的冲突将被给予关注。我们将简要地回顾这一冲突的历史进程。发展中国家在国际谈判中的影响力取决于其团结的程度，因此随后我们将分析发展中国家之间所存在的分歧。这些分歧使发展中国家无法成为世界经济的权力主导者。

南北方国家冲突：历史回顾

发展中国家对自由主义国际经济秩序的不满最先出现在20世纪50年代。在这一时期发展中国家要求改革国际贸易体系和增加国际经济援助。这些要求随着发展中国家在1960年的联合国大会上获得多数席位后而在联合国体系内变得更加明确。在1964年联合国贸易和发展会议在日内瓦召开后，发展中国家提出了关于获得额外的经济资源以及增加其出口商品市场准入的一致性的要求。作为联合国体系的一部分，联合国贸易和发展会议成为了南北方国家商讨经济问题和解决经济冲突的主要论坛以及发展中国家希望用于推动世界经济体系改革的一个工具。在1964—1973年之间，联合国贸易和发展会议发起了一系列旨在增加第三世界国家制造业出口商品市场准入、稳定国际商品价格以及增加发展援助的运动。在这一时期，联合国贸易和发展会议所取得的成绩是十分有限的。

在20世纪70年代，随着关于国际经济新秩序的讨论的出现，南北方国家冲突变得更加突出。在1973—1979年之间，国际经济新秩序是南北方国家讨论的核心。的确，发展在这一时期被赋予了更多的国际政治含义。建立国际经济新秩序的核心内容是改革国际商品市场。同时，国际经济新秩序还包含了改革GATT、IMF以及世界银行。发展中国家认为这些组织被先进工业国控制且并未成功地为发展中国家提供帮助。联合国大国通过了一些决议，其中最重要的是《建立新的国际经济秩序宣言》(1974)、《建立新的国际经济秩序的行动纲领》(1974)以及《各国经济权利义务宪章》(1975)。这些决议为国际经济新秩序的建立提出了一个框架。一些学者将这些决议视为重要的法律文件。它们阐明了国家的相互责任，建立了一个行动框架并为一个新秩序建立的必要性提供了证据。建立国际经济新秩序的谈判最终以失败而告终。西方国家拒绝进行正式的谈判是这一南北对话失败的一个最重要的原因。

对一些分析者而言，第三世界国家联盟在20世纪80年代的解体终止了南北方冲突。但是，这种观点带有很强的局限性，因为它未能将南北方国家的冲突置于国际政治经济体系中进行考虑。南北方冲突来源于富国和穷国在权力和资源上所存在的真正差异。在过去的30年里，最富裕的国家和最贫穷的国家之间的差距没有被缩小反而被扩大了(Hoogvelt，1997，p. xi)。如托马斯和里德(Thomas and Reader，1997，p. 90)所述："大约有三分之一的人口还生活在贫困之中，每年有大约1 400万人死于饥饿"。和平与食物国际委员会(International Commission on Peace and Food，1994，p. 106)指出，1990年在全世界53亿人口中大约有20亿人生活在贫困中；1994年，每天有超过40 000人死于营养不良。

第三世界国家的团结和分裂

上述讨论并没有夸大发展中国家之间的共性，但是却注意到了一个共同的沟通平台的存在。我们已经注意到了发展中国家之间以及三个主要区域之间(非洲、亚洲和拉丁美洲)所存在的显著差异。发展中国家对于国际政治经济体系中发展的关注并不存在高度团结的现象，而是更多地表现为对共识和分歧的政治表达。团结本身并不能带来具体的收益，而是标志着发展中国家在全球政治经济体系中能从何种程度上表达和捍卫自己的利益。历史告诉我们第三世界国家的团结是随着国际政治经济体系的变化而变化的，并不是静态的。

在20世纪80年代，随着两个发展的出现，第三世界的团结开始出现裂痕。债务危机对第三世界联盟的影响是两方面的。一方面，随着一些国家受困于其沉重的债务负担并在国际金融体系中被给予差别对待，一些个别国家的利益开始形成。例如，虽然一些国家欢迎大批量的债务减免，但是其他一些国家却担心本国的信誉受到损害。另一方面，世界银行和IMF为推动自由主义经济思想的传播而施加的结构性调整条件严重地削弱了发展中国家的独立性。作为西方经济援助的申请者，陷入严重债务之中的国家并没有能力要求改变国际经济秩序。20世纪80年代的国际体系所出现的第二个主要发展是新兴工业化国家的成功。这一发展对发展中国家联盟产生了影响，因为它扩大了发展中国家内部的差异。但是分歧的程度往往被夸大，在许多国家谈判中，我们依然可以听到来自发展中国家的集体声音。关键在于这些国家是否能够很好地协调其不同的观点。

当前一个有重要政治影响的问题是国际贸易谈判的发展在何种程度上使第三世界国家联盟复苏并增强了发展中国家的话语权，因为第三世界国家坚持要求与其经济相关的问题得到更多的关注，且这一要求对WTO多哈回合谈判的议程制定产生了很大影响。虽然给这一发展下定论还为时过早，但有两点是确定的。第一，WTO里并没有一个纯粹的发展中国家团体存在，而是有几个发展中国家联盟（Draper and Sally，2005；Narlikar and Odell，2006；Narlikar and Tussie，2004）。第二，至今，这些联盟主要关注议程制定而不是具体问题的谈判。当涉及各国具体利益的谈判时，这个联盟是否会解体目前还不得而知。

第三世界的团结仅仅是指那些被认为处于发展中的国家所进行的共同努力（Williams，2005b）。从这种意义上讲，我们可以得出两个结论。首先，第三世界国家联盟依然是关于发展的国际争论的一部分。在所有主要的国际会议上，发展中国家一直试图以一个共同的立场出现。此外，认识到G8中发展中国家声音的缺乏是G20在2008—2009年作为一个协调各国应对全球金融危机措施的主要论坛而出现的关键原因。伴随着贫困和不平等的存在，即使作为一个集体，第三世界的声音在国际组织中依然缺乏影响力。这种对国际议程影响力的匮乏在IMF和世界银行的加权投票决策体系里表现得尤为突出。在G8领先工业国周期性地制定影响全球经济未来的决策会议中，情况更是如此。G8的存在时刻提醒着发展中国家政府其在国际议程的制定中作用甚微。此外，WTO多哈回合谈判迟迟无法成功也显示出发展中国家在试图重塑国际经济体系的过程中遇到了巨大的障碍。

其次，回顾历史可知，作为一个反对霸权的力量，第三世界联盟在提出不同的发展路径以及批评自由主义经济秩序方面一直起到了最为重要的作用。这个联盟尚未取得物质层面的巨大成果。因此，在较短的时期内，穷国相对于富国的弱势地位不可能发生巨大的改变。

总结

在埃斯科瓦尔（Escobar，1995）对于战后发展政策的有影响力的批评中，他认为当代发展话语始于1949年美国总统杜鲁门的就职演讲。这份演讲阐明了对发展的大规模支持。这一观点提醒了我们在促进发展的过程中外部势力的作用以及国际政治环境的重要性。埃斯科瓦尔的观点也存在一些局限，因为它忽略了发展中国家的自主性并认为它们是西方政策的被动接受者。

正如我们所看到的，发展主要是和物质及规范性的问题相关。无论讨论的焦点是绝对贫困还是相对贫困，显而易见的是贫困影响着数以百万人的生活，限制了他们获得物质和非物质的商品和服务。虽然发展主要是一个国家关注的问题，但是，自从战后发展援助体系出现，它已经被纳入国际议程之中。国家和国际发展政策的制定、改进和执行是全球政治经济体系结构性调整以及政府和非政府行为主体适应这一调整的结果。

当前发展理论和实践的一个重要方面是经济增长如何才能和环境的可持续性相

兼容。这一问题是和国际政治经济学领域里关于政治经济和环境之间关系的讨论相呼应的。在第十二章中我们将讨论环境的重要性以及其与政治经济的联系。

拓展阅读

每年的 *Millennium Development Goals Report*：对国际发展感兴趣的同学所必读的。

每年的 *Human Development Report*：同样重要的关于发展的文献。

Amartya Sen（1990）*Development as Freedom*：值得一读的经典著作。

Emma Aisbett（2007）'Why are the Critics so Convinced that Globalization is Bad for the Poor?'，in Ann Harrison（ed.）*Globalization and Poverty*（pp. 33-85）：很好地回顾了关于全球化和贫困的争论。

Fernando Henrique Cardoso（2009）'New Paths：Globalization in Historical Perspective'，*Studies in Comparative International Development* 44（4）：296-317：巴西前总统对文化、制度和历史在单个国家发展历程中的重要性所进行的深刻的分析。

第十二章

全球环境变化

国际政治经济学研究直到最近才将环境问题纳入其考虑的问题之中（Helleiner，1996）。环境问题被纳入国际政治经济学的研究之中主要体现在两个方面。第一，一些环境问题对全球政治经济产生了影响且某种形式的国际协定是解决这些问题的必要方式。正如赫里尔和金斯伯里（Hurrell and Kingsbury，1992，p.5）所说："在解决全球以及国内环境问题方面，开展不会使单个国家陷入政治或者竞争劣势地位的国际合作是必要的"。环境问题和国际政治经济的结合就变成了"国际"或者"全球治理"的问题。

第二，全球环境变化是和国家以及国际生产、分配和消费体系密切相关的："不断深入的全球化的一个最重要的方面是环境问题的产生与全球化的世界经济体系有效运行之间的紧密而又复杂的联系"（Hurrell and Kingsbury，1992，p.3）。这一环境变化更多地表现为"可持续性"的问题。资本积累和谋求经济发展的历史过程导致了当前的环境退化。在当前我们所面临的历史关头，那些与增长和发展战略、工业化、国际贸易以及南北关系相关的问题都必须被重新考量。在这一背景下，我们可以认为当今的全球环境挑战主要有三个方面的特征：不确定性、不可逆转性以及独特性或不可替代性（Pearce，1990，p.366）。自从1992年联合国环境与发展会议在里约热内卢召开，地方和国家权威机构以及国际组织、企业和非政府组织都通过不同的方式表达了对可持续发展概念的拥护。它们都承诺保护环境并与环境退化作斗争。虽然我们并不惊讶于其形式往往大于其内容，但是这种现状的出现并不是理所当然的结果，需要进一步被解释。

本章探讨环境问题和全球政治经济体系的联系，考察对环境问题的关注是如何改变全球政治经济体系里的观点和行为的。本章首先讨论全球政治经济学对环境的分析所使用的术语。其次，我们讨论国际政治经济学和环境研究对环境退化的解释。然后，我们回顾环境问题作为一个重要问题在国际经济学中的发展。本章所讨论的主要问题是：可持续发展、贸易和环境退化以及关于气候变化的谈判。

定义和背景

我们所面临的第一个复杂的问题便是是否应该使用“环境”（environment）或者“生态”（ecology）。本章中，在讨论相关问题时，我们将使用“环境”一词。在相关的文献中，这两个词有时被交替使用，而有时则被用于区分人类中心主义和反对物种层次的观点。

虽然不同的学者使用这两个词的方式不同，但是最主要的区别在于“环境主义”将人类置于分析的中心，而“生态主义”则将人类与自然之间所存在的一种非等级的关系作为分析的焦点。考虑到“环境主义”被用于指代人类和自然环境的相互影响而被广泛地使用，本章也将使用“环境”一词指代我们所讨论的内容。简单而言，环境指的是一个特定的个体所面临的外部世界，也就是说，一个个体或体系存在于某一世界之中，而“环境”一词指代的就是这一外部世界。在政治经济学研究中，对环境的关注主要集中于人类活动对自然环境的影响，尤其是人类对自然资源和自然的利用以及滥用。因此，当人类在利用自然的过程中破坏了自然资源的可持续性并带来了诸如对人类社会的污染等不必要的问题时，环境退化便发生了。

给环境保护主义下定义是很困难的，因为它涉及不同的理论观点。克拉普和多韦涅（Clapp and Dauvergne，2005，pp. 3-17）将与环境变化相关的观点归纳为四类——市场自由主义、制度主义、生物环保主义以及绿色主义，并尝试将这些不同的观点综合在一起。一种更加传统的方法是将环境保护主义划分为两个大的类别，但是关于这两个类别的命名，学术界尚未达成共识。一种有用且常被引用的划分是温和绿色主义（light green）和激进绿色主义（dark green）。这里的绿色主义指的是一种对环境保护积极且支持性的态度。温和绿色主义本质上是一种改良主义。这种观点接受资本主义社会的主要制度体系并寻求通过不会破坏经济增长和工业社会的方法保护环境。相比之下，激进绿色主义是基于这样一个假设：当前人类的行为将从根本上对其后代产生影响。

其他一些学者也赞同这样的划分，但是却使用不同的术语描述其主要的区别。奥里奥丹（O'Riordan，1976）区分了技术中心论和生态中心论，认为技术中心论尝试通过市场激励追求可持续发展，而生态中心论则批评传统的经济目标和模式。多布森（Dobson，1990，p. 35）区分了环境保护主义和生态主义，认为环境保护主义是“在当前的政治和经济实践下的一种环境管理方法”，而生态主义认为要实现对环境的保护，人类与自然环境之间的关系必须发生“根本性的改变”。古丁（Goodin，1992，pp. 7-8）提出了类似的观点。他区分了环保主义和绿色主义，认为环保主义是让环境保护服务于人类的利益，而绿色主义则拒绝自然为人类的利益让步并假定自然在价值创造方面有着独立的作用。对于埃克斯利（Eckersley，1992，p. 26）而言，主要的区别在于人类中心主义和生态中心主义之间。人类中心主义思想“为人类在一个生态可持续的社会里实现人类解放和价值实现提供了机会”，而生态中心主义理论则“在一个广义的、承认非人类社会的道德地位的解放（emancipation）概念下追求这些目标”。

除了环境保护主义的观点以外，我们还认识到一些对环境保护相关问题进行分类的不同方法。对环境保护问题群进行分类的方法是多种多样的。这里我们尝试按照以下方法进行分类：

• 物质变化：如大气污染、臭氧层空洞、气候变化、海洋污染、生态多样性下降。

• 发展活动：如能源生产和使用、旅游、农业生产。

• 人类生存条件和福利：如人口增长、健康和安全。

另外一种分类是：

• 人类在陆地上的活动直接导致的问题：例如，采伐森林、表土流失以及水域管理失败。

• 资源滥用所带来的间接问题：例如，温室气体、消耗臭氧的气体、核污染以及水污染。

相对而言，第一组问题主要关注对具体地区所带来的影响，而第二组则扩展到了全球的层面。

此外，我们还可以从行为者在实施合作性或冲突性战略时所面临的具体状况对环境问题进行分类，如全球公共资源（global commons）、共有的自然资源、跨界外部性或问题的相互关联性（Young，1994）。诸如臭氧层减少、温室效应所导致的气候变化、生物多样性的降低以及森林砍伐和荒漠化等问题已被学术界广泛关注。这些趋势和事件对地球物理结构的影响不能只被局限于环境保护或者技术层面，而是应该从本质上被视为一个政治问题，因为“环境问题的全球性不仅来源于导致这些问题的不断被复制的体系以及环境保护运动的传播，而且还来源于污染和资源消耗问题的跨国界性质以及解决这些问题对相互合作的依赖”（Laferrière，1994，p. 95）。

虽然环境保护主义有一些被学术界广泛接受的特征存在（见专栏 12.1），但是关于环境保护的问题很复杂且涉及很多方面，如政治、社会、经济和道德。例如，许多环境问题确实是全球性的，但是如果假设所有的环境问题都具备这一特性，则夸大了事实且是错误的。这一错误的假设可能会导致错误的结论：环境退化成为了一个全球共同担忧的问题；在与环境破坏作斗争的过程中，全球人民有着共同的未来和共同的利益。类似的结论与政治无关，是从权力关系中抽象出来的。这种权力关系是导致生态破坏的重要原因之一，且是解决这一问题的必要因素。

专栏 12.1

环境保护主义的五个基本特征

（1）就其影响而言，环境退化是全球性的，并且只能通过全球合作才能得到有效的治理。

（2）环境退化可能恶化国内以及国家间的紧张关系。

（3）环境和全球经济之间存在着复杂的联系。

（4）环境问题的一个显著特征是不确定性，即我们无法确定在未来什么时候技术才能取代有限的资源。

(5) 环境政治的一个主要特征是不可逆转性。例如，一旦一个物种灭绝了，它就不可能再出现。

理论观点：国际政治经济学和环境研究

随着近年来学术界对环境研究兴趣的增加以及学者们对人类活动和环境退化间因果关系的研究，大量与环境相关的研究著作涌现出来。这些研究借鉴了对环境退化的不同理解并提出了一系列相应的解决办法和对策。对全球环境政治感兴趣的理论家和实践者就环境退化的原因和解决的方法提出了相互冲突的观点。这里，我们主要考察两个主要的理论争论：一个来自国际关系学和国际政治经济学，另一个来自环境经济学和环境学研究。在讨论关于人类与环境之间关系的不同观点之前（人类中心主义、环保主义以及生态中心主义），我们先介绍国际政治经济学中几种相关争论的理论观点。

□ 国际政治经济学里的争论

国际政治经济学里的传统理论，即经济民族主义、自由主义和马克思主义，历史上很少或者几乎没有关注环境问题。然而，环境作为一个重要的国际政治问题的出现以及全球环境变化与国家及国际生产、分配和消费体系之间显而易见的联系使得学者们将注意力转移到了全球环境政治学之上。大多数研究都是关于环境国际合作的建立和维持以及全球经济与环境退化之间的因果关系。在讨论关于可持续性的政治经济学研究之前，我们首先回顾关于国际环境合作的讨论。

对于国际环境合作的经济民族主义或现实主义研究是基于两个主要的假设。现实主义者假设民族国家是基于其民族利益而采取行动的，并且由于不同国家的利益在一个混乱的国际体系中相互竞争，国家合作很难达成且维持。由于每一个国家都试图使其军事和经济力量最大化，关于环境的国际合作就像其他形式的国际合作一样从根本上是很难实现的，因为环境利益将被归入传统的政治权力目标之中。

现实主义关于国家是理性的，且追求自我利益最大化的假设导致了这样一个结论：关于环境的国家合作只有当国家认为这种合作有利于自己的利益时才有可能出现。此外，现实主义者认为，在一个无序的国际体系中，只有在占统治地位的国家的利益得到支持和维护的那些问题上或者状况下，环境合作才可行。因此，现实主义理论怀疑关于环境问题开展广泛合作的可能性（Barrett，1993；Blackhurst and Subramanian，1992）。在环境政治学里，有很多例子支持现实主义的观点，这些例子是关于国家尝试建立合作是如何失败的或者已有的合作体系是如何崩溃的。例如，美国拒绝签署《京都议定书》成为了现实主义观点的一个有力的论据。然而，现实主义政治经济学却无法很好地解释为什么在美国这个占统治地位的国家缺席的情况下如此多的国家（192 个）依然愿意签署《京都议定书》。

在美国缺席的情况下很多国家依然愿意签署《京都议定书》的现象被自由主义

理论很好地解释了。自由主义政治经济学理论虽然将国家作为一个主要的分析对象，但是承认相互依存的重要性。对自由主义理论者而言，国际环境合作来源于对相互或者共同利益的认可。一个正在全球化的世界经济建立起了相互依存的网络以及不同行为主体间共同利益的纽带，并由此促进了国际合作。虽然国家依然是重要的行为主体，但是它们已经被卷入了一个相互交往和依赖的网络体系之中，这一体系限制了国家的权力。此外，通过诸如政府间组织、非政府组织、科学网络以及公司等非政府行为者，环境合作变得更加可行。

关于国际环境合作，还有各种不同的批判性和激进观点存在。一些激进学者认为资本主义民族国家间的对抗使国际环境合作变得没有希望。如前所述，现实主义者强调国家追求权力最大化的利益，而自由主义者认为相互依存建立了共同利益。相比之下，激进学者关注的是国际体系中的不平等和某些国家的优势地位。按照这种观点，国际合作被认为是为统治性国家以及资产阶级的经济利益服务的。国际环境合作是可能的，但是合作的形式和制度的建立是无法有效地解决环境退化的，因为它们都是建立在资本主义体系之上。一些激进学者认为在一个权力等级分明的国际体系中，北方发达国家主宰着国际决策权，并因此维持着历史上所建立的剥削南方发展中国家的体系。因此，关于国际环境问题的谈判将反映北方国家的利益，南方国家所关心的问题将被边缘化（Haas，1990a，pp. 47-52）。

虽然这三种观点看起来有助于国际环境合作的分析，但是每一种观点都无法对国际环境政治中的相关问题以及合作安排给出一个满意的答案。比如，现实主义观点存在着缺陷，因为它对国家的高度关注以及对权力的强调在实证研究上无法立足。聚焦于国家在很大程度上限制了实证分析并忽略了全球政治经济中的其他重要行为主体。许多关于全球环境政治的研究显示出了国际组织、企业以及非政府组织的重要作用。

此外，一些研究还清晰地阐释了国际合作的可能性，以及在没有霸权国家存在的情况下国际合作机制依然可以被建立和维系（Axelrod and Keohane，1986；Keohane，1984；Young，1989，1994）。自由主义分析承认非政府行为主体的重要性并对环境政治提出了一个更贴近现实的解释。但是，自由主义理论却往往忽略权力在制度构建中的作用。这些理论并没有给予结构性的不平等足够的关注。虽然激进主义理论意识到了统治和依存间的结构性关系，但是它们通常会低估国际行为者的重要性。例如，国际组织不仅仅只是对国际关系产生微不足道影响的一种附带现象，在这些组织内部所发生的各种形式的讨价还价不仅仅只是反映了全球体系中的权力分配。

第二个争论的焦点是全球经济和环境退化之间的关系。鉴于可持续发展的问题在后文将进一步讨论，这里我们仅仅只是强调这三种理论方法就这一问题所存在的主要差异。从经济民族主义的角度而言，只有当国家认为可持续发展政策符合该国的利益时，可持续发展才可能实现。由于国家政府对国家经济施加控制，可持续发展的实现依赖于国家将其视为一个主要目标。然而，如果经济增长依然是政治精英的主要目标，追求经济可持续性的努力往往是徒劳的。只要权力部分是来自破坏环境的实践，可持续发展将仅仅只是一个愿景而无法成为现实。

按照自由主义的观点，环境退化是因为市场失灵，尤其是自然资源的合理定价机制的缺失。通过如知识产权分配以及将环境价值纳入定价政策之中等方式，市场准则可以被拓展到环境领域，而这种市场准则的拓展将带来更加高效的资源分配和环境保护。按照这种观点，可持续的经济政策依赖于经济增长而不是经济停滞。问题不在于增长本身而在于增长的方式。的确，经济增长和合理的环境评估是追求经济可持续性的重要战略。

激进主义理论家将环境退化归咎于资本主义的发展。他们认为，环境退化起源于资本主义，当前的经济实践和价值体系无法促进可持续政策的出现，因为资本主义体系本质上是剥削性的。如雷德克利夫特（Redclift，1987，p. 56）所说："对'增长'的过度关注模糊了这样一个事实：资源枯竭和不可持续的发展是增长本身所带来的直接后果"。

我们可以再一次看出，没有一种理论观点可以对可持续发展的政治经济提出权威性的解释：

（1）现实主义 IPE 的非历史性方法忽略了环境退化的起因，因为它没能对导致当前环境问题的、历史上所形成的生产和消费模式及其形成的方式进行研究。这样的方法无法改变以资本主义为中心的、在最初导致了环境问题的资本积累、生产和再生产的过程。

（2）自由主义理论也存在不足，因为它没有给予权力和权力关系足够的关注。具体而言，它们无法揭示出权力的结构性形式。

（3）后马克思主义分析强调劳动力和资本之间的结构性关系并将环境退化归咎于资本主义社会的政治和经济体系。这一观点看起来似乎是一个进步。但是历史证据清晰地显示资本主义和社会主义体系都没有成功地保护环境。社会主义发展模式在环境保护方面的失败主要是由于对经济增长的持续侧重以及对增长的生态环境局限认识不足。激进理论的另一个不足在于其将资本主义等同于工业化。

这三种传统 IPE 模式之间的争论显示出了它们在研究环境问题方面的局限（见表 12.1）。虽然如我们所讨论的那样，现实主义、自由主义以及马克思主义有着不同的理论基础，但是它们都共享一个理论假设并致力于此：经济增长是有必要性的。

表 12.1　　传统 IPE 理论和环境

	基本观点	可持续发展	不足
经济民族主义	国家利益将使国家合作受阻	不大可能，鉴于对经济增长的追求	无法解释不受限制增长所带来的问题
自由主义	相互依存增加了环境合作的动力	更好的市场信号将支持可持续发展	忽略了国家和企业在环境变化中的作用
马克思主义、激进主义	北方国家和南方国家间利益、阶级利益	资本主义导致了环境退化	忽略了社会主义增长所带来的环境破坏

□ 环境研究里的争论

现在我们有必要将注意力从传统的 IPE 理论观点转移到位于环境保护主义核心的不同价值观念。这三种主要 IPE 范式的人类中心主义特征导致它们无法参与到环境研究里科技中心论和经济发展论之间的争论之中。这里，我们将考察环境保护主义（科技中心主义）和生态主义（生态中心主义）之间的争论，因为这一争论拓展了关于环境退化和经济可持续性的分析。

科技中心主义的观点是基于这样一个假设：经济发展的中心目标是满足人类的需求。这种观点是基于西方文化价值观念优越性以及资本主义的转变能力。科技中心论有两个分支：保守派和改良派。保守主义科技中心论认为，当代经济增长是个性解放的前提，而资本主义是这种变化的驱动力。按照此观点，生态变化是经济增长的必然产物，但是这并不意味着这种变化是负面的。持有这种观点的学者倾向于强调经济增长的积极影响并认为人类在过去已经找到了解决环境问题的方法。他们还认为，资本主义是一个构造精妙的体系，通过对利益的追逐，该体系将自然地找到基于市场的解决环境问题的方法。的确，一些经济学家认为，当前对环境问题的关注方向是错误的，任何以环境保护之名试图抑制经济发展的做法都将导致经济灾难。贝克曼（Beckerman，1995）在他的充满争论性的著作《小即蠢》（*Small is Stupid*）中对控制经济增长的做法进行了猛烈的批评。

保守主义科技中心论认为当代经济增长应该为环境退化负责。相比之下，改良主义科技中心论通过环境经济学的发展试图揭示出传统经济理论在环境变化研究中的相关性。改良主义科技中心论植根于环境经济学并始于这样一个假设，即环境退化是当代经济增长的一个意外结果。因此，这种观点是改良的而不是激进的，并认为如果环境可以被完全定价，环境退化将得到改善。

从这种观点而言，环境退化来源于市场失灵。为了保护环境，通过决定资源使用的“真实成本”对环境进行定价并提出最有效的解决方案是最根本的方法。环境经济学家与那些青睐使用激励和市场手段以及那些支持监管、行政命令以及管制措施的学者间存在着争论。这一争论可以通过对全球变暖的讨论一窥究竟。市场解决方法的拥护者支持可交易的排放许可证，而那些偏好于干预政策的学者则提出通过立法限制排放水平。目前针对环境变化的国家和国际方法主要是基于这种改良主义的观点，相关的政策争论主要是在市场方法和干预方法之间。

这种政策方法被称为“管理环境主义”（managerial environmentalism）（Levy，1997）。它认识到了人类活动和环境之间的联系，但是坚信可以协调当前的经济活动和长期的可持续发展目标。两个特征位于环境管理主义的核心。一个是对商业的支持以及相信资本主义和环境之间并不是对立的。另一个是在多边合作中纳入了自由国际主义的思想。这种科技中心主义观点与更加激进的生态中心论形成了鲜明对比（见专栏 12.2）。

专栏 12.2

关于可持续性的科技中心主义和生态中心主义观点

可持续发展的生态中心主义观点将环境视为生存和发展的核心。相比之下，科技中心主义的观点是以人类为中心的，并仅仅将自然环境视为人类维系生存的工具。我们可以通过以下几个方面对这两种观点进行进一步的比较：

• 主要经济目标：经济增长（科技中心）；经济零增长（生态中心）。

• 经济组织：大规模（科技中心）；小规模（生态中心）。

• 市场激励：绿色消费、监管生产的经济手段（科技中心）；有限消费、对经济的管制（生态中心）。

• 对资源管理的态度：保护主义（科技中心）；保存主义（生态中心）。

• 对贸易的态度：协调贸易和环境标准（科技中心）；反对贸易，提倡自给自足（生态中心）。

• 政治态度：维护民族国家和现状（科技中心）；建立小规模的社区并将其视为政治权威的基础（生态中心）。

• 全球治理：改革当前的国际经济秩序（科技中心）；抵制工业主义、资本主义以及现代化（生态中心）。

• 道德标准：代际公平与代内公平（科技中心）；生态正义，所有生命的平等（生态中心）。

随着环境经济学的发展，改良科技中心论成为了当代环境保护理论的一个重要组成部分。但是，这并不意味着对经济增长的生态限制的关注是第一次出现。早在20世纪60年代，环境经济学这一分支学科就开始萌芽。环境经济学的核心思想是经济是一个开放的体系。环境经济学是基于一个经济的物质平衡观，并始于这样一个假设：经济是一个拥有三个基本过程的开放体系，即提炼、加工和消费。（可再生和不可再生的）资源从环境中被提炼出来并被进行加工以供消费。所有的经济活动都会产生废弃物，这些废弃物要么被回收利用，要么被大自然吸收。因此，核心的问题是如何维护经济增长且不降低大自然吸收废弃物的纳污能力。环境经济学是建立在新古典经济学的基本思想之上的，并成功地将环境纳入标准的经济理论之中。它改变了对经济的看法，将其视为一个开放的而不是封闭的体系。但是，它的主要假设和其母学科类似。经济的目标依然是使社会福利最大化。基本的经济问题依然是生产和消费的有效组织。

相比之下，一种生态学的视角迫使我们关注人类活动、自然体系以及环境之间不断变化的关系。社会体系和自然体系之间存在着动态的相互联系，这两个体系之间的相互依存反映了它们的发展。文化观念、文化产品、社会体系以及科技之间存在着各种各样紧密的联系。从人类学家的研究中，我们能够找到大量关于这些联系的证据。

与科技中心论不同，生态主义观点是建立在对持续经济增长的反对和对全球资本主义的批判之上的。持有这一观点的学者们质疑当代的工业增长和现代化的体系。他们反对人类中心主义，并主张一种生态主义的观点，即人类的需求必须考虑到所有生物的需求。生态主义理论家认为，当前社会的组织形式强调的是人类的欲望而不是人类的需要（Pepper，1996，pp. 69-70）。人类的欲望起源于社会并反映了社会的物质价值观念，而人类的需求将精神和物质观念结合起来并试图寻找人类和环境之间的平衡。

对传统经济理论的生态主义批评指出了新古典经济学的一些疏漏。这些疏漏使得新古典经济理论无法提出解决全球环境退化的方法。根据生态主义者的观点，新古典经济学未能解释环境变化的一个主要原因是其基本假设对于热力学和生态学基本规律的忽略。此外，不同于传统经济学，生态主义观点视经济体系为自然世界和环境的一个亚体系，而不是反过来。传统经济学倾向于视经济体系为一个开放的体系，而生态学家则将其视为一个封闭的体系。生态学家认为新古典经济学对短期分析和边际分析太过着迷，并反对这一做法。与此相反，生态学家坚持给予长期分析更多的关注。生态学家的这一批评是和贴现未来的问题相关的，他们认为传统经济学贴现未来的假设存在严重的问题。此外，与其他的一些激进的批评类似，生态主义观点反对传统经济学的抽象且无用的理论以及其对单一的数学方法的青睐。传统经济理论是基于关于人类本性的有争议的假设以及由此而建立的基本原理，而不是将可观察到的人类或者组织的行为纳入分析之中。

虽然生态经济学有几个不同的分支，但是它们有两个共同的核心观点：相信地球的承载能力确实受到了自然或生态的限制，并因此致力于限制经济增长；反对人类中心主义，相信整体论的思想以及各种物种间的相互关系。三个生态经济学的分支对全球环境退化的解释做出了重要贡献。稳态论（steady state approaches）关注经济规模的问题并试图维持经济规模和整体体系之间的联系。稳态论的核心思想是坚定地为后代保留自然资源。激进生态论借鉴了马克思主义的核心思想，强调资本主义导致生产过剩以及环境退化的方法。协同进化论试图将知识、价值观念、社会组织、科技和生态系统结合起来。按照这种观点，环境退化是由于对自然生态系统平衡的重视不足以及对人类—自然平衡的忽视。

主要发展

这里，我们讨论环境作为全球政治经济体系里的一个问题的演变过程，以及环境问题的各种形式。在过去的 40 年里，全球环境问题吸引了更多的关注，全球政治经济体系里各种试图解决环境退化的倡议传播开来。当代对环境的关注经历了两个阶段。第一个阶段是与 20 世纪 60 年代开始出现的环境保护主义相吻合的。第二个阶段是以 1992 年联合国环境与发展会议（又称地球峰会）的召开为标志的，并使环境问题在国家和国际议程中被主流化。

□ 环境因素的引入

卡德韦尔（Caldwell，1988）认为 20 世纪的前半叶主要有三个国际环境协定出现：

（1）荒野与野生动物保护：如《北太平洋海狗公约》（1911）以及《国际捕鲸管制公约》（1946）。

（2）海洋污染：如《国际防止海上油污公约》　（1954）以及《公海公约》（1958）。

（3）限制核武器发展：如《南极条约》（1959）以及《禁止在大气层、外层空间和水下进行核武器试验条约》（1963）。

这些努力是非常重要的，但却是分散且缺乏组织的。对于环境问题的全球关注是一个最近的现象，并起源于三个主要方面。

联合国国际会议

联合国所召开的国际会议以其准备的过程、通过的决议以及随后的跟进而著称。第一个重要的会议是1972年在斯德哥尔摩召开的联合国人类环境会议。在关注污染的斯堪的纳维亚国家的呼吁下，会议议程被扩大并超出了环境污染范围。在其准备阶段，发展中国家强调发展和环境之间的联系，并为20年后在里约热内卢召开的联合国环境与发展会议打下了基础。联合国人类环境会议认识到了现代经济发展所带来的环境后果。经济发展与环境之间的联系在该会议的政策建议上得到了高度重视。虽然这些政策建议很快就被各国政府忽略，但是这次会议的一个重要的影响是联合国环境规划署的诞生。联合国环境规划署是联合国体系下的一个负责环境问题的永久机构。

斯德哥尔摩会议上发起的议程在1992年最终结出硕果。当年，在里约热内卢召开的联合国环境与发展会议将环境作为一个国际经济外交的重要因素而合法化。地球峰会的准备过程吸引了政府和非政府组织的广泛关注。在其准备阶段，关于环境问题的高度政治关注也使得该会议的报告被最大化地曝光。就出席代表的数量而言，这次会议成为了迄今为止规模最大的一次会议，出席的世界各国领导数量也是迄今为止最多的。宽泛的会议议程带来了激烈的讨论并导致了《21世纪议程》（Agenda 21）的诞生。《21世纪议程》是一份致力于为阻止环境退化的未来行动提供行动计划的文件。该议程还包含了监督和执行程序。里约热内卢会议的磋商和最终结论的核心是可持续发展。参会代表最终达成一致，认为环境退化对经济增长和繁荣将产生深远的影响。

在地球峰会召开10年之后，世界各国领导、公民社会代表、商业领袖以及新闻工作者于2002年聚集于约翰内斯堡并召开了可持续发展问题世界首脑会议（又被称为2002年地球峰会或里约+10）。这次会议评估了里约热内卢会议议程的执行情况。在这10年之间，虽然环境保护的规范性体系依然健在，但是有效的政策调整却不是十分明显。例如，虽然在里约热内卢会议上各国许下承诺，但是减少温室气体的目标并没有实现。因此，除了有约束力的协议之外，里约+10会议还设定了各种不同的目标。

科学知识

促使环境作为一个国际问题而出现的第二个因素是科学知识。科学知识最主要的进步可能是一个英国科学家团队于1985年所发现的南极洲上空的臭氧层漏洞。臭氧层漏洞的健康威胁震惊了人类并敦促政府采取行动。从某种意义上而言，臭氧层漏洞的形象比较直接且易于理解。从另一种意义上而言，解决的方法也是相对比较直接的。这并不是说达成相关的协议是很容易的，而是说它并不涉及各种复杂的联系。如果说臭氧层漏洞的发现是知识拓展过程的一部分，这一过程并不都是共识性的。哈斯（Haas，1990b）提出一个“认知共同体”的概念来描述共享一个知识体系的一群科学家和政策决策者。认知共同体在为环境问题提供解决方法上起到了重要的作用。

对认知共同体同样重要的还有挑战传统智慧并使公众意识到环境退化和社会之间联系的各种专著和文章。丹尼斯和德内拉·梅多斯（Dennis and Donella Meadows，1972）1972 年出版的《增长的极限》（*The Limits to Growth*）就是一个很好的例子。该书充满争议的论点是，如果我们不采取行动保护资源，地球有限的资源将很快耗尽。虽然这一推测引起了一系列专家的详尽评估以及反对，但是该著作对于使生态问题得到更多的关注起到了重要作用。在可持续发展成为当代政治讨论的一个主要特征之后，随后的一份报告（Meadows et al.，1993）依然延续了这样一种对地球未来的悲观观点。

环境灾难

增加人们对环境与经济之间联系的认识的第三个因素是 20 世纪 60—80 年代的一系列环境灾难。这些灾难包括托利峡谷号灾难、塞维索灾难、博帕尔灾难（见专栏 12.3）以及切尔诺贝利大灾难。这些事件使人们认识到在现代工业化面前，人类和海洋生命是如此的脆弱。它们揭示出现代生产方法、工业化以及交通运输体系对人类健康和安全的威胁，而不是极大地减少了贫困。除了一小群人以外，这些灾难并没有使大多数人改变追求经济增长的观念，但是却迫使人们寻求一种协调经济增长和环境可持续的方法。

这些事件还为两个政治发展提供了动力。按时间顺序，第一个发展是第二次环境保护主义风暴于 20 世纪 60 年代在美国和西欧的出现。一些人认为中产阶级的财富和影响力的增加导致了环保主义运动在西方的发展。虽然这是一个重要的因素，但是环保主义的复兴还与上述那些灾难事件以及科学知识的增加有着密切的关系。财富为这些团体有效地组织各种活动提供了保障。拥有大量的物质财富以及高水平的教育，各种环保运动培育出了高效的游说组织以及足以影响西欧国家和美国政治议程的政党。第二个发展和冷战的结束相关，指的是环境问题的国际讨论所受到的东西方政治冲突的束缚被解除。从戈尔巴乔夫的开放政策以来，用适当的方法解决国际环境问题变得更加容易。

专栏 12.3

博帕尔灾难

1984 年 10 月，美国联合碳化物公司属下的位于印度博帕尔的三个农药储存罐中的一个发生泄漏。调查显示，大量的水被注入到了储有异氰酸甲酯的储存罐中，这引起了化学反应并最终释放出了一个巨大的蒸汽云。这些气体一夜之间就弥漫了附近的房屋，并在数天里导致 3 000 人死亡。在接下来的几年里，

2 000人因这种“窒息气体”而死亡。据估计，有大约150 000人直接受到这些泄漏气体的危害并患上了各种慢性疾病，如纤维变性、支气管哮喘、慢性阻塞性肺病、肺气肿以及复发性胸部感染。在受污染的人群里肺结核的发病率要远远高于印度的国家平均水平。超过578 000人受到了影响并得到了某种形式的补偿。美国联合碳化物公司向印度政府支付了4.7亿美元以用于受害者赔偿。但是，仅仅只有一半的资金被用于补偿受害者，且大多数受害者每人只获得大约550美元的赔偿。

□ 环保主义的主流化

在1992年的里约热内卢会议之后，环保问题毫无疑问地从国内和国际政治的边缘走向了中心。这并不是说政治家、公众和学术界都一定会按照一种可能阻止不可持续发展的方式参与到环境保护中来，而是说，它标志着环境问题变得更加重要，成为了政治议程中的规范性议题。绿党和环境活动家不再被视为异类或笨蛋，而是逐渐被纳入正统的政治议程之中。这确保了一种环境管理的方式成为标准的方法。在这种方法中，政治家、商业团体以及社会运动活动家被赋予了同样的合法性。在一个资源有限的世界里追求经济发展的根本问题并没有在这种新的方法中得到解决。当前环境主流化的趋势有三个主要特征。

第一个特征是环境主流化依赖于国内环境监管的发展。发展中和发达国家都设立了相关部门来专门或者主要负责环境问题。这些部门通过立法界定可以接受的污染上限，通过可持续的方式管理资源并对导致环境退化的活动进行惩罚。当然，关于最佳国内政策组合还存在争论，一些团体反对环境立法。但是，在许多国家，在执行新项目之前评估其环境影响已成为一种普遍的做法。

第二个特征是环境问题已在许多国际组织内部被主流化。对于许多批评者而言，国际机构的所谓“绿色化”对环境可持续发展的贡献甚微（Horta，1996；Rich，1994）。这些批评确实很重要，但主要的问题是国际组织面对敌意、怀疑以及有时明显的讽刺所做出的对接纳环保主义者观点的态度改变（见专栏12.4）。例如，世界银行对待环境的方法发生了显著的变化（World Bank，1995）。曾经，世界银行忽略环境问题且并没有尝试评估其贷款的环境影响，但是在联合国环境与发展会议之后世界银行开始有意识地考虑环境问题。它已经采用了两个不同的策略来追求可持续发展的目标：建立强制性的环境评估体系以及系统性和常规性的环境监测体系；开始发放环境保护贷款。世界银行的主要行动包括一系列致力于城市改造和污染控制的政策以及另外一些致力于促进生态多样化和重新造林的政策。

专栏12.4

萨默斯备忘录

活动家怀疑世界银行高层并没有严肃 地对待环境政策。这一怀疑在1991年12月得到了证实。当时，世界银行首席经济学家劳伦斯·萨默斯（Lawrence Summers）所签署的备忘录通过世界各大媒体被泄露出来（www. counterpunch. org/summers. html）。这份备忘录建议，如果世界银行鼓励将污染行业迁移至发展中国家，那么世界经济将更加高效。这一观点有三个理由：发展中国家的健康成本较低，许多发展中地区人口较少且环境吸污能力更强以及这里的居民更加关注一些更为迫切的问题，而不是环境是否适宜或者将来会得某种疾病的可能性。

2001年，世界银行初级经济学家兰特·普里切特（Lant Pritchett）声称是该回忆录的执笔者（*Harvard Magazine*，2001）。他解释说这份泄露出去的回忆录并不完整，仅仅只是贸易自由化对发展中国家影响的“具有讽刺意味的一方面”。然而，对于许多参与到环境保护运动中的人而言，这份回忆录是对环境退化与穷人在伦理和道德上错误态度的一个缩影。这份备忘录以及与其相关的争论显示出了环境保护和经济效率的逻辑可能发生的冲突。

第三个环境在国际政治经济体系中被主流化的特征是主要企业行为的改变。面对环境活动家的行动以及政府部门的政策，商业界也改变了对待环境的态度并采用了更加注重资源可持续性的方法（Schmidheiny，1992）。甚至一些表面上看似和可持续发展相去甚远的企业，如开矿与石油开采和生产，都已经接纳了可持续发展的概念。然而，并不是所有的企业都接受这种新的方法，一些企业依然按照传统的方法经营并持续对环境造成破坏（Clapp，2001；Dauvergne，2001）。此外，一些拒绝可持续发展概念的企业寻找新的方法来对抗环境保护主义者的努力（Beder，1997）。

主要问题

国家政府、国际组织以及企业致力于解决环境危机的努力程度依然是一个激烈争论的问题。在当代的国际经济体系里，可持续性的概念激起了关于各种不同问题的讨论。国际贸易里的冲突、污染控制、保护生物多样性以及可持续发展都已经成为国际议程中的主要问题。这里，我们关注三个主要的环境问题：可持续发展、贸易与环境的关系以及气候变化。所有这三个问题都是环境管理的支持者和批评者所争论的焦点。

□ 可持续发展

“可持续发展”这一词所存在的问题是它的模糊性。要构造一个全面而又不失分析精确性的概念是很困难的。可持续发展一直是一些评论者的各种不同定义的主题（Pearce et al.，1989，pp. 173-85）。但是对于生态学家、经济学家、规划师以及政治家而言，这些定义代表着完全不同的事物。这一术语隐含着积极的内涵。即使不存在意义上的矛盾，任何理智的人或组织也不会赞同不可持续发展或者可持续的贫穷。可持续发展并不一定意味着消费和生产的增长，但是却一定伴随着生活质量的改善，且这种生活质量的改善是将自然环境的状况纳入考虑之中的。

在全球环境变化的各种争论问题中，可持续发展可能是最迫切的。在很短的时间内，可持续发展已经变成了每个人都赞同的术语，但是每个人却赋予了它不同的含义。像全球化的概念一样，可持续发展的概念也存在着激烈的争论。一些人认为这个概念是毫无意义的，而另一些人认为它概括了当前的发展模式。

对于一些人而言，可持续发展意味着为获得可持续性而减缓经济增长。对于另一些人而言，可持续发展的概念被视为一种新的经济增长模式。虽然一些分析者质疑一个有着多重含义的概念的有用性，但是这种争论不仅仅只是存在于这一概念。社会科学中的重要概念都存在类似的情况。一些分析关注可持续发展的定义所存在的矛盾。我们在考察可持续发展的概念时应该避开这种貌似精明实则过分简单化的观察。没有对发展或可持续性的定义，上述观察是毫无说服力的，而且根本无法解决可持续发展的概念所提出的核心问题。在各种不同的概念构造中，可持续发展的概念尝试调和表面上看起来相互矛盾的目标，迎合发展中国家消除贫困的需求，并减少不可持续的生产和消费模式所带来的破坏。

发展的不同定义导致关于可持续发展的不同观点的出现。激进的方法反对资本主义的发展，认为资本主义应该对贫困和环境退化负责（Saurin，1996）。按照这种观点，当前的国际经济秩序不利于发展，而强调小规模参与式发展的模式才有利于发展。当前对经济发展的追求可能适得其反，因为这种经济增长的模式通常会导致破坏环境的政策出现。

另一方面，可持续发展的主流定义接受当前的全球政治和经济体系，并将发展归功于资本主义的政治经济体系。按照这种观点，经济增长本身不是问题的关键，但却是问题的起源。来自三边委员会（Trilateral Commission）的一份报告 *Beyond Interdependence* 指出："由于经济增长在解决人类所面临的物质贫穷上存在显而易见的必要性，因此唯一合理的替代方法便是可持续发展"（McNeil et al.，1991，p. v）。正如该报告所建议的，为了消除贫困，经济增长是必要的。世界银行已经将可持续发展纳入其主要目标之中，并认为是贫穷导致了环境退化。按照这种观点，经济增长提供了一个通过社会解决环境退化的工具。

在发展方法的争论中，历史有力地证明，核心不是经济体系而是环境价值观所被给予的重要性。激进的批评主要是在企业层面，并将资本主义的发展和不可持续的生产和消费模式联系了起来。但是关于社会主义（或非资本主义）经济体系将自动地创造可持续发展的条件的假设也是毫无根据的。中东欧国家所发生的环境灾难醒目地提醒我们，在很多情况下，这些国家的环境污染要比资本主义国家更加严重。一些反对的观点可能认为目前尚没有真正的共产主义国家出现。这种观点是没有意义的，因为一些人同样可以认为当前的西方国家并不是真正的资本主义国家。但是，更为重要的是这些体制提供了反对资本主义导致环境退化的证据，因为无论我们如何称呼这些经济体系，它们很显然不是资本主义。

对于可持续的含义以及实现方法的不同观点也导致了不同的可持续发展的定义。关键的问题包含以下几个方面：可持续性是否应该被理解成资源的再生？我们如何根据后代的需求评估可持续性？我们是应该用市场的方法还是用计划指令的方法？

造成这一概念混淆的原因之一是关于什么应该被持续还存在着争议。可持续性的目标有时是指资源本身，有时是指建立在资源之上的人类生存方式。一些评论者强调生存的可持续水平，而另一些则关注消费的可持续水平。这两者之间的区别是十分重要的，因为全球范围内的发展在很大程度上由于主要发达国家的过度消费和不负责任的生产而变得不可持续。然而，目前为止出现的可持续发展政策从本质上来讲都是生产导向型的。在北方发达国家所存在的消费和“生态阴影”（ecological shadows）的问题相对而言还没有得到足够的重视（见专栏 12.5）。

专栏 12.5

消费和生态阴影

可持续发展要求改变过度消费的模式以及采取行动缓解生态阴影带来的破坏。消费的问题主要是因为富裕国家的人们大量地增加了他们的消费量，且他们的消费模式正在不断增长的全球人口中传播。在 1960—2000 年之间，世界人口数量增加了一倍，但是人均消费却增长了四倍。美国和欧洲虽然只占了世界人口的 12%，但是其私人消费支出却占到了 60%。其他国家也在争相效仿这种生活方式（Dauvergne，2008，p. 4）。

过度消费的问题因为全球生态阴影而变得更为复杂。那些存在过度消费的项目对人类和环境所带来的生态成本往往是由和这些项目毫不相干的人们所承受的，这些人往往是相对弱势的群体。多韦涅（Dauvergne，2008）列举出了几个类似的例子：

- 日本和美国从东南亚和南美的热带雨林国家进口木材；
- 欧洲人和北美人将电子产品运送到中国去回收处理；
- 印度不顾对环境所带来的影响而盲目地追求经济发展；
- 企业引入新的产品而不考虑其存在的长期健康隐患；
- 国家出口一些在国内由于安全原因而禁止出售的产品；
- 当代人污染后代人的大气、海洋和陆地。

这种观点所得出的一个结论是：那些消费最多的人应该承担最多的保护环境的责任。

虽然关于这一术语还存在争议，关于可持续发展的一个主流观点却在国内和国际政策决策过程中显现出来。换句话说，当前解决环境退化和贫困的方法是根据一个忽略了不同定义的分歧的主流定义而制定出来的。这种主流的观点来源于布伦特委员会（Brundtland Commission）。该委员会的报告《我们共同的未来》（*Our Common Future*）将可持续发展定义为：“既满足当代人的需要，又不对后代人满足其需要的能力构成危害的发展”。这里“需要”被定义为“世界上穷人的基本需要”，而“发展”被模糊地定义为“经济和社会的积极转型”（World Commission on Environment and Development，1987，p. 41）。这一可持续发展的定义即使不是一个标准的定义，也至少已经成为政策界最广泛使用的定义。如《增长的极限》（*The Limits to Growth*）等所提出的关于自然环境的局限性并没有得到广泛的认可，得到广泛认可的是“科技和社会组织当前的局限性”（World Commission on Environment and Development，1987，p.16）。

在可持续发展的讨论中所出现的一些共同的主题包括：

（1）可持续发展似乎不可避免地要求致力于平等，尤其是代际平等。关于代际平等的原则已经有一个总体的共识出现。换句话说，可持续发展的政策应该确保后代人的福利至少不低于当代人的福利。

（2）可持续发展要求将环境考量植入政策决策之中，且可持续发展的支持者强调资源使用的效率。资源使用效率的提高需要环境成本通过定价体系被内部化。具体就自然资源的使用而言，污染主要是经济生产所导致的，效率的概念被提出以便商品和服务的所有社会成本都可以通过生产投入以及消费品价格被体现出来。

（3）可持续发展的研究一直关注经济政策的改变所带来的国内和国际影响。在全球政治经济体系里，平等通常是用于讨论南北方国家关系的问题。先进工业国通过工业化过程获得当前的生活水平，而这一过程却导致了不可告人的环境影响。对于发展中国家而言，这一方式已不再可行。然而，采取可持续的政策成本是高昂的，除非先进工业化国家愿意转移主要的资源，否则这种政策不大可能被实施。

（4）可持续发展改变了对经济增长以及人均国民生产总值的迷恋，取而代之的是对发展的社会影响的更多关注。

可持续发展是目前解决发展的主流方法。它试图将发展的权利和可持续性的目标结合在一起。从政治角度而言，可持续发展必须强调经济增长，因为经济停滞的状态对于非洲、亚洲和拉丁美洲等发展中世界是不可接受的。这一概念在经济增长和可持续性这两者之间寻求着巧妙的平衡，但是却并没有指出当两者出现冲突时如何进行调节。

可持续发展的执行已经获得了一些成果。一个主要的进步是环境评估的主流化，尤其是在援助项目里。考虑新项目的环境影响已变得普遍。但是可持续发展的承诺并不等同于其有效的执行。多边机构的独立评估结果警告我们要关注环境目标的执行程度。此外，大多数私有部门的投资并没有受到环境评估和审查，因为虽然环境部门在发展中国家大量出现，但是很多缺乏资源和权力进行有效的干预并确保环境目标的实现。

第二个主要的进步是对参与式发展的更多关注。在受到发展模式和项目影响的利益相关者无法真正参与发展决策之中的情况下，这种老式的、不可持续的发展模式被改变的可能性很小，甚至还可能被强化。当利益相关者有一定的话语权后，可持续性才有可能真正实现。随着政府试图解决全球经济发展所带来的环境问题，可持续发展变成了一个争论的主要话题，同时也成了一个主要的政策措施。

□ 贸易和环境退化

第二个主要的问题是关于国际贸易和环境退化之间的关系。毋庸置疑，这是一个国际政治经济体系里的各种行为主体都参与争论的问题。从广义而言，一些观察者和参与者认为，贸易和环境保护是完美兼容的，且对自由贸易的追求将提升而非损害环境的可持续性；而另一些学者则认为自由贸易促进了不可持续的生产和消费模式的出现（Williams，2001）。这两种冲突的观点在贸易和环境的管理政策中体现得十分明显。这里，我们将讨论在这一领域存在争议的两个问题。

贸易自由化是否导致了“竞相降低门槛”（race to the bottom）以及污染避风港的出现？许多自由贸易的批评者声称，不受约束的贸易通过这两种途径对环境产生了破坏性影响。简单而言，在一个竞争世界里，企业不断削减成本并将生产从那些环境标准高的国家转移到那些环境标准相对较低的国家。考虑到跨国企业在世界贸易和跨国生产上的重要性，一些国家被认为竞相降低环境标准以吸引外国投资。由于一些国家从放松环境标准中获得了竞争优势，这就迫使另外一些国家也放弃严格的环境保护法规以获得同样的竞争优势。

另一个相关的问题是污染避风港。随着那些宽松的环境标准的出现，一些国家成为了污染的主要接受者，而另一些国家则享受着这种破坏自然环境的生产所制造出来的产品且不用承担任何环境成本。迄今为止，针对这些问题的国际监管还没有被建立起来。政府倾向于这样一个主张：自由贸易和环境监管间不存在矛盾。这种观点得到了很多经济学家的支持，这些经济学家认为“竞相降低门槛”并不是一个普遍的现象。经济学家认为，环境成本不是决定投资选择的主要因素（van Beers and van den Bergh，1997）。鉴于在大多数跨国企业的成本结构里环境成本并没有得到重视，生产的布局也就不可能主要利用较低的环境标准（Wheeler，2002）。相反，一些学者甚至认为国家可能从更高的环境标准中获得竞争优势（Nordstrom and Vaughan，1999）。污染避风港的假设也因此受到反对，因为它仅仅在环境成本比所有其他生产地选择因素都更重要的情况下才可能发生。

第二个政策问题是关于所谓的“生产过程与生产方法”（process and production methods，PPMs）。WTO 的规则要求成员平等对待国内和外国产品，不管其生产的方法如何。WTO 的规定是基于产品标准，即政府有理由基于产品本身的特征对进口进行限制，而不是基于产品被生产出来的方法。对环境保护主义者而言，这种决定导致了不可持续的生产、贸易和消费。

这一问题可以通过一个具体的例子进行阐释。假设你想要买一辆车并正在考虑两个不同国家的不同品牌。你所得的确切信息是，一国的生产方法对环境造成了破坏，而另一国却没有。你可能决定购买那辆其生产过程没有对环境造成破坏的汽车，因为你支持环境可持续性。也可能你的价值体系是不同的或者通过有污染的技术制造的汽车的成本要远远低于其他汽车，所以你将购买这辆其生产过程对环境造成破坏的汽车。问题在于我们是基于最终产品，即车便是车，还是基于生产的过程来判断是否应该限制某种产品的进口。

从环境保护主义的观点而言，生产过程对贸易所导致的环境退化起到了关键作用。因此，环保主义者一直在游说将生产过程与生产方法纳入贸易规则中。现状的维护者反对这种做法，因为他们认为基于生产过程的选择将在世界贸易体系中形成一种歧视性的倾向（Williams，2001，p. 5）。

由于 WTO 拒绝接受基于生产过程与生产方法的环境贸易措施，这个问题带来了国内环境改革和国际环境政策间的分歧。但是，基于生产过程与生产方法的环境贸易措施可能也存在着一些内在的问题。一个关键的问题是国家吸纳污染的能力和意愿（或价值观念）存在差异。如果针对发达国家所制定的环境监管措施被迫在发展中国家实施，这就一定是生态帝国主义的一个很好的例子。

此外，任何强加的全球标准都会使一些国家的比较优势受到损害。另一个执行PPMs的问题是对生产过程的监管。虽然存在这么多的问题，但是PPMs方法不能被忽略，部分是因为它对发展的可持续性至关重要，另一部分是因为产品和其生产过程已不断地融合在一起，难以清晰地区分开来。例如，如果我们关注可持续能源，我们将不得不关注能源的生产方法而不是最终产品。换句话说，注意力应该在生产的过程而不是产品本身。此外，能源使用的生命周期论显示出评估生产的过程和评估产品本身同样重要。作为环境可持续性的一种方法，生命周期分析关注产品的生产、消费和回收处置。另一个问题是政府积极地补贴绿色行业，而这一做法在本质上违反了贸易规则（见专栏 12.6）。

专栏 12.6

绿色能源和贸易争端：保护地球还是国家战略行业?

2012 年，美国和中国之间关于绿色能源的争端显示出了能源行业的复杂的政治经济学。美国起诉中国在美国市场上倾销（按低于生产成本的价格出售）太阳能电池板（International Centre for Trade and Sustainable Development，2012）。因此，美国提高了针对这些产品的反倾销税以及针对风塔产品的反补贴税。中国在最近的五年计划里一直将可再生能源作为重点关注领域。美国保护措施的结果是使得太阳能电池板和风塔在美国市场上更加昂贵。如果绿色能源被视为一种国家战略行业，那么经济民族主义者可能会支持美国这一行为，因为这将保护美国的生产者，如太阳能电池板生产商。自由主义者则认为这种政策是愚蠢的。如果中国想要为美国人提供便宜的可再生能源礼物，并且还是以牺牲中国纳税人的利益，为什么美国要拒绝呢？美国应该进口这些产品并使用它们。环保主义者认为，由于中国正逐渐成为全球变暖的主要原因，这个国家发展和生产廉价的绿色能源产品将符合所有人的利益。世界急需一个绿色的中国。通过贸易制裁惩罚中国发展和出口绿色能源是一个目光短浅的政策，尤其是考虑到全球变暖所带来的威胁。

□ 关于气候变化的谈判

2006 年中后期，气候变化成为了一个主要的政治问题，尤其是在发达世界里。电影《难以忽视的真相》（*An Inconvenient Truth*）在 2006 年 5 月的上映以及斯特恩报告《气候变化经济学》（*Economics of Climate Change*）在 2006 年 10 月的出版不仅增加了气候变化作为一个问题的关注度，而且还预示着后京都时期对气候变化的讨论发生了重要的转变。在一些方面，气候变化的国际政治经济学显示出了环保主义在当代政治体系中的主流化。

（1）全球变暖所带来的可见的影响，如飓风、干旱以及天气模式的改变（以及阻止全球变暖的国际倡议）导致了许多国家政府开始制定针对全球变暖的措施。这些措施包括减排方案以及寻求可再生能源。

（2）国际社会也做出了大量的努力以组织和协调各国应对气候变化的措施。始建于1988年的政府间气候变化专门委员会（The Intergovernmental Panel on Climate Change，IPCC）最先标志着气候变化将成为一个重要的国际政治问题。《联合国气候变化框架公约》（The United Nations Framework Convention on Climate Change，UNFCCC；1992）以及《京都议定书》（1997）建立了规范性的政策框架。

（3）解决气候变化对私有部门的依赖已变得愈发明显。

在《联合国气候变化框架公约》的条款里，国家被要求"收集和分享关于温室气体排放、国家政策以及最优做法的信息；制定解决温室气体排放和缓解预期影响的国家策略，如对发展中国家提供资金和技术的支持；加强合作以应对气候变化所带来的影响"。为了实现这些目标，签约国举行定期的缔约方会议以制定关于应对全球气候变化的政策。至今为止，该会议已召开了14次。在1995年柏林召开的第一次缔约方会议上，许多随后出现的在达成可行协议上的困难就已经显现。最有影响力的一次缔约方会议是1997年在京都召开的。这次会议促使了《京都议定书》的诞生。《京都议定书》为工业国设定了减排温室气体的目标。在"共同但有区别的责任"原则下，《京都议定书》将发达国家和发展中国家区别对待，且仅仅只有前者（附件1中的国家）才受到该议定书具有法律效力的约束。京都框架体系包含了三个机制：

（1）国际排放贸易机制：允许国家将未使用的排放权出售给超出了排放目标的国家。

（2）清洁发展机制：允许附件1中的缔约方国家（均为发达国家）在发展中国家执行减排项目。

（3）联合履行机制：允许发达国家缔约方通过在其他发达国家缔约方开展项目以达到减排标准。

虽然《京都议定书》1997年12月就被提出，但是在2004年11月俄罗斯正式通过该协议后，它才于2005年2月正式生效。直到占1990年碳排放总量55%的55个国家都通过了该协议后，《京都议定书》才正式生效。虽然《京都议定书》被广泛地认为无法解决全球气候变化的问题，但需要注意的是，主要国家并没有很强的政治意愿进行建立有效气候管理机制的谈判（Depledge，2006）。2009年12月在哥本哈根召开的第十五次缔约方会议也没能够建立一个令人满意的气候管理框架体系。

建立有效的气候管理机制面临着一系列障碍。虽然192个国家都通过了《京都议定书》，但是美国克林顿和布什政府的拒绝使其陷入了危机。在2008年奥巴马总统上台之前，美国一直拒绝《京都议定书》以及任何只限制发达国家温室气体排放的解决方案。一个更加合作的美国政府释放出了一些积极的信号，预示着后哥本哈根时代气候管理取得进展的可能性。另一个主要的障碍是发达国家与发展中国家之间就平等问题所存在的分歧。随着如中国和印度等发展中国家的工业化速度加快，它们的温室气体排放也大幅增加。主要的问题是如何将这些国家也纳入气候管理的体系之中。除非给发展中国家提供某种形式的财政补偿，否则它们不大可能接受这些约束性减排目标。另一方面，在2012年以后，发达国家并没有任何减排承诺。由于主要发展中排放国并没有被纳入减排体系之中，许多发达国家的政治家、工业家以及大众都不愿接受更多的有约束力的承诺（见专栏12.7）。气候变化的国内政治阻力也是气候管理体系无法取得进展的重要因素（Harrison and Sundstrom，2007）。

专栏12.7

2012年地球峰会

在第一次地球峰会召开20年以后，2012年6月第二次地球峰会在里约热内卢召开。第二次会议的规模比第一次大，但是成果却比第一次要少。虽然一些国家的领导人参与了此次会议，但是英国、德国和美国的领导人并没有参与。自从1992年以来，环境状况不断恶化，全球自然资源需求上升50%，碳排放上升40%以及全球人口数量预期从2012年的70亿上升到2050年的90亿。虽然面临着这些以及其他一些问题，这次峰会的成果却并不显著。国家代表们同意制定新的可持续发展目标，但是在欧洲、美国与中国、巴西、印度之间存在的关于“绿色经济”本质的分歧阻碍了这次会议取得进一步的成果。外界对这次会议的评价褒贬不一，但是它似乎并没有解决迫切的环境危机问题，而是反映出了关于全球气候行动的谈判所面临的不断增加的困难。

另一个重要的因素是气候科学一直以来所存在的争论（Dessler and Parson，2006）。虽然大多数知名专家都接受政府间气候变化专门委员会的结论，但是也有一小部分人提出有说服力和政治影响力的不同观点。气候“怀疑论者”否认全球变暖的存在，否认气候变化对人类的负面影响，否认气候变化的速度以及制定合适气候政策的可能性。即使在某些情况下就气候变化的重要性和减少温室气体排放的必要性达成了共识，共识性的政策框架体系却很难出现。碳排放贸易机制并没有被一些国家视为一个可行的体系。

总结

鉴于环境退化广泛的社会、经济和政治影响，生态问题已经成为了政治经济学研究的核心问题之一。经济和环境之间的联系以及解决公共资源的集体行动问题的必要性使当代环境问题成为了国际关系的核心。环境退化的原因是复杂的，分析这些原因要求我们理解经济体系和生态体系之间的联系。

本章表明，关于对环境退化过程的理解以及解决环境危机的方法目前还没有达成共识。一方面，新古典环境经济学建议将市场原则拓展到更多的经济活动之中。另一方面，对经济活动的激进生态主义方法强调从根本上改变经济体系、价值体系以及社会行为的必要性。

环境问题被引入 IPE 研究之中，这一变化使得传统的 IPE 方法对环境可持续性和环境合作的解释受到了质疑。在一个特定的绿色国际政治经济学方法缺失的情况下（Dryzek，1996），本章探讨了环境问题的出现以及解释和解决环境问题的不同方法。本章认为，当前的 IPE 研究并没有很好地考虑全球环境问题，因此需要通过对环境经济学和生态经济学的借鉴而得到补充。

社会体系、自然体系以及建立在它们基础之上的环境之间的相互联系是人类历史的主要特征，探寻环境退化的时间起点往往是毫无意义的。我们所理解的环境退化从本质上而言是社会化的。一代人所习以为常的事情另一代人可能无法接受。一个小的例子是吸烟。30 年前，在北美和西欧吸烟并没有被认为会给不吸烟者带来危害。然而，今天吸二手烟或被动吸烟被广泛地认为存在着健康威胁。

本章和第十一章都强调了观念在塑造人们对问题的看法上的重要性。我们如何考虑发展或者环境对我们行为的影响？第十三章将讨论全球政治经济体系中观念的重要作用。

扩展阅读

Jennifer Clapp 和 Peter Dauvergne（2011）*Paths to a Green World*：*The Political Economy of the Global Environment*：关于环境问题的一部出色的教科书。

Joanna Depledge(2006)'The Opposite of Learning：Ossification in the Climate Change Regime'，*Global Environmental Politics* 6（1）：1-22。

Adil Najam(2005)'Developing Countries and Global Environmental Governance：From Contestation to Participation to Engagement'，*International Environmental Agreements*：*Politics*，*Law and Economics* 5（3）：303-21：简明扼要地介绍了发展中国家对全球环境外交的参与。

Miranda Schreurs(2012)'Rio +20：Assessing Progress to Date and Future Challenges'，*The Journal of Environment and Development* 21（1）：19-23：写作于里约+20之前，客观地分析了联合国环境与发展会议自 1992 年以来所取得的有限的成果。

第十三章

观　念

本章讨论苏珊·斯特兰奇所称的"知识结构"。她认为知识结构"决定了发现什么知识，怎样储存知识以及谁用什么手段、根据什么条件和向什么人传播知识"(Strange，1988，p. 117)。我们的方法用"观念"取代了"知识"。观念的含义更宽泛，包含了关于世界如何运行的主观认识。我们对塑造全球政治经济体系以及被全球政治经济体系所塑造的观念和知识体系十分感兴趣。观念和知识在影响和约束国家、企业和个人的行为方面起到了重要的作用。

前面的章节已经强调了观念在全球政治经济体系中的作用。例如，在19世纪，认为欧洲人优越于非欧洲人的种族主义观念使帝国主义时代变得顺理成章。当前西方国家的物质权力是其在工业革命中以技术为具体表现形式的观念的结果。今天，关于自由贸易的观念促进了区域贸易协议和WTO的形成，而科技创新则是来源于信息技术革命。

本章关于定义的小节介绍了"观念"、"知识"、"信息"和"技术"的使用。关于理论的小节考察全球政治经济体系中强调不同观念的观点。这些观点包括将观念视为影响行为的独立变量的自由主义理论以及认为语言决定了人们对现实的理解的后结构主义方法。关于发展的小节考察信息革命和社会的发展。此外，该小节还讨论华盛顿共识的观念是如何成为当前国际政治经济体系中的主流观点以及为什么在20世纪90年代末期这一观念受到了挑战。本章所讨论的主要问题是技术扩散、药品的专利保护以及金融去监管化。

定义

本章中所讨论的观念是指关于人类世界、人造世界以及自然世界如何运行的思想。人类世界是指人与人之间的联系。人造世界是指人类的物质创造，如城市或者机器。自然世界是指物理环境，包括植物和动物。

一种最为普遍的观点是，观念是关于世界如何运行的认识或者主观看法。观念和思想有很多共同的元素。观念的一个分支是“世界观”。人们接受包含着关于人类本性和得体行为动力的假设的不同世界观。这种世界观可以被视为“意识形态”，即一系列在不同环境下指导人类行为的原则所激发出的观念。意识形态通常是和各种政治体制联系在一起的，如共产主义、法西斯主义、社会主义、保守主义以及自由主义。然而，世界观同样还植根于人们所认为的“常识”之中。常识是被大多数人所接受并指导其日常行为的观念。常识在不同的时期和不同的地点是不同的，并对人类的生活产生了巨大的影响。例如，19 世纪美国南方的白人形成了一个常识，即奴隶劳动力是经济的基础。然而在同一个地方，今天的常识则反对奴隶制度并视其为不人道的。

一些不同的术语和观念相关并通过不同的形式描述人类的思想。“信息”一词指的是新闻、数据、事实或者消息资料。信息是关于特定事物的一系列事实。例如，一个人可以获得关于一国经济表现的信息。“知识”则略微不同，指的是对信息的一种理解。这种理解导致人们通过一种合适的方式或者出于某种目的使用这些信息。某人可能可以获得大量的信息，但是却因为不知道如何组织或者理解这些信息而缺乏知识。“智慧”一词在当今的科技世界里已不再被广泛使用，它指的是一种从经验和对生活的思考中所得到的知识。它通常是和一个社会里的长辈们联系在一起的，且是从经验中获得的。本章中（或本书中）另外一种观念的表达形式是知识所创造的具体事物。这种事物指的是“科技”以及生产特定产品和服务的技术手段。

理论观点：关于观念的观点

传统的经济民族主义、自由主义和马克思主义 IPE 理论并没有给予观念足够的重视。它们参与到了关于这个世界如何运行的理论争论之中，但是并没有重视观念如何塑造全球政治经济体系的运行。然而，自从 20 世纪 90 年代早期以来，一些国际关系理论开始强调观念在理解全球政治经济体系中的重要性。这些理论都认为人类思考这个世界的方式影响人类的行为。然而，它们对于观念被政治化的程度以及对物质利益的看法却存在很大的不同。由于人们使用一些相互矛盾的分类和概念，观念的研究往往呈现出一些混乱的迹象。这里，我们介绍一些主要方法，从认为观念存在着独立但有限作用的自由主义和保守主义—构建主义到将观念和利益联系在一起的批判性方法，再到将观念和语言视为人类理解和行为的基础的后结构主义/解释主义—构建主义思想。

认知共同体的观点是一种相对温和的强调观念重要性的自由主义尝试。一个认知共同体是“某一领域中具有被人们普遍认可的技能且在与该领域的决策相关的知识方面具有权威性的职业群体”（Haas，1992，p. 3）。认知共同体的成员就某一问题的相关观念达成共识，并根据科学的依据而不是国家或者其他行为主体的政治利益提出解决方案。他们通过在充满不确定性的环境中为决策者提供关键信息而促进国家间的政策协调。他们作为信息的沟通者促进了国际体系的形成。通过在某一知识领域里的统治地位，认知共同体在国际谈判中发挥着重要的作用。认知共同体的概念在帮助我们理解科学家和科学知识是如何促进国际环境体系的构建中起到了尤为重要的作用（Haas，1992；Young，1999，p. 126）。

这种认知主义的方法存在着一些局限性。一种批评认为它无法对这些共同体之间以及其与其他利益团体或社会运动团体之间的关系进行理论化。这使得一些批评者认为一个认知共同体往往是偏向于持有某一种观点和理解的专家团体（Toke，1999）。其他一些批评者（Dunlop，2000）认为这种批评忽略了某一专业知识团体是如何必须通过建立联盟以影响政策的。另一个相关的批评则认为认知共同体没有解释知识是如何被用于支持或者证明现有政策的（Litfin，1994，p. 12）。此外，有人认为“科学共同体并不一定必须是共识性的或者没有偏见的。在认知共同体内部，冲突和矛盾时常发生”（Hurrell and Kingsbury，1992，p. 19）。另一些人认为，虽然科学家可能掌握相关的信息，但是政策的制定者是政治家。因此，政策产出反映的是社会制度、价值和权力的本质，而不是认知共同体的活动。认知共同体的影响可能并不总是依赖于它们对某种最为可靠的知识的掌控，因为那些饱受质疑和充满争论的知识在决策讨论中依然有影响力。例如，阻止气候变化的相关知识可能受到持反对意见的政治利益的挑战（见专栏 13. 1）。

专栏 13. 1

挑战认知共同体：关于气候变化的争论

政府间气候变化专门委员会（Intergovernmental Panel on Climate Change，IPCC）是由联合国环境规划署和世界气象组织在 1988 年成立的（www. ipcc）。它对气候变化的科学研究进行评论并发布报告总结相关的知识成果。来自世界各地的科学家以志愿者的形式在 IPCC 的项目中工作。其报告得到了 195 个成员国的认可。在 1990 年、1995 年、2001 年和 2007 年，IPCC 共发布了四份评估报告。这些报告总结了关于气候变化的科学观点，因此是认知共同体的一个典型的例子。这一组织和其报告在气候变化的相关问题以及国家所采取的针对性行动方面十分有影响力。全球变暖的认知共同体面临着政治上的阻力，这些阻力来自那些对全球变暖持怀疑态度的人以及受到抑制气候变化相关政策影响的利益团体，如石油产业（Sachs，2010）。反对的行动包括侵入相关科学家的电子邮件，夸大科学错误以及声称气候科学家为经济利益而扭曲了科研成果。最为重要的是，那些反对全球变暖的策略也是通过质疑已有的科学成果来阻止政府的行动。一些科学历史学家指出，这种质疑已有科学成果的策略在历史上也出现过，如企业反对烟草和吸烟、酸雨、臭氧层破坏以及二手烟的危害等相关的科学结论（Oreskes and Conway，2010）。面临着政治经济利益的反对，科学知识甚至被禁锢了。

另一个局限是专家社区影响国家政策的状况仅仅出现于那些存在科学共识的领域里。这种共识往往只存在于少数几个领域，这些领域主要是关于国际环境问题。

实践中，专门知识，甚至科学知识，在不同国家的不同社会背景里往往有所不同。一个很好的例子是 WTO、美国以及欧盟间关于激素牛肉的分歧。来自大西洋两岸的科学家可能可以就某些技术问题达成共识，但是可接受风险的标准却是由社会过程决定的（Skogstad，2001）。

对认知共同体的关注起源于国际关系学里的构建主义转变，而认知共同体又反过来对这一转变做出了贡献。构建主义者认为，知识和行动是社会创造的（或构建的），并能根据不同的目的而被塑造。国际关系学和国际政治经济学中的理想主义方法考察了行为者基于一系列假定的偏好而采取的战略性行为。相比之下，构建主义者考察这些偏好最初是如何产生的以及这些偏好对行为者的观念和行动产生了什么样的影响。对构建主义者而言，社会生活的观念层面和物质层面同样重要。换句话说，现实的社会构建和社会现实的构建同时存在（Guzzini，2000，p. 149）。在构建主义的研究里，规范处于核心的位置。国际政治经济学的理想主义方法倾向于侧重物质结构并将规范、规则和体系视为辅助行为者追求物质利益的副产品。构建主义则认为主体间意义对于行为者解释物质权力是十分必要的。观念位于构建主义理论的核心，因为实物、事件和行为者只有通过主观间的知识和实践才能获得意义。构建主义者认为"只有在主观间社会背景下有意义的行为才可能出现"（Hopf，1998，p. 173）。规范性体系赋予物质力量以意义并影响行为者的利益和身份。这一理论在美国的一个主要分支被称为"常规构建主义"（conventional constructivism）。这一分支重点关注规范和身份如何塑造国际政治（Checkel，2004）。

遵循历史唯物主义的传统，新葛兰西学者将观念和阶级利益联系起来。罗伯特·考克斯（Robert Cox）将这一批判性理论经典地阐释为"理论总是为某些人所用，并为某种目的服务"（Theory is always for someone and for some purpose）。这意味着理论和理论家总是和权力的构建联系在一起的且并不是中立的。有影响力的行为者将找到一些他们青睐的理论，而一些处于弱势地位的群体则可以从另外一些理论中寻求安慰。拥有先进工业的发达国家可能比欠发达国家更推崇提倡自由贸易的观点，因为欠发达国家担心本国的商业将消失。

因此，在建立一个国家或者社会团体的霸权地位时，关于观念的竞争是至关重要的。如果团体 A 能够让团体 B 和 C 相信 A 所提出的符合自己利益的提议同样对 B 和 C 有利，那么 A 将能够通过和别的团体合作进一步实现自己的利益。当一个团体让其他团体相信追随其领导将有利于它们利益的实现时，霸权就产生了。例如，美国在 1945—1971 年间对西方世界的领导地位被其他西方国家所接受并被视为共同的利益。这种分析使学者们将注意力集中在塑造政治行为的"常识"的争论之上。例如，鲁珀特（Rupert，1995b）分析了关于自由贸易对美国工人有利的"常识"是如何在关于《北美自由贸易协定》的争论中被质疑的。当常识被推翻或者被另一种观点所挑战时，政治争论将可能变得更加激烈。关于观念的争论在政治权力的争夺中将更加关键。

在国际政治经济学的研究中关注观念的另一种批判性方法是后结构主义。后结构主义是从法国哲学和文化研究中被借鉴到社会科学之中的。持有后结构主义观点的人强调"事实"是如何通过不同的方式被解读的。这种理论还被称为"解释性构建主义”（interpretive constructivism），因为它借鉴了解释学的语言学理论（Checkel，2004，p. 231）。后结构主义理论存在着不同的分支，这些分支理论强调语言是如何塑造我们的理解和行为的（Belsey，2002；Sarup，1993）。我们使用语言交流思想并对事实进行描述，包括口头语言、书面语言和视觉图像。但是，在我们的语言和我们试图描述的事物之间并没有完美的吻合。因此，“事实”和我们交流事实的方法之间总是存在一些疑问。一些后构建主义的分支理论认为，我们无法了解事实或“真相”。

这些理论是如何运用到国际关系学之中的呢？德格德（De Goede，2003）认为，将后结构主义运用到全球金融的研究中使得以前没有受到质疑的或者看起来中立的金融体系和安排被政治化。例如，作为一种试图描述“事实”的技术性语言，会计标准描绘了一幅关于事实的特殊画面，这一画面忽略了一些重要的因素。标准会计程序并没有考虑经济活动的环境成本，因此描绘了一幅与生态主义者所描绘的完全不同的画面。再例如，公众可能无法参与到经济问题的争论之中，因为这要求参与者在表达其观点之前掌握一种特殊的语言——新古典经济学。因此，语言被认为既塑造了全球金融的行为，又使某些声音得到了更多的关注。这种观点的贡献是它使得原本被视为自然的事情被“去自然化”。一旦这一过程被完成，主流的解释某种秩序的方法就很容易被其他观点和利益所挑战。

几种不同的观点所共同认可的是，观念已经植入制度体系之中（Goldstein and Keohane，1993）。行为模式、法律条款以及国际组织是在某一特定的历史背景下被建立的，反映了那一时期主流的观念。这些体系体现了促使其建立的观念。国际劳工组织的公约允许政府、商业部门和劳工拥有独立的投票权，这一机构设置反映出了这样一种观念：这三种社会行为者有不同的利益并要求以不同的方式表达这种利益。美国贸易法律体系体现出了自由贸易和贸易保护的双重特征，因为它是由源自自由贸易和贸易保护时期的法律所组成的。然而，故事并不仅仅如此。一旦某一体系被建立起来，它们便会成为一个冲突爆发的场所，在其中新的利益团体试图按照自己的观念和偏好改造这些体系（Cox，1983）。

总而言之，各种不同的理论解释了全球政治经济体系里的观念。然而，它们都强调观念和知识在影响和塑造国际政治经济体系里所起到的重要作用。本章借鉴三种主流理论的一些主要观点，并将观念和倡导特定观念的利益联系在一起进行讨论。

主要发展

二战后时期见证了知识创造和传播领域的两个重要的长期发展。在技术方面，信息革命爆发，一个信息社会被建立起来。随着原本根深蒂固的自由主义和凯恩斯主义观念向新自由主义和华盛顿共识的转变，以及后华盛顿共识时期所出现的不确定，世界观也同样发生了显著的变化。

□ 信息革命和信息社会

信息技术被认为从根本上塑造了全球政治经济体系（Castells，1996）。

1997 年 4 月欧盟委员会的一份报告指出（European Commission，1997，p. 16）：“信息社会是近年来受到广泛关注的一种社会。在这一社会里，低成本的信息及数据的储存和传输技术被广泛使用。信息和数据使用的普及化伴随着组织、商业、社会以及法律的创新，这些创新给人类的工作和生活带来了深远的影响。

认为信息技术革命从根本上改变了经济和社会组织的主张并没有被所有的分析者所接受。这里我们讨论技术变化在何种程度上导致了“新经济”体系的出现。除了技术对经济与政治关系的影响，另一个重要的问题是关于技术的可获得性。2003 年 12 月的信息社会世界高峰会议所通过的《原则宣言》认识到了在构建新经济时信息技术可获得性的重要性：“在一个包容性的信息社会里，所有人获得和创造信息、观念和知识的能力是至关重要的”（UN，2003，para. 24）。我们通过对全球数字鸿沟的讨论考察这一可获得性的问题。但是，在这之前我们先讨论信息对经济、社会和政治体系和过程的影响。

新经济的概念在关于信息革命的政治经济学讨论中处于核心地位。“新经济”的定义和相关的概念，如“知识经济”、“网络经济”或者“数字经济”，是社会科学家讨论的主要问题。考虑到不同的术语以及共识性定义的缺乏，我们总结一些定义所体现出的主要特征。“新经济”概念的一个核心元素是知识和科技作为经济增长驱动力的重要性。运用于经济过程中的科学和技术被认为给人类社会带来了史无前例的影响。与这种观点密切相关的另一种强调知识的观点认为，服务（尤其是与知识相关的服务）成为了经济积累过程中附加价值的最重要来源。这一变化的根源是科技创新，如微处理器的发明、软件发展的创新以及网络技术的引入。微处理器导致了电脑设备价格的大幅下降，软件使电脑更容易被使用，互联网通过其将人和网络体系联系在一起的能力使通信发生了革命性的变化。这些科技发展对宏观经济带来了巨大的影响，尤其是带来了较低的失业率和较低的通货膨胀。

新经济的观点受到了不断的批评。人们往往忽略了这一观点是华尔街和媒体的创作发明，或者最初是被用于解释美国经济在 20 世纪 90 年代的出色表现。因此，这一观点是基于“一半的事实、罪恶的历史以及痴心妄想”（Madrick，2001，p. 1）。另一批评者对新经济观点的保守主义思想以及其影响进行攻击。按照这些批评者的观点，新经济的提法被视为对工会和工人的攻击（Kotz and Wolfson，2004），因为这种提法为了为持续的科技增长和创新创造必要条件而支持私有化、去监管化、去工会化以及更加灵活的劳动力市场。工业行为改变的程度取决于科技，但是这些改变是否带来了经济增长和繁荣一直是一个争论的问题。

知识和科技对政治经济体系和实践的影响绝不仅仅只体现在新经济的观点上。一些人拒绝接受新经济的观点，但是他们依然可能承认科技发展所带来的变化。这里我们并不会详细讨论这些人的观点（大多数类似的观点主要是关于美国经济的），而是简要地介绍信息技术和知识对全球政治经济产生深远影响的方式。无论在哪种分析中，分析的核心任务都是评估科技发展所带来的变化和影响。对这些当前的变化以及发生在工业革命期间的创新进行比较分析的学者们认为，知识所起到的作用“从根本上而言”并不是一个全新的课题。不同的是“经济和社会所赖以存在的科技的种类——建立在信息通信技术之上的数字科技”（Carlaw et al.，2006，p. 651）。因此，一个主要的问题是这种特定形式的知识是如何改变传统行为的。这种知识的运用通过三种方式改变着全球政治经济体系：

（1）这些技术改变着我们的工作方式。这不仅仅是先进资本主义国家里的现象，而是出现在所有信息技术传播到的社会里。例如，在印度，电话服务中心的工人整夜工作以便能够为北美地区的顾客提供服务。

（2）数字科技正在对我们的休闲娱乐产生影响，并直接影响了我们的消费模式。这些变化体现在消费者网络购物、看电视或者在 iPods 上听音乐。

（3）知识的进步对食物以及健康科技产生了重要影响。生物科技的发展不仅仅影响了物质世界，而且还带来了一些新的道德争论，如关于干细胞研究或者转基因食品。

“数字鸿沟”指的是在获得数字科技上所存在的不平等。也就是说，一些人能够享受数字科技所带来的好处，而另一些则不能。这一术语既可以指国家内部不同家庭间存在的获得数字科技的差异，也可以指国家间所存在的差异。数字鸿沟被定义为“发达国家和发展中国家在利用各种形式的信息技术上所存在的巨大差距”（James，2001，p. 211）。虽然这一定义简单易懂，但是却没有共识性的评估方法存在。一些研究试图将数字鸿沟量化。国际电信联盟（International Telecommunications Union，ITU，2006，p. 4）声称：“在过去超过十年的时间里，就固定电话用户、移动用户以及网络用户而言，发展中国家和发达国家间的数字鸿沟在不断缩小”。另一方面，联合国贸易和发展会议的统计数据则显示出国家间存在的巨大差异（UNCTAD，2005，pp. 10-11）。统计方法上所存在的差异是出现这两种不同结论的原因。国际电信联盟的方法是测量发展中国家和发达国家的人均硬件分配（固定电话线、移动电话）以及网络用户数量（见专栏 13.2）。联合国贸易和发展会议的相关研究采用了测量不平等的标准方法（基尼系数和洛伦兹曲线）进行国家间比较。

专栏 13.2

互联网统计数据

- 70 亿世界人口中的三分之一使用互联网。
- 45％的世界互联网用户年龄在 25 岁以下。
- 发展中国家 25 岁以下的人群里有 70％的人无法访问互联网（19 亿人）。
- 发展中国家互联网用户比例从 2006 年的 44％增加到了 2011 年的 62％。
- 中国占据了发展中国家互联网用户的 37％，印度为 10％。
- 60％的欧洲人使用移动宽带，而非洲只有 4％。

资料来源：ITU（2011）.

数字鸿沟的影响主要是一些国家无法平等地享受信息经济所生产的产品和服务以及追赶先进国家科技水平的失败而带来的巨大成本。因此，数字鸿沟的重要性主要是其对发展的影响。信息通信技术对发展的重要性已经成为国家政府和国际组织关注的课题。联合国贸易和发展会议的一份报告认识到数字鸿沟“对社会、经济和政治发展所带来的显著影响”（UNCTAD，2005，p. 8）。从经济民族主义的观点而言，一个显而易见的事实是，国家间不断扩大的数字鸿沟将增加那些容易获得信息资源的国家的相对收益。鉴于信息科技所产生的附加价值，数字鸿沟增加了信息富裕国的收益。对信息技术的可获得性被认为与经济增长是正相关的（Becchetti and Adriani，2003，p. 2）。

数字鸿沟不一定是全球政治经济体系的一个永久特征，且对技术资源可获得性上所存在差异的关注并不能掩盖信息通信技术对发展所产生的影响。例如，信息通信技术在实现千年发展目标上起到了重要的作用（World Bank，2003）。世界银行认为，信息通信技术“如果被当作整体发展战略中的一部分而被合理运用，它将是一个强大的工具”（World Bank，2003，p. 8）。但是，它还警告：“信息通信技术仅仅只有在使用者能够获得这些科技并利用其创造出的机会时才能有所益处”（World Bank，2003，p. 8）。然而，信息通信技术对千年发展目标产生积极的影响需要一个有利的环境（Gilhooly，2005）。没有有利的经济、政治和管理环境，信息通信技术的积极影响将无法发挥。挑战在于如何在以下几个方面之间寻找到一个合理的平衡：私有和公共资本、包含了广泛利益相关者（政府、商业部门和公民社会）的政治体系以及促进创新的投资和监管。

□ 华盛顿共识的兴衰

在 1945 年以后的时期里，指导主要国家和经济体系的观念发生了几次变化。这里，我们重点关注其中一种著名的观念——被称为“华盛顿共识”的自由主义经济发展政策建议。在探讨观念在全球政治经济体系中的作用时，我们讨论几个突出的主题。这些主题包括观念和利益的关系、观念和实践的关系、对于观念的不同解释以及观念的不同实现方法。

从 20 世纪 40 年代后期到 70 年代早期，西方国家占统治性的方法被称为“嵌入式自由主义”（embedded liberalism）（Ruggie，1982）。从国内而言，国家通过福利政策进行收入再分配并通过政府对经济的管理支持就业。虽然不同国家形式之间存在着差异，如英美国家提供最小的福利，北欧的社会民主国家则提供高福利（Esping-Andersen，1990），但政府干预以促进经济发展已成为一个普遍的现象。从国际而言，美国和英国领导的国际体系促进了经济活动的自由化，但同时也允许国家采用不同的策略以追求经济发展。

在发展中国家里，主流的经济发展策略青睐国家在发展中的重要作用。国家的适当作用被视为有利于经济活动和经济发展。与西方的发展类似，发展型国家同样也存在不同的分支，如苏联的中央计划经济模式和东亚国家出口主导的资本主义模式。这些不同模式的一个共同的观念是：国家在经济发展过程中起到了关键性的组织作用。发展型国家的观点将国际体系视为国家发展的阻力。如第十一章中所讨论的，一些学者和国家领导担心当前的国际体系会使国家形成依赖，并认为为解决或缓解不平等而采取一些国家行为是有必要的。

1980—1997年间，国家主导的发展这一概念逐渐被许多金融、企业以及政府精英间形成的共识所取代。这一共识是，发展的秘密是让不受约束的市场力量指导经济活动。"华盛顿共识"一词就是用来概括这种经济发展的观点的。这里，我们讨论这一共识是什么，是如何形成的，有什么影响以及我们现在是否正在向一个新的、尚不清楚的发展概念转变。

"华盛顿共识"是约翰·威廉姆森（John Williamson，1990）创造的一个术语，用以概括受到美国政府（尤其是美国财政部）、IMF以及世界银行的官员和经济学家所广泛支持的一组经济发展政策。他在创造这一术语时特指拉丁美洲的发展政策。这些政策包括财政纪律（平衡的财政收支）、贸易自由化、自由浮动的汇率和利率、国有部门私有化、去监管化、税收改革以扩大税基、引导公共开支以增加经济回报并进行收入再分配，以及保护知识产权。

20世纪80年代早期的英国（撒切尔）和美国（里根）保守政府所实施的经济发展策略是以减少政府在经济中的参与为特征的。这种将新古典经济主张和实施这些主张的政治项目结合在一起的方法通常被称为"新自由主义"。新自由主义观点在全球的传播主要是由于以下几个因素：

（1）新古典经济学是被一群在美国的新古典经济学院接受教育的经济学家认知共同体所传播开来的。

（2）20世纪80年代早期的债务危机迫使许多发展中国家采取一个新的发展模式。旧的发展型国家模式在诸如墨西哥和巴西等国家都因为沉重的债务而失去了地位。如果这些国家想要吸引海外投资，除了新自由主义的经济结构调整以外，并没有别的模式供其选择。

（3）美国和IMF鼓励国家接受华盛顿共识的主要内容。陷入债务之中且急需来自IMF贷款的国家被要求接受结构性调整政策，许多这些政策都是华盛顿共识中所包含的，如贸易自由化、减少政府的作为、私有化、去监管化以及吸引海外投资。

华盛顿共识的政策建议被证明是十分有影响力的。一部分影响力来自这样一个事实，即主要国际金融机构和美国政府都积极地支持这些政策建议。接受这些政策建议的国家将受到IMF、世界银行和美国政府的青睐，而不接受这些政策建议的国家将面临很多问题。其影响力的另一个因素是该共识为政策制定者提供了清楚的克服经济困境的方法。国家决策者被告知，如果他们执行这些政策建议，他们将可以恢复本国经济发展。许多改革都是通过行政法令实施的，而不需要立法通过以及议会同意，因此接受华盛顿共识在政治上相对容易。第三个影响力的来源是在债务危机爆发之初这些国家所采取的发展策略似乎失去了信任。苏联模式在1989年的崩溃进一步加强了这样一种意识，即除了接受自由主义经济政策，这些国家别无他法。

尽管华盛顿共识这一概念有如此的影响力，但是将其视为主宰全球经济发展的普遍接受的准则是不准确的（见专栏13.3）。制约其影响力的一个因素是，实际上不同国家被按照不同的方法执行着这些政策建议。一些国家将全盘接受这些建议，但是大多数国家则是选择性地执行。国家接受其总体上的原则，但是却只执行某些特定的步骤。

专栏 13.3

占领运动

统治华盛顿共识并促进了美国和英国金融去监管化的自由主义观点在2011年受到了大规模抗议活动的挑战。受到埃及民众占领公共区域的启发，如在所谓的“阿拉伯之春”运动期间抗议者占领了埃及开罗的塔里尔广场，各种抗议者开始在世界各个地区占领公共区域。其中最为著名的是占领华尔街。在这次运动中，一些抗议者占领了纽约金融中心附近的祖科蒂公园。通过使用社交媒体，抗议行动在美国和世界其他地区传播开来（www. occupytogether. org）。

通过使用如“我们是99%”等标语，这些占领运动对企业和政府精英进行批评并重点强调不断增加的经济不平等及其影响。虽然这一运动并没有统一的领导且参与者来自各行各业，但是减少经济不平等成为了这一运动的核心精神。抗议者指责政府的债务减免和紧缩政策，要求经济再分配和经济公平。抗议活动最终被平息，但是这种意识形态上的抗议依然存在。这一运动成功地改变了关于经济的政治学讨论的本质。

这一共识的另一不足之处是，即使其拥护者也在一些细节上存在分歧（Naim，2000a，2000b）。有人认为处于经济困境中的国家应该实施休克疗法，也就是说，它们应该立即实施激进的自由主义政策。另一些则认为这种激进的策略将带来经济损害，改革应该稳步推进。一些人认为国家应该通过允许外国投资者进入本国股票市场的方法将金融市场自由化，并促进短期资本流入这些国家。另一些人则不同意这种做法且将资本账户开放排除在华盛顿共识之外。

第三个影响华盛顿共识统治地位的是一些不同意其政策建议的团体的反对。在20世纪80年代末期和90年代初期该共识处于鼎盛时期。在此期间，政府和经济精英确实就这些政策建议达成了共识，但是一些关键的社会团体和运动却并不支持这一共识。环境保护主义者指责不受监管的自由化所带来的生态破坏，工人组织反对其对工资和生活水平所产生的影响，而发展组织质疑这一共识的有效性。这些反对阻碍了这一共识及其政策建议的完全实施。

对华盛顿共识的反对导致了大量的抗议，同时也逐渐改变了这一术语的内容。支持者认为该共识代表着完美的经济政策，而反对者则认为这一术语体现了一种“市场原教旨主义”（market fundamentalism）的经济管理方法。“华盛顿共识”成为了世界上所有可能增加不平等和贫困的自由主义经济政策的代名词。虽然威廉姆森极力地阐释这一术语，但是他却无法确保其创造的术语始终代表其想要表达的含义。

到20世纪90年代末期，华盛顿共识的影响开始下降。亚洲、非洲和美洲的发展对该共识带来了巨大的挑战（Broad，2004；Öniş and Şenses，2005）。虽然许多新自由主义者声称亚洲新兴工业化国家的成功归功于它们所采取的自由主义市场政策，但是一些深入的研究却得出了不同的结论。从它们为全球市场进行生产的角度而言，这些经济体是市场导向的，但是它们都有着支持和引导国内企业活动的干预主义政府。华盛顿共识的另一个冲击是1997年东亚金融危机的爆发。此次危机被视为是由一些过早开放本国资本市场并将本国经济暴露于金融混乱之中的国家所引发的。虽然资本开放并不是原始版本的华盛顿共识的内容，但是它和新自由主义政策紧密地联系在一起。IMF试图将标准的自由主义紧缩政策在陷入危机的国家中推行，并因此使危机进一步恶化，招致了来自左翼和右翼的大量批评。在非洲，许多国家在经历了大约20年的结构性调整之后依然面临着经济停滞和经济增长乏力的状况。在美洲，两个彻底地接受了华盛顿共识政策建议的国家却是遭受金融危机破坏的国家（1994年的墨西哥和2001年的阿根廷），这使得许多人质疑这些政策建议的有效性。在美国，一系列公司犯罪丑闻，如安然公司的破产，使关于企业在去监管的市场上滥用权力的问题成为了焦点。

华盛顿共识的支持者对这些问题的回答是，这些缺点都是因为政策执行的失败。这些政策建议可能是正确的，但是却产生了不良的效果，因为它们要么部分被执行，要么错误地被执行。这使得华盛顿共识的支持者试图将施行这些改革措施的公共部门加入该共识的内容之中。这就导致了施加给发展中国家的“第二代”改革浪潮的出现。这轮改革的内容纳入了通过在公共服务部门中建立法治、增加透明度以及消除腐败的方式所建立的善治（good governance）。华盛顿共识的基本内容依然存在，但是一系列改革发展中国家政府机构的措施被添加进来（Krueger，2000）。

一些讽刺的现象由此出现：

（1）华盛顿共识最初试图减少政府的作用，但是后来却强调改善政府体系。这一转变和20世纪80年代以前的发展型国家理论家的观点不谋而合。它们都强调政府在辅助经济发展中的作用。

（2）执行华盛顿共识政策建议的结果之一是政府被弱化，但是这个政府同时还被要求更加积极和高效。对政府作用的需求依然存在，但是政府的能力却被降低了。

（3）当前关于发展的政策建议涉及面如此之广，以致它们要求发展中国家拥有发达国家的所有特征，以便促进发展（Naim，2000a，p.522）。

（4）虽然要求政府改革的呼声广泛存在，但是帮助发展中国家实现这些改革的路径却并不清楚（Naim，2000a，2000b；Santiso，2004）。

到2005年，普遍认为一个新的“后华盛顿共识”可能被发展起来，但是关于其具体的内容却并不清楚。正如上文所提到的，最初版本共识的支持者要求一个强调政府改革的改进型共识。另一方面，一些偏左翼的观点认为一个强调民主、对全球经济的监管以及生存机会平均分配的社会民主模型将可以对华盛顿共识进行有益的补充（Held，2005）。一些更加偏左翼的思想呼吁放弃最初的华盛顿共识，执行国家主导的发展策略（Fine et al.，2001）。2008年美国金融危机进一步破坏了华盛顿共识，使得人们更加怀疑这一来自华盛顿的发展模式以及不受监管的市场在促进经济发展上的作用。

从嵌入式自由主义到后华盛顿共识，关于全球经济运行的观念影响了政策制定者和其他主要参与者的行为。这些观念和政策建议使得不同的社会群体受益或者利益受损。因此，观念的争论同样也是权力和财富的争夺。

主要问题

关于观念和知识的三个主要问题是技术扩散的速度和程度、知识产权的范围和执行以及观念和利益在全球金融危机爆发中的作用。

□ 技术扩散

技术扩散是许多国家、企业和个人所面临的一个重要问题。随着先进工业化国家技术的快速发展，其他国家、企业和个人都在努力追赶。正如工业革命赋予了那些能够利用工业化发展的国家和个人以权力并以牺牲那些没有进行工业化的国家和个人的利益为代价，类似的担心是信息革命将创造同样的不平等。这种不平等和权力的分化可能更加严重，因为引领信息革命的国家正是那些在工业革命中发展起来的国家。关于技术扩散，有两个进一步的问题出现。一个是生产技术的扩散，另一个是技术通过作为一个整体的社会的扩散。

为世界市场进行生产的企业和国家需要不断更新其技术以确保生产的效率。然而，企业却戒备性地保护着自己的技术并要求为技术分享获得经济补偿。随着知识产权被纳入 WTO 体系之中，获得新的技术变得更难且成本更高。这限制了发展中国家或发展中国家里的企业模仿其他国家的技术以满足其发展需求的能力。在工业革命期间，英国的竞争对手模仿、偷学和购买英国的技术以保持相对于英国的竞争力。但是，今天的法律环境使模仿和偷学变得更加困难。拥有先进技术的企业通常都在发达经济体里，正如许多领先的研究机构一样（见专栏 13.4）。发展已经落后的国家在追赶富国时面临着不断增加的技术壁垒。

专栏 13.4

知识的不平衡分配：专利和诺贝尔奖获得者

对各个国家专利数量以及诺贝尔奖获得者数量的粗略考察揭示了全球经济中在知识的创造和控制上所存在的不平衡。专利是用来保护企业和个人的知识产权的。非专利拥有者禁止使用这种受专利保护的知识或者必须向专利拥有者支付一定的许可费。那些申请专利数量更多的国家积累了更多的知识和发明，而那些数量较少的国家则只能购买这些知识和技术或者等待专利过期。2011 年，美国的专利数量超过了 12 100，而日本的专利数量则是 48 256。同一年，中国和印度的专利数量分别只有 3 786 和 1 259（US Patent and Trademark Office，2011）。即使只有一小部分专利最终转化成商业产品，中国和印度相对于美国和日本依然处于技术上的劣势地位。

类似的知识集中的现象还可以通过诺贝尔奖获得者的居住国进行考察。诺贝尔奖每年颁发给对其学科领域做出突出贡献的个人或团体。从1950年以来，化学、物理学、生理学、医学和经济学领域里超过60%的诺贝尔奖都是由居住在美国的人获得。差不多有三分之一的美国诺贝尔奖获得者是移民（Wasow，2006）。这显示出世界上许多顶尖的科研机构都位于美国且这些机构和这个国家从世界各地招募顶尖的科学家。

另一方面，在一些案例中，技术进步可以帮助国家实现跨越式发展。例如，发展中国家移动电话的引入使其得以在缺乏铺设电话线的金融和资源投资的情况下依然建立了通信的基础实施。

□ 知识产权和生命（艾滋病）

关于观念领域的第二个主要问题是与生活必需品或生命本身相关的观念应该在何种程度上被私人拥有。这个问题在对救命药和微生物的知识产权保护方面体现得尤为明显。

如第六章所述，1995年以后，随着WTO开始致力于保护知识产权，知识产权的所有权问题就成为了全球政治经济中的一个重要问题。WTO的《与贸易有关的知识产权协定》规定："在所有技术领域里，无论是产品还是生产工艺，任何发明都应该可以获得专利，只要它们是新发明的、有独创性的且能够被运用到工业上的"（GATT，1994，Article 27，s.1）。WTO的知识产权规定反映了关于私人产权和知识间关系的一系列观点。按照这些观点，投入时间和资源创造新的知识产品的企业或者个人就应该拥有法律权利通过禁止他人使用来保护自己的知识，除非他人按照约定的价格进行补偿。基于两个理由，这一政策被认为是合理的。一个理由是，如果知识产权的创造者没有得到合理的补偿，他们将不会继续生产人们所需要的产品。第二个理由是知识产权是劳动产品，因此其生产应该和其他的劳动产品的生产一样获得补偿。对药品的专利保护期限通常是20年。

这种对待知识产权的方法体现了在药品、电脑软件以及娱乐等领域里占统治地位的大企业的利益。的确，通过WTO实施知识产权的提议最初是由美国政府通过知识产权委员会提出的。该委员会在1986年包含了以下企业：百时美、施贵宝、迪吉多、FCM、通用电气、惠普、IBM、强生、默克、辉瑞、宝洁、罗克韦尔国际和时代华纳（Sell，2006，p.194）。该委员会面临着双重任务。第一，跨国企业不得不说服美国政府将对知识产权的国际保护视为美国的头等任务。第二，美国不得不说服或者迫使别的国家接受同样的观点。然而，尽管关于严格保护知识产权的观念已经在WTO中被制度化，但争议才刚刚开始。

WTO知识产权规定的主要问题是它将专利拓展到了用于治愈传染病的品牌药，尤其是它加强了西方药品生产商对一些抗逆转录病毒药物的保护。这类药物被用于治疗艾滋病（人类免疫缺陷性病毒/获得性免疫缺陷综合征）。专利保护意味着普通药物生产商不允许生产便宜的仿制药。问题在于主要的艾滋病病人都生活在收入水平很低的非洲，因此他们支付不起这些维系生命的品牌药。每位病人每年使用抗逆转录病毒品牌药物进行治疗的费用从2 738美元到22 000美元不等，然而撒哈拉以南非洲的年人均收入只有 601 美元（Floyd and Gilks，1998；World Bank，2006c）。对知识产权的严格实施意味着大约有 2 600 万个遭受艾滋病折磨的非洲人或者其所在国政府无力支付这些品牌药。

保护私有知识产权和人权与健康之间的冲突激起了各大洲之间关于 WTO 知识产权规定以及各国为实施这些规定的相关立法的争论。《与贸易有关的知识产权协定》过去允许国家以出于维护公共健康为目的仿制救命药。但是这一规定存在一些缺点。第一，争论在于什么药物符合这一标准。第二，国家被允许制造仿制药，但是不允许从别的国家进口仿制药。因此，那些拥有制药产业的国家，如巴西和印度，可以制造仿制药，而撒哈拉以南非洲国家并没有制药产业，也不允许从印度或巴西进口。冲突的一方是 WTO、北方国家的制药企业和美国政府，而另一方则是许多发展中国家政府、普通制药商和本地及跨国非政府组织。后一方里的活动家有效地将急需药物治疗的病危者和主要制药企业的利益进行对比。这种要求放松相关药物知识产权监管的压力不断累积，直到 2001 年在《关于 TRIPS 协定和公共健康多哈宣言》中 WTO 成员被允许进口抗逆转录病毒仿制药。

关于寻求保护企业利益和保护健康权利间平衡的争论揭示出全球政治经济体系里关于健康所存在的不平等。大多数专利的持有者都是北方国家里的企业，而许多利益受害者是发展中国家里的贫穷者。北方国家向发展中国家施加压力，迫使它们接受损害本国居民公共健康利益的 WTO 条款。除了艾滋病的案例以外，另一个令人瞩目的不平衡存在于药物研发和全球健康需求之间。制药企业主要针对富裕的西方国家进行药物的研发，却很少关注在发展中国家里剥夺上百万人生命的疾病，如疟疾。开展关于阳痿、脱发、脚趾甲真菌症或者皱纹等研究能够为制药企业带来更多的利益。虽然数以百万的人死于疟疾，然而一种新的疟疾药物的销售是不可能和伟哥第一年 10 亿美元的销售额相比较的（Silverstein，2002）。

对药物、植物、种子甚至对现存生命形式的新使用等产品的专利保护激起了激烈的争论并带来了新的问题。企业所发现和创造的观念和信息是否应该得到保护？如果是，是否应该对这种保护加以某种程度的限制？跨国企业对生命形式申请专利是否可接受？这种形式的专利是否为生物剽窃？（见专栏 13.5。）

专栏 13.5

生物勘探者（bioprospectors）和生物剽窃（biopiracy）

生物勘探者对陆地、海洋和天空进行探索，试图寻找制造新药物和工业产品的自然原料。类似原料的例子包括用于制造止痛药鞘内输注（Prialt）的海蜗牛毒液和用于制造肾移植药物雷帕霉素的复活节岛土壤（Elias，2006）。虽然许多这些发现都被证明是有用的，但是问题在于这些生物勘探活动背后的权力关系和经济利益。这些被开发的原材料通常都存在于发展中国家，将这些原材料制造成适销产品的研究却是由发达国家里的企业或大学进行的。因此，专利权是由发达世界里的研发者所持有，利益也自然就流入了这些国家里的跨国企业或研究性大学。那些其自然资源被利用的国家里的人们却并没有获得任何收益。

此外，许多对这些本地生命形式习以为常的本地人并没有西方的知识产权意识且拒绝承认外来者对这些生命形式申请专利。从这个角度而言，对发展中世界里的生命形式进行开发的发达国家组织正在进行生物剽窃。

□ 观念、利益和全球金融危机

2008年以美国为中心的金融危机摧毁了数以万亿计的财富并使世界经济陷入了衰退。此次危机的起源是政府对金融行业监管的失败，尤其是美国政府。问题在于：金融去监管的观念之前是如何变得如此有说服力以及这些观念为什么会导致危机?

在20世纪90年代期间，金融市场参与者和监管者被一系列观念所说服，即放松对金融市场的监管将创造大量的财富。此外，金融市场被认为是高效且可自我调整的。没有政府的干预，市场参与者能够进行自我监管。稳健且盈利性的金融行为将在市场竞争中胜出。虽然可能会有不当行为出现，但是这些问题都会被市场解决。时任美国联邦储备委员会主席的格林斯潘在反对美国商品期货交易委员会对金融衍生品进行监管时的言论很好地反映了这一观点。他说："有效监管的主要来源一直是对交易对手方有充分了解的私人交易者。政府监管仅仅起到后备作用。在创造市场净效益时应该对政府监管十分小心"（Greenspan，1998）。

这些观念并不新鲜，因为自由主义理论的一些观点已经宣扬最小化市场监管长达几个世纪之久。然而，不断出现的金融崩溃，如1929年的股票市场崩溃，带来了一个有趣的问题：为什么政策制定者又采用了过去带来过灾难性后果的政策？约翰·肯尼思·加尔布雷思（John Kenneth Galbraith，1975）认为去监管、金融危机和再监管的周期性转变主要是由人们记忆的衰退导致的。金融灾难的后果能够存在于一代或两代人的记忆之中，而新一代人不断地想象并认为他们已经克服了前一时期所存在的问题。一些新的科技（如电脑）或者新的技术方法（如高等数学公式）说服了一些金融家和监管者，使其认为他们已经发现财富永恒增长的秘密。实际上，他们并没有发现任何东西且简单地重复着前人的错误，只是方式略微不同。

虽然这种解释貌似合理，但是在解释金融监管的变化时，我们不能仅仅只考虑观念本身的影响或者监管者对过去金融危机记忆的衰退。金融界一直积极地参与到政治之中，并不断地试图改变监管体系以谋求利润的最大化。从1998年到2008年，银行（投资银行和商业银行）、保险公司、对冲基金和资产公司等用于游说监管者的花费多达50亿美元。这包括17亿美元的政治献金和用于支付3 000名注册游说大军的34亿美元（Weissman and Donahue，2009，p. 6）。

金融界给民主党和共和党都提供资助，以确保无论哪个党派执政他们的利益都不会受到损害。虽然共和党的执政理念更加支持去监管，但是民主党的主要官员也同样支持类似的议程或者接受来自金融界的大量资助。金融企业影响政府行为的一个例子是高盛投资银行的首席执行官在民主党执政（Robert Rubin，1995-9）和共和党执政期间（Henry Paulson，2006-8）都曾被任命为美国财政部长。

金融业在政府监管体系改革上的综合影响是相当成功的。在过去十年期间，金融监管被修改以便企业能够在更少的政府监管下开展风险更高的业务（见专栏

13.6）。一系列提议允许银行扩大规模，拓展了银行的业务并最终增加了银行的利润。这些倡议和行动包括：

- 取消保险业和银行业间混业经营的限制。
- 允许通过表外账户隐藏债务。
- 允许通过投资银行自愿设定债务负担限制。
- 允许商业银行基于内部风险模型设定存款准备金率。
- 通过放弃反垄断的规定促进企业并购。

专栏 13.6

1998—2008 年（美国）12 项金融去监管政策

（1）1999 年，议会废除了限制商业银行和投资银行合并的《格拉斯-斯蒂格尔法案》。

（2）允许表外账户的相关规定使银行将其负债隐藏起来。

（3）克林顿政府阻止商品期货交易委员会对最终成为大规模投机工具的金融衍生品进行监管。

（4）2000 年，议会拒绝通过《商品期货现代化法案》以及其对金融衍生品的监管。

（5）2004 年，证券交易委员会对投资银行采用了自愿监管的体系，这一体系使投资银行能够维持高负债水平。

（6）在金融业的请求下，全球监管者采用了允许商业银行基于其内部“风险评估模型”决定其资本准备金的规则。

（7）联邦监管者在 21 世纪之初的几年里拒绝阻止掠夺性贷款行为的蔓延。他们并没有制定相关的规定或者执行现有的规定。

（8）联邦银行监管者拥有取代消费者保护法的权力，这些法律本来可以减少掠夺性贷款和其他违规操作。

（9）联邦法规阻止滥用贷款行为的受害者起诉从发放原始贷款的银行购买这类贷款的企业。

（10）房利美（Fannie Mae）和房地美（Freddie Mac）拓展了其传统的业务范围，进入了次级贷款市场，并最终使纳税人承受了几千亿美元的损失。

（11）反垄断法和相关管理规则的废除创造了大而不能倒的超级银行，这些银行从事比规模较小的银行更具风险的业务。

（12）受到利益冲突的困扰，私有信用评级公司对住房抵押贷款支持证券（mortgage-backed securities）的质量进行了不正确的评估。一项 2006 年的法律限制了证券交易委员会对这些公司进行合理的监管。

资料来源：Weissman and Donahue（2009）.

在银行不断变大和从事风险业务的同时，对非银行金融机构和工具的监管也受到了阻力。民主党总统克林顿和随后共和党控制的议会阻止商品期货交易委员会对风险性衍生品进行监管。联邦监管者同样拒绝限制金融机构的掠夺性贷款，并反对州政府采取类似的行动以及消除了客户因为类似的贷款而起诉金融企业的可能性。以扩大房屋拥有率为名，大型抵押贷款机构被鼓励向高风险客户发放越来越多的贷款。联邦监管者同样拒绝对信用评级公司里所存在的利益冲突进行审查，这些公司收受被评估人的费用并对被评估人进行评估。

大众媒体强化着这样一个概念：去监管的金融市场起到了积极的作用且房地产繁荣增加了国家的财富积累。金融机构通过电视广告鼓励个人申请低利率的抵押贷款或者对房屋进行再抵押以获得消费的资金。基于市场投资的个人基金被作为一种退休后美好生活的保障而出售。精心设计的财经频道，如 CNBC（消费者新闻与商业频道），24 小时播报着金融市场繁荣并满足着市场交易者获得及时信息的需要。考虑到其为金融界提供服务的本质，财经电视网络分析者和嘉宾直到被金融危机所震惊时才意识到它的存在也就不足为奇了。对 CNBC 的作用最为激烈的批评并不是出现在主流媒体上，而是出现在乔恩·斯图尔特（Jon Stewart）的喜剧秀中。斯图尔特（Stewart，2009）将商业电视网络金融专家的乐观且非常错误的评论和真实世界中的金融崩溃与损失进行了有趣的对照。

金融去监管的观念和信用/债务的大量增长受到了广泛的支持。金融服务领域从 1980 年占美国 GDP 的 15％增长到了 2004 年的超过 20％。更令人惊讶的事实是，金融服务行业成为了企业利润的一个主要来源，其占企业利润的比例从 1990 年的 20％上升到了 2004 年的 45％（Phillips，2008，p. 31）。随着企业利润的上升，个人财富也大幅增长。首席执行官的平均薪酬（金融业最高）从 1965 年超过普通工人的 24 倍增加到了 1989 年的 71 倍，再增加到 2005 年的 262 倍（Mishel，2006）。即使在企业表现糟糕的情况下，股票期权、股份和奖金也使得金融企业首席执行官的工资大幅增长。除了获得高额报酬的企业高层，许多普通人也从信用扩张中获益。在真实工资停滞不前的情况下，个人能够借债消费。许多个人通过信用卡购买消费品，并利用住房抵押和贷款的便利获得了大量的抵押贷款。在仅仅 7 年的时间里（2000—2007 年），美国家庭债务增长了一倍，增加到了 13.8 万亿美元（McKinsey & Co.，2009）。

随着金融和房地产泡沫的逐渐扩大，对金融去监管的支持也遍及社会精英和普通大众。这有助于解释那些从某种政策中受益的人是如何迫切地在公共场合维护这一政策的。然而，这些存在问题的数学和技术模型同样也加速了金融崩溃的出现。华尔街金融企业雇用了大量的专业人员对市场战略进行指导和执行。为了寻求最好的投资回报，许多这些公司雇用毕业于名校的数学或经济学博士来制定和执行相关的策略。在一个被假定为理性的市场上，正式数学模型将发现最高效的策略。这些模型却出于两个原因导致了金融混乱的出现：

（1）这些模型强调概念，但是却无法适用于随机或者不可预见性的发展（Taleb，2004）。它们假设未来和现在是类似的，但是未来往往会令人惊讶。但当这些令人惊讶的事情出现时，基于这些模型的金融战略将被证明是灾难性的。

（2）它们假设市场参与者将采用理性的行为。这一假设通常适用于正常时期或者金融繁荣时期，一旦情况开始恶化，市场参与者的行动更可能被恐惧和恐慌所左右。

金融市场并不是如之前所认为的那样是理性的、稳定的、可预估的或者可自我调整的。这一揭露导致了对理性新古典经济模型的重新审视。面对不断出现的市场失灵，几个经济学家试图将心理学因素纳入经济理论之中（Akerlof and Shiller，

2009；Lo，2004)。这一转变是对构建主义政治经济学理论的回归。

总结

观念冲突的背后是国际政治经济体系里许多主体间不同知识体系和世界观的竞争。这种关于世界观的竞争在后华盛顿共识时期更加剧烈。这一时期并没有出现一种足以替代新自由主义的理论，而是出现了一系列反对新自由主义的观念和理论。这些理论的一个共同观点是：在分配资源和评价不同的价值观时，一个新自由主义的市场不应该是唯一的机制和最终的决策者，且跨国企业的权力必须受到抑制或监管。

全球政治经济体系里存在着一些不同的知识体系，其中一种是以本地知识为中心的。这种价值体系已经发展了几代人之久且提出了一种对人和自然关系的不同理解。这种体系并不是依赖大量的信息或者抽象的模型，而是汲取过去人与自然相处的经验以及老者所拥有的或者世代相传的智慧。如第十二章所述，许多环境保护运动同样也代表着一种新形式的知识。与本地知识相关的观点类似，环保主义的知识将人类视为自然界的一部分而不是自然界的主宰者。第十章强调了女权主义知识的贡献，这种知识挑战了理性主义的模型。女权主义者时常强调关怀伦理而不是对自我利益的追逐。

我们可以看到这些在本地层面和全球层面出现的不同形式的知识。就全球而言，世界社会论坛上的各种活动家会议显示出了知识的多样性。世界社会论坛的标语“另一个世界是可能的”(Another World Is Possible)对自认为找到了人类发展唯一路径的新自由主义提出了挑战。这些不同的知识形式与支持它们的社会力量和机构与主导性的知识体系形成了竞争。双方都力争能够达成指导全球政治经济实践的共识。观念和知识在全球政治经济体系的发展演变过程中起到了核心作用。世界观和常识指导着人类发展并影响着人类的行为。虽然一些世界观成为主流，如 20 世纪 80—90 年代的华盛顿共识，但是许多替代性的世界观也在挣扎着谋求发展。这些世界观对分配产生了显著的影响，因为它们通常青睐于某种社会团体。对以知识和科技形式出现的观念的可获得性同样在全球政治经济体系中产生了重要的影响，因为它深深地影响了经济发展和人们的生活水平。因此，各种世界观、科技和知识之间的竞争是全球政治经济体系里的重要方面。

第十四章将注意力从观念世界转移到物质暴力之上。虽然安全、冲突和战争通常是在国际关系学而非国际政治经济学中被研究，但是政治经济和全球安全间存在着紧密的关系。

扩展阅读

Robert Cox(1983)‘Gramsci，Hegemony and International Relations：An Essay in Method',*Millennium* 2（2）：162-75：对观念、利益和权力间的关系进行了探索。

Peter Haas（1992）'Introduction：Epistemic Communities and International Policy Coordination'，*International Organization* 46（1）：1-35：考察了科学专家在国际政策制定中的作用。

Craig Parsons，Rawi Abdelal 和 Mark Blyth（eds）（2010）*Constructing the International Economy*：一部关于构建主义和国际政治经济体系的著作。

Paul Krugman（2008）*Depression Economics*：对 2008 年金融危机背后的新自由主义观念和实践进行了评论。

第十四章 安　全

国际政治经济学和国际安全研究已经发展成了国际关系学和政治科学的分支学科，且在许多大学和学院里作为独立的课程教授。然而，政治经济学和安全研究的紧密联系在这两个分支学科的研究里早就得到了认可。的确，在国际政治经济学的一部开创性的著作里，安全体系被认为是国际政治经济权力体系中的一个关键部分（Strange，1998）。本章考察安全的国际政治经济学，并将本书其他章节中讨论的各种主题所涉及的安全问题进行更直接和系统的讨论。近期所出现的相关文献从安全层面对这些主题进行了研究，如发展（Ballentine and Sherman，2003）、环境（Dalby，2002）和性别（Hudson，2009）。

本章通过考察安全观念的变化、国际政治中寻求安全的不同方法以及经济体系和过程与安全之间的联系介绍安全的政治经济学。本章首先讨论安全的不同定义和概念，然后讨论国际政治经济学中研究经济和安全关系的不同理论以及探讨经济和安全问题间的主要联系。在“主要发展”小节中，我们探讨自从二战结束以来国际安全体系的演化。本章中所关注的主要问题是经济国策、跨国犯罪以及传染病。

定义：关于安全的三种观点

简单而言，安全指的是避免受到威胁和迫害所进行的保护。然而，安全这一概念是充满争议的，没有共识性的定义存在。主要的争论点在于安全所涉及的对象，即什么或者谁被保护以获得安全。下文中我们介绍关于安全的三种不同理论——传统的国家中心理论、新安全研究以及人类安全理论。许多关于安全的研究和思想都涉及了这些理论。

□ 传统国家中心理论

在传统的国际关系理论中，“谁的安全?”并不是一个主要的问题，因为这些理论研究的对象是国家，因此国家就理所当然是安全研究的主体。安全的概念通常是和国家的安全联系在一起的。这一联系很容易被理解。国际关系学学者的主要研究都是针对一战和二战以及冷战所带来的威胁。这些学者将国家间战争与和平的问题视为这一领域的核心问题（Morgenthau，1973）。国际体系被视为是无序的，没有一个如国内政治中的政府一样的最高权威存在。正是由于这种无序的状态，国家陷入了彼此竞争之中且必须通过追逐权力以确保安全。因此，安全有三个核心特征：

（1）安全和安全研究是关于保护国家的领土完整和核心价值观免受外部（以及内部）威胁。

（2）在一个无序的国际体系里，国家安全是政策制定者和国民重点关注的问题。的确如此，如果缺乏有效的安全政策，国家将可能丧失主权。

（3）对军事的强调可能是安全的决定性因素。换句话说，安全在大多数情况下都是从军事的角度被定义的。

这种关于安全的传统理解是以国家为基础的且更加关注军事冲突。一种观点认为，这种理解为国家追求其安全提供了一个简单且明确的基础。然而，沃尔弗斯（Wolfers，1952）则认为事实并非如此，“国家安全”是一个模糊的概念和目标。国家安全涉及制定政策以减少对国家或者这些国家价值观念形成威胁的因素。然而，在某一特定情况下，确定何种政策将增加国家安全是很困难的。一个问题是关于“安全困境”，即国家尝试增加本国安全的措施最终使得每个国家都更加不安全。例如，国家A增加本国安全的措施威胁到了国家B的安全。从国家A的角度而言，其增加的安全（军事）资源只是出于防御的目的，并没有对国际体系中的其他国家带来威胁。但是，从国家B的角度而言，国家A安全投入的增加成为了一种威胁。因此，国家B针对这种威胁采取措施，但是这些措施又反过来增加了国家A的不安全感。国家A因此所采用的针对性措施又会再一次增加国家B的不安全感。一个真实的例子是关于苏联和美国。二战后，美国对核武器的垄断威胁到了苏联。苏联对核武器的开发最初使其感到更安全，但是却增加了美国的不安全感。美国采取措施确保其安全，却反过来使苏联感受到了同样的威胁并采取相应的措施。这导致了一个不安全的循环以及军备竞赛。追求国家安全的另一个困难是，这可能会耗尽国家的资源，并导致国家更加不安全。例如，大量的军事投入可能会使国家的经济变得脆弱。

□ 新安全研究

在冷战结束之后，安全的传统概念受到了不同观点的挑战。我们将这些新观点称为“新安全研究”。虽然它们有着不同的假设和方法，但是它们都是作为对传统安全定义的直接批评而出现的，且都致力于提出一种新的分析方法和政策。对传统定义的批评首先来自那些呼吁拓展安全定义的学者（Buzan，1991）。这些学者接受传统方法的主要假设，但是却提出了一个更加关注社会问题的包容性的安全概念（Buzan et al.，1997）。那些将国家视为安全主体以及关注无序性在制造不安全上的重要性的假设被保留了下来，但是它们却被按照一定的方式进行了修改：

（1）虽然国家是主要的安全主体，但是追求国家安全被认为并不总是会保护个人免受威胁。

（2）国际体系的无序性对安全的影响并不总是简单直接的。换句话说，造成无序的条件随着系统性的变化而改变，并导致对国家安全产生不同影响的无序状况出现。

（3）对于威胁的本质和种类的理解也在发生变化。除了从军事的角度定义安全之外，安全现在被认为和五个领域密切相关：军事、经济、环境、社会以及政治。例如，军事安全是关于国家间的暴力行为，而环境安全是关于如资源冲突或气候变化等环境问题所带来的威胁。

冷战后期的国际状况对这种传统的理解带来了挑战，并导致了更加批判性理论的出现。在这些批判传统理论的观点中，批判性安全研究的支持者比那些寻求拓展安全概念的学者们走得更远。批判性安全理论的核心是个人的解放（Krause and Williams，1997；Wyn Jones，1999）。因此，批判性安全理论将安全研究的对象从国家变成了个人。他们还反对被视为国家的本质属性的无序性假设。最终，这种理论提出了一个新的安全概念，并认为对个人自由的威胁有几个来源。致力于反对传统理论者，批判性安全研究学者通常将国家视为威胁个人安全的一个主要原因。

□ 人类安全

人类安全的概念代表了另一种寻求改变以国家为中心的传统安全观的方法。“人类安全”的概念被用于概括人类生命所面临的大量的威胁，这些威胁不仅仅只是国家间战争所导致的死亡。第一，冷战的结束减少了大规模国家间冲突的威胁，但是国内冲突变得更加显著。物质暴力所带来的死亡大多数是由内战或者国内或国际种族迫害导致的，而不是国家间的正式战争。第二，超级大国间关系的缓和使人们认识到饥饿和疾病所导致的死亡要远远多于战争所导致的死亡。如食物供给等问题愈发被视为一个安全问题（见专栏 14.1）。人类安全观的支持者因此试图扩大安全的议程，以便将个人和社区纳入其中，以及试图解决一系列国际安全所面临的威胁，这些威胁并不是由国家带来的。

专栏 14.1

粮食安全

虽然关于粮食安全有很多不同的定义，但是联合国粮食及农业组织的定义被广泛地接受：“粮食安全就是所有人在任何时候都能在社会物质上和经济上获得足够的、安全和富有营养的食物以满足其健康而积极的生活的膳食需要。”

粮食安全的问题在 2008 年受到了重点关注。当年，由于粮食价格上涨，40 多个国家里的大量抗议者走上街头抗议粮食高价格和粮食短缺。随着 2008 年 9

月雷曼兄弟的破产，全世界的注意力从粮食危机转移到了全球金融危机的蔓延。然而，虽然世界粮食价格在2009年有所下降，但是发展中国家里的许多消费者依然受到了严重的威胁。全球金融危机和世界粮食危机相结合恶化了发展中世界的贫困状况。联合国亚洲及太平洋经济社会委员会（UN Economic and Social Commission for Asia and the Pacific，ESCAP）最近的一份报告指出，金融危机已经转变成了亚太地区5.83亿人口的粮食危机（UNESCAP，2009）。

粮食不安全对人类安全的影响是毁灭性的。粮食不安全增加了世界的饥饿状况，导致了更多的营养不良，减少了教育和健康的支出且加剧了贫困。粮食不安全主要是给贫穷者带来影响，尤其是没有土地的家庭和女户主家庭。联合国粮食及农业组织（FAO，2009）估计认为，全世界大约有9.23亿饥饿人口。

人类安全概念最初是由1994年的《人类发展报告》提出的（UNDP，1994）。这份报告尝试通过一个预防性的、“以人类为中心的”更加宽泛的安全定义对人类安全问题进行探索。联合国开发计划署的定义既关注“免于恐惧的自由”（freedom from fear），又关注“免于匮乏的自由”（freedom from want），因此其内容涉及解决来自饥饿、疾病和压迫的威胁以及如何保护日常生活免受突如其来的破坏。这份报告列举出了人类安全的七个不同的领域：经济安全、粮食安全、健康安全、环境安全、个人安全、社区安全和政治安全（UNDP，1994，pp. 24-5）。人类安全这一概念强调个人的权利，将安全与人权和人的尊严有效地联系起来。

虽然人类安全的概念已经受到了学者和政策制定者的大量关注，但是对于人类安全的定义并没有达成共识。从最开始，人类安全概念的定义和阐释就一直是多种多样的。虽然一些团体已经接受了联合国开发计划署所采用的关于人类安全的广义观点，但是另一些团体却更加青睐狭义的定义。卡尔多（Kaldor，2007，p. 182）提出了一个广义的定义，将人类安全定义为“个人和社区（而非国家）的安全。这种安全观将人权和人类发展结合起来”。与其类似，人类安全委员会将人类安全定义为“所有人类生命的核心”。这一定义并没有指明具体的内容和背景，并认为“不同的社会对这一概念的意义有不同的理解”。

另一方面，人类安全中心的《人类安全报告》（2005，p. viii）认为，人类安全的概念应该被局限在个人所受到的暴力威胁。按照这种方法，内战、恐怖主义、非法监禁、国家官员（警察、情报结构）的暴力应该被关注，而不是诸如饥荒或发展等问题。加拿大前外交部长以及加拿大人类安全观的主要开创者阿克斯沃西（Axworthy，2001）给出了另一个关于人类安全的局限性方法。这一方法的核心对与发展不足相关的威胁关注得更少，转而更多地关注暴力冲突所导致的不安全。同时，他也认识到了这种暴力冲突并不仅仅局限于国家间冲突。人类安全因此从免于恐惧的自由的角度被进行定义。

理论观点：安全研究和政治经济学的融合

第一章中我们介绍了三种传统的国际政治经济学理论，这三种理论对冲突和合作有着不同的观点。这些观点对于人们如何研究和思考安全与政治经济之间的关系产生了影响。主流的经济学理论——自由主义——认为经济世界和政治世界是分开的并由不同的行为方法所主宰。经济世界是根据一系列经济原则运作的，而政治世界则偏离了这些原则。在经济世界里，追求效率的理性行为者获得回报，而在政治世界里则充满了情感化的以及非理性的行为和回报。因此，经济自由主义者和国际政治经济学里的自由主义者倾向于低估或者忽略政治经济和安全之间的联系。一个例外是，自由主义者通常认为自由贸易和民主政治可能会增加国家间的和平。相比之下，权力政治和批判性理论倾向于承认经济和安全之间的相互影响，但是这两种理论对这种相互影响的方式却有不同的看法。权力政治理论将经济利益视为安全利益的从属品，而批判性理论则认为安全问题受到了经济利益的深刻影响，甚至有可能被经济利益左右。

这三种传统国际政治经济学理论里的领军人物都对政治经济和安全之间关系的方方面面进行了研究（Earle，1986）。如汉密尔顿和李斯特等经济民族主义者认为金融和工业力量是军事力量的前提。按照他们的观点，国家有责任采取行动以保护国家的经济利益。因此，汉密尔顿因为主张美国保护其制造业以增加国家实力而时常被人们提及。李斯特为德国提出了保护主义政策，声称自由贸易仅仅符合经济强国的利益。

早期的自由主义思想对经济和安全之间的关系有几种不同的理解。斯密通常批评重商主义过度的保护主义政策，但是他承认在某些情况下国家应该保护商业利益（Earle，1986）。例如，在其18世纪的著作里，斯密支持《英国航海法案》。该法案规定和英国及其殖民地所开展的贸易必须用英国船只运输。这一法案的目的是维护商船和皇家海军的实力以及保护英国的经济利益。这些法案最终在19世纪中期被废除。虽然斯密支持职业军队以及对英国海外利益进行军事保护，但是后来的一些自由贸易理论家，如理查德·科布登（Richard Cobden），则采用了更加和平主义的立场并反对海外干预（如克里米亚战争）。

一些马克思主义理论家和实践者看到了有组织的暴力和政治经济之间所存在的密切联系。对于马克思和恩格斯而言，战争既是统治阶级用于转移人们对国内问题注意力的手段，又是工人阶级推翻统治阶级的一次机会（如果战况进一步恶化）（Neumann and von Hagen，1986）。由于国内的经济需求和要求，国家可能会采取一些帝国主义政策，但是海外扩张存在削弱本国安全的可能并为反对势力提供可乘之机。的确，列宁正是利用了俄国在第一次世界大战中的糟糕表现发起并推动了俄国革命。在20世纪，马克思主义者在中国、越南、非洲以及古巴的革命和民族战争中起到了关键作用。随着对阶级敌人的军事胜利，政治权力被篡夺，新的经济体系被建立起来。

对于经济活动和安全间关系的学术兴趣在不同的时期随着外部环境的不同而不同。当前政策制定者和学者所关注的一个问题是国防采购（见专栏 14.2）。

专栏 14.2

国防采购

国防采购是一个政治经济和国家安全高度重合的领域。它可以被定义为国家政府采购军事设备和服务的过程。依据不同的军民关系、工业化和科技发展水平、全球和地区紧张状况、威胁感程度以及军队的组织结构，不同国家的国防采购存在很大差异。

国防采购不仅仅只是一种商业政策的执行，因为国家在国防领域的发展以及该领域和其他经济领域之间的复杂联系上起到了关键性作用。军事商品和服务的采购有以下几个显著特征：

- 政府是主要的购买者和监管者；
- 武器成本高；
- 科研的重要性；
- 武器生产的螺旋式通胀；
- 与生产过程和变化的外部威胁相关的不确定性；
- 买卖双方之间的信息不对称；
- 寡头垄断的市场结构。（de Fraja and Hartley，1996；Rogerson，1993）

由于出于安全的目的而顺理成章的保密性和缺乏透明度往往会导致腐败和浪费，国防购买的管理问题成为了一个主要问题。在 2009 年 3 月，美国总统奥巴马估计，国防部采购政策的改革可能会为国家节约超过 400 亿美元（Gilmore，2009）。武器的高成本也让国防采购成为了一个政治问题。例如，鉴于英国在 2008—2010 年间遭受经济下滑的严重影响，其在核潜艇上花费数十亿英镑的做法是否合理？在购买武器时工业—经济利益和政治—外交利益的融合使得国防购买成为了一个争论的问题。此外，国防购买、军事支出和经济增长之间的关系也成了一个激烈争论的主题。在发展中国家里，一些分析者认为政府应该采用军事现代化策略并追求国防购买的自给自足。其他一些分析者认为，研发武器系统是一种经济浪费（Balakrishnan，2008；Singh，2005）。

安全问题和经济发展之间的平衡变化可以通过美国的历史一窥究竟。马斯坦杜诺（Mastanduno，1998）认为，在没有严重的外部威胁存在的时期，美国经济政策和外交政策在不同的轨道上运行。然而，在存在高威胁的时期，外交和经济政策则融合在了一起，为彼此的利益服务。在冷战期间的某些时期，美国经济政策被用于实现外交政策目标，然而在另一些时期，外交政策则被用于追求经济目标。例如，当美国担忧苏联的扩张时，它则通过马歇尔计划以及对其盟国开放美国市场的方式支持日本和欧洲。在 20 世纪 70—80 年代，随着国际金融和贸易问题得到更多的关注，外交经济政策变得更加重要。随着安全关系的重要性下降，以前的盟国不断地被要求改变其经济政策。

国际关系现实主义分析的基石是这样一种观点：高级政治所涉及的问题比低级政治所涉及的问题更加重要（Keohane and Nye，1977，p. 23）。高级政治被视为那些和国家军事安全相关的问题，而低级政治是指如经济和环境等其他的国际问题。然而，即使是从一个现实主义的角度出发，考察安全和政治经济之间的关系也是理由充分的（Ripsman，2005）。如上所述，传统重商主义思想强调经济实力是军事实力的前提。一个国家的军事实力是依赖于其所拥有的经济资源。随着时间的推移，用于军事生产和支撑战争的经济资源在不断变化，但是国家经济实力和国家安全之间的联系依然是外交和安全政策的主要假设。一国的经济实力可以被定义为“该国社会所拥有的生产性资源；劳动力、科技、自然资源、真实资本（如工厂、电站、铁路、产品和原材料的储备等等）；对其他社会的国际流动性（黄金、外国货币）和海外投资的输出”（Knorr，1975，p. 46）。

经济资源对军事实力的贡献当然还取决于这些经济资源被组织和使用的方式。经济资源和国家军事实力之间的联系带来了一些困境和政策问题。例如，一个国家应该从何种程度上按照民族主义者的方式组织生产或者开放贸易和投资？民族主义政策可能可以确保国内产业按照国防的要求进行发展，并确保战略性产品的自给自足。但是，这种经济民族主义政策同样可能以牺牲效率为代价并导致整体经济财富的下降。类似的困境构成了新重商主义者和自由主义理论家争论的核心。

如同一些当代的现实主义者一样，自由主义者也对政治经济和安全之间的联系进行了考察，并认为自由主义政策的终极目标是和平。商业自由主义的支持者将注意力集中在市场对国内和国际主体的影响之上，并认为经济交换减少了国家间战争的可能性（Moravcsik，1997）。从自由主义的角度而言，人是理性的、风险厌恶的并基于个人的得失做出决策。在这些假设的基础之上，国家间的贸易和投资给国家带来了收益，而诉诸战争的做法可能会损失经济和社会福利。在这种情况下，理性国家将关注的是经济交往的收益而不是战争的成本。一种观点是自由主义经济政策和一个自由主义的国际秩序是与和平联系在一起的。这种观点一直以来都是自由主义政治理论的支柱（Howard，2008）。在 20 世纪 70 年代，这些观点与相互依存理论的发展紧密联系起来（Keohane and Nye，1977）。相互依存理论认为，在复杂的相互依存的情况下，权力差异的问题已不复存在；外交政策不仅仅只是关系到国家安全；军事实力在左右格局上的作用受到了局限且不再有效；当国家间的相互依存度很高时，国家倾向于寻求和平的方法解决冲突，而不是诉诸暴力手段。

大量的理论和统计文献试图评估商业自由主义的论断，即和平是经济相互依存的产物。这些研究的结论是不统一的。一些研究提出了支持这一论断的统计证据（O'Neal et al.，1996；O'Neal and Russett，1997），而另一些研究则并没有发现支持性的证据（Barbieri，1996；Ripsman and Blanchard，1996/7）。这些文献存在很多争论，其中最重要的便是关于经济相互依存定义的争论。

一种相关的自由主义理论将国内政治体系和国际冲突的可能性联系了起来。这些自由主义理论回顾了 18 世纪康德的主要思想，认为一个和平的国际体系要求大量的民主国家出现。大量关于民主和平的文献就民主与和平之间的联系进行了广泛的争论。这种联系的支持者认为民主国家不会彼此之间发生战争，而反对者则质疑得出这些结论的数据。民主和平观点的支持者认为，由于民主政治体系的限制以及民主决策体系和平解决问题的文化价值观念，民主国家倾向于通过谈判解决冲突。然而，他们坚持认为，民主国家依然会对专制和极权主义国家发动战争（Russett，1993）。批评者则认为并没有确凿的证据支持民主国家间和平关系的论断。的确，一种可能的情况是和平状况创造了民主国家，而不是民主国家带来了和平。另一种观点是，民主国家间发生战争的数学概率较低的原因是历史上民主国家的数量十分有限（Brown et al.，1996）。正在向民主过渡的国家被认为是更加暴力和易于发动战争的（Mansfield and Snyder，1995）。

批判性国家关系理论认为，资本主义可能会带来暴力，当前的资本主义体系持续地对某些社会群体施加暴力。“结构性暴力”的概念指的是体系的运作本身会导致某些人受到伤害或者丧命（Galtung，1969）。例如，世界上有维持所有人生存的足够多的食物，但是分配和支付体系存在弊端，以致数百万人常常死于营养不良。这种体系并没有针对某些个人或者组织，那些饥饿所导致的死亡也并不是蓄意行为的后果。然而，我们组织粮食生产和分配的方式周期性地导致了饥饿和死亡。这种暴力是结构性的且是当前体系所固有的。

主要发展

从二战结束以来，全球安全体系经历了显著的变化。我们将安全体系定义为一个应对危机感的框架体系，它包括了物质资源、制度性资源和观念资源。一个安全体系因此包含了物质性和规范性的元素。这里，我们讨论全球安全体系的两个主要发展。一个发展是1945年后一个两极化的国际安全体系的建立。这一体系是以国家安全体制（national security state）概念的出现和军事工业复合体为特征的。两极化国际体系的崩溃和冷战的结束带来了一个新的安全体系。这种冷战后时期的安全体系有更少的国家中心主义色彩，并出现了一些新的安全挑战。

□ 冷战时期安全体系

在冷战时期（1948—1989年），国际关系学里安全的定义专指民族国家的军事保护。国家安全的威胁被认为来自外部。对领土完整或者价值体系的威胁被认为来自真实的利益冲突或者意识形态的差异，或者两者一起。考虑到美国和苏联的统治性地位，根据那些强调冷战中的利益冲突的专家所提出的观点，这两个超级大国的利益不可避免地发生冲突。权力的两极分化不可避免地导致对权力的争夺。

另一方面，这种敌对的态势还可以被理解成资本主义和共产主义之间意识形态的冲突。无论冷战的起源是对权力的争夺、意识形态的差异还是国家间的错误理解，从政治经济学的角度而言，主要的问题在于全球冲突影响政治和经济体系以及影响国际经济相互交往模式的方式。

在这一方面，两个问题尤为重要。第一，国家的中心任务被理解为自我保护，军事武器被视为国防和安全的主要手段。因此，两个超级大国的军事开支都大幅上升，且彼此开展军备竞赛。在这种情况下，核武器变成了（如今依然是）国家武器库中最重要的武器。核武器的存在导致了威慑政策（以避免这些致命武器的使用）、不扩散政策（以阻止这些致命性武器的传播）以及安全困境的出现。军事装备的成本以及国防开支对国家经济的影响是国家寻求军事协议的促进因素。

第二个主要的问题是关于两极化安全体系对国际经济关系的影响。冷战的一个结果是两个分离的国际贸易和支付体系的建立。这种两极化安全体系导致了一个西方的自由贸易市场体系和一个中央计划经济体系的诞生，这两个体系彼此反对、相互对抗。这两种体系建立了各自的国际组织以对经济交往进行监管。例如，世界银行和 IMF 在协调西方国家政策中起到了核心作用，而经济互助委员会则被建立起来管理苏联模式下中央计划经济国家间的关系。冷战安全体系的另一个结果是美国及其盟国和苏联在发展中世界里所展开的经济竞争。这些国家不仅在获得资源和市场上而且还在经济模式上展开竞争，彼此都试图颠覆对方的经济意识形态。从这种意义上而言，将更多的国家“规劝”到美国或者苏联所青睐的经济体系之中被认为将提升国家安全。

在冷战期间，追求安全和国家经济之间的密切联系在军事工业复合体的出现上体现出来。在其 1961 年的告别演说中，美国总统艾森豪威尔（Eisenhower，1961）警告他的国民：“在政府各部门里，我们必须警惕军事工业联合体取得无法证明是正当的影响力，不论它这样追求与否”。他所指的是大型军事设施的建立和大量军工产业的发展所带来的政治影响。这位杰出的总统担心一个要求获得新的且更多武器的军事体系和一个迫切想要出售这些武器的军事产业的结合将朝着不利于国家利益和个人自由的方向影响公共政策。从几个方面而言，这一言论是令人震惊的。艾森豪威尔不是左翼激进主义者。他是指挥诺曼底登陆并出任北约联合部队驻欧洲第一任司令的战争英雄。然而，这位毕业于军事院校并最终成为总统的人却强调了扩张的军事和国防工业对美国民主的影响。

军事工业复合体起源于战争性质的不断改变。在过去几个世纪里，战争已从一小群人的行为（勇士、佣兵或者小规模的职业军队）转变成了作为一个整体的国家和社会的行为（Howard，2009）。法国大革命将整个社会都动员了起来，并最终为拿破仑征服欧洲创造了条件。早在美国内战时，新武器和工业力量给军事对手所带来的强大破坏力就已经显现出来。第一次世界大战再次印证了整个国家被动员起来参与战争的趋势，而二战中获得胜利的美国和苏联依靠的是生产坦克和军舰的强大军事工业以及如雷达和核炸弹等新超级武器的研发。冷战时期，苏联和美国的安全依靠的是驻扎在不同国家的大规模军队以及先进军事技术的运用。这些军事技术包括战斗机、核动力武装潜艇以及洲际弹道导弹。提供这些技术的大企业和使用这些技术的军队形成了一种相互依存的关系，且双方都试图影响该国的国防购买政策。

□ 冷战后时期的安全体系

二战结束以来，国际安全体系最显著的变化是冷战的结束。毫不夸张地说，柏林墙的倒塌和苏联的解体从根本上改变了这个世界。这一变化所伴随的不仅仅是安全关系的再思考，而且还有安全体系的改变。对国家安全体制的关注受到了新安全研究的挑战。冷战的结束终结了两极分化并迎来了以美国为唯一军事超级大国的单极国际体系。一些分析者认为，两极世界的终结标志着一次追求和平红利的绝佳机会。和平红利的获得可以通过将以前用于军备支出的资源转移到别的和平项目上以及抓住超级大国对抗的结束所带来的国际合作的机会。

在这个新的国际秩序下，许多专家学者的希望最开始似乎就要实现了，即一个出于安全目的的多边合作的时期将到来。在 1992 年，联合国秘书长布特罗斯-盖里公布了《和平纲领》(Agenda for Peace)。该纲领要求联合国及早发现冲突，努力促成各方就维护和平达成协议，以及致力于维护和平与建设和平。然而，维系这一新的多边体系的必备条件被证明是难以满足的。国家安全依然是大多数政府最重要的使命，支持这一新体系的必要经济和政治资源无法获得。随着这一新的干预主义所带来的经济和人力成本变得显著，领先国家不太倾向于支持这一政策了。美军 1993 年在索马里所遭受的人员损失被证明是一个重要的转折点，并导致了其在卢旺达的无所作为。

另一个与冷战政治不同的是，遭受战争创伤的国家内部的根本性问题受到了更多的关注。这一变化是与对个人的安全以及人权的关注同时发生的。一种观点是个人所面临的最直接威胁来源于自己国家的政府。这种观点带来了人道主义干预的理论和实践的发展（Wheeler，2000）。在过去 40 年里被视为神圣的国内事务不干预承诺逐渐被更加巧妙地接受。根据这种新的解释，在某些情况下，个人的权利优先于压迫性政府及其所代表的主权国家的权利。人道主义在理论上和实践中都充满争议，且已不再是试图保护个人的主导性理论。保护的责任理论（Responsibility to Protect，R2P）已经取代了人道主义干预理论成为应对国内冲突和人道主义灾难的适当政策。保护的责任的概念是在干预和国家主权国际委员会（International Commission on Intervention and State Sovereignty，2001）的报告中被提出和被关注的，并在 2005 年的联合国世界峰会上得到了世界各国领导的支持（UN，2005）。

对国内冲突的外部干预是后冷战安全体系的一个特征，因为在这一时期国内战争给人类带来了惨痛的代价。从 1945 年以来，四分之三的军事冲突发生在国家内部，且在 1980—2002 年间这些冲突所导致的死亡人数相当于第一次世界大战中的死亡人数（Kahl，2005，p. 77）。这些冲突是在一个特定的国际经济体系中发生的，这一体系孕育了这些冲突并使其很难被解决。卡尔多（Kaldor，1999）将冷战后所发生的一系列冲突称为“新战争”。这些战争发生在那些中央政府权力很弱或者根本不存在的国家里，这些国家有时被称为“失败国家”（failed states）。这些国家无力垄断暴力权力，因此导致了反叛军、准军事组织、本地自卫队、雇佣军以及外国驻军等军事团体在这些国家的出现。这些国家无力征收足够的税收或支持国家经济的发展。因此，大量的经济活动处于停滞状态或者被犯罪集团所掌控。本地强人通过人口替代政策维护权力，这些政策通常是通过谋杀、种族清洗或者设立无人区等手段实施的。这些政策和手段令一些人感到害怕、不安全且十分憎恶。

由于新战争对现有的国家体系和经济活动带来了如此的破坏，本地军事力量只能通过榨取本地居民或者抢夺国外资源为其活动融资。这些居民因此也只能不断地向国际社会求援以维系生存。本地军阀使用各种伎俩榨取本地居民。他们可能迫使本地人低价出售其资产、收取保护费、对商品的流通收费、掠夺本地资源、挟持知名人士当做人质以及控制犯罪活动。遭受压迫的平民可能被迫依赖来自国际组织的人道主义援助，如难民营、紧急避难所、食物援助或为保障生存的发展援助。国外支持的另一个来源是在更加富裕国家工作的家庭成员的海外汇款。

本地军阀的外部财政资源有不同的来源。如果这些组织刚好控制了丰富的本地资源，它们可能向国际市场出售这些产品。类似的例子包括哥伦比亚的可卡因、阿富汗的海洛因、塞拉利昂的钻石以及刚果民主共和国的锡石（见专栏 14.3）。在有些情况下，大型跨国企业在促进这些产品在国际市场的流通上起到了关键作用。如同平民使用海外汇款一样，地方民族武装可能通过散居社区获得购买武器和供给的资金。本地军阀同样也可能获得外国政府的支持。有时，它们可能获得邻国政府的直接支持，如塞尔维亚和克罗地亚支持波斯尼亚或卢旺达的相关组织以对抗刚果民主共和国的反叛组织。有时，本地军阀可能通过征收护送费或者极高的关税占有一部分国际人道主义援助。

专栏 14.3

刚果民主共和国的冲突矿石（conflict minerals）

在 19 世纪后期，随着第二次工业革命对橡胶需求的大量增加，刚果人民饱受折磨。在 21 世纪初，刚果人民再次受到了信息革命中电子产品对矿产品需求的折磨。的确，“冲突矿石”的全球消费加剧了刚果东部地区的大规模谋杀和强奸。政府军事组织与非军事组织及前反叛组织使用武力控制矿场并使用开矿所获得的利益支持其军事行动。两个最主要的矿产品是锡石（提炼锡的矿石）和铌钽铁矿（也被称为钶钽铁矿，是提取钽的原材料）。这两种矿产品在生产如平板电脑、移动手机和 MP3 播放器等电子产品时被使用。如苹果、惠普、戴尔和 RIM 等企业在其供应链里都冒险使用了冲突矿石，并因此加剧了冲突。国家也在这些矿石的贸易中获益，如马来西亚是刚果锡矿石出口的主要目的地，大多数钽都是在中国进行加工处理的，并且卢旺达允许刚果通过自己的领土出口锡矿石。

一些措施应该被采取以限制冲突矿石的贸易并阻止涉及谋杀和强奸的军事组织通过矿石交易获得资金（Global Witness，2010）。企业应该接受联合国安理会所提出的尽职调查的标准以确保冲突矿石被排除在其供应链之外。主要国家应该对其企业进行监督，确保对刚果的援助不被用于军事化的经济活动。

一些军事团体通过出售本地珍贵资源进行融资的行为使对稀有资源的竞争与有组织暴力间关系的问题变得更加突出。冲突分析者已经注意到了内战和两种资源状况之间的关系（Kahl，2005）。第一种状况是不断增加的人口、环境恶化以及对可再生资源更加激烈的竞争。在这种状况下，越来越多的人正在为满足生存的需要而破坏其生存的环境，并反过来增加政治冲突和危害国家的长期稳定。第二个状况并不是发生在自然资源短缺时，而是出现在当一些团体控制了如宝石、石油或者矿场等珍贵的自然资源时。在这种情况下，别的团体就会被这些资源所吸引并尝试使用暴力的方式获得这些资源。此外，拥有这些珍贵资源的团体可能对其进行过度开发并忽略经济和政治发展的其他方面。长期而言，这种方式使当地的经济和政治对经济动荡变得十分脆弱。

对新战争的一种政治经济学的分析认为，虽然历史问题和身份问题是这些战争爆发的重要因素，但是根本的原因还在于靠战争所建立起来的经济和政治体系（Griffiths，1999）。民族主义观点和民族不满情绪被用于动员本地的人民，但是种族清洗的局部行为通常是为了掠夺那些拒绝被出让的土地和资产。本地精英将这些没收的资产进行整合并建立起一个为其利益服务的新经济体系。由于暴力冲突所导致的本地经济的崩溃，大多数平民都非常贫困，犯罪集团控制着满足本地需求的进口产品。民族社区所谓的团结在恫吓和腐败面前显得不堪一击。一旦暴力冲突开始，本地军阀便积极地破坏和平协议并阻止战争的和解，因为回归到正常的合法国家体系将威胁到他们的经济利益。解决这些暴力冲突要求关注这些刚被确立起来的罪恶的经济利益。

也许冷战后安全体系的一个最显著的特征是全球恐怖主义威胁。当然，国际恐怖主义并不是一个新现象，但是 2001 年 9 月 11 日基地组织挟持几架美国飞机并将其当做武器撞击纽约的世界贸易中心和华盛顿的五角大楼的事件将安全意识提升到了一个新高度，并改变了先进工业化国家的安全格局。9 月 11 日的恐怖行径（通常称为“9·11”恐怖袭击）导致了国际安全决定因素的变化。它带来了三个主要的问题。

第一，它带来了这样一个问题：军事威胁的来源在何种程度上从国家行为者向非国家行为者转变？突然间，主要的威胁似乎来源于非国家行为者而不是国家。“9·11”恐怖袭击显示出，相对较小的非国家组织也能够对最强大的国家带来物质和情感上的破坏。非国家行为者给国家战略制定者提出了一个难题。他们并不害怕传统意义上的威慑，因为国家很难锁定这些小规模团体的具体位置。此外，非国家行为者使防御更加困难，因为他们使用非传统的手段，如使用民用飞机作为飞行炸弹。当代先进经济体的基础设施是否对于这种新形式的战争格外不堪一击？网络攻击是否可以导致一国通信体系的崩溃，甚至破坏该国的经济？对发电站的有效攻击是否可能导致整个国家陷入恐慌？一个手提箱大小的核炸弹是否可以摧毁整座城市？此外，传统的军事报复在打击恐怖主义时并不生效，因为这些恐怖组织并不接受国际法律规则。如克罗宁（Cronin，2002/3，p. 38）所说，恐怖主义的威胁带来了两个层面的亟待解决的挑战：“对付那些宗教狂热分子和那些被过度政治动员的国家、团体和个人，这些人和组织可能因为感到毫无话语权或被这个全球化的世界所遗弃而转而支持恐怖组织”。军事报复充其量只能够在短期内获得成功，却无法在长期内获得同样的成功。为了使恐怖主义失去其基础，与贫穷、治理不善和边缘化等相关的问题必须得到解决。简而言之，只有人类安全的方法才能消除恐怖主义所滋生的环境。然而，同样需要注意的是，因为这些恐怖主义者并没有控制一个国家，因此他们也无力长期地反对国家（Goldman and Blanken，2005）。他们可能能够短期地给国家带来破坏或者对国家经济进行攻击，但是这些国家和经济体是持久性的并且能够吸收这些偶然的损失。因此，这些攻击不能威胁到这些国家和经济的生存能力。

第二，全球恐怖主义提升了个人的不安全感并增加了这些国家心理上的脆弱。在某种意义上而言，对恐怖分子可能在任何时间对任何地方发动攻击的担忧增加了人们日常生活的不安全感。国际航空旅行被不可逆转性地改变了。使 1985 年 6 月印度航空 182 航班坠入爱尔兰海以及 1988 年 12 月泛美航空 103 航班坠入苏格兰的洛克比镇的炸弹并没有带来如“9·11”恐怖袭击以及理查德·里德在 2001 年 12 月试图通过鞋弹引爆美国航空 63 号航班的事件后所发生的机舱随身行李检查和限制规定的变化。一系列爆炸事件，如 2002 年 10 月的巴厘岛夜总会大爆炸、2004 年 3 月的马德里铁路爆炸以及 2005 年 7 月的伦敦地铁公交车连环爆炸案，强化了（西方的）不安全意识。这些当代恐怖主义的主要特征是跨国恐怖主义网络的形成、恐怖主义者并不会对当局提出警告、自杀式炸弹的使用以及普通老百姓成为了攻击的对象。这些特征对国家保护其居民的能力带来了新的挑战。

第三，全球恐怖主义的爆发已经改变了国家间的政治和安全格局。在“9·11”恐怖袭击后，打击恐怖主义成为美国最主要的安全目标。布什总统的壮举之一便是发动了反恐战争并声称重新塑造美国的安全战略。打击国际恐怖主义分子以及庇护恐怖主义者的国家成为了首要任务。另一些国家同样也很快地将恐怖主义视为了国家安全的主要威胁，且很多国家制定了反恐法律以应对这一新的威胁。许多国家都认识到了这一共同的敌人，并建立了联合反恐战略。随着国际政治格局的变化，相关的讨论被聚焦到了所谓的“文明的冲突”以及激进的伊斯兰教和西方文化间的内在冲突。全球恐怖主义同样还改变了军队的任务布置和资源安排。在“9·11”恐怖袭击后，美国及其盟国对袭击肇事者以及那些被认为庇护和支持恐怖主义者的国家开展了军事行动。针对阿富汗的塔利班组织的行动成功地颠覆了塔利班组织的政权，但是这些联合行动并没有给这些国家带来一个安全的环境。随着战争的进行，西方民众对这些行动的支持逐渐下降。

主要问题

诸如恐怖主义和核战争等传统的安全威胁在当今全球政治中依然十分重要。对于许多人而言，暴力威胁到了他们日常生活的人身安全。这里，我们考察关于安全的政治经济学的三个主要问题。经济国策是和经济安全以及外交政策紧密相连的，因此它提出了关于国家政策的经济执行手段的根本性问题。跨国犯罪和传染病所带来的威胁可以通过传统视角以及人类安全的视角进行审视，并体现出了经济和安全之间所存在的复杂关系。

□ 经济国策（economic statecraft）和安全

经济国策是指一国使用经济资源对政治施加影响。在关于经济国策的近期研究中，两个问题最为显著：经济援助和经济制裁。总体而言，经济援助被视为“胡萝卜”，即鼓励别的国家按照某种方式行动。然而，如果将援助撤回，它还可以当做“大棒”使用。制裁是更加明确的“大棒”或者遏制政策。援助和制裁都成为了外交实践中有争议的特征。

外交援助可以按照不同的方法进行分类。例如，援助者可能根据提供援助的种类进行分类，如双边发展援助、出于政治和安全目的的经济援助、人道主义援助、多边经济援助和军事援助。这里，我们主要关注双边发展援助及出于政治和安全目的的经济援助。我们并不会讨论双边援助、人道主义援助、多边经济援助和军事援助的经济效益。我们关注的焦点是经济援助作为经济国策工具的使用，即表面上是为了促进经济发展的双边发展援助以及专门为实现特定政治和安全目标的援助。当然，援助者的动机也是完全不一样的。促进经济增长和消除贫困、调节冲突和扩大民主治理等目标是完美兼容的。例如，促进经济增长的援助可以为政治稳定创造条件并因此满足政治目标。对援助分配的研究明确地显示了援助者政治动机的重要性（Maizels and Nisanke，1984）。对一些分析者而言，主要的政治目标是维护当前国际体系的秩序、稳定以及和平（Brandt Commission，1983），而对于另一些分析者而言，主要的动机是和援助国的国家利益密切相关的。

环境变化、管理援助者—受助者关系和国际发展政策的规范的变化，以及对援助有效性的看法的变化导致了援助政策的变化。在援助国与受援国、其他受到影响的国家以及竞争国的外交关系的宏观背景下，援助被视为经济国策的一种执行手段。在冷战期间，援助是外交政策的一个重要工具。美国及其盟国以及苏联及其盟国在冷战对抗中都将经济援助视为一种工具。西方国家的援助项目主要是支持反对共产主义体制的国家，而共产主义国家集团的援助则主要是支持第三世界中反对西方体制的国家。经济援助成为了两种相互对抗的经济和政治体系间意识冲突以及在诸如联合国等国际组织里获得支持的工具。对于致力于维持其在殖民地的影响力（尤其是金融影响和国家文化）的前殖民国家而言（尤其是法国），其援助主要集中在它们的前殖民地地区。例如，法国的对外援助大多数都是针对前法国殖民地，而英国的援助则主要集中在前英国殖民地。

在后冷战时期背景下，民主促进已经成为民主国家的一个主要目标，外交援助成为实现这一目标的合适工具。大量的资金通过援助机构被分配并用于促进民主。例如，2004 年，美国国际开发署用于民主和管理冲突的预算资金达到 10.51 亿美元（Tarnoff and Nowells，2004）。关于援助和民主的政治经济学研究关注的焦点之一是这些经济国策工具的有效性。证据显示，其研究的结论令人沮丧（S. Brown，2005；Crawford，2005）。经济援助在促进民主方面失败的一个主要原因是受援国内部存在各种障碍。接纳性政治文化的缺失、长期的贫困以及一些不合适的制度阻碍了援助国在非洲的民主促进（S. Brown，2005，pp. 183-4）。援助国本身所存在的不足是民主促进失败的另一个原因(S. Brown，2005，pp. 185-9)。一份对欧盟在加纳民主促进失败的研究指责欧盟成员国狭义的民主促进方式，并批评其更加关注自我利益而不是发展民主管理的规则和规范（Crawford，2005）。科恩和库普（Cohen and Küpçü，2009）的研究虽然大不相同，但是所得出的结论却与此相关。他们认为将民主与其他如发展、人权和公共健康援助等战略性目标区分开的失败阻碍了美国民主促进的努力。政治条件性本身是第三个原因（S. Brown，2005，pp. 184-5）。政治条件性对援助国和受援国双方都有限制。援助者的目标可能并不清晰，且受援国的主权可能对这些目标的实施形成阻碍。在受援国方面，本地精英巧妙周旋以拒绝改革的能力、表面接受改革但实际维持现状的政治独裁者的服从性，以及当可以获得其他经济资源时受援国拒绝接受改革的可能性都使政治条件性受到了限制。

经济制裁一度是没有争议的外交政策工具，但现在已经变成了国际政治中一个存在争议的话题。经济制裁的政治经济研究关注的是制裁作为一个外交政策工具的效用以及制裁对所针对国家人民的影响。在这两个方面，各种观点和研究成果涌现出来。对于这样一个存在争议的话题，经济制裁的定义所存在的分歧并不足为奇。一些学者关注制裁作为一种经济国策的工具的有效性，倾向于支持侧重于经济制裁目的的定义。按照这种观点，多克塞（Doxey，1996，p. 9）将制裁定义为“对没有遵循国际标准或法律义务的国家所威胁施加或已经施加的惩罚”。另一些学者则尝试一些忽略制裁目的的定义。赫夫鲍尔等（Hufbauer et al.，2007，p. 3）将经济制裁简单地定义为“一种蓄意的、政府主导的贸易或经济金融关系中断或者中断的威胁”。

虽然经济制裁的起源可以追溯到公元前 432 年（Dadkhah，2006，p. 1386；Hufbauer et al.，2007，p. 9），但是随着 20 世纪国家联盟的建立，这一经济手段变得更加显著。《国际联盟盟约》（以及《联合国宪章》）将集体经济制裁视为维护国际和平与安全的重要手段。从冷战结束以来，国家越来越多地使用经济制裁。在 1914—1989 年间，经济制裁的案例有 121 起，但是在 1990—2000 年期间就有 53 起（Hufbauer et al.，2007，pp. 20-32）。经济制裁的使用一直是和当代一些主要问题联系在一起的，如种族清洗、人权侵犯、核扩散以及恐怖主义（见专栏 14.4）。为什么关于制裁的有效性并没有确凿的证据？一个主要的原因是制裁国家的动机往往并不清楚。政府出于各种不同的原因发动经济制裁。一些制裁是有实质性目的的，即发动制裁的国家希望通过给目标国家施加经济压力以改变它们的行为并迫使其顺从要求。然而，另一些制裁可能是出于表达某种意愿或者象征性的。表达意愿的制裁主要是向目标国传递对于其不服从行为的不满，或者这些制裁只是为了满足国内利益集团的需求而不是为了实现所声称的目标。制裁同样可能因为经济成本过高而失败。制裁给国内生产商或者盟国所带来的成本将减弱国家维持这些经济措施的决心。此外，制裁的成功同样还依赖于目标国家动员国内（政治和经济）资源或者寻找制裁商品替代供应商以规避这些强制措施影响的能力。历史上有很多国内动员以抵制经济制裁等外部干预的案例。

专栏 14.4

针对伊朗的制裁

伊朗一直不断地成为经济和政治制裁的目标。1979 年，作为对伊朗学生围攻美国大使馆的回应，美国对伊朗实施经济制裁。由于担心伊朗的核武器项目，2011 年对伊朗的经济制裁进一步升级。欧盟、美国和加拿大对涉及伊朗核武器项目的官员或者涉嫌侵犯人权的官员实施旅行禁令。一些国家（包括美国、英国和加拿大）同样还对其施加了一个金融服务的联合抵制，禁止它们的金融行业开展任何与伊朗银行相关的业务。2012 年，欧盟加入美国所发起的阻止伊朗石油出口的石油禁运。这一禁运还伴随着禁止对运输伊朗石油的船只出售保险。

这些制裁对伊朗政策的影响是不确定的（Borger and Dehghan，2012）。伊朗石油出口下降了一半。石油出口的减少意味着外汇收入的下降，这使得伊朗购买外国商品更加困难。对于普通大众而言，主要的影响是食物价格的上升和经济下滑。这种经济影响是破坏性的，但是伊朗经济并没有因此而崩溃。从政治角度而言，经济制裁的效果更加不确定。经济制裁是否会减少伊朗政府以及核武器项目所获得的支持或者导致其人民更加坚定地支持其政府以抵抗外国攻击？

考虑到这些原因，对于经济制裁的影响所存在的争议就不足为奇了。最权威的研究（Hufbauer et al.，2007）都并不否认制裁的作用。在其对 1914—2000 年间制裁案例的分析中，一些研究者认为，制裁在 34%的时间里是成功的（Hufbauer et al.，2007，p. 158）。成功和失败的原因和政策的类型、实施制裁的成本、制裁的实际性或象征性程度以及发起制裁国的冲突性目标等因素相关。

在 1990 年后制裁大量出现以前，与经济制裁对普通大众的负面影响相关的研究十分有限。随着冷战后时期经济制裁的大量使用以及道德风尚的变化，关于制裁的合法性以及效用的讨论更多地与其对目标国家人民的负面影响联系起来。一系列受到高度关注的案例，尤其是对萨达姆·侯赛因的伊拉克政权的经济制裁，激起了学者对经济制裁的人道主义后果的兴趣。这导致了对经济制裁破坏性本质的理解的变化。对经济制裁的人道主义影响的研究提出了一系列问题以及各种不同的观点。一个核心的问题是，外交政策目标在何种程度上应该优先于目标国家人民的人权，以及在什么情况下人道主义因素将在经济制裁的决策中起到决定性作用。一方面，一些人认为，只要预期的政治目标可以实现，经济制裁所带来的未预期且负面的后果就可以被接受。另一方面，另一些人认为，由于政治目标和人权目标间存在着紧密关系，一旦制裁国的目标看起来无法实现，它们就应该立刻终止其活动（Weiss et al.，1997，pp. 18-19）。

□ 跨国犯罪

在过去 20 年里，有组织犯罪已经成为了一个主要的安全问题。在后冷战时期的安全体系里，跨国有组织犯罪已经被视为国家安全的一个主要威胁。自从 1996 年克林顿总统将打击有组织犯罪定为国家安全的重点，跨国有组织犯罪就成为了美国安全战略的一个重要主题。由于跨国犯罪组织多种多样，因此有组织犯罪的定义也并不统一。《联合国打击跨国有组织犯罪公约》采用了一个广义的定义。它将有组织犯罪组织集团定义为“由三个或三个以上的个人所组成的、存在了一定的时间且共同实施了一件或几件犯罪行为或违法行为……为了直接或间接获得经济或其他物质利益”（UN，2000b，Article 2a）。有组织犯罪活动包含了一系列违法行为，包括走私毒品、贩卖人口、交易人体器官、洗钱、非法走私武器、盗窃文物和艺术品、腐败及贿赂政府官员、环境犯罪以及使用合法的商业网络从事非法活动（见专栏14.5）。

专栏14.5

跨国犯罪：MS—13和M—18黑帮

贫困、欠发达、不公正的刑事司法政策以及全球人口流动性一起使经济犯罪活动国际化。MS—13（野蛮萨尔瓦多人）和MS—18（马拉18）黑帮就是开展这些暴力活动的两个著名的例子（Arana，2005）。在20世纪90年代早期，这些黑帮还只是洛杉矶贫困区的一个本地组织，主要由来自厄瓜多尔内战中的难民组成。随着1992年的洛杉矶暴动，美国犯罪和移民政策变得更加严格。几千名中美洲人被逮捕并遣送回国。美国的黑帮遣送行为使犯罪活动被国际化并威胁到了厄瓜多尔、洪都拉斯以及危地马拉等国家的稳定。这些黑帮估计有7万～10万名成员，它们迅速地将其活动扩展到走私毒品、盗窃汽车、卖淫、人口走私以及雇佣杀人等方面。虽然中美洲国家进行了整顿并抓捕了数千名黑帮成员，但由于这些国家的年轻人缺乏经济机会，黑帮成员的数量依然很大。这些黑帮成员再次返回美国并变得比遣送前更加危险。他们现在在中北美洲从事着各种通常都极度暴力的犯罪活动。

跨国犯罪活动的增加与冷战的结束和全球化的加剧密切相关。犯罪网络利用前共产主义国家里当前较弱的中央政府以及中东欧种族冲突的加剧开展其活动。经济全球化为跨国有组织犯罪的大规模扩展提供了条件。经济自由化、科技革命以及交通系统的改善都促进了跨国犯罪活动的增加（Serrano，2002，p.25）。贸易和金融的自由化为犯罪集团的活动提供了通道。通信和信息技术不仅为这些组织协调其活动提供了基础设施，而且带来了一些类似于网络欺诈的新形式犯罪。交通网络的发展增加了合法和非法商品的流通。

跨国犯罪组织给传统和人类安全观提出了一个新的安全威胁。它直接威胁到一些弱国的政治稳定并间接地对较强国家形成了威胁。跨国有组织犯罪通过增加政府腐败和扭曲政府管理直接对国家治理和国家机构形成威胁。随之而来的合法性缺失将进一步破坏政府和国家的权威。此外，跨国犯罪集团和恐怖主义者对所有国家都带来了直接的威胁。在政府管理较弱的区域里，跨国有组织犯罪可能会加剧地区冲突，通过非法的跨国界活动或者为反叛者非法提供武器破坏地区关系，并可能会导致脱离中央政府控制的恐怖组织区域的出现。这些跨国犯罪组织的经济活动同样给国家安全带来了传统意义上的威胁。一个相互依存的全球经济体系为洗钱和逃税提供了机会。跨国有组织犯罪活动可能威胁到合法的市场、破坏合法的商业以及扩大非法市场并导致对经济增长和发展的负面影响。糟糕的经济表现通常为一个大规模的非法经济体的繁荣创造了条件。

跨国犯罪还对人类安全带来了严重威胁。它可能会通过限制国家收入的方式影响国家能力，并最终导致国家基础设施和社会服务投入的减少。当如教育和健康等投入被削减时，人类安全就受到了直接的影响。此外，诸如提供非法药物、走私人口并进行性剥削、强迫劳动或者交易人体器官等都明显对涉及这些活动的个人造成了伤害。进一步而言，跨国犯罪伴随着暴力、个人独立性散失以及不安全感增加等问题。

□ 疾病、流行病和安全

鉴于其对传统安全和人类安全的影响，对可能发展成流行病的传染病进行检测和控制已经成为了一个重要的安全措施。来自人类安全观（Curley and Thomas，2004）和传统安全模式研究的学者（Peterson，2002/3）已经探索了健康和安全之间的联系。这两组学者都关注了艾滋病、如 SARS 等新型传染病以及如耐药性结核或疟疾等再发性疾病所带来的危险。

健康是大多数人类安全定义中的核心，因为健康是人类福利的关键组成部分且糟糕的健康状况威胁到了个人所可能获得的生活质量。布劳尔和乔克（Brower and Chalk，2003，pp. 7-10）讨论了疾病的国际传播威胁人类安全的六个方面：

（1）疾病直接威胁人的生命。

（2）如果国家政府没有能够及时应对疾病或者流行病的爆发，疾病可能通过破坏公众信心进而破坏国家的合法性。

（3）疾病可能通过影响公共健康支出和劳动生产率进而影响一国的经济能力。

（4）疾病可能对一国的“社会秩序、功能和斗志”（Brower and Chalk，2003，p. 9）产生负面影响。

（5）传染病可能由于大量的人口流动、经济混乱以及疾病防御不足而影响到区域的稳定。

（6）疾病还可以通过生物战争或生物恐怖主义变成一个安全威胁。

一些学者并没有将健康视为人类安全的问题，而是强调了健康和传统安全观之间的包容性。从这种观点出发，传染病是一个国家安全问题。传染病可以间接或者直接地影响国家安全。由于健康是国家权力的一个关键组成部分，传染病可能会破坏国家实力并因此改变权力均衡或者导致经济、社会或者政治不稳定。此外，传染病可能会导致或者恶化国内冲突。传染病同样还可能通过生物战争在军事冲突中起到直接的作用（Peterson，2002/3）。普赖斯-史密斯（Price-Smith，2009）在其对传染病的安全影响的分析方法中将人类安全观和传统安全观结合在一起。他认为疾病和国家安全间存在着三个主要的联系：疾病可以通过破坏国家能力直接威胁国家安全；疾病可能会导致经济和政治的纷争；战争可能导致疾病的传播。

在冷战后的国际安全体系里，无论是接受传统还是人类安全观的学者都关注了健康所存在的安全影响。冷战的结束对于创造更加开放的国家边界以及促进人口流动起到了关键作用。但是全球化的力量，尤其是在贸易和商业以及旅行和旅游等领域，已经导致了传染病的快速传播（Cecchine and Moore，2006）。例如，2003 年航空运输促使了非典从中国和东南亚国家快速向外传播。在一个全球化的世界里，国家边界无法完全保证一国居民免受国际传染病传播的威胁。虽然有人可能认为国家边界从未被视为一个阻止流行病传播的有效壁垒，但是不断增加的相互联系以及随之而来的人口大量流动增加了疾病跨国传播的风险。

许多关于疾病安全影响的研究关注的都是传染病，并没有给予非传染病更多的关注，因为将传染病视为威胁更加容易。因此，各种流感病毒成为了尤为引人瞩目的焦点。禽流感（H5N1）和猪流感（H1N1）吸引了全世界媒体的注意。政府被迫对这些病毒做出反应并将其视为安全威胁。很明显的是，不是所有的传染病都构成了安全威胁，但是有足够的证据显示，疾病和传染病已经影响了国家、地区和国际安全。最受学术界和政策制定者关注的疾病就是艾滋病（人类免疫缺陷病毒/获得性免疫缺乏综合征）（见专栏 14.6）。

专栏 14.6

艾滋病的安全化

2001 年，联合国大会和联合国安全理事会举行了一次关于传染病流行病的特别会议，至此，艾滋病从一个健康问题发展成了一个安全问题。健康问题被纳入安理会的议程，这在历史上是第一次。时任世界银行行长詹姆斯·沃尔芬森在联合国安理会致辞并概括了艾滋病的安全化。他告知参会代表：

“我们中的许多人过去都将艾滋病视为一个健康问题。我们过去是错误的。艾滋病不再只是一个健康或者社会的问题。在非洲大陆，艾滋病正在使发展退步。所有对于非洲社会的和平与稳定的挑战都莫过于艾滋病……我们所面临的已经是一个主要的发展危机而不仅仅只是一个安全危机。没有经济和社会发展的希望就没有和平，而艾滋病正破坏着我们的这两种希望”（Brower and Chalk，2003，p. 31）。

辛格（Singer，2002）的研究对艾滋病的安全威胁进行了分析并提出了警告。他总结了一些艾滋病所带来的安全影响，包括：

- 对军队战斗力的直接削弱；
- 导致国家实力下降并增加国家脆弱性；
- 政府失灵；
- 新好战分子的涌现以及内战复发；
- 削弱国际和平保护组织的能力。

疾病的安全影响以及国际合作中所存在的问题在 2003 年的非典（SARS）危机中得到了很好的体现。2002 年末，非典在中国爆发并带来了一场国家及全球的健康危机。中国政府并没有十分成功地应对这次危机。2003 年 1 月中国卫生部第一次向外界公布这一新疾病，但是中国政府却并没有向世界卫生组织及时通报。当 2 月末和 3 月初新的疾病案例纷纷在加拿大、新加坡、泰国和越南被发现时，中国政府依旧保持沉默。迫于国际压力，尤其是世界卫生组织所采取的行动，中国政府最终公布了这次危机的状况。这次病毒的传播不仅仅威胁到了东南亚地区个人的健康，它同样还对这些国家的稳定和繁荣产生了破坏性的影响。这次事件显示出了疾病所存在的安全威胁。正如两个评论家所说：“非典的影响迅速超越了一个健康问题，成为了一个政治和经济威胁以及一个主要的外交政策挑战”（Curley and Thomas，2004，p. 23）。

健康的安全化使人们对疾病和流行病的问题更加关注。然而，这个安全化的过程同样存在风险。如果健康问题按照传统的观念被理解，那么对其所做出的反应很可能也是按照传统的方法进行的。军事措施可能会替代公共健康措施。病人可能变成受攻击的目标，同情将被暴力所取代。

总结

第一章提到各个学科是如何各自独立发展的。一些研究安全和国际政治经济的方法同样是相互独立的。尽管如此，许多理论方法已经注意到了安全和经济问题之间的联系。从广义而言，由于国际和国内冲突，国际安全体系限制了商品和服务的自由交换。政治经济发展也影响了各地人民的安全。如人类安全等新的安全概念的引入鼓励分析者思考个人所面临的各种威胁。疾病、饥饿和环境退化（见第十二章）等问题对人类生存带来了同样的身体和心理的威胁。在这些问题领域里，政治经济因素影响了食物分配、疫苗生产以及环境利用，并因此对人类安全带来了明显的影响。

对安全和政治经济间关系的思考带来了另一个政治科学家和国际关系专家感兴趣的核心问题——治理。在前面的章节中，我们已经考察了规则的制定和对于复杂全球经济活动的治理。第十五章将进一步讨论这些问题。

扩展阅读

Edward Mead Earle ‘Adam Smith, Alexander Hamilton, Fredrich List: The Economic Foundations of Military Power’ 以及 Sigmund Neumann 和 Mark von Hagen（[1943] 1986）‘Engels and Marx on Revolution, War and the Army in Society’ in Peter Paret (ed.) *Makers of Modern Strategy: From Machiavelli to the Nuclear Age*，pp. 217-61，262-80)：介绍了一些主要政治经济学家的著作所产生的影响。

Norman Ripsman 和 Peter Dombrowski (2005) *Guns and Butter: The Political Economy of International Security*：讨论了政治经济是如何影响国际安全的。

UNDP *1994 Human Development Report: New Dimensions of Human Security*：最先介绍了人类安全的概念（http://hdr.undp.org/en/ reports/global/hdr1994/）。

第十五章

治理全球政治经济

本章的主题是全球治理。虽然本书前面的章节已经提及了全球治理，但本章将更加详细地探讨这一概念。具体讨论的问题包括关于对治理的理解、治理的多个层面、当代全球政治经济体系所面临的治理问题以及全球治理者和居民所面临的随之而来的挑战。首先，我们讨论“全球治理”这一术语，然后讨论国家在全球治理中的作用。本章中所强调的主要发展是治理层面和参与者的扩张。全球政治经济体系所面临的主要治理挑战是发展和经济增长、公平和正义以及民主和监管。总体而言，我们描绘了一个不断全球化的世界，在其中，国家、企业和居民都在努力创造、管理并分配财富和权力。

定义

像全球化的概念一样，“全球治理”一词同样有各种不同的含义。从一种分析的视角，全球治理指的是区别于传统国际关系理论的一种分析世界政治的方法，其关注的焦点是国家的活动。从一种规范性的视角，它指的是世界政治中的一项政治项目（Dingwerth and Pattberg，2006）。一些学者认为，全球治理是由具体的国际政治话语组成，这些话语的功能是确立一些现实问题的自由主义解决方案的合法性（Brand，2005）。

我们所指的“全球治理”是一个在世界范围内管理人类事务的宏观体系。另一个术语是“世界秩序”（Cox，1996a）。全球治理的机制和制度是通过全球体系里主要行为者的行动和协议所建立起来的。主要的政治行为者是国家，但是诸如企业和公民组织等行为者同样影响并参与全球治理。在过去50年里，全球治理的一个显著的特征是国际组织在促进治理中起到愈发重要的作用。全球治理近期的发展主要是企业作用的增加以及居民通过公民组织被动员起来。

理论观点：国家将何去何从？

全球政治经济的发展激起了关于国家未来的激烈争论。金融和贸易的全球流动是否降低了国家的独立性？国家的权力是否在不断散失或者它们是否依然保留着按照有利于其居民的方式塑造世界的能力？在本书前面的各章中，我们认为在不同的时间和地点，国家的本质都是不同的。例如，第五章讨论了 20 世纪战争国家向竞争型国家的转变。有人认为，国家不断地将其居民置于全球竞争之中且并没有保证其在全球范围内的福利。我们还探讨了离岸金融业务和监管在改变国家的地位上所起到的作用。在关于发展的第十一章中，我们曾讨论过类似的一些观点，尤其是国家资本主义向更加自由的国家形式的转变。在关于贸易、生产和金融的第六、七、八章中，我们还强调了南方和北方国家所面临的各种限制和政策选择，以及强国和弱国所面临的各种不同可能性。关于安全的第十四章强调了国家安全体系的发展并介绍了冷战后时期安全体系的变化。

虽然国家形式多种多样，但是国家作为一个机构在建立和维护国际治理体系中起到了关键性作用，因为国家是法律和政治权威连接的枢纽。国家还是国际体系中最重要的合法行为主体以及个人最主要的代表。只有国家能够签订对一国所有居民都有约束力的协议。虽然其代表性功能有时并不是完美的，但国家是唯一在其领土范围内能合法宣称代表其人民的组织。改革全球治理体系的尝试必须从国家体系入手。

在全球治理过程中，不是所有的国家都起到了同样重要的作用。最发达和最富裕的国家在这个过程中最重要，因为它们能够拒绝接受一些改变或者迫使其他国家接受某种政策。因此，凭借着其财富和权力，美国成为了国际治理的核心行为者。美国国内政治的变化可能对国际治理产生重要的影响。例如，2000 年共和党在总统选举中的胜利使得签订改变气候变化的国际协议变得更加困难。相比于其民主党前任总统和下一任总统，乔治·沃克·布什总统和石油行业有着更加密切的关系。许多关于减缓全球变暖的建议都威胁到了美国石油企业的利润且并不受这位共和党总统的青睐。由于美国是世界上排放导致全球变暖污染物最多的国家，没有美国参与的国际协议起不到实质性作用。布什的继任者贝拉克·奥巴马改变了美国的政策方向并直接参与到了气候变化的国际治理中。然而，美国议会对治理气候变化行动的反对使得采用具体的行动依然十分困难。同样，按照类似的方式，欧盟及其成员国的态度对于支持或阻止全球治理的改革起到了关键性的作用。

出于不同的原因，国际治理体系中别的一些国家也很重要。21 世纪早期见证了一些发展中国家的崛起，这些国家逐步在国际体系中起到领导作用（见专栏 15.1）。例如，由于其相对于其他国家的庞大人口数量和近年来的现代化发展，中国在国际体系中变得更加重要。据估计，中国人口大约是 13 亿（全球总人口 70 亿）。从军事角度而言，由于其庞大的军队和核武器，中国是不可忽略的力量。从经济角度而言，中国政府控制着世界上发展潜力和规模最大的市场。中国的资金充裕，已经通过其出口行业积累了大量的外汇。因此，相比于小国和弱国的交往，企业和国家在与中国的交往中更加小心。在关于普遍人权的问题上，相比于中国，国际社会更加容易给如尼加拉瓜等小国施加压力。

专栏 15.1

金砖国家（BRICs）

BRICs（金砖国家）是几个有影响力的发展中大国的英文名首字母缩写——巴西（Brazil）、俄罗斯（Russia）、印度（India）以及中国（China）。虽然它们并没有共同的意识形态或者政治平台，但是这些新兴的区域和全球大国正努力使自己的观点在国际社会和全球会议上被关注。这些国家总共拥有超过世界一半的人口。巴西、中国和印度在与发达国家的贸易谈判中态度鲜明，它们要求OECD国家开放其市场。中国给美国的大量融资增加了其在国际金融事务中的话语权。中国和俄罗斯都拥有核武器，这使得它们的观点在全球安全领域里显得尤为重要。作为主要的能源出口国，俄罗斯从21世纪开始以来获得了更多的权力和影响力。金砖国家作为一个重要组织的崛起标志着美国和欧洲实力的分散，也许预示着一个更加多极化的全球政治经济体系的到来。

另一个变得愈发重要的发展中国家是南非。由于在推翻种族隔离制度上所做出的努力，南非是代表受压迫非洲人民以及发展中非洲世界发声的最具合法性的国家。此外，因为南非是一个民主国家，它在国际讨论中的声音比类似大小的独裁国家更受关注。关于南非在改变现有国际治理体系中的作用的一个有趣的例子是它积极地反对跨国制药企业对抗艾滋病药物进行专利保护。南非人民为违反被WTO捧上神坛的专利保护做出了道德辩护。

虽然国家在全球治理中非常重要，但是一些社会团体开始将注意力从努力影响国家权力上转移开来。一个主要的原因是，它们认为国家保护其国民免受全球化负面影响的能力似乎已经被削弱。发展中世界最弱小国家里的人们长期以来都处于西方国家和大型企业的控制之下。然而，近年来，似乎最先进的工业化国家都无法保护其居民免受全球化的竞争。一位观察者将这一现象描述为国家正在将其角色从为国民提供服务向帮助国民提升竞争力转变（Cerny，2000）。国家并没有衰退或者消失，但是却改变了其角色。全球化的过程被认为使得传统福利国家变得更加难以应对全球竞争（Mishra，1999）。

国家的权力正在消失的观点一直受到广泛的质疑。一些人认为，全球化被夸大，并认为就贸易和投资流动而言，同样程度的国际化早在20世纪早期就出现过（Hirst and Thompson，1996）。一些学者反复强调北美、欧洲和亚洲资本主义模式间所存在的不同。但是比较政治学者却质疑这一点，并认为这些地区的政策有趋同之势（Garrett，2000）。这些学者否认国家变得更弱或无力保护其居民。他们认为，如果支持社会保护的政治力量获得了足够的政治意愿并被合理地组织起来，政府同样可以有效地进行社会保护。从这种观点而言，全球化和不断增加的不平等或者不断减少的社会保护并没有什么关系。

关于国家相对重要性的争议持续升温且向不同的方向发展。一方面，与 20 世纪 70 年代相比，世界上的大多数国家都积极地寻求国际投资。这预示着，相对而言，企业变得比国家更为重要；与前几十年相比，国家似乎更倾向于通过优越的环境吸引企业而不再是对企业的活动进行监管。有学者指出，国家间正在开展一次吸引外资的“选美比赛”(Palan and Abbott，2005)。当然，任何国家间以及任何企业间的权力平衡都根据其在全球经济中地位的不同而不同的。另一方面，2008—2009 年的金融危机见证了国家监管的复苏，政府积极地对金融行业进行救助并考虑加强对全球金融的监管。突然之间，全球金融似乎变得更弱而国家似乎变得更强。然而，值得再次提及的是，仅仅只有一些特定的国家的权力似乎被加强，大多数贫弱国家并非如此。

主要发展

全球政治经济学者和实践者所面临的最重要的问题之一是对变化的管理。换句话说，是什么决定了某种形式的全球治理所赖以存在的规则的变化？例如，致力于环境保护的行为者是如何使全球治理体系朝着更加注重环境保护的方向改变的？世界秩序或全球治理相对短暂的历史警告我们不要期待迅速的改变，并强调了危机和治理变革之间的联系。在大规模战争之后，管理国家间关系的体系时常会发生显著的变化。例如，在 19 世纪初拿破仑战争结束后，欧洲协调机制 (Concert of Europe) 管理着欧洲国家间关系。这一国际治理体系发生剧烈的变化是在第一次世界大战结束之后。国际联盟以及一些国际组织和条约被建立起来以试图改善治理和维护和平。第二次世界大战的爆发标志着这一体系的终结并在 1945 年迎来了一个新的世界秩序。联合国、IMF、世界银行以及北约组织等许多当今活跃的国际组织的历史都可以追溯到这一时期。1989 年美国和苏联间冷战的结束使得现有西方国际组织实力加强，但并没有带来新形式的国际组织。

如果国际体系没有灾难性的危机出现，当前国际治理体系出现大规模的改革或者更替是不可能的。随着冷战的相对和平解决，在不久的将来爆发一场新的世界大战并由此导致国际治理体系的剧烈变化的可能性变得更低。相比之下，一场使全球经济陷入衰退的金融危机更有可能导致这种革命性的变化。金融崩溃将迫使决策者改变当前体系或者用一些新的规则取代当前体系。由于这种金融崩溃将使数百万人陷入贫困且极有可能导致国内和国家间的暴力冲突，因此它并不是一种许多人都会选择的改变全球治理的方法。这种方法仅仅只是对那些从当前体系中无法获得丝毫利益的人有吸引力。一些人担心 2008 年美国金融危机可能会导致类似状况的出现。事实上，这次危机并没有导致全球治理体系的大规模改变。在应对全球经济危机中，二十国集团 (G20) 充当了领导角色。迄今为止，G20 所做出的努力只导致了国际金融体系零星的改变，并非彻底的改革。虽然关于引发此次危机的监管失灵以及金融管理漏洞的争论一直十分激烈，但是关于这些问题的改革方案并没有导致全球治理体系的根本性改变。

在并没有大规模变化发生的情况下，我们必须考虑这一治理体系的具体发展以及促进这些发展的具体行为主体。这些发展可能会逐渐导致全球化过程朝着更加积极的方向发展。这里，我们将讨论改变全球治理的新领域和新行为主体的出现。

□ 治理层次的扩大

全球政治经济治理体系的一个突出特征是其治理的多层次。虽然国家依然是重要的一层，但是正如上文所述，治理还发生在许多其他的层面。在这些层面中最为重要的是地区层面、区域层面以及全球层面。一些治理要素也同样从国家转移到了私人或企业领域。这些要素将在下面的小节中讨论。“多层治理”一词有助于我们思考垂直权力关系，而如“国际体系”等术语则更加关注国际层面的各种关系。

“多层治理”是在欧盟研究中出现的一个术语（Marks et al.，1996）。这一术语指出欧洲的权威和政策制定是由地区、国家以及超国家层面组成。国家政府必须时刻关注欧盟条约以及欧盟机构的运作。例如，欧盟委员会有权力取消国家补贴或者国家援助项目，欧洲货币区成员必须接受欧洲中央银行的货币政策。国家政府同样对地方政府、区域以及城市的需求和兴趣十分敏感（见专栏 15.2）。城市政治的研究考察了城市间、城市内以及地区层面的治理制度安排，因此其关于多层治理的研究更加倾向于地方层面（Kearns and Forrest，2000）。

专栏 15.2

全球经济中的城市

国际政治经济学通常关注的是国家，但是城市也同样是全球舞台上一个重要的经济主体。虽然经济全球化的过程使经济活动在地理上更加分散，但是如专业化职业服务、金融服务、高层管理和企业总部等活动依然聚集在一些领先的“全球化城市”里（Sassen，2006）。主要的国际金融和商业中心包括纽约、伦敦、东京、巴黎、法兰克福、芝加哥、苏黎世、阿姆斯特丹、悉尼、多伦多和香港。另外，还有一些发展中国家的城市也加入这些全球化城市的行列之中，如首尔、新加坡、圣保罗、墨西哥城、孟买、布宜诺斯艾利斯、上海和北京。围绕在这群高薪的、生活在昂贵公寓里的、与国际社会紧密联系的职业人士周围的是大量低薪的工人，他（她）们从事着保洁、零售、交通服务、饮食以及家政等行业。这些城市所创造的财富可能会随着这些城市影响力的不断增加而使国际经济和政治失去平衡。城市精英和其他居民以及城市利益和其他国家经济利益之间可能会爆发冲突。例如，这些全球化城市的住房价格可能昂贵到普通工人必须乘坐数小时的公共交通工具往返于工作地点和住所之间。另外，这些全球化城市的金融行业可能比其他地区的制造业或农业在其国家经济里占有更加优先的地位。

多层治理的重心是不同层次间从上至下的垂直权力关系和政治。民族国家是否相对于欧盟或者北美自由贸易区等区域一体化丧失了部分权力？另一方面，民族国家是否在其与区域或者地方政府的关系中失去了影响力？虽然治理的问题涉及各个层面，但位于这些研究中心的是这样一个观点：参与到治理问题之中的人们被某种形式的社区所限制。因此，虽然欧盟中存在着各种政治差异以及各种磋商共同政策所面临的问题，但是也存在着一个共同的欧洲社区意识以及一些共同的制度（无论是欧洲议会还是欧元）。

随着区域贸易和经济集团化在世界绝大多数地区快速发展，多层治理的问题变得更加迫切（Boas et al.，2005；Coleman and Underhill，1998）。如何才能协调地方、国家和区域层面的政策？另一个相关的问题是：这些不同的层面是如何与全球治理联系起来的？这些层面的政策是否与全球规则相兼容？这一问题在协调贸易规则上显得尤为明显。一个例子是第六章中所讨论的激素牛肉的案例。欧洲的适当风险的观点和美国科学至上的观点发生了冲突。另一个例子是在区域协议中美国对正式组织的要求和亚洲对非正式制度安排以及最小制度化的青睐间的冲突。因此，多层治理的问题还可以超越区域的层面，直接涉及诸如 WTO 等国际机构。

在国际层面，许多观点都是聚焦在世界或者国际组织以及它们解决全球问题的能力上（Hewson and Sinclair，1999）。国际组织通常被用于解决全球层面所出现的集体行动的问题。更好的国际合作是解决本章中所提到的一系列问题的关键。这些组织因为提供了一个磋商全球化规则的平台以及监督和执行这些规则的机制而变得十分重要。

在国际关系领域里，国家在某一特定问题领域所建立的管理制度安排通常被称为“体制”。体制是“在国际关系特定领域里行为者都预期要遵循的直接或间接的原则、规范、规则以及政策制度程序”（Krasner，1983，p.2）。体制是关于国家应该如何行动的观念和规则。大量的文献解释了体制建立、维系和破坏的条件。大多数方法都将体制视为通过国家与国家的谈判所建立起来的，且国家是追逐自我利益及个体效用最大化的行为主体（Hasenclever et al.，1997）。换句话说，国家建立体制是因为它们相信一种常规的国家合作模式将使双方都受益。在许多情况下，国家所参与的体制并不是完美的，但是体制外的冲突所带来的成本比这些国家接受该体制内的不公平规则的成本要大得多（Keohane，1984）。例如，发展中国家可能反对贸易体制的很多方面，但是它们依然愿意成为其成员而不是游离在该体制之外。

我们可以总结体制影响行为的一些方法。一些体制拥有通过使用经济制裁威胁国家服从其规则的法律体系。WTO 就是一个很好的例子。它建立了争端解决机制并基于 WTO 预先设定的规则对贸易冲突进行裁决。违反这些规则的国家必须改变其政策或者面临来自受到这些政策影响的国家的经济制裁。即使是强国也遵守这些规则，因为它们对建立一个可以增加贸易和经济活动的可预测性规则体系十分感兴趣。WTO 将自由贸易的理念置于其他目标之上，这导致了自由贸易支持者和那些认为自由贸易破坏环境标准的人们之间的冲突。在这种观念里，自由主义价值观和市场体系受到了格外的重视。环境保护必须在自由贸易的背景下进行。

货币的分配和信用的提供同样可用于促进国家遵守特定的规则。世界银行和

IMF使用的正是这种方式。这些组织向那些急需资金来应对经济危机或者支持长期发展策略的国家提供贷款。这些贷款通常要求接受国接受一些条件性的政策。这些政策在不同时期内容不同，但是通常要求这些国家开放本国经济以便能够获得足够的收入以偿还贷款。这些组织的资金分配通常受到其最大捐助国的影响。在世界银行和IMF中，投票权和成员的出资份额是直接相关的。在IMF里，仅仅拥有7亿人口的七国集团（G7）却控制了43%的投票权。相比之下，拥有了大约30亿人口的五个最大的欠发达国家却只控制了8.78%的投票权（见表5.1）。因为美国是IMF和世界银行最大的捐助国，它也拥有大多数投票权和最大的影响力。因此，美国所支持的政策最有可能通过这样的影响力在国际治理体系中传播。例如，在东亚金融危机期间，IMF给韩国的贷款条款要求韩国向外国投资者开放其制造业和金融业。这些投资者里的大多数都来自美国。

在另外一些情况下，国家的行为可能会被道德诉求所影响。这种方法正是国际劳工组织所采用的方法。国际劳工组织就劳工问题开展研究并通过其报告和调查曝光劳工权利受侵犯的状况。它促使国家间就设立最低标准进行谈判并对违反这些标准的国家进行惩罚。这一国际组织的工作基于这样一个信念：如果国家面临着国际谴责，它们将改变其行为。虽然国际劳工组织已经运行了近百年之久，但是其影响国家行为的能力依然受到缺乏执行手段的限制。许多国家忽略了这些报告和建议。

表15.1　　IMF投票权与世界人口

国家	IMF投票权（%）	世界人口（%）
美国	16.75	4.4
日本	6.23	1.8
德国	5.81	1.1
法国	4.29	0.9
英国	4.29	0.8
意大利	3.16	0.8
加拿大	2.56	0.4
G7总计	43.09	10.2
中国	3.81	19.2
印度	2.34	17.7
巴西	1.72	2.8
印度尼西亚	0.85	3.4
尼日利亚	0.06	2.3
5个欠发达国家总计	8.78	45.4

资料来源：IMF（2012b）；World Bank（2012c）.

专业知识同样可以被用于使行为主体相信按照某种方式行动将符合其最大利益。例如，如OECD和IMF等组织发布关于特定国家经济政策的报告并对其如何适应全球化提出建议。这些报告并没有命令这些国家改变其政策，但是它们提出建议并认为某种改变将有助于经济增长。这些组织倾向于提出自由主义的经济结构调整政策，并一直反对通过降低不受监管市场的影响力的方法对社会进行保护。这种反对直到最近才有所改变。

最后一个影响行为的因素是全球体系的结构本身。这被称为“结构性权力”。吉尔和劳（Gill and Law，1993）参考了商业在一国经济中地位优先的观点，认为经济活动的国际化已经增加了商业相对于国家的直接和间接权力。系统的本质倾向于特定的行为而对某些行为进行更严厉的惩罚。例如，如果国家想要吸引投资或者保留其国家财富和商业以免其转移到其他国家，它们就必须关注国际投资者的需求。这鼓励国家领导将本国经济朝着一个更加自由主义的方向发展。

值得一提的是，在全球治理体系里，相关国际组织的任务是促进全球经济的自由化以及增加市场的角色。这些组织比那些寻求保护社会免受经济失败冲击的组织更有影响力。在市场自由化方面，IMF 和世界银行能够利用其经济资源作为施加影响的手段，且 WTO 建立了非常重要的争端解决机制。然而，致力于保护劳工权力的国际劳工组织仅仅起到了政策咨询的作用。其他一些拥有社会使命的组织，如致力于帮助贫困儿童的联合国儿童基金会，必须在这些自由主义组织所支持的经济政策下开展工作。当前的治理体系似乎更加青睐市场权力的增加，同时以牺牲社会价值为代价。回到波拉尼（Polanyi，1957）关于自由市场冲击效应的观点，自由市场可能会带来社会混乱以及关于全球治理规则的冲突。

□ 行为主体的扩张

除了国家和国家间协议，另外两个行为者及其活动在关于全球政治经济治理的讨论中变得愈发重要，即企业和全球公民社会。

在 20 世纪 90 年代早期，一些观察者认为，跨国企业相对于国家的权力增长使国际关系和国际商业理论的修正成为必要。参考关于巴西、马来西亚和肯尼亚投资关系的研究，斯托普福德和斯特兰奇（Stopford and Strange，1991）认为国家—企业以及企业—企业间的谈判在国际体系中变得越来越重要。国家对吸引外资越发感兴趣，而企业则感兴趣于增加对政府投资政策的影响力。因此，全球经济中规则制定和执行的一个主要特征是国家和企业间的谈判。

一个关于企业影响全球治理的例子是知识产权被纳入 WTO 中。知识产权保护包括书籍和音乐版权保护以及发明和科学发现的专利保护等。知识产权并不是真正建立在自由贸易体系下的，因为它的实施并没有增加国家间商品的流动。然而，在 20 世纪 80 年代，制药、电脑软件、电影和音乐等行业里的西方企业开始担心其竞争对手仿制它们的产品，一个包括杜邦、通用电气、IBM 以及孟山都在内的美国跨国企业协会对美国政府进行游说并使其接受知识产权必须在贸易协议中加以保护的观点。最终，这些企业能够使一些相关的规则被纳入 WTO，这些规则的大部分都是这些企业起草的（Sell，1999；Sell and Prakash，2004）。这些规则正是南非政府为了能够提供买得起的药物以对抗国内的艾滋病蔓延所极力反对的规则（Lanoszka，2003；Thomas，2002）。

除了企业相对于国家政策制定者影响力的上升以外，有人还指出了私人权威（private authority）的增长。当企业在某一特定领域里拥有决策权且这种决策行为被视为合法时，私人权威便形成了。卡特勒等（Cutler et al.，1999）指出了私人权威的六种形式：行业规范、诸如债券评级等服务企业、生产联盟、同业联盟、商业协会以及私有制度。他们认为，在全球经济的某些特定领域里私有企业的权威正在不断增加。对通信行业、保险行业、会计行业以及联合企业的研究证实了私有权威的概念（Strange，1996）。最近一项关于私有部门和联合国体系间关系的研究认为，私有部门对这一多边体系的参与程度不一，但是已经对这些组织的运行产生了重要影响（Bull et al.，2004）。

需要注意的是，对企业活动的作用和重要性的认识并不意味着国家权力变得不重要或者所有企业都按照同样的方式运行。企业活动在全球治理中的作用似乎不容置疑，但是正如多里默斯等（Doremus et al.，1998）所认为的，来自不同国家的企业的行为是有差异的，且国家通常支持总部位于自己国家的企业。企业都希望能够影响全球治理的规则，即使它们的具体利益并不完全一样。

在其追逐利益的过程中，企业试图影响全球治理体系。并不是所有的企业都有同样的目标或者使用同样的策略。商业冲突理论（Skidmore-Hess，1996）指出了在国际和国内层面所存在的企业利益冲突。来自特定国家或者行业的企业可能体现出各自不同的特征。具有国际竞争力的企业和那些没有国际竞争力的企业拥有不同的利益偏好。虽然存在这些不同或者正是因为这些不同，企业试图通过影响国家、国际组织、其他企业以及公共社会的行为来塑造治理体系。企业在国际关系中的作用已大大提升，以至对全球治理的理解以及对国际治理施加影响的尝试都必须将企业考虑在内。

除了那些资源充足的企业，全球公民社会里的公民志愿组织也在影响国际治理中发挥着愈发重要的作用（Khagram et al.，2002）。的确，在20世纪80—90年代，突出的公民社会组织在对全球治理机构和国家间协议的非官方反对中起到了重要作用。它们强调一个将公民自治和安全置于核心的全球治理议程。和平组织反对特定的武器系统和军事战略。禁止生产和使用地雷的运动就是一个显著的例子。发展组织、妇女组织、环保组织以及劳工组织都反对来自主要国际经济组织的自由主义政策的统治地位。针对国内的反民主行动所发起的跨越国界的公民行动被描述为“民主国际主义”（Gilbert，1999）。

全球公民社会为公民组织提供了一个参与塑造全球和国家社会发展的讨论和政治活动的平台（Scholte，2000b）。它主要是由自愿的、非营利性的组织构成。为了将它们和营利性的非政府组织（如企业）区分开来，本章中使用“公民组织”一词。那些最活跃的组织往往涉及的都是非常重要的领域，如环保领域里的绿色和平（Greenpeace）组织和地球之友（Friends of the Earth）组织或者人权领域里的大赦国际（Amnesty International）组织。然而，在公民社会里还有许多其他形式的组织。例如，国际工会联合会声称有广泛的代表性（1.75亿成员）并起到了政策建议的作用。宗教组织也十分活跃。正式组织的大量活动所涉及的都是相对没有争议的领域，如行业协会和科学知识组织（医药、自然科学、通信）（Boli and Thomas,

1999，p.41)。将引人瞩目的非政府组织活动和不太令人关注的地方活动结合在一起考虑，我们可以看到在诸如发展、人权、和平和妇女问题等领域里大量社会活动的涌现。

几个行为主体统治着全球公民社会。这些行为主体并不都具有非营利性、自愿以及寻求公平等公民组织所拥有的特征。其中重要的一个是商业协会。这些协会致力于为企业的利润最大化创造环境。国际商会就是其中的一个代表性的例子。除了对国家和公民社会组织进行游说之外，国际商会还试图营造一个鼓励自我监管的环境（Schneider，2000）。

还有一些缺乏公民性的公民组织存在，这些公民组织往往和我们对国内公民社会的理解有很大差异。公民性，或者根据一些共同的规则且采用非暴力的方法对交往进行管理的共识，是公民社会概念的一个标志。那些不愿意被类似的规则所约束的组织就不在公民组织的范畴之内。一个例子是如黑手党等犯罪组织（见第十四章关于跨国有组织犯罪的讨论）。全球体系里关于共同规则的共识的达成以及这些规则的执行比在大多数国内社会里要更加困难。因此，在全球体系里，与和平的公民组织并存的非公民组织获得了更大的空间。类似的例子包括有组织的犯罪、暴力少数民族者以及恐怖组织。大多数公民组织对这些组织都避而远之，但是它们确实存在于公民组织所存在的类似环境中。这些组织在全球政治经济的黑暗面（隐蔽世界）里发挥着主要的影响（见专栏15.3)。

专栏15.3

隐蔽世界

隐蔽世界是通常被忽略的全球政治经济体系的一部分（Cox，2002b)。它包含了不正当的、非法的以及隐蔽的国家、企业和公民社会活动。其中，一些主要的活动包括：

• 毒品交易。美国和欧洲的消费者通过这些渠道获得麻醉毒品。

• 性交易。这些交易为富有的客户提供妇女和儿童以满足其欲望。

• 人口走私为建筑、健康服务和家政服务提供了大量低价的非法工人。

• 人类器官交易为有钱人提供了新的或者更好的生命。

• 小型武器交易。这使得手枪、来福枪以及机枪在全世界泛滥。

• 雇佣军服务为国家或企业提供安全保障。

隐蔽世界的产生是对合法的全球政治经济关系的一种反应和补充：

• 混乱的经济关系和国家监管或国家服务的取消为这些隐蔽的活动提供了机会。如苏联或者墨西哥等地的经济崩溃使当地的人们陷入绝望并最终沦为人口交易的受害者。

• 福利国家的衰退以及西方国家的人口老龄化创造了对低价私人健康和家政服务的需求。

• 糟糕的国家安全状况迫使企业雇用私人保安公司，甚至迫使如美国等国家将战争的一些部分进行私有化，如伊拉克战争。

• 金融的全球化和离岸金融中心的建立为非法资金的转移和洗钱提供了便利。

• 冷战以及随后的反恐战争为安全服务业开展非法活动提供了借口。

隐蔽世界里的行为者正是受到公开世界里各种因素的激励而提供非法服务的，其提供服务的手段往往是通过对毫无保护的人们使用暴力。

虽然不同的组织都有不同的议程，但是大多数政治上活跃的组织都声称其目标是追求公平或社会正义。公平和正义的追求可以是关于性别关系（妇女组织）、资源分配（发展组织）、生活质量（环境保护组织）或者人类安全（人权组织）。当然，公民社会的成员之间存在着分歧，正如国家间或企业间存在分歧一样。劳工组织往往受到声称代表非正式部门的非政府组织的挑战。发展中世界里的妇女组织与发达世界里的女权组织往往存在分歧甚至是冲突。寻求彻底改变经济增长教条的环境保护主义者和更加保守的生态保护主义团体之间存在着冲突。各种非政府组织声称代表某些社会运动或者其赞助者，但是大量类似组织的存在以及其透明度的缺乏使得辨别这些主张的合法性变得十分困难。

虽然全球公民组织的本质还存在争论（Amoore and Langley，2004；Lipschutz，2005），但是跨国公民组织对世界政治和国际关系的影响却很少存在争议。学术研究探讨了人权、环保和妇女组织在影响全球体系的规范和价值观上所做出的努力（Keck and Sikkink，1998）。致力于社会转型的国际非政府组织在不同的层面上影响着全球治理：它们建立了一个全球网络，参与到多边问题领域之中，促进国际合作并影响国内的政策制定和提升公众参与度（Alger，1997）。即使是在一些通常被认为是由国家完全统治的领域里，如国际安全，公民社会组织在影响其议程制定和促进政策改变上也起到了一定的作用（Price，1998）。

我们至少可以说公民组织正在不断充当信息传递者、公众意见动员者以及分歧和抗议的发声者等角色。忽略了这些角色将可能会导致治理的失败，正如《多边投资协定》的失败一样（Mayne and Picciotto，1999）。公民组织可能被用于破坏国际组织的合法性，即使国家不断支持这些国际组织。

□ 全球契约

如果全球治理继续向前发展，三种不同的主要行为主体（国家、企业和公民组织）间的相互协调是十分必要的。例如，一个贸易体系将必须同时考虑发展中国家追求公平的要求、企业扩张和获得利润的利益诉求以及限制人类剥削和环境剥削的社会利益。这是一个十分复杂的任务。2000 年建立的《联合国全球契约》（或《全球契约》）就是这种方法的一个很好的例子。

《全球契约》要求企业将来自《世界人权宣言》、国际劳工组织的《关于工作中基本原则和权利宣言》、《关于环境与发展的里约宣言》以及《联合国反腐败公约》中的十项基本原则纳入其企业行为规范之中。《全球契约》并不监督企业的行为，也不评估企业的表现。它主要被用于确立和宣传良好的行为，并要求一些主要全球企业的领导者公开承诺遵守这些关于劳工和环境的标准。

《全球契约》同时还解决了一些企业、国家和公民组织的担忧。从发展中国家的角度而言，这一倡议是可接受的，因为它致力于影响跨国企业的政策但同时又不限制国家的政策或者对劳工条件恶化的发展中国家进行惩罚。这比 WTO 的强制性标准更可取，因为它消除了北方国家贸易保护的威胁。从企业的角度而言，这一契约同样可以接受，因为这些监管是自愿的并允许全球经济的持续扩张和利润的积累。企业可以成为一个良好的企业居民而不用受到强制性规定的限制。从公民组织的角度而言，它体现了社会保护原则的发展。这种发展只是一个很小的进步并可能会导致强制性规定的出现。

当然，《全球契约》还存在着一些严重的不足。许多参与其中的企业都因破坏环境和人权标准而受到攻击或者被指责对工人进行严重的剥削，包括壳牌、耐克、迪士尼和力拓。所有这些企业过去一直是或者现在正是公民组织抵制或者反企业运动所针对的对象。有人可能会质疑这些企业将真正改变其行为的程度。从国内而言，仅仅依靠自愿遵守的方式对企业进行监管是不可接受的。那么，为什么这样的行为在全球层面就能够被证明是合适的呢？国际劳工组织有几百个公约，但是许多都因为缺乏执行力而受到批评。这项倡议又有什么不同呢？另一个问题是参与其中的公民社会组织范围有限，并不能代表更广泛的社会。联合国对公民组织的选择是基于其关于谁将更加合作的判断。其他一些组织对这一倡议的反应是十分有批判性的。随着企业试图通过与联合国合作而洗白自己的历史，这项提议被指责威胁到了联合国的公正性（Transnational Resource and Action Center，2000）。

出于三个原因，《全球契约》的例子有助于我们理解全球治理的改革。第一，它显示出公民组织关于全球化负面影响的担心已经被这一体系中的其他行为者所考虑。联合国正在积极应对大众关于全球化负面影响的担忧。这些倡议正是随着反对诸如 WTO 和 IMF 等国际组织的公众抗议的爆发而诞生的。联合国试图给全球化加上一个更加人性化的外表，以便这一过程能够按照一个不再如此残酷的方式继续。其目标是限制基于破坏劳工和环境标准而开展的竞争，以便公众不再反对全球化所赖以进行的自由主义原则。企业也被迫通过设立行为准则和建立道德行为以应对公众的压力。

第二，它凸显了现有国际治理制度安排的不足。我们已经拥有了一个致力于制定劳工标准的组织——国际劳工组织。然而，国际劳工组织的失效迫使劳工活动家将注意力转向在 WTO 建立执行机制以支持劳工标准。许多发展中国家反对劳工标准的实施，因为它们担心发达国家将通过劳工标准增加贸易保护。那些尝试改善劳工标准的公民社会组织发现它们在 WTO 的努力受阻且面临着一个孱弱的国际劳工组织。当前的全球治理体系似乎无法改善社会标准。因此，诸如《全球契约》的新倡议作为一个权宜之计被用于解决这一困境。

最后，《全球契约》显示出了建立新的国际治理体系是多么困难。自由市场的成本带来了更多的公共抵抗，但是许多国家和企业却拒绝接受要求更高劳工、环境或社会标准的新方法。获得企业和国家广泛支持的协议不大可能满足迫切需要更多保护的社会利益。在这种情况下，社会利益集团可能不得不接受一种渐进的改革全球体系和政策的方法。

本节并不是要讨论全球企业的优点或不足，而是介绍为解决从经济层面监管全球化这一难题近期所做出的尝试。这些尝试可能并不足够，但却是国家—企业联合行动的一个很好的例子。这个例子可能会引导全球政治经济治理未来的发展方向。

21 世纪的挑战

在 21 世纪，生活在全球政治经济体系里的居民们面临着很多挑战。这里，我们介绍三个迫切的治理问题：经济发展和增长、公平和正义、民主和监管。

□ 经济发展和增长

世界各国领导承诺到 2015 年消除极端贫困。《千年发展目标》指出："我们将不遗余力地帮助男女老少同胞摆脱目前凄苦可怜和毫无尊严的极端贫穷状况"。这一目标的实现必将举世瞩目，但是没有人相信这个目标可以实现。世界上很多地区的人民依然过着十分艰苦的生活。在 21 世纪早期，现代经济增长依然没有惠及全球 70 亿人口中的大多数。在第二次世界大战结束后的数年里，经济发展的挑战变成了一个国际问题，并成为新独立国家领导人所迫切需要解决的问题。为了维系其政治权力，政治精英们必须对 20 世纪 60 年代所称的"期望升高的革命"做出积极回应。在联合国宣布第一个发展十年计划的 40 年后，前景依然不容乐观。一个主要的挑战是满足第三世界国家人们的基本需求。在当前的历史时期，这一挑战应该如何应对？什么条件是改变当前状况所必需的？

在第十一章中，我们讨论了发展概念的变化，介绍了其重心是如何从经济增长转移到一些社会因素的。在并没有关于发展的共识性定义的情况下，我们可以概括当前我们所理解的发展概念的主要特征。物质能力的改善依然是大多数发展概念的核心。国家和国际发展的核心目标是物质生活标准的提高。具体而言，这一目标指的是充足的食物、清洁的水、电、住所、改善的交通以及更好的卫生条件等生活必需品的供给。实现这一目标将导致一系列产品消费的增加。但是，从本质上而言，发展主要指的是满足基本需求。当然，清洁的水、电等等在没有人存在的情况下是毫无意义的。和这些基本需求直接联系在一起的是另一些同样基本的服务。没有这些基本服务，人类的生活水平将无法提高。这些服务包括了教育和健康。但是，发展已不断地意味着一些非物质价值的实现。从这方面而言，我们需要考虑个人自我决策的能力以及人们掌控自己生活的能力。印度诺贝尔经济学奖获得者阿马蒂亚·森（Amartya Sen，1981）建立了关于权利（entitlement）的理论，并认为饥荒的增加并不是因为缺乏食物，而是因为在特定的环境下遭受饥饿的人们缺乏使其能够获得食物的资源。发展就是要增加被边缘化的群体的经济参与度以及权利。

早期促进发展的努力是忽略性别的，但是我们意识到 21 世纪关于发展的主要挑战之一便是确保妇女完全融入国际发展战略之中。出于几个原因，这依然是一项十分艰巨的任务。发展中国家妇女所面临的问题依然是学术研究和政策建议的主要主题（Datta and Kornberg，2002）。考虑先进工业国家妇女的经验，性别主流化并不会直接带来平等。虽然西方发达社会里的妇女已经确定了法律意义上的平等，但是她们依然感受到了多种形式的歧视和结构性排斥。就形式上的平等而言，西方的妇女已经取得了显著的成果，但是玻璃天花板现象依然存在且是许多妇女所面临的现实问题。玻璃天花板指的是在许多领域和企业中存在的一种无形的、限制妇女晋升到最高职位的壁垒。因此，制定能够提升发展中世界妇女生活水平的发展政策依然是一项艰巨的任务。

全球治理体系是如何应对经济发展的挑战的？正如我们在前面的章节中所见，这个问题的答案根据观察者的视角不同而不同。我们已经提及了许多不同的视角和观点，因此将不会在这里重复。有一些治理的问题是各种观点都必须要解决的，也是这里我们将讨论的。第一个问题是各种政策和倡议的协调。各种致力于发展的国家、区域和国际机构共同存在于当前的体系之中，但是到目前为止并没有一种很好的方式来协调它们各种不同的活动。的确如此，政府、政府间以及非政府组织可以在一国或某一区域内追求各种不同的甚至冲突的目标。此外，没有一个分配体系的存在可以确保资源被分配到那些最需要的地方以及避免重复劳动。

第二个问题同样是和促进经济发展的整体体系相关的。在第八章中我们讨论了全球金融体系并提出了一些关于监管的问题。我们已经见证了一些金融危机的爆发，尤其是在墨西哥、东亚和阿根廷。这些金融危机使这些地区的发展倒退了几十年。在国际金融体系缺乏改革的情况下，来之不易的成果可能会在数天内消失。全球治理体系或者国家监管是否能够控制金融失控所带来的灾难性影响？

第三个问题是关于国家在治理气候变化问题上所表现出来的无能为力。后京都协议被证明是晦涩难懂的。如加拿大等一些国家放弃了其国际承诺，另一些国家不满于南北方国家不同的减排目标以及资源转移目标。是否可能通过当前的全球治理体系协调促进发展所带来的经济增长与环境保护措施之间的冲突？制约消费快速增长被证明是很困难的（见专栏 15.4）。

专栏 15.4

我们需要多少个地球？

北方国家追求高消费的生活方式以及南方国家试图对这种生活方式的效仿使得经济增长、发展和环境可持续性间的冲突变得更加突出。在 2012 年，世界人口所导致的生态超载已达到了 50%，也就是说，人类一年所消费的再生资源需要一年半的时间才能恢复。换句话说，我们可以说人类在一个地球上消耗着一个半地球的资源。如果每个国家都按照美国的速度消费能源，我们可能需要四个地球（WWF，2012）。这意味着如果世界想要获得合理的发展且地球依然保持健康，经济增长和消费模式必须改变。

在促进发展的过程中，国家治理是至关重要的。一种被普遍接受的观点是，没有有效的国家治理体系，发展目标的实现将是十分有限的。然而，关于什么是好的治理体系，当前并没有达成共识。由于政治动机在主要援助国的外交援助政策中起到了很大的作用，因此发达国家关于善治的经验对发展中国家并没有太多的借鉴意义。

□ 公平和正义

之前的讨论可能会让人得出这样的结论：全球不平等是全球化所特有的。全球化被认为给第三世界国家的发展带来了严重的破坏并导致了先进工业化国家里一个底层社会的形成。正如本书中所描述的，全球经济和国际经济交换一直都会出现胜利者和失败者。一种历史早就存在的现象并不一定就是不重要的。这种存在让我们意识到这些问题的长期性。在21世纪之初，对公平和正义的追求变得空前紧迫。《1994年人类发展报告》指出："令人激动的财富全球化与令人沮丧的贫困全球化是同时发生的"（UNDP，1994，p.1），且正是这种不平等的存在才促使追求更大社会公平议程的建立。

在未来的几十年里，全世界的国家政府和国际组织都将不得不更加关注社会正义的问题。在某种程度上，新自由主义意识形态青睐通过市场的方法解决所有的问题，因此忽略了公平和正义。在20世纪末期，公平和正义的问题变得更加突出，且一种改变华盛顿共识的趋势已经开始出现（见第十三章）。全球经济的变化所带来的影响以及各种组织对发展所做出的反应导致了对公平和正义的重视与追求。全球化的过程带来了国家内和国际上更大的不公平。换句话说，不公平所带来的挑战不仅仅只是一个简单的国家间问题，同时还是一个国家内部的问题。托马斯（Thomas，2000，p.11）提醒我们："全球人口的三分之二似乎并没有从全球化所带来的经济增长中受益"。全球化正在加剧国内收入的差距且极有可能对发达国家里工人的生活水平产生负面的影响（Kitching，2001，p.266）。

如果得不到足够的关注，这些不公平将在国内和国家间造成更大规模的冲突和不稳定。许多先进工业化社会对不断增加的不公平做出了积极的反应。其中的一个例子是族裔民族主义政党的发展。这些政党指责外国人带来了失业和一系列其他社会问题。随着政府削减公共支出、减少社会福利以及私有化程度的增加，工业国家里的穷人和弱势群体被进一步地边缘化。中左派和中右派政府逐渐失去了那些被经济和科技发展所遗弃的人群的支持。结果是右翼民粹主义政党的支持率增加。当然，虽然这种现象在几个国家里都发生了，但是其发生并不是必然的，而且这些政党的成功也同样依赖于国内的具体状况。此外，这种现象还反映了地方政治的发展。

先进工业社会里关于移民问题的争论进一步阐释了国内政治、全球体系以及在国际层面寻求解决方案之间的联系。一场关于寻求庇护者所面临的危机于2000—2002年间在西欧和澳大利亚爆发并持续占据政治新闻的头条。关于寻求庇护者的讨论体现了国家间不断增加的不平等所导致的直接可见的影响，同时也反映了发达社会内部不平等的增加。在这些难民中有一类被称为"经济移民"。这些人为了寻求更好的生活以及由于国内缺乏发展机会而选择迁徙。富国和穷国间显著差距的存在将持续引发人口走私和非法移民。本地居民对寻求庇护者的不友好态度也从某种程度上反映出了那些自认为是全球化过程中的失败者的痛苦经历。他们因为其所视为稀缺的资源被分配给外国人而愤愤不平。这一问题的解决方法并不在于单个政府所发起的单个倡议，而是依赖于国际合作。

我们需要了解的是平等变化的形式不能只通过南北方国家的划分进行简单的理解。南方国家对于全球政治经济体系的变化所带来影响的感受完全不同且更加痛苦。虽然全球化给发展中国家带来了一些潜在的好处，但是只有当这些国家建立了有效的国内管理体系并获得国际组织的支持，它们才有可能享受这些好处。除非国家能够找到方法来对付其不断融入国际经济所带来的被迫调整以及社会成本，否则它们将无法从全球化过程中受益（Cook and Kirkpatrick，1994，p. 64）。我们可以看到发展中世界里所存在的巨大差异：当非洲似乎变得更加落后时，东南亚国家却似乎能够从融入全球经济中受益。正如亚洲金融危机所显示的，这明显不是一个简单的过程，受到危机冲击的国家现在正在慢慢地调整和恢复经济增长。

通过影响世界经济中财富和生产能力的分配和流动，全球化对全球权力等级模式以及不平等进行了定义和重新塑造。21 世纪所面临的全球治理的挑战是设计一个可以扭转持续的不平等并缩小不断扩大的收入差距的体系。这些不平等和差距将导致一个更加不稳定的世界。国家和全球领导者在何种程度上理解并有政治意愿积极地应对这些挑战依然是一个争论的问题。全球政治经济体系里的一些行为者将公平和正义放在优先位置。许多国家和跨国公民组织积极地参与到致力于社会正义的议程之中。我们将通过一个例子来了解这一状况。

如第八章和第十一章所述，债务危机对发展中国家产生了深远影响。为减少第三世界国家的债务所进行的努力是一个在全球经济体系里追求社会正义的很好例子。做出这些努力的一个主要的参与者是被称为国际千禧年运动组织（Jubilee Debt Campaign，之前被称为 Jubilee 2000）的公民组织。千禧年运动组织将其战略基于这样一个观念：债务减免的总额必须在经济上可行且在道德上站得住脚。它提出了这样一个问题："究竟要再有多少人失去生命，（债务）不可持续性才能得到重视并被解决?"（Dent and Peters，1998，p. 15）。千禧年运动组织的目标是将正义注入只关注利益和稳定的经济体系之中。这个联盟采用各种不同的策略以吸引世界各国领导的注意。这些策略包括正常的游说以及占据国际新闻头条的大规模行动。例如，千禧年活动家在 G7 峰会期间参与到了抗议之中，包括在 1997 年 G7 丹佛峰会期间组成人链保护会场（Michael，2001，p. 11）。这次运动并没有成功地取消所有贫穷国家的债务，但是作为对呼吁取消债务的回应，债务国政府发起了《重债穷国倡议》。随后 G7 关于债务问题的决议反映了这一联盟的影响，如 1999 年科隆峰会决定取消 270 亿美元的债务以及 2005 年 7 月 G8 格伦伊格尔斯峰会通过了《多边债务减免倡议》。千禧年运动组织是寻求全球安全、民主和正义的大规模运动的一部分。另一个针对贫困的运动组织"呼吁全球行动起来消除贫困"也和千禧年运动组织一起发展了起来（见专栏 15.5）。

专栏 15.5

呼吁全球行动起来消除贫困组织

呼吁全球行动起来消除贫困组织(www.whiteband.org)是一个来自全世界各地组织的联盟，并于2005年积极动员全球各界关注全球贫困问题以及采取行动消除贫困。在英国和几个其他发达国家里，它发起了让贫穷成为历史运动。众多音乐界和电影界明星参与了让贫穷成为历史倡议的电视宣传广告的拍摄。这个广告重点传递了这样一个信息：每几秒钟就有一个陷入贫困中的人死去。这项活动要求支持者带上白臂章作为标志。写信运动和大规模集会被用于对发达国家的政治领导者施加压力并使消除贫困成为关注的焦点。

让贫穷成为历史运动主张对全球治理进行一系列改革(www.makepovertyhistory.org)。在贸易方面，它要求增加发展中国家对发达国家市场的准入并加强对发展中国家的保护。在债务方面，这项运动呼吁取消那些无力偿还债务的国家的所有债务。在金融方面，它呼吁提供更多且更好的援助以及取消附加在贷款上的不民主条款。这项运动的最后一项内容是打击腐败。这些具体的内容和运动在提高贫困问题的关注度方面确实取得了一些成功，但是尝试建立并执行一个新的全球治理议程的努力仍在继续中。

在全球经济里追求正义的另一个重要部分是公平贸易运动。公平贸易的支持者认为，当前的贸易体系从根本上对发展中国家不利并试图建立更加公正的贸易秩序。这种运动通常有两个具体的形式。一个中心问题是关于支付给发展中世界生产商的价格。这项运动试图寻求更加平等的价格。市场使得贫穷国家只能出口价格容易波动且一直以来较低的商品。另一个问题是关于劳工标准。国际贸易被认为是不公平的，因为生产的国际化导致了对发展中国家工人的剥削（Sengenberger and Wilkinson，1995，p. 112)。贸易是这一国际化过程中的重要部分，因为所生产的产品大多被用于出口。

□ 民主和监管

世界经济的不断全球化伴随着不断增加的全球监管。例如，从20世纪90年代早期以来，诸如IMF、世界银行和WTO等国际组织在管理全球经济中发挥着愈发重要的作用。在这一环境下，规则和规范需要被建立以指导国家、企业和居民的活动。然而，新形式的监管带来了关于对监管者以及建立规则和规范的过程进行民主控制的问题。一种观点是现有的监管体系是为满足富国和强国的需求而建立的。这种观点导致了大量关于全球治理的公众不安。

在金融监管领域，这种不安体现得最明显。在1997年东亚金融危机之后，各种组织和个人呼吁建立一个新的国际金融体系以保障公众利益。在金融危机期间，管理资本流动和债务的规则似乎优先考虑资本拥有者的权益，并惩罚发展中国家里的穷人。2002年，诸如安然等美国大企业里所爆出的一系列财务丑闻提出了一个严肃的问题，即由于会计监管规则和股票市场惯例为企业盗窃和掠夺提供了便利，因此它们在何种程度上伤害了公众利益？这些监管的失灵更加剧了公众关于全球经济发展方向的不安。

在2000年4月，世界银行前首席经济学家以及资深副总裁约瑟夫·斯蒂格利茨写道：

> 下周的IMF会议将为华盛顿市区带来许多抗议者，正如去年夏天在WTO西雅图会议上所出现的情况一样。他们会说IMF是傲慢自大的。他们会说IMF没有真正考虑这个组织原本应该给予帮助的那些发展中国家的需求。他们会说IMF是不透明的，并和民主问责毫不相关。他们会说IMF的经济补救措施通常使事情变得更糟糕——导致经济下滑并恶化成了经济衰退，经济衰退恶化成了经济萧条。

斯蒂格利茨承认，抗议者确实有一定的道理——一种和主流评论家形成鲜明对比的观点。斯蒂格利茨的评论一针见血地指出了当前全球治理体系所面临的挑战。我们在本书的其他章节已经涉及的一个关键的问题是全球治理体系的合法性。在21世纪早期，这个问题依然十分重要。对于当前的全球治理体系，有许多官方以及民间的不满出现。其中最主要的不满以及相应的挑战是如何确保这些体系满足民主控制的要求。2008—2009年全球金融危机再次提出了关于对金融监管的民主控制问题，但是答案依旧不清楚。

一些理论家或实践者可能并不赞同一位联合国前秘书长的观点，即“在社区里、国家内部以及国际社会里，从社会存在的各个层面对民主原则的遵循是至关重要的”(Boutros Ghali，1995，p.2)。虽然关于民主的传播已形成了共识，但是关于出现全球民主热潮的原因却各有说辞。20世纪的最后20年见证了民主国家数量的大幅增加，这带来了所谓的民主化的“第三次浪潮”(Huntington，1991)。随着这一浪潮席卷亚洲、非洲、拉丁美洲和欧洲，民主已成为另外一个不容置疑的全球规范。大量关于民主化的原因、民主的理论和实践以及全球秩序和民主的文献已经出现。但是，民主依然是世界上许多地区人们的一个愿望、这些地区政治家们所声称的目标以及21世纪的一个重要的政治价值观。我们很难想象一个不声称遵循民主价值观的政党或政治家将如何存在。现实总是没有理想那样完美，一些社会向民主的转型可能会被推迟到未来的某一天，但是，在全球范围内，民主已经成为了一种主流的政府形式。因此，民主成为了衡量当今世界里政治体系合法性的重要标准。换句话说，缺乏民主特征的机构将被视为不合法的，或者从广义而言是不正义的。民主的号角响彻地区、国家和国际政治。民主规范也广泛传播——在当前反对国际经济组织的抗议中，民主管理就是核心的内容。

变化中的全球经济秩序对于全球民主治理的实行提出了一些根本性的问题。全球体系里的三个因素使全球民主受到了阻碍：

(1) 全球化的一个重要方面是新的非政府权威的出现(Cutler et al.，1999；Hall and Biersteker，2002)。这一现象的一个特征是所谓的“管理的私有化”(Cutler，1995；Sinclair，1994)。例如，金融机构的政策决策可能对政府以及政府间组织的政策产生深远的影响。

（2）区域和全球组织的出现损害了国家的权威和权力。从这一角度而言，国家主权受到了限制。换句话说，国际组织并不能简单地被视为国家的工具。国际组织不断增加的影响力已形成了另一个权威中心。通过欧盟和 WTO 等组织扩大的任务和使命，这些组织的成员政府以及成员居民不断地面临着一种新形式的监管。这些成员和居民并无法直接地控制这种监管。

（3）国际经济法的发展正在建立一个体系，在这个体系里政治权威正在向区域和全球中心转移，且并没有一个合适的权力制衡体系存在。

对于这些发展的一种看法是，这些国际经济组织依然是政府间的并因此是民主性的，因为它们要对其成员国政府负责。这种看法被认为没有认识到在一个变化的世界秩序下不断变化的权威模式和体系。例如，非政府组织通过对国家利益偏好以及对这些国际组织的官僚机构施加影响进而影响全球体系的议程和运行。对国际经济组织的任何评估都必须首先认识到多边主义的转型（O'Brien et al.，2000）。多边主义不能再被完全视为是以国家为中心的，也就是说，国家不再是构建多边体系的唯一重要行为者。按照这种观点，对国际经济组织的评估不能仅仅基于其满足国家需求的能力，而是要考察其满足社会运动参与者以及国家需求的能力。国际经济组织的民主表现正是要在这种变化的背景下进行评估。从这个角度而言，代表性可以被理解成对利益相关者利益的关注。在缺乏透明程序、缺乏非政府组织的参与渠道以及缺乏利益相关者了解和参与政策制定的机制的情况下，全球治理体系将无法通过民主的测试。

一些政治理论家（Held，1995）尝试将国家民主制度移植到国际舞台上，以弥补其民主缺失的问题。考虑到国际体系的分散程度，建立国际议会的尝试并不能够成功。科尔曼和波特（Coleman and Porter，2000）提出了一种替代的方法，建议采用六项标准来评估特定机构或体系的民主程度。这些标准是：透明度、对直接参与的开放程度、话语质量、代表性、有效性以及公平性。他们认为可以按照这些标准改善国际治理体系，并不需要在国际层面建立立法机构等国内组织。例如，透明度可以通过提供关于组织运行的清楚且及时的信息而提高；对政策过程的参与可以通过进行广泛的咨询而被提升；话语质量可以通过开展教育项目和促进关于主要问题的讨论而提高；代表性可以通过建立与相关方广泛的联系而被扩大；有效性可以通过对决策制定过程的调整以及增加组织的独立性而被改善；公平性可以通过采用被认为合法的程序以及考虑到成本和收益的分配政策而被增加。

总结

本章重点讨论了一个贯穿本书的话题，即全球治理。在本书的第二部分中，我们考察了不同历史时期的治理体系（或者治理体系的缺失）。在讨论当今全球经济的主要体系的第三部分中，我们强调了治理体系在全球经济运行中的重要性。本章中，我们介绍了在当今的全球政治经济里治理体系是如何被建立起来的，讨论了这一过程中的各种参与者。本章的第二小节简要地介绍了治理体系所存在的三个主要挑战。我们并没有提出解决这些问题的方法，而是指出了应对这些挑战所存在的困难。

随着全球化的加剧，全世界人民的命运被不断地联系起来。虽然科技和生产快速发展，但是这个世界依然面临着不公平、环境退化和民主治理等棘手的问题。对这些问题的关注并采取相应的行动是全球政治经济体系所空前需要的。

扩展阅读

Andreas Hasenclever，Peter Mayer 和 Volker Rittberger（1997）*Theories of International Regimes*：对国际体系的相关文献进行了很好的概括。

Claire Cutler，Virginia Haufler 和 Tony Porter（eds）（1999）*Private Authority and International Affairs*：关于私人权威的早期著作。

Ngaire Woods（2007）*The Globalizers：The IMF，The World Bank and Their Borrowers*：介绍了 IMF 和世界银行在全球治理中的作用。

Global Governance 杂志对全球治理问题进行了全面的探讨。

参考文献

Abbott, F. M., Breining-Kaufmann, C. and Cottier, T. (eds) (2006) *International Trade and Human Rights: Foundations and Conceptual Issues* (Ann Arbor, MI: University of Michigan Press).

Abdelal, R. (2009) 'Constructivism as an Approach to Inter-national Political Economy', in M. Blyth (ed.) *Routledge Handbook of International Political Economy (IPE): IPE as a Global Conversation* (London: Routledge).

Abdelal, R., Blyth, M. and Parsons, C. (2010) *Constructing the International Economy* (Ithaca: Cornell University Press).

Abernethy, D. B. (2000) *The Dynamics of Global Dominance: European Overseas Empires 1415-1980* (New Haven, CT: Yale University Press).

Abu-Lughod, J. L. (1989) *Before European Hegemony: The World System A. D. 1250-1350* (New York: Oxford University Press).

Acker, J. (2004) 'Gender, Capitalism and Globalization', *Critical Sociology*, 30 (1): 17-41.

Akerlof, G. and Shiller, R. (2009) *Animal Spirits: How Human Psychology Drives the Economy, and Why It Matters for Global Capitalism* (Princeton, NJ: Princeton University Press).

Albrecht, J., Bjorkland, A. and Vroman, S. (2003) 'Is There a Glass Ceiling in Sweden?', *Journal of Labor Economics*, 21 (1): 145-77.

Alger, C. F. (1997) 'Transnational Social Movements, World Politics and Global Governance', in J. Smith, C. Chatfield and R. Pagnucco (eds) *Transnational Social Movements and Global Politics: Solidarity Beyond the State* (Syracuse, NY: Syracuse University Press).

Allen, M. (1999) 'Women, Bargaining and Change in Seven Structures of World Political Economy', *Review of International Studies*, 25 (4): 453-74.

Amin, S. (1976) *Unequal Development* (New York: Monthly Review).

Amoore, L. and Langley, P. (2004) 'Ambiguities of Global Civil Society', *Review of International Studies*, 30 (1): 89-110.

Amsden, A. H. (1989) *Asia's Next Giant: South Korea and Late Industrialization* (New York: Oxford University Press).

Arana, A. (2005) 'How the Street Gangs Took Central America', *Foreign Affairs*, 84 (3):

98-110.

Asian Labour Update (1995) 'Towards a UN Labour Rights Convention, Conclusions of the National Consultation Concerning the Social Clause in World Trade Agreements', *Asian Labour Update*, 20: 11-12, 17.

Aslanbeigui, N. and Summerfield, G. (2000) 'The Asian Crisis, Gender, and the International Financial Architecture', *Feminist Economics*, 6 (3): 81-103.

Axelrod, R. and Keohane, R. (1986) 'Achieving Cooperation Under Anarchy: Strategies and Institutions', in K. Oye (ed.) *Cooperation Under Anarchy* (Princeton, NJ: Princeton University Press).

Axworthy, L. (2001) 'Human Security and Global Governance: Putting People First', *Global Governance*, 7 (1): 19-23.

Baker, D. (2006) 'The Political Economy of Fascism: Myth or Reality, or Myth and Reality?', *New Political Economy*, 11 (2): 227-50.

Bakker, I. (ed.) (1994) *The Strategic Silence: Gender and Economic Policy* (London: Zed Books).

Balakrishnan, K. (2008) 'Defence Industrialisation in Malaysia: Development Challenges and the Revolution in Military Affairs', *Security Challenges*, 4 (4): 135-55.

Baldwin, R. E. and Thornton, P. (2008) *Multilateralising Regionalism: Ideas for a* WTO *Action Plan on Regionalism* (London: Centre for Economic Policy Research).

Ballentine, K. and Sherman, J. (2003) *The Political Economy of Armed Conflict: Beyond Greed and Grievance* (Boulder, CO: Lynne Rienner).

Bangura, Y. and Beckman, B. (1991) 'African Workers and Structural Adjustment: The Nigerian Case', in D. Ghai (ed.) *The IMF and the South: The Social Impact of Crisis and Adjustment* (London: Zed Books).

Bannock, G. (1971) *The Juggernauts* (London: Weidenfeld & Nicolson).

Baran, P. A and Sweezy, P. M. (1966) *Monopoly Capital* (New York: Monthly Review Press).

Barbieri, K. (1996) 'Economic Interdependence', *Journal of Peace Research*, 33 (1): 29-49.

Barndt, D. (2002) *Tangled Routes: Women, Work, and Globalization on the Tomato Trail* (Lanham, MD: Rowman & Littlefield).

Barnett, R. J. and Muller, R. E. (1975) *Global Reach* (London: Jonathan Cape).

Barraclough, G. (1967) *An Introduction to Contemporary History* (New York: Penguin).

Barrett, S. (1993) 'International Cooperation for Environmental Protection', in R. Dorfman and N. S. Dorfman (eds) *Economics of the Environment*, 3rd edn (New York: W. W. Norton).

Barrientos, S., Kabeer, N. and Hossain, N. (2004) 'The Gender Dimension of the Globalization of Production', Working Papers 17, Policy Integration Department (Geneva: ILO).

Barry, K. (1996) *The Prostitution of Sexuality* (New York: New York University Press).

Bauer, P. T. (1984) *Reality and Rhetoric* (London: Weidenfeld & Nicolson).

Becchetti, F. and Adriani, F. (2003) *Does the Digital Divide Matter? The Role of Information and Communication Technology in Cross-Country Level and Growth Estimates* (Rome: Centre for International Studies on Economic Growth).

Beckerman, W. (1995) *Small is Stupid: Blowing the Whistle on the Greens* (London: Duckworth).

Beckford, G. (1972) *Persistent Poverty* (New York: Oxford University Press).

Beder, S. (1997) *Corporate Spin: The Global Assault on Environmentalism* (Melbourne:

Scribe).

Bello, W. (2000) 'Why Reform of the WTO is NOT the Agenda', available at www. zmag. org/CrisesCurEvts/ Globalism/notreformbello. Last accessed 26 January 2007.

Belsey, C. (2002) *Poststructuralism: A Very Short Introduction* (Oxford: Oxford University Press).

Bennett, A. L. and Oliver, J. K. (2002) *International Organizations: Principles and Issues*, 7th edn (Upper Saddle River, NJ: Prentice Hall).

Bernard, M. (1994) 'Post-Fordism, Transnational Production and the Changing Global Political Economy', in R. Stubbs and G. R. D. Underhill (eds) *Political Economy and the Changing Global Order* (Basingstoke: Macmillan -now Palgrave Macmillan).

Bessis, S. (2001) 'The World Bank and Women: 'Instrumental Feminism'', in S. Perry and C. Schenk (eds) *Eye To Eye: Women Practising Development Across Cultures* (London: Zed Books).

Best, J. and Patterson, M. (2010) *Cultural Political Economy* (London: Routledge).

Biersteker, T. J. (1992) 'The Triumph of Neoclassical Economics in the Developing World', in J. N. Rosenau and E. O. Czempiel (eds) *Governance without Government: Order and Change in World Politics* (Cambridge: Cambridge University Press).

Blackhurst, R. and Subramanian, A. (1992) 'Promoting Multilateral Cooperation on the Environment', in K. Anderson and R. Blackhurst (eds) *The Greening of World Trade Issues* (London: Harvester Wheatsheaf).

Blau, F. and Kahn, L. (2003) 'Understanding International Differences in the Gender Pay Gap', *Journal of Labor Economics*, 21 (1): 106-44.

Block, F. L. (1977) *The Origins of International Economic Disorder* (Berkeley, CA: University of California Press).

Bloom, R. (2003) 'Few Investors Will Celebrate Today's Tech Boom Anniversary', *Globe and Mail*, 10 March.

Blustein, P. (2001) *The Chastening: Inside the Crisis that Rocked the Global Financial System and Humbled the IMF* (New York: Public Affairs).

Boas, M., Marchand, M. and Shaw, T. M. (eds) (2005) *Political Economy of Regions and Regionalisms* (Basingstoke: Palgrave Macmillan).

Boli, J. and Thomas, G. M. (1999) *Constructing World Culture: International Nongovernmental Organizations Since 1875* (Stanford, CA: Stanford University Press).

Borger J. and Dehghan, S. (2012) 'Iran Sanctions Will Halve Oil Sales But May Still Not Succeed', *The Guardian*, 28 June.

Boserup, E. (1989) *Woman's Role in Economic Development* (London: Earthscan).

Bouchon, G. and Lombard, D. (1987) 'The Indian Ocean in the Fifteenth Century', in A. DasGupta and M. N. Pearson (eds) *India and the Indian Ocean 1500-1800* (Calcutta: Oxford University Press).

Boutros Ghali, B. (1995) *An Agenda for Peace* (New York: UN).

Bowles, P. and Wang, B. (2008) 'The Rocky Road Ahead: China, the US and the Future of the Dollar', *Review of International Political Economy*, 15 (3): 335-53.

Brand, U. (2005) 'Order and Regulation: Global Governance as a Hegemonic Discourse of International Politics?', *Review of International Political Economy*, 12 (1): 155-76.

Brandt Commission (1983) *Common Crisis: North-South Cooperation for World Poverty* (London: Pan).

Braudel, F. (1979) *The Perspective of the World: Civilization and Capitalism 15th-18th Century*, vol. 3 (New York: Harper & Row).

Braudel, F. (1994) *A History of Civilizations* (New York: Allen Lane).

Braverman, H. (1974) *Labor and Monopoly Capital: The Degradation of Work in the Twentieth Century* (New York: Monthly Review).

Breslin, S. (2005) 'Power and Production: Rethinking China's Global Economic Role', *Review of International Studies*, 31: 735-53.

Bridges Trade BioRes (2009) 'Trans-Atlantic Beef Hormone Dispute Heats Up Once Again', 9 (1): 1-11.

Broad, R. (2004) 'The Washington Consensus Meets the Global Backlash', *Globalization*, 1 (2): 129-54.

Brower, J. and P. Chalk (2003) *The Global Threat of New and Reemerging Infectious Diseases: Reconciling US National Security and Public Health Policy* (Santa Monica, CA: Rand).

Brown, D. (2005) 'Conspicuous Consumption, Fashion and Style in the Global Marketplace', in P. A. O'Hara (ed.) *Global Political Economy and the Wealth of Nations: Performance, Institutions, Problems and Policies* (London: Routledge).

Brown, M. E., Lynn-Jones, M. and Miller, S. E. (eds) (1996) *Debating the Democratic Peace* (Cambridge, MA: MIT Press).

Brown, S. (2005) 'Foreign Aid and Democracy Promotion: Lessons from Africa', *European Journal of Development Research*, 17 (2): 179-98.

Brown Thompson, K. (2002) 'Women's Rights Are Human Rights', in S. Khagram, J. V. Riker and K. Sikkink (eds) *Restructuring World Politics: Transnational Social Movements, Networks and Norms* (Minneapolis, MN: University of Minnesota Press).

Bull, B., Bøås, M. and McNeill, D. (2004) 'Private Sector Influence in the Multilateral System: A Changing Structure of World Governance?', *Global Governance*, 10 (4): 481-98.

Busse, M. and Spielmann, C. (2003) 'Gender Discrimination and the International Division of Labour', HWWA Discussion Papers 245 (Hamburg: Institute of International Economics).

Buzan, B. (1991) *Peoples, States and Fear*, 2nd edn (Hemel Hempstead: Harvester Wheatsheaf).

Buzan, B., Waever, O. and de Wilde, J. (1997) *Security: A New Framework for Analysis* (Boulder, CO: Lynne Rienner).

Caldwell, L. (1988) 'Beyond Environmental Diplomacy: The Changing Institutional Structure of International Cooperation', in J. E. Carroll (ed.) *International Environmental Diplomacy* (Cambridge: Cambridge University Press).

Callí M. with S. Dell'Erba (2009) 'The Global Financial Crisis and Remittances: What Past Evidence Suggests', Working Paper 303 (London: ODI).

Carlaw, K., Oxley, L. and Walker, P. (2006) 'Beyond the Hype: Intellectual Property and the Knowledge Society/Knowledge Economy', *Journal of Economic Surveys*, 20 (4): 633-58.

Carlson, L. J. (2000) 'Game Theory: International Trade, Conflict and Cooperation', in R. Palan (ed.) *Global Political Economy: Contemporary Theories* (London: Routledge).

Carr, E. H. (1939) *The Twenty Years'Crisis 1919-1939: An Introduction to the Study of International Relations* (London: Macmillan).

Casson, M. (1991) 'Modelling the Multinational Enterprise: A Research Agenda', *Millennium*, 20 (2): 271-85.

Castells, M. (1996) *The Rise of the Network Society* (Oxford: Blackwell).

Caufield, C. (1996) *Masters of Illusion: The World Bank and the Poverty of Nations* (New York: Henry Holt).

Caves, R. E. (1974) 'The Causes of Direct Investment: Foreign Firms' Share in Canadian and UK Manufacturing Industries', *Review of Economics and Statistics*, 56 (3): 279-93.

Cecchine, G. and Moore, M. (2006) *Infectious Disease and National Security: Strategic Information Needs* (Santa Monica, CA: Rand).

Cerny, P. G. (1993) 'The Deregulation and Re-regulation of Financial Markets in a More Open World', in P. G. Cerny (ed.) *Finance and World Politics: Markets, Regimes and States in the Post-Hegemonic Era* (Aldershot: Edward Elgar).

Cerny, P. G. (1995) 'Globalization and the Changing Logic of Collective Action', *International Organization*, 49 (4): 595-625.

Cerny, P. G. (2000) 'The Competition State', in R. Stubbs and G. R. D. Underhill (eds) *Political Economy and the Changing Global Order*, 2nd edn (Toronto: Oxford University Press).

Chakravartty, P. (2006) 'White-collar Nationalisms', *Social Semiotics*, 16 (1): 39-55.

Chamberlain, M. E. (1985) *Decolonization: The Fall of European Empires* (London: Basil Blackwell).

Chang, G. (2000) *Disposable Domestics: Immigrant Women Workers in the Global Economy* (Boston, MA: South End).

Checkel, J. (2004) 'Social Constructivisms in Global and European Politics: A Review Essay', *Review of International Studies*, 30: 229-44.

Chenoy, A. M. (2002) *Militarism and Women in South Asia* (New Delhi: Kali).

Cheru, F. (2002) 'Debt, Adjustment and the Politics of Effective Response to HIV/AIDS in Africa', *Third World Quarterly*, 23 (2): 299-312.

Chicago Tribune (2012) 'McDonald's Food You Can't Get Here', 15 June, available at www.chicagotribune.com/business/ct-biz-mcdonalds-food-around-the-world, 0, 5168632.photogallery. Last accessed 13 December 2012.

Chin, C. (2008) 'Labour Flexibilization at Sea', *International Feminist Journal of Politics*, 10 (1): 1-18.

Chow, E. N. (2003) 'Gender Matters: Studying Globalization and Social Change in the 21st Century', *International Sociology*, 18 (3): 443-60.

CIA (2012) *World Factbook* (Washington DC: Brassey's), available at www.cia.gov/cia/publications/fields/2012.html.

Clapp, J. (1998) 'The Privatization of Global Governance: ISO 1400 and the Developing World', *Global Governance*, 4 (3): 295-316.

Clapp, J. (2001) *Toxic Exports: The Transfer of Hazardous Wastes from Rich to Poor Countries* (Ithaca, NY: Cornell University Press).

Clapp, J. (2006) 'WTO Agricultural Negotiations: Implications for the Global South', *Third World Quarterly*, 27 (4): 563-77.

Clapp, J. and Dauvergne, P. (2005) *Paths to a Green World: The Political Economy of the Global Environment* (Cambridge, MA: MIT Press).

Cody, E. (2004) 'In China, Workers Turn Tough', *Washington Post*, 27 November.

Cody, E. (2005) 'For Chinese, Peasant Revolt is a Rare Victory', *Washington Post*, 13 June.

Cohen, B. J. (2007) 'The Transatlantic Divide: Why are American and British IPE so

Different?', *Review of International Political Economy*, 14 (2): 197-219.

Cohen, E. A. (1996) 'A Revolution in Warfare', *Foreign Affairs*, 75 (2): 37-54.

Cohen, M. A. and Küpçü, M. F. (2009) *Revitalizing US Democracy Promotion: A Comprehensive Plan for Reform* (Washington DC: New America Foundation).

Coleman, W. and Porter, T. (2000) 'International Institutions, Giobalisation and Democracy: Assessing the Challenges', *Global Society*, 14 (3): 377-98.

Coleman, W. and Underhill, G. (eds) (1998) *Regionalism and Global Economic Integration* (London: Routledge).

Commission on Human Security (2003) *Human Security Now* (New York: Commission on Human Security).

Conrad, J. ([1902] 1999) *The Heart of Darkness* (New York: Penguin).

Constable, C. (2006) 'Brides, Maids, and Prostitutes: Reflections on the Study of 'Trafficked' Women', *PORTAL: Journal of Multidisciplinary International Studies*, 3 (2): 1-25.

Cook, P. and Kirkpatrick, C. (1994) 'Globalisation, Regionalization and Third World Development', *Regional Studies*, 31 (1): 55-66.

Cooper, R. N. (1987) *The International Monetary System: Essays in World Economics* (Cambridge, MA: MIT Press).

Coote, B. (1992) *The Trade Trap* (Oxford: Oxfam).

Cox, R. W. (1977) 'Labor and Hegemony', *International Organization*, 31: 385-424.

Cox, R. W. (1979) 'Ideologies and the NIEO: Reflections on Some Recent Literature', *International Organisation*, 33: 370-95.

Cox, R. W. (1983) 'Gramsci, Hegemony and International Relations: An Essay in Method', *Millennium*, 12 (2): 162-75.

Cox, R. W. (1986) 'Social Forces, States and World Order: Beyond International Relations Theory', in R. Keohane (ed.) *Neorealism and its Critics* (New York: Columbia University Press).

Cox, R. W. (1987) *Production, Power, and World Order: Social Forces in the Making of History* (New York: Columbia University Press).

Cox, R. W. (1996a) *Approaches to World Order* (with T. Sinclair) (Cambridge: Cambridge University Press).

Cox, R. W. (1996b) 'Civilisations in World Political Economy', *New Political Economy*, 1 (2): 141-56.

Cox, R. W. (2002a) 'Reflections and Transitions', in R. Cox (with M. Schechter) (ed.) *The Political Economy of a Plural World: Critical Reflections on Power, Morals and Civilization* (London: Routledge).

Cox, R. W. (2002b) 'The Covert World', in R. Cox (with M. Schechter) (ed.) *The Political Economy of a Plural World: Critical Reflections on Power, Morals and Civilization* (London: Routledge).

Craig, G. A. and George, A. L. (1983) *Force and Statecraft: Diplomatic Problems of Our Time* (New York: Oxford University Press).

Crawford, G. (2005) 'The European Union and Democracy Promotion in Africa: The Case of Ghana', *European Journal of Development Research*, 17 (4): 571-600.

Creevey, L. (2002) 'Structural Adjustment and the Empowerment (or Disempowerment) of Women in Niger and Senegal', in R. Datta and J. Kornberg (eds) *Women in Developing Countries: Assessing Strategies for Empowerment* (Boulder, CO: Lynne Rienner).

Croce, B. (1941) *History as the Story of Liberty* (London: George Allen & Unwin).

Cronin, A. K. (2002/3) 'Behind the Curve: Globalization and International Terrorism', *International Security*, 55 (1): 30-58.

Crosby, A. W. (1996) *Ecological Imperialism: The Biological Expansion of Europe, 900-1900* (Cambridge: Cambridge University Press).

Curley, M. and Thomas, N. (2004) 'Human Security and Public Health in Southeast Asia', *Australian Journal of International Affairs*, 55 (1): 17-32.

Cutler, C. (1995) 'Global Capitalism and Liberal Myths: Dispute Settlement in Private International Trade Relations', *Millennium*, 24 (3): 377-97.

Cutler, C., Haufler, V. and Porter, T. (eds) (1999) *Private Authority and International Affairs* (Albany, NY: SUNY Press).

Dadkhah, K. M. (2006) 'Sanctions, Economic', in T. M Leonard (ed.) *Encyclopaedia of the Developing World*, vol. 3 (New York: Routledge).

Dalby, S. (2002) *Environmental Security* (Minneapolis: University of Minnesota Press).

Danaher, K. (ed.) (1994) *50 Years Is Enough: The Case Against the World Bank and IMF* (Boston, MA: South End).

Darwin, J. (1988) *Britain and Decolonisation: The Retreat from Empire in the Post-War World* (Basingstoke: Macmillan).

Datta, R. and Kornberg, J. (eds) (2002) *Women in Developing Countries: Assessing Strategies for Empowerment* (Boulder, CO: Lynne Rienner).

Dauvergne, P. (2001) *Loggers and Degradation in the Asia-Pacific: Corporations and Environmental Management* (Cambridge: Cambridge University Press).

Dauvergne, P. (2008) *The Shadows of Consumption: Consequences for the Global Environment* (Cambridge: MIT Press).

David, N. (1996) *Worlds Apart: Women and the Global Economy* (Brussels: International Confederation of Free Trade Unions).

Davies, N. (1982) *The Ancient Kingdoms of Mexico* (London: Allen Lane).

Davis, M. (2001) *Late Victorian Holocausts: El Niño Famines and the Making of the Third World* (London: Verso).

Deacon, B. (2012) 'The Social Protection Floor', *CROP Poverty Brief*, October, available at www. crop. org/ storypg. aspx? id=598&MenuNode=63395886862835845 5&zone=12. Last accessed 19 December 2012.

Dean, J. W. and Globerman, S. (eds) (2001) *Dollarization in the Americas?* (Boulder, CO: Westview).

Deere, C. D. and Doss, C. R. (2006) 'The Gender Asset Gap: What Do We Know and Why Does it Matter?', *Feminist Economics*, 12 (1/2): 1-50.

De Fraja, G. and Hartley, K. (1996) 'Defence Procurement: Theory and UK Policy', *Oxford Review of Economic Policy*, 12 (4): 70-88.

De Goede, M. (2003) 'Beyond Economism in International Political Economy', *Review of International Studies*, 29 (1): 79-97.

De Goede, M. (2006) *International Political Economy and Poststructural Politics* (Basingstoke: Palgrave Macmillan).

Denemark, R. and O'Brien, R. (1997) 'Contesting the Canon: International Political Economy at UK and US Universities', *Review of International Political Economy*, 4 (1): 214-38.

Dent, M. and Peters, B. (1998) 'Poverty and Debt in the Third World: Confronting a Global Crisis', *Conflict Studies*, 310: 1-24.

Depledge, J. (2006) 'The Opposite of Learning: Ossification in the Climate Change Regime', *Global Environmental Politics*, 6 (1): 1-22.

Dessler, A. E. and Parson, E. A. (2006) *The Science and Politics of Global Climate Change: A Guide to the Debate* (Cambridge: Cambridge University Press).

Diamond, J. (1997) *Guns, Germs, and Steel: The Fates of Human Societies* (New York: W. W. Norton).

Diao, X., Diaz-Bonilla, E. and Robinson, S. (2003) *How Much Does it Hurt? The Impact of Agricultural Trade Policies on Developing Countries* (Washington DC: IFPRI).

Dicken, P. (1992) *Global Shift: The Internationalization of Economic Activity*, 2nd edn (London: Paul Chapman).

Dicken, P. (1998) *Global Shift: Transforming the World Economy*, 3rd edn (New York: Guilford).

Dicken, P. (2007) *Global Shift: Mapping the Changing Contours of the World Economy*, 5th edn (New York: Guilford).

Dickson, A. K. (1997) *Development and International Relations* (Cambridge: Polity).

Dinesh, K. and Little, D. (2004) 'International Apparel Trade and Developing Economies in Africa', *International Journal of Social Economics*, 31 (1/2): 131-42.

Dingwerth, K. and Pattberg, P. (2006) 'Global Governance as a Perspective on World Politics', *Global Governance*, 12 (2): 185-203.

Dobson, A. (1990) *Green Political Thought* (London: Routledge).

Dodd, R. and Mills, P. (2008) 'Outbreak: US Subprime Contagion', *Finance and Development*, 45 (2): 14-18.

Dommen, C. (2002) 'Raising Human Rights Concerns in the World Trade Organization: Actors, Processes and Possible Strategies', *Human Rights Quarterly*, 24 (1): 1-50.

Doremus, P., Keller, W. W., Pauly, L. W. and Reich, S. (1998) *The Myth of the Global Corporation* (Princeton, NJ: Princeton University Press).

Dos Santos, T. (1970) 'The Structure of Dependency', *American Economic Review*, 60 (21): 231-6.

Doxey, M. P. (1996) *International Sanctions in Contemporary Perspective*, 2nd edn (Basingstoke: Macmillan -now Palgrave Macmillan).

Doyle, M. W. (1996) *Empires* (Ithaca, NY: Cornell University Press).

Drache, D. and Froese, M. D. (2006) 'Globalisation, World Trade and the Cultural Commons: Identity, Citizenship and Pluralism', *New Political Economy*, 11 (3): 361-82.

Draper, P. and Sally, R. (2005) *Developing Country Coalitions in Multilateral Trade Negotiations: Aligning the Majors* (Johannesburg: South African Institute of International Affairs).

Dreze, J. and Sen, A. K. (1989) *Hunger and Public Action* (Oxford: Clarendon).

Dryzek, J. (1996) 'Foundations for Environmental Political Economy: The Search for *Homo Ecologicus*', *New Political Economy*, 1 (1): 27-40.

Duhigg, C. and Greenhouse, S. (2012) 'Electronic Giant Vowing Reforms in China Plants', *New York Times*, 29 March, available at www. nytimes. com/2012/03/30/busi-ness/apple-supplier-in-china-pledges-changes-in-working-conditions. html? emc=etal. Last accessed 15 May 2012.

Dunford, M. (2000) 'Globalisation and Theories of Regulation', in R. Palan (ed.) *Global*

Political Economy: Contemporary Theories (London: Routledge).

Dunlop, C. (2000) 'Epistemic Communities: A Reply to Toke', *Politics*, 20 (3): 135-44.

Dunning, J. (1973) 'The Determinants of International Production', *Oxford Economic Papers*, 25 (3): 289-336.

Dunning, J. (1981) *International Production and the Multinational Enterprise* (London: Allen & Unwin).

Dunning, J. (1985) *Multinational Enterprises, Economic Structure and International Competitiveness* (Chichester: John Wiley).

Dunning, J. (1988) *Explaining International Production* (London: Unwin Hyman).

Dunning, J. (1991) 'Governments and Multinational Enterprises: From Confrontation to Cooperation', *Millennium*, 20 (2): 225-39.

Earle, E. M. (1986) 'Adam Smith, Alexander Hamilton, Fredrich List: The Economic Foundations of Military Power', in P. Paret (ed.) *Makers of Modern Strategy: From Machiavelli to the Nuclear Age* (Princeton, NJ: Princeton University Press).

Eckersley, R. (1992) *Environmentalism and Political Theory* (London: UCL Press).

Economist, The (2006) 'A Guide to Womenomics: The Future of the World Lies Increasingly in Female Hands', 12 April, available at www. economist. com/node/6802551. Last accessed 19 December 2012.

Eichengreen, B. (1996) *Globalizing Capital: A History of the International Monetary System* (Princeton, NJ: Princeton University Press).

Eichengreen, B. (2011) *Exorbitant Privilege: The Rise and Fall of the Dollar and the Future of the International Monetary System* (Oxford: Oxford University Press).

Eisenhower, D. D. (1961) 'Farewell Address', 17 January, available at www. eisenhowermemorial. org. Last accessed 5 March 2009.

Ekins, P. (1989) 'Trade and Self-reliance', *Ecologist*, 19 (5): 186-90.

Elahi, K. (2004) 'Microcredit and the Third World: Perspectives from Moral and Political Philosophy', *International Journal of Social Economics*, 31 (7): 643-54.

Elias, J. (2005) 'The Gendered Political Economy of Control and Resistance on the Shop Floor of the Multinational Firm: A Case Study from Malaysia', *New Political Economy*, 10 (2): 203-22.

Elias, P. (2006) 'Bioprospectors Raise Ire as They Patent More Life Forms', *Detroit News*, 21 January.

Elms, D. K. (2008) 'New Directions for IPE: Drawing from Behavioral Economics', *International Studies Review*, 10 (2): 239-65.

Elster, J. (1985) *Making Sense of Marx* (Cambridge: Cambridge University Press).

Emmanuel, A. (1972) *Unequal Exchange* (London: New Left Books).

Enloe, C. (1989) *Bananas, Beaches and Bases: Making Feminist Sense of International Politics* (London: Pandora).

Escobar, A. (1995) *Encountering Development: The Making and Unmaking of the Third World* (Princeton, NJ: Princeton University Press).

Esping-Andersen, G. (1990) *The Three Worlds of Welfare Capitalism* (Princeton, NJ: Princeton University Press).

EUbusiness (2012) 'Europe ends beef trade war with US, Canada', 14 March, available at www. eubusiness. com/ news-eu/us-canada-trade. fon/. Last accessed 20 January 2013.

European Commission (1997) *Building the European Information Society for Us All: Final*

Policy Report of a High-Level Group (Brussels: European Commission, Directorate-General for Employment, Industrial Relations and Social Affairs).

Faiola, A. (2008) 'The End of American Capitalism?', *The Washington Post*, 10 October.

Fanon, F. (1963) *The Wretched of the Earth* (New York: Grove).

FAO (Food and Agriculture Organization) (1996) *Rome Declaration on World Food Security and World Food Summit Action Plan* (Rome: FAO).

FAO (2009) *The State of Food Insecurity in the World 2008* (Rome: FAO).

Feldstein, M. (1992) 'The Case Against EMU', *The Economist*, 13 June: 19-22.

Fine, B., Lapavitas, C. and Pincus, J. (eds) (2001) *Development Policy in the Twenty-First Century: Beyond the post Washington Consensus* (London: Routledge).

Finlayson, J. A. and Zacher, M. W. (1981) 'The GATT and the Regulation of Trade Barriers: Regime Dynamics and Functions', *International Organization*, 35 (3): 561-602.

Finnemore, M. and Sikkink, K. (1998) 'International Norm Dynamics and Political Change', *International Organization*, 52 (4): 887-917.

Floyd, K. and Gilks, C. (1998) 'Cost and Financial Aspects of Providing Anti-Retroviral Therapy', background paper for the online conference 'Anti-Retroviral (ARV) Treatment in Developing Countries: Questions of Economics, Equity and Ethics', available at www. worldbank. org/aids-econ/ arv/index. htm#Readings. Last accessed 30 May 2006.

Fontana, M., Joekes, S. and Masika, R. (1998) *Global Trade Expansion and Liberalisation: Gender Issues and Impacts*, BRIDGE Report 42 (Brighton: Institute of Development Studies).

Fortune (2011) Fortune Global 500, available at www. money. cnn. com. Last accessed 19 June 2012.

Frank, A. G. (1967) *Capitalism and Underdevelopment in Latin America* (New York: Monthly Review).

Frank, A. G. (1969) *Latin America: Underdevelopment or Revolution* (New York: Monthly Review).

Frank, A. G. (1998) *ReOrient: Global Economy in the Asian Age* (Berkeley, CA: University of California Press).

Frieden, J. (1981) 'Third World Indebted Industrialization: International Finance and State Capitalism in Mexico, Brazil, Algeria and South Korea', *International Organization*, 35 (1): 407-31.

Frieden, J. (1987) *Banking on the World* (New York: Harper & Row).

Frieden, J. and Martin, L. (2003) 'International Political Economy: Global and Domestic Interactions', in I. Katznelson and H. V. Milner (eds) *Political Science: The State of the Discipline* (New York: W. W. Norton).

Frobel, F., Heinrichs, J. and Kreye, O. (1980) *New International Division of Labour* (Cambridge: Cambridge University Press).

Fukuyama, F. (1992) *The End of History and the Last Man* (New York: Free Press).

G20 (2000) News release: 'Meeting of the G-20 Finance Ministers and Central Bank Governors, Montreal', 25 October.

Galbraith, J. K. (1975) *The Great Crash 1929* (London: Penguin).

Galbraith, J. K. (1996) *Money: Whence It Came and Where It Went* (Boston, MA: Houghton Mifflin).

Galtung, J. (1969) 'Violence, Peace and Peace Research', *Journal of Peace Research*, 6 (3):

167-91.

Gamble, A., Payne, A., Dietrich, M. et al. (1996) 'Editorial Statement', *New Political Economy*, 1 (1).

Gamier, D. (2005) *Ayutthaya: Venice of the East* (Bangkok: River).

Garber, P. (1989) 'Tulipmania', *Journal of Political Economy*, 97 (3): 535-60.

Garside, J. (2012) 'Apple's Factories in China are Breaking Employment Laws, Audit Finds', *The Guardian*, 30 March, available at www. guardian. co. uk/technology/2012/mar/30/ apple-factories-china-foxconn-audit. Last accessed 15 May 2012.

Garrett, G. (2000) 'Shrinking States? Globalization and National Autonomy', in N. Woods (ed.) *The Political Economy of Globalization* (Basingstoke: Macmillan-now Palgrave Macmillan).

GATT (1994) 'Annex 1 C (Trade-Related Aspects of Intellectual Property Rights) ', to *Marrakesh Agreement Establishing the World Trade Organization* (Geneva: WTO).

Geddes, B. (2003) *Paradigms and Sand Castles: Theory Building and Research Design in Comparative Politics* (Ann Arbor, MI: University of Michigan Press).

Gereffi, G. and Korzeniewicz, M. (eds) (1994) *Commodity Chains and Global Capitalism* (London: Praeger).

Germain, R. (1997) *The International Organization of Credit: States and Global Finance in the World-Economy* (Cambridge: Cambridge University Press).

Gerth, H. H. and Mills, C. W. (eds) (1958) *From Max Weber: Essays in Sociology* (New York: Oxford University Press).

Gertzl, C. (1995) 'The New World Order: Implications for Development', Briefing Papers 35 (Canberra: Development Bulletin).

Gilbert, A. (1999) *Must Global Politics Constrain Democracy? Great Power Realism, Democratic Peace, and Democratic Internationalism* (Princeton, NJ: Princeton University Press).

Gilhooly, D. (ed.) (2005) *Creating an Enabling Environment: Toward the Millennium Development Goals: Proceedings of the Berlin Global Forum of the United Nations ICT Task Force* (New York: UN).

Gill, S. (ed.) (1993) *Gramsci, Historical Materialism and International Relations* (Cambridge: Cambridge University Press).

Gill, S. (2003) 'Globalizing Elites in the Emerging World Order', in S. Gill, *Power and Resistance in the New World Order* (Basingstoke: Palgrave Macmillan).

Gill, S. and Law, D. (1988) *The Global Political Economy* (Baltimore, MD: Johns Hopkins University Press).

Gill, S. and Law, D. (1993) 'Global Hegemony and the Structural Power of Capital', in S. Gill (ed.) *Gramsci, Historical Materialism and International Relations* (Cambridge: Cambridge University Press).

Gilmore, G. (2009) 'Obama Cites $40 Billion in Defense Procurement Budget', American Forces Press Service, available at www. defenselink. mil/news.

Gilpin, R. (1981) *Change and War in World Politics* (Cambridge: Cambridge University Press).

Gilpin, R. (1987) *The Political Economy of International Relations* (Princeton, NJ: Princeton University Press).

Global Witness (2010) 'The Hill Belongs to Them: The Need for International Action on Congo's Conflict Mineral Trade', available at www. globalwitness. org. Last accessed 28 May 2012.

Goldin I., Knudsen, O. and van der Mensbrugghe, D. (1993) *Trade Liberalisation: Global*

Economic Implications (Paris: OECD).

Goldman, E. O. and Blanken, L. J. (2005) 'The Economic Foundations of Military Power', in P. Dombrowski (ed.) *Guns and Butter: The Political Economy of International Security* (Boulder, CO: Lynne Rienner).

Goldstein, J. and Keohane, R. (eds) (1993) *Ideas and Foreign Policy: Beliefs, Institutions and Political Change* (Ithaca, NY: Cornell University Press).

Goodin, R. E. (1992) *Green Political Theory* (Cambridge: Polity).

Goodman, J. and Ranald, P. (eds) (2000) *Stopping the Juggernaut: Public Interest Versus the Multilateral Agreement on Investment* (Annandale, NSW: Pluto).

Gordenker, L. and Weiss, L. (1999) 'Pluralizing Global Governance: Analytical Approaches and Dimensions', in L. Weiss and L. Gordenker (eds) *NGOs, the UN and Global Governance* (Boulder, CO: Lynne Rienner).

Gott, G. (2000) 'Critical Race Globalism? Global Political Economy and the Intersections of Race, Nation and Class', *University of California Davis Law Review*, 33: 1503-18.

Gottfried, H. (2004) 'Gendering Globalization Discourses', *Critical Sociology*, 30 (1): 9-15.

Graz, J. C. (2001) 'Beyond States and Markets: Comparative and Global Political Economy in the Age of Hybrids', *Review of International Political Economy*, 8 (4): 739-48.

Greenaway, D. and Hine, R. C. (1991) 'Introduction: Trends in World Trade and Protection', in D. Greenaway, R. Hine, A. O'Brien and R. Thornton (eds) *Global Protectionism* (Basingstoke: Macmillan -now Palgrave Macmillan).

Greenspan, A. (1998) 'The Regulation of OTC Derivatives', Testimony of Chairman Alan Greenspan before the Committee on Banking and Financial Services, US House of Representatives, 24 July.

Grieco, J. M. and Ikenberry, G. J. (2003) *State Power and World Markets: The International Political Economy* (New York: W. W. Norton).

Griffin, P. (2007) 'Refashioning IPE: What and How Gender Analysis Teaches International (Global) Political Economy', *Review of International Political Economy*, 14 (4): 719-36.

Griffin, P. (2009) *Gendering the World Bank: Neoliberalism and the Gendered Foundations of Global Governance* (Basingstoke: Palgrave Macmillan).

Griffiths, H. (1999) 'A Political Economy of Ethnic Conflict and Ethno-nationalism and Organized Crime', *Civil Wars*, 2 (2): 56-73.

Grimwade, N. (2000) *International Trade: New Patterns of Trade, Production and Investment* (London: Routledge).

Griswold, D. (2003) 'Free-Trade Agreements: Stepping Stones to a More Open World', Trade Briefing Paper No. 18 (Cato Institute Centre for Trade Policy Studies), available at www. freetrade. org/pubs/briefskbp-018. pdf.

Gruffydd Jones, B. (2005) 'Africa and the Poverty of International Relations', *Third World Quarterly*, 26 (6): 987-1003.

Guzzini, S. (2000) 'A Reconstruction of Constructivism in International Relations', *European Journal of International Relations*, 6 (2): 147-82.

Haas, P. (1990a) *Saving the Mediterranean* (New York: Columbia University Press).

Haas, P. (1990b) 'Obtaining International Environmental Protection Through Epistemic Consensus', *Millennium*, 19 (3): 347-63.

Haas, P. (1992) 'Introduction: Epistemic Communities and International Policy Coordination',

International Organization, 46 (1): 1-35.

Hafner-Burton, E. and Pollack, M. A. (2002) 'Mainstreaming Gender in Global Governance', *European Journal of International Relations*, 8 (3): 339-73.

Hall, P. and Soskice, D. (eds) (2001) *Varieties of Capitalism: The Institutional Foundations of Comparative Advantage* (Oxford: Oxford University Press).

Hall, R. and Biersteker, T. (eds) (2002) *The Emergence of Private Authority in Global Governance* (Cambridge: Cambridge University Press).

Halliday, F. (1983) *The Making of the Second Cold War* (London: Verso).

Hamilton, A. ([1791] 1991) 'Report on Manufactures', in G. T. Crane and A. Amawi (eds) *The Theoretical Evolution of International Political Economy: A Reader* (Oxford: Oxford University Press).

Harrison, K. and Sundstrom, L. M. (2007) 'The Comparative Politics of Climate Change', *Global Environmental Politics*, 7 (4): 1-18.

Harmes, A. (1998) 'Institutional Investors and the Reproduction of Neoliberalism', *Review of International Political Economy*, 5 (1): 92-121.

Harrod, J. and O'Brien, R. (eds) (2002) *Global Unions? Theory and Strategy of Organised Labour in the Global Political Economy* (London: Routledge).

Harvard Magazine (2001) 'Toxic Memo', May/June, available at www. harvardmagazine. com/on-line/050171. html. Last accessed 3 January 2013.

Harvey, D. (2011) *The Enigma of Capital and the Crisis of Capitalism* (Oxford: Oxford University Press).

Hasenclever, A., Mayer, P. and Rittberger, V. (1997) *Theories of International Regimes* (Cambridge: Cambridge University Press).

Hayami, J. (2003) 'From the Washington Consensus to the Post-Washington Consensus: Retrospect and Prospect', *Asian Development Review*, 20 (2): 40-65.

Hayek, F. A. von (1944) *The Road to Serfdom* (London: George Routledge & Sons).

Heckscher, E. (1919) 'The Effect of Foreign Trade on the Distribution of Income', *Ekonomisk Tidskrift*, 21: 497-512. Reprinted in H. S. Ellis and L. A. Metzler (eds) (1949) *Readings in the Theory of International Trade* (Homewood, IL: Irwin).

Held, D. (1995) *Democracy and the Global Order: From the Modern State to Cosmopolitan Governance* (Cambridge: Polity).

Held, D. (2005) 'At the Global Crossroads: The End of the Washington Consensus and the Rise of Global Social Democracy?', *Globalization*, 52 (1): 95-113.

Helleiner, E. (1996) 'International Political Economy and the Greens', *New Political Economy*, 1 (1): 59-77.

Helleiner, E. (2005) 'The Strange Story of Bush and the Argentine Debt Crisis', *Third World Quarterly*, 26 (6): 951-69.

Helleiner, E. (2008) 'Political Determinants of International Currencies: What Future for the Dollar?', *Review of International Political Economy*, 15 (3): 354-78.

Henderson, J. (1991) *The Globalization of High Technology Production* (London: Routledge).

Herod, A. (1997) 'Labor as an Agent of Globalization and as a Global Agent', in K. Cox (ed.) *Spaces of Globalization* (New York: Guilford).

Herod, A. (2001) *Labor Geographies: Workers and the Landscapes of Capitalism* (New York: Guilford).

Heron, T. (2006) 'The Ending of the Multifibre Arrangement: A Development Boon for the South?', *The European Journal of Development Research*, 18 (1): 1-21.

Hewson, M. and Sinclair, T. J. (1999) 'The Emergence of Global Governance Theory', in M. Hewson and T. J. Sinclair (eds) *Approaches to Global Governance Theory* (Albany, NY: SUNY Press).

Higgott, R. (1998) 'The Asian Economic Crisis: A Study in the Politics of Resentment', *New Political Economy*, 4 (1): 333-56.

Hirst, P. and Thompson, G. (1996) *Globalization in Question* (Cambridge: Polity).

Hobsbawm, E. J. (1987) *Industry and Empire: From 1750 to the Present Day* (Harmondsworth: Penguin).

Hobson, J. (1902) *Imperialism: A Study* (London: George Allen & Unwin).

Hobson, J. M. (2004) *The Eastern Origins of Western Civilization* (Cambridge: Cambridge University Press).

Hochschild, A. (1999) *King Leopold's Ghost: A Story of Greed, Terror and Heroism in Colonial Africa* (New York: First Mariner).

Hoogvelt, A. (1997) *Globalization and the Postcolonial World* (Basingstoke: Macmillan-now Palgrave Macmillan).

Hopf, T. (1998) 'The Promise of Constructivism in International Relations', *International Security*, 23 (1): 171-200.

Horta, K. (1996) 'The World Bank and the International Monetary Fund', in J. Werksman (ed.) *Greening International Institutions* (London: Earthscan).

Hoskyns, C. and Rai, S. M. (2007) 'Recasting the Global Political Economy: Counting Women's Unpaid Work', *New Political Economy*, 12 (3): 297-317.

Howard, M. E. (2008) *War and the Liberal Conscience* (New York: Columbia University Press).

Howard, M. E. (2009) *War in European History* (New York: Oxford University Press).

Huck-Ju, K. (2001) 'Globalization, Unemployment and Policy Responses in Korea: Repositioning the State?', *Global Social Policy*, 1 (2): 213-34.

Hudson, N. F. (2009) *Gender, Human Security and the United Nations: Security Language as a Political Framework for Women* (London: Routledge).

Hufbauer, G. C. and Elliott, K. (1994) *Measuring the Costs of Protection in the United States* (Washington DC: Institute for International Economics).

Hufbauer, G. C., Schott, J. J., Elliott, K. A. and Oegg, B. (2007) *Economic Sanctions Reconsidered*, 3rd edn (Washington DC: Peterson Institute of International Economics).

Hughes, H. (ed.) (1988) *Achieving Industrialization in Asia* (Cambridge: Cambridge University Press).

Hughes, H. (1989) 'Catching Up: The Asian Newly Industrializing Economies in the 1990s', *Asian Development Review*, 7 (2): 128-44.

Hulme, D. and Edwards, M. (eds) (1997) *NGOs, States and Donors: Too Close For Comfort?* (Basingstoke: Macmillan -now Palgrave Macmillan).

Human Security Centre (2005) *Human Security Report* (Oxford: Oxford University Press).

Huntington, S. P. (1991) *The Third Wave of Democratization in the Late Twentieth Century* (Norman, OK: University of Oklahoma Press).

Hurrell, A. and Kingsbury, B. (1992) 'The International Politics of the Environment: An

Introduction', in A. Hurrell and B. Kingsbury (eds) *The International Politics of the Environment* (Oxford: Clarendon).

Hymer, S. (1976) *The International Operation of National Firms* (Cambridge, MA: MIT Press).

Hymer, S. (1979) *The Multinational Corporation: A Radical Approach* (Cambridge: Cambridge University Press).

ICFTU (International Confederation of Free Trade Unions) (1995a) *From the Ashes: A Toy Factory Fire in Thailand* (Brussels: ICFTU).

ICFTU (1995b) 'Rethinking the Role of the IMF and World Bank: ICFTU Proposals to the Annual Meetings of the Board of Governors of the IMF and World Bank', Washington DC, 10-12 October.

ICFTU (1996a) *Behind the Wire: Anti-union Repression in the Export Processing Zones* (Brussels: ICFTU).

ICFTU (1996b) *No Time to Play: Child Workers in the Global Economy* (Brussels: ICFTU).

IDA/IMF (International Development Association/International Monetary Fund) (2009) 'Heavily Indebted Poor Countries (HIPC) Initiative and Multilateral Debt Relief Initiative (MDRI) - Status of Implementation', available at www. imf. org/external/np/pp/2007/eng/082807. pdf.

Iliffe, J. (1995) *Africans: The History of a Continent* (Cambridge: Cambridge University Press).

ILO (International Labour Organization) (1998a) *Labour and Social Issues Relating to Export Processing Zones* (Geneva: ILO).

ILO (1998b) 'Export Processing Zones Growing Steadily', press release, 28 September, available at www. ilo. org/ global/about-the-ilo/newsroom/news/WCMS _ 007997/ lang _ _ en/ index. htm. Last accessed 13 December 2012.

ILO (2006) *Global Employment Trends: BRIEF, January 2006*, available at www. ilo. org/ public/english/employment/strat/ download/getb06en. Pdf. Last accessed 26 January 2007.

ILO (2008) *Global Employment Trends For Women* (Geneva: ILO). ILO (2009) *Global Employment Trends For Women* (Geneva: ILO).

IMF (International Monetary Fund) (1995) 'IMF Approves US$17. 8 Billion Stand-By Credit for Mexico', press release No. 95/10, 1 February, available at www. imf. org/external/ np/sec/pr/ 1995/pr9510. htm.

IMF (2005) *World Economic Outlook 2005: Building Institutions* (Washington DC: IMF).

IMF (2006) *World Economic Outlook 2006: Globalization and Inflation* (Washington DC: IMF).

IMF (2008) *World Economic Outlook Database, October* (Washington DC: IMF).

IMF (2012a) *World Economic Outlook Database, April* (Washington DC: IMF).

IMF (2012b) *IMF Members' Quotas and Voting Power, and IMF Board* of *Governors* (Washington DC: IMF).

International Centre for Trade and Sustainable Development (2012) 'US-China Clean Energy Rift Deepens Over Wind Tower Countervailing Duty Announcement', *Bridges Weekly Trade News Digest*, 16 (22): 5-6.

International Commission on Intervention and State Sovereignty (2001) *The Responsibility to Protect* (Ottawa: International Development Centre).

International Commission on Peace and Food (1994) *Uncommon Opportunities: An Agenda for*

Peace and Equitable Development: Report of the International Commission on Peace and Food (London: Zed Books).

International Herald Tribune (1998) 'World Bank Targets the Next Asian Danger: Growing Social Unrest', IHT, 2 February, p. 4.

International Transport Workers 'Federation (2012) What are Flags of Convenience?', available at itf. global. org. Last accessed 14 May 2012.

ITU (International Telecommunications Union) (2006) *World Telecommunication/ICT Development Report 2006: Measuring ICT for Social and Economic Development* (Geneva: ITU).

ITU (2011) 'ICT Facts and Figures', available at www. itu. int. Last accessed 29 May 2012.

Jackson, J. H. (1969) *World Trade Law and the GATT: A Legal Analysis of the General Agreement on Tariffs and Trade* (Indianapolis, IN: Bobbs-Merrill).

Jackson, J. H. (2006) *Sovereignty, the WTO, and Changing Fundamentals of International Law* (Cambridge: Cambridge University Press).

James, J. (2001) 'Bridging the Digital Divide with Low-cost Information Technologies', *Journal of Information Science*, 27 (4): 211-17.

Jeffreys, S. (2009) *The Industrial Vagina: The Political Economy of the Global Sex Trade* (New York: Routledge).

Jenkins, R. (2003) 'International Development Institutions and National Economic Contexts: Neoliberalism Encounters India's Indigenous Political Traditions', *Economy and Society*, 32 (4): 584-610.

Jingjing, J. (2004) 'Wal-Mart's China Inventory to Hit US$18b This Year', *China Daily*, 19 November, available at www. chinadaily. com. Last accessed 17 October 2006.

Joachim, J. (2003) 'Framing Issues and Seizing Opportunities: The UN, NGOs, and Women's Rights', *International Studies Quarterly*, 47 (2): 247-74.

Joekes, S. P. (1987) *Women in the World Economy: An INSTRAW Study* (Oxford: Oxford University Press).

Julius, D. (1990) *Global Companies and Public Policy: The Growing Challenge of Foreign Direct Investment* (London: Royal Institute of International Affairs/Pinter).

Kabeer, N. (1994) *Reversed Realities: Gender Hierarchies in Development Thought* (London: Verso).

Kahl, C. H. (2005) 'Plight or Plunder? Natural Resources and Civil War', in P. Dombrowski (ed.) *Guns and Butter: The Political Economy of International Security* (Boulder, CO: Lynne Rienner).

Kahn, M. S. and Knight, M. D. (1986) *Fund-supported Adjustment Programs*, Occasional Paper 42 (Washington DC: IMF).

Kaldor, M. (1997) *Restructuring the Global Military Sector: New Wars* (London: Pinter).

Kaldor, M. (1999) *New and Old Wars: Organized Violence in a Global Era* (Stanford: Stanford University Press).

Kaldor, M. (2007) *Human Security: Reflections on Globalization and Intervention* (Cambridge: Polity).

Kant, I. ([1795] 1991) 'Perpetual Peace: A Philosophical Sketch', in H. Reis (ed.) *Kant: Political Writings* (Cambridge: Cambridge University Press).

Kaplinsky, R. (1991) 'TNCs in the Third World: Stability or Discontinuity?', *Millennium*, 20 (2): 257-68.

Kearney, N. (1999) 'Corporate Codes of Conduct: the Privatized Application of Labour Standards', in R. Mayne and S. Picciotto (eds) *Regulating International Business: Beyond Liberalization* (Basingstoke: Macmillan -now Palgrave Macmillan/Oxfam).

Kearns, A. and Forrest, R. (2000) 'Social Cohesion and Multilevel Urban Governance', *Urban Studies*, 37 (5/6): 995-1017.

Keck, M. and Sikkink, K. (1998) *Activists Beyond Borders: Advocacy Networks in International Politics* (Ithaca, NY: Cornell University Press).

Kemp, T. (1983) *Industrialization in the Non-Western World* (London: Longman).

Keohane, R. O. (1984) *After Hegemony* (Princeton, NJ: Princeton University Press).

Keohane, R. O. (1989a) 'A Personal Intellectual History', in R. O. Keohane (ed.) *International Institutions and State Power: Essays in International Relations Theory* (Boulder, CO: Westview).

Keohane, R. O. (ed.) (1989b) *International Institutions and State Power: Essays in International Relations Theory* (Boulder, CO: Westview).

Keohane, R. O. (2002) 'Introduction: From Interdependence and Institutions to Globalization and Governance', in R. O. Keohane, *Power and Governance in a Partially Globalizing World* (London: Routledge).

Keohane, R. O. and Nye, J. (1977) *Power and Interdependence: World Politics in Transition* (Boston, MA: Little, Brown).

Keynes, J. M. (1936) *The General Theory of Employment, Interest and Money* (London: Macmillan).

Khagram, S., Riker, J. V. and Sikkink, K. (2002) 'From Santiago to Seattle: Transnational Advocacy Groups Restructuring World Politics', in S. Khagram, J. V. Riker and K. Sikkink (eds) *Restructuring World Politics: Transnational Movements, Networks and Norms* (Minneapolis, MN: University of Minnesota Press).

Kindleberger, C. P. (1969) *American Business Abroad* (New Haven, CT: Yale University Press).

Kindleberger, C. P. (1986) *The World Depression 1929-1939* (Berkeley, CA: University of California Press).

Kindleberger, C. P. (1993) *A Financial History of Western Europe*, 2nd edn (Oxford: Oxford University Press).

Kirschner, J. (2008) 'Dollar Primacy and American Power: What's at Stake?', *Review of International Political Economy*, 15 (3): 418-38.

Kitching, G. (2001) *Seeking Social Justice Through Globalization* (University Park, PA: Pennsylvania State University Press).

Klein, N. (2001) *No Logo: Taking Aim at the Brand Bullies* (New York: St Martin's).

Knorr, K. (1975) *The Power of Nations* (New York: Basic Books).

Kock, K. (1969) *International Trade Policy and the GATT, 1947-1967* (Stockholm: Almqvist and Wiksell).

Kopinak, K. (1995) 'Gender as a Vehicle for the Subordination of Women Maquiladora Workers in Mexico', *Latin American Perspectives*, 22 (1): 30-48.

Korinek, J. (2005) 'Trade and Gender: Issues and Interactions', *Trade Policy Working Papers*, 24 (Paris: OECD).

Kotz, D. M. and Wolfson, M. H. (2004) 'Déjà Vu All Over Again: The 'New' Economy in

Historical Perspective', *Labor Studies Journal*, 28 (4): 25-44.

Kovach, H., Neligan, C. and Burall, S. (2002/3) *Power Without Accountability*? (London: One World Trust).

Krasner, S. D. (1976) 'State Power and the Structure of International Trade', *World Politics*, 28 (3): 317-48.

Krasner, S. D. (ed.) (1983) *International Regimes* (Ithaca, NY: Cornell University Press).

Krause, K. and Williams, M. C. (eds) (1997) *Critical Security Studies: Concepts and Cases* (London: UCL Press).

Krueger, A. (ed.) (2000) *Economic Policy Reform: The Second Stage* (Chicago: University of Chicago Press).

Krugman, P. (ed.) (1986) *Strategic Trade Policy and the New International Economics* (Cambridge, MA: MIT Press).

Krugman, P. (1987) 'Is Free Trade Passé?', *Journal of Economic Perspectives*, 1 (2): 131-44.

Krugman, P. (2005) 'The Chinese Connection', *New York Times*, 20 May.

Krugman, P. (2008) *Depression Economics* (New York: W. W. Norton).

Kuznets, S. (1966) *Modern Economic Growth* (New Haven, CT: Yale University Press).

Kwa, A. (2003) *Power Politics in the WTO* (Bangkok: Focus on the Global South).

Laferrière, E. (1994) 'Environmentalism and the Global Divide', *Environmental Politics*, 3 (1): 91-113.

Lall, S. (1991) 'Multinational Enterprises and Developing Countries: Some Issues for Research in the 1990s', *Millennium*, 20 (2): 251-6.

Lall, S. and Streeten, P. (1977) *Foreign Investment, Transnationals and Developing Countries* (London: Macmillan).

Landes, D. S. (1998) *The Wealth and Poverty of Nations* (New York: W. W. Norton).

Lanoszka, A. (2003) 'The Global Politics of Intellectual Property Rights and Pharmaceutical Drug Policies in Developing Countries', *International Political Science Review*, 24 (2): 181-97.

Lavelle, K. C. (2005) 'Moving in from the Periphery: Africa and the Study of International Political Economy', *Review of International Political Economy*, 12 (2): 364-79.

Lee, D. (2012) 'Average U. S. Family's Wealth Plunged 40% in Recession, Fed Says', *Los Angeles Times*, 11 June, available at http://articles. latimes. com/2012/jun/11/ business/la-fi-family-worth-20120612. Last accessed 13 June 2012.

Lenin, V. I. ([1917] 1969) *Imperialism: The Highest Stage of Capitalism* (New York: International).

Letuchamanan, R. (2000) 'Testing the Pollution Haven Hypothesis', in P. Könz, C. Bellmann, L. Assuncao and R. Melendez-Ortiz (eds) *Trade, Environment and Sustainable Development: Views from SubSaharan Africa and Latin America* (Geneva: International Center for Trade and Sustainable Development).

Lever, H. and Huhne, C. (1986) 'The Demand for Credit and the Supply of Credit', in H. Lever, and C. Huhne, *Debt and Danger* (Boston, MA: Atlantic Monthly).

Levy, D. (1997) 'Environmental Management as Political Sustainability', *Organization and Environment*, 10 (2): 126-47.

Lim, L. L. (ed.) (1998) *The Sex Sector: The Economic and Social Bases of Prostitution in Southeast Asia* (Geneva: ILO).

Lipschutz, R. D. (2005) 'Power, Politics and Global Civil Society', *Millennium*, 33 (3): 747-70.

List, F. ([1885] 1991) 'Political and Cosmopolitical Economy', in G. T. Crane and A. Amawi (eds) *The Theoretical Evolution of International Political Economy: A Reader* (Oxford: Oxford University Press).

Litfin, K. T. (1994) *Ozone Discourses: Science and Politics in Global Environmental Cooperation* (New York: Columbia University Press).

Lo, A. (2004) 'The Adaptive Market Hypothesis: Market Efficiency from an Evolutionary Perspective', *Journal of Port-folio Management*, 30th Anniversary Issue: 15-29.

Lopez-Claros, A. and Zahidi, S. (2005) *Women's Empowerment: Measuring the Global Gender Gap* (Geneva: World Economic Forum).

Macalister, T. and Goñi, U. (2012) 'Argentinian President Moves to Nationalise Spanish-owned Oil Assets', *The Guardian*, 16 April.

Mackay, C. (1852) *Memoirs of Extraordinary Popular Delusions and the Madness of Crowds*, 2nd edn, 2 vols (London: Office of the National Illustrated Library).

McKinsey & Co. (2009) 'Will Consumer Debt Reduction Cripple the Economy?', available at www. mckinsey. com/mgi/publications/us _ consumers/.

McLeod, R. H. and Garnaut, R. (1998) *East Asia in Crisis: From Being a Miracle to Needing One?* (London: Routledge).

McMichael, P. (1996) *Development and Social Change: A Global Perspective* (Thousand Oaks, CA: Pine Forge).

McMichael, P. (1997) 'Rethinking Globalization: The Agrarian Question Revisited', *Review of International Political Economy*, 4 (4): 630-62.

McNamara, K. R. (2008) 'A Rivalry in the Making? The Euro and International Monetary Power', *Review of International Political Economy*, 15 (3): 439-59.

McNeill, J., Winsemius, P. and Yakushiji, T. (1991) *Beyond Interdependence: The Meshing of the World's Economy and the Earth's Ecology* (New York: Oxford University Press).

McNeill, W. (1982) *The Pursuit of Power: Technology, Armed Force, and Society since AD 1000* (Chicago: University of Chicago Press).

Madeley, J. (1992) *Trade and the Poor* (London: Intermediate Technology).

Madrick, J. (2001) *The Business Media and the New Economy*, Research Papers R-24 (Cambridge, MA: Joan Shorenstein Center on the Press, Politics and Public Policy, Harvard University).

Maier, C. S. (1977) 'The Politics of Productivity: Foundations of American International Economic Policy after World War Ⅱ', *International Organization*, 31: 607-33.

Maizels, A. and Nisanke, M. K. (1984) 'Motivations for Aid to Developing Countries', *World Development*, 12 (9): 879-900.

Mansfield, E. S. and Snyder, J. (1995) 'Democratization and War', *Foreign Affairs*, 74 (3): 79-97.

Marchand, M. and Runyan, A. (2000) *Gender and Global Restructuring* (London: Routledge).

Marcus, R. (1993) 'Woman Chosen as Attorney General', *Washington Post*, 12 February, p. 2.

Marks, G., Hooge, L. and Blank, K. (1996) 'European Integration from the 1980s: State-Centric vs Multi-level Governance', *Journal of Common Market Studies*, 34 (3): 341-78.

Marshall, R. (1993) *Storm from the East: From Genghis Khan to Khubilai Khan* (London: BBC Books).

Marx, K. and Engels, F. ([1848] 1977) 'The Communist Manifesto', in D. McLellan (ed.) *Karl Marx: Selected Writings* (Oxford: Oxford University Press).

Mastanduno, M. (1998) 'Economics and Security in Statecraft and Scholarship', *International Organization*, 52 (4): 825-54.

Matthews, A. (2008) 'The European Union's Common Agricultural Policy and Developing Countries: the Struggle for Coherence', *Journal of European Integration*, 30 (3): 381-99.

May, C. (2005) 'Intellectual Property Rights', in D. Kelly and W. Grant (eds) *The Politics of International Trade: Actors, Issues, and Regional Dynamics* (Basingstoke: Palgrave Macmillan).

Mayne, R. and Picciotto, S. (eds) (1999) *Regulating International Business: Beyond Liberalization* (Basingstoke: Macmillan -now Palgrave Macmillan/Oxfam).

Meadows, D. and Meadows, D. (1972) *The Limits to Growth* (London: Earth Island).

Meadows, D., Meadows, D. and Randers, J. (1993) *Beyond the Limits: Global Collapse or a Sustainable Future* (London: Earthscan).

Meyn, M. and Kennan, J. (2009) *The Implications of the Global Financial Crisis for Developing Countries' Export Volumes and Values*, Working Paper 305 (London: ODI).

Michael, M. (2001) 'Jubilee 2000: Drop the Debt, Not the Campaign', *Dollars and Sense*, 11, p. 11.

Mies, M. (1998) *Patriarchy and Accumulation on a World Scale: Women in the International Division of Labour* (London: Zed Books).

Milanovic, B. (2005) 'Globalization and Goals: Does Soccer Show the Way?', *Review of International Political Economy*, 12 (5): 829-50.

Mill, J. S. ([1859] 1980) *On Liberty* (Harmondsworth: Penguin).

Milner, H. (1997) *Interests, Institutions and Information: Domestic Politics and International Relations* (Princeton, NJ: Princeton University Press).

Mishel, L. (2006) 'CEO-to-Worker Pay Imbalance Grows', *Snapshot*, 21 June, available at www. epi. org.

Mishra, R. (1999) *Globalization and the Welfare State* (Cheltenham: Edward Elgar).

Mitter, S. (1986) *Common Fate, Common Bond: Women in the Global Economy* (London: Pluto).

Moghadam, V. M. (1999) 'Gender and Globalization: Female Labour and Women's Mobilization', *Journal of World-Systems Research*, 5 (2): 367-88.

Moghadam, V. M. (2005) *The 'Feminization of Poverty' and Women's Human Rights*, SHS Papers in Women's Studies/ Gender Research, 2 (Paris: UNESCO).

Moody, K. (1997) *Workers in a Lean World: Unions in the International Economy* (London: Verso).

Moravcsik, A. (1997) 'Taking Preferences Seriously: A Liberal Theory of International Politics', *International Organization*, 51 (4): 513-53.

Morgenthau, H. J. (1973) *Politics Among Nations: The Struggle for Power and Peace*, 5th edn (New York: Alfred A. Knopf).

Morris, D. (1989) 'Free Trade: The Great Destroyer', *Ecologist*, 19 (5): 190-5.

Moser, C. O. and Clark, F. C. (eds) (2001) *Victims, Perpetrators or Actors? Gender, Armed Conflict and Political Violence* (New York: Zed Books).

Moss, T. (2006) 'The G-8's Multilateral Debt Relief Initiative and Poverty Reduction in Sub-Saharan Africa', *African Affairs*, 105 (419): 285-93.

Mote, F. W. (1999) *Imperial China: 900-1800* (Cambridge, MA: Harvard University Press).

Murphy, C, and Nelson, D. (2001) 'International Political Economy: A Tale of Two Heterodoxies', *British Journal of Politics and International Relations*, 3 (3): 393-412.

Myrdal, G. (1968) *Asian Drama: An Enquiry into the Poverty of Nations* (London: Penguin).

Nagar, R., Lawson, V., McDowell, L. and Hanson, S. (2002) 'Locating Globalization: Feminist (Re) Readings of the Subject and Spaces of Globalization', *Economic Geography*, 78 (3): 57-84.

Naim, M. (2000a) 'Fads and Fashion in Economic Reforms: Washington Consensus or Washington Confusion?', *Third World Quarterly*, 21 (3): 505-28.

Naim, M. (2000b) 'Washington Consensus or Washington Confusion?', *Foreign Policy*, 118: 87-103.

Narayan, D., Patel, R., Schafft, K. et al. (2000) *Voices of the Poor: Can Anyone Hear Us?* (New York: Oxford University Press).

Narlikar, A and Odell, J. S. (2006) 'The Strict Distributive Strategy for a Bargaining Coalition: The Like Minded Group and the World Trade Organization, 1998-2001', in J. S. Odell (ed.) *Negotiating Trade: Developing Countries in the* WTO *and NAFTA* (Cambridge: Cambridge University Press).

Narlikar, A. and Tussie, D. (2004) 'The G-20 at the Cancun Ministerial: Developing Countries and their Evolving Coalitions in the WTO', *World Economy*, 27 (7): 947-66.

Naughton, J. (2010) 'WikiLeaks Row: Why Amazon's Desertion has Ominous Implications for Democracy', *The Observer*, 12 December, available at www. guardian. co. uk/ technology/2010/dec/11/wikileaks-amazon-denial-democracy-lieberman. Last accessed 7 May 2012.

Needham, J. (1954-1995) *Science and Civilisation in China*, vols 1-6 (Cambridge: Cambridge University Press).

Neumann, S. and von Hagen, M. (1986) 'Engels and Marx on Revolution, War and the Army in Society', in P. Paret (ed.) *Makers of Modern Strategy: From Machiavelli to the Nuclear Age* (Princeton, NJ: Princeton University Press).

Newland, K. (1988) 'From Transnational Relationships to International Relations: Women in Development and the International Decade for Women', *Millennium*, 17 (3): 507-16.

Nikiforuk, A. (1996) *The Fourth Horseman: A Short History of Plagues, Scourges and Emerging Viruses* (Toronto: Penguin).

Nordås, H. K. (2003) 'The Impact of Trade Liberalization on Women's Job Opportunities and Earnings in Developing Countries', *World Trade Review*, 2 (2): 221-31.

Nordstrom, H. and Vaughan, S. (1999) *Trade and Environment* (Geneva: WTO).

Norris, P. (2001) *Digital Divide: Civic Engagement, Information Poverty, and the Internet Worldwide* (New York: Cambridge University Press).

O'Brien, R. (1998) 'Shallow Foundations: Labour and the Selective Regulation of Free Trade', in G. Cook (ed.) *The Economics and Politics of International Trade* (London: Routledge).

O'Brien, R. (2000) 'Labour and IPE: Rediscovering Human Agency', in R. Palan (ed.) *Global Political Economy: Contemporary Theories* (New York: Routledge).

O'Brien, R. (2002) 'The Varied Paths to Minimum Global Labour Standards', in J. Harrod and R. O'Brien (eds) *Global Unions? Theory and Strategy of Organised Labour in the Global Political*

Economy (London: Routledge).

O'Brien, R. (2003) 'Paths to Reforming Global Governance', in R. Sandbrook (ed.) *Civilizing Globalisation* (Albany, NY: SUNY Press).

O'Brien, R. (2009) 'North American Regional Report: Neoliberalism Wounded', *Global Social Policy*, 9 (1): 127-33.

O'Brien, R., Goetz, A. M., Scholte, J. A. and Williams, M. (2000) *Contesting Global Governance: Multilateral Economic Institutions and Global Social Movements* (Cambridge: Cambridge University Press).

Odell, J. (2001) 'Case Study Methods in International Political Economy', *International Studies Perspectives*, 2: 161-76.

OECD (2012) 'Foreign Direct Investment: Main Aggregates', OECD International Direct Investment Statistics, OECD iLibrary, available at www. oecd-ilibrary. org/content/ data/data-00338-en. Last accessed 16 December 2012.

Ohlin, B. (1933) *Interregional and International Trade* (Cambridge, MA: Harvard University Press).

Ohmae, K. (1990) *The Borderless World* (London: Fontana).

O'Neal, J. R. and Russett, B. M. (1997) 'The Classical Liberals Were Right: Democracy, Interdependence, and Conflict, 1950-1985', *International Studies Quarterly*, 41 (2): 267-93.

O'Neal, J. R., O'Neal, F. H. and Maoz, Z. (1996) 'The Liberal Peace: Interdependence, Democracy, and International Conflict, 1950-1985', *Journal of Peace Research*, 33 (1): 11-28.

Önis, Z. and Senses, F. (2005) 'Rethinking the Emerging Post-Washington Consensus', *Development and Change*, 36 (2): 263-90.

Oreskes, N. and E. Conway. 2010. *Merchants of Doubt: How a Handful of Scientists Obscured the Truth on Issues from Tobacco Smoke to Global Warming* (New York: Bloomsbury Press).

O'Riordan, T. (1976) *Environmentalism* (London: Pion).

Oxfam International (2000) *Debt Relief and Poverty Reduction: Failing to Deliver* (Oxford: Oxfam).

Oxfam International (2002) *Rigged Rules and Double Standards: Trade, Globalisation, and the Fight against Poverty* (Oxford: Oxfam).

Pakenham, T. (1991) *The Scramble for Africa 1876-1912* (London: Abacus).

Palan, R. (1998) 'Trying to Have Your Cake and Eating It: How and Why the State System Has Created Offshore', *International Studies Quarterly*, 41: 625-44.

Palan, R. (2000) 'The Constructivist Underpinnings of the New International Political Economy', in R. Palan (ed.) *Global Political Economy: Contemporary Theories* (London: Routledge).

Palan, R. (2002) 'Tax Havens and the Commercialization of State Sovereignty', *International Organization*, 56 (1): 151-76.

Palan, R. and Abbott, J. (with Deans, P.) (2005) *State Strategies in the Global Political Economy* (London: Pinter).

Parker, G. (1996) *The Military Revolution and the Rise of the West 1500-1800* (Cambridge: Cambridge University Press).

Pauly, L. W. (2000) 'Capital Mobility and the New Global Order', in R. Stubbs and G. R. D. Underhill (eds) *Political Economy and the Changing Global Order*, 2nd edn (Toronto: Oxford University Press).

Pauly, L. W. and Reich, S. (1997) 'National Structures and Multinational Corporate Behaviour: Enduring Differences in the Age of Globalization', *International Organization*, 51 (1): 1-30.

Pearce, D. (1990) 'Economics and the Global Environmental Challenge', *Millennium*, 19 (3): 365-87.

Pearce, D., Markandya, A. and Barbier, E. (1989) *Blueprint for a Green Economy* (London: Earthscan).

Pearson, R. and Seyfang, G. (2001) 'New Hope or False Dawn? Voluntary Codes of Conduct, Labour Regulation and Social Policy in a Globalizing World', *Global Social Policy*, 1 (1): 49-78.

Penrose, E. T. (1968) *The Large International Firm in Developing Countries: The International Petroleum Industry* (Cambridge, MA: MIT Press).

Pepper, D. (1996) *Modern Environmentalism: An Introduction* (London: Routledge).

Persaud, R. B. (2001) 'Racial Assumptions in Global Labor Recruitment and Supply', *Alternatives*, 26 (4): 377-99.

Peterson, S. (2002/3) 'Epidemic Disease and National Security', *Security Studies*, 12 (2): 43-81.

Peterson, V. S. (2003) *A Critical Rewriting of Global Political Economy: Integrating Reproductive, Productive and Virtual Economies* (London: Routledge).

Peterson, V. S. (2005) 'How (the Meaning of) Gender Matters in Political Economy', *New Political Economy*, 10 (4): 499-521.

Peterson, S. V. and Runyan, A. S. (1993) *Global Gender Issues* (Boulder, CO: Westview).

Pettman, J. J. (1996a) *Worlding Women: A Feminist International Politics* (London: Routledge).

Pettman, J. J. (1996b) 'An International Political Economy of Sex', in E. Kofman and G. Youngs (eds) *Globalization: Theory and Practice* (London: Pinter).

Pettman, J. J. (2003) 'International Sex and Service', in E. Kofman and G. Youngs (eds) *Globalization: Theory and Practice*, 2nd edn (London: Continuum).

PGA (1997) *First Conference of the Peoples' Global Action against 'Free' Trade and the World Trade Organisation* (Manila: Peoples' Global Action Secretariat).

Phillips, K. (2008) *Bad Money: Reckless Finance, Failed Politics, and the Global Crisis of American Capitalism* (New York: Viking).

Phillips, N. (2005) ''Globalizing' the Study of International Political Economy', in N. Phillips (ed.) *Globalizing International Political Economy* (Basingstoke: Palgrave Macmillan).

Picciotto, R. (2003) 'A New World Bank for a New Century', in C. Roe Goddard, P. Cronin and K. C. Dash (eds) *International Political Economy: State-Market Relations in a Changing Global Order*, 2nd edn (Boulder, CO: Lynne Rienner).

Pietilä, H. and Vickers, J. (1990) *Making Women Matter: The Role of the United Nations* (London: Zed Books).

Pinter, F. (2001) 'Funding of Global Civil Society Organisations', in H. Anheier, M. Glasius and M. Kaldor (eds) *Global Civil Society* 2001 (Oxford: Oxford University Press).

Pio, A. (1994) 'The Social Impact of Adjustment in Africa', in G. A. Cornia and G. K. Helleiner (eds) *From Adjustment to Development in Africa: Conflict, Controversy, Convergence, Consensus?* (New York: St Martin's).

Polanyi, K. (1957) *The Great Transformation* (Boston, MA: Beacon Hill).

Pomeranz, K. and Topik, S. (1999) *The World that Trade Created: Society, Culture and the World Economy, 1400 -the Present* (London: M. E. Sharpe).

Porter, T. (2005) *Globalization and Finance* (Cambridge: Polity).

Price, R. (1998) 'Reversing the Gun Sights: Transnational Civil Society Targets Land Mines', *International Organization*, 52 (3): 613-44.

Price-Smith, A. T. (2009) *Contagion and Chaos: Disease, Ecology, and National Security in the Era of Globalization* (Cambridge, MA: MIT Press).

Prugl, E. (1999) *The Global Construction of Gender: Home Based Work in the Political Economy of the 20th Century* (New York: Columbia University Press).

Pye, L. W. (1988) 'The New Asian Capitalism: A Political Portrait', in P. L. Berger and H. M. Hsia (eds) *In Search of an East Asian Development Model* (Oxford: Transaction).

Pyle, J. L. and Ward, K. B. (2003) 'Recasting our Understanding of Gender and Work during Global Restructuring', *International Sociology*, 18 (3): 461-89.

Quisumbing, A. R., Haddad, L. and Pena, C. (1995) *Gender and Poverty: New Evidence from 10 Developing Countries*, Food and Nutrition Division Discussion Papers 9 (Washington DC: International Food Policy Research Institute).

Radice, H. (ed.) (1975) *International Firms and Modern Imperialism* (London: Penguin).

Radosh, R. (1969) *American Labour and United States Foreign Policy* (New York: Random House).

Randriamaro, Z. (2006) *Gender and Trade*, BRIDGE Report (Brighton: Institute of Development Studies).

Ratha, D. and Mohapatra, S. (2007) *Increasing the Macroeconomic Impact of Remittances on Development*, Development Prospects Group (Washington DC: World Bank).

Ratha, D. and Xu, Z. (2008) *Migration and Development Factbook 2008* (Washington DC: World Bank).

Ratha, D., Mohapatra, S. and Silwal, A. (2009) *Migration and Development Brief 10* (Washington DC: World Bank).

Redclift, M. (1987) *Sustainable Development* (London: Routledge).

Reding, A. (1994) 'Chiapas is Mexico', *World Policy Journal*, 11 (1): 11-25.

Reich, R. (1992) *The Work of Nations* (New York: Vintage).

Ricardo, D. ([1817] 1992) *The Principles of Political Economy and Taxation* (London: J. M. Dent, Everyman's Library).

Rich, B. (1994) *Mortgaging the Earth: The World Bank, Environmental Impoverishment and the Crisis of Development* (London: Earthscan).

RIPE (2009) Special Issue: 'Not So Quiet on the Western Front: The American School of IPE', *Review of International Political Economy*, 16 (1).

Ripsman, N. M. (2005) 'False Dichotomies: Why Economics is High Politics', in P. Dombrowski (ed.) *Guns and Butter: The Political Economy of International Security* (Boulder, CO: Lynne Rienner).

Ripsman, N. M. and Blanchard, J. M. F. (1996/7) 'Commercial Liberalism under Fire: Evidence from 1914 and 1936', *Security Studies*, 6 (2): 4-50.

Risso, P. (1995) *Merchants and Faith: Muslim Commerce and Culture in the Indian Ocean* (Boulder, CO: Westview).

Rivoli, P. (2005) *The Travels of a T-Shirt in the Global Economy: An Economist Examines the Markets, Power, and Politics of World Trade* (Hoboken, NJ: John Wiley).

Robinson, R. (1972) 'Non-European Foundations of European Imperialism: Sketch for a Theory of Collaboration', in R. Owen and B. Sutcliffe (eds) *Studies in the Theory of Imperialism* (Bristol: Longman).

Rodman, K. A. (1998) 'Think Globally, Punish Locally: Nonstate Actors, Multinational Corporations and Human Rights Sanctions', *Ethics and International Affairs*, 12: 19-41.

Rogerson, W. P. (1993) *Economic Incentives and the Defense Procurement Process*, Discussion Paper No. 1078 (Evanston, IL: Northwestern University).

Rostow, W. W. (1960) *The Stages of Economic Growth* (Cambridge: Cambridge University Press).

Roubini, N. (2009) 'The Almighty Renminbi?', *New York Times*, 14 May.

Rubinstein, A. (2006) 'A Sceptic's Comment on the Study of Economics', *The Economic Journal*, 116: c1-9.

Ruggie, J. G. (1982) 'International Regimes, Transactions and Change: Embedded Liberalism in the Postwar Economic Order', *International Organization*, 36 (2): 379-415.

Ruggie, J. G. (1998) *Constructing the World Polity: Essays on International Institutionalization* (New York: Routledge).

Rupert, M. (1995a) *Producing Hegemony: The Politics of Mass Production and American Global Power* (Cambridge: Cambridge University Press).

Rupert, M. (1995b) '(Re) Politicizing the Global Economy: Liberal Common Sense and Ideological Struggle in the US NAFTA Debate', *Review of International Political Economy*, 2: 658-92.

Rushe, D., Stewart, H. and Mark, M. (2012) 'World Bank Names US-nominated Jim Yong Kim as President', *The Guardian*, 16 April, available at www. guardian. co. uk/ business/2012/ apr/16/world-bank-president-jim-yong-kim. Last accessed 11 June 2012.

Russett, B. M. (1993) *Grasping the Democratic Peace: Principles for a Post-Cold War World* (Princeton, NJ: Princeton University Press).

Sachs, J. (2010) 'The Phony Attack on Climate Science', *Project Syndicate*, available at www. project-syndicate. org/ commentary/the-phony-attack-on-climate-science. Last accessed 25 May 2012.

Sahn, D. E. (1994) 'The Impact of Macroeconomic Adjustment on Incomes, Health and Nutrition: Sub-Saharan Africa in the 1980s', in G. A. Cornia and G. K. Helleiner (eds) *From Adjustment to Development in Africa: Conflict, Controversy, Convergence, Consensus?* (New York: St Martin's).

Samuelson, R. (2009) 'Chinas Dollar Deception', *The Washington Post*, 6 April.

Santiso, C. (2004) 'The Contentious Washington Consensus: Reforming the Reforms in Emerging Markets', *Review of International Political Economy*, 11 (4): 828-44.

Sarup, M. (1993) *An Introductory Guide to Post-structuralism and Postmodernism*, 2nd edn (Athens, GA: University of Georgia Press).

Sassen, S. (2006) *Cities in a World Economy*, 3rd edn (Thousand Oaks, CA: Pine Forge Press).

Saurin, J. (1996) 'International Relations, Social Ecology, and the Globalisation of Environmental Change', in J. Vogler and M. F. Imber (eds) *The Environment and International Relations* (London: Routledge).

Sazanami, Y., Urata, S. and Kawai, H. (1995) *Measuring the Costs of Protection in Japan* (Washington DC: Institute for International Economics).

Schechter, M. G. (2002) 'Critiques of Coxian Theory: Back-ground to a Conversation', in R.

W. Cox (with M. G. Schechter) *The Political Economy of a Plural World: Reflection on Power, Morals and Civilization* (London: Routledge).

Schmidheiny, S. (1992) *Changing Course: A Global Business Perspective on Development and the Environment* (Cambridge, MA: MIT Press).

Schneider, V. (2000) 'Global Economic Governance by Private Actors: The International Chamber of Commerce', in J. Greenwood and H. Jacek (eds) *Organized Business and the New Global Order* (New York: St Martin's).

Scholte, J. A. (2000a) *Globalization: A Critical Introduction* (New York: St Martin's).

Scholte, J. A. (2000b) 'Global Civil Society', in N. Woods (ed.) *The Political Economy of Globalization* (Basingstoke: Macmillan -now Palgrave Macmillan).

Schwartz, H. (1994) *States Versus Markets* (New York: St Martin's).

Seers, D. (1969) 'The Meaning of Development', *International Development Review*, 11 (4): 2-6.

Seguino, S. (2000) 'Gender Inequality and Economic Growth: A Cross-country Analysis', *World Development*, 28 (7): 1211-30.

Sell, S. (1999) 'Multinational Corporations as Agents of Change: The Globalization of Intellectual Property Rights', in C. Cutler, V. Haufler and T. Porter (eds) *Private Authority and International Affairs* (Albany, NY: SUNY Press).

Sell, S. (2000) 'Structures, Agents and Institutions: Private Corporate Power and the Globalisation of Intellectual Property Rights', in R. A. Higgott, G. R. D. Underhill and A. Bieler (eds) *Non-state Actors and Authority in the Global System* (London: Routledge).

Sell, S. (2006) 'Big Business, the WTO and Development', in R. Stubbs and G. R. D. Underhill (eds) *Political Economy and the Changing Global Order*, 3rd edn (Oxford: Oxford University Press).

Sell, S. and Prakash, A. (2004) 'Using Ideas Strategically: The Contest Between Business and NGO Networks in Intellectual Property Rights', *International Studies Quarterly*, 48 (1): 143-75.

Sen, A. K. (1981) *Poverty and Famines: An Essay on Entitlement and Deprivation* (Oxford: Clarendon).

Sengenberger, W. and Wilkinson, F. (1995) 'Globalisation and Labor Standards', in J. Michie and J. G. Smith (eds) *Managing the Global Economy* (Oxford: Oxford University Press).

Serrano, M. (2002) 'Transnational Organized Crime and International Security: Business as Usual?', in M. Berdal and M. Serrano (eds) *Transnational Organized Crime and International Security: Business as Usual?* (Boulder, CO: Lynne Rienner).

Servan Schreiber, J. J. (1968) *The American Challenge*, trans. R. Steel (New York: Athenaeum).

Shillington, K. (1995) *History of Africa* (New York: St Martin's).

Shrybman, S. (1990) 'International Trade and the Environment: An Environmental Assessment of the General Agreement on Tariffs and Trade', *Ecologist*, 20 (1): 30-4.

Sil, R. and Katzenstein, P. (2010) 'Analytic Eclecticism in the Study of World Politics: Reconfiguring Problems and Mechanisms across Research Traditions', *Perspectives on Politics*, 8: 411-31.

Silverstein, K. (2002) 'Millions for Viagra, Pennies for Diseases of the Poor', available at www. planetaportoalegre. net/publique. Last accessed 30 May 2006.

Sinclair, T. (1994) 'Passing Judgement: Credit Rating Processes as Regulating Mechanisms of

Governance', *Review of International Political Economy*, 1 (1): 133-60.

Sinclair, T. (2005) *The New Masters of Capital: American Bond Rating Agencies and the Politics of Creditworthiness* (Ithaca, NY: Cornell University Press).

Singer, P. W. (2002) 'AIDS and International Security', *Survival*, 44 (1): 145-58.

Singh, B. K. (2005) 'The Political Economy of China's Defence Modernisation', *Strategic Analysis*, 29 (4): 680-705.

Sisson, C. A. (1986) 'Fund-supported Programs and Income Distribution in LDCs', *Finance and Development*, 231: 33-8.

Skidmore, D. (1997) *Contested Social Orders and International Politics* (Nashville, TN: Vanderbilt University Press).

Skidmore-Hess, D. (1996) 'Business Conflict and Theories of the State', in R. W. Cox (ed.) *Business and the State in International Relations* (Boulder, CO: Westview).

Sklair, L. (2001) *The Transnational Capitalist Class* (Oxford: Blackwell).

Sklias, P. (1999) *Non-Governmental Organisations and the International Political Economy, with Special Reference to the European Union's Development Policy* (Athens: Nubis).

Skogstad, G. (2001) 'The WTO and Food Safety Regulatory Policy in the EU', *Journal of Common Market Studies*, 39 (3): 485-505.

Smith, A. ([1776] 1983) *The Wealth of Nations* (New York: Penguin).

Smythe, E. (2000) 'State Authority and Investment Security: Non-state Actors and the Negotiation of the Multilateral Agreement on Investment at the OECD', in R. A. Higgott, G. R. D. Underhill and A. Bieler (eds) *Non-state Actors and Authority in the Global System* (London: Routledge).

Smith, H. (2011) 'The Future of Greece Rests on a Phone Call', *The Guardian*, 18 September, available at www. guardian. co. uk/world/2011/sep/18/greece-debt-phone-call. Last accessed 14 February 2012.

Soderbaum, F. and Shaw, T. M. (eds) (2003) *Theories of the New Regionalism* (Basingstoke: Palgrave Macmillan).

Spero, J. (1981) *Politics of International Economic Relations* (London: Unwin Hyman).

Spruyt, H. (1994) *The Sovereign State and its Competitors* (Princeton, NJ: Princeton University Press).

Spruyt, H. (2000) 'New Institutionalism and International Relations', in R. Palan (ed.) *Global Political Economy: Contemporary Theories* (London: Routledge).

Stalker, P. (2001) *The No-Nonsense Guide to International Migration* (Oxford: New Internationalist).

Steans, J. (1998) *Gender and International Relations* (Cambridge: Polity).

Steans, J. (1999) 'The Private is Global: Feminist Politics and Global Political Economy', *New Political Economy*, 4 (1): 113-28.

Stearns, P. N. (1993) *The Industrial Revolution in World History* (Boulder, CO: Westview).

Stern Review (2006) *The Economics of Climate Change* (London: HM Treasury).

Stewart, H. (2012) 'Wealth Doesn't Trickle Down: It Just Floods Offshore, Research Reveals', *The Guardian*, 21 July.

Stewart, J. (2009) 'CNBCFinancialAdvice', 4March, availableat www. thedailyshow. com/watch/wed-march-4-2009/cnbc-financial-advice. Last accessed 23 December 2012.

Stewart, S. (2012) 'Public Sector Cuts Will Hit Women Hard Thinktank Warns', *The*

Observer, 18 March.

Stiglitz, J. (2000) 'The Insider: What I Learned at the World Economic Crisis', *The New Republic*, 17 April, available at www. tnr. com/article/politics/the-insider. Last accessed 23 December 2012.

Stilwell, F. (2002) *Political Economy: The Contest of Economic Ideas* (Oxford: Oxford University Press).

Stopford, J. M. and Strange, S. (1991) *Rival States, Rival Firms: Competition for World Market Shares* (Cambridge: Cambridge University Press).

Strange, S. (1982) 'Cave! Hic Dragones: A Critique of Regime Analysis', *International Organization*, 36 (2): 337-54.

Strange, S. (1985) 'Protectionism and World Politics', *International Organization*, 39 (2): 233-59.

Strange, S. (1986) *Casino Capitalism* (Oxford: Blackwell).

Strange, S. (1987) 'The Persistent Myth of Lost Hegemony', *International Organization*, 41: 551-74.

Strange, S. (1988) *States and Markets* (London: Pinter).

Strange, S. (1991) 'An Eclectic Approach', in C. Murphy and R. Tooze (eds) *The New International Political Economy* (Boulder, CO: Lynne Rienner).

Strange, S. (1994) 'Rethinking Structural Change in the International Political Economy: States, Firms and Diplomacy', in R. Stubbs and G. R. D. Underhill (eds) *Political Economy and the Changing Global Order*, 2nd edn (Toronto: Oxford University Press).

Strange, S. (1996) *The Retreat of the State: The Diffusion of Power in the World Economy* (Cambridge: Cambridge University Press).

Strange, S. (1998) *Mad Money: When Markets Outgrow Governments* (Manchester: Manchester University Press).

Strange, S. (2002) 'I Never Meant to Be an Academic', in R. Tooze and C. May (eds) *Authority and Markets: Susan Strange's Writings on International Political Economy* (Basingstoke: Palgrave Macmillan).

Stubbs, R. (1999) 'War and Economic Development: Export-oriented Industrialization in East and Southeast Asia', *Comparative Politics*, 31 (3): 337-55.

Sundrum, R. M. (1983) *Development Economics: A Framework of Analysis and Policy* (Chichester: John Wiley).

Swann, D. (1992) *The Economics of the Common Market*, 7th edn (London: Penguin).

Syal, R. and Wintour, P. (2012) 'MPs attack Amazon, Google and Starbucks over Tax Avoidance', *The Guardian*, 3 December, available at www. guardian. co. uk/busi-ness/2012/dec/03/amazon-google-starbucks-tax-avoid-ance/. Last accessed 13 December 2012.

Taleb, N. (2004) *Fooled by Randomness* (New York: Random House).

Tarnoff, C. and Nowells, L. (2004) *Foreign Aid: An Introductory Overview of US Programs and Policy*, CRS Report for Congress, available at http://pdf. dec. org/pdf_docs/ PCAAB191. pdf.

Taylor, I. (2005) 'Globalization Studies and the Developing World: Making International Political Economy Truly Global', *Third World Quarterly*, 26 (7): 1025-42.

Tax Justice Network (2012) 'The Price of Offshore Revisited', available at www. taxjustice. net. Last accessed 22 July 2012.

Te Velde, D. W. (2009) *The Global Financial Crisis and Developing Countries: Synthesis of the Findings of 10 Country Case Studies*, Working Paper 306 (London: ODI).

Thomas, C. (2000) *Global Governance, Development and Human Security* (London: Pluto).

Thomas, C. (2002) 'Trade Policy and the Politics of Access to Drugs', *Third World Quarterly*, 23 (2): 251-64.

Thomas, C. and Reader, M. (1997) 'Development and Inequality', in B. White, R. Little and M. Smith (eds) *Issues in World Politics* (Basingstoke: Macmillan -now Palgrave Macmillan).

Thomas, C. Y. (1974) *Dependence and Transformation* (New York: Monthly Review).

Thompson, W. R. (2000) *The Emergence of the Global Political Economy* (New York: Routledge).

Thorne, C. (1978) *Allies of a Kind: The United States, Britain, and the War against Japan, 1941-1945* (London: Hamish Hamilton).

Tilly, C. (1999) *Coercion, Capital, and European States AD 990-1992* (Oxford: Blackwell).

Times, The (2009) 'Brown Spares Baroness Scotland, But Tells Her to Apologise 'Profusely'', 22 September.

Tinker, I. (1990) 'The Making of a Field: Advocates, Practitioners, and Scholars', in I. Tinker (ed.) *Persistent Inequalities: Women and World Development* (Oxford: Oxford University Press).

Toffler, A. (1980) *The Third Wave* (New York: Morrow).

Toke, D. (1999) 'Epistemic Communities and Environmental Groups', *Politics*, 19 (2): 97-102.

Tooze, R. and May, C. (2002) 'Authority and Markets: Interpreting the Work of Susan Strange', in R. Tooze and C. May (eds) *Authority and Markets: Susan Strange's Writings on International Political Economy* (Basingstoke: Palgrave Macmillan).

Tooze, R. and Murphy, C. (eds) (1991) *The New International Political Economy* (Boulder, CO: Lynne Rienner).

Transnational Resource and Action Center (2000) *Tangled up in Blue: Corporate Partnerships at the United Nations*, available at www. corpwatch. org.

UN (United Nations) (2000a) *The Millennium Declaration*, UN General Assembly Resolution 55/2, adopted 18 September 2000.

UN (2000b) *United Nations Convention against Transnational Organized Crime and the Protocols Thereto*, available at www. unodc. org/documents/treaties/UNTOC/ Publications/TOC% 20Convention/TOCebook-e. pdf.

UN (2001) *Gender Mainstreaming: An Overview* (New York: UN, Office of the Special Adviser on Gender Issuers and Advancement of Women).

UN (2003) *Declaration of Principles. Building the Information Society: A Global Challenge in the New Millennium*, World Summit on the Information Society, UN Doc: WSIS-03/ GENEVA/ DOC/4-E.

UN (2005) 'World Summit Outcome 2005', UN General Assembly Resolution A/RES/60/1, 24 October, paras 138, 139, available at www. un. org/summit2005/documents. html.

UN (2006) *The World's Women 2005: Progress in Statistics* (New York: UN, Department of Economic and Social Affairs, Statistics Division).

UN (2009) *The World Financial and Economic Crisis and its Impact on Development: Report of the Secretary-General* (New York: UN).

UNCTAD (1999) *World Investment Report 1999: Foreign Direct Investment and the Challenge of Development* (New York: UN).

UNCTAD (2005) *The Digital Divide: ICT Development Indices 2004* (Geneva: UN).

UNCTAD (2011) *World Investment Report 2011* (Geneva: UNCTAD).

UNDP (1990) *Human Development Report* (Geneva: UNDP).

UNDP (1994) *Human Development Report* (Geneva: UNDP).

UNDP (1995) *Human Development Report* (Geneva: UNDP).

UNDP (2000) *Human Development Report* (Geneva: UNDP).

UNDP (2002) *Human Development Report* (Geneva: UNDP).

UNDP (2007/8) *Human Development Report* (Geneva: UNDP).

UNDP (2012) *Human Development Report 2012* (Geneva: UNDP).

UNESCAP (2009) *Sustainable Agriculture and Food Security in Asia and the Pacific* (Bangkok: Escap).

UNESCO (2004) *EFA Global Monitoring Report 2005* (Paris: UNESCO).

UNFPA (2008) *State of World Population 2008. Reaching Common Ground: Culture, Gender and Human Rights*, http://www. unfpa. org/swp/.

UNICEF (1999) *The Progress of Nations* (New York: UNICEF).

UNIFEM (2005) *The Progress of the World's Women 2005: Women, Work and Poverty* (New York: United Nations Development Fund for Women).

UNRISD (2005) *Gender Equality: Striving for Justice in an Unequal World* (New York: UNRISD).

UN Women (1995) *Beijing Declaration and Platform for Action*, Fourth World Conference on Women, 15 September 1995 (New York: UN Women).

US Patent and Trademark Office (2011) *Patents by Country, State and Year—All Patent Types* (Washington DC: USPTO).

Vaitsos, C. (1975) 'Power, Knowledge and Development Policy: Relations Between Transnational Enterprises and Developing Countries', in G. K. Helleiner (ed.) *A World Divided: The Less Developed Countries in the International Economy* (Cambridge: Cambridge University Press).

Van Beers, C. and van den Bergh, J. C. (1997) 'An Empirical Multi-country Analysis of the Impact of Environmental Regulations on Trade Flows', *Kyklos*, 50 (1): 29-46.

Verma, A. (2003) 'Global Labour Standards: Can We Get from Here to There?', *International Journal of Comparative Labour Law and Industrial Relations*, 19 (4): 515-34.

Vernon, R. (1966) 'International Investment and International Trade in the Product Cycle', *Quarterly Journal of Economics*, 80 (2): 190-207.

Vernon, R. (1971) *Sovereignty at Bay* (London: Penguin).

Vernon, R. (1977) *Storm Over the Multinationals: The Real Issues* (London: Macmillan).

Wach, H. and Reeves, H. (2000) *Gender and Development: Facts and Figures*, BRIDGE Reports 54 (Brighton: Institute for Development Studies).

Wade, R. (1990) *Governing the Market: Economic Theory and the Role of Government in East Asian Industrialization* (Princeton, NJ: Princeton University Press).

Wade, R. H. (2003) 'What Strategies are Viable for Developing Countries Today? The World Trade Organization and the Shrinking of 'Development Space'', *Review of International Political Economy*, 10 (4): 621-44.

Wade, R. and Veneroso, F. (1998) 'The Asian Crisis: The High Debt Model vs the Wall Street-Treasury-IMF Complex', *New Left Review*, 228: 3-22.

Waley-Cohen, J. (1999) *The Sextants of Beijing: Global Currents in Chinese History* (New York: W. W. Norton).

Wallach, L. and Woodall, P. (2004) *Whose Trade Organization? A Comprehensive Guide to the WTO* (London: New Press).

Walton, S. (2002) 'The Danger of Global Finance: A Reassessment of the Asian Crisis', *Journal of Asia-Pacific Affairs*, 4 (1): 107-21.

Wasow, B. (2006) *Losing the Genius for Openness* (Washington DC: Century Foundation).

Waterman, P. (1998) *Globalization, Social Movements and the New Internationalisms* (London: Mansell).

Watson, M. (2005) *Foundations of International Political Economy* (Basingstoke: Palgrave Macmillan).

Watts, J. (2006) 'Backlash as Google Shores up Great Firewall of China', *The Guardian*, 25 January.

Waylen, G. (2006) 'You Still Don't Understand: Why Troubled Engagements Continue Between Feminists and (Critical) IPE', *Review of International Studies*, 32 (1): 145-64.

Weber, H. (2004) 'The 'New Economy' and Social Risk: Banking on the Poor?', *Review of International Political Economy*, 11 (2): 356-86.

Weingast, B. and Wittman, D. (2006) 'The Reach of Political Economy', in B. Weingast and D. Wittman (eds) *The Oxford Handbook of Political Economy* (Oxford: Oxford University Press).

Weiss, L. (1998) *The Myth of the Powerless State* (Ithaca, NY: Cornell University Press).

Weiss, L. (1999) 'State Power and the Asian Crisis', *New Political Economy*, 4 (3): 317-42.

Weiss, L. (ed.) (2003) *States in the Global Economy: Bringing Domestic Institutions Back In* (Cambridge: Cambridge University Press).

Weiss, T. G., Forsyth, D. P. and Coates, R. A. (2001) *The United Nations and Changing World Politics* (Boulder, CO: Westview).

Weiss, T. G., Cortright, D., Lopez, G. A. and Minear, L. (1997) 'Economic Sanctions and their Humanitarian Impacts: An Overview', in T. G. Weiss, D. Cortright, G. A. Lopez and L. Minear (eds) *Political Gain and Civilian Pain: Humanitarian Impacts of Economic Sanctions* (Lanham, MD: Rowman & Littlefield).

Weissman, R. (2007) 'Sovereign Wealth Funds', *New York Times*, 3 December.

Weissman, R. and Donahue, J. (2009) *Sold Out: How Washington and Wall Street Betrayed America* (Washington: Essential Information and Consumer Education Fund).

Wendt, A. (1987) 'The Agent-Structure Problem in International Relations Theory', *International Organization*, 41: 335-70.

Whalley, J. (2006) *The Post-MFA Performance of Developing Asia*, NBER Working Papers 12178 (Washington DC: National Bureau of Economic Research).

Wheeler, D. (2002) 'Beyond Pollution Havens', *Global Environmental Politics*, 2 (2): 1-10.

Wheeler, N. J. (2000) *Saving Strangers: Humanitarian Intervention in International Society* (Oxford: Oxford University Press).

White, G. (ed.) (1988) *Developmental States in East Asia* (London: Macmillan).

Whitworth, S. (1997) *Feminism and International Relations* (Basingstoke: Macmillan-now Palgrave Macmillan).

WHO (2002) *Integrating Gender Perspectives in the Work of WHO: WHO Gender Policy* (Geneva: WHO).

Wiener, J. (2005) 'GATS and the Politics of 'Trade in Services'', in D. Kelly and W. Grant (eds) *The Politics of International Trade: Actors, Issues, and Regional Dynamics* (Basingstoke: Palgrave Macmillan).

Wilkins, M. (1970) *The Emergence of the Multinational Enterprise* (Cambridge, MA: Harvard University Press).

Williams, E. (1944) *Capitalism and Slavery* (Chapel Hill, NC: University of North Carolina Press).

Williams, M. (1994) *International Economic Organisations and the Third World* (London: Harvester Wheatsheaf).

Williams, M. (1999) 'The World Trade Organisation, Social Movements and 'Democracy'', in A. Taylor and C. Thomas (eds) *Global Trade and Global Social Issues* (London: Routledge).

Williams, M. (2001) 'Trade and Environment in the World Trading System: A Decade of Stalemate?', *Global Environmental Politics*, 1 (4): 1-9.

Williams, M. (2005a) 'Civil Society and the World Trading System', in D. Kelly and W. Grant (eds) *The Politics of International Trade: Actors, Issues, and Regional Dynamics* (Basingstoke: Palgrave Macmillan).

Williams, M. (2005b) 'The Third World and Global Environmental Negotiations: Interests, Institutions and Ideas', *Global Environmental Politics*, 5 (3): 48-69.

Williamson, J. (1990) 'What Washington Means by Policy Reform', in J. Williamson (ed.) *Latin American Adjustment: How Much Has Happened?* (Washington DC: Institute of International Economics).

Williamson, J. (1993) 'Democracy and the Washington Consensus', *World Development*, 11 (8): 1329-36.

Wilson, W. ([1918] 1986) 'The Fourteen Points', in J. A. Vasquez (ed.) *Classics of International Relations* (London: Prentice Hall).

Winham, G. R. (1986) *International Trade and the Tokyo Round Negotiations* (Princeton, NJ: Princeton University Press).

Wolf, E. R. (1982) *Europe and the People without History* (Berkeley, CA: University of California Press).

Wolfers, A. (1952) ''National Security' as an Ambiguous Symbol', *Political Science Quarterly*, 67: 481-502.

Wollstonecraft, M. ([1792] 1992) *A Vindication of the Rights of Woman* (London: Penguin).

World Bank (1980) *World Development Report* (New York: Oxford University Press).

World Bank (1989) *World Development Report* (New York: Oxford University Press).

World Bank (1990) *World Development Report* (New York: Oxford University Press).

World Bank (1993) *The East Asian Miracle: Economic Growth and Public Policy* (Oxford: Oxford University Press; Washington DC: World Bank).

World Bank (1995) *Mainstreaming the Environment* (Washington DC: World Bank).

World Bank (1996) *World Development Report* (New York: Oxford University Press).

World Bank (1998) *Partnerships for Development: A New World Bank Approach* (Washington DC: World Bank).

World Bank (2001) *Global Development Finance* (Washington DC: World Bank).

World Bank (2002) *The World Bank Annual Report 2002* (Washington DC: World Bank).

World Bank (2003) *ICT and MDGs: A World Bank Group Perspective* (Washington DC: World Bank, Global ICT Department).

World Bank (2006a) *Gender Equality as Smart Economics: A World Bank Group Gender Action Plan (Fiscal Years 2007-10)* (Washington DC: World Bank).

World Bank (2006b) *Debt Relief for the Poorest: An Evaluation Update of the HIPC Initiative* (Washington DC: World Bank, Independent Evaluations Group).

World Bank (2006c) *Key Development Data and Statistics: Sub-Saharan Africa*, available at http://devdata. world-bank. org. Last accessed 30 May 2006.

World Bank (2008) *Annual Report 2008* (Washington DC: World Bank).

World Bank (2009) *Protecting Progress: The Challenge Facing Low-income Countries in the Global Recession* (Washington DC: World Bank).

World Bank (2012a) 'Developing countries to receive over $400 billion in remittances in 2012, says World Bank report', Press release 20 November, available at www. worldbank. org/en/news/press-release/2012/11/20/developing-countries-to-receive-over-400-billion-remittances-2012-world-bank-report. Last accessed 20 February 2013.

World Bank (2012b) *Annual Report 2012* (Washington DC: World Bank).

World Bank (2012c) 'Population Total', available at www. worldbank. org. Last accessed 10 October 2012.

World Bank (2013) 'Heavily Indebted Poor Countries (39 Countries) ', available at http://go. worldbank. org/ 4IMVXTQ090. Last accessed 8 January 2013.

World Commission on Environment and Development (1987) *Our Common Future* (The Brundtland Report) (Oxford: Oxford University Press).

World Economic Forum (2012) *Global Gender Gap Report* (Geneva: World Economic Forum).

World Guide 2001/2002 (2001) (Oxford: New Internationalist).

WTO (1998) *International Trade Statistics 1998* (Geneva: WTO).

WTO (2001) *Doha Ministerial Declaration* (Geneva: WTO).

WTO (2006) *World Trade Report 2006* (Geneva: WTO).

WTO (2007) *World Trade Report 2007* (Geneva: WTO).

WTO (2008) *International Trade Statistics 2008* (Geneva: WTO).

WTO (2009a) *World Trade Report 2009* (Geneva: WTO).

WTO (2009b) 'Regional Trade Agreements', available at www. wto. org/ english/tratop _ e/region _ e/region _ e. htm.

WTO (2011a) *World Tariff Profiles 2011* (Geneva: WTO/UNCTAD/ITC).

WTO (2011b) *International Trade Statistics 2011* (Geneva: WTO).

WWF (World Wide Fund for Nature) (2012) *2012 Living Planet Report*, available at wwf. panda. org/about _ our _ earth/all _ publications/living _ planet _ report/2012 _ lpr/.

Wyn Jones, R. (1999) *Security, Strategy, and Critical Theory* (Boulder, CO: Lynne Reinner).

Yardley, J. (2004) 'The New Uprooted: In a Tidal Wave, China's Masses Pour from Farm to City', *New York Times*, 12 September.

Yardley, J. and Barboza, D. (2005) 'Help Wanted: China Finds Itself with a Labor Shortage', *New York Times*, 3 April.

York, G. (2009) 'How Zimbabwe Slew the Dragon of Hyperinflation', *Globe and Mail*, 23 March, B1.

Young, K., Wolkowitz, C. and McCullagh, R. (eds) (1984) *Of Marriage and the Market: Women's Subordination Internationally and Its Lessons*, 2nd edn (London: Routledge & Kegan Paul).

Young, O. (1989) 'The Politics of Regime Formation: Managing Global Resources and the Environment', *International Organization*, 43 (3): 349-77.

Young, O. (1994) *International Governance: Protecting the Environment in a Stateless Society* (Ithaca, NY: Cornell University Press).

Young, R. (ed.) (1999) *The Effectiveness of International Economic Regimes: Causal Connections and Behavioral Mechanisms* (Cambridge, MA: MIT Press).

Youngs, G. (2000) 'Introduction', in G. Youngs (ed.) *Political Economy, Power and the Body* (Basingstoke: Macmillan-now Palgrave Macmillan).

Youngs, G. (2004) 'Feminist International Relations: A Contradiction in Terms? Or: How Women and Gender are Essential to Understanding the World 'We' Live In', *International Affairs*, 80 (1): 75-87.

Zakaria, F. (1994) 'Culture is Destiny: A Conversation with Lee Kuan Yew', *Foreign Affairs*, 73 (2): 109-26.

Global Political Economy: Evolution and Dynamics, 4e by Robert O'Brien & Marc Williams

First published in English by Palgrave Macmillan, a division of Macmillan Publishers Limited under the title Global Political Economy, 4th edition by Robert O'Brien & Marc Williams. This edition has been translated and published under licence from Palgrave Macmillan. The authors have asserted their rights to be identified as the authors of this Work.

图书在版编目（CIP）数据

国际政治经济学：第 4 版/（加）奥布莱恩，（加）威廉姆斯著；张发林译. —北京：中国人民大学出版社，2016.4
（国际贸易经典译丛）
书名原文：Global Political Economy：Evolution and Dynamics：4th edition
ISBN 978-7-300-22713-9

Ⅰ.①国… Ⅱ.①奥… ②威… ③张… Ⅲ.①世界经济政治学-研究 Ⅳ.①F11-0

中国版本图书馆 CIP 数据核字（2016）第 069123 号

国际贸易经典译丛
国际政治经济学（第四版）
罗伯特·奥布莱恩
马克·威廉姆斯 著
张发林 译
Guoji Zhengzhi Jingjixue

出版发行	中国人民大学出版社		
社　　址	北京中关村大街 31 号	**邮政编码**	100080
电　　话	010－62511242（总编室）		010－62511770（质管部）
	010－82501766（邮购部）		010－62514148（门市部）
	010－62515195（发行公司）		010－62515275（盗版举报）
网　　址	http://www.crup.com.cn		
	http://www.ttrnet.com（人大教研网）		
经　　销	新华书店		
印　　刷	三河市汇鑫印务有限公司		
规　　格	185 mm×260 mm　16 开本	**版　　次**	2016 年 4 月第 1 版
印　　张	25.75　插页 1	**印　　次**	2016 年 4 月第 1 次印刷
字　　数	553 000	**定　　价**	59.00 元